Cinema 4D
动态视觉设计商业案例实战

刘衡 李夏菁 著

中国青年出版社

图书在版编目（CIP）数据

Cinema 4D动态视觉设计商业案例实战 / 刘衡，李夏菁著. — 北京：中国青年出版社，2023.8
ISBN 978-7-5153-6901-3

I.①C… II.①刘… ②李… III.①电子商务—视觉设计—三维动画软件—教材 IV.①F713.36②J062③TP391.414

中国版本图书馆CIP数据核字(2022)第257376号

律师声明

北京默合律师事务所代表中国青年出版社郑重声明：本书由著作权人授权中国青年出版社独家出版发行。未经版权所有人和中国青年出版社书面许可，任何组织机构、个人不得以任何形式擅自复制、改编或传播本书全部或部分内容。凡有侵权行为，必须承担法律责任。中国青年出版社将配合版权执法机关大力打击盗印、盗版等任何形式的侵权行为。

侵权举报电话

全国"扫黄打非"工作小组办公室　　　中国青年出版社
010-65233456　65212870　　　　　　010-59231565
http://www.shdf.gov.cn　　　　　　　 E-mail: editor@cypmedia.com

Cinema 4D动态视觉设计商业案例实战

著　　者：刘衡　李夏菁

出版发行：中国青年出版社
地　　址：北京市东城区东四十二条21号
网　　址：www.cyp.com.cn
电　　话：010-59231565
传　　真：010-59231381
编辑制作：北京中青雄狮数码传媒科技有限公司
策划编辑：张鹏
责任编辑：张君娜
执行编辑：张沣
封面设计：乌兰

印　　刷：北京瑞禾彩色印刷有限公司
开　　本：787mm×1092mm　1/16
印　　张：30.5
字　　数：638千字
版　　次：2023年8月北京第1版
印　　次：2023年8月第1次印刷
书　　号：ISBN 978-7-5153-6901-3
定　　价：168.00元（附赠超值资料，含案例素材文件+配套教学视频）

本书如有印装质量等问题，请与本社联系　　电话：010-59231565
读者来信：reader@cypmedia.com　　　　　 投稿邮箱：author@cypmedia.com
如有其他问题请访问我们的网站：www.cypmedia.com

前 言

欢迎来到 Cinema 4D 动态设计师的世界！

Cinema 4D（以下简称 C4D）作为当今设计行业大热的主流三维设计软件，因其轻量化的使用感受、友好的界面布局和强大的功能集成等众多优点而被广大设计师所青睐。近年来更是成为动态设计师的必备工具。

本书将从初学者的角度来教授与 C4D 软件相关的动态设计知识，并以笔者在动态设计一线奋战十年的经验，萃取最有价值的知识体系，尽可能让读者用最短的时间入门 C4D 动态设计行业。本书的每一章节都配备了笔者录制的教学视频，能够展现出更直观的软件操作方法。

当今的三维渲染器领域可以说是百花齐放，为了迎合当下动态设计行业需求，本书大胆地舍去了 C4D 默认渲染器的讲解。之前作为第三方插件的 Redshift 渲染器，如今已经被 C4D 官方 MAXON 收购，代替默认渲染器成为 C4D 官方的招牌渲染器。笔者将在本书中详细讲解 Redshift 渲染器的相关知识，以及在实际案例中的使用技巧。

最后，衷心希望各位读者可以通过学习本书中的内容，创作出更多优秀的作品。

编 者

目 录

1 动态设计入门

1.1	C4D 软件介绍	2
1.2	动态设计师的工作领域	3
	电视综艺	3
	大型演出现场 LED 屏幕	4
	裸眼 3D 屏幕	4
	产品展示	4
	片头	4

2 界面布局与基本操作

2.1	认识软件界面布局	7
	C4D 软件的默认界面	7
	标题栏	8
	菜单栏	8
	快捷图标区 1	8
	视图操作窗口	8
	界面预设切换及对象管理器	9
	小提示 管理器切换标签	9
	属性管理器和层管理器	9
	小提示 "对象"的概念	9
	时间线和材质管理器	10
	快捷图标区 2	10
2.2	摄像机视图操作	11
	旋转视图	11

		小提示 创建立方体	11
		位移视图	11
		推拉视图	12
		小提示 视图导航十字标的作用	12
		四视图切换	12
	2.3	菜单栏功能介绍	14
		"文件"菜单	14
		"编辑"菜单	14
		"窗口"菜单	15
		"帮助"菜单	17
	2.4	视图窗口常用菜单介绍	18
		"查看"菜单	18
		"摄像机"菜单	19
		小提示 什么是默认摄像机	19
		"显示"菜单	20
		"选项"菜单	23
		"过滤"菜单	24
		"面板"菜单	24
		小提示 ProRender 渲染器	24
	2.5	对象管理器的使用	25
		"文件"菜单	26
		"编辑"菜单	26
		小提示 C4D 特有的标签功能	27
		复制和删除操作	27
		父子级的建立与解除操作	28
		对象的基本组成	28
		组的应用	29
	2.6	对象与工程属性管理器的应用	29
		对象属性	30

	工程属性	31
2.7	**视图设置属性管理器的应用**	**33**
	"显示"选项卡	33
	"背景"选项卡	34
2.8	**材质管理器功能介绍**	**37**
	新建材质球	37
	编辑材质球	38
	"功能"菜单	38
2.9	**内容浏览器功能介绍**	**39**
	小提示 关于内容浏览器中的预置包文件	40

3 对象的应用

3.1	**对象的类型**	**43**
	对象的分类	43
	基础对象	43
	样条	44
	生成器与建模对象	45
	变形器对象	45
	环境	46
	摄像机对象	46
	灯光对象	46
3.2	**对象的基础操作及常规属性**	**47**
	对象的基础操作	47
	对象的常规属性	48
	小提示 "编辑器可见"和"渲染器可见"的 快捷操作	49

3.3	对象的特有属性	51
	"对象"属性	51
	设置"尺寸"参数	52
	小提示 视窗中显示模型分段的方法	52
	设置"圆角"参数	52
3.4	可编辑对象	53
	转化为可编辑对象	53
	小提示 关于快捷键 C	55
	使用选择工具	55

4 样条对象的应用

4.1	样条对象的绘制	57
	创建默认样条图形	57
	在视窗中绘制样条	58
4.2	样条对象的常用操作命令	62
	右键快捷菜单的应用	62
	常用的操作命令	63
4.3	样条对象的其他操作命令	68
	"倒角"命令	68
	小提示 执行"倒角"命令后继续调整相关参数的方法	69
	"创建轮廓"命令	70
	"线性切割"命令	71
	"细分"命令	72

5 生成器和建模对象

5.1	细分曲面生成器	75
	创建细分曲面	75
	"细分曲面"的属性参数	76
5.2	挤压生成器	78
	创建挤压生成器	78
	小提示 关于文本样条对象	78
	挤压生成器的常用参数	79
	"封顶"选项卡下的属性	81
5.3	旋转生成器	87
	创建水杯模型	87
	旋转生成器常用的属性参数	88
5.4	放样生成器	90
	放样生成模型	90
	放样生成器的属性	91
5.5	扫描生成器	93
	创建样条对象	93
	扫描生成器的属性	94
5.6	贝塞尔、阵列和晶格生成器	96
	贝塞尔生成器	96
	阵列生成器	97
	晶格生成器	99
5.7	布尔和样条布尔生成器	101
	布尔生成器	101
	样条布尔生成器	104
5.8	连接和实例生成器	105
	连接生成器	105

	实例生成器	106
5.9	融球和对称生成器	108
	融球生成器	108
	对称生成器	109
5.10	LOD 和减面生成器	111
	LOD 生成器	111
	小提示 "LOD 条" 参数的作用	113
	减面生成器	114
5.11	克隆生成器 1	115
	克隆生成器的用法	115
	克隆生成器的属性	116
	小提示 克隆的 "对象" 模式	118
	"线性" 模式	119
	"对象" 模式	121
5.12	克隆生成器 2	126
	"放射" 模式	126
	"网格排列" 模式	128
	"蜂窝排列" 模式	128
	固有属性参数	131
5.13	体积生成器与体积网格生成器	133
	体积生成器的使用方法	134
	小提示 体素的渲染	134
	体积生成器与体积网格生成器的配合使用	134
	体积网格生成器的属性	139

6 多边形建模

6.1 创建点工具	142
小提示 使用创建点工具的注意事项	143
6.2 笔刷工具、磁铁工具和熨烫工具	144
笔刷工具的应用	144
磁铁工具的应用	145
熨烫工具的应用	146
6.3 连接点/边工具和多边形画笔工具	147
6.4 消除工具和溶解工具	148
消除工具的应用	148
溶解工具的应用	149
6.5 线性切割工具、循环/路径切割工具和平面切割工具	150
线性切割工具	150
循环/路径切割工具	151
平面切割工具	152
6.6 镜像工具	154
6.7 滑动工具、缝合工具和焊接工具	155
滑动工具的应用	155
缝合工具和焊接工具的应用	156
6.8 桥接工具和封闭多边形孔洞工具	158
桥接工具的应用	158
封闭多边形孔洞工具的应用	159
6.9 倒角工具	160
倒角工具的三种模式	160
倒角的属性	162

6.10	**挤压工具和内部挤压工具**	**164**
	挤压工具的应用	164
	小提示 执行"挤压"命令的注意事项	165
	内部挤压工具的应用	168
6.11	**阵列工具和克隆工具**	**169**
	阵列工具的应用	169
	克隆工具的应用	170
6.12	**断开连接对象和分裂对象**	**171**
	断开连接对象	171
	分裂对象	172

7 变形器应用

7.1	**扭曲变形器、膨胀变形器和** **挤压 & 伸展变形器**	**174**
	小提示 变形器的使用方法	174
	扭曲变形器的应用	174
	膨胀变形器的应用	176
	挤压 & 伸展变形器的应用	179
7.2	**斜切变形器、锥化变形器和螺旋变形器**	**182**
	斜切变形器的应用	182
	小提示 变形器对多个对象或者多层级对象的 使用方法	183
	小提示 变形器的属性	184
	锥化变形器的应用	184
	螺旋变形器的应用	185
7.3	**FFD 变形器和网格变形器**	**186**
	FFD 变形器的应用	186

	网格变形器的应用	187
7.4	修正变形器	188
7.5	变形及姿态变形	190
	标签的应用	190
	变形和姿态变形的应用	191
7.6	球化变形器和包裹变形器	193
	球化变形器的应用	194
	包裹变形器的应用	194
7.7	样条约束变形器	197
	创建样条约束变形器和胶囊对象	197
	样条约束的属性	198
	小提示 在曲线上新增控制点的方法	200
7.8	碰撞变形器	203
7.9	置换变形器	205
7.10	平滑变形器和倒角变形器	207
	平滑变形器的应用	207
	小提示 简单认识"顶点权重"	207
	倒角变形器的应用	210
	小提示 什么是选集标签	211

8 RS 灯光应用

8.1	自定义布局	214
8.2	RS 灯光概览	218
	小提示 RS 灯光名称	218
8.3	RS 常用的四种灯光	219
	Infinite Light（无限光）	219

小提示 关于随书素材		219
小提示 RS 的节点编辑模式		221
Point Light（点光）		222
Spot Light（聚光灯）		223
Area Light（区域光）		224
8.4	**Dome Light（穹幕光源）**	**226**
	小提示 HDR 光照贴图的概念	226
8.5	**Redshift Sun & Sky Rig（RS 太阳和天空）**	**229**

9 RS 材质与渲染

9.1	**RS 材质概览**	**234**
9.2	**节点编辑器**	**236**
	小提示 使用 RS 需要有节点思维	237
	小提示 Output 节点的报错与提示	237
9.3	**RS Material（RS 材质）**	**238**
	将材质球赋予对象的三种方法	238
	RS Material 的属性	238
	节点的常规属性	239
	节点的基础属性	239
	次表面散射属性	245
	小提示 创建 3S 效果时的注意事项	245
	小提示 3S 效果中层的作用	246
	Coating（清漆）属性	246
	Overall（全部）属性	247
9.4	**节点库**	**248**
9.5	**Materials 组的常用节点**	**249**

	Material Blender（材质混合）	250
	Sprite（精灵）	252
9.6	**Textures 组的常用节点**	**254**
	通道贴图命名规则与 Textures 组下的节点	254
	Texture（纹理贴图）和 Normal Map（法线贴图）	255
	Curvature（曲率）	257
	Maxon Noise（Maxon 噪波）	259
	Noise（噪波节点）	260
	Ramp（渐变）	260
	WireFrame（线框节点）	261
9.7	**Utilities 组的常用节点**	**262**
	Displacement（置换）	262
	Fresnel（菲涅尔）	264
	UV Projection（UV 投射）	265
9.8	**渲染设置 1**	**269**
	"渲染设置"面板	269
	输出	270
	保存和多通道	270
9.9	**渲染设置 2**	**272**
	"基本"选项卡	272
	"AOV"（多通道渲染）选项卡	274
	小提示 图片查看器和 RS 实时渲染窗口的区别	276
	"GI"（全局光照）选项卡	278
	"Photon（光子）""SSS（3S）"和"System（系统）"选项卡	281
	"Memory"（内存）选项卡	281
	"Integration"（综合）选项卡	282

9.10	RS 摄像机标签	282
	小提示 RS 标签中效果的启用	283
9.11	RS 对象标签	287
9.12	Redshift Environment（RS 环境）	289
	在场景中添加 Redshift Environment（RS 环境）	289
	灯光雾	290
	小提示 灯光雾的应用	290
	环境雾	290
9.13	Redshift Volume（RS 体积）	291

10 动画应用

10.1	关键帧动画	296
	关键帧概述	296
	关键帧的应用	296
	为球体添加位移动画	296
	小提示 对象运动路径的意义	298
	播放动画相关图标的作用	298
10.2	路径动画	301
10.3	矩阵和破碎运动图形	303
	矩阵	303
	破碎	305
	小提示 什么是纹理标签	313
10.4	分裂运动图形	313
	小提示 默认挤压后的模型状态	314

10.5	追踪对象和实例运动图形	**315**
	追踪对象	315
	实例	318
10.6	文本运动图形	**318**
10.7	运动样条运动图形	**319**
	小提示 Turtle 语言简介	320
10.8	效果器概览	**323**
10.9	简易效果器和域的应用	**324**
	简易效果器的应用	325
	"效果器"选项卡	325
	"参数"选项卡	325
	"变形器"选项卡	326
	"衰减"选项卡	326
	域的应用	327
	域的属性	328
10.10	随机效果器	**330**
10.11	推散效果器	**331**
	推散效果器的应用	331
	推散效果器的属性	332
10.12	继承效果器	**333**
	继承其他对象的动画属性	333
	继承效果器的属性	333
	继承其他克隆物体的位置属性	337
10.13	公式效果器	**338**
10.14	延迟效果器	**340**
	小提示 简易效果器的变换模式	341
10.15	着色效果器	**342**

10.16	声音效果器	346
10.17	样条效果器	348
	样条效果器的应用	348
	样条效果器的属性	349
10.18	步幅效果器	351
	步幅效果器的应用	351
	步幅效果器的属性	352
10.19	目标效果器	353
	目标效果器的应用	353
	目标效果器的属性	354
10.20	时间效果器	355
10.21	体积效果器	356
10.22	运动挤压和多边形 FX 运动图形变形器	358
	运动挤压效果	358
	运动挤压效果的属性	359
	多边形 FX 效果	360
	多边形 FX 效果的属性	361

11 基础工作流程——制作 ins 风格循环动画

11.1	模型建立	365
	建模准备	365
	创建文本样条	367
	调整基本构图	368
	新建管道对象	368

制作中间的透明管道模型	371
制作管道内部的元素	376
制作第一个透明管道中的细节	380
制作第二个透明管道中的细节	383
制作灯管两侧的六边形结构	387
制作第三个透明管道中的细节	389
制作四根透明管道里的细节	390

11.2　材质渲染　　395
　　渲染前期设置　　395
　　创建 RS Material 材质球　　398
　　制作透明管道中的发光球材质　　400
　　为地面添加材质　　401
　　为字母"E"中间管道赋予材质　　405
　　为中间透明管道中的六边形添加反光细节　　407

11.3　画面调色　　410
　　为场景添加辉光　　410

11.4　动画制作与渲染输出　　412
　　制作竖直透明管道细节动画　　412
　　制作其他动画效果　　415
　　为右侧齿轮添加旋转动画　　416
　　渲染输出　　419

12　工作流程应用——制作游戏机展示动画

12.1　案例制作思路概览　　423

12.2　方块模型及动画创建　　424
　　立方体模型制作　　424

	组合立方体为不同形状	425
	创建摄像机	427
	创建动画	428
12.3	**渲染与效果合成**	**430**
	小提示 After Effects 软件简介	432
12.4	**卡通手模型创建思路**	**433**
12.5	**卡通手骨骼绑定**	**435**
	骨骼绑定、蒙皮和刷权重	435
	对模型进行绑定	435
	为手臂骨骼和手指骨骼建立控制关系	437
	冻结所有骨骼的坐标信息	440
12.6	**卡通手权重绘制**	**441**
	调整每个关节对每个点的权重	441
12.7	**镜头一的制作**	**444**
	前期准备工作	444
	添加卡通手动画和镜头动画	445
	添加摄像机动画和场景灯光	448
12.8	**镜头二的制作**	**450**
	制作背景效果	450
	渲染设置	454
	查看渲染效果	456
12.9	**最终合成与衔接**	**458**
	将两个镜头序列载入 After Effects 软件	458
	为镜头一添加背景	460
	处理镜头一和镜头二的衔接效果	463

1.1 C4D 软件介绍

1.2 动态设计师的工作领域

动态设计入门

1

1.1 C4D 软件介绍

C4D 全称 Cinema 4D，直译过来是"4D 电影"，是德国 MAXON Computer 公司 1993 年开发的一款 3D 软件，并于 1996 年首次在 Mac OS 和 Windows 系统亮相。随着 C4D 技术越来越成熟，至今已经发展成为电影、电视和建筑工业等领域不可或缺的一款三维软件。

用户可以登录德国MAXON公司的Cinema 4D官方中文网站进行软件的购买和下载。

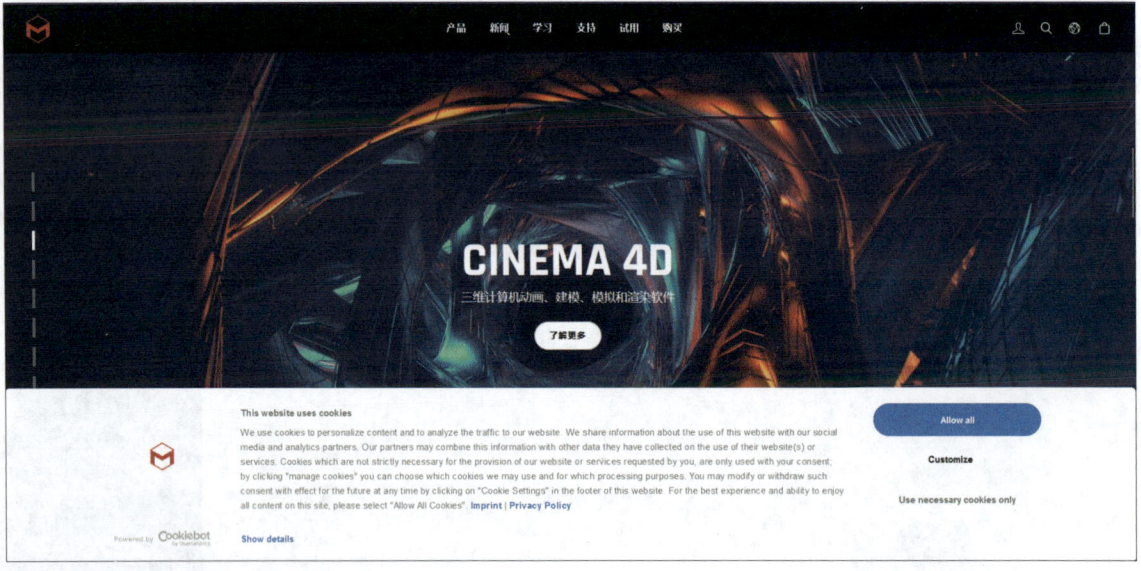

↑ MAXON Cinema 4D软件官方中文网站

作为一款强大的三维软件，C4D拥有惊人的运算速度，并且非常稳定。其独有的运动图形模块，可以方便快捷地制作出丰富的群集物体动态，大大提高了复杂动画的制作效率。C4D的接口兼容众多主流软件，方便整合动态设计流程。简洁而富有亲和力的用户界面设计，能够帮助初学者快速上手，降低了使用门槛。在应用领域，C4D已经覆盖了大多数与动态设计相关的行业。例如，综艺节目视觉设计、影视片头动画设计以及新媒体用户界面动画设计等。

目前C4D可以对接所有主流的渲染器，以适应各类项目的制作。比较著名的渲染器有Arnold、Redshift、Octane、VRray，本书主要以Redshift渲染器为主，对C4D的渲染操作进行讲解。

1.2 动态设计师的工作领域

近年来，随着硬件和技术的不断提升，静态图像已经渐渐无法满足各行各业的要求，所以当下动态视觉设计师所能参与的工作领域变得越来越多。

动态视觉设计由早期的"电视包装"衍生而来，只不过由于播出平台的变更，产生更加多元化的制作风格，因此现在更多地归类为动态设计，不再仅仅局限于"电视包装"。而动态设计当下也已经成为最热门的创作形式之一。下面，我们将对动态设计师的几个常见工作领域进行介绍。

电视综艺

一个综艺类电视节目，有很多工作是需要动态设计师去制作的，例如：动态海报、片头、演出现场LED屏幕内容、转场、动态标识演绎等物料。很多时候需要动态设计师和平面设计师之间进行配合，将静态的创意延展为动态画面。这也是动态设计师的核心工作之一。笔者曾参与国内很多大型综艺节目视觉的设计和制作。下图为某商业案例片头设计。

↑ 某商业案例片头设计

大型演出现场LED屏幕

上文提到动态视觉设计常用于LED屏幕内容的制作，除了在综艺节目中会使用LED屏幕来播放动态影像以外，在很多的大型演出现场，例如汽车发布会现场、大型演唱会现场以及户外大型活动现场等，都会涉及动态影像内容的制作。

裸眼3D屏幕

近几年户外公众艺术兴起，裸眼3D屏幕大热。很多地标性建筑和商场，都开始建造楼体LED屏幕。国内比较出名的有成都太古里裸眼3D大屏幕等。越来越多的动态设计师开始参与到此类项目的制作。制作内容方面也是丰富多彩，为动态设计师们提供了更多的创作可能性。大部分地标性裸眼3D屏幕需要不断更新和长久维护，这也为动态设计师提供了创作的持续性。

下图是由笔者参与制作的户外楼体裸眼3D项目。这个项目使用了Cinema 4D中知名渲染器Redshift来进行渲染，大大提高了渲染效率。

↑ 使用Redshift进行渲染的效果

产品展示

国内电商发展迅速，而动态影像可以全方面对产品的功能和外观进行展示，让创意更加生动地呈现。这类项目对动态设计师的渲染能力要求较高，需要展现出产品外观的质感和美感。

片头

各类电影及影视剧概念片头（title sequence）的设计，也属于动态设计师的工作范围，比较典型的是美剧的一些概念片头。在国内也很常见，例如电影《流浪地球》的片尾动画。这一类型的项目，通常偏向镜头叙事，节奏相对缓慢，比较考验动态设计师的场景制作能力。

下图是由美国著名的片头设计公司Elastic的设计总监Jeff Han（杰夫·韩）制作的美剧《末日巡逻队》的片头效果截图。

↑ 美剧《末日巡逻队》片头设计

当然还有很多领域都可以见到动态设计师的身影，例如各类电视广告（TVC）、一些短视频的动态效果制作以及动态用户界面的设计制作等。

C4D能制作的项目类型非常多，针对不同的项目领域，需要学习和掌握的知识各不相同，可以说动态设计已经在各行各业有了非常广泛的应用。

界面布局与基本操作

2.1 认识软件界面布局

2.2 摄像机视图操作

2.3 菜单栏功能介绍

2.4 视图窗口常用菜单介绍

2.5 对象管理器的使用

2.6 对象与工程属性管理器的应用

2.7 视图设置属性管理器的应用

2.8 材质管理器功能介绍

2.9 内容浏览器功能介绍

2

2.1 认识软件界面布局

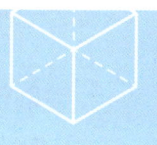

扫码看视频

从这一节开始，正式进入到C4D软件基础入门知识的学习。如果用户已掌握了C4D软件的基础操作知识，也可以直接从后面的案例部分开始学习。

需要说明的是，为了读者能够快速对C4D软件有一个系统的了解，快速上手，笔者不会将所有的命令、参数应用和操作方式都写入书中，仅会告诉大家一些常用命令。书中每个章节的内容，都录制相对应的教学视频，为了避免重复，视频中的内容相较于书中内容更侧重于操作方法的展示，方便大家学习。

那么我们就正式进入学习吧！

C4D软件的默认界面

首先打开C4D软件（本书使用的是R20版本，后续所有案例都将以这个版本作为基础来进行制作），之后看到的界面就是C4D默认打开之后的状态，如下图所示。接下来，我们来分别了解一下各个区域的作用。

标题栏：软件版本号和工程名称　　　　　　　　　　　　　　　　　　　　　　　界面预设切换按钮

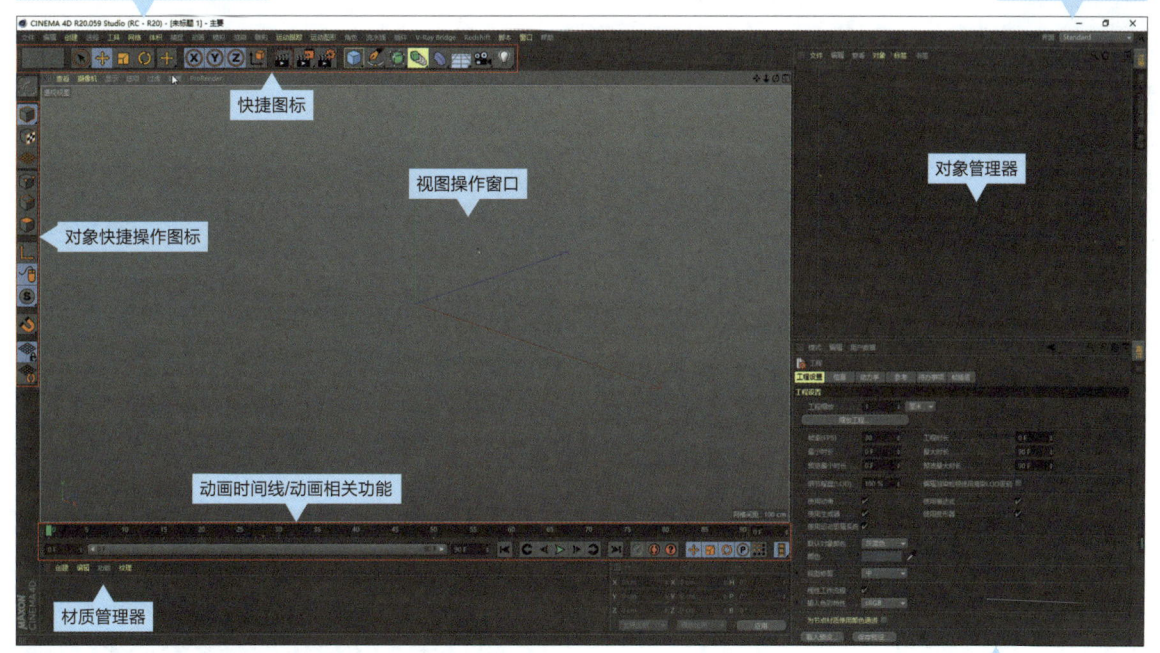

快捷图标

对象快捷操作图标

视图操作窗口

对象管理器

动画时间线/动画相关功能

材质管理器

属性管理器/层管理器

↑ C4D软件界面

标题栏

标题栏显示了软件的**版本号**、**工程名称**以及**场次等信息**。

关于软件版本号，C4D每一个大的版本（例如**R20**）更新之后，都会持续更新子版本，这些子版本有时候会修复一些系统缺陷，有时候会加入一些新的功能。

本书所使用的版本为**R20.059**，也是笔者编写本书时C4D更新到的最新一个版本，如右图所示。

↑ R20.059版本

菜单栏

C4D的菜单栏如右图所示。在菜单栏中，用户可以找到C4D软件的**所有命令**。至于菜单栏的哪些命令是我们常用的，后面的章节会为大家详细讲解。

初学C4D时，最好能打开菜单栏把所有命令逐一浏览一遍，这样能够在初期建立一个大概的框架，对后续的学习有非常大的帮助。

↑ C4D的菜单栏

快捷图标区1

右图中红色框选区域，是使用C4D进行动态设计时比较常用的命令，我们可以把它理解成"**快捷方式**"，这些命令都可以在菜单栏中找到，并且这些"快捷方式"都是可以自定义的。用户可以在学习的过程中将界面调整成自己最习惯的显示方式，这也是C4D这款软件的一个特点，拥有非常友好的图形化界面。具体的操作方式后面会介绍。

↑ C4D的快捷图标区

视图操作窗口

位于软件界面最中间的这块区域为视图操作窗口，也是我们使用最多的一个区域。几乎所有的对象都是在这个窗口诞生，并进行操作的，如右图所示。

↑ C4D的视图操作窗口

界面预设切换及对象管理器

软件的右上方区域主要分为黄色箭头指向区域和红色框选区域两个部分，如右图所示。

黄色箭头所指示区域为**界面预设切换**按钮，其功能主要是对C4D整体界面布局进行切换。C4D的界面非常人性化，它对各个模块的工作界面进行了相应的设计。例如，在制作模型时就可以使用Model界面进行操作，制作动画时又可以切换为Animation界面，用户甚至可以根据自己的操作习惯，自定义属于自己的界面。

红色框选区域，称之为**对象管理器**。对象管理器的作用是管理C4D中所创建的几何体、灯光和生成器等对象物体。

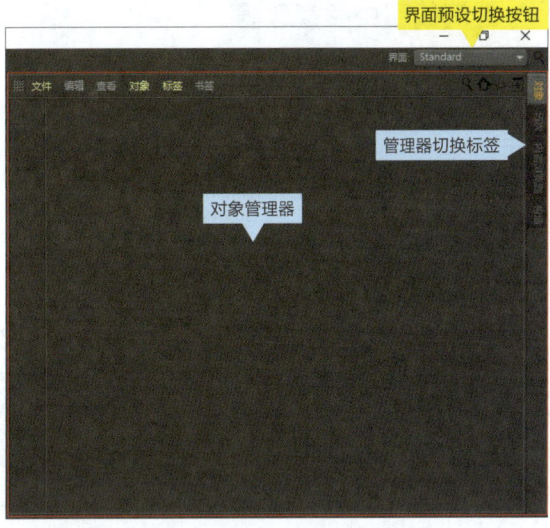

⬆ 界面预设切换和对象管理器在软件界面右上方区域

> **小提示：管理器切换标签**
>
> 在上图右侧，我们可以看到几个可以进行切换的标签，这几个标签用于管理器面板的切换，目前黄色高亮显示的标签是对象管理器。除了对象管理器之外，还可以切换至场次管理器、内容浏览器、构造管理器，其中内容浏览器会在后面的章节经常用到。

属性管理器和层管理器

软件的右下方区域是属性管理器和层管理器，如右图所示。

在属性管理器中，可以显示非常多的常用信息，例如对象属性和工程设置属性等重要信息。属性面板也是常用的面板之一，几乎所有跟参数相关的调节操作，都在这个管理器上完成。

层管理器的主要作用是对C4D中的对象进行分层处理，这个面板的实际应用在后面章节会再讲解。

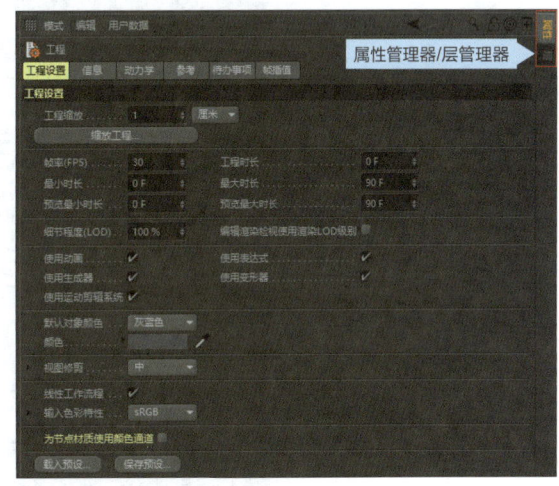

⬆ 属性管理器/层管理器应用

> **小提示："对象"的概念**
>
> 在C4D中所生成的一切东西，我们都可以称之为"对象"，例如一个灯光、一条样条线等。

时间线和材质管理器

时间线和材质管理器位于C4D界面最底部的区域，同样分为红色框和黄色框两大部分，如下图所示。

红色框部分，是**动画时间线**和一些与动画播放预览相关的功能按钮。这个部分的功能主要在制作动画的时候使用到。

黄色框部分称之为**材质管理器**。在C4D中创建的材质球，都将被放到这个区域进行管理和操作，它也是制作材质时最常用的面板之一。

动画时间线及动画相关功能按钮

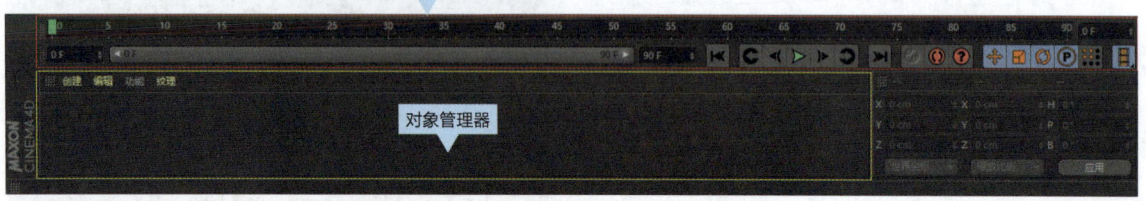

对象管理器

↑ 动画时间线与材质管理设置

快捷图标区2

最后来看一下位于软件最左侧的一排快捷图标，如下图所示。这些针对对象进行操作的快捷图标，在进行模型制作的时候，使用频率会非常高。

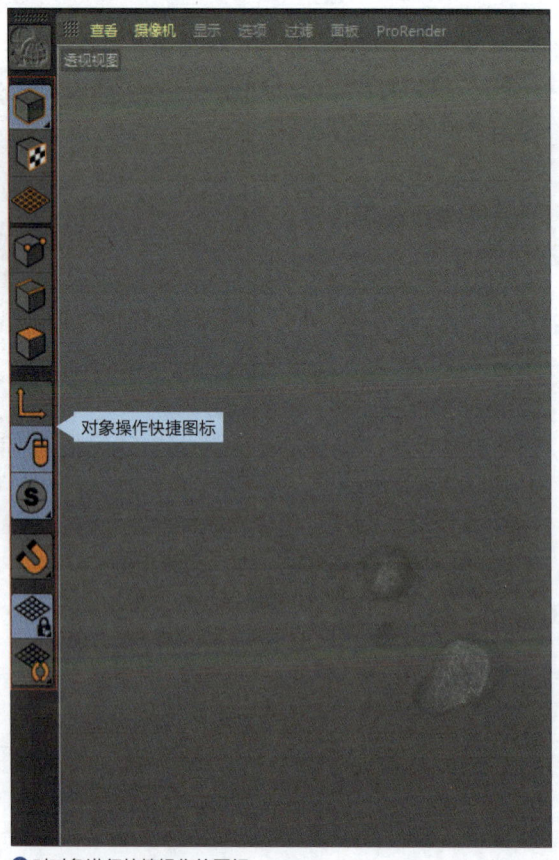

对象操作快捷图标

↑ 对对象进行快捷操作的图标

2.2 摄像机视图操作

上一节中我们介绍过,对于C4D来讲,视图窗口是用得最多的区域,它相当于三维设计师的操作台。

这一小节,我们来熟悉一下C4D的视图操作。其实C4D的操作方式非常简单,首先来了解一下如何在软件中对视角进行旋转、位移和推拉。

旋转视图

要旋转视图,则按住键盘上的 **Alt** 键,然后再按住**鼠标左键**,同时晃动鼠标。这里为了方便观察,我们在场景中建立了一个立方体对象作为参照物,如右图所示。

> **小提示:创建立方体**
>
> 我们可以通过鼠标左键单击快捷图标区的蓝色方块按钮,快速创建立方体对象。

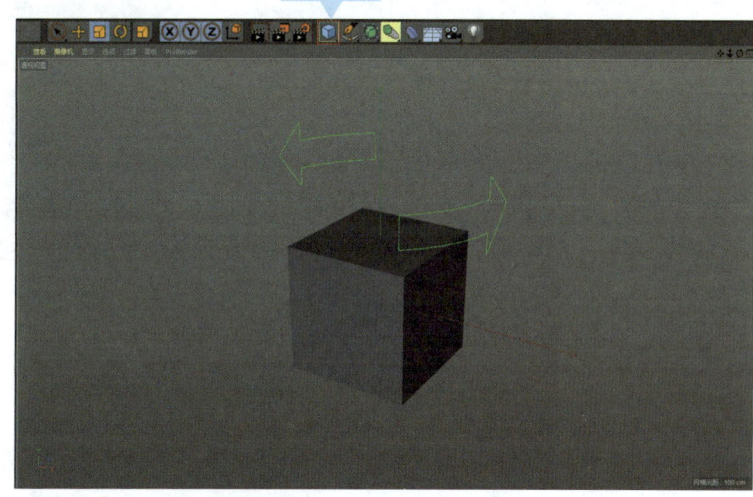

↑ 使用立方体作为参照物来旋转视图

位移视图

要位移视图,则同时按住键盘上的 **Alt** 键和**鼠标中键(鼠标滚轮键)**,同时晃动鼠标,这时候就可以实现位移视图的操作了,如右图所示。

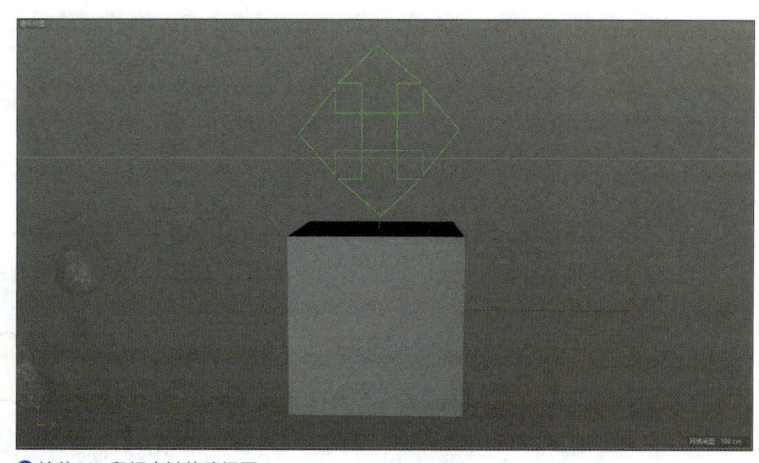

↑ 按住Alt+鼠标中键位移视图

推拉视图

接下来介绍推拉视图操作。首先按住键盘上的 **Alt** 键，再按住**鼠标右键**，同时晃动鼠标。这里在晃动鼠标的时候会有一点点不同，当鼠标往左侧移动为拉远，往右侧移动为推近，如右图所示。

⬆ 按住Alt键，再按鼠标右键并晃动，可以推拉视图

> **小提示：视图导航十字标的作用**
>
> 在进行旋转、位移和推拉视图操作的时候，我们可以看到场景中光标所单击的地方，会出现一个小十字标。这个十字标是视图操作的一个基点。例如推拉视图操作时所推近的那个点，就是光标单击时十字标出现的点。十字标如右图所示。
>
> 进行视图操作时，鼠标单击会出现一个十字标
>
> ⬆ 视图操作时的十字标

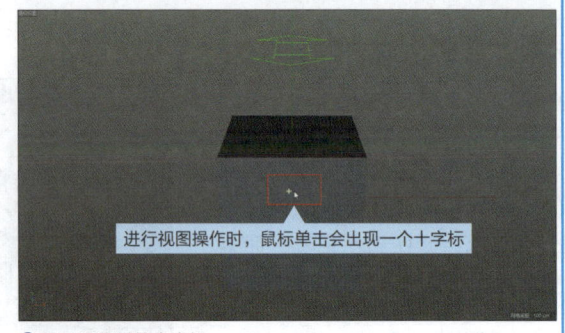

四视图切换

下面介绍一下常用的四视图切换操作。在C4D中，要想进行四视图切换，只要在视图窗口中**单击鼠标中键**。

此时可以看到视图窗口变为四个，分别为透视视图、顶视图、右视图和正视图，如下图所示。

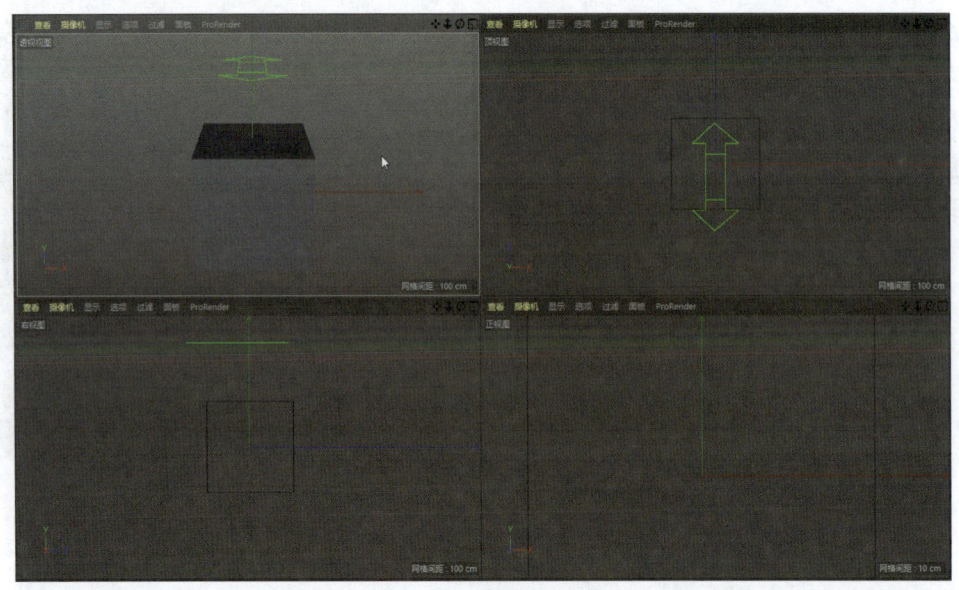

⬆ 四个视图窗口

» 2.2 摄像机视图操作

这几个视图窗口在工作中至关重要。如果想切换视图窗口，只需要将光标移动到相应的视图，再次**单击鼠标中键**即可。这里以正视图为例，单击之后，正视图会占满整个操作窗口，如下图所示。

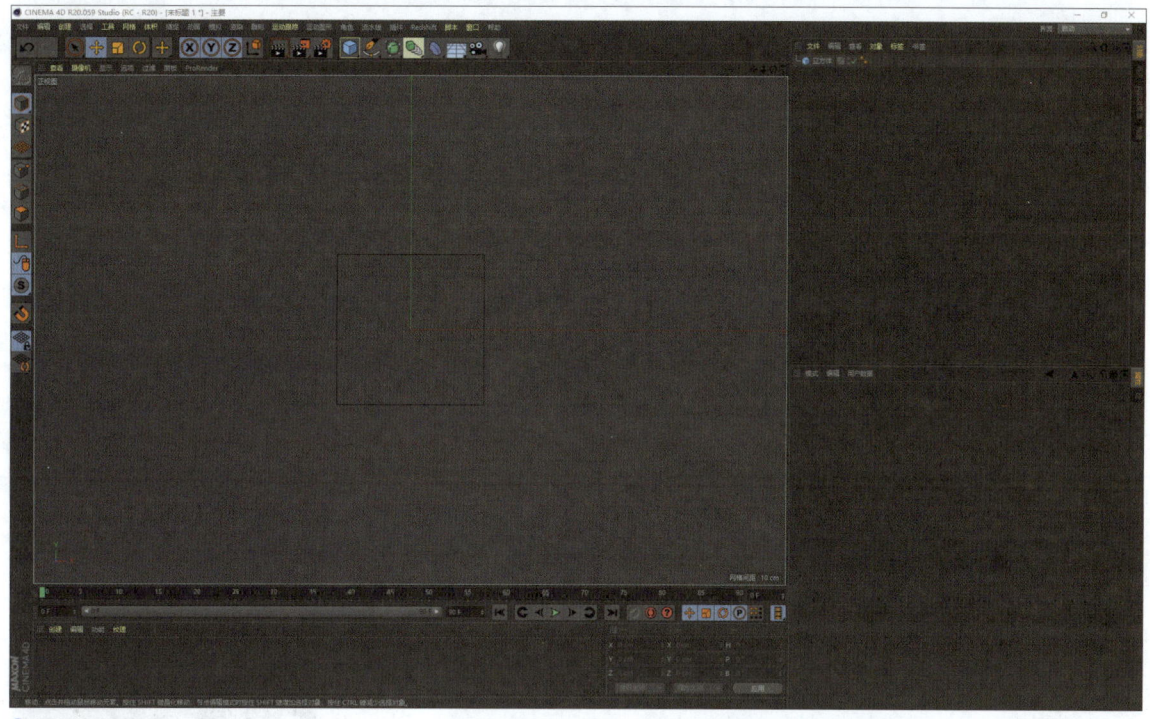

○ 切换为正视图

在这几个视图中，同样可以进行旋转、位移和推拉操作。稍有区别的是旋转操作，因为顶视图和正视图都是平面的**二维**操作，透视图是**三维**操作。在正视图中对对象进行旋转操作时，我们只能在平面方向进行旋转，如右图所示。

还有一点，其他视图的默认显示方式为**线框**。可以看到，线框模式下的对象不像我们之前看到的立方体对象，是具有颜色和体积感的。这里涉及视图窗口菜单的一些命令，后续会进行详细讲解。这一节我们主要专注于视图本身的操作。

在正视图进行旋转操作之后

○ 在正视图中进行旋转操作

总结一下，C4D中的视图基础操作为**Alt**键+**鼠标的左/中/右键**，分别对应旋转、位移和推拉。切换视图的快捷键为**单击鼠标中键**。

13

2.3 菜单栏功能介绍

熟悉了C4D的基础操作后，接下来进入菜单栏的学习。在菜单栏中，我们可以找到C4D的所有命令。本书不会将所有的命令一一列举，笔者将结合日常工作经验，讲解一些常用的命令，以便让大家快速入门。

"文件"菜单

首先介绍"文件"菜单，这一菜单包含用于文件创建、保存、导出等操作的相关命令，如右图所示。

常规的新建、打开操作都是非常简单的。C4D允许多个文件**同时被打开**。新建一个文件后，再次新建或打开其他文件时，C4D不会再打开一遍软件，而是将多个文件以选项标签的形式并排在软件中，在使用时可以互相切换或复制不同文件中的对象，这一点和Photoshop软件中的操作类似。

另外可以看到，菜单栏命令的右侧会出现相应的快捷键，方便大家学习和使用。

制作好一个C4D文件，可以使用"保存"命令，将它存储在计算机中。C4D制作文件的后缀为.c4d，大家可以尝试着自行操作一下。空白文件也可以保存。

↑ "文件"菜单

"编辑"菜单

"编辑"菜单中包含了一些软件的通用操作快捷键，例如复制、粘贴、剪切和撤销等。

这里我们单独介绍一下"设置"命令的应用，其位置如右图所示。

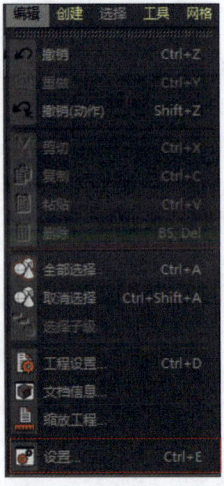

↑ "编辑"菜单中的"设置"命令

» 2.3 菜单栏功能介绍

选择"设置"命令，弹出"设置"对话框，如右图所示。

↑"设置"对话框

在"设置"对话框中较为常用的选项面板为"用户界面""OpenGL"和"渲染器"。

"用户界面"面板：可以自定义软件所使用的语言、界面颜色以及字体等。比较常用的就是修改软件所使用的语言，这里我们直接改为简体中文即可。

"OpenGL"面板：这里需要勾选"**硬件OpenGL**"复选框。如果没有勾选，要手动勾选上，如右图所示。这样能保证在C4D中操作时硬件加速是起到作用的。

"渲染器"面板：主要会涉及一些外挂插件的相关设置。这里仅提示大家可以在此处设置。软件基础部分还是以C4D自身功能为主，其他相关插件渲染器之后再为大家讲解。

↑勾选"硬件OpenGL"复选框

"窗口"菜单

跳过中间的部分菜单，我们直接来看"窗口"菜单中的命令。

"全屏显示模式"（其位置如右图所示）的快捷键是**Ctrl+Tab**。这个命令可以让鼠标所选择的面板变为全屏显示，很适合制作模型或者观察一些场景细节的时候使用。再次选择该命令，便会恢复默认的状态。

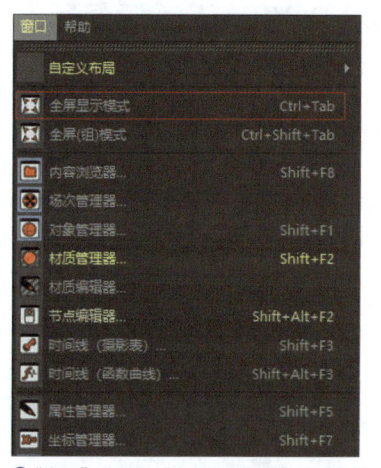

↑"窗口"菜单中"全屏显示模式"命令的位置

15

» 2 界面布局与基本操作

进入全屏显示模式之后，会看到我们所选择的操作视图窗口变为全屏模式，如下图所示。

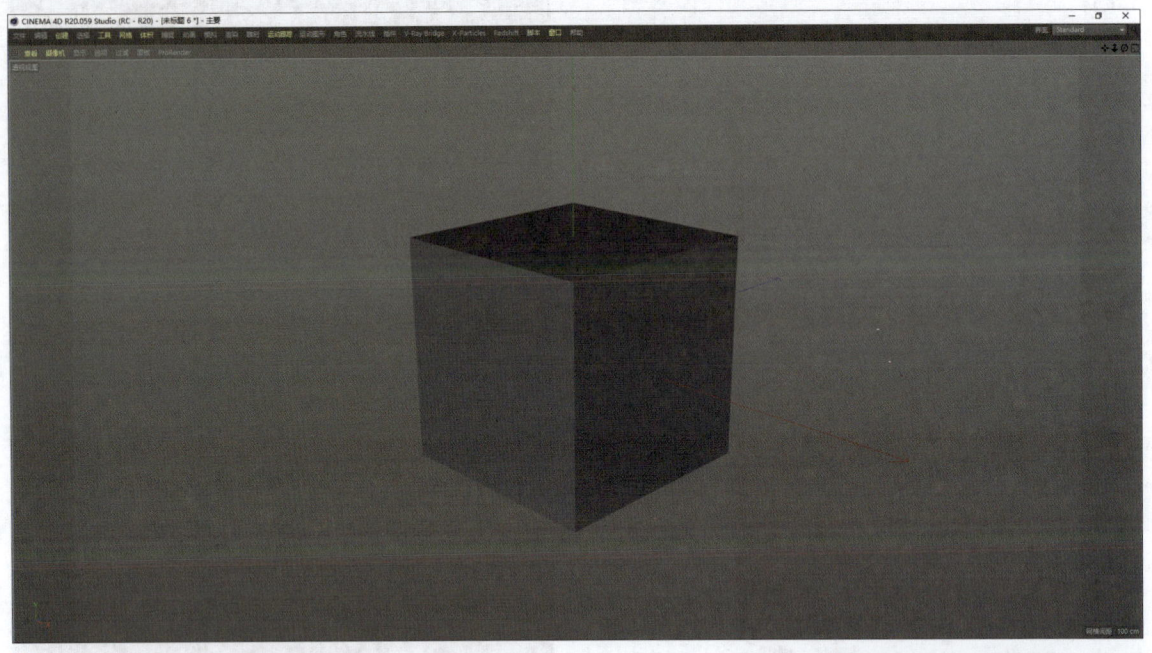

↑ 全屏模式的效果

再往下会看到很多在2.1节给大家介绍过的管理器的窗口面板选项。例如"对象管理器""材质管理器"和"属性管理器"等。如果因为误操作，将C4D默认的一些窗口或者面板关闭了，都可以从这个菜单中重新开启。

"窗口"菜单还有个非常重要的作用，就是用来**切换C4D文件**。之前介绍过，C4D中可以打开多个不同的工程文件，切换时不需要打开多个软件界面，这一点非常实用。

在"窗口"菜单最下方，可以看到两个选项，分别为"未标题1"和"未标题2"，如右图所示。这就是我们在C4D中新建的两个文件。"未标题1"的场景当中创建了一个立方体，"未标题2"的场景中创建了一个球体。我们可以通过选择这两个选项，来切换当前需要工作的场景，如下一页两图所示。

通过"窗口"菜单最下方的文件选项，来选择当前操作的文件

↑ 在"窗口"菜单中切换工作场景

» 2.3 菜单栏功能介绍

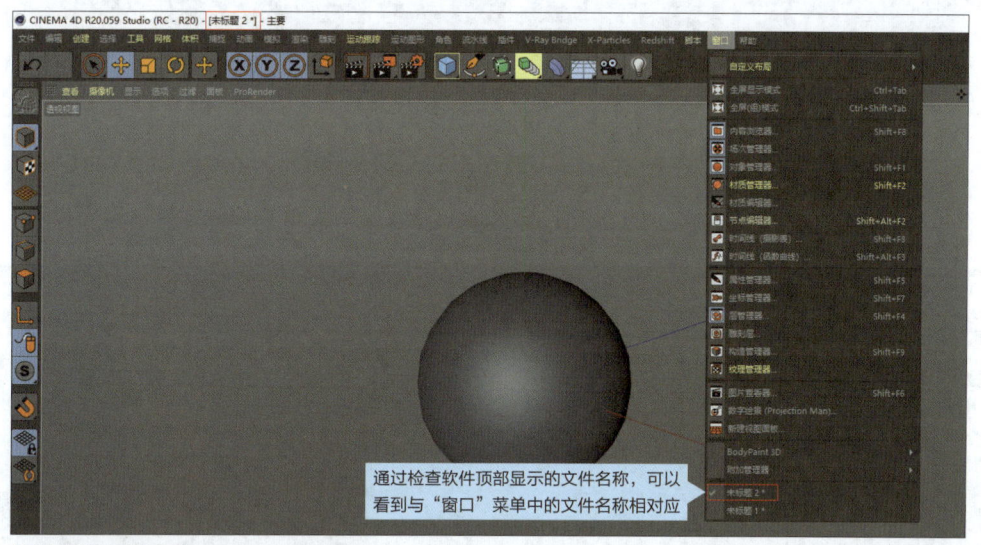

↑ "未标题2"的场景

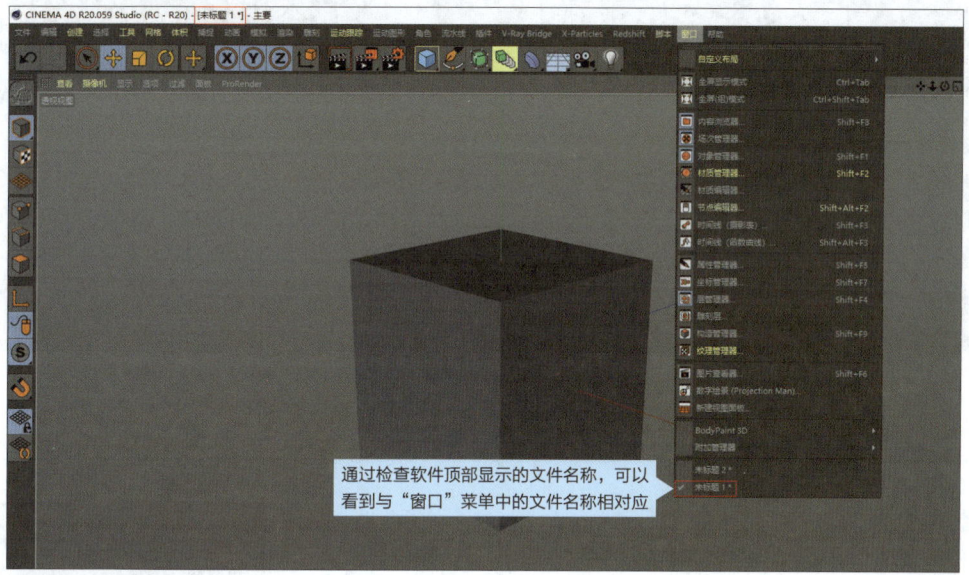

↑ "未标题1"的场景

"帮助"菜单

在本小节的最后,来看一下"帮助"菜单中的命令,如右图所示。在"帮助"菜单中,我们能够看到软件所给出的具有实用价值的官方"帮助"文档。如果是初学C4D的用户,建议多看看"帮助"手册,里面有很详细的参数用法讲解。不过,目前R20版本的C4D只有英文版的"帮助"文档。

"帮助"菜单下的"检查更新"命令,使用频率也比较高。C4D的每一个版本,都会有很多子版本。官方会持续不断地修复和升级软件,所以经常检测并更新软件也是非常有必要的。

↑ "帮助"菜单

2.4　视图窗口常用菜单介绍

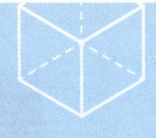

这一节将介绍C4D软件视图窗口上方菜单命令的应用，其位置如下图所示。

△ 视图窗口上方的菜单命令

"查看"菜单

首先我们看一下位于视图窗口上方、最左边的"查看"菜单。其中常用的命令有"撤销视图"和"框显选取元素"，位置如右图所示。

"撤销视图"命令类似于之前介绍的撤销命令（快捷键为**Ctrl+Z**）。不同的是，撤销命令对摄像机视角不起作用。在操作视角的时候，如果希望回到之前相机的位置，就只能使用"撤销视图"命令（快捷键是**Ctrl+Shift+Z**）。

"框显选取元素"命令在后续的案例制作过程中使用率非常高。在三维视图中，通常建立的对象物体会非常多，场景也非常大。这个命令的主要作用是精准地找到某个特定对象，并快速将摄像机拉至该对象前。要执行"框显选取元素"命令，可以按快捷键**Alt+S**或者只按**S**键。

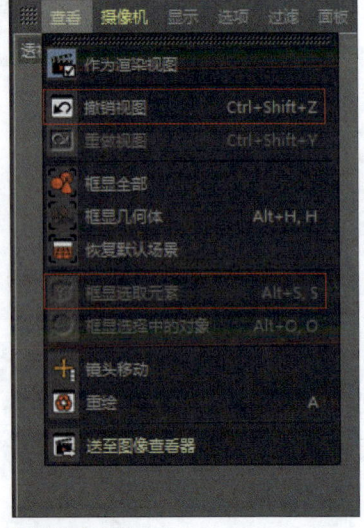

△ "查看"菜单

"摄像机"菜单

"摄像机"菜单中的命令主要用于视图中摄像机的切换,如右图所示。

"导航"命令通常情况下我们保持默认状态就好。导航就是用来改变之前介绍的在进行视图操作时出现的十字标出现的位置。这里大家了解即可。

如果场景中有多个摄像机,我们可以通过"使用摄像机"命令进行切换,并且可以看到场景中具体有多少台摄像机。

用户可以通过鼠标左键单击快捷图标区的摄像机图标,进行摄像机的创建,如右图所示。

当我们创建出一台新的摄像机,可以在此选项中看到新建摄像机的名称。

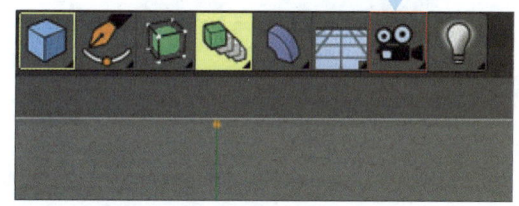

↑ "摄像机"菜单

↑ 单击"摄像机"图标

> **小提示:什么是默认摄像机**
>
> 默认摄像机在C4D中是不能删除的,因为默认摄像机就是我们打开软件之后的默认视图,如右图所示。默认摄像机有可能会在操作中出现数值错误,后续会告诉大家如何调整默认摄像机参数。 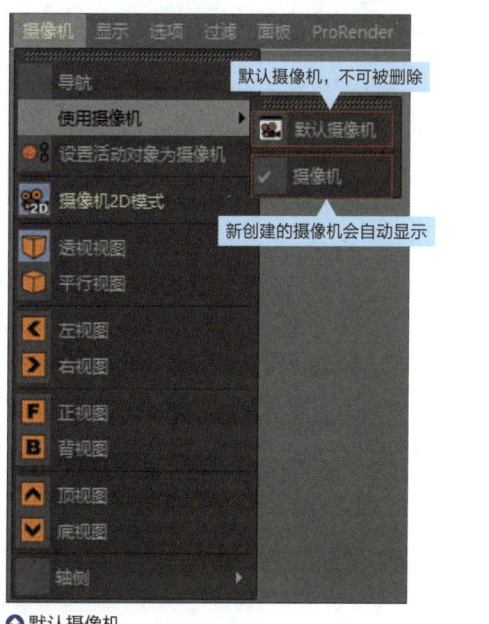
>
> ↑ 默认摄像机

» 2 界面布局与基本操作

接着往下可以看到几个非常熟悉的视图，之前介绍过，如何通过<u>鼠标中键</u>单击进行视图切换。

当时在切换的时候仅能看到右视图、正视图和顶视图。在这个菜单下包含更多的视图命令，甚至是一些特殊透视的视图，例如平行视图，如右图所示。

因为轴侧的本质就是不同透视方式的视图，所以"轴侧"命令可以在这里跟视图切换一起来看一下。在满足不同风格作品显示的时候，经常会用到一些不同的透视方式。关于轴侧中每一种透视的原理和使用方法，此处不过多论述，感兴趣的用户可以查阅相关的资料进行学习。大部分项目都是在透视视图下完成的。

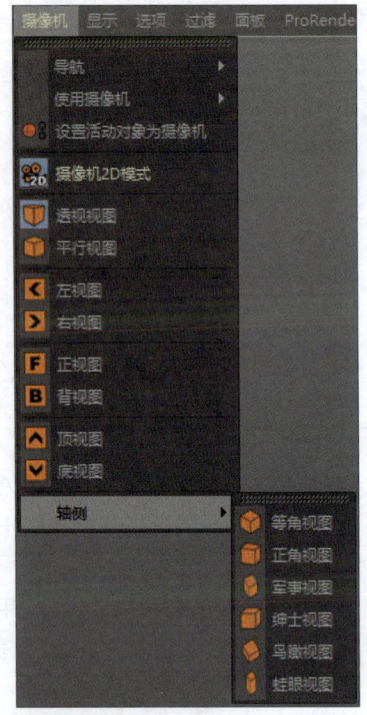

↑ 更多的视图命令

"显示"菜单

"显示"菜单中的命令主要用于对象在视图窗口中显示状态的切换，满足日常制作中的显示需求。

"显示"菜单中各个命令后面的快捷键跟之前的有所区别，是以纯字母的形式出现，而且中间加了波浪线。在C4D中，这一类型的快捷键有很多，也是比较有特点的，如右图所示。

实际上我们只需要将<u>两个按键连起来按</u>就可以了，例如执行"光影着色"命令，直接按N键后再按A键就可以了。

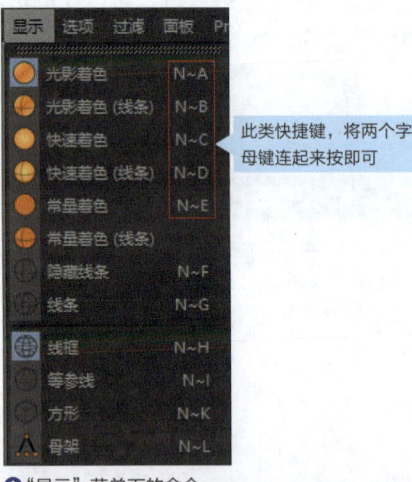

此类快捷键，将两个字母键连起来按即可

↑ "显示"菜单下的命令

"光影着色"（如右图所示）显示模式比较特殊，需要结合场景中的灯光才能看到效果。这里我们将所有的显示模式以图片的形式展示出来，可以更直观地看到每一种模式在视图显示中的效果。

"光影着色"是能够将场景中的光照信息直接显示在视图窗口中的一种显示模式，能够帮助设计师快速查看场景中的光源位置。相对来说，也是比较耗费计算机资源的一种显示模式。场景中没有灯光的时候，不会产生效果。

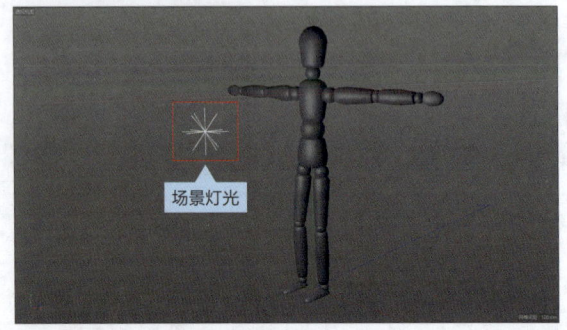

场景灯光

↑ "光影着色"模式的显示效果

20

» 2.4 视图窗口常用菜单介绍

"光影着色（线条）"模式的显示效果，如右图所示。这种显示模式是在光影着色的基础上显示模型的结构线条，可以方便用户观察设计模型自身的网格数量。

↑ "光影着色（线条）"模式的显示效果

"快速着色"模式的显示效果，如右图所示。即使在场景中有灯光存在的情况下，该显示模式也显示为默认状态，是一种节省计算机资源的显示方式，也是非常常用的显示方式。

↑ "快速着色"模式的显示效果

"快速着色（线条）"模式是在"快速着色"模式的基础上显示模型的结构线，如右图所示。

↑ "快速着色（线条）"模式的显示效果

"常量着色"显示模式是将对象物体的光影信息去掉，呈现出类似剪影的效果，如右图所示。该显示模式依然会带有对象物体的基本颜色信息。

↑ "常量着色"模式的显示效果

"常量着色（线条）"显示模式是在"常量着色"显示模式的基础上，显示模型的结构线，如右图所示。

↑"常量着色（线条）"模式的显示效果

"隐藏线条"显示模式和"常量着色"相似，但是去掉了对象物体本身的颜色信息，统一显示为灰色，如右图所示。

↑"隐藏线条"模式的显示效果

"线条"显示模式将场景中对象物体以纯网格线的形式显示，对象物体本身呈现透明状态，是非常节省计算机资源的一种显示方式，如右图所示。在大场景制作时，候以此种方式显示，操作会非常流畅。

↑"线条"模式的显示效果

"显示"菜单下面还有四种显示模式，需要配合上面所说的几种显示模式来进行操作。首先是"线框"和"等参线"显示模式。这两个命令只有在上面几种显示方式中带有线条字样的参数被激活时才有效果。

之前看到的线条显示的模型结构线其实就是这里的"线框"命令。默认情况下，C4D会以"线框"作为显示模式。

这里我们将显示模式由"线框"改为"等参线"，效果如右图所示。此时显示的并不是模型本身的结构线条。

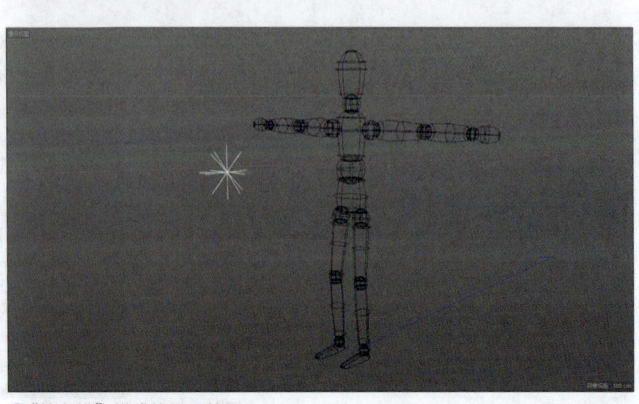

↑"等参线"模式的显示效果

无论模型拥有多复杂的形态或者结构,"方形"显示模式都会将场景中的对象物体强制以立方体的方式显示出来。

下图的模型是以"快速着色"显示模式配合"方形"显示模式来进行展示的。

↑"快速着色"配合"方形"显示模式的效果

"骨架"显示模式是将模型显示成点线所连接的类似骨骼的方式。由于显示模式使用频率非常低,这里不做详细介绍,大家了解即可。"骨架"显示模式的效果如下图所示。

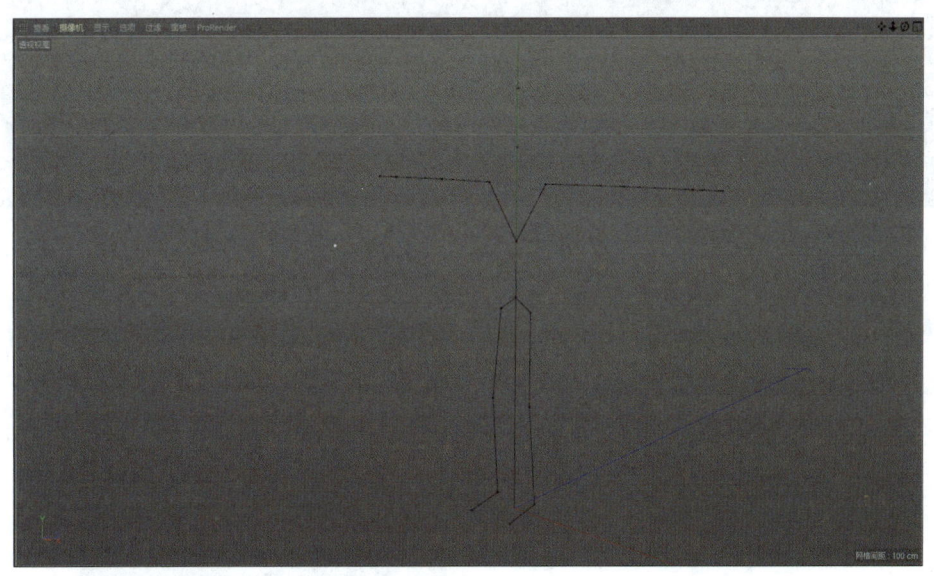

↑"骨架"显示模式的效果

"选项"菜单

"选项"菜单中的命令我们在后续项目制作过程中很少使用,所以该菜单中命令的应用就不一一给大家讲解和展示了。想要了解这个菜单的作用,可以观看本书的配套视频。

"过滤"菜单

"过滤"菜单中命令的主要作用是对C4D中会在视图窗口中出现的东西进行分类显示，不一定是对象，也会有变形器等。如果想让某种类型的东西不在视图中显示，又不能删除它，就可以使用"过滤"菜单中的相关命令。

例如场景中有大量的灯光，全部显示出来会非常乱，会对操作造成影响，这时候取消勾选"过滤"菜单下面的"灯光"选项，灯光就不会在视图中显示，但是依然可以在对象管理器中看到它，并且功能不会受到任何影响，如下图所示。

在C4D默认状态下打开的视图中是可以看到网格的，之前为了截图清晰，在"过滤"菜单中取消勾选了"网格"选项，在这个菜单中也是可以看到的。

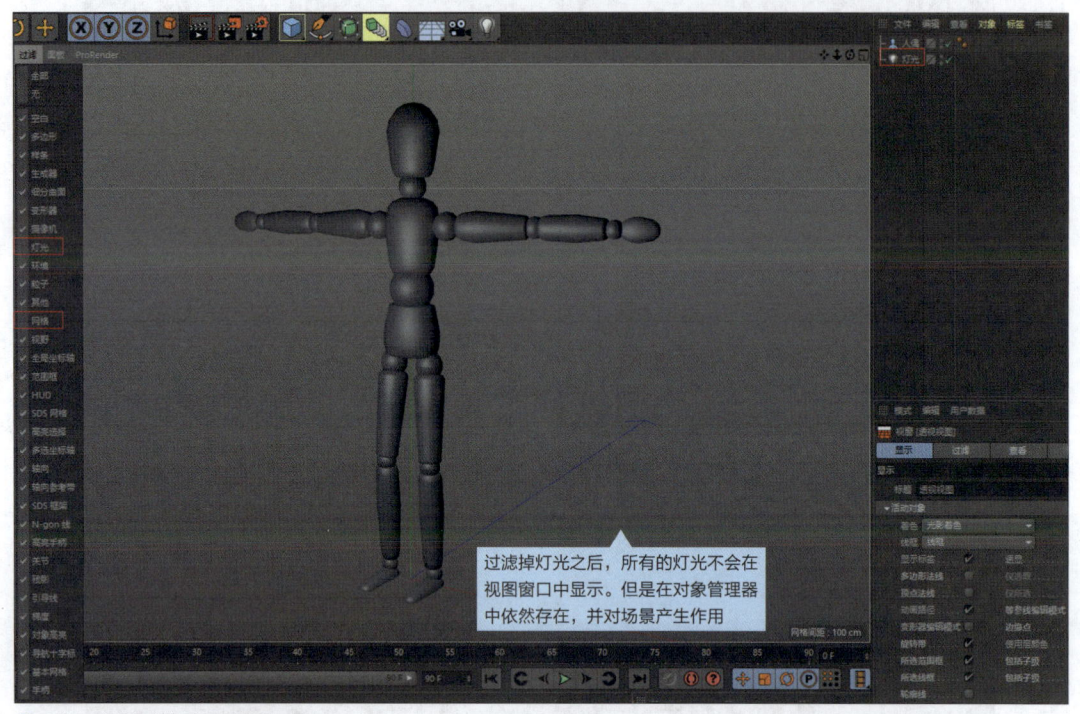

⬆ 取消勾选"灯光"选项后的效果

"面板"菜单

"面板"菜单中的命令跟之前介绍的视图切换操作类似，主要是对视图窗口的面板进行分割，这里给大家预设了很多种分割方式，可以灵活使用，如右图所示。其实最常用的还是鼠标中键单击的四视图分割方式。用户可以逐个尝试下。

> **小提示：ProRender渲染器**
>
> ProRender是C4D R20的内置GPU渲染器，能够通过显卡来进行图像渲染。后续在渲染模块会为大家介绍ProRender渲染器的操作与使用。

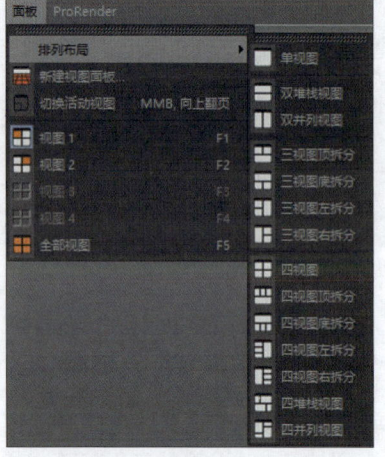

⬆ "面板"菜单下的命令

2.5 对象管理器的使用

这一小节我们将学习对象管理器的使用方法。对象管理器相当于整个C4D软件的大纲，所有在三维世界中创建的对象，都将在对象管理器中集中进行管理。

顾名思义，对象管理器就是对所有在C4D中创建的对象进行显示和管理。

对象管理器位于界面的右上方。初始状态下面板中没有任何对象显示，如右图所示。

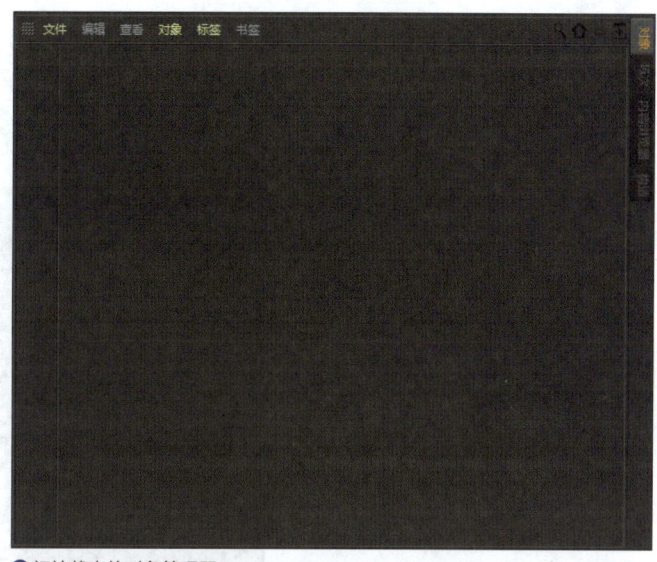

↑ 初始状态的对象管理器

这个时候如果我们创建一个立方体，对象管理器中将会显示出来，如右图所示。

在C4D中，创建的一切东西都可以称之为对象，都会在对象管理器中进行显示。

接下来，我们来看看对象管理器中的常用菜单以及基于对象的基本操作。

↑ 创建立方体后的对象管理器

"文件"菜单

首先是"文件"菜单,这里介绍该菜单下三个最常用的命令,分别为"合并对象""保存所选对象为"和"导出所选对象为"。

"合并对象"命令并不是将多个对象整合到一起,而是从外部导入其他的对象。比如我们从网站上下载的免费模型或者工程文件等。这里完全可以看作是"导入"功能。

"保存所选对象为"命令是将当前选中的对象单独保存为一个C4D工程文件,格式为.c4d。

"导出所选对象为"命令是将当前选中的对象单独导出成其他三维文件格式。这个功能非常好用,因为在老版本中,通过软件菜单栏中的"导出"命令,会将场景中的所有对象全部导出。如果需要单独导出某一个对象,就需要使用对象管理器中的"导出所选对象为"命令,所以这个命令在制作项目时非常常用,尤其是在和其他三维软件进行资产交互的时候。

"导出所选对象为"命令所能导出的文件格式非常丰富,这里就不一一讲解了,用户可以根据项目要求进行选择。常用的交互格式有".obj"".fbx"".abc"等,如右图所示。

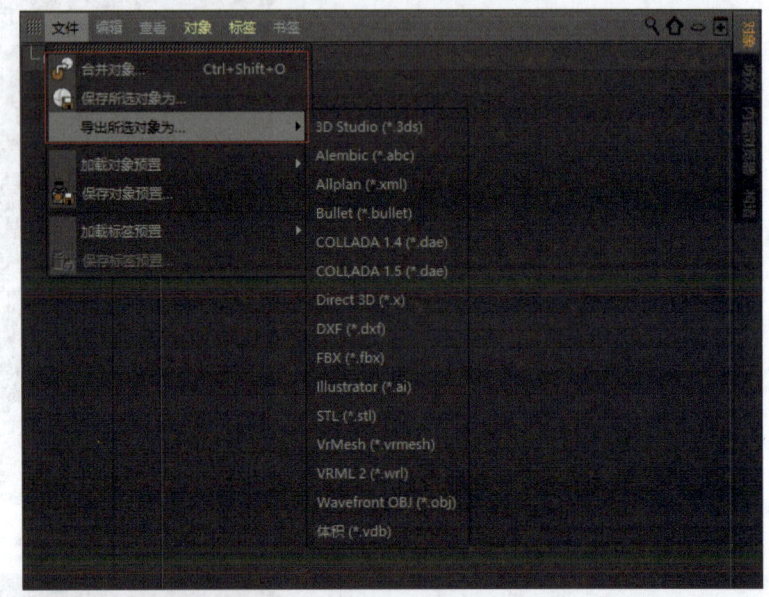

⬆ "导出所选对象为"命令下的文件格式

"编辑"菜单

"编辑"菜单中的命令,跟之前软件菜单栏中的很多操作都是一样的,只不过这里所有的操作都是针对对象的,如右图所示。例如,执行复制和粘贴命令可以得到一个新的对象,或者是将对象剪切到一个新的工程文件当中等。

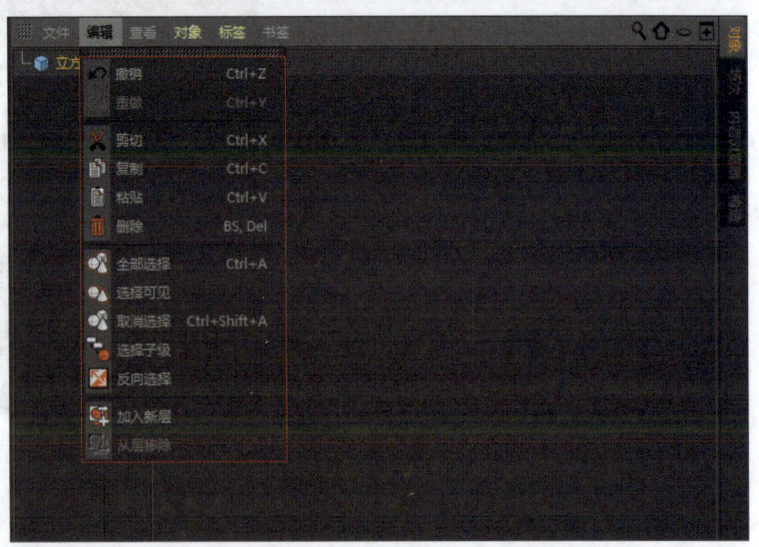

⬆ "编辑"菜单

后面"查看""对象""标签"和"书签"菜单下的命令,这里我们先不做介绍。在后面的章节中,随着学习的不断深入,大家就会清楚地知道这些菜单中命令的具体作用和功能。

》2.5 对象管理器的使用

小提示：C4D特有的标签功能

这里需要简单介绍一下C4D特有的"标签"功能。C4D的"标签"菜单下涵盖的功能非常多，可以说覆盖了各个不同的模块，甚至包括需要自行安装的第三方插件。"标签"菜单中的功能是非常重要和强大的，现在大家有一个初步的理解即可，如下图所示。

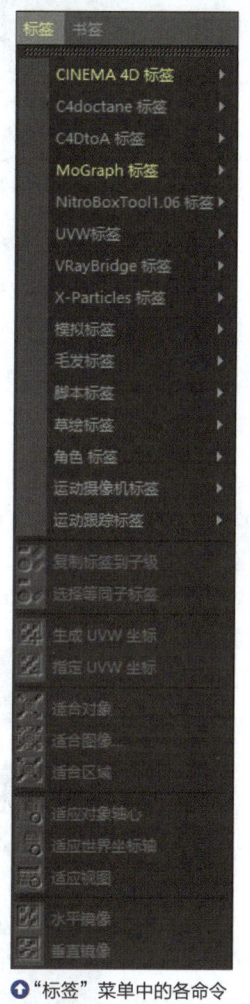

⬆"标签"菜单中的各命令

复制和删除操作

接下来，我们来看一下关于对象管理器的一些基础操作。

想要复制某个对象，在对象管理器中有**两种方式**。**第一种**是使用最为常用的**Ctrl+C**和**Ctrl+V**组合键。这时就能在对象管理器中得到两个立方体对象，如右图所示。

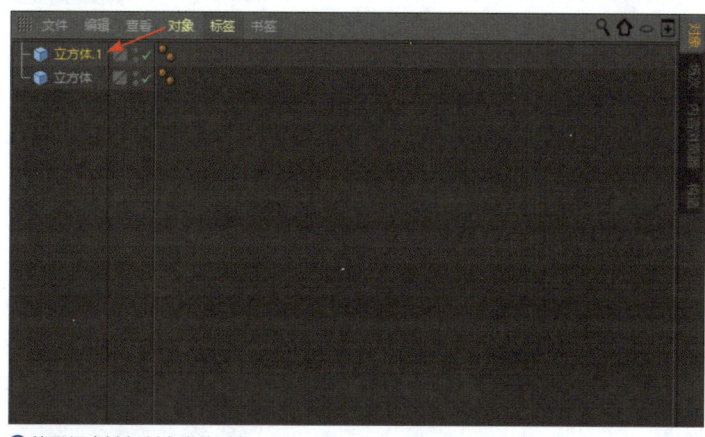

⬆使用组合键复制立方体对象

27

» 2 界面布局与基本操作

新复制出来的对象，C4D自动进行重命名，即在对象名称后面加上了".1"。

如果我们不需要这个新复制的对象，可以选中对象，按键盘上的Delete键，将其删除。

第二种复制对象的方式也非常简单，即按住键盘上的Ctrl键不放，选中想要复制的对象，按住鼠标左键，向该对象的下方拖动。这时候可以留意一下光标的变化，在光标旁边会出现一个黑色的向左箭头，这时先松开鼠标左键，再松开Ctrl键，即可复制出新的对象，如右图所示。

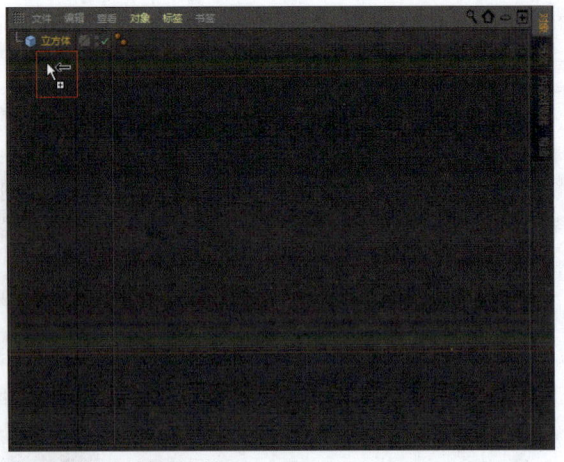

⬆ 通过按住Ctrl键复制对象

父子级的建立与解除操作

先来了解一下父子级的概念。

父子级关系是一种**从属关系**，子级从属于父级，父级可以带动子级。当父级对象发生移动、缩放或旋转时，子级会跟随父级做出同样的变化。而子级移动、缩放或旋转时，父级是不会跟着发生变化的。除了移动、缩放和旋转之外，同样受影响的还有在视图、渲染中可见（视图、渲染可见属性将在下文介绍）等属性。

这里我们可以将父级理解为火车车厢，而子级就是火车车厢内的乘客。火车无论如何行驶，乘客都将跟随；但乘客却可以在火车车厢内随意走动，火车是不受影响的。

建立父子级关系的方法非常简单，在对象管理器中有两个立方体时，用鼠标左键单击其中一个立方体对象并按住，拖动该立方体至对象管理器里的另一立方体对象上，当光标右侧出现了**黑色的向下箭头**时，松开鼠标左键，即完成了一次父子级关系的建立，如右图所示。

解除父子级关系最为直接的方法就是在对象管理器中选中子级后按住鼠标左键，然后向对象管理器的空白处拖动，当光标右侧的箭头变成黑色向左箭头时，松开鼠标左键，即可解除父子级关系。

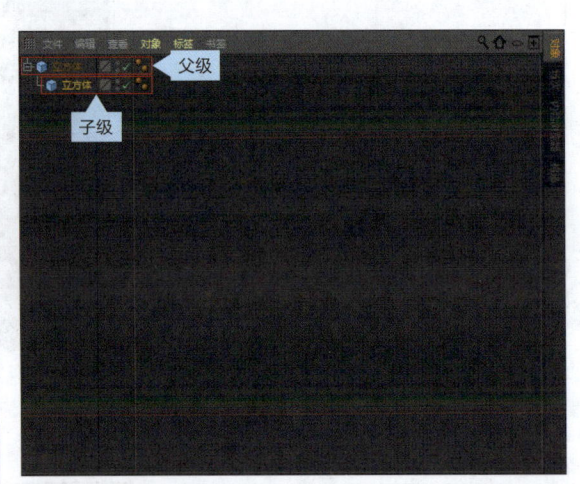

⬆ 建立父子级关系

对象的基本组成

下页上图中红框是每个对象都会有的基本图标，用来区分它们是"模型""灯光"或者是"变形器"等。因为它们总称为"对象"，所以需要有特定的图标进行区分。

黄色框为**对象名称**。对象的名称是可以自定义的，操作非常简单，只需要在所选对象名称上双击，然后输入新名称即可。

蓝色框中的几个小图标非常重要，是每一个对象都会有的通用属性。第一个灰色方形为这个对象所在的"**层**"图标。我们这里不赘述"层"的概念，大家了解下即可。再往右是两个圆点图标，它们是非常常用的。上面的圆点代表**对象在视窗中的显示**

状态（默认为灰色），若使用鼠标左键单击，就会变为绿色，表示当前对象强制显示在视图中；再次单击则变为红色，表示不在视图中显示当前对象。这个图标下方的圆点，表示**在渲染中此对象是否可见**。这里关于渲染的知识和概念也不做太多讲解。

再往右侧是一个绿色对勾的图标，如果使用鼠标左键单击，对勾会变为红色的叉，表示此对象是开启状态还是禁用状态。这个按钮对比之前的双圆点按钮，更像是**总开关**，一旦禁用当前对象，既无法在视图中显示此对象，也无法渲染此对象。

绿色框部分，就是当前对象所带有的标签。一个对象可以添加多个**标签**，这也是标签系统强大的地方。

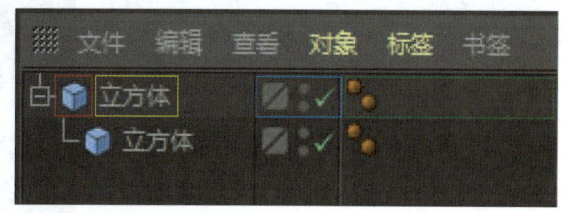

↑ 每个对象都有基本的图标

组的应用

选中对象管理器中想要分为一组的对象，按键盘上的Alt+G组合键，就可以完成打组操作。此时相当于所选对象有了共同的父级。右图中叫作"空白"的对象，我们称之为"空白对象"，在视图中显示为一个小点，不具有任何实际图形意义，也不会被渲染出来。所以"组"的基本概念就是使用"空白对象"来作为多个对象的父级，方便统一操作。

在当前组之上可以再打组，这个是没有限制的。并且也可以对组进行对象操作，例如复制、剪切等。想要解除组关系也是很简单的，选中相应的组，按键盘上的Shift+G组合键，即可解除组。但是空白对象依然存在，如果不需要，手动删除即可。

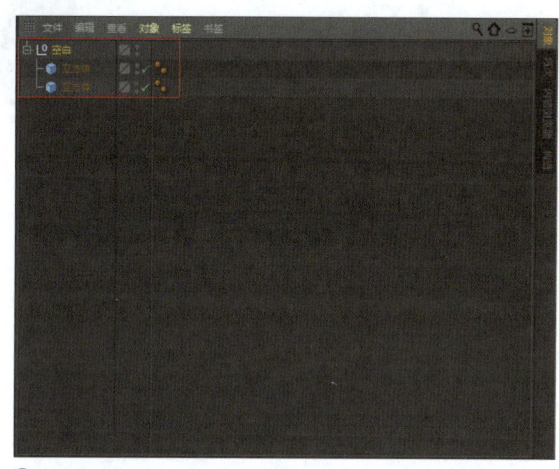

↑ 为选中对象打组

2.6 对象与工程属性管理器的应用

扫码看视频

在这一节和下一节，主要介绍属性管理器的应用。

属性管理器位于C4D界面的右下方，显示的内容非常多，而且都是关于属性的，例如对象的属性、材质的属性、标签的属性、工程的属性和视图设置的属性等。这两个小节我们只讲解对象的属性、工程的属性和视图设置的属性这三大部分，其余在后面的章节会陆续讲解。

由于视图设置的内容较多，因此我们把视图设置单独放在了下一节进行讲解。

» 2 界面布局与基本操作

切换不同内容的属性的方法很简单，在属性管理器上方的"模式"菜单里选择就可以了，如右图所示。

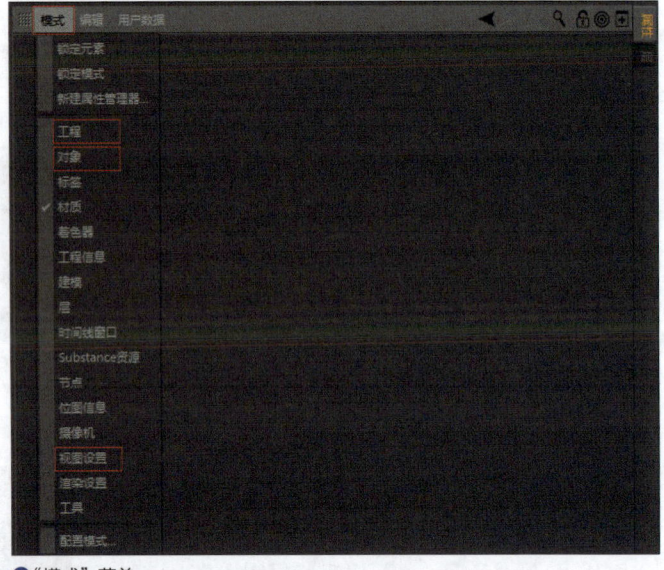

↑ "模式"菜单

对象属性

属性管理器里面的信息大部分是会进行自动切换的，并不需要我们手动在"模式"菜单中进行选择。

例如，在下图的文件场景中，当选中对象管理器中的立方体对象时，属性管理器中会自动跳出所选对象的属性内容，例如尺寸、分段等。

在对象属性面板中有四个选项卡，从左至右分别为基本、坐标、对象、平滑着色。具体的使用方法会在后面逐一讲解，这里先大致了解即可。

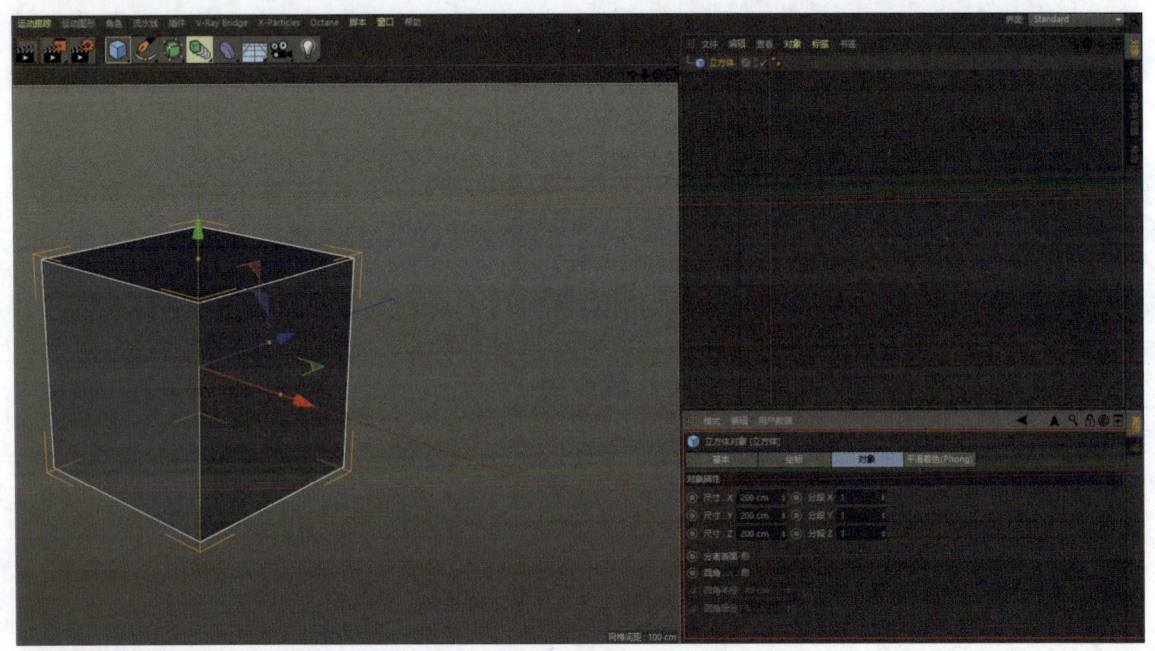

↑ 属性管理器会自动显示所选对象的属性

工程属性

工程属性较为特别，需要我们在"模式"菜单中选择"工程"命令，才能将工程的属性显示在属性管理器上，其位置如下图所示。

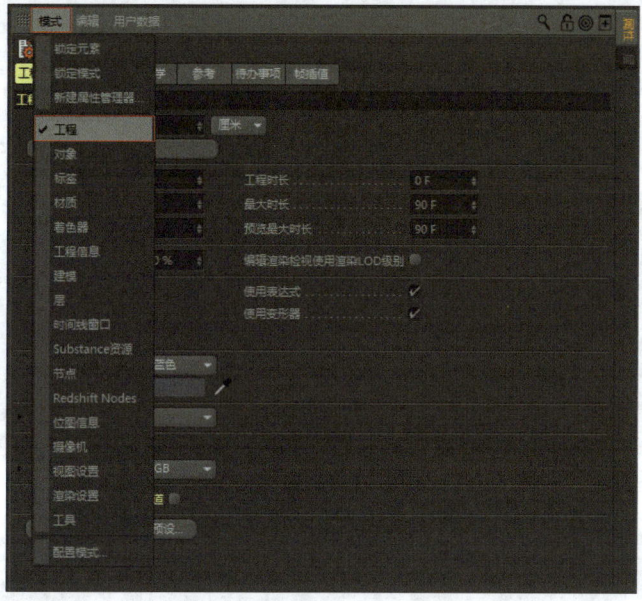

↑ 在"模式"菜单中选择"工程"命令

接下来我们了解一下工程属性中的几个重要的参数，如下图所示。

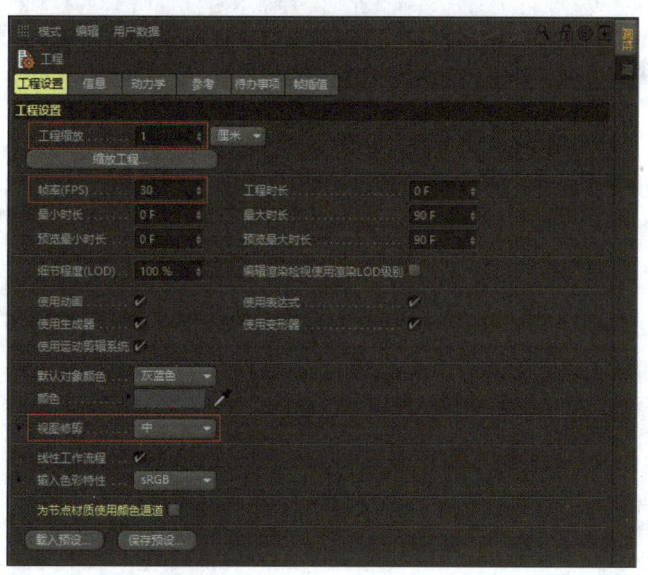

↑ 工程属性中的重要参数

"工程缩放"用于对场景中所有物体进行单位上的放大。例如当前在C4D中创建了一个默认尺寸的立方体，如果要将立方体尺寸放大，让C4D认为这个立方体是当前尺寸的十倍大小，可以在数值框中输入"10"，然后单击**缩放工程**按钮。

这时候立方体的尺寸就会显示为2000cm，即为默认200cm的十倍，如下页三图所示。

这里需要注意的是，在C4D中默认的单位是厘米。

» 2 界面布局与基本操作

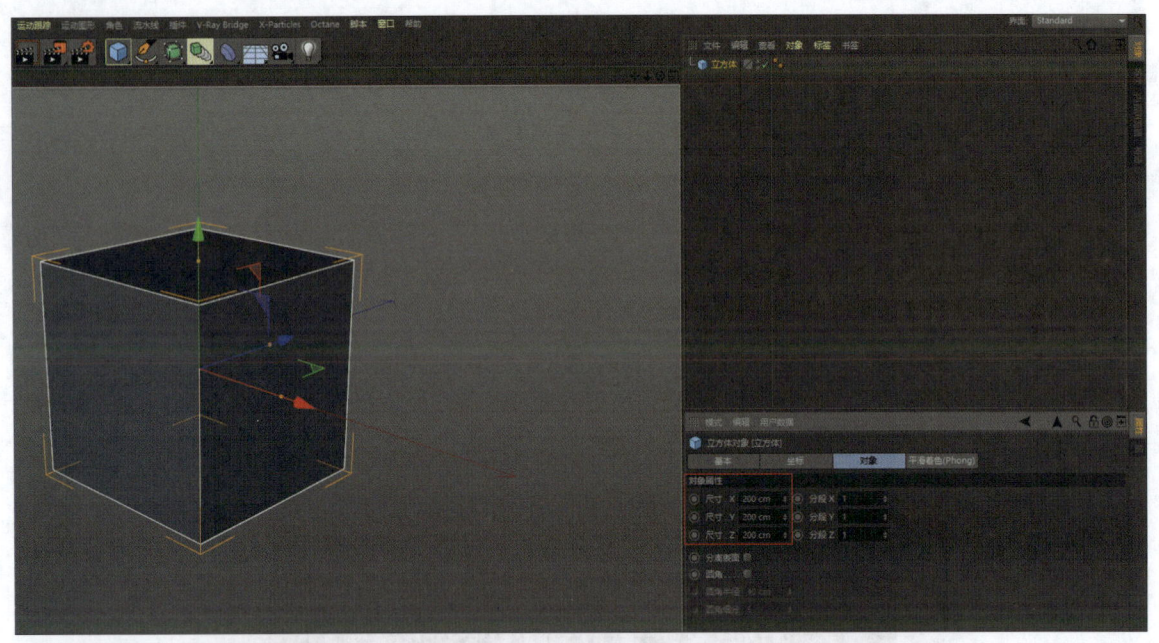

⬆ 创建的立方体默认尺寸为"200cm"

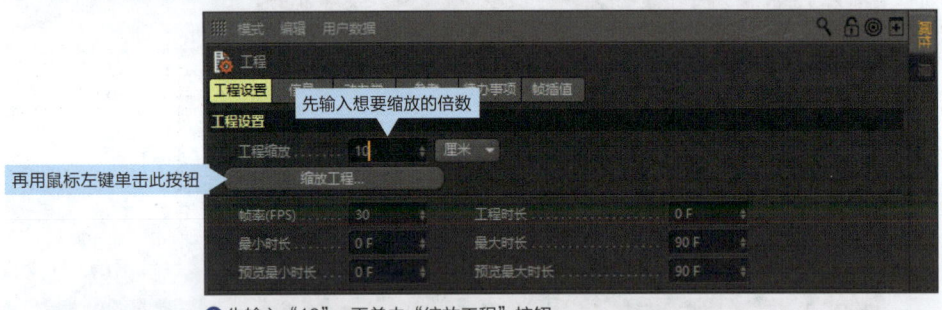

先输入想要缩放的倍数
再用鼠标左键单击此按钮

⬆ 先输入"10",再单击"缩放工程"按钮

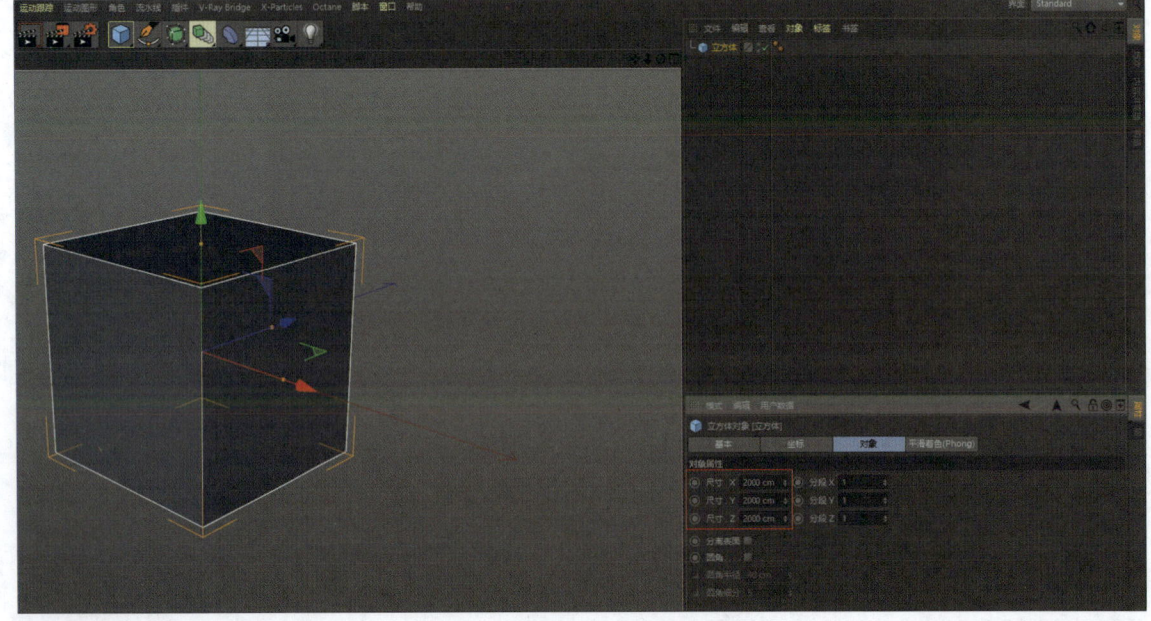

⬆ 立方体的尺寸变为"2000cm"

再次选择立方体对象，可以看到尺寸显示为"2000 cm"，完成了十倍单位大小的缩放操作。

"帧率"指动画中每秒画面所显示的帧数。国内常用**25帧**每秒来进行动画制作，而C4D中默认为30帧每秒。所以我们在制作动画的时候，一定要提前将此选项根据项目要求进行修改，避免后续出现问题。

"视图修剪"可以理解为摄像机的最大可视距离。当C4D中建立的场景非常大，而摄像机距离又非常远时，会导致场景在视图中显示不完整，一部分会被修剪掉。

所以根据项目场景大小的需求，我们可以将"视图修剪"设置为"**极大**"或者"**极小**"。

2.7 视图设置属性管理器的应用

视图属性设置主要是对C4D视窗操作的辅助。和工程设置一样，视图属性设置也需要选择"模式"菜单下的"视图设置"选项，才可以将视图设置的属性显示在属性管理器上，如右图所示。

我们可以看到视图设置里，从左至右分为显示、过滤、查看、背景、HUD、立体和增强OpenGL七个选项卡。这里我们会重点讲解"显示"和"背景"两个选项卡中的内容。

⬆ 在"模式"菜单下选择"视图设置"命令

"显示"选项卡

"显示"选项卡的位置如右图所示。

"轮廓线"：自从C4D中加入了雕刻模块，我们在对象管理器中选中一个对象时，该对象的边缘会显示出一圈**黄色的线框**，这就是对象的"轮廓线"显示方式。这是为了方便雕刻而出现的一种对象显示方式，其缺点是不能直观地看到该对象的布线情况以及面数多少。因此，笔者在使用C4D进行项目制作过程中，"轮廓线"复选框基本都是**取消勾选**的状态。

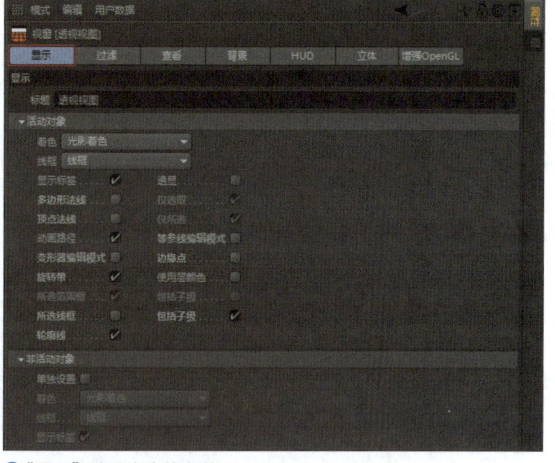

⬆ "显示"选项卡中的参数

"所选范围框"与"所选线框":这两种显示方式,在使用C4D的过程中几乎一直都是勾选状态的,如下图所示。它们能够弥补"轮廓线"显示模式的缺点,更直观地帮助我们判断当前对象上的布线、分段及面数的多少。例如,我们可以直接看到对象的细分情况、面数是否足够多或者太多等。大家可以自己试一试这三种显示方式,看看怎样搭配是最舒服的。

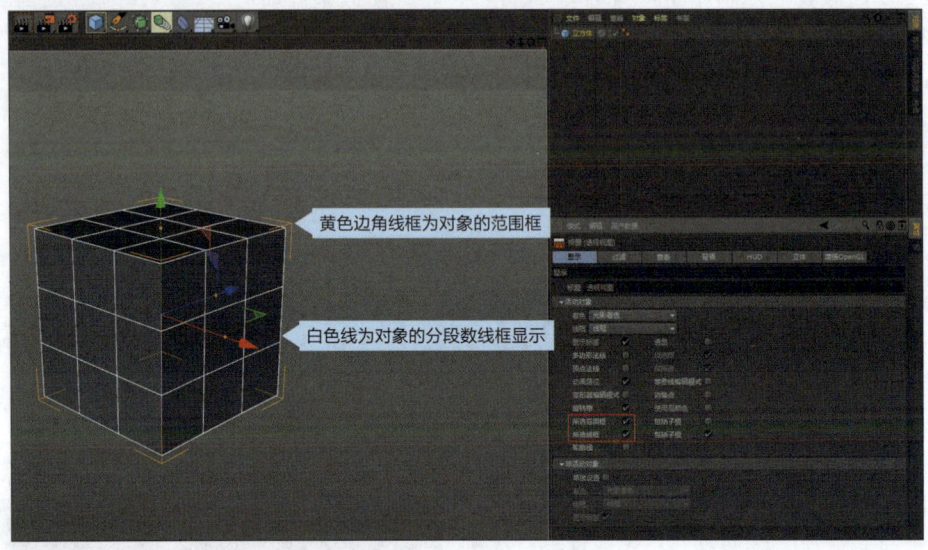

↑ 勾选"所选范围框"和"所选线框"复选框

"背景"选项卡

默认选择"背景"标签后,面板是灰色的,也就是不可操作的状态。这里我们需要明白的是,在操作视窗为透视视图的时候,"背景"选项卡是不可用的。"背景"选项卡的主要作用是将参考图片导入到C4D的视图中,这一点对于建模来说是非常重要的。

之前我们讲解切换视图的方法时,最常用的是在透视视图中使用鼠标中键进行单击,视图会变为四视图。这里需要注意观察的是,在四视图状态下,哪一个视图窗口有一圈白色的线框,该视图窗口就是被选中的窗口,如下图所示。

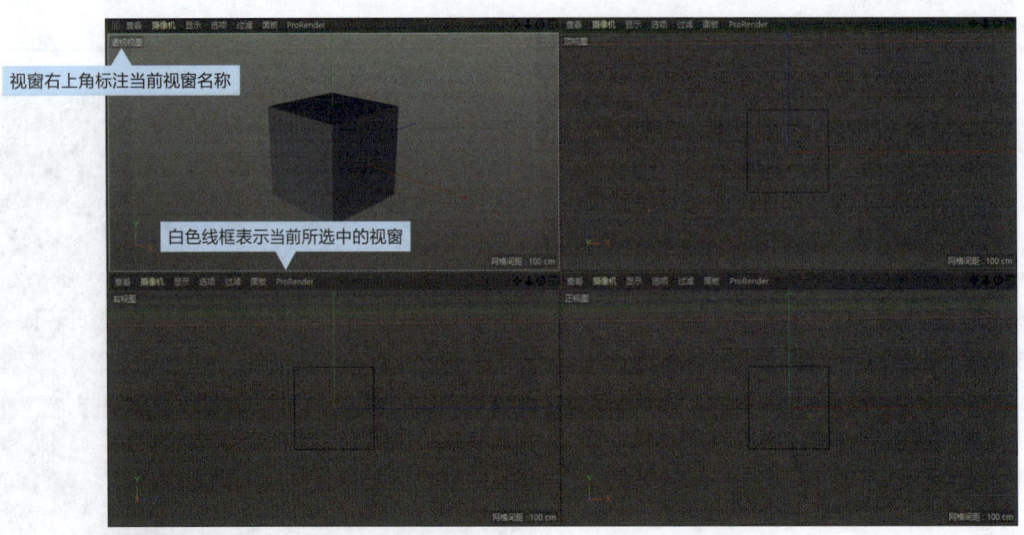

↑ 观察哪个视图窗口被选中

》 2.7 视图设置属性管理器的应用

此时我们使用鼠标左键单击"正视图"视窗，让"正视图"视窗处于选中状态，再次单击鼠标中键，就可以将正视图作为主要视图，如下两图所示。

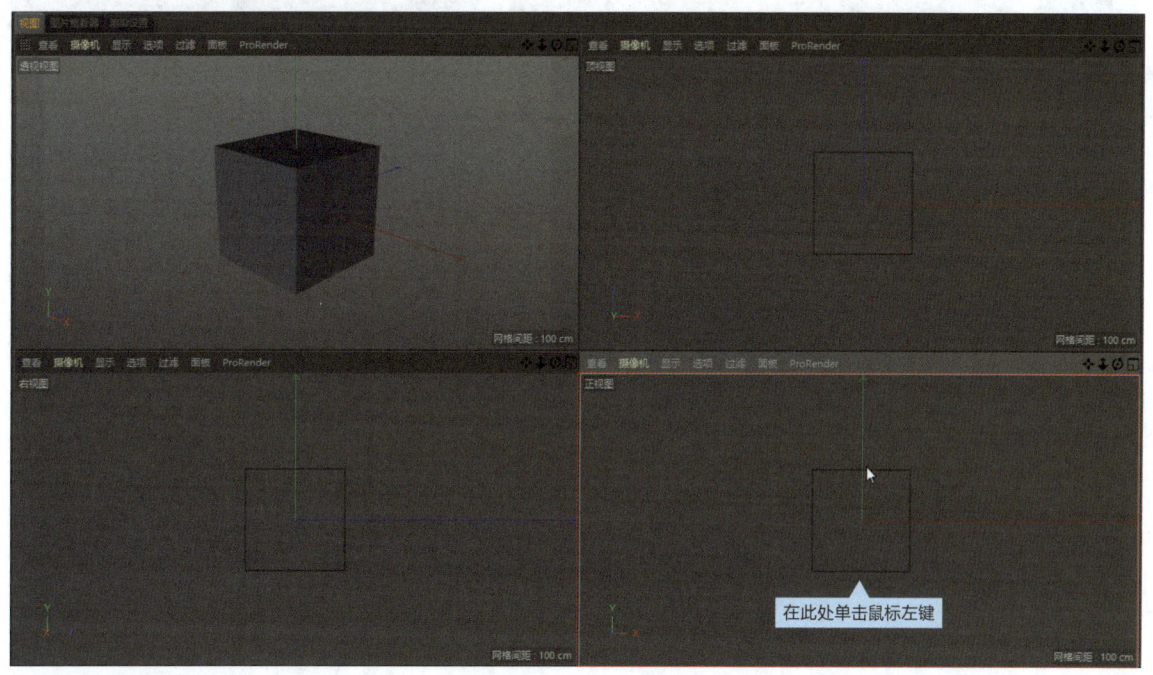

⬆ 让正视图处于选中状态

⬆ 单击鼠标中键，正视图为主要视图

这时候，再次进入到视图设置中的"背景"选项卡（在属性编辑器的"模式"菜单下选择"视图设置"—"背景"命令），会发现这里已经不再是全灰状态，可以进行编辑了。

单击"图像"后面的省略号图标，即可从本地计算机中读取一张图片并载入进来，作为该视窗的背景，用以在建模时提供参考，如下页上图所示。

» 2 界面布局与基本操作

○ 为视图背景添加图片

此时参考图片已经载入到"正视图"视窗当中，参考图可读取的格式基本涵盖了常规的".jpg"".png"和".tga"等图片格式。

下面介绍关于参考图像的相关设置。

针对参考图像，我们可以对它进行水平和垂直方向上的"偏移"，也可以在水平和垂直方向上进行"缩放""旋转"和调整"透明度"操作。需要注意的是，在哪个视窗载入图片，参考图就只在哪个视窗中出现。一旦切换到其他视图，参考图片是不会显示的。

如果需要取消显示参考图像，则取消勾选"显示图片"复选框即可，其位置如下图所示。

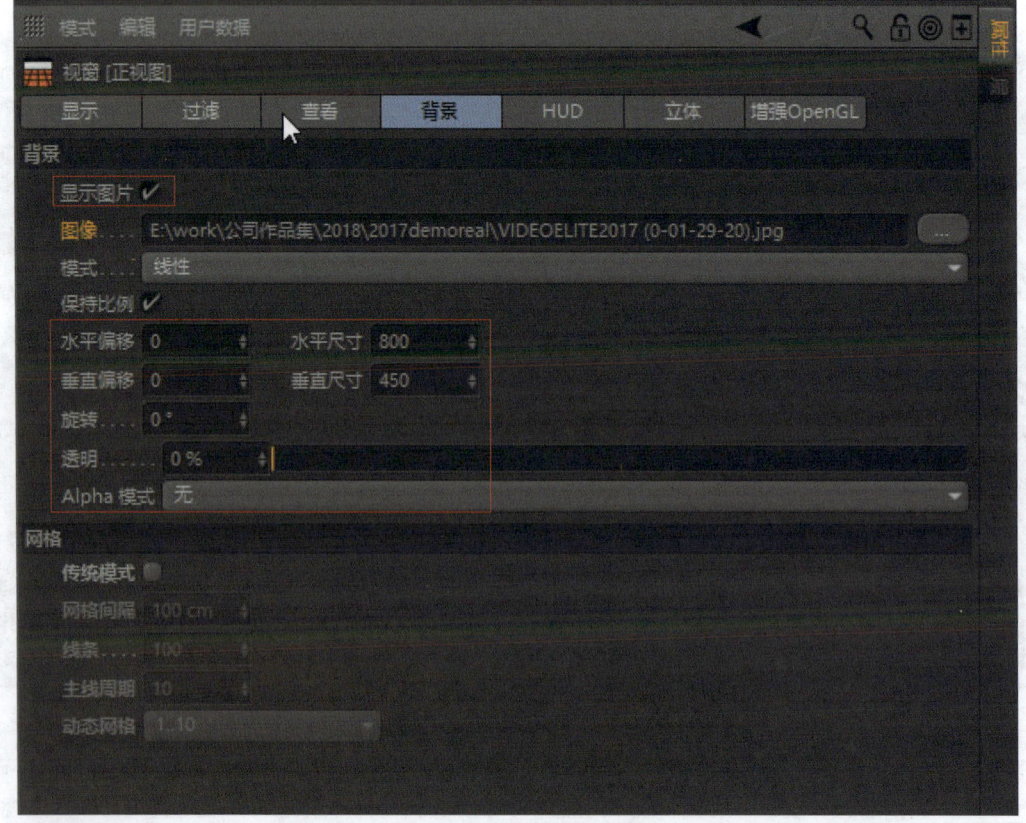

○ "显示图片"复选框的位置

2.8 材质管理器功能介绍

材质管理器位于C4D操作视窗的正下方，主要用来存放和管理场景中的材质球，如下图所示。

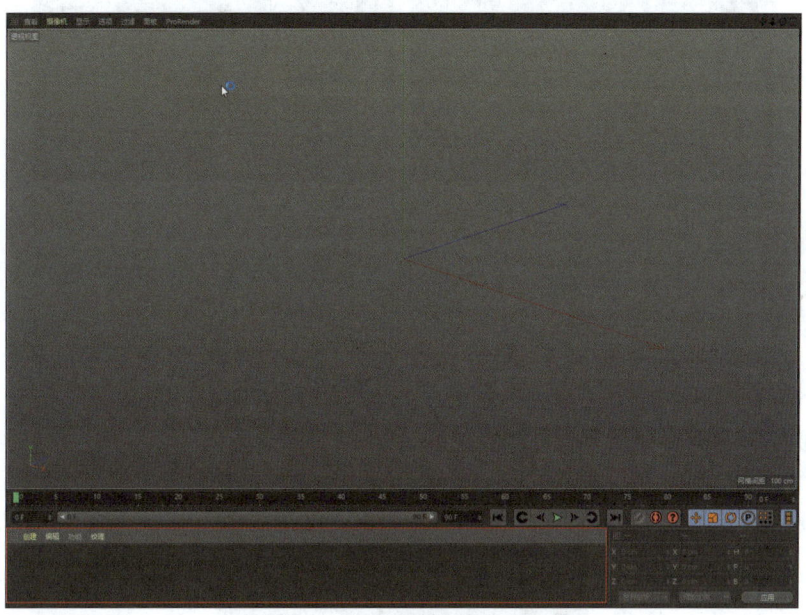

↑ 材质管理器的位置

新建材质球

新建材质球的方法是**双击**材质管理器的空白处。当然，我们也可以通过"创建"菜单里的"新材质"命令来得到一个新的材质球。选中材质管理器，按**Ctrl+N**组合键，可以快速新建材质球。但是需要注意的是，一定要先选中材质管理器，否则按Ctrl+N组合键会新建一个工程。所以这里比较保险和常用的创建方式，还是直接**双击**材质管理器的空白处。

在"创建"菜单中可以创建各式各样的材质球，如果C4D中安装了第三方渲染器插件，插件的材质球也在这个菜单中。其中R20版本新加入了Uber和节点两种新的材质球类型。右图可以看到新功能以黄色高亮的方式显示。本书中的案例不会涉及这几种材质球，所以不进行介绍。

↑ 以黄色高亮显示新加入的Uber和节点

编辑材质球

"编辑"菜单中的常用功能是"剪切""复制""粘贴"和"删除",操作的前提依然是选中材质管理器的情况下,这些操作都是针对材质球的。例如,要复制材质球,除了执行常规的复制、粘贴命令外,还可以选中想要复制的材质球,按住键盘上的**Ctrl+鼠标左键拖拽**,拖拽到材质球旁边的空白处,即可获得一个复制的新材质球,如下两图所示。

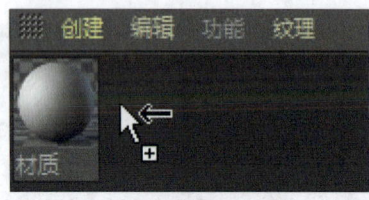

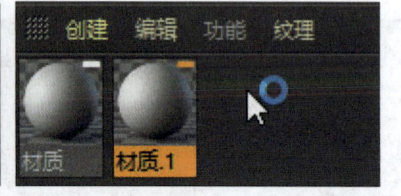

⬆ 使用Ctrl键和鼠标左键复制材质球

"功能"菜单

"功能"菜单中比较常用的命令为"删除未使用材质",这个命令一般用来整理工程中不需要的材质。也就是说,如果一个材质球没有被赋予场景中的任何物体上,就会被删除。"删除未使用材质"是一个非常实用的功能,如下图所示。

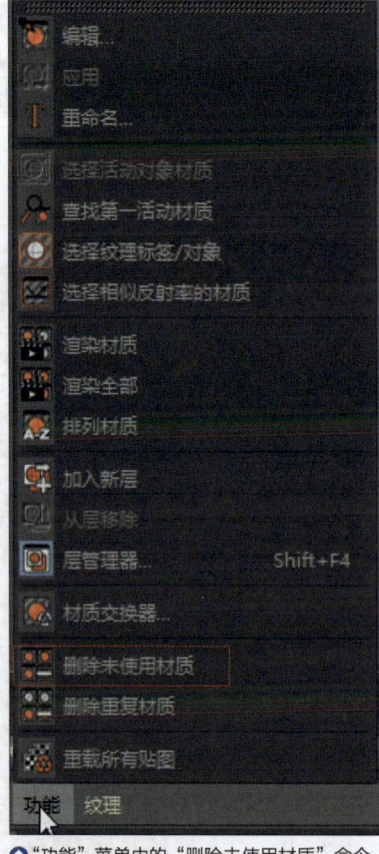

⬆ "功能"菜单中的"删除未使用材质"命令

2.9　内容浏览器功能介绍

扫码看视频

　　C4D的内容浏览器功能是非常强大的，软件官方为用户提供了一个集中性的预置库，包含模型、材质、纹理以及官方制作的场景等资料。

　　"内容浏览器"命令在C4D的"窗口"菜单下，快捷键是**Shift+F8**，如右图所示。

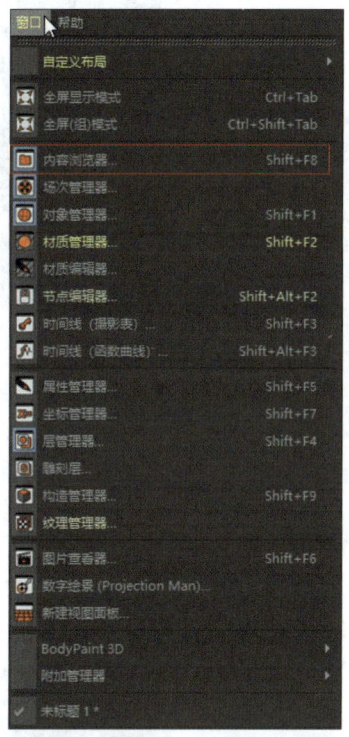

⬆ "窗口"菜单中的"内容浏览器"命令

　　选择"内容浏览器"命令后，将打开"内容浏览器"窗口，如右图所示。除了C4D自带的预置以外，用户还可以在网络上下载很多C4D使用者所制作的各类预置。搜集和整理好一些预置，是帮助我们在日常项目中提高效率的好方法。

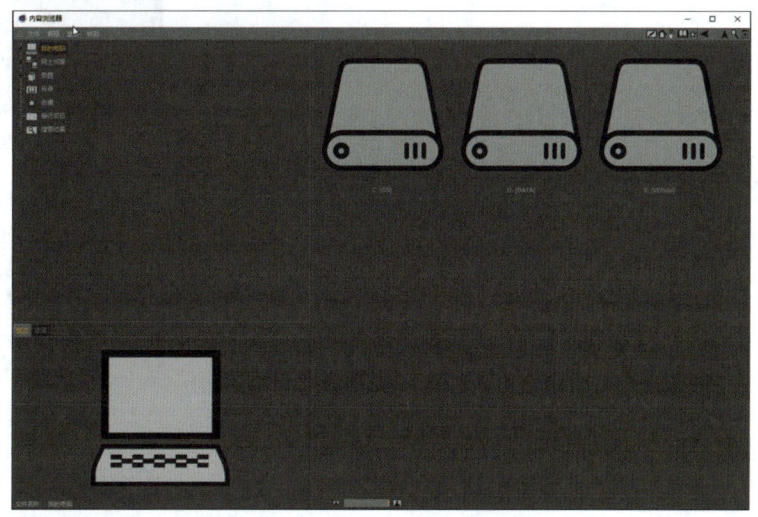

⬆ "内容浏览器"窗口

» 2 界面布局与基本操作

下面主要介绍"预置"选项。在"内容浏览器"窗口中单击"预置"前面的扩展按钮,将展开扩展菜单,如右图所示。

这里需要注意的是,右图中有很多预置是笔者通过网络下载安装的,大家打开各自的C4D内容浏览器窗口后看到的不一样。

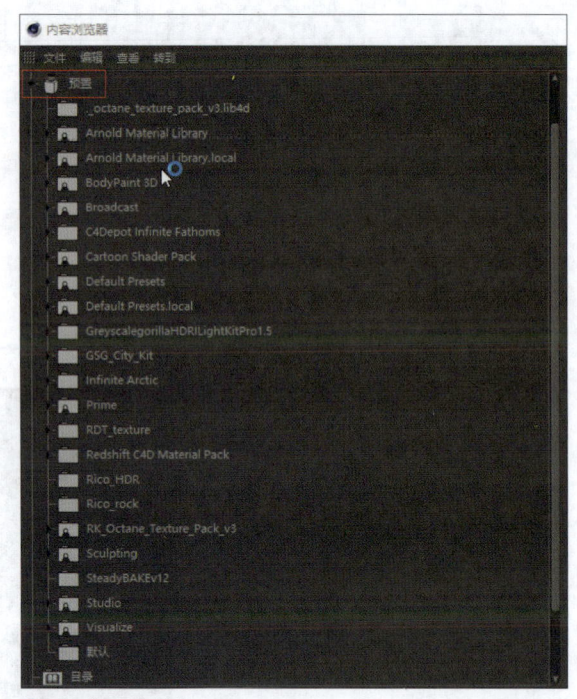

> **小提示:关于内容浏览器中的预置包文件**
>
> 安装C4D软件后,打开"内容浏览器"窗口,预置下是空白的,需要另行手动安装预置内容。因为安装的这个版本的C4D是不带预置包的,用户可以在MAXON官网下载该预置包。

↑ 展开"预置"菜单

接下来介绍预置库的安装方法。需要注意的是,无论通过官方下载的预置库还是网络上其他使用者制作的预置库,文件名称的后缀一定是.lib4d。

下载预置文件之后,将其拷贝到指定的文件路径中,重启C4D即可看到相应的预置。以笔者的计算机为例,将C4D软件安装到了C盘目录下,路径如下图所示。如果大家安装到其他盘中,需要找到相应的路径进行拷贝。

↑ 拷贝下载的预置文件

这时候会弹出"创建新的预置库"对话框,为创建的预置库命名,例如"常用材质",如右图所示。

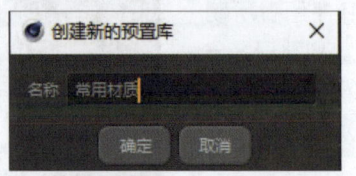

除了在网络上下载其他人制作的预置资源,我们也可以对日常制作的材质或者模型等进行整理,制作成预置资源。

预置文件的制作非常简单。在"内容浏览器"窗口的"文件"菜单下,选择"新建预置库"命令,如下图所示。

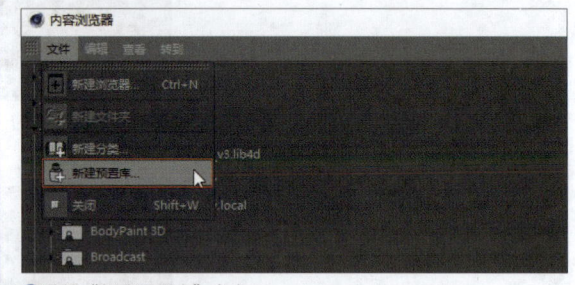

↑ 选择"新建预置库"命令

↑ 在"创建新的预置库"对话框中输入名称

40

» 2.9 内容浏览器功能介绍

然后就可以在内容浏览器窗口中显示创建的预置库，但是库里面的内容是空的，如下图所示。

新建的自定义预置内容，右边的面板是空的

⬆ 显示创建的预置库

此时在材质面板中创建一个材质球，将它拖拽至刚刚创建的"常用材质"预置库右边的空白处，如下图所示。

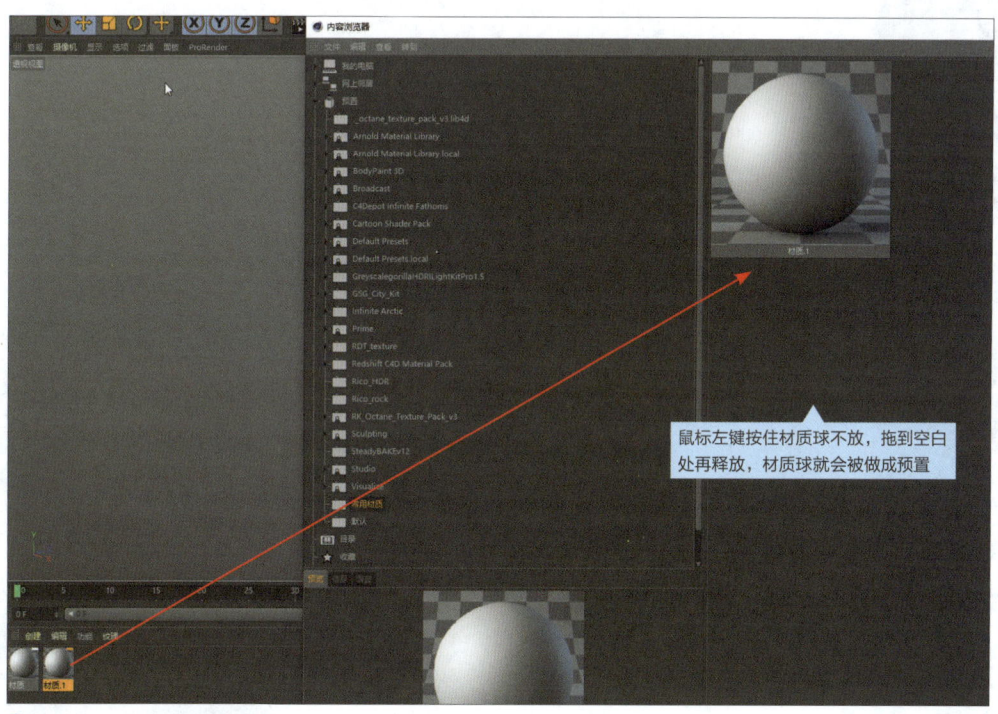

鼠标左键按住材质球不放，拖到空白处再释放，材质球就会被做成预置

⬆ 创建材质球并拖拽到创建的预置库中

制作预置库的好处是可以对制作的模型或者材质进行保存，无论何时打开C4D，之前保存的预置内容都会存在，下次在其他项目中可以直接双击调用。

熟练灵活地使用"内容浏览器"中的预置，可以大大提升项目制作效率。丰富自己的预置库是一个慢慢积累的过程，不要一时求快，在网上下载一大堆别人的预置库，因为别人的操作习惯不一定适合自己。

41

对象的应用

- **3.1** 对象的类型
- **3.2** 对象的基础操作及常规属性
- **3.3** 对象的特有属性
- **3.4** 可编辑对象

3.1 对象的类型

在3.1至3.3这三节中，将正式为大家讲解C4D中对象的应用。
本小节主要讲解对象都有哪些类型，以及每一类对象的作用和基本使用方法。

对象的分类

C4D中所有的对象都有对应的快捷图标，共分为**八大类**，从左至右依次为：对象、样条、生成器、建模对象、变形器对象、环境、摄像机对象、灯光对象（严格意义上来讲，样条、生成器、环境后面并没有"对象"二字，但因为C4D在这一部分的概念是极为模糊的，为了方便理解，这里将这八种**统称为对象**。而第一个"对象"可以理解为**基础对象**）。其位置如下图所示。

↑ C4D中八大类对象

首先快速认识一下这几个快捷图标。C4D的用户界面布局是一大亮点，这种将所有常用的工具和命令以图标的形式放到界面上，在熟练使用之后非常方便。

基础对象

首先来看一下基础对象（此处在官方"帮助"文档中称作"Objects"）的快捷图标。用**鼠标左键**按住图标不动，会打开图标中的隐藏窗口，这个窗口中包含所有在C4D中可用的基础对象。同样，黄色高亮显示的是R20版本新增的物体，如右图所示。

创建对象的方法在2.2节中简单介绍过，这里再详细讲解一下。

以创建立方体为例，用**鼠标左键**按住图标区中的立方体图标，可以打开图标的隐藏窗口，此时继续保持按住鼠标左键的状态，然后将光标移至立方体的位置后**松开鼠标左键**，就可以创建一个立方体了。

创建其他对象的方法与之相同，这里就不过多阐述了，每一个对象的形态可以从字面及缩略图非常直观地理解。大家可以将每个对象都创建一遍，对每个物体的形态、大小等有一个简单的理解即可。

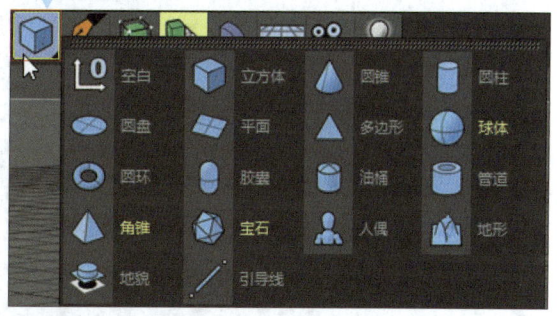

↑ C4D中可用的基础对象

样条

接下来是样条线对象（此处在官方"帮助"文档中称作"Spline"），同基础对象一样，所有可创建的样条都可以在这里找到，如下图所示。

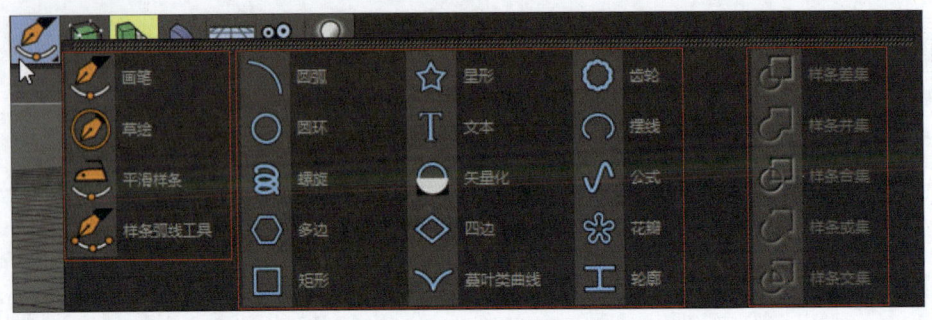

⬆ 展开样条线对象

创建样条的方法一般有两种。

从上图中可以看到，样条下面的快捷图标大致分成了三类，左侧一列是黄色的，中间三列是蓝色的，右侧一列目前是灰色无法操作的状态。

先介绍前两种。左侧黄色的"画笔""草绘"等，是可以手动创建不规则样条的**工具**；中间的三列蓝色图标，是C4D预置的一些基本图形的**样条对象**。

因此，**第一种创建样条的方法**是使用左侧的"画笔""草绘"及"样条弧线工具"三种工具中的一种进行手动绘制。

这里以笔者工作中最常用的"画笔"工具为例，创建一个简单的样条，如下图所示。

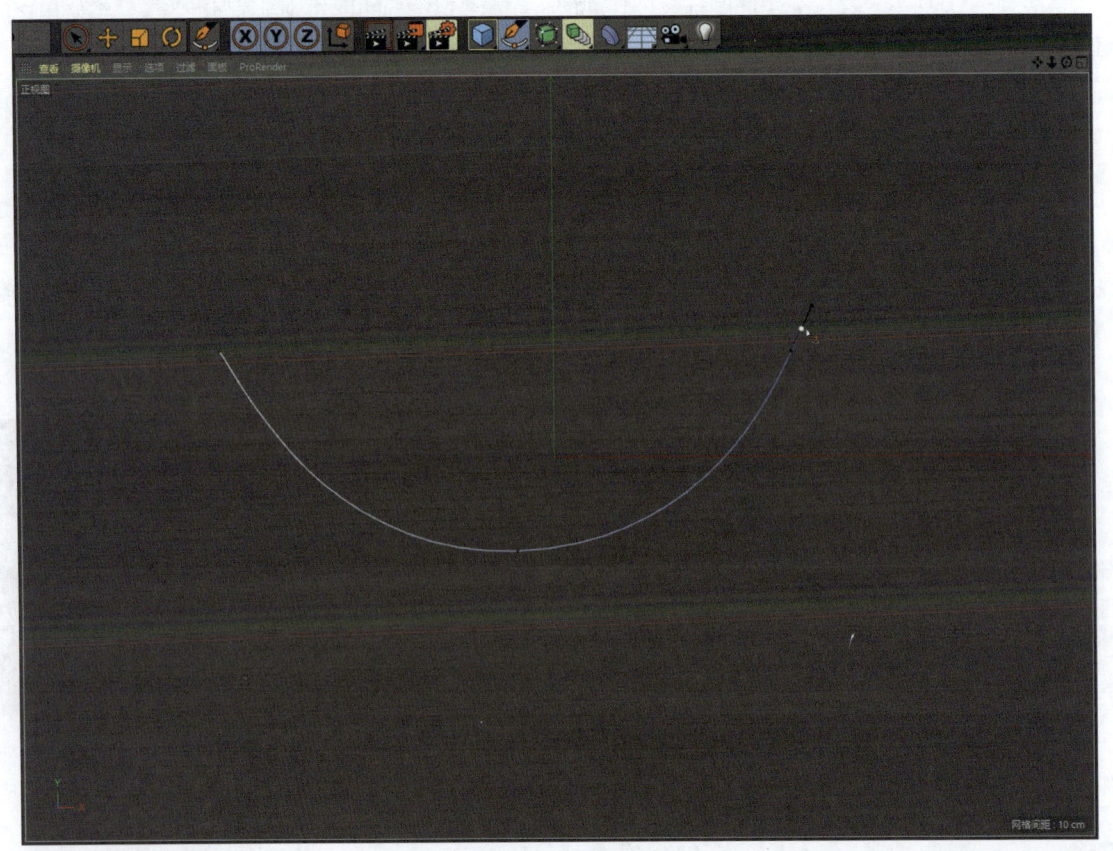

⬆ 使用"画笔"工具绘制样条

» 3.1 对象的类型

首先启用"画笔"工具（鼠标左键按住快捷图标区的样条图标，待出现隐藏窗口后，将光标移至"画笔"工具图标上，然后松开鼠标左键即可），光标的形状将会发生变化，其形状如右图所示。

然后将视图切换为正视图（鼠标中键），在画面中较左侧的位置按住鼠标左键不动，向右下移动光标，当出现贝塞尔曲线手柄（通过控制该手柄的长度和角度来控制该点连接的曲线部分的弧度）之后松开鼠标左键，这样就创建了样条的第一个点；接着用同样的方法创建另外两个点，每一次创建新点时都要注意当前点的贝塞尔曲线手柄的朝向。最后一个点创建完成之后按一下键盘上的空格键，退出当前工具，就完成了一次样条的创建。

↑ 使用"画笔"工具后光标的形状

在后面的内容中，我们会具体介绍"画笔"工具的使用方法及参数设置，包括贝塞尔曲线手柄是什么、怎么使用等，这里简单了解一下即可。

第二种创建样条的方法是使用中间三列蓝色的图标，其创建方法和创建物体对象的方式是一样的，即将光标移至想要创建的对象上，然后松开鼠标即可。

最右侧一列目前是灰色不可操作状态，具体使用方法在后面章节会介绍，这里不做阐述了。

生成器与建模对象

生成器和建模对象在使用方法、图标颜色等方面非常像。使用方法相对要复杂一些，几乎都需要搭配模型或样条使用，功能也非常强大，可以利用样条生成模型、改变模型的形态等。具体的使用方法将在第5章进行介绍。所有的生成器和建模对象都是绿色图标，如右图所示。

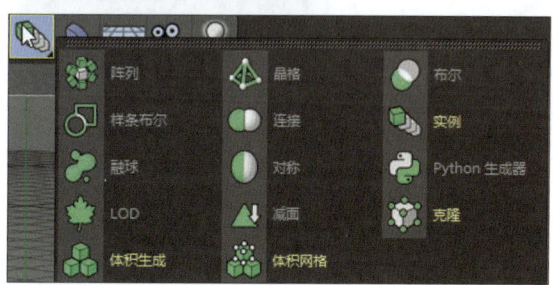

↑ 展开生成器和建模对象图标

变形器对象

变形器也是一个非常强大的工具组，能够更改模型的形态，甚至可以制作一些特殊效果的动画，对建模非常有帮助。变形器和生成器、建模对象一样，几乎都需要搭配模型和样条使用。所有变形器图标的颜色都是蓝紫色，如右图所示。

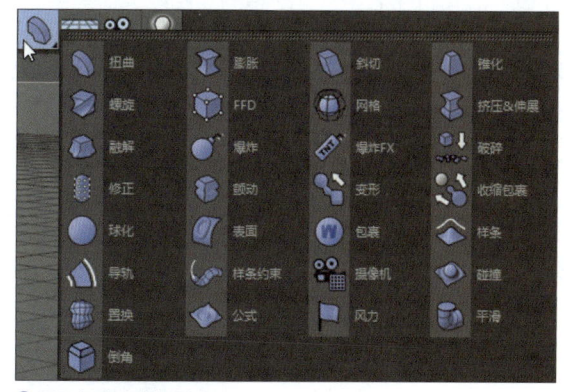

↑ 展开变形器对象图标

45

» 3 对象的应用

环境

第六个快捷图标为"环境",同字面意义一样,环境的作用就是在渲染C4D场景中的文件时,为这个场景提供一个特定的环境,例如场景周围的环境是蓝天白云还是乌云密布、背景是沙漠还是城市等。其中较为常用的是"天空"和"物理天空",如右图所示。

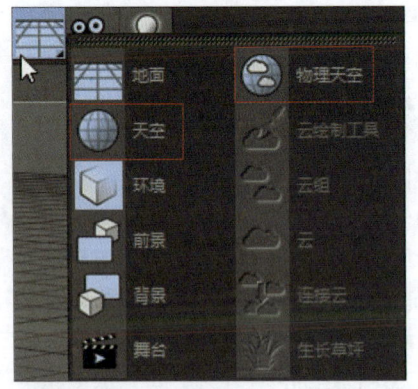

↑ 常用的环境

摄像机对象

在制作动画的过程中,摄像机动画是不可或缺的一环,这个图标中包含了所有C4D中的摄像机类型。其中较为常用的是"摄像机"和"目标摄像机",如右图所示。

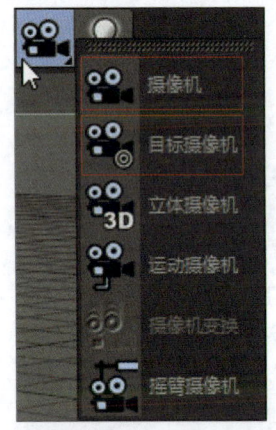

↑ 常用的摄像机

灯光对象

在后期进行场景材质的渲染制作流程中,灯光是必不可少的。它为整个场景提供照明作用,可以通过调节模拟生活中各类环境的照明效果。其中较为常用的是"灯光""点光"和"区域光",如右图所示。

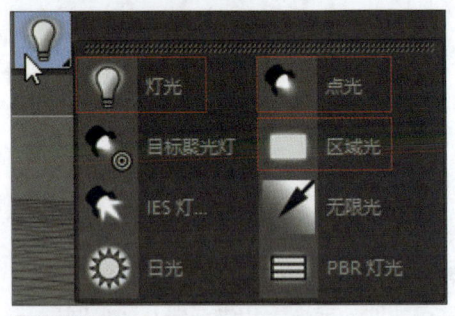

↑ 常用的灯光

46

3.2 对象的基础操作及常规属性

本小节重点学习对象的基础操作和常规属性。

对象的基础操作

首先我们在场景中创建一个立方体对象，如右图所示。

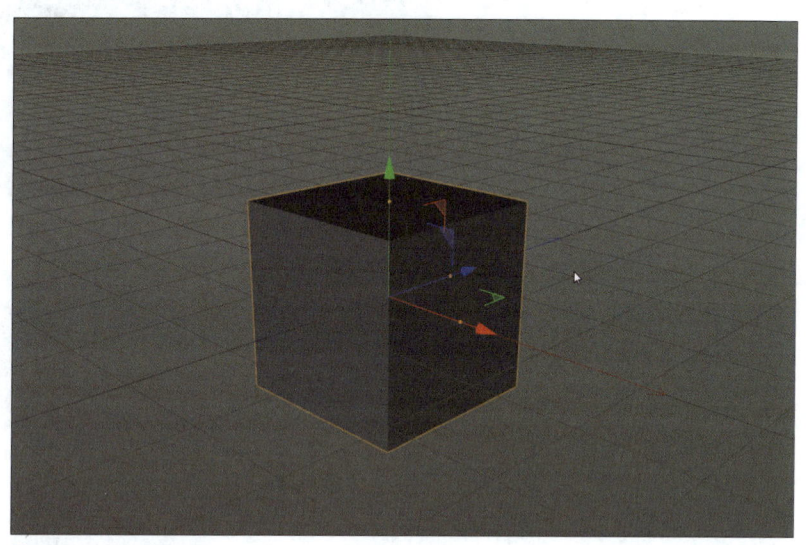

↑ 创建一个立方体对象

一般情况下，创建对象后该对象直接是选中状态。首先讲解对象的基础操作。选中对象之后按键盘上的**E**键进入位移模式，对象的中心会出现三个轴向箭头，效果如上图所示。在C4D中红色箭头为X轴、绿色箭头为Y轴、蓝色箭头为Z轴。以正视图为例，X轴表示左右方向，Y轴表示上下方向，Z轴表示前后方向。

用鼠标左键拖动三个箭头中的一个，即可使对象物体产生位移。

按一下键盘上的**R**键，即可进入对象物体的旋转模式。对象的中心是三个轴向的旋转轴，同样是用三种颜色区分。

光标放在某一个轴向的圆环上，单击鼠标左键进行拖动，即可实现该物体的旋转，如下图所示。

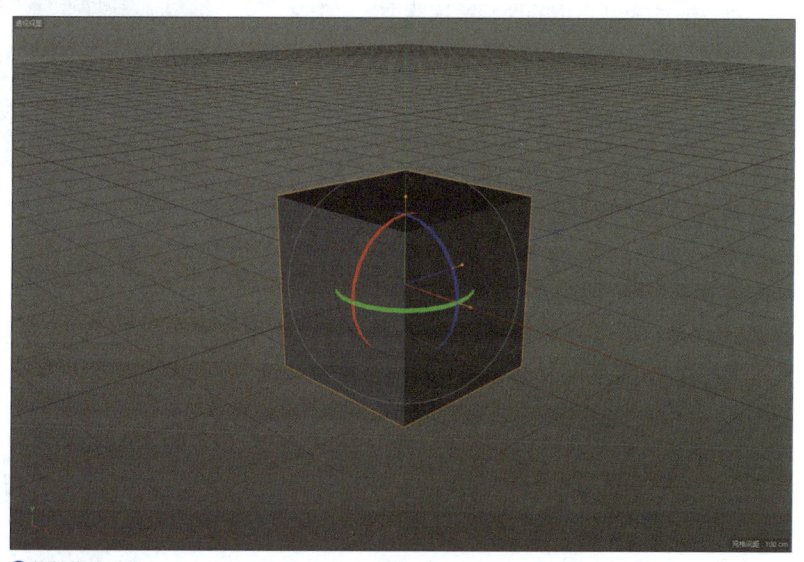

↑ 旋转物体对象

» 3 对象的应用

按一下键盘上的 **T** 键，即可进入对象的缩放模式。与位移模式不同，三个轴向的外侧不再是箭头符号，而是三个立方体。

拖动三个轴向的某一个，即可实现该物体的缩放，如右图所示。

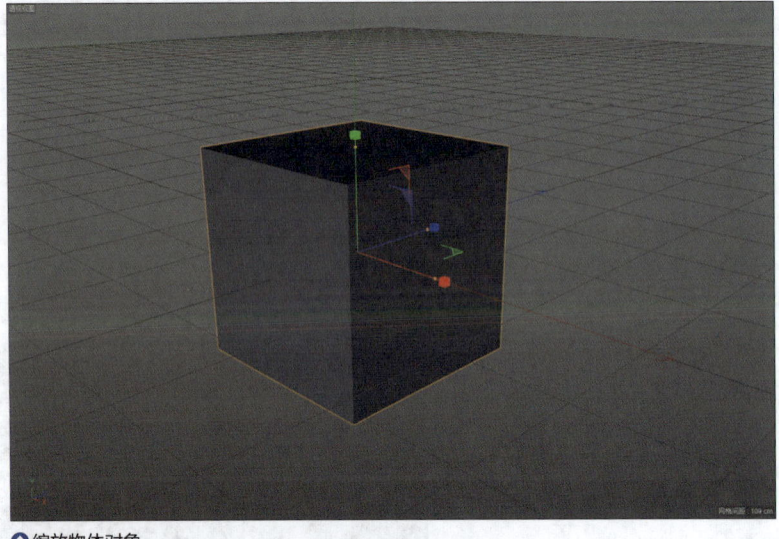

⬆ 缩放物体对象

在快捷图标区可以找到**位移（E键）、旋转（R键）、缩放（T键）**对应的三个图标，如右图所示。

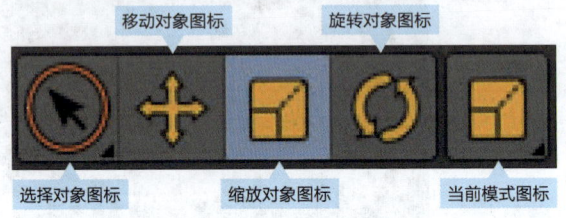

⬆ 位移、旋转和缩放图标的位置

对象的常规属性

接下来看一下对象的常规属性。在C4D中，无论是立方体、灯光、摄像机，还是空物体等，有些属性所有对象都会有，我们称之为**常规属性**。另外一部分对象有它自己的**特有属性**。

以立方体为例，它的属性管理器中的"基本"和"坐标"这两个选项卡下的属性就可以称之为**常规属性**。所有对象都有这两个属性，且所有对象的"基本"和"坐标"选项卡下的属性参数名称都是一样的。例如所有对象在"基本"选项卡下，都拥有"名称""图层""编辑器可见"等属性参数，如右图所示。

先来看一下"基本"选项卡下最常用的几个参数。

"编辑器可见"和"渲染器可见"是非常常用的参数，通常有三种状态，分别为**默认、开启和关闭**。默认状态下的物体就是可见的，和开启有点类似，具体的区别在父子级关系中进行了详细介绍。

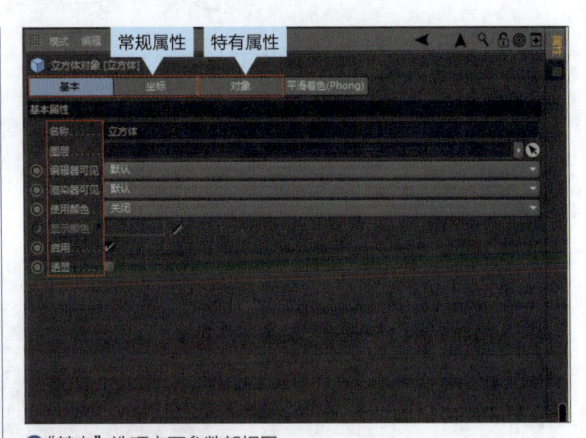

⬆ "基本"选项卡下参数都相同

"关闭"很好理解，如果"编辑器可见"状态为"关闭"，在视窗中是看不到物体的。如果"渲染器可见"状态为"关闭"，在视窗中可以看到物体，但是渲染不出来。关闭以上两个参数后，虽然对象看不到了，但依旧存在于场景中，在项目制作时仍然会与其他对象发生碰撞或相互影响。

> 小提示："编辑器可见"和"渲染器可见"的快捷操作
>
> 在2.5节中，提到对象管理器中对象的右侧有两个小点，其表示的意义是"编辑器可见"和"渲染器可见"。对象管理器和属性管理器的这两个属性是相同的，不论在哪里修改得到的都是一样的结果，这个可以根据个人习惯进行操作。

如果取消勾选"启用"复选框，该对象等同于被删除，不可见、不计算面数、不可操作，同样也不占用任何资源。这属于真正意义上的不启用。

"透显"主要是针对物体的透明显示。这里的透明显示效果并不会在最终渲染的时候体现出来，只是为了方便我们看清楚物体的内部结构。比如制作人体模型时，可以很方便地查看模型是否带有口腔。

再来了解一下"坐标"选项卡下的参数。"坐标"选项卡下有三组由P、S、R组成的参数，这里的P是position的缩写，意思为位移；S是scale的缩写，意思是缩放；R是rotation的缩写，意思是旋转。

三组参数分别对应X、Y、Z三个轴向。修改相应的参数可以移动、旋转或者缩放物体，如下图所示。

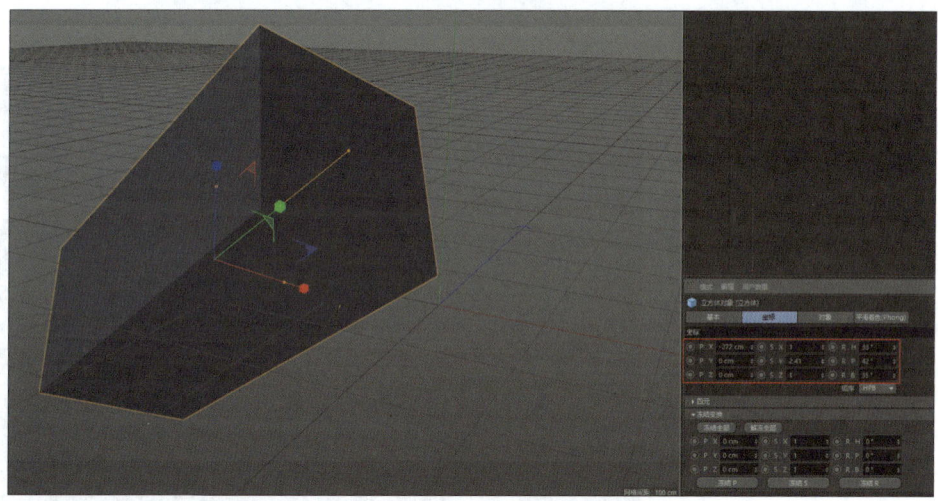

◐ 设置"坐标"选项卡下的参数

可以看到，立方体随着数值的变化而变化。如果想恢复到默认状态，可以使用鼠标左键单击相应参数右侧的微调按钮，如下图所示。

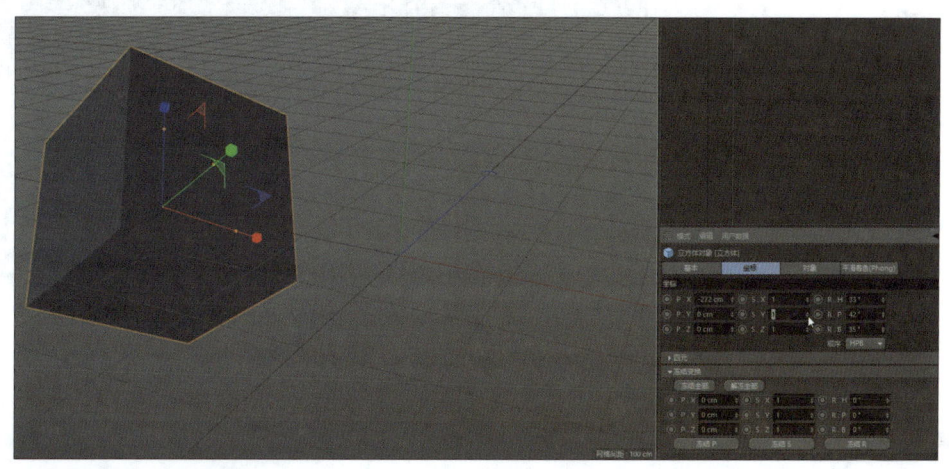

◐ 单击相应参数右侧的微调按钮

49

相同的方法，我们还可以设置其他参数的值，如右图所示。至于"四元"和"冻结变换"这两个参数，在后面的章节再详细讲解。

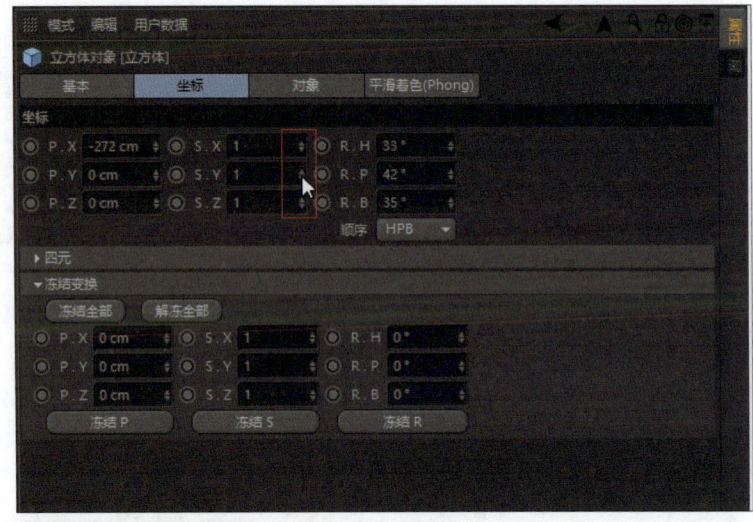

↑ 根据相同方法设置其他参数

"对象"选项卡下的属性，是**特有属性**，这个选项卡的名字以及选项卡下的属性参数，会根据选择物体的不同而不同。例如立方体"对象"选项卡下的属性就和细分曲面生成器"对象"选项卡下的属性参数不同。右侧两张图分别是立方体对象和细分曲面生成器的属性，虽然选项卡都是"对象"，但包括的属性是完全不一样的。

为了更方便大家学习和理解，特有属性将会在用到该对象的时候再逐一介绍。

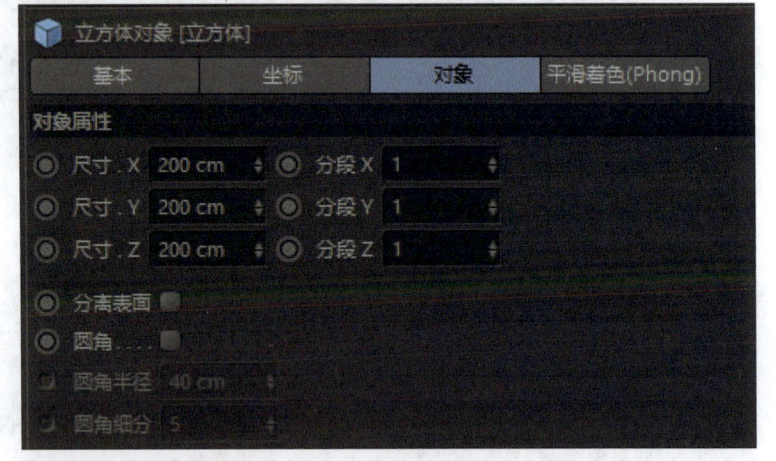

↑ 立方体的"对象"选项卡

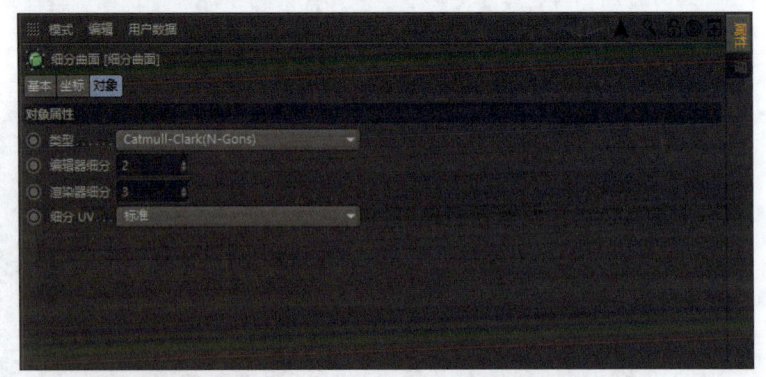

↑ 细分曲面生成器的"对象"选项卡

总结一下：本节主要介绍对象的位移、旋转和缩放三种基础操作；在属性管理器中，对象属性分为常规属性和特有属性；常规属性分为"基本"和"坐标"两个选项卡。

3.3 对象的特有属性

上一节讲解了对象的一些常规属性，本节重点讲解对象的特有属性。

不同的对象类型拥有不同的特有属性。

这些特有属性的设置方法非常简单，创建之后尝试着调整一下参数，基本就能知道是什么功能。其中有很多对象特有属性的使用方式是相同的，掌握其中规律即可。

"对象"属性

还是以立方体为例。创建一个立方体之后，可以在属性管理器中看到"对象"选项卡，如下图所示。

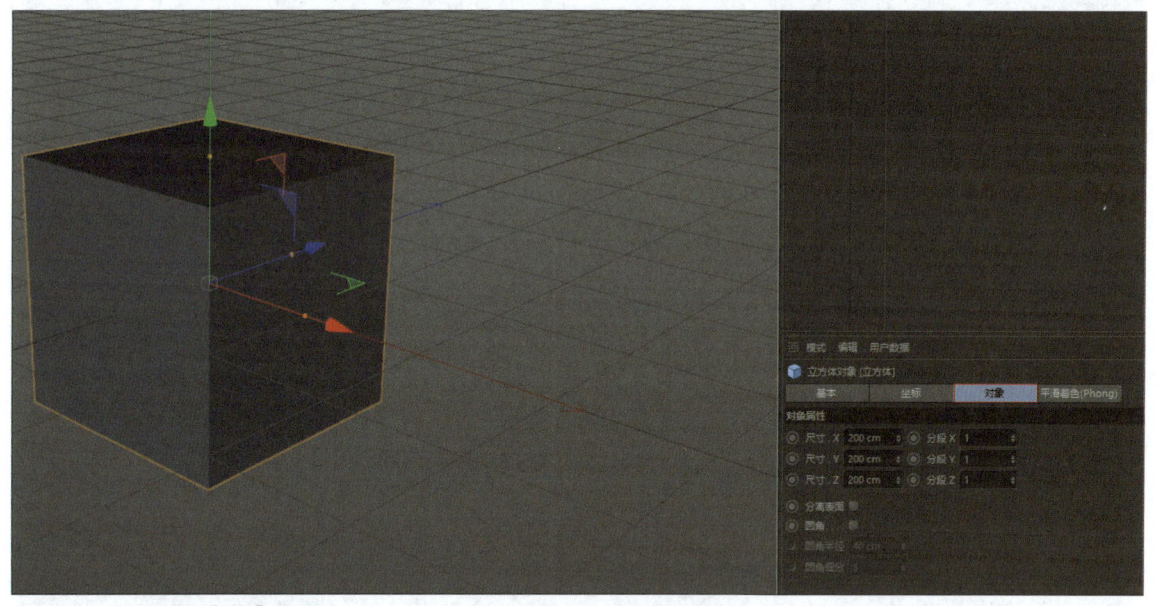

↑ 创建立方体并切换至"对象"选项卡

这里较为常用的参数有"尺寸""分段"以及"圆角"。至于"分离表面"属性，通常情况下是用不到的，如右图所示。

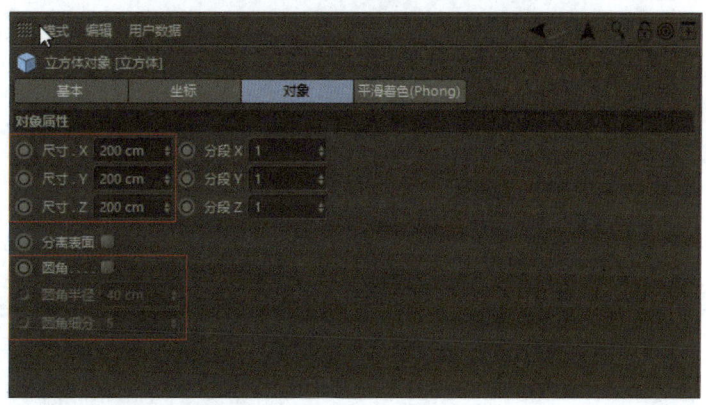

↑ "对象"选项卡下常用参数

设置"尺寸"参数

设置"尺寸"参数时所达到的效果与缩放类似。但是仔细看会发现这里的数值所表示的是当前对象物体的精准尺寸大小。可以看到该立方体X、Y、Z三个轴向上的尺寸都是"200cm",也就是说当我们需要精准创建一个长宽高为200cm的立方体时,就需要通过更改此参数进行创建。

通过调整"分段"参数,可以在立方体的三个轴向面上得到更多的分段数。这里是通过均分算法来进行分段数添加的。如下图所示。

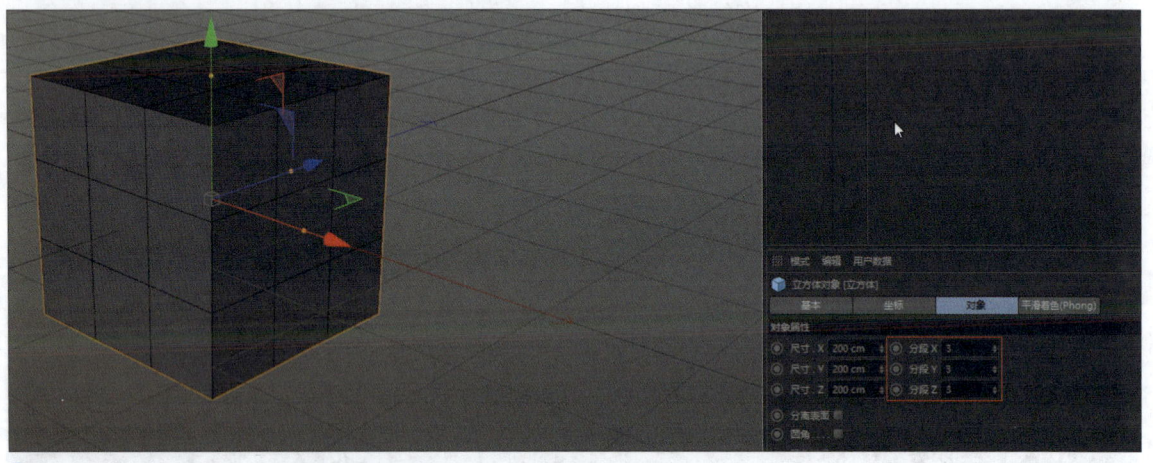

⬆ 对立方体进行分段

> **小提示:视窗中显示模型分段的方法**
> 如果调整参数无法看见模型上的分段,可以在视图窗口上选择"显示"菜单中的"快速着色(线条)"命令。

设置"圆角"参数

"圆角"参数主要是给立方体添加边缘的圆形倒角,这是非常常用的参数。勾选该复选框之后,就可以调整圆角半径和圆角的细分段数,效果如下图所示。

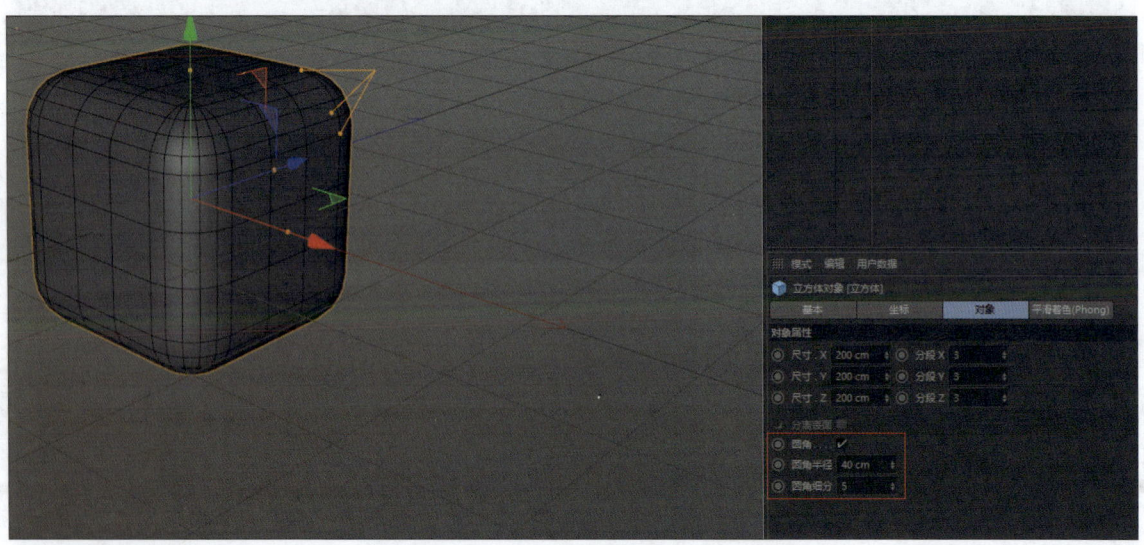

⬆ 设置圆角相关参数后的效果

其实这些特有属性理解起来非常简单。这里再创建一个圆柱体，可以看到圆柱体的特有属性比立方体更多。在属性窗口中多了"封顶"和"切片"两个新的选项卡，如右图所示。

基础对象的特有属性的菜单数量并不是固定的，可以多创建几个基础对象看看。

同样的，灯光、生成器、变形器还有摄像机等对象的参数也是一个道理。这些参数大部分在日后的工作中都非常常用，后面的章节会为大家一一讲解。

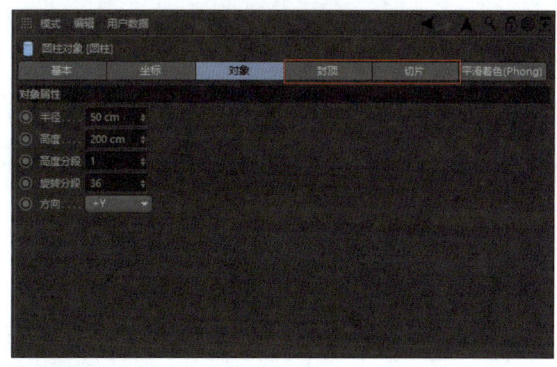

⬆ 圆柱体新增"封顶"和"切片"选项卡

3.4　可编辑对象

扫码看视频

在学习这一节内容之前，我们先回顾一下之前的内容。

在3.1节中，我们将对象分为八大类，其中前四类（基础对象、样条、生成器、建模对象），在刚创建出来时都是参数化的，即它们没有点、边、面或多边形的概念，而是用数学公式和参数创建出来的（其表现为在对象的属性管理器中是拥有"对象"这一特有属性的）。因此，这类对象无法选择和移动点，也不能使用诸如"创建轮廓"之类的命令，此时对象处于不可编辑状态。

转化为可编辑对象

在创建复杂模型的过程中，例如人体模型或者较为复杂的机械模型等，是需要对对象的点、边、面进行调整的，我们需要将对象从不可编辑状态转化为可编辑对象。

转化的方式为：选中对象后，在画面左侧的快捷图标中单击第一个按钮——转为可编辑对象，或者使用快捷键C，如右图所示。

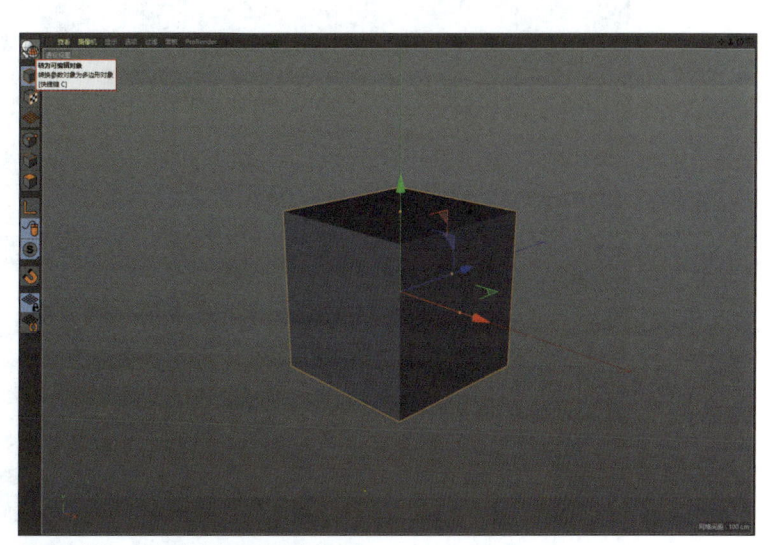

⬆ 选中物体，单击"转为可编辑对象"按钮

53

与不可编辑状态下的对象相比，转化为可编辑对象之后，对象发生**三种变化**。

第一种：在对象管理器中的图标变化。在右图中，创建了两个立方体——"立方体.1"和"立方体.2"。将"立方体.2"转为可编辑对象，可以看到转为可编辑对象之后的"立方体.2"的图标变成了一个有三个白点的蓝色三角形。

↑ 转化为可编辑对象后图标变化了

第二种：属性编辑器中参数的变化。同样是刚才的"立方体.1"和"立方体.2"，"立方体.2"的属性编辑器中没有了"对象"的特有属性，只剩下每个对象都会拥有的"基本""坐标"以及"平滑着色"属性。这说明转化为可编辑对象之后的"立方体.2"无法再像之前一样在属性编辑器中调整尺寸、分段等参数。如果仍旧想要实现类似效果，只能通过多边形相关工具（6.1节的内容）设置。其对比如下图所示。

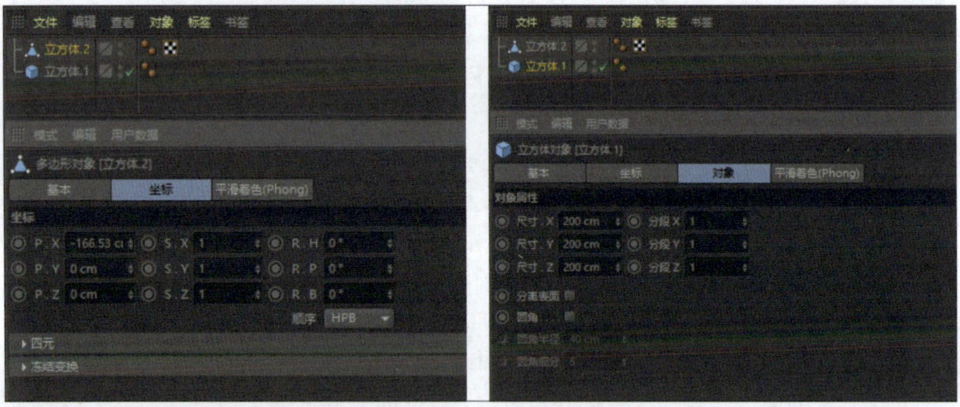

↑ 可编辑和不可编辑对象属性编辑器的对比

第三种：在操作视图中，对象本身拥有了点、边、面，单击视图左侧的快捷图标可以进行三种模式的切换，并单独进行操作。三种模式的位置及效果如下三张图所示。

↑ 点模式下两种对象的对比

» 3.4 可编辑对象

在进入点、边或面模式后，就可以进行相对应的操作了。例如移动、旋转或缩放，甚至增加点、边、面的数量。

↑ 边模式下两种对象的对比

小提示：关于快捷键C

对于将模型转化为可编辑对象（快捷键是C，俗称被C掉）这个操作，除了撤退（Ctrl+Z）之外，是不可逆的。也就是说，当模型"被C掉"之后，对象就不再拥有"对象"选项卡下的属性参数了。因此每次"C掉"模型之前，都要考虑到这一点。

↑ 面模式下两种对象的对比

使用选择工具

模型转化为可编辑对象之后，就可以通过选择工具选择模型的点、边、面了，因此这里要讲解一下如何使用选择工具。选择工具的快捷图标位置如右图所示。

选择工具分为四种，最常用的有"实时选择"和"框选"两种。

进入实时选择工具模式时，光标上有一个白色的圆圈，在空白处按鼠标中键可以调整白圈的大小，这个圈就是实时选择工具

↑ 选择工具的快捷图标

的选择区域大小，单击鼠标左键时，所有在圆圈内的点、边或面都会被选中。

进入框选工具模式时，光标右下角会出现一个白色的小框图标，使用鼠标左键对想要框选的点、边或面进行框选，就可以选中目标了。

55

样条对象的应用

4.1 样条对象的绘制

4.2 样条对象的常用操作命令

4.3 样条对象的其他操作命令

4

4.1 样条对象的绘制

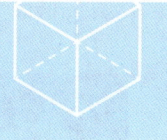

从这一节开始，我们正式学习关于样条对象的相关知识。

样条在日常项目中的使用频率非常高，可以帮助我们建模或做动画。

在样条对象的快捷图标中，有**两种方法**可以创建样条对象，这两种方法在3.1节中介绍过，印象不深的话可以再复习一遍。

创建默认样条图形

3.1节我们先介绍了手动绘制样条线的方法，在这一小节中，将介绍默认样条图形的创建。

默认样条图形被创建之后同对象物体一样，也有各自的特有属性。

以创建一个圆环为例，可以看到圆环的属性编辑器中也有"基本"和"坐标"两个常规属性。其特有属性，也就是"对象"选项卡中有一个参数是所有样条都有的，叫作"点插值方式"，这个参数非常重要，其位置如下图所示。

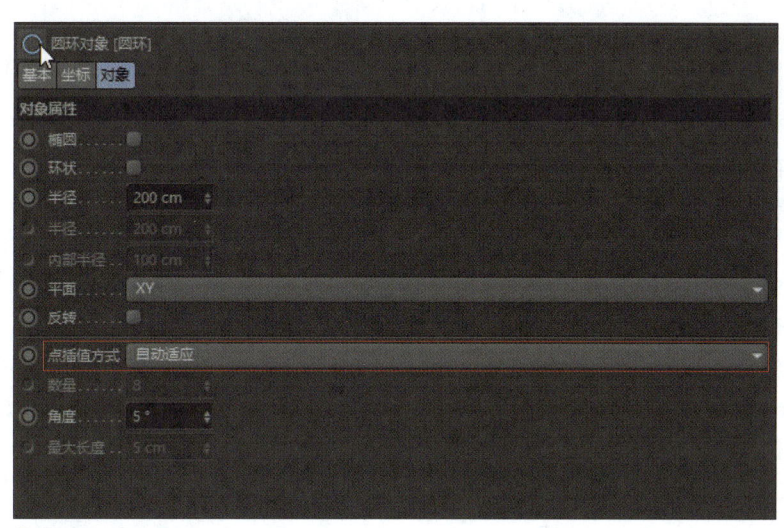

↑"点插值方式"参数

这里大概说一下**点差值**的概念。一个样条线是由无数个点构成的，点的数量决定了样条线的平滑程度。当样条的"点插值方式"为"自然"或"统一"时，决定样条线平滑程度的属性参数是"数量"；当"点插值方式"为"自动适应"时，决定样条线平滑程度的属性参数是"角度"；当"点插值方式"为"细分"时，决定样条线平滑程度的属性参数是"角度"和"最大长度"。由此可见，每一种点插值的**计算方式**是不一样的，其区别在于不同点插值方式的点数量的分布方式不同。通过调整不同的属性参数，可以调整这些点的数量，由此影响该曲线的平滑程度。

当然，如果样条是折角，没有弧度，是不构成影响的。

例如，当"点插值方式"为"自动适应"时，我们可以通过增加"角度"参数的数值，来使样条变得不平滑，这里设置为"70°"。可以看到样条线有了很硬的转角，成为八边形，而不是正圆形，如下页上图所示。

» 4 样条对象的应用

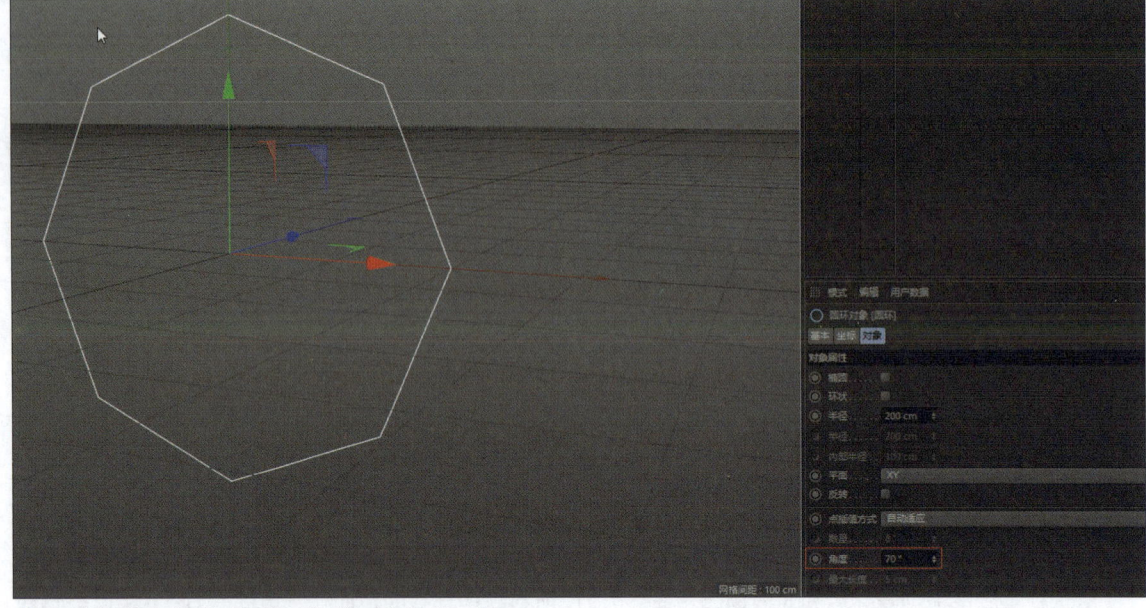

↑ 设置"点插值方式"为"自动适应"、"角度"为"70°"

其他图形的样条对象，这里就不一一讲解了。相应地，每个图形的细致参数讲解可以参看随书的教学视频。

在视窗中绘制样条

接下来，我们将介绍如何在视窗中绘制样条。

绘制样条最常用的是"画笔"和"草绘"两种工具，区别在于"草绘"工具是完全根据光标的运动轨迹来创建样条，类似在纸上绘制。而"画笔"工具则是以控制点来创建样条。

先将视图切换为正视图。需要注意的是，如果在透视图中绘制样条，样条的点在三维空间中比较难控制，所以多数情况下是在二维视图中进行绘制，然后再回到透视视图中进行调整。笔者一般习惯在正视图中绘制。

选中"画笔"工具，当光标发生改变后，在视窗中单击鼠标**左键**，确定样条的起始位置，移动光标会看到拉出一条蓝色的直线，再次**单击鼠标左键**，这时不松开鼠标并进行拖动，可以拉出贝塞尔曲线手柄，这点和Photoshop软件中绘制路径的方式相似。按照以上操作，可以得到一条弧形样条，如下图所示。

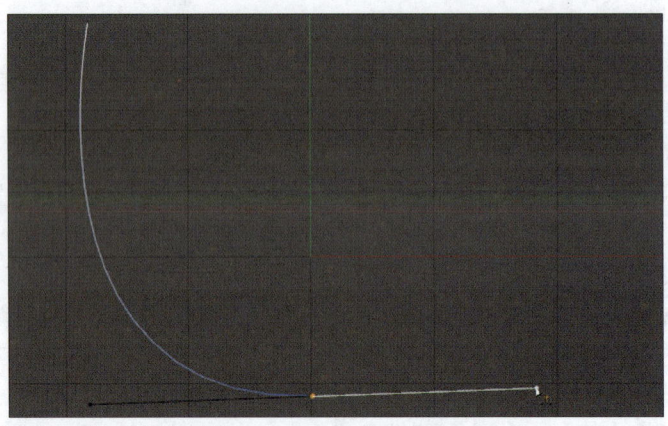

↑ 使用画笔工具绘制弧形样条

58

在不退出当前工具的情况下，继续单击其他地方，继续创建样条控制点。要结束绘制，可以按键盘上的**空格键**。

结束绘制后，调整这些被创建的控制点，可以改变样条的形态的。要想修改这些点的位置，需要先选中样条，进入物体的**点模式**（物体的点、边、面模式在视窗左侧的快捷图标区，样条对象仅拥有点模式），如右图所示。

↑ 进入点模式

然后使用选择工具选中相应的控制点，再切换至移动工具（快捷键为E键）进行移动，就可以改变样条控制点的位置了。

选中想要挪动的控制点时，控制点上会出现X、Y两个轴向的坐标轴，如右图所示。

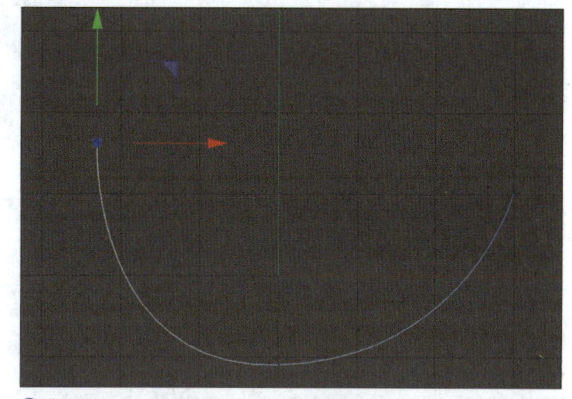

↑ 选中控制点，将出现X、Y两个轴向的坐标轴

随后沿着X轴向右移动该控制点，效果如右图所示。

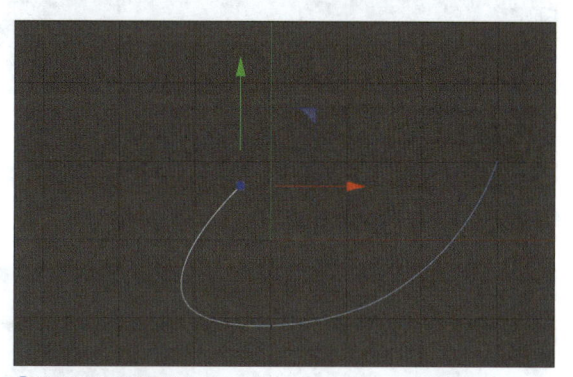

↑ 沿着X轴移动控制点

在退出样条工具之后，若想**继续绘制**更多的控制点，可以在对象管理器中选中样条对象，进入点模式，按住键盘上的Ctrl键，然后使用鼠标左键在空白处单击，在样条的尾端会出现一个新的控制点，并且连接之前所绘制的样条。

如何分辨样条线的**首端和尾端**呢？样条线的颜色为白色到蓝色渐变。白色的一端为起始端，蓝色的一端为结束端，如右图所示。

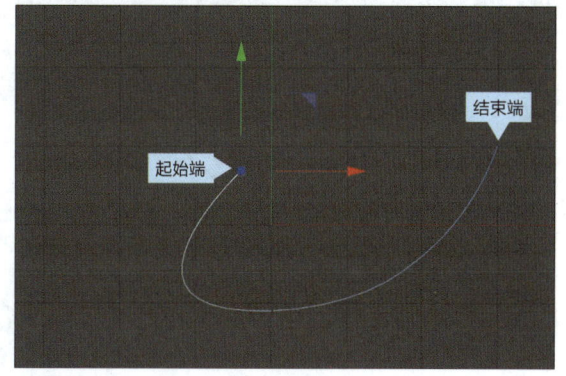

↑ 样条线白色为起始端，蓝色为结束端

» 4 样条对象的应用

绘制样条线后，可以看一下绘制出来的样条线的属性。在属性管理器中可以看到几个比较常用的参数。"类型"指的是样条的控制点类型，不同类型的控制点决定了不同的操作方式，如右图所示。

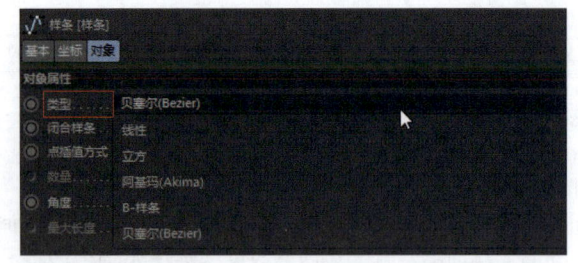

⬆ 样条线控制点的类型

当样条对象的"类型"为"**线性**"时，不会出现任何弧度，如下图所示。

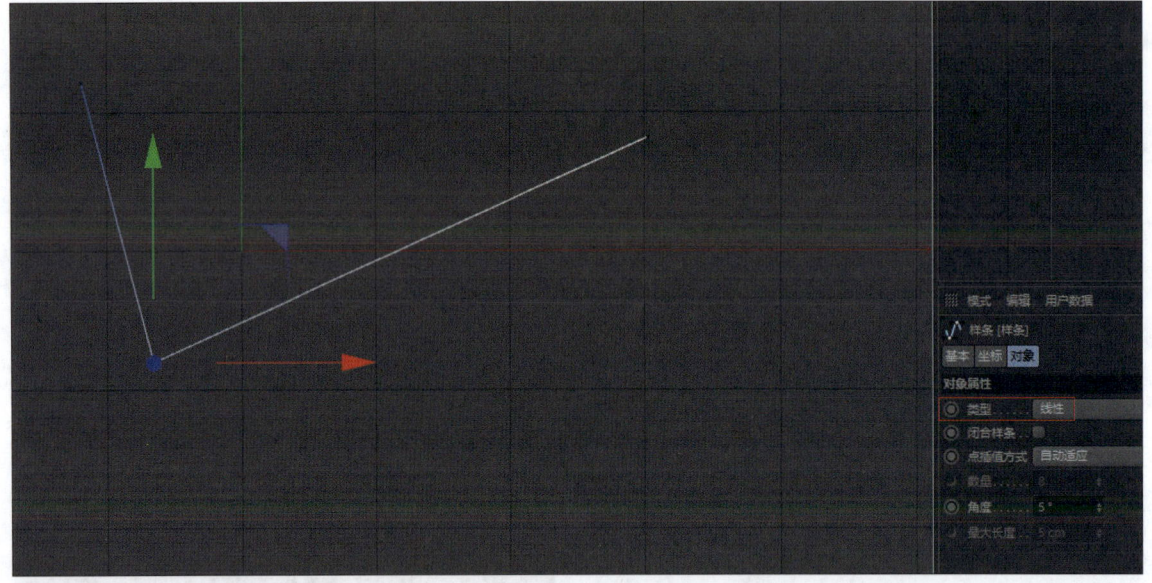

⬆ 样条对象"类型"为"线性"的效果

"类型"为"**立方**"时，样条线的控制点在样条上，移动控制点可以调整样条线的弧度，但是不带操纵手柄，如下图所示。

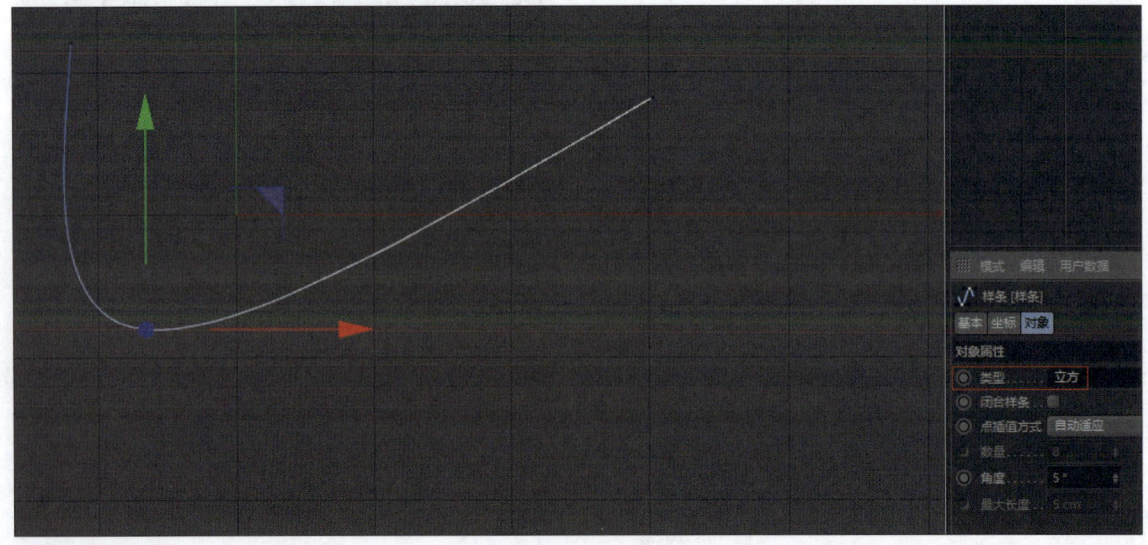

⬆ 样条对象"类型"为"立方"的效果

"**阿基玛**"样条对象类型的操作方式与"立方"类似，但是弧度的计算方式不太一样。仔细比对会发现"立方"与"阿基玛"的弧度不同，如下图所示。

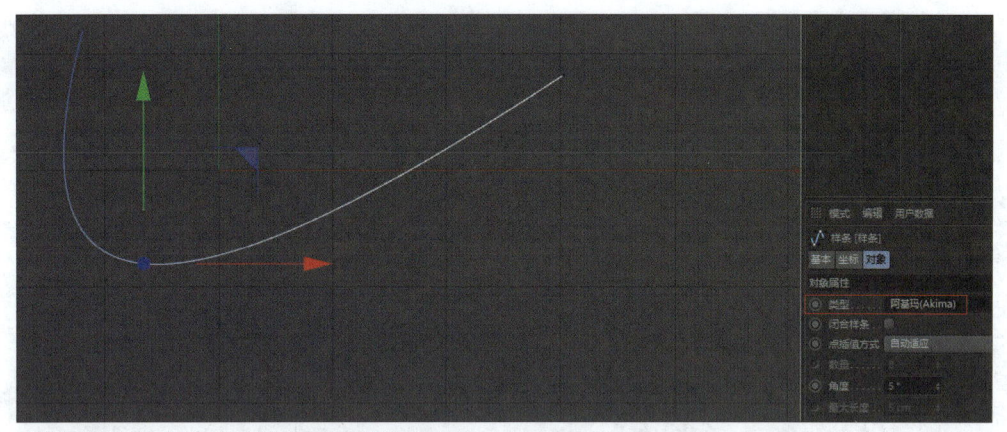

⬆ 样条对象"类型"为"阿基玛（Akima）"的效果

"**B-样条**"样条对象的控制点在样条线之外，移动控制点可以调整样条弧度，如下图所示。

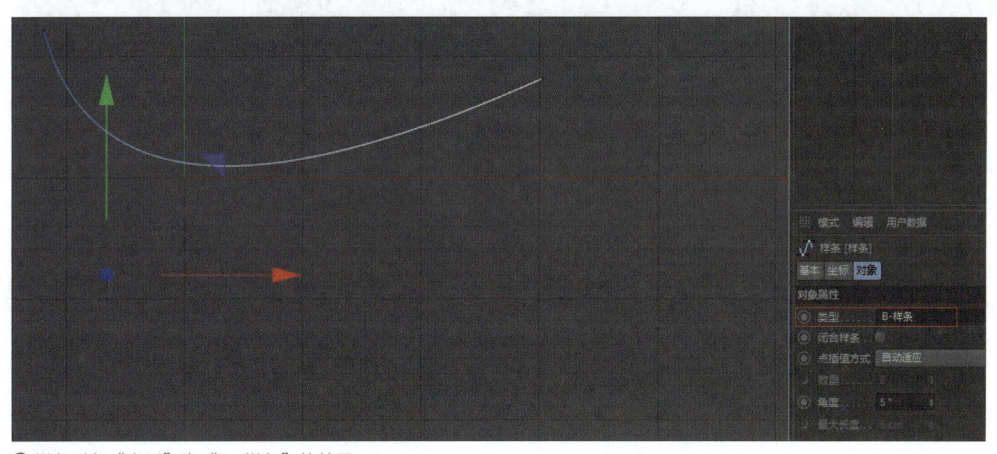

⬆ 样条对象"类型"为"B-样条"的效果

最后一种样条对象"类型"是"**贝塞尔**"，也是最常用的一种。选择"贝塞尔"对象类型后，控制点带有操作手柄，可以很方便地调整样条弧度，如下图所示。

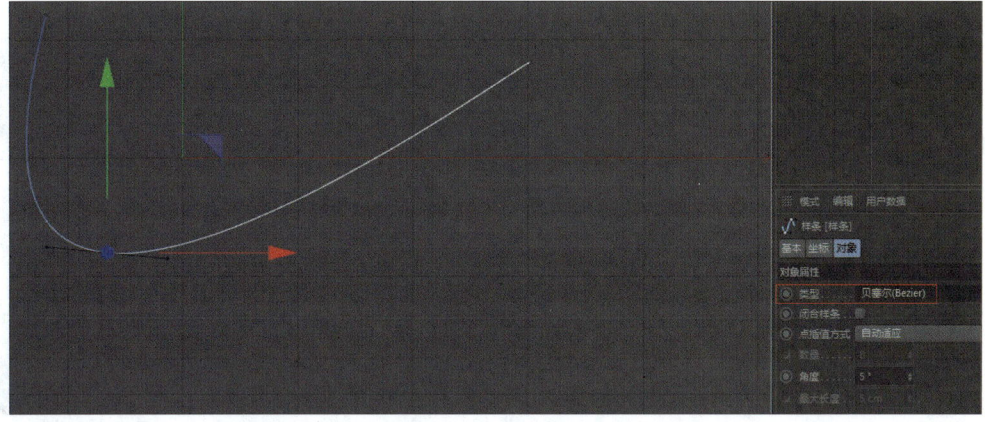

⬆ 样条对象"类型"为"贝塞尔（Bezier）"的效果

认识所有的样条类型之后，接下来介绍一个非常重要的属性参数，那就是"闭合样条"复选框。

勾选该复选框时，样条会呈现闭合状态，在绘制一些不规则封闭图形时常用，如下图所示。

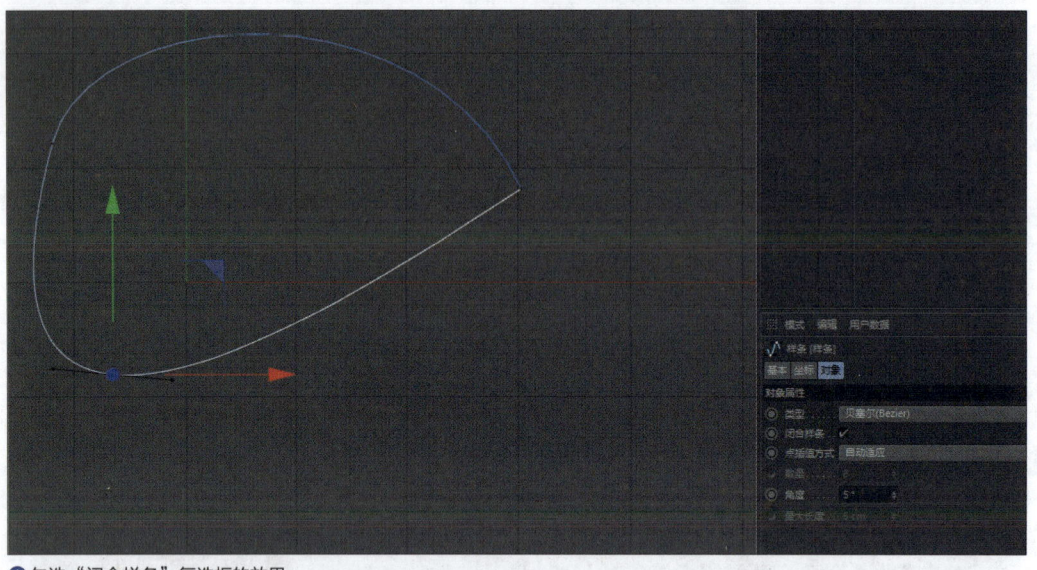

↑ 勾选"闭合样条"复选框的效果

4.2 样条对象的常用操作命令

在上一节中，我们学习了如何创建一个默认样条图形、如何手动绘制一个不规则样条以及相关属性的含义。这一小节与下一小节将介绍样条对象的相关**操作命令**。

右键快捷菜单的应用

首先在正视图中绘制一条样条，如右图所示。

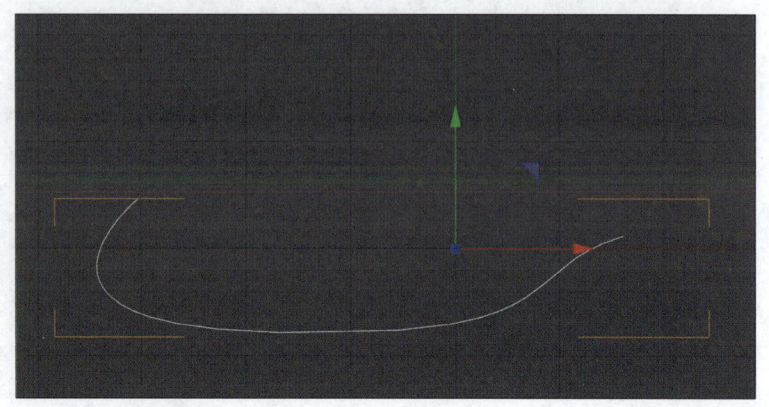

↑ 在正视图中绘制样条

» 4.2 样条对象的常用操作命令

需要注意的是，样条相关的命令都集中在**鼠标右键**快捷菜单中，并且需要进入到样条的**点**模式，否则右键快捷菜单中的是基于对象模式的常规操作命令。下图是样条的相关命令，红框框选的是常用命令。

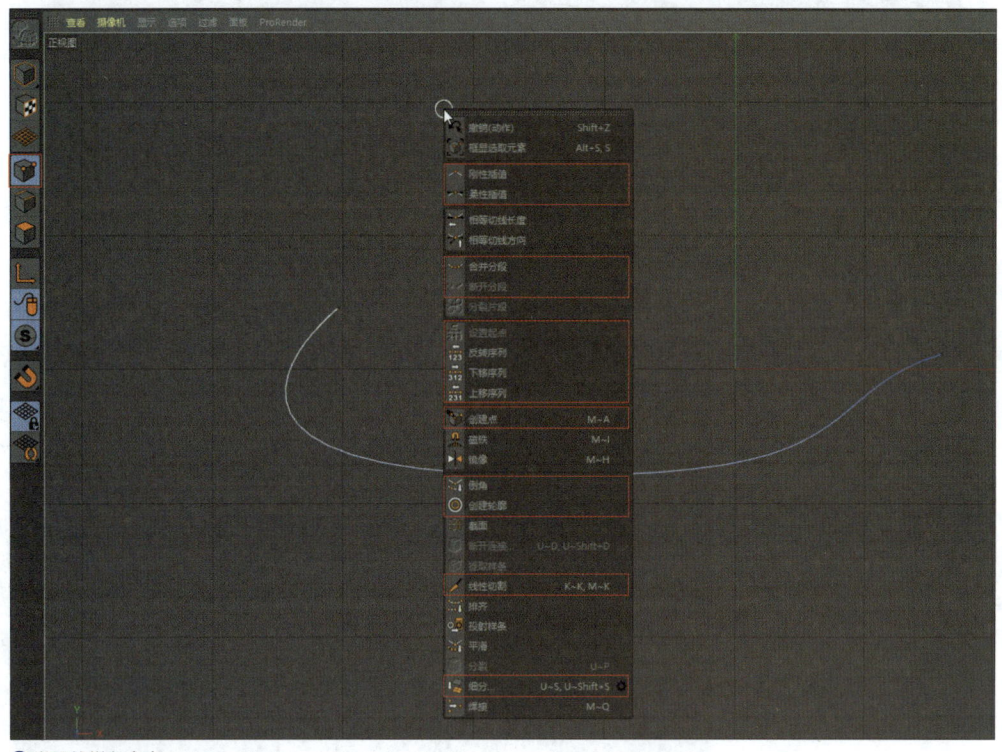

▲ 常用的样条命令

C4D右键菜单中的命令应用非常方便，在进入相应的操作模式之后，只需要单击鼠标右键，就可以调出针对这个对象的操作命令。

常用的操作命令

接下来对常用的样条操作命令进行逐一讲解。

"刚性插值"和"柔性插值"：这两个命令非常好理解，用户只需要选中想要改变差值的点，执行相应的命令即可。当控制点为"刚性插值"时，线段呈现没有贝塞尔曲线手柄、没有弧度的折角。当控制点为"柔性插值"时，线段有贝塞尔曲线手柄和弧度。如下两图所示。

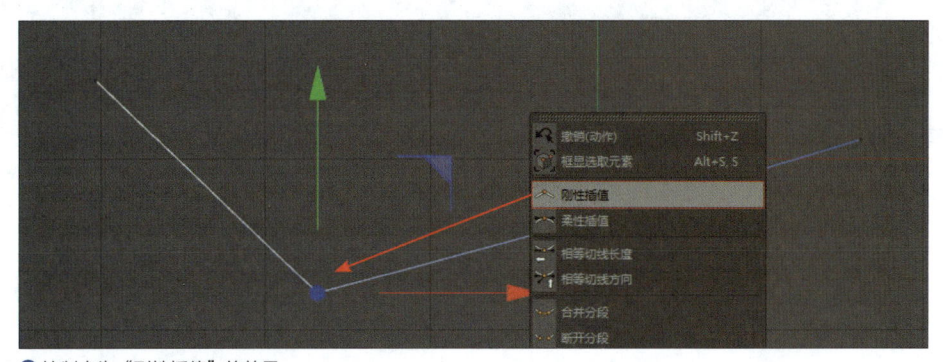

▲ 控制点为"刚性插值"的效果

» 4 样条对象的应用

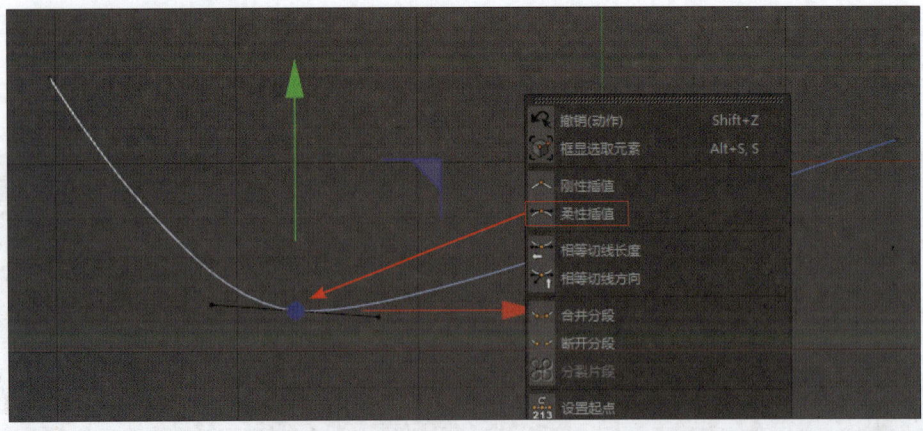

↑ 控制点为"柔性插值"的效果

"合并分段"和"断开分段":这两个命令主要用于对现有的样条线段进行断开和连接。

"断开分段"命令的使用方法很简单:选中控制点,执行该命令,可以将控制点左右两边的线段断开。右图为绘制连续的线段,下图为执行"断开分段"命令的效果。

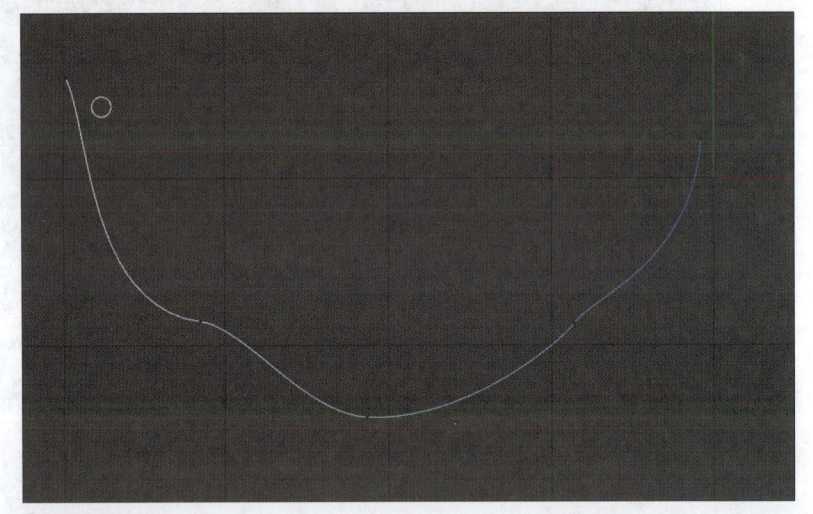

↑ 绘制连续的线段

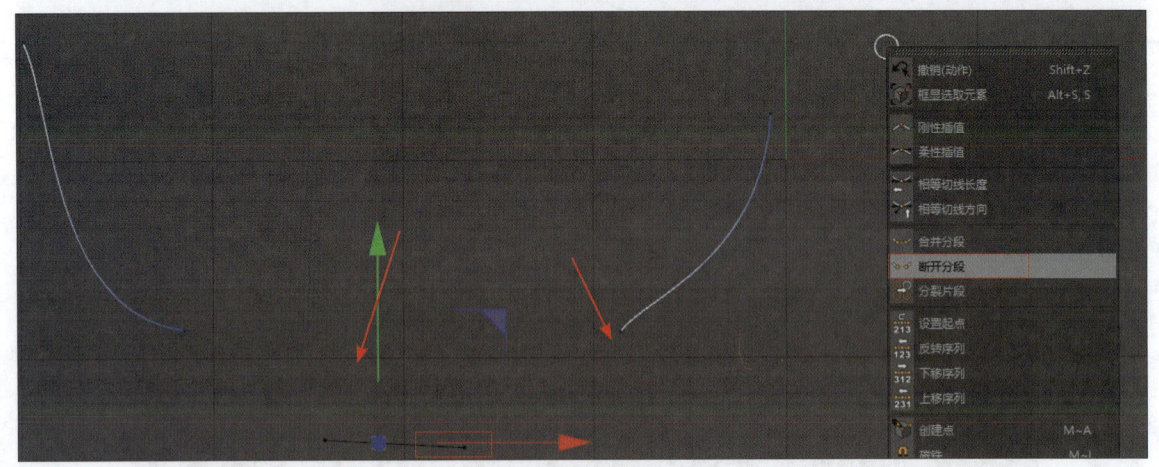

↑ 执行"断开分段"命令的效果

» 4.2 样条对象的常用操作命令

下面介绍如何使用"合并分段"命令。首先选中需要连接的两个控制点,执行"合并分段"命令后,两个控制点连接在了一起。如下两图所示。

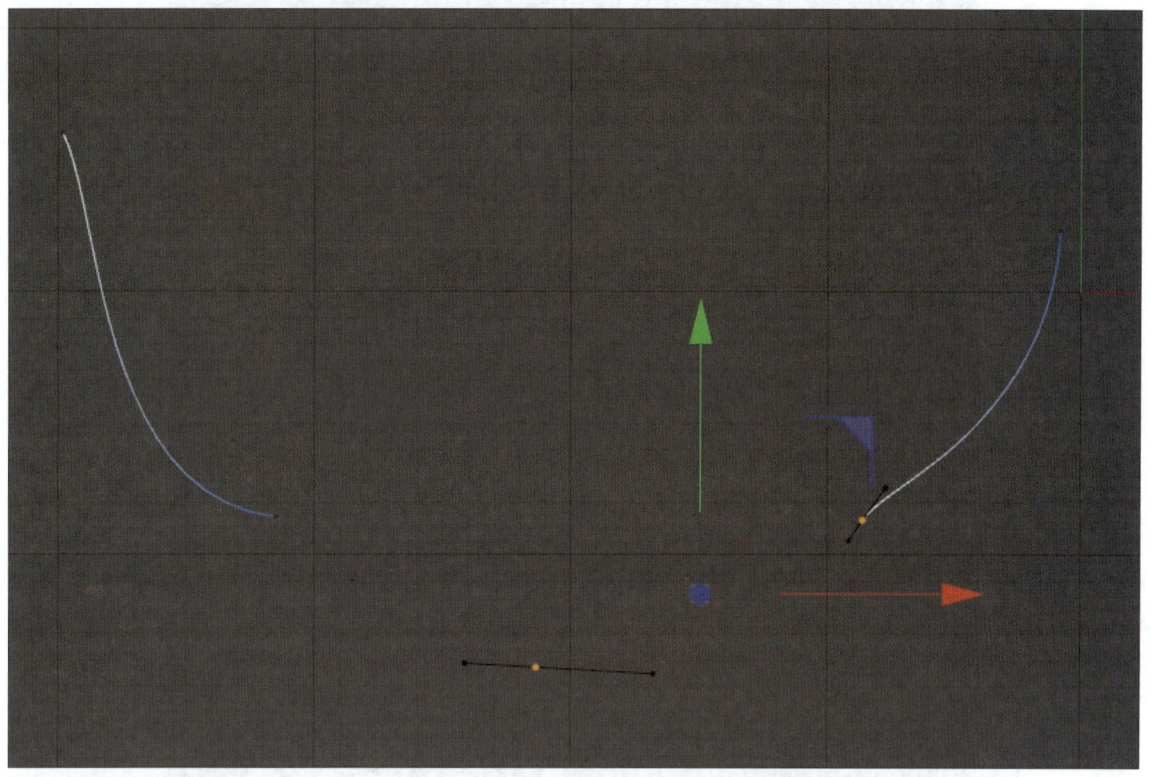

↑ 选择需要连接的两个控制点

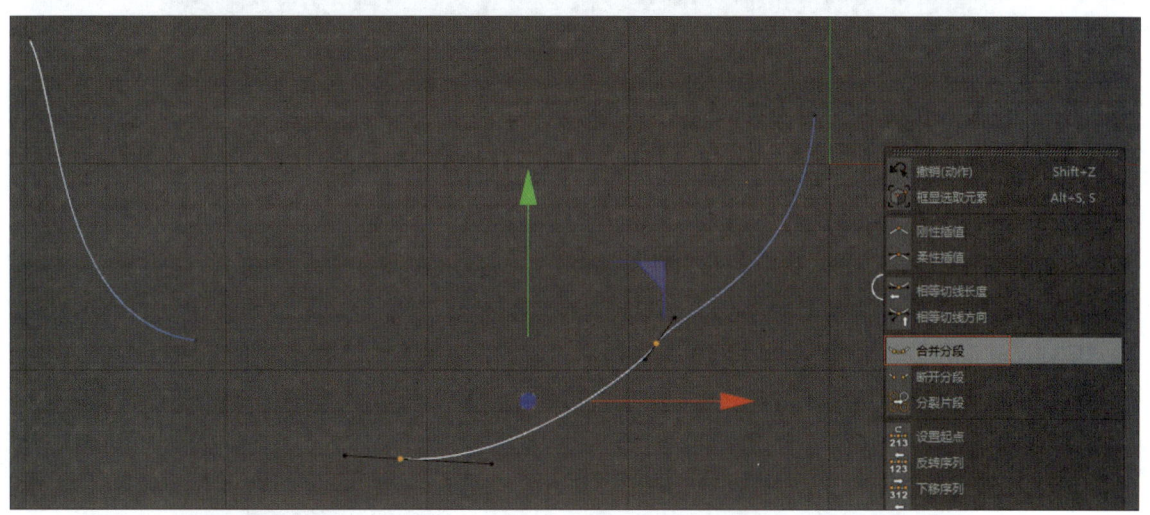

↑ 执行"合并分段"命令连接两个控制点

"设置起点""反转序列""下移序列""上移序列"这几个是关于样条线上点的序列号设置命令。

之前介绍过如何分辨样条的首尾端,那么"设置起点"命令的作用是将样条线上的任意一个点作为起始点。样条线的起始点和结束点对模型和动画效果都会有影响,所以"设置起点"命令的使用频率还是比较高的。下页上两图将左起第二个点设置为起始点。这时候样条的形态也会发生变化。

» 4 样条对象的应用

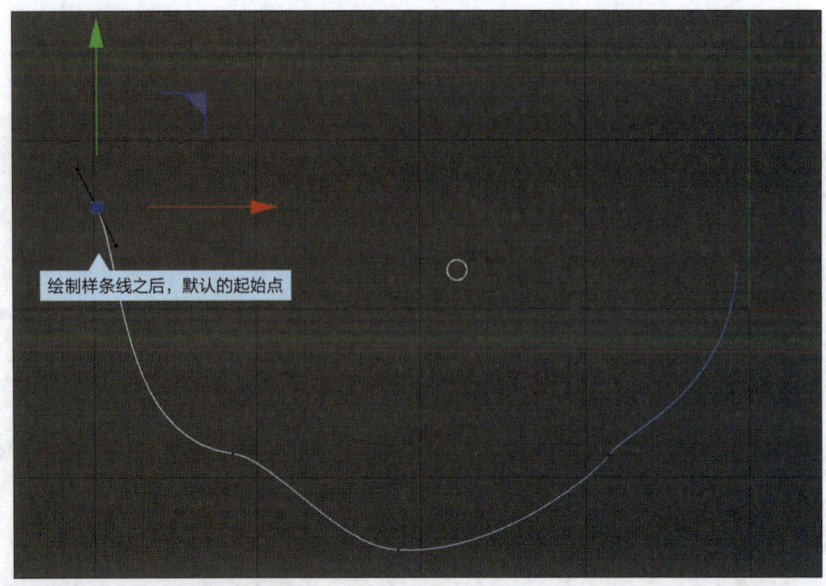

↑ 绘制样条线，白色为默认的起始点

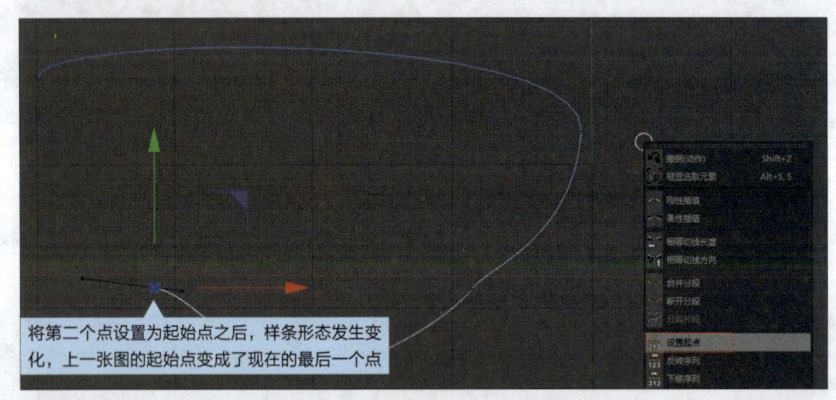

↑ 通过"设置起点"命令将左起第二个点设为起始点

"反转序列"命令是整体将起始点和结束点进行调转，样条的形态不会发生改变，如下两图所示。

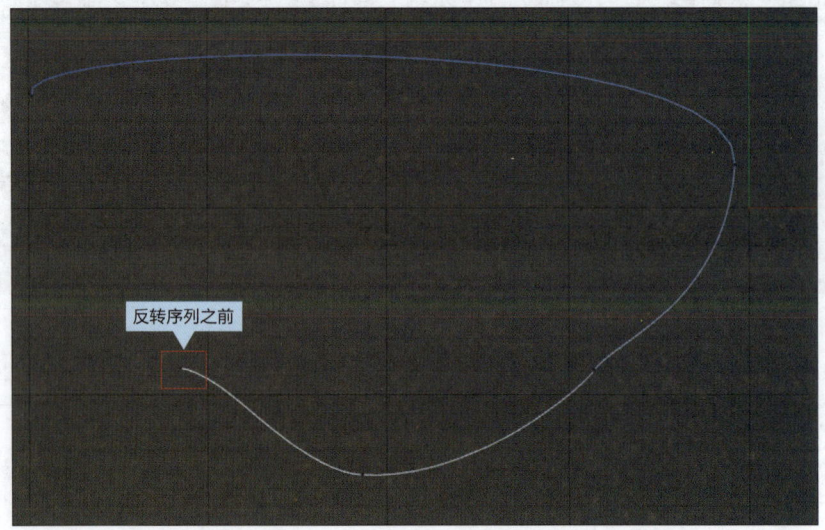

↑ 绘制线段，下方为起始点

» 4.2 样条对象的常用操作命令

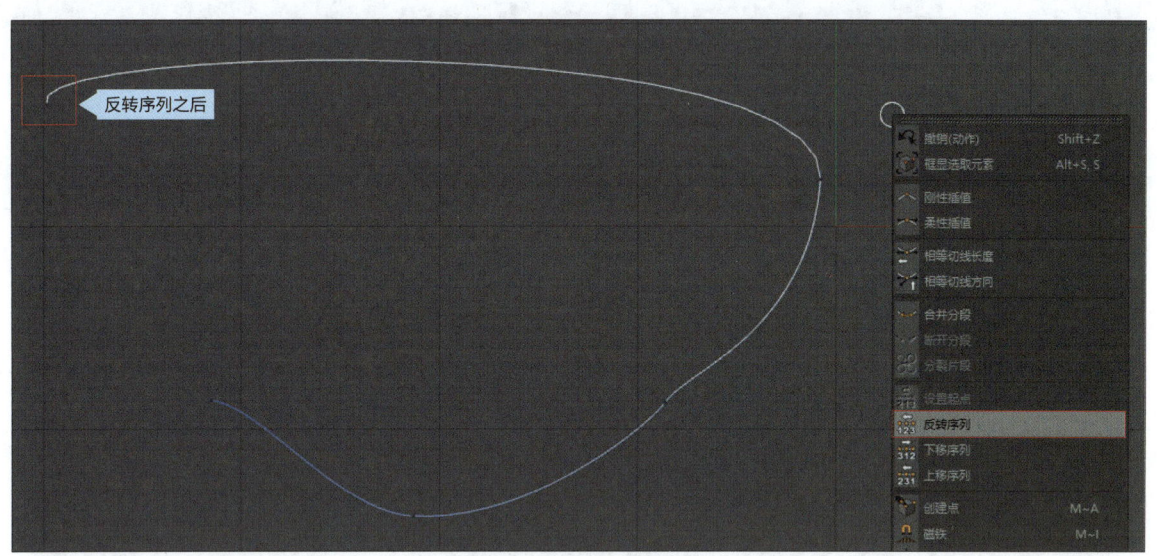

🔹 执行"反转序列"命令后的效果

"下移序列"和"上移序列"命令是依次将样条上的点作为起始点。这两个命令不经常使用,我们一般通过"设置起点"命令来直接进行选择。大家可以自行尝试,这里不再展示效果图。

"创建点"命令:该命令用于在已经绘制完成的样条线上添加更多的控制点。执行该命令之后,直接将光标移到样条上并**单击**,即可添加控制点。下图红色框中的点就是利用"创建点"命令创建出来的。

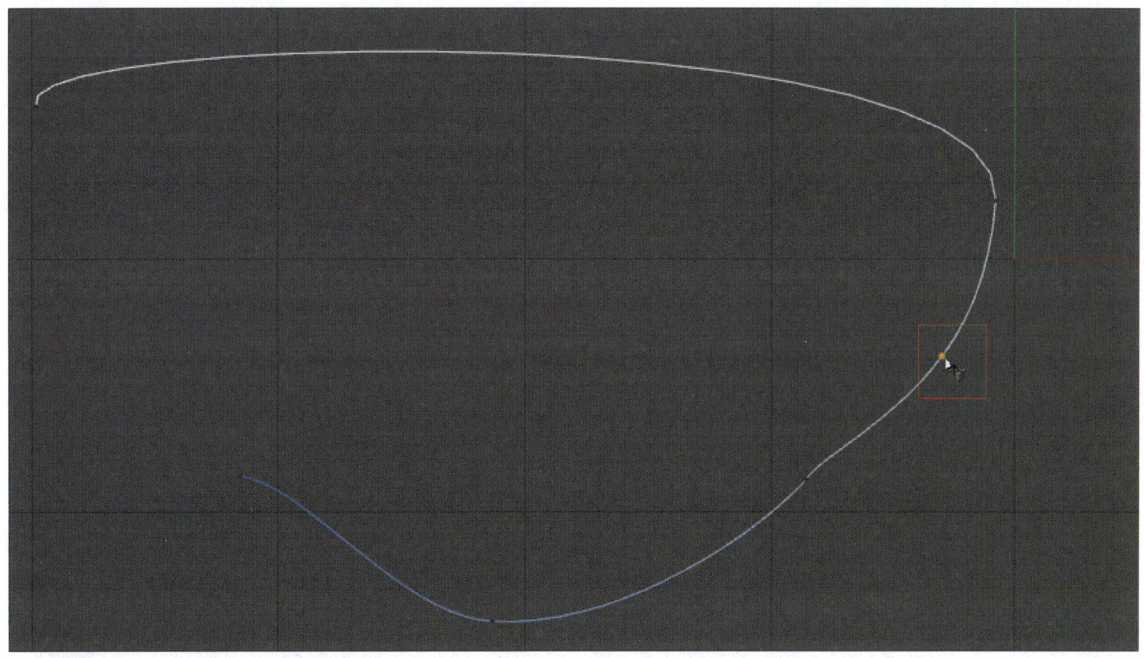

🔹 执行"创建点"命令,在样条线上添加控制点

4.3 样条对象的其他操作命令

首先在正视图中绘制一条样条线,然后将中间点改为"刚性插值",使之成为一个折角,如下图所示。

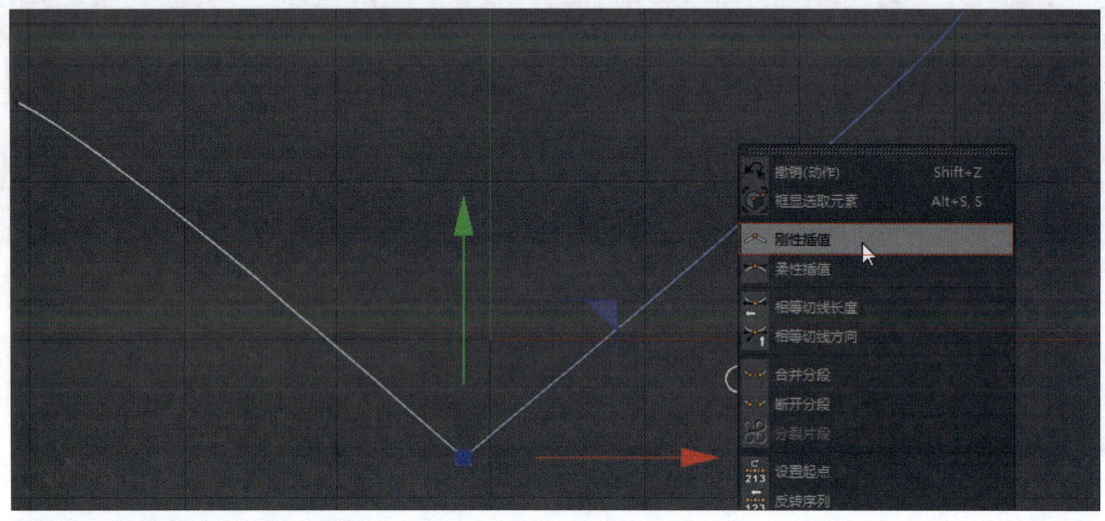

⬆ 绘制样条线并修改控制点为"刚性插值"

"倒角"命令

"倒角"命令的主要作用是将折角点变为多个点,并且可以任意调整多点之间的弧度。选中样条线上的控制点,单击**鼠标右键**,打开快捷菜单,执行"倒角"命令,如下图所示。

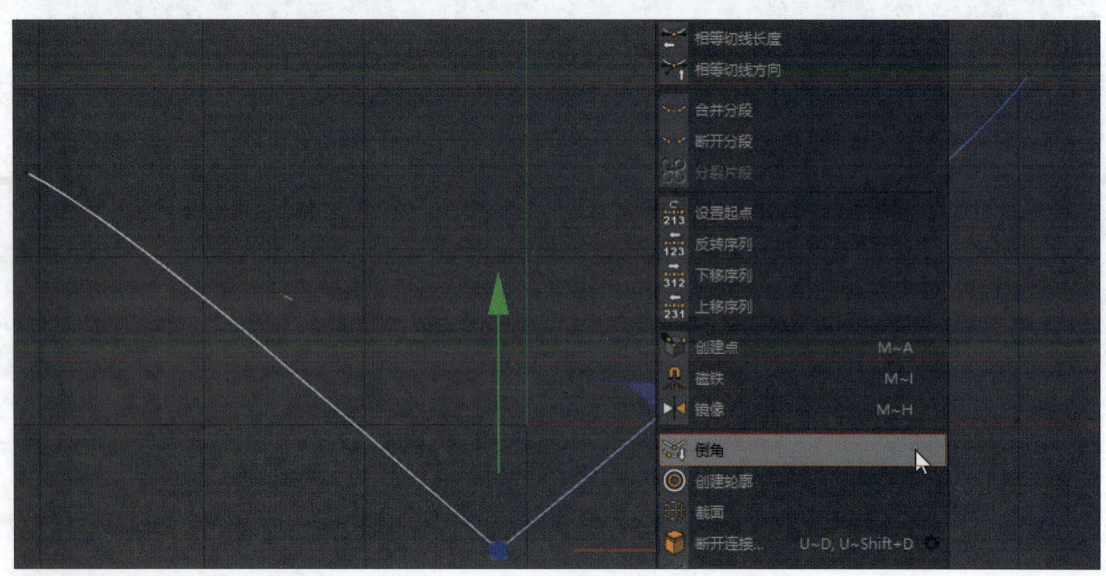

⬆ 选择控制点并执行"倒角"命令

» 4.3 样条对象的其他操作命令

选择命令之后，光标旁边会出现相应的图标，这时候按住**鼠标左键**往空白处**拖拽**，可以调整倒角的大小。此时，在属性面板中也会显示一些该命令相关的参数，如下图所示。

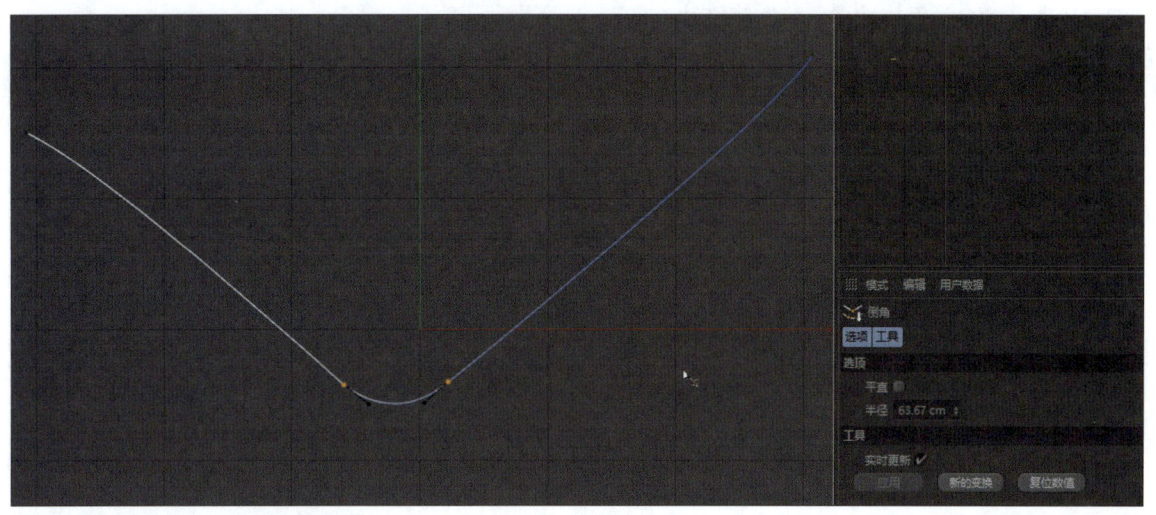

↑ 按住鼠标左键并拖拽，调整倒角半径大小

可以看到通过拖拽，原本单个控制点变为两个控制点，并且两点间线段出现了弧度。如果勾选属性面板中的"平直"复选框，两点之间的线段不会出现弧度，如下图所示。"半径"参数用于设置两点之间的距离。在第一步拖拽单个控制点变为两个控制点的过程中，"半径"的参数也会跟着发生变化；停止拖动后，依然可以通过修改参数进行调整，直到退出"倒角"命令。

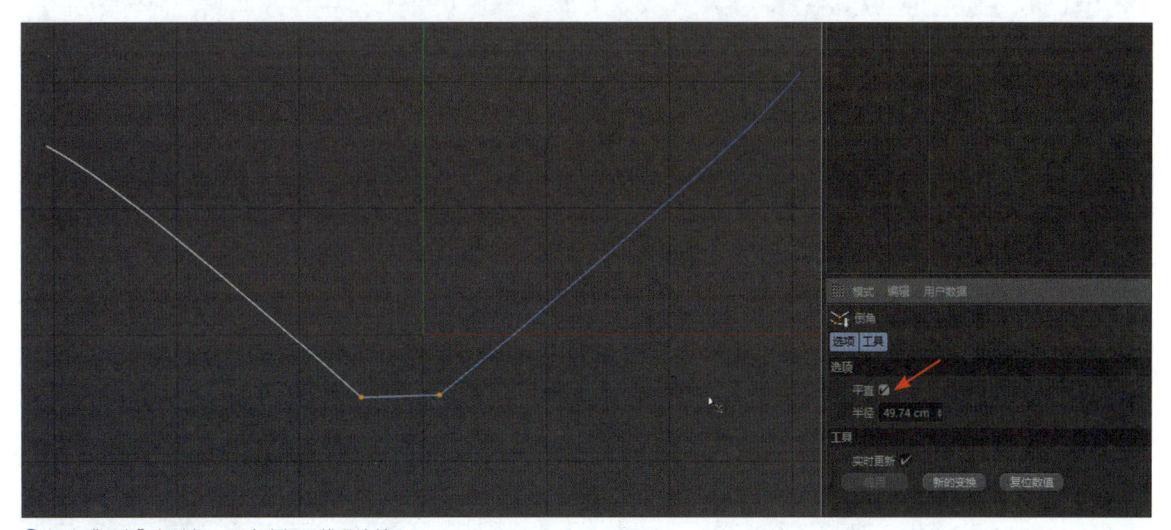

↑ 勾选"平直"复选框，两点之间用线段连接

> **小提示：执行"倒角"命令后继续调整相关参数的方法**
>
> 在第一次执行"倒角"命令后，若想修改"半径"的参数，要在松开鼠标之后立即进行更改，中间不要进行任何其他操作。如果此时还想再用光标在视图的空白处拖拽，就相当于二次执行"倒角"命令，会在当前的两个控制点上再分别增加一个控制点，即四个控制点。这里需要大家在软件中多尝试几次，习惯这种操作。

如果需要退出当前命令，可以按一下键盘上的**空格键**。

"创建轮廓"命令

对样条线执行倒角操作后,选中对象并执行"创建轮廓"命令,同样按住**鼠标左键拖动**,即可将之前的单根样条变为一个封闭的轮廓样条线,如下图所示。

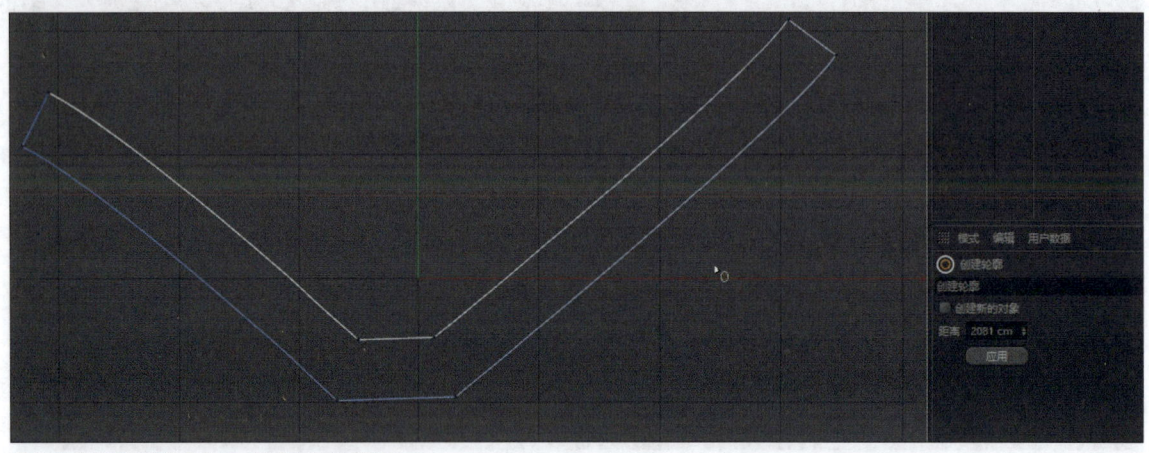

⬆ 执行"创建轮廓"命令后,按住鼠标左键拖拽

在属性面板中,如果勾选"创建新的对象"复选框,则创建出来的轮廓样条不会与之前的样条发生连接,而是在对象管理器中生成一个单独的新对象,如下图所示。

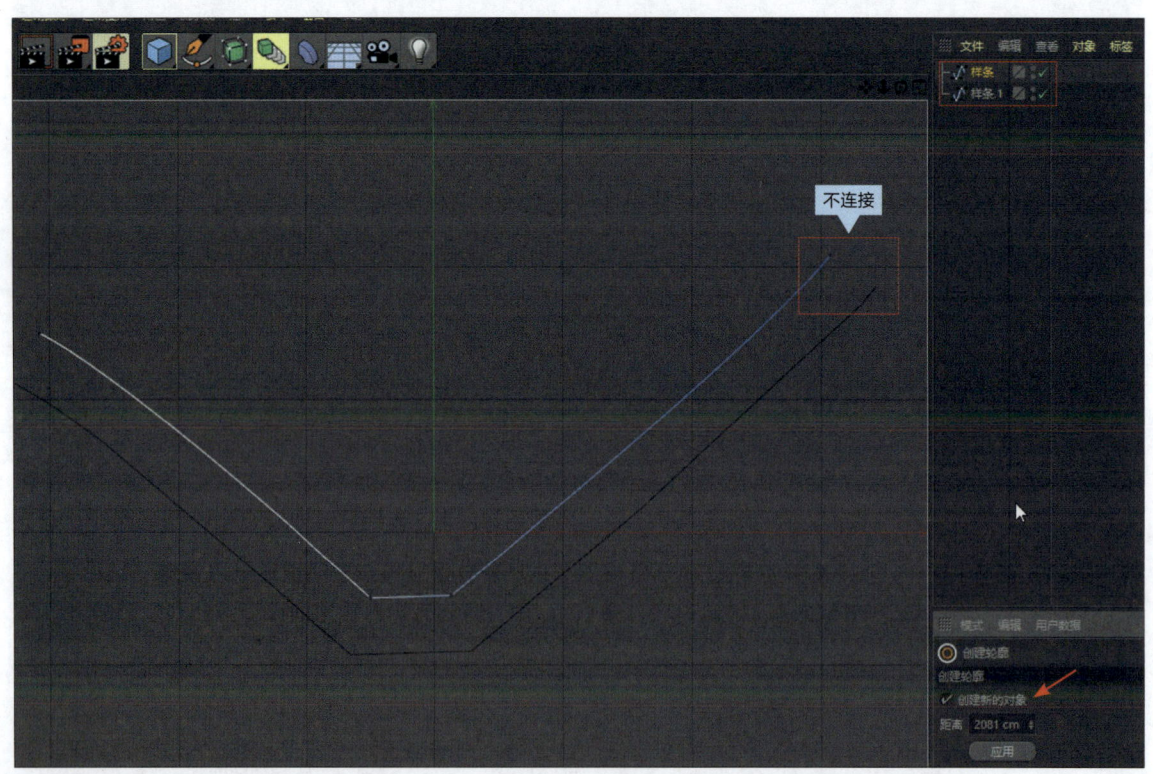

⬆ 在属性面板中勾选"创建新的对象"复选框

"距离"参数用于设置新生成的轮廓样条线和原始样条线之间的距离。如果需要精准设定,可以直接在数值框中输入数值,然后**单击**"应用"按钮,来生成相应的轮廓样条线。

"线性切割"命令

"线性切割"命令和"创建点"命令类似,都可以在样条线上创建控制点。但是"线性切割"命令可以同时切割多条线,更加自由。

该命令使用方法很简单,右键菜单中执行"线性切割"命令,然后在切割的开始位置单击鼠标左键,会出现一根白色线段,让白色线段穿过样条线,在结束点再次单击鼠标左键,就可以完成切割,如下图所示。需要注意的是,切割后,还会继续出现第二根白色线段,需要按键盘上的空格键退出当前命令,才会应用于样条。如果不退出当前命令,可以继续更改切割方向,不断进行切割。

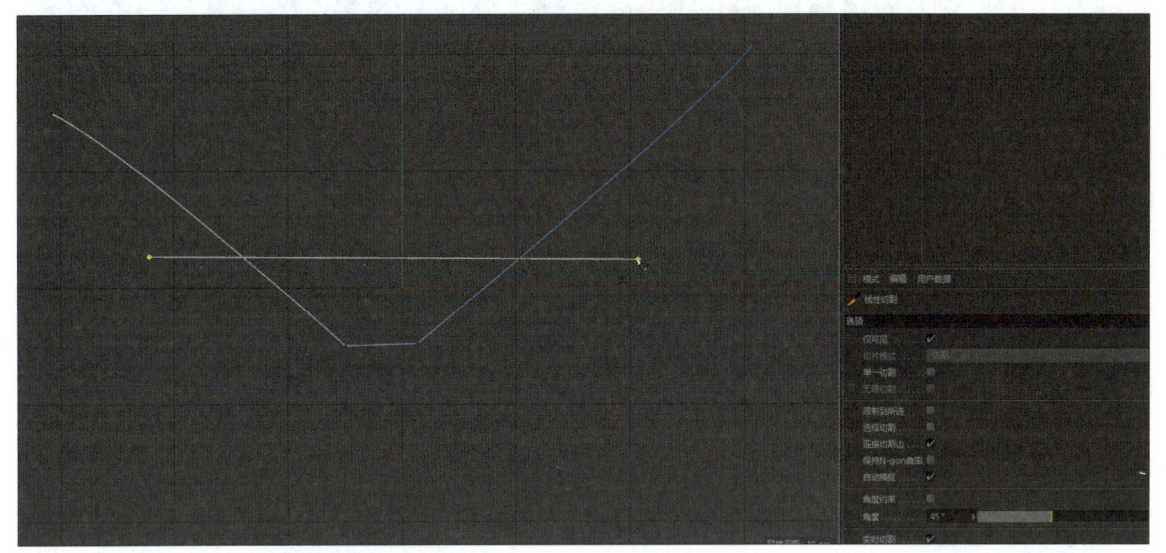

↑ 执行"线性切割"命令,出现白色线段切割样条

退出"线性切割"命令之后,样条上新的控制点会出现在切割命令拉出的白线与样条线的交会处,如下图所示。

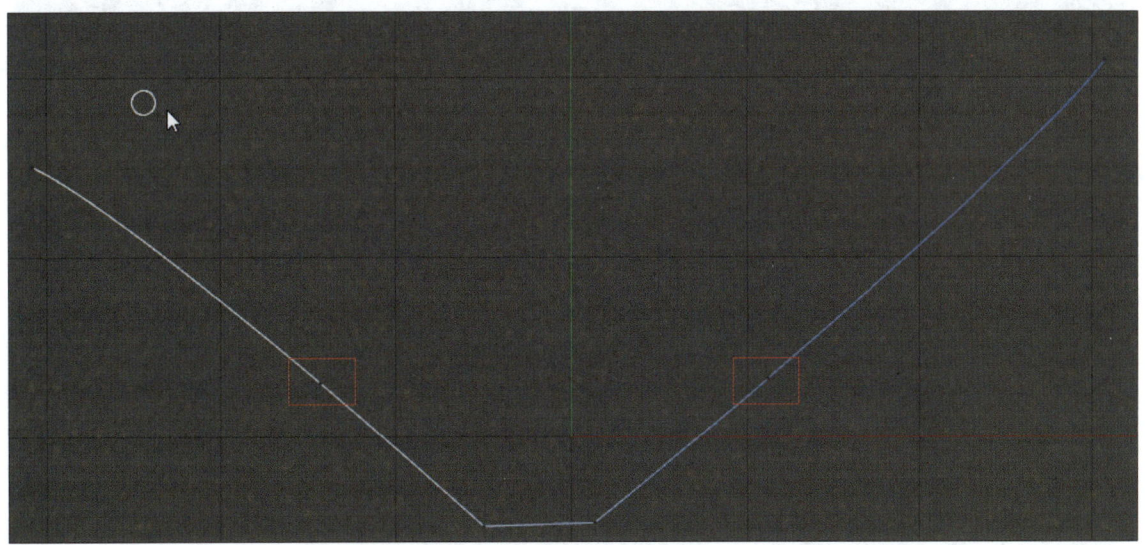

↑ 在白色线条与样条线交会处进行切割

我们可以看到多次切割的效果,完全按照用户的意愿在样条上自由切割,增加控制点。下页的上图为随机在样条线上进行数次切割的效果。

» 4 样条对象的应用

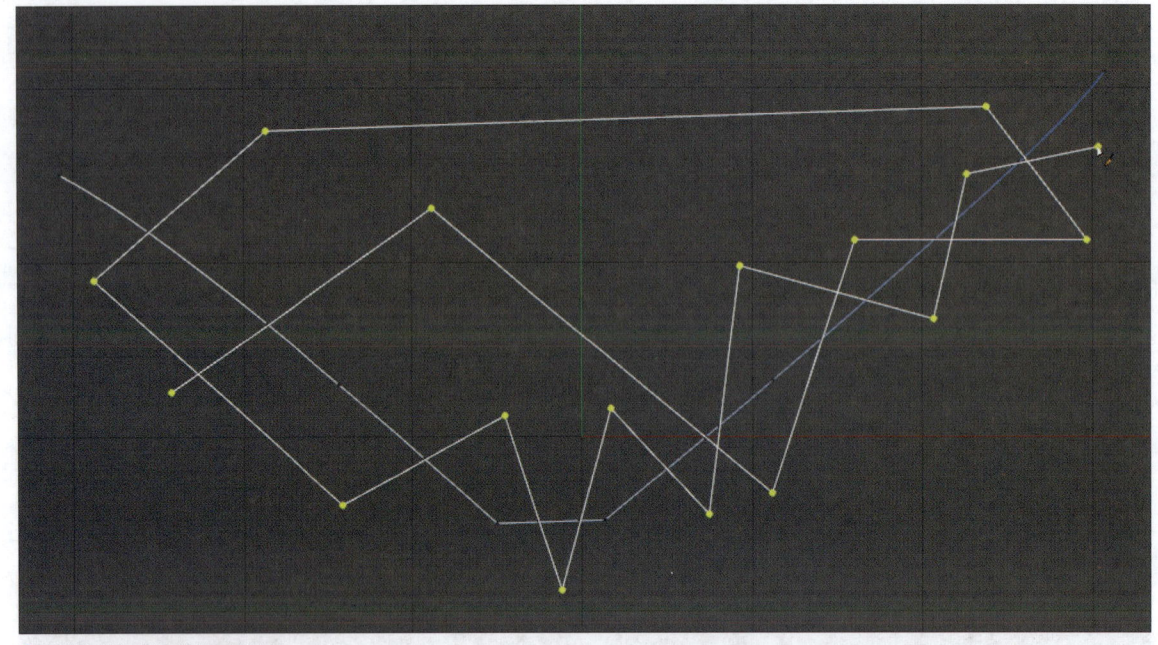

↑ 继续在样条上切割增加控制点

通过"线性切割"命令得到的控制点是完全自由分布的，很容易不均匀。"细分"命令则可以帮助我们得到平均分布的控制点。

"细分"命令

选择并执行"细分"命令，会在原有样条线的每个单独分段的中间部位增加一个新的控制点，如下图所示。"细分"命令是按照每个单独线段进行计算的。

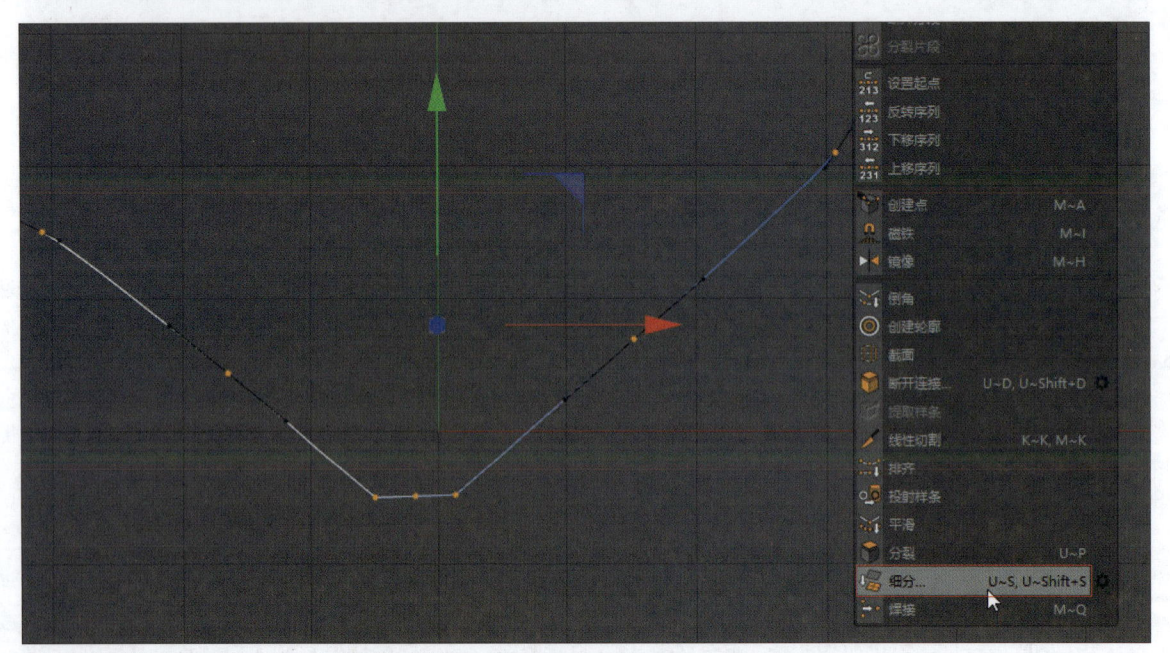

↑ 执行"细分"命令，将在样条各分段中间增加控制点

在上页图中可以看到,"细分"命令的右侧有一个齿轮型的小图标。这个图标表示当前命令有隐藏的相关设置。单击小齿轮图标会弹出"细分"对话框,可以设置细分的数量,如下图所示。

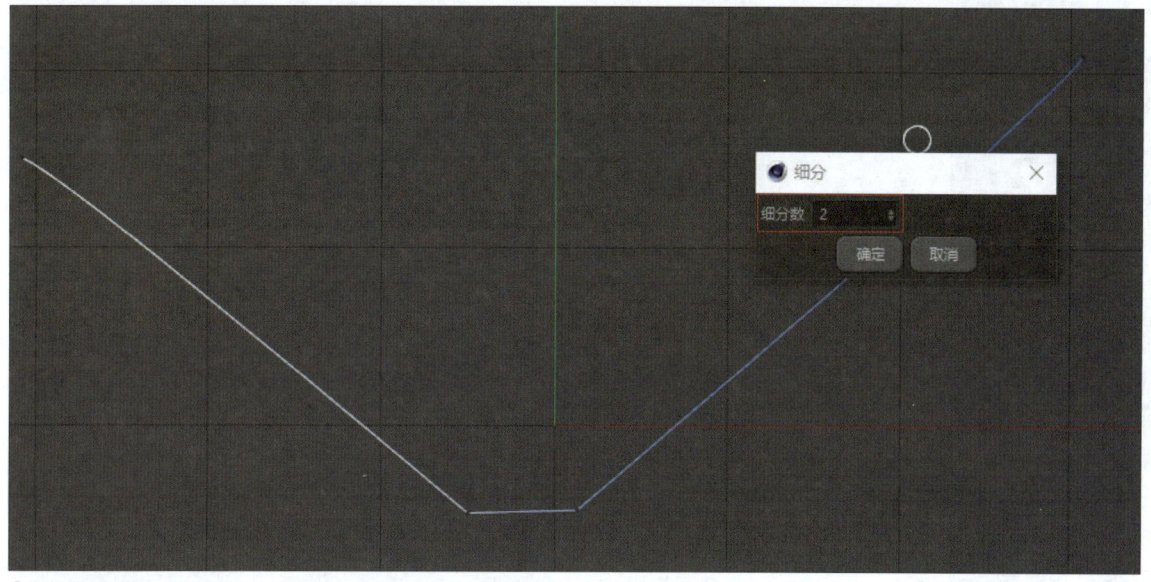

↑ 单击"细分"命令右侧图标,在打开的对话框中设置细分数量

设置细分数量后,单击"确定"按钮。这里输入"细分数"为5,确定之后会得到相应数量的分段数,效果如下图所示。

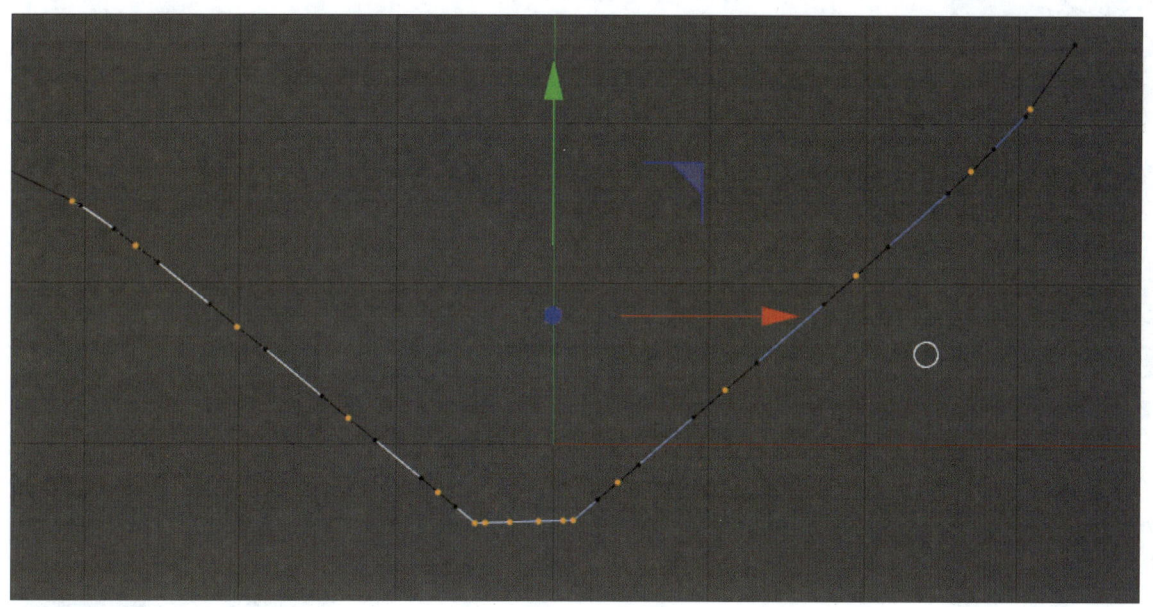

↑ 设置"细分数"为5的效果

需要注意的是,设置的细分数会被保存下来,下次再使用时如果不想要这个值,需要再次设置。

生成器和建模对象

5.1 细分曲面生成器

5.2 挤压生成器

5.3 旋转生成器

5.4 放样生成器

5.5 扫描生成器

5.6 贝塞尔、阵列和晶格生成器

5.7 布尔和样条布尔生成器

5.8 连接和实例生成器

5.9 融球和对称生成器

5.10 LOD 和减面生成器

5.11 克隆生成器 1

5.12 克隆生成器 2

5.13 体积生成器与体积网格生成器

5.1 细分曲面生成器

在本章中，我们将对生成器和建模对象进行讲解，因为这两部分的对象在使用方法上非常相似，放在一起讲解理解起来比较方便。

创建细分曲面

在右图的快捷图标区中，红色矩形框选的图标就是生成器。

↑ 生成器图标

生成器主要作用于模型或样条，在对象管理器中的层级关系表现为对象物体的父级。

所有绿色的对象在层级关系中的表现都是父级。

先来看一下生成器图标区中的细分曲面生成器，如右图所示。

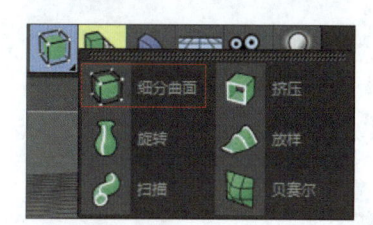

↑ 细分曲面生成器

首先，创建一个简单的立方体，再创建一个细分曲面生成器，然后将立方体作为细分曲面的子级。此时，细分曲面已经对立方体产生了作用，其效果如下图所示。

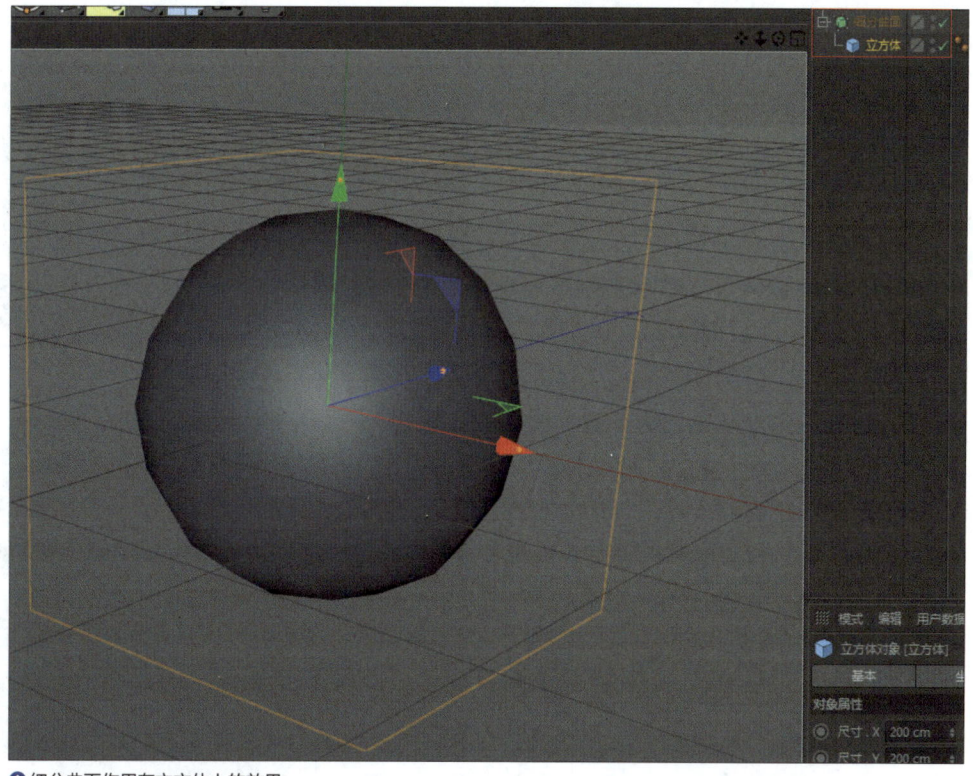

↑ 细分曲面作用在立方体上的效果

75

细分曲面的**主要作用**是增加原有对象的分段数，并且产生圆滑的效果。立方体在增加分段并且圆滑之后，会无限接近球体。这里可以看到，立方体经过细分曲面之后，变成了一个球体。

如果将细分曲面生成器关闭，或者将立方体移出子级，对象就不会再受到影响。在生成器的子级中也可以放组，组内的物体会同时受到影响。

将视窗操作中的显示设置为"光影着色（线条）"，以便查看模型上的分段数。其效果如下图所示。

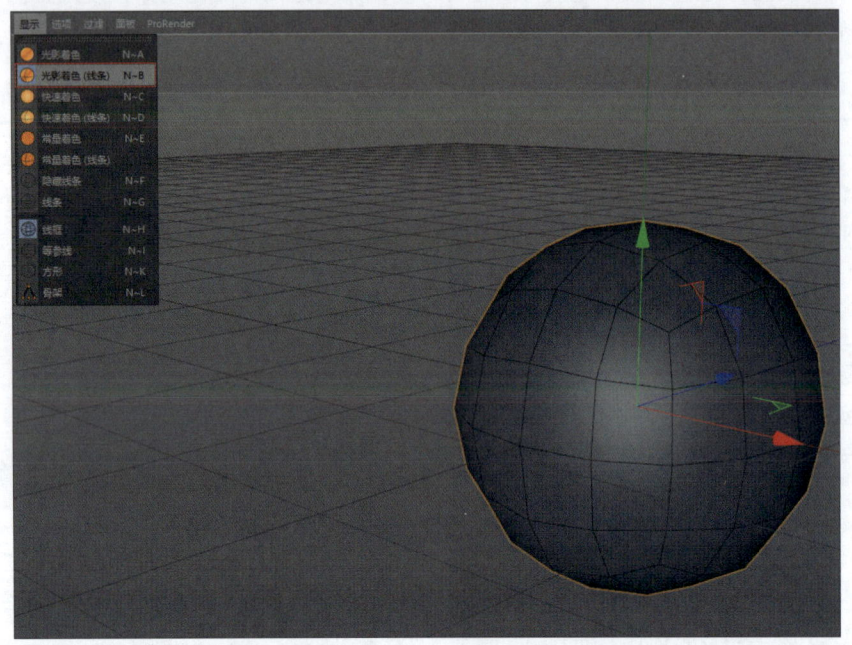

↑ 设置"显示"为"光影着色（线条）"

"细分曲面"的属性参数

接下来介绍一下"细分曲面"的属性参数，其面板如右图所示。

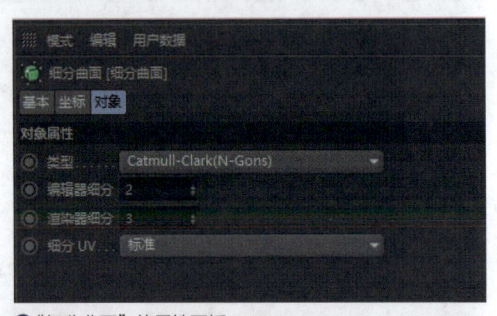

↑ "细分曲面"的属性面板

"类型"用于设置增加模型分段数时的算法。在C4D R20版本中，"细分曲面"增加了4种新的算法，可以满足更多的细分需求。右图红框中是新增的算法。

在工作中，一般只会用第二种算法，这也是创建细分曲面时的默认选项。其他几种方式，在线的增加方式和平滑方式上各有不同，但是实际应用并不多，用户可以自行切换尝试，了解即可。

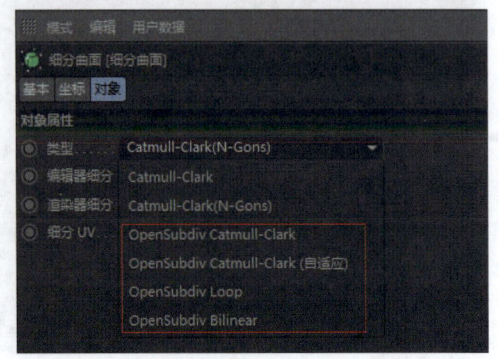

↑ "细分曲面"的4种新算法

"编辑器细分"和"渲染器细分"这两个参数,可以设置视窗中的细分级别和最终通过渲染窗口查看到的细分级别。

以"编辑器细分"为例,当数值为0时,立方体效果如下图所示。

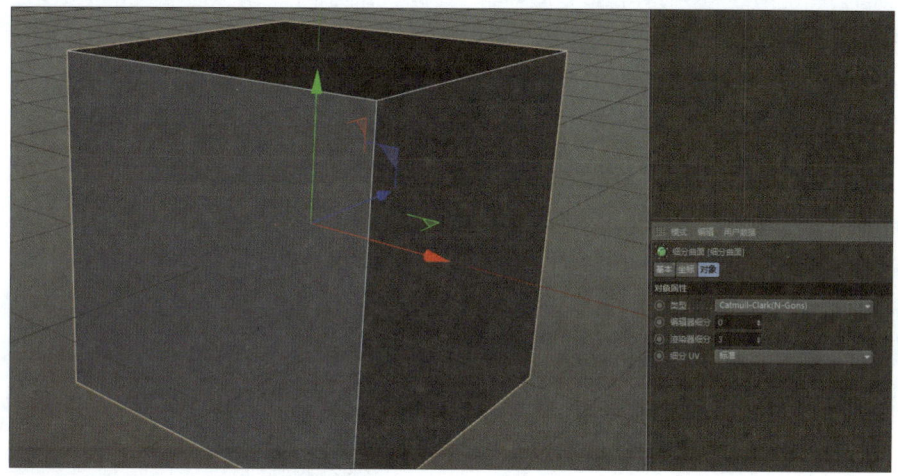

↑ 设置"编辑器细分"为0时,立方体的效果

设置"编辑器细分"为2时,效果如下图所示。

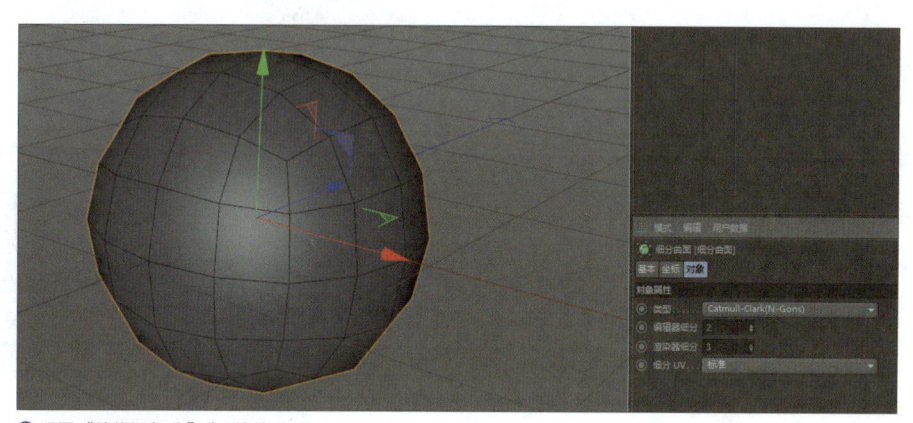

↑ 设置"编辑器细分"为2的效果

设置"编辑器细分"为4时,效果如下图所示。

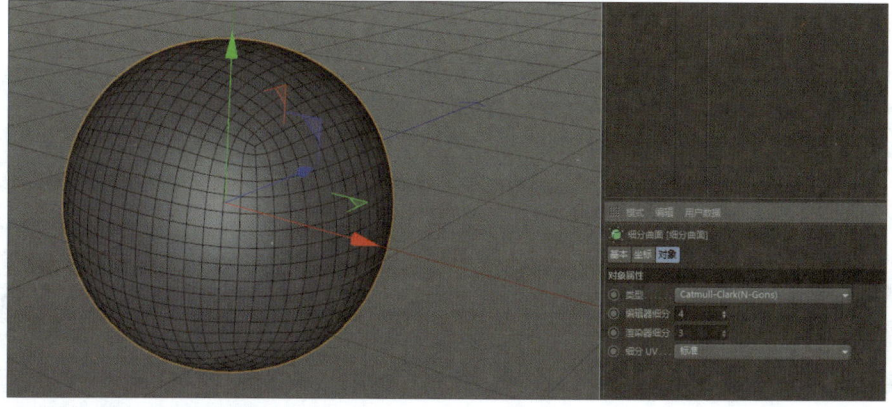

↑ 设置"编辑器细分"为4的效果

可见，"编辑器细分"的值越大，增加的细分段数越多，物体也越平滑。

将这两个参数分开设置，主要是为了在视窗操作时**保持流畅度**。有的时候需要物体在最终渲染输出时呈现高细分状态，但是如果在视窗中增加过多的细分段数，会加重计算机的运算负担，移动摄像机时变得卡顿。所以这时候可以适当降低视窗中的细分级别，只提高"渲染器细分"值，这样既不会降低该对象渲染时的细分程度，又可以在操作摄像机时更加顺畅。

"细分UV"参数通常保持默认设置即可。关于对象物体的UV设置，这里暂时不进行讲解，后面的章节会为大家介绍。

5.2 挤压生成器

扫码看视频

挤压生成器主要用来基于样条线建立模型。日常项目制作中，挤压生成器常用于创建三维字体和标识图形。

创建挤压生成器

首先创建一个样条图形，这里以文本样条为例，如右图所示。

> **小提示：关于文本样条对象**
>
> 前文介绍样条线时，没有专门对文本样条对象进行介绍，用户可在随书的教学视频中查看详细的讲解。

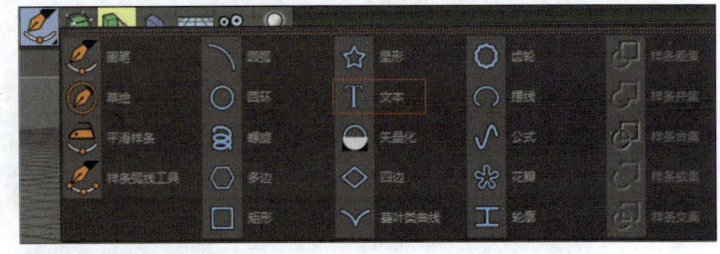

↑ 选择"文本"样条选项

创建文本样条后，在样条的属性编辑器"文本"文本框中输入英文或者中文字符，样条就会呈现相应的效果，如下图所示。

↑ 查看创建文本样条的效果

然后创建一个挤压生成器，如右图所示。

⬆ 创建挤压生成器

使用方法和上一节中的细分曲面一样，将挤压生成器作为文本样条的父级。这时候，在视窗中会出现相应文本的三维模型，如下图所示。

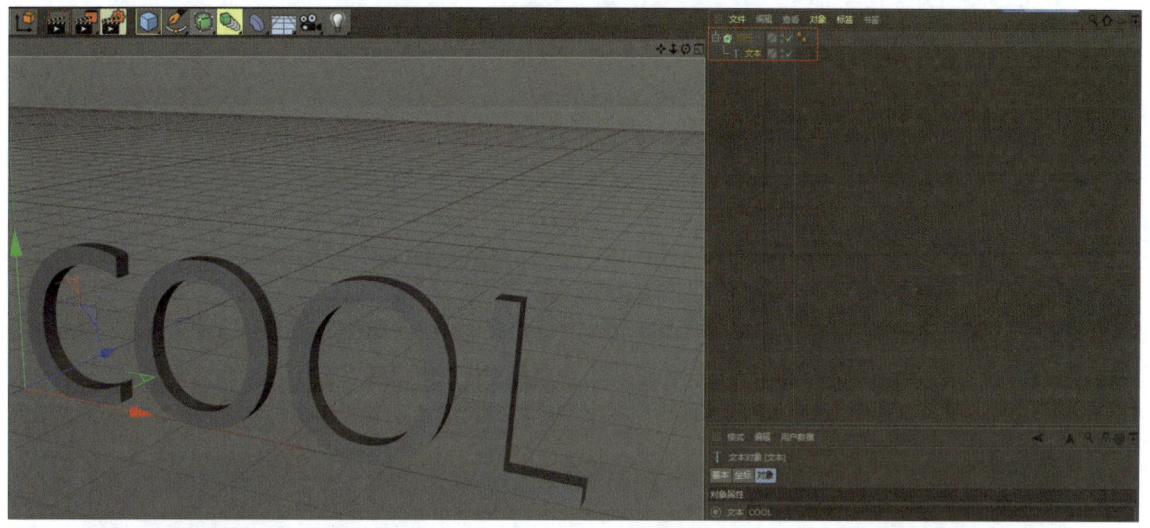

⬆ 将文本样条作为挤压生成器的子级

挤压生成器的常用参数

下面来看看挤压生成器的常用参数。

首先介绍一下"对象"选项卡下的几个常用参数。

"移动"参数用于设置样条在X、Y、Z三个轴向上的厚度尺寸。默认都是沿着Z轴方向进行厚度挤压，默认值为"20cm"，这里修改成"100cm"，可以看到模型的厚度在Z轴方向上增加了，如下图所示。

⬆ 修改"移动"Z轴方向的值为"100cm"的效果

"细分数"主要用于增加模型厚度上的分段数，这个参数偶尔会用到。首先在视窗中显示模型上的分段，然后将"细分数"增加至"20"，可以看到模型的厚度出现了相应的分段，效果如下图所示。

↑ 设置"细分数"为"20"的效果

"等参细分"和"反转法线"这两个参数通常情况下是用不到的，无须进行调整，保持默认即可。

"层级"复选框比较特殊，默认状态下勾选之后不会出现任何效果。但是当挤压生成器的子级下同时存在多个样条对象时，勾选此复选框可以同时产生多个样条对象的相应模型，否则挤压生成器只对第一个样条对象产生效果，如下两图所示。

↑ 未勾选"层级"复选框时，只作用在第一个样条对象上

↑ 勾选"层级"复选框后，作用在多个样条对象上

"封顶"选项卡下的属性

接下来看一下挤压生成器相对核心的"封顶"选项卡下的属性。

这里的"封顶",可以理解为文字模型的倒角。C4D的挤压生成器使用非常方便,可以为文字创建各种各样的倒角。封顶分为"顶端"和"末端",这里也可以理解为文字的正面和背面。

在"顶端"下拉列表中,可以看到封顶的方式分为四种,分别为"无""封顶""圆角"和"圆角封顶"。

这里"圆角封顶"的使用频率最高。因为在制作三维文字的时候,文字的倒角效果会直接影响文字的质感表现。

将"顶端"设置为"圆角封顶"方式,模型上会出现相应的倒角,如下图所示。

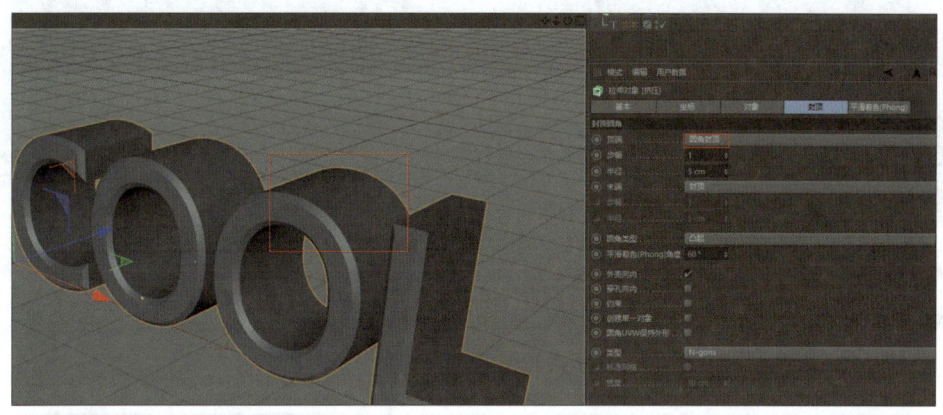

↑ 设置"顶端"为"圆角封顶"的效果

选择"圆角封顶"方式之后,下方原本是灰色的两个参数被激活。"步幅"用于设置倒角上的细分段数,细分段数越大,倒角越圆滑。这里增加至"10",效果如下图所示。

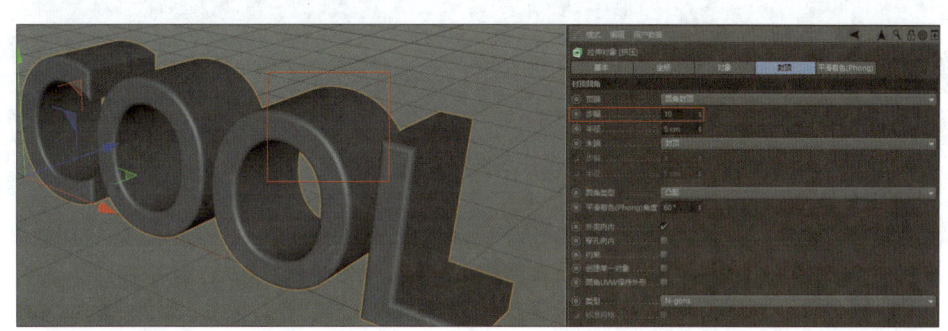

↑ 设置"步幅"值为"10"的效果

"半径"用于设置倒角的范围大小。这里将"半径"值增加至"10cm",效果如下图所示。

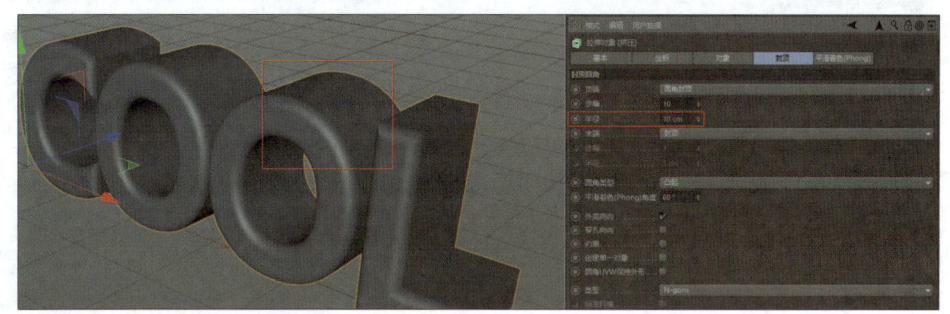

↑ 设置"半径"为"10cm"的效果

» 5 生成器和建模对象

增加"半径"数值之后,可以看到除了倒角变大之外,整个文字也会变粗,因此如果半径值过大,会导致模型穿插。解决这个问题的方法是下面的"约束"属性。勾选"约束"复选框后,文字的粗细不变,仅增加倒角大小。

"末端"的属性与"顶端"相同,只不过其变化发生在文字的背面。通常情况下可以保持文字的正背面的参数设置相同。

再往下是"圆角类型",我们可以通过修改此参数,得到不同的倒角类型,制作出各种风格的文字倒角效果。

设置"圆角类型"为"线性"时,如下图所示。

↑"圆角类型"为"线性"的效果

设置"圆角类型"为"凸起"时,效果如下图所示。

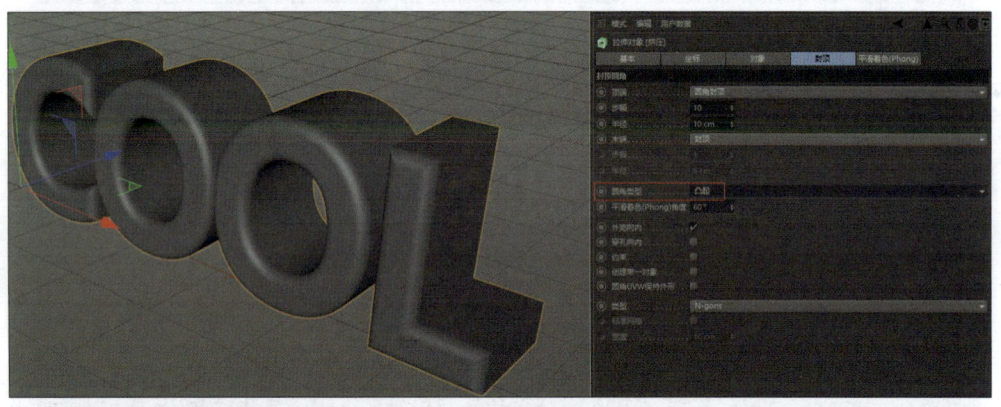

↑"圆角类型"为"凸起"的效果

设置"圆角类型"为"凹陷"时,效果如下图所示。

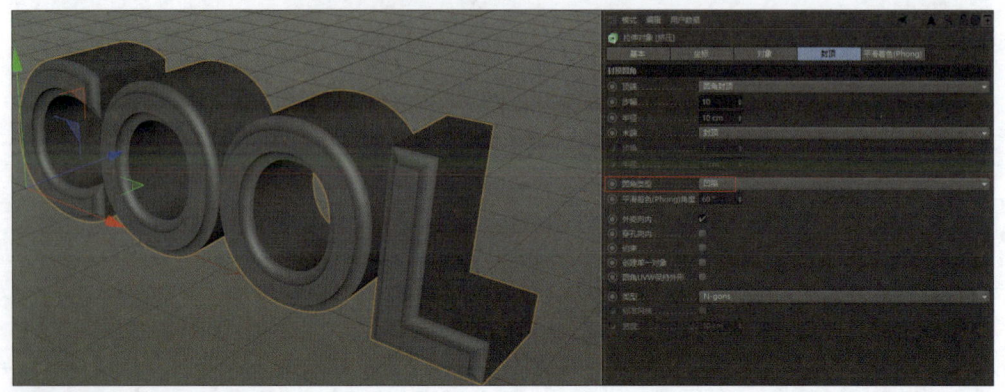

↑"圆角类型"为"凹陷"的效果

设置"圆角类型"为"半圆"时，效果如下图所示。

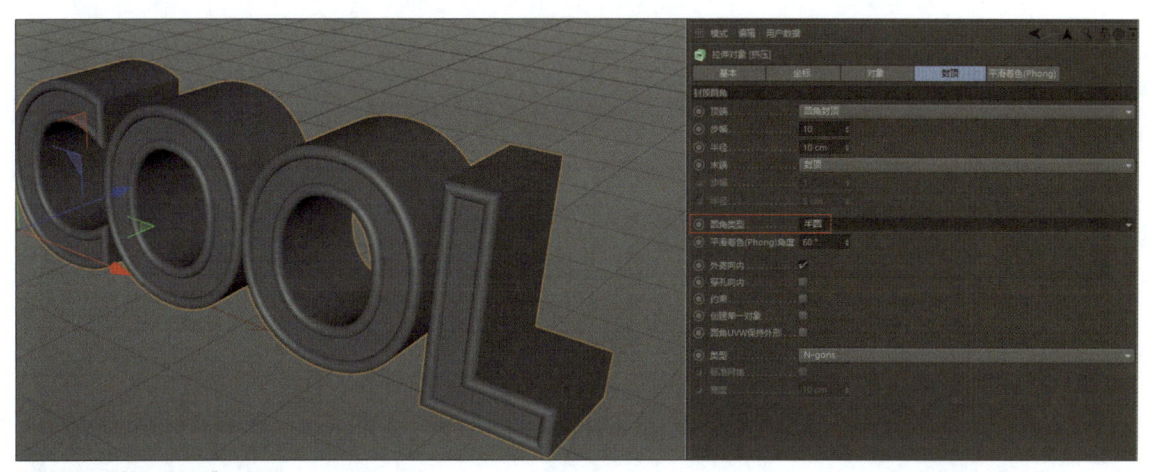

🔺 "圆角类型"为"半圆"的效果

设置"圆角类型"为"1步幅"时，效果如下图所示。

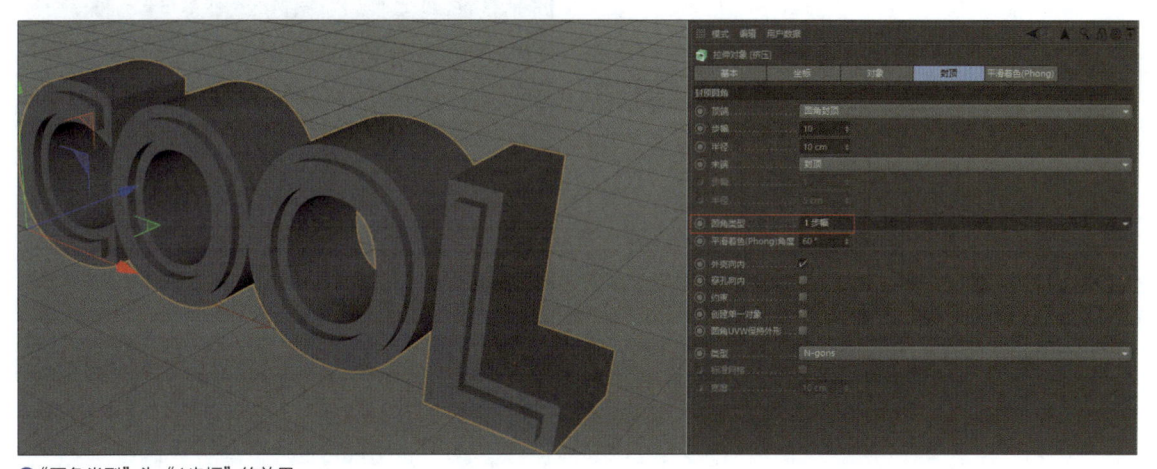

🔺 "圆角类型"为"1步幅"的效果

设置"圆角类型"为"2步幅"时，效果如下图所示。

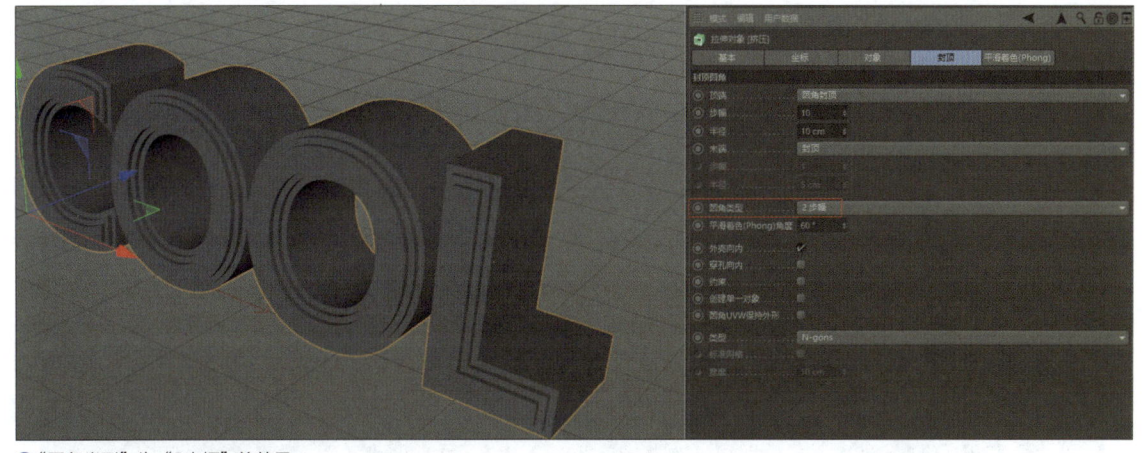

🔺 "圆角类型"为"2步幅"的效果

> 5 生成器和建模对象

设置"圆角类型"为"雕刻"时，效果如下图所示。

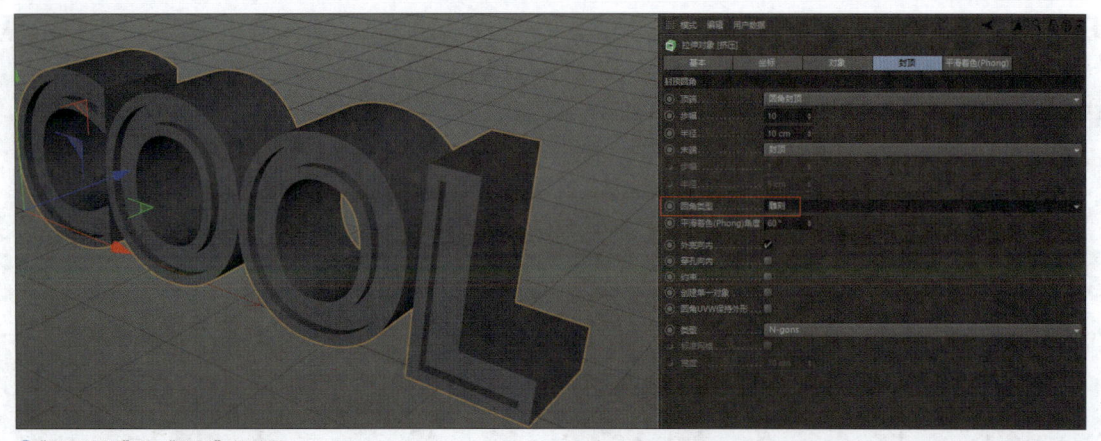

↑ "圆角类型"为"雕刻"的效果

以上是所有圆角类型的展示。再往下的几个参数中，比较常用的为"约束"和"类型"，如右图所示。

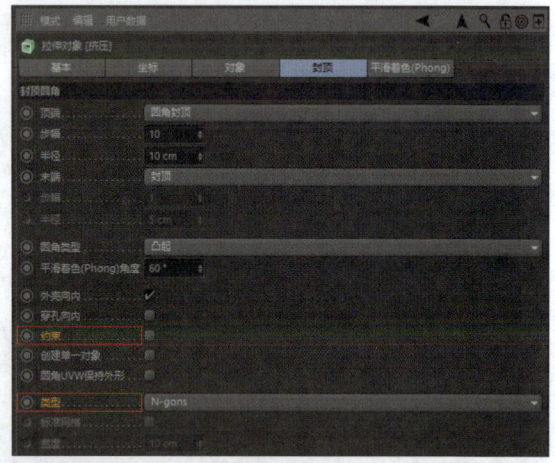

↑ 常用的"约束"和"类型"参数

"约束"参数上文介绍过，如果勾选，就会强制约束文字的粗细，再修改上面的圆角半径时，文字就不会跟着变粗。但是勾选之后，通常半径也不能设置过大，否则容易出现一些不正确的结果。

以刚才创建的文本为例，勾选"约束"复选框后，字母"O"中间的空洞没有了，明显是不正确的。由于之前设置的圆角半径为"10cm"，在文字粗细被约束的情况下，导致了不正确的结果，如下图所示。

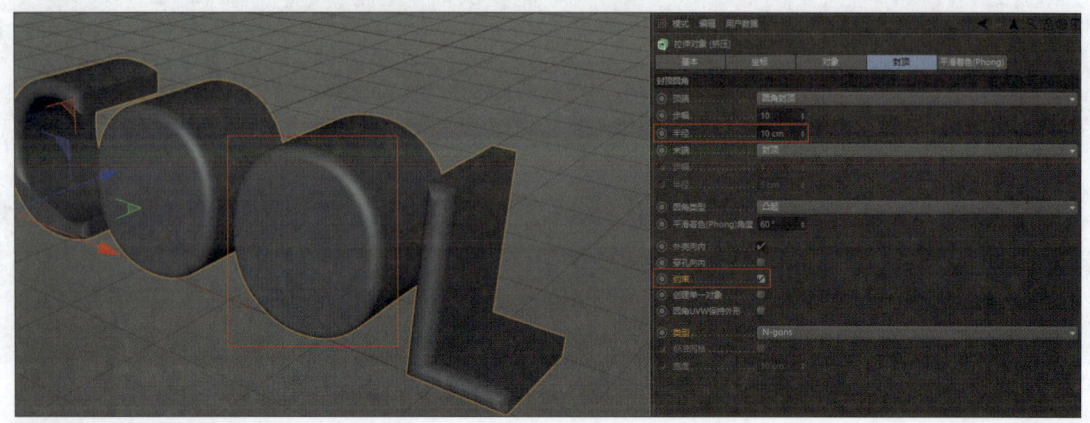

↑ 勾选"约束"复选框后，设置"半径"为"10cm"的效果

» 5.2 挤压生成器

这时候需要降低"半径"值,直到得到正确的结果。这里将"半径"修改为"5cm",可以看到之前的问题得以解决,文字模型拥有了倒角,而且不会改变文字自身的粗细,效果如下图所示。

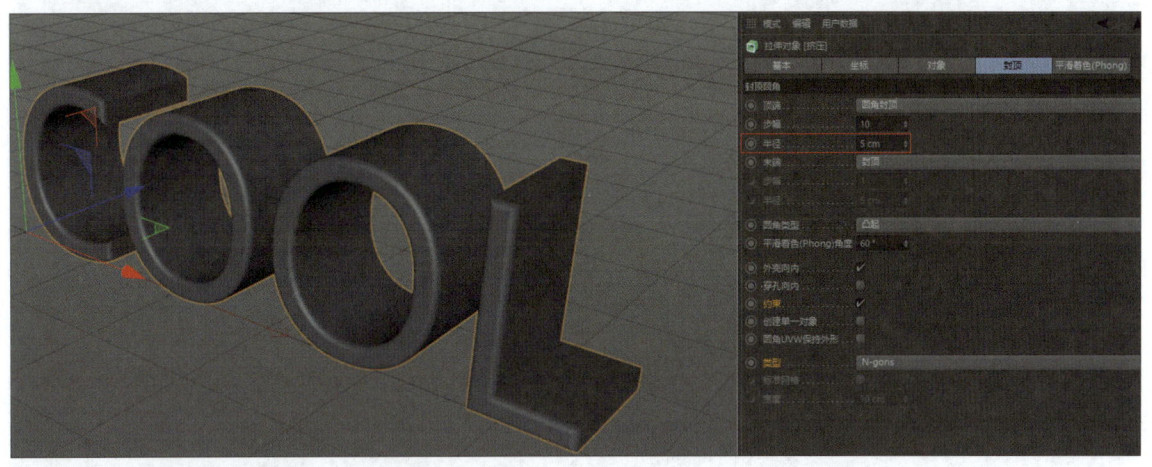

↑ 调整"半径"值为"5cm"的效果

最后一个需要讲解的参数是"类型",用于设置文字正反面的分段类型。

在视窗中打开模型的线段显示,可以看到"类型"有三种,分别为"三角形""四边形"和"N-gons"。这里的"N-gons"是N边形的意思。在下图中,可以看到文字的正面是由N条边组成的图形。

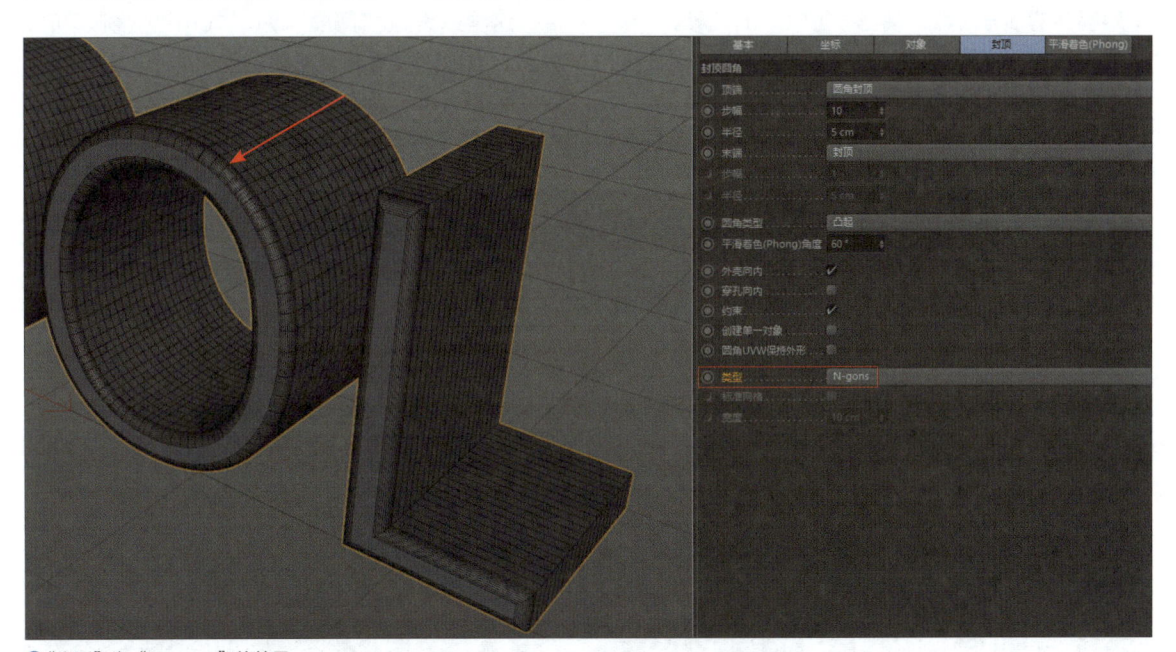

↑ "类型"为"N-gons"的效果

比较常用的分段类型是"四边形"。选择"四边形"选项后,模型正面的分段会呈现四边形,但是并不是绝对的,依然会有少部分三角形出现,如下页上图所示。

85

» 5 生成器和建模对象

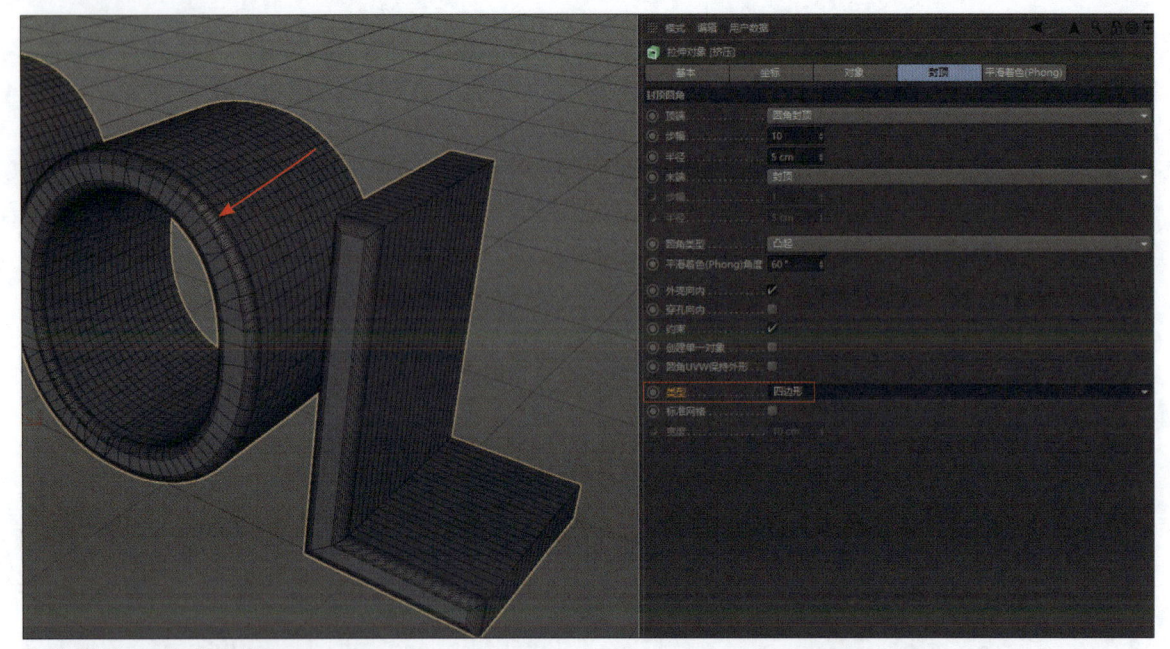

○ "类型"为"四边形"的效果

　　增加正面分段的主要目的，是为了方便对模型进行弯曲、拉伸等变形操作。这里需要知道的是，有足够多的细分段数，模型才可以产生变形。

　　勾选"标准网格"复选框，会使模型表面的四边形分段更加规整，同时激活"宽度"选项。

　　"宽度"指的是四边形分段的大小。数值越大，所产生的四边形分段越大；数值越小，产生的四边形越小，也就越密集。

　　这里以设置"宽度"为"1cm"为例，可以看到，表面的网格非常密集，效果如下图所示。需要注意的是，分段数的增加会增加计算机的运行负担，"宽度"值若设置得太小，操作会变得很卡。

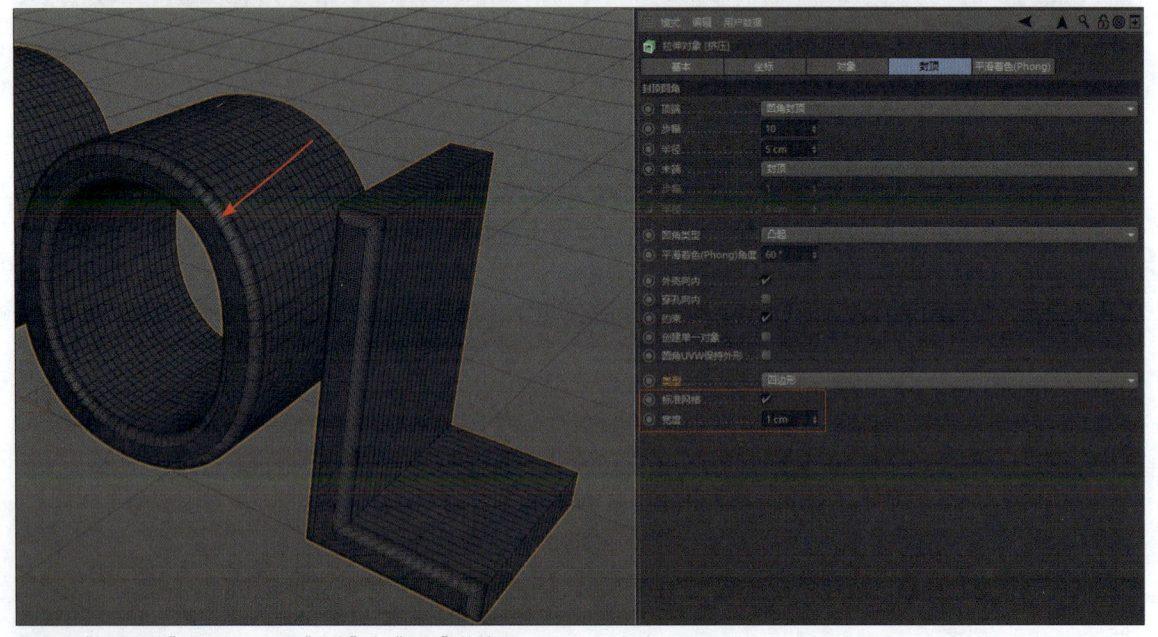

○ 勾选"标准网格"复选框，设置"宽度"为"1cm"的效果

5.3 旋转生成器

在这一小节中,我们来学习旋转生成器的应用。旋转生成器的位置如右图所示。

↑ 旋转生成器

创建水杯模型

旋转生成器的原理是通过**样条围绕世界坐标轴 Y 轴进行旋转**,来生成模型。常用来制作高脚杯、瓶子等模型。

这里以制作一个简单的水杯模型为例,介绍旋转生成器的应用。

首先在正视图中创建一个水杯横截面一半的样条线,如下图所示。

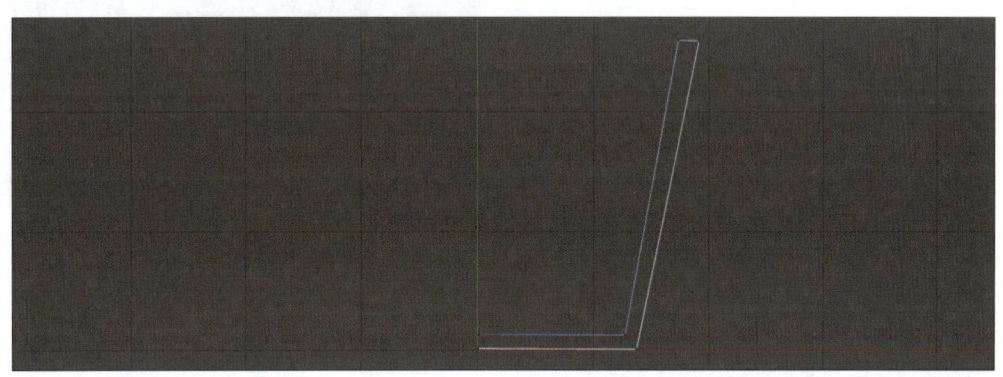

↑ 绘制水杯横截面一半的样条线

这里需要注意的是,既然旋转生成器是围绕 Y 轴旋转的,那么样条线的开始点和结束点,需要尽可能贴近中间绿色的 Y 轴线,这样旋转出来的杯子模型不至于在中间出现空洞。

然后执行"倒角"命令,对样条中处于边角位置的点进行倒角,使模型变得更加真实,如右图所示。

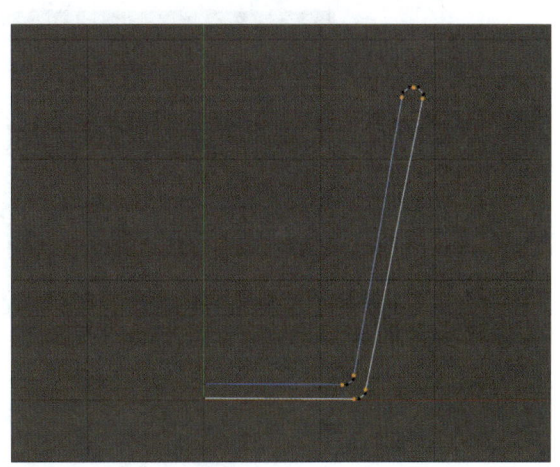

↑ 对样条的边角执行倒角操作

» 5 生成器和建模对象

同样，将旋转生成器作为样条线的父级。再次回到透视图中，就可以看到一个简单的水杯模型，如右图所示。

↑ 添加旋转生成器制作杯子模型

一般来讲，第一次创建的样条线不可能100%准确，在比例上可能会有一些问题，这时要在对象管理器中关闭旋转生成器（单击"旋转"右侧的绿色对勾，将其变成红色的叉）。切换至正视图再次进行调整，移动样条点的位置，得到正确的比例，效果如右图所示。

↑ 调整样条后的水杯模型

旋转生成器常用的属性参数

旋转生成器常用的属性参数，如下图所示。

↑ 旋转生成器常用的参数

在"对象"选项卡中最常用的两个参数是"角度"和"细分数"。

"角度"参数的作用是控制模型生成的范围。

这里将"角度"改为"180°"，可以看到杯子模型变成类似剖面图的效果，如下页上图所示。

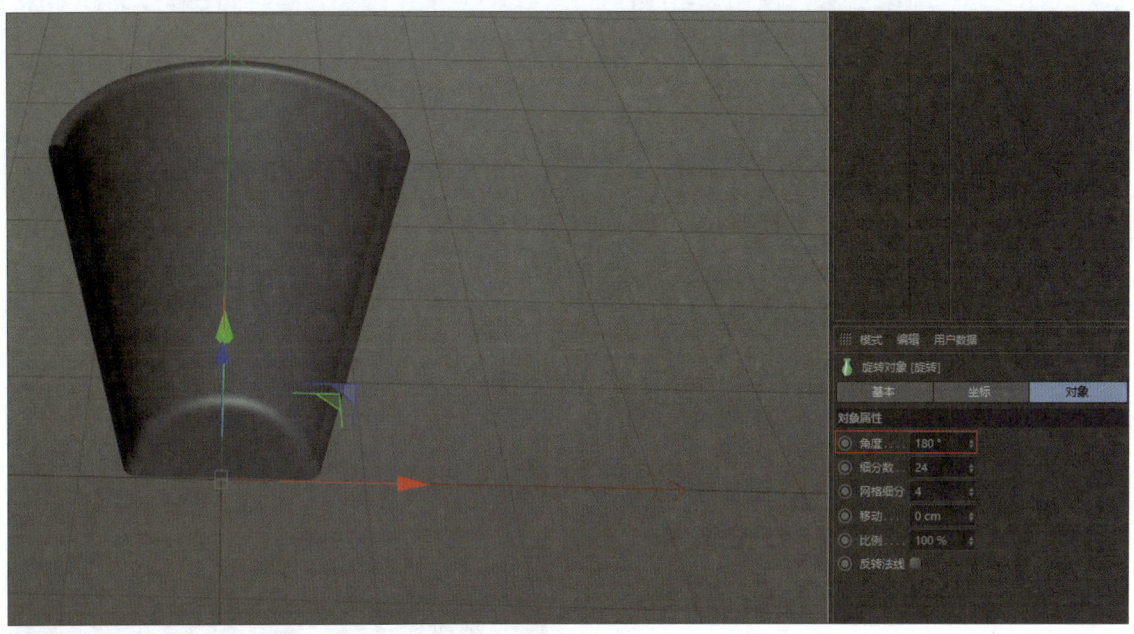

△ 设置"角度"为"180°"的效果

"细分数"指的是模型在旋转方向上的分段数量,其默认值为"24"。这里将"细分数"改为"3",可见模型的细分数越少,结构就会越不圆滑,如下图所示。反过来,细分数越高,模型越圆滑。

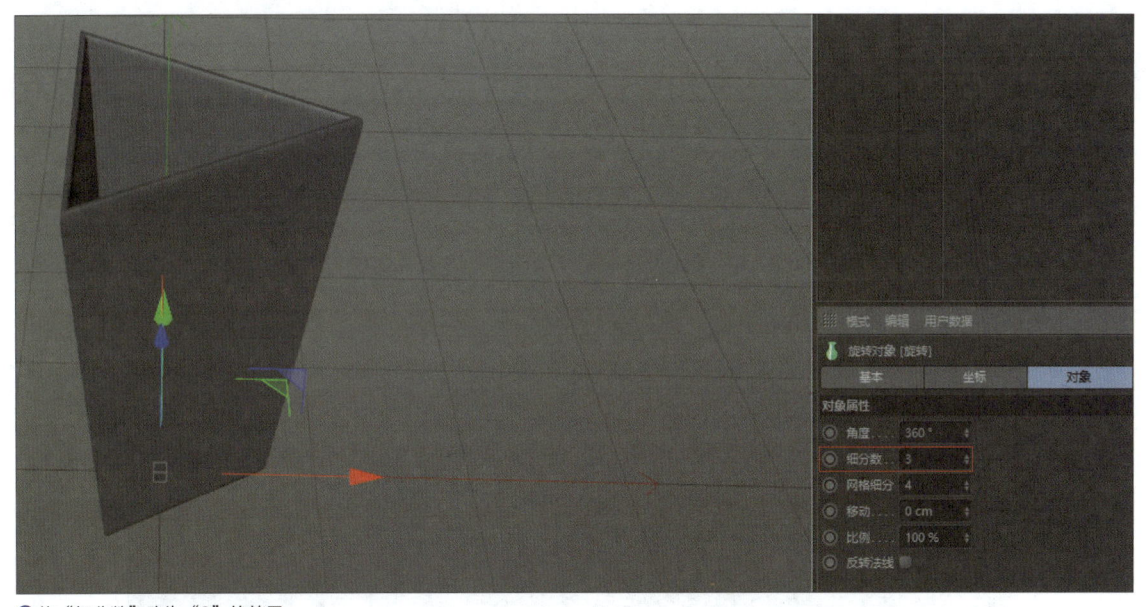

△ 将"细分数"改为"3"的效果

其他参数在日常项目制作中很少用得到,在随书教学视频中笔者会简单地为大家演示这些参数的应用效果。

旋转生成器"封顶"选项卡下的所有参数都和挤压生成器一样,唯一不同的是,旋转生成器几乎不需要用到"封顶"设置。

5.4 放样生成器

放样生成器主要是通过样条和样条之间的路径来生成模型,多个样条的形态可以各不相同。

放样生成模型

在视窗中创建一个圆环、一个矩形和一个星形,按照顺序进行排列,如右图所示。

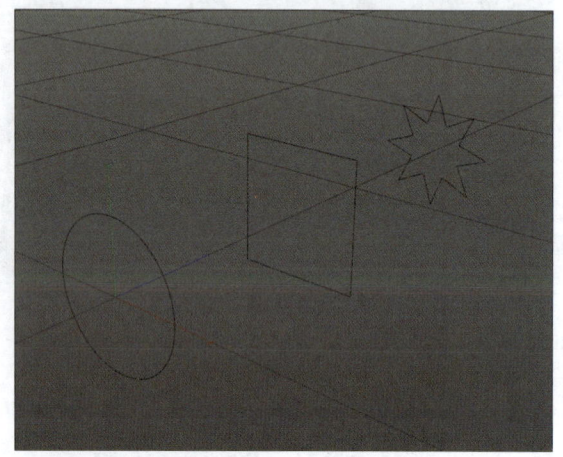

↑ 创建圆环、矩形和星形并排列

将这三个样条同时放到放样生成器的子级,可以看到样条与样条之间会产生模型,效果如下图所示。

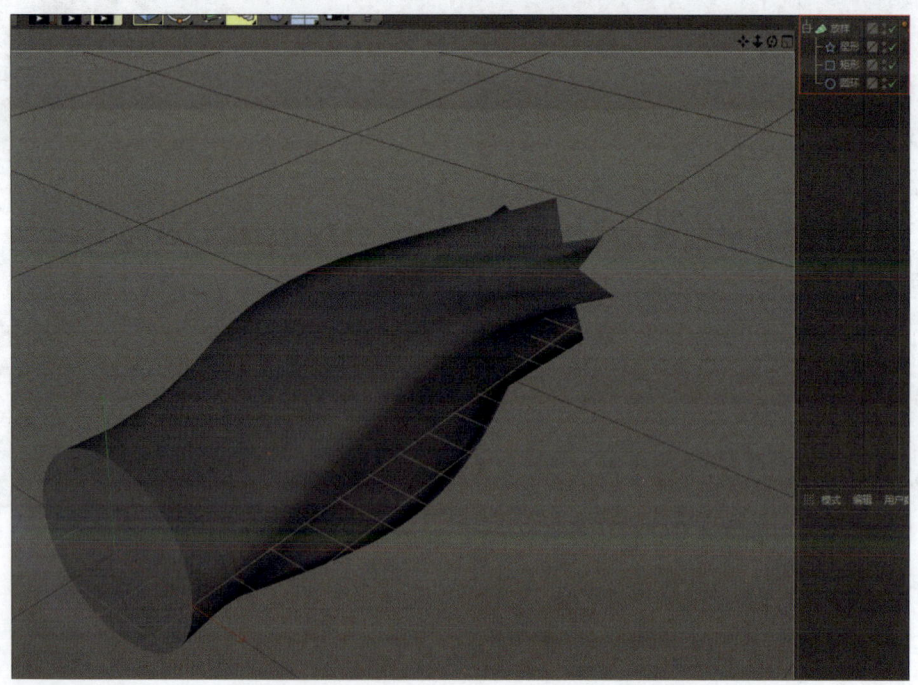

↑ 将创建的样条放到放样生成器的子级

放样生成器的属性

放样生成模型之后，子级的样条线依然可以分别进行移动、旋转或缩放等操作。通过移动样条线的位置，会产生不同的模型效果，如右图所示。

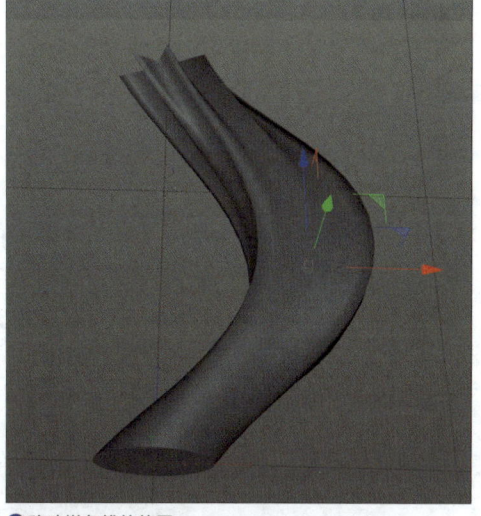

↑ 移动样条线的位置

放样生成器的常用属性参数，如右图所示。

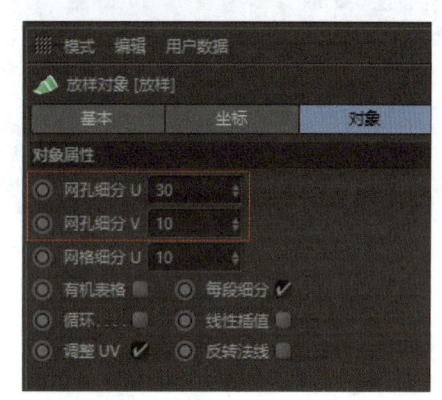

↑ 放样生成器的常用参数

这里参数比较多，实际应用中仅需了解"网孔细分U"和"网孔细分V"两个参数即可。其他参数，在实际应用中几乎不会进行调整和修改。

这两个参数的作用是一样的，都是增加模型的细分段数。将"网孔细分U"增加到"100"，效果如下图所示。

↑ 设置"网孔细分U"为"100"

可以看到模型表面某一方向的细分段数增加了。在三维软件中通常使用U和V来表示模型表面上的两个方向。这里我们增加的是U方向上的分段数。关于U和V方向的理解，不需要去深究，这里只要看到参数改变所带来的结果即可。

然后将U方向的分段数恢复到默认数值"30"，将"网孔细分V"设置为"100"，结果如下图所示。

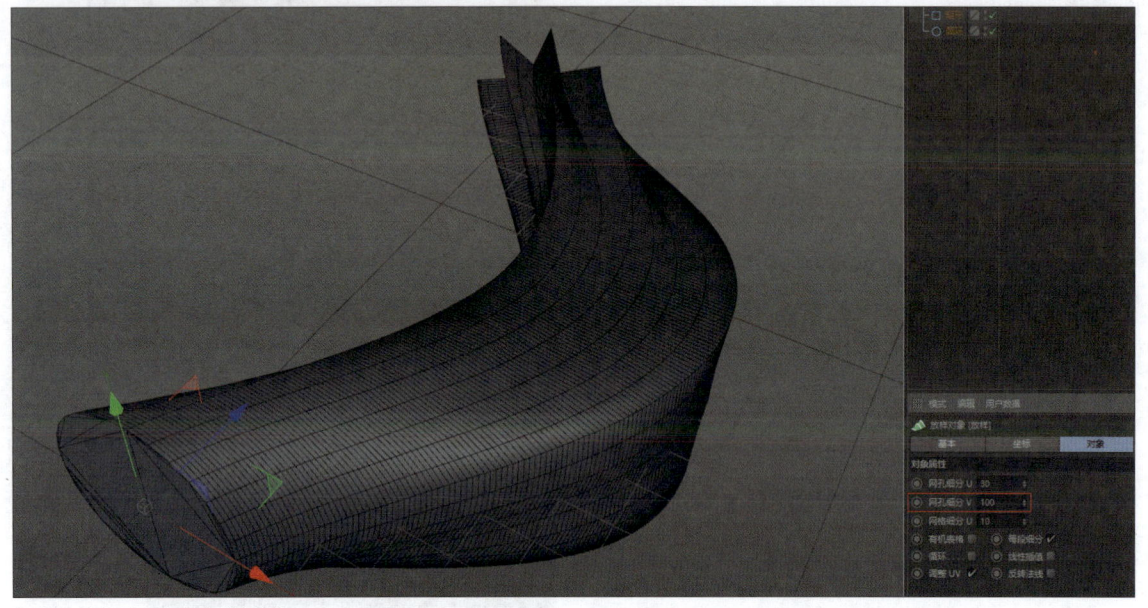

⬆ 设置"网孔细分V"为"100"

有了这两个方向上的细分参数，可以配合调整放样使模型更加平滑。

放样生成器依然有"封顶"选项卡，这里将"末端"改为"圆角封顶"，就可看到模型上圆形的边会产生倒角效果，如下图所示。

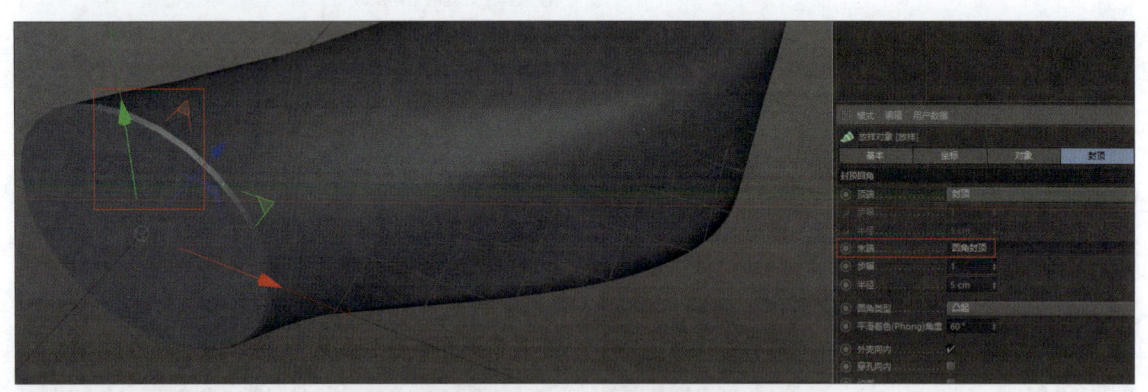

⬆ 在"封顶"选项卡中设置"末端"为"圆角封顶"

放样出来的模型的顶端和末端，可以通过对象管理器中样条对象的排序来确定。三个样条对象都是放样生成器的子级，最上方的就是顶端，最下面的就是末端，如右图所示。

放样生成器在实际制作模型中使用的频率并不算太高，所以这一节的内容就先介绍到这里。

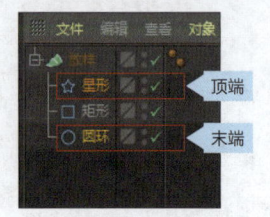

⬆ 对象管理器中样条的排序

5.5　扫描生成器

扫描生成器需要依靠两个样条对象来完成，其主要工作原理是用一条样条线作为路径，用另一个样条图形作为扫描形状（也可以理解为横截面），来创建模型。

创建样条对象

首先在顶视图中使用绘制样条线工具，创建一条样条线作为扫描路径，如下图所示。

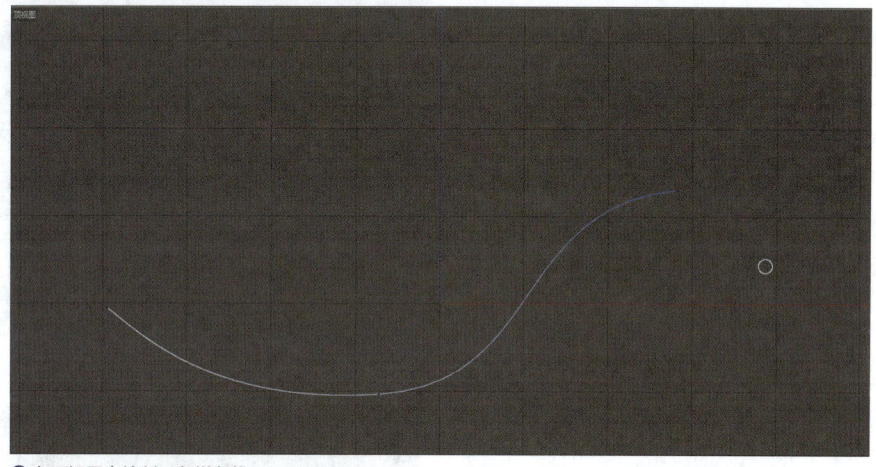

↑ 在顶视图中绘制一条样条线

然后回到透视图中，创建一个样条圆环作为扫描形状（横截面），如下图所示。这里需要注意，用来作为扫描形状的样条，必须在透视图中创建，生成的模型才是正确的结果。

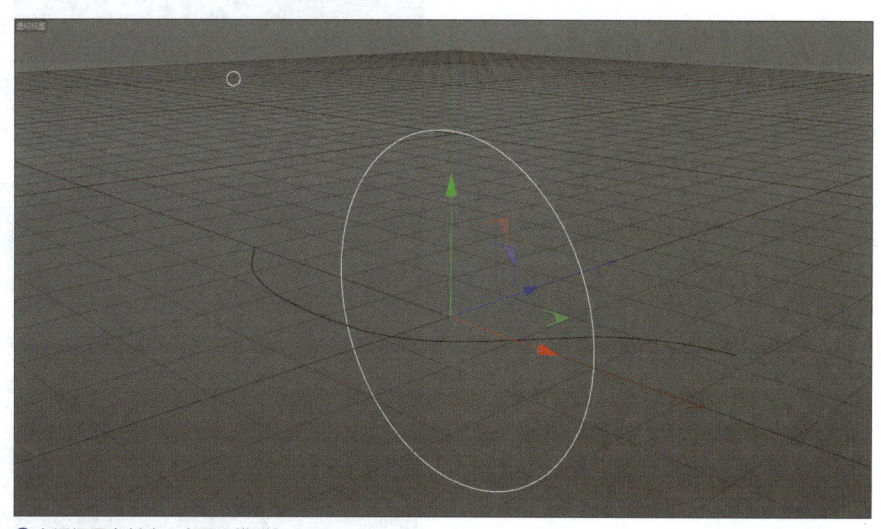

↑ 在透视图中创建一个圆环模型

扫描生成器的属性

创建一个扫描生成器,如右图所示。

↑ 创建扫描生成器

将创建的两个样条对象拖拽至扫描生成器的子级。这里需要注意一下样条在子级中的顺序:作为轮廓(横截面)的样条在上级,作为路径的样条在下级,如右图所示。

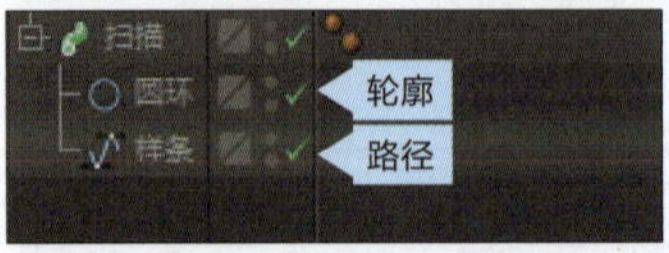

↑ 将创建的样条作为扫描生成器的子级

这时候就可以扫描出模型了,如右图所示。

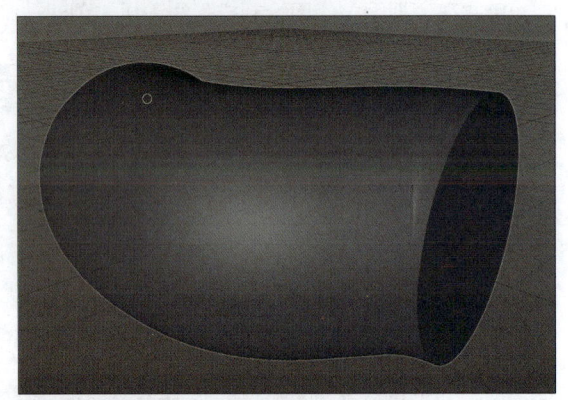

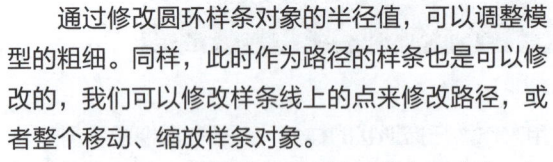

↑ 查看扫描的模型

通过修改圆环样条对象的半径值,可以调整模型的粗细。同样,此时作为路径的样条也是可以修改的,我们可以修改样条线上的点来修改路径,或者整个移动、缩放样条对象。

接下来看一下扫描生成器的一些主要参数,如右图所示。

↑ 扫描生成器的主要参数

扫描生成器除了用来建模外,还经常会用来制作生长动画,先来看一下"开始生长"和"结束生长"两个参数。这两个参数的数值区间都是0~100。在调整时可以看到,随着数值的变化,模型会产生类似生长动画的效果。我们必须知道这两个参数。

还有一个比较核心的参数在"细节"面板下。展开"细节"左侧的三角按钮后,面板如右图所示。

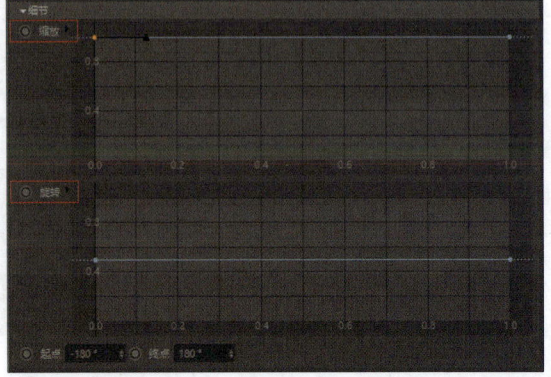

↑ 展开"细节"面板

"缩放"和"旋转":这里的"缩放"和"旋转",都是通过右侧的曲线编辑窗口进行调整的。曲线的左端代表扫描模型的开始端,右端代表扫描模型的结束端。在下图中,将"缩放"曲线的左端点下拉至"0",可以看到扫描的模型的开始端会变为"0"的缩放大小。

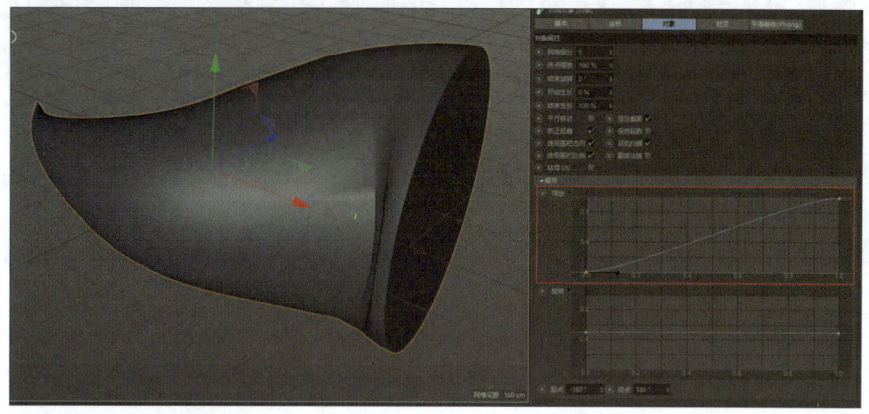

↑ 将"缩放"开始端设置为"0"

如果需要在曲线上增加更多的控制点,则按住键盘上的Ctrl键+鼠标左键单击曲线,就可以在曲线上增加控制点。通过操作,增加控制点并调整缩放,将模型变为首尾两端小、中间大的状态,如下图所示。

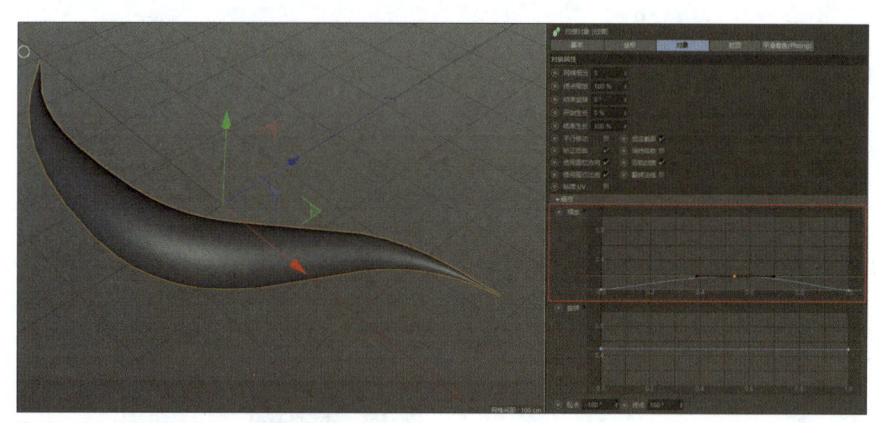

↑ 增加控制点并调整

"旋转"参数通过圆环扫描模型是看不出差别的。因此,我们在对象管理器中,将扫描生成器下的圆环样条换为多边形样条,并在多边形样条的属性管理器中设置"侧边"为"3",扫描轮廓就是一个三角形了,如右图所示。

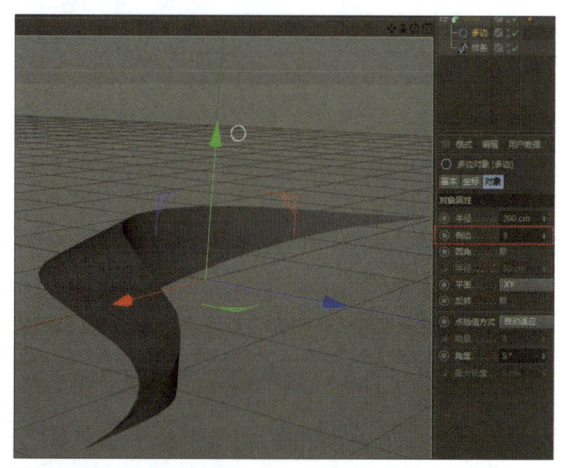

↑ 将圆环修改为多边形样条

再修改"旋转"属性，就会发现扫描模型发生了扭转，如下图所示。

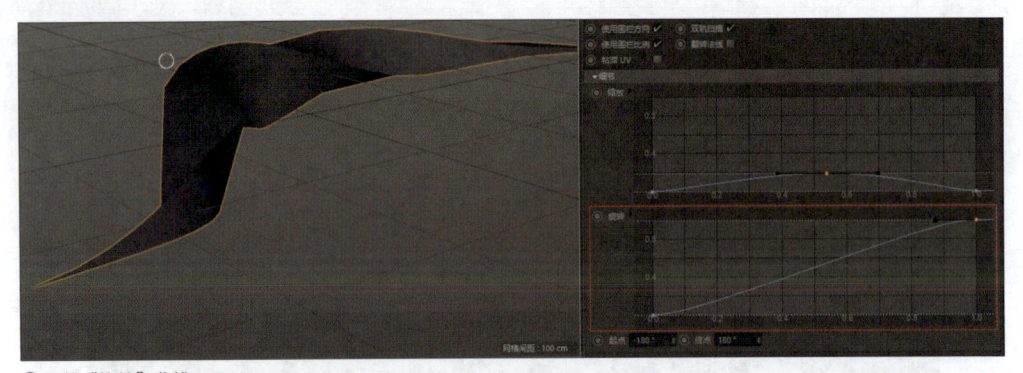

⬆ 调整"旋转"曲线

5.6 贝塞尔、阵列和晶格生成器

扫码看视频

本节将会为大家介绍三个生成器的应用，分别为贝塞尔生成器、阵列生成器和晶格生成器。

贝塞尔生成器

首先在场景中创建一个贝塞尔生成器，如右图所示。

⬆ 创建贝塞尔生成器

贝塞尔生成器比较特殊，它是基于贝塞尔算法的一个平面，和其他的生成器不同的是，它不需要搭配其他对象就可以使用。贝塞尔生成器最大的特点是通过操纵控制点，贝塞尔平面会产生非常柔和的曲面变形效果。

下面介绍操作控制点的方法。首先选中贝塞尔生成器，进入到模型编辑的点级别，如右图所示。

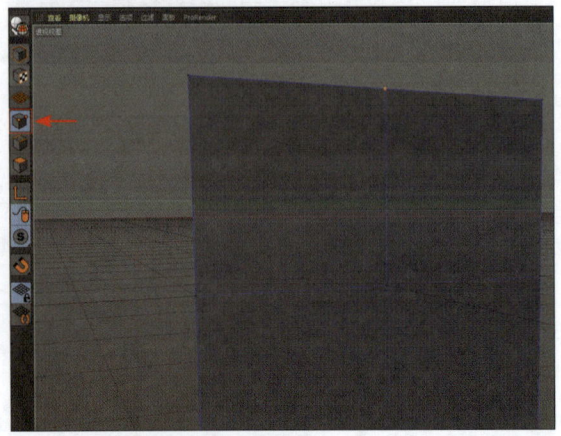

⬆ 选中贝塞尔生成器后进入点级别

» 5.6 贝塞尔、阵列和晶格生成器

这时候可以看到，贝塞尔生成器产生的平面模型上会有蓝色的线框，线框上的点就是控制点。选中控制点之后，使用移动工具移动控制点，从而使平面模型产生变形，如右图所示。可以看出，它的变形非常柔和。

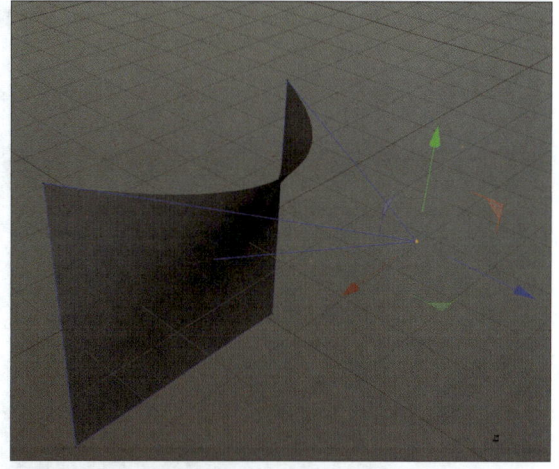

↑ 移动控制点，使平面变形

贝塞尔生成器的相关参数也是非常简单的，如右图所示。

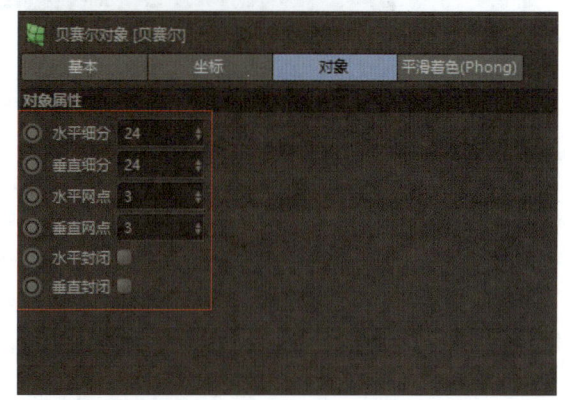

↑ 贝塞尔生成器的参数

"水平细分"和"垂直细分"用于设置平面模型上的细分数量，细分数量越高，变形越平滑。

"水平网点"和"垂直网点"用于设置控制点的数量，增加这两个参数值就可以增加控制点的数量。

"水平封闭"和"垂直封闭"这两个参数使用得非常少，相当于在量和方向上对平面进行缝合。

贝塞尔生成器的实际使用频率很低，这里就不过多讲解了。

阵列生成器

接下来介绍阵列生成器的应用。

阵列生成器的原理是**复制**对象物体并**排列成一个圆圈**。

阵列生成器很少在实际项目中应用，因为阵列可以实现的效果，后面讲解的克隆生成器，基本上也可以实现，而且更加自由。所以这里仅了解阵列生成器的基础使用方法即可。

首先创建一个阵列生成器，如右图所示。

然后创建一个立方体对象，将其放到阵列生成器的子级，可以看到立方体阵列之后的效果，如下页上图所示。

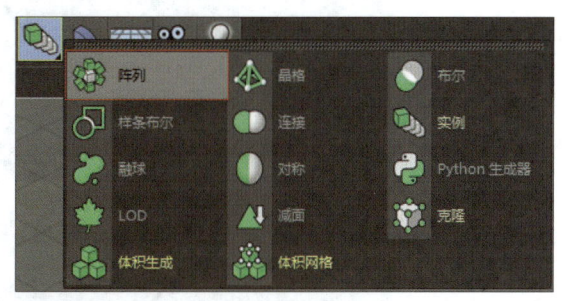

↑ 创建阵列生成器

» 5 生成器和建模对象

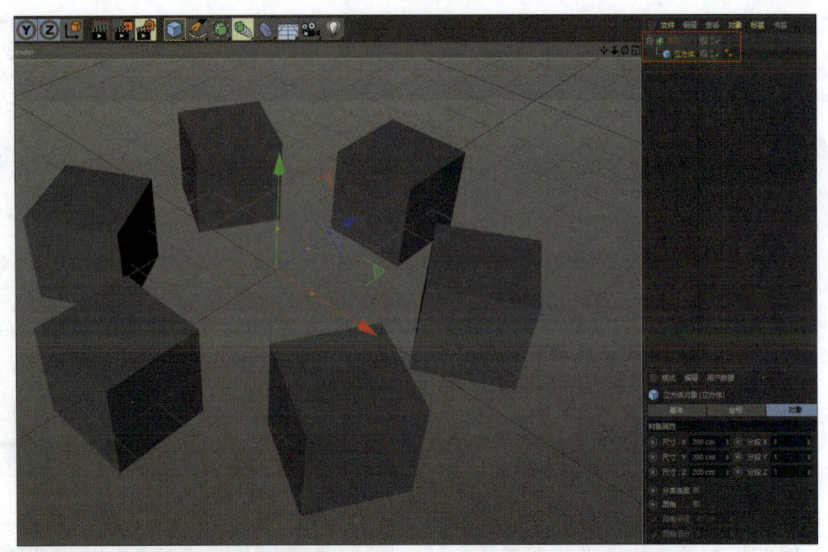

↑ 创建立方体并放在阵列生成器的子级

接下来介绍阵列生成器的特有属性，如右图所示。

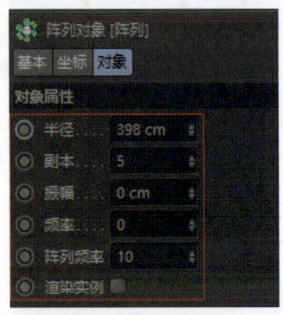

↑ 阵列生成器的特有属性

"半径"指的是由立方体阵列所组成的圆圈的大小。

"副本"指的是复制立方体的数量，注意这里的数量不包含之前创建的立方体本身，所以实际看到的立方体数量，要比副本数量多一个。

"振幅"指的是立方体上下浮动的距离。设置这个参数值之后，立方体会产生 Y 轴向上的运动距离。

"频率"指的是立方体上下浮动的速度快慢。当"振幅"和"频率"都具有数值时，如果播放时间线，就可以看到立方体上下浮动的动画效果，如下图所示。

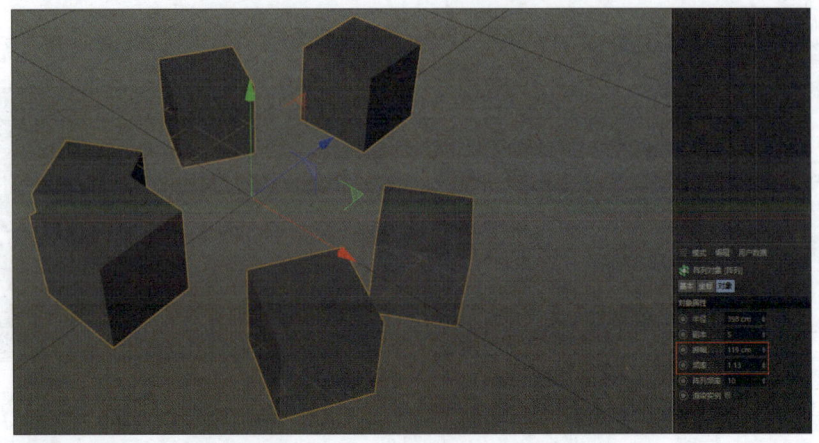

↑ 设置"振幅"和"频率"的效果

"阵列频率"这里是指立方体上下浮动的顺序，通常情况下使用不到。

"渲染实例"是C4D生成器中非常常见的一个参数，很多生成器都有这个参数。勾选"渲染实例"复选框，能够更大量地复制多个物体，并且占用较少的计算机资源。

晶格生成器

接下来我们来看另一个既简单又很实用的生成器——晶格生成器。晶格生成器的主要作用是通过对象物体的边和点，生成相互连接的球体和圆柱，类似原子之间的连接架构。在制作一些科技类效果的时候会经常用到。

首先在场景中创建一个晶格生成器，其位置如右图所示。

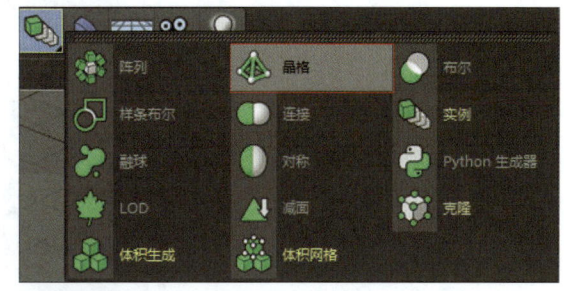

↑ 创建晶格生成器

在基础对象中再创建一个宝石对象，将其放到晶格生成器的子级，就会产生相应的效果，如下图所示。

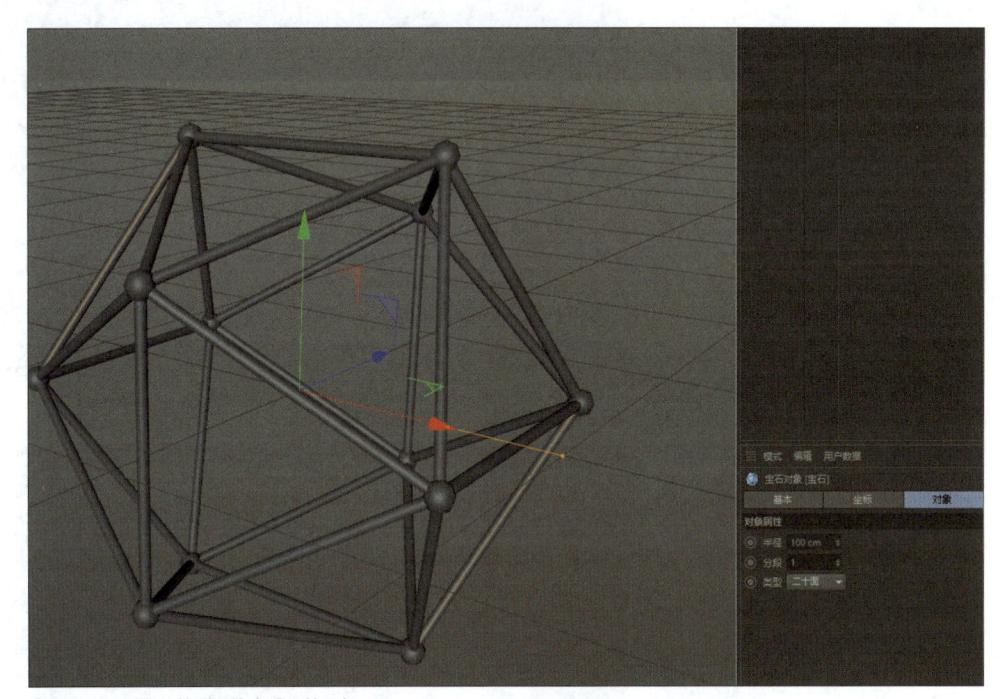

↑ 创建宝石对象并放到晶格生成器的子级

然后来看一下晶格生成器的特有属性。"晶格"参数很少，非常容易掌握，如右图所示。

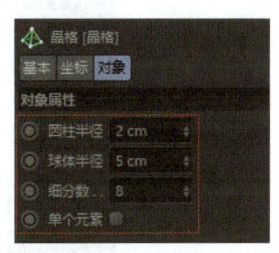

↑ 晶格生成器的特有属性

"圆柱半径"和"球体半径"是构成晶格状态的球体和圆柱体的半径大小。

"细分数"指的是球体和圆柱体的细分段数。在右图中,增加细分数会让球体更平滑。

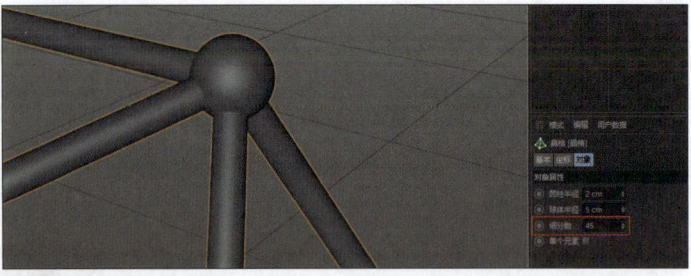

↑ 设置"细分数"为"45"

"单个元素"指的是将生成器**转为可编辑对象**后,每一个构成晶格的球体和圆柱体在对象管理器中会成为一个单独的对象物体。如果不勾选"单个元素"复选框,则会合并为一个对象物体。右图是在没有勾选"单个元素"复选框,将对象转化为可编辑对象的效果。

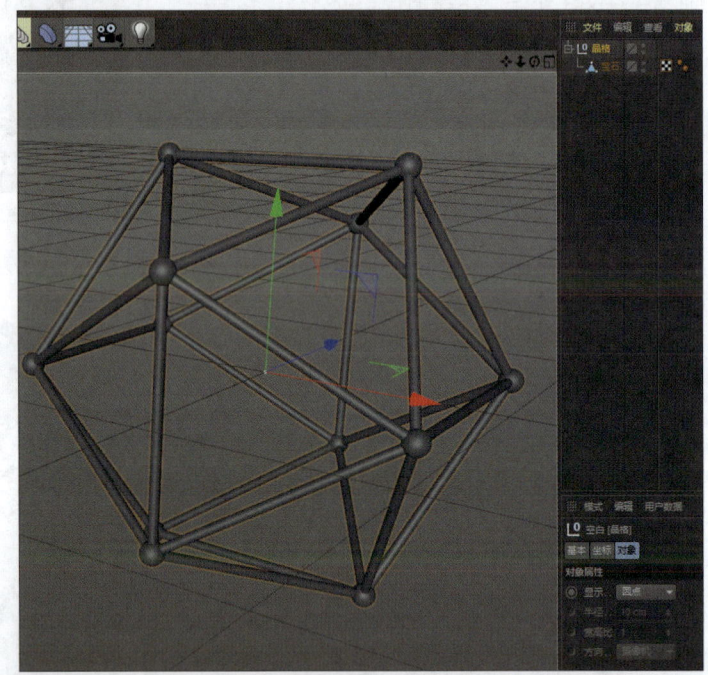

↑ 未勾选"单个元素"复选框并将对象转化为可编辑对象

右图是勾选"单个元素"复选框之后,将对象转化为可编辑对象,每一个单独的小模型都会作为独立对象出现在对象管理器中。

在实际应用中,通常不会将晶格生成器中的对象转化得这么细碎。即使需要将这些元素分开处理或者制作动画,也有其他方法。

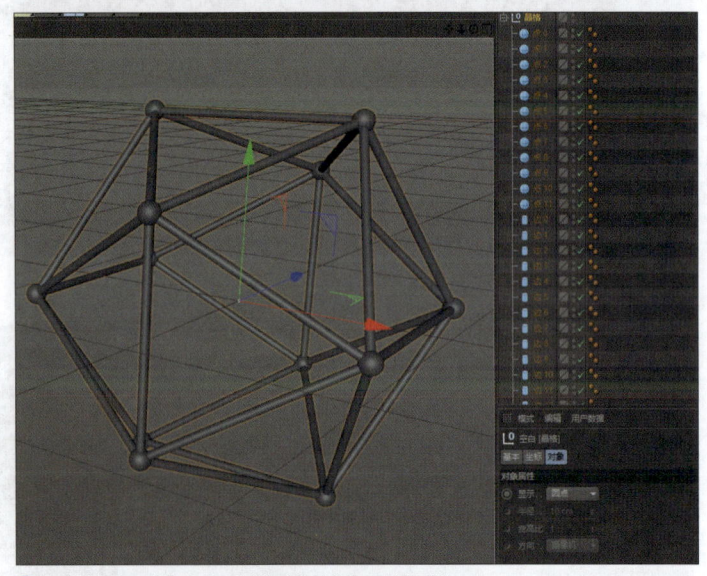

↑ 勾选"单个元素"复选框并将对象转化为可编辑对象

5.7 布尔和样条布尔生成器

布尔运算是很多三维软件都存在的一个功能。大多数情况下，布尔运算能够使物体和物体之间进行合并，产生**相互剪切**或**交集**等效果。

布尔生成器

在场景中创建一个立方体和一个球体。移动球体，使球体与立方体之间产生**穿插**关系，如右图所示。

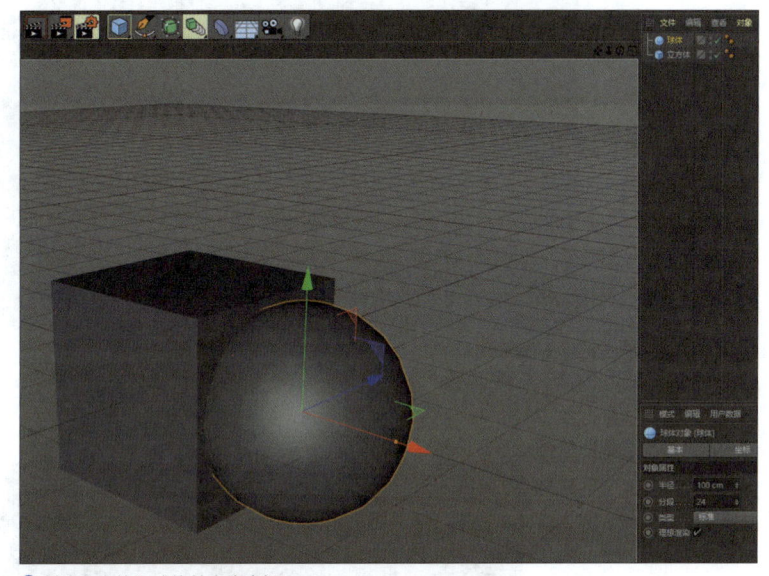

↑ 创建立方体和球体并产生穿插

再创建一个布尔生成器，并将两个物体**同时**放入到其子级，如右图所示。

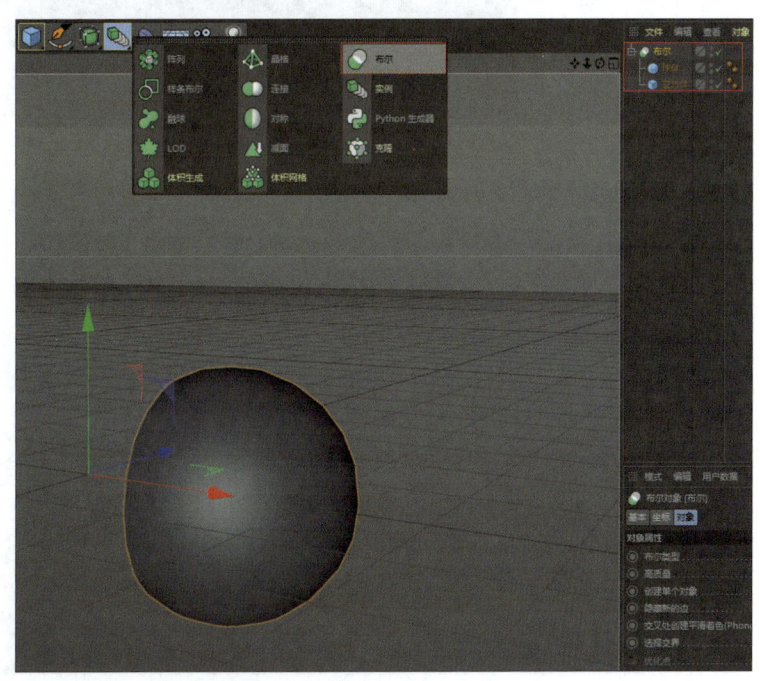

↑ 创建布尔生成器并将创建的对象放入其子级

» 5 生成器和建模对象

此时场景中仅剩下球体的一部分，这是因为布尔生成器的"布尔类型"默认为"A减B"。这里的A和B指的是布尔生成器下面的物体顺序，通常情况下，在上面的物体为A，在下面的物体为B。所以这里是A物体（球体）减去B物体（立方体），转动摄像机可以看得更加明显，效果如下图所示。

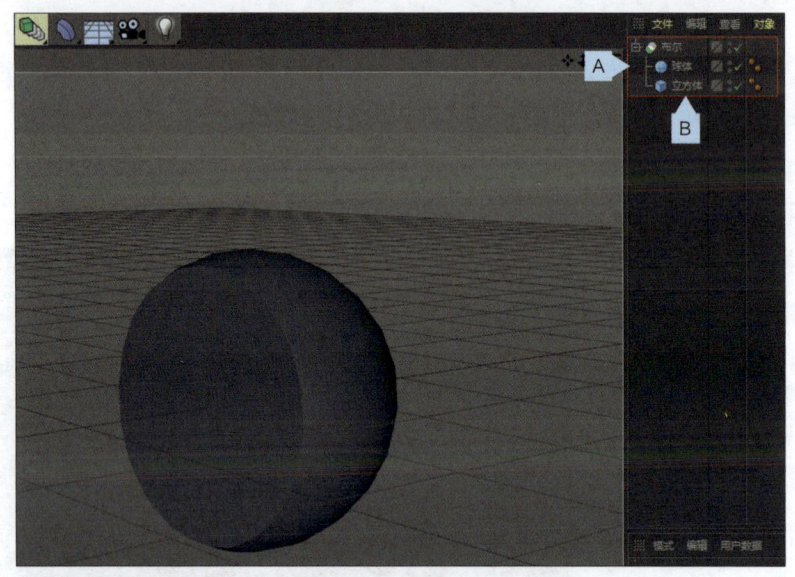

↑ 球体减去立方体的效果

接下来看一下布尔生成器的常用参数，如下图所示。

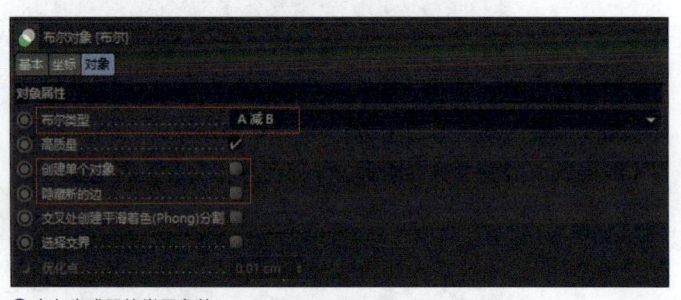

↑ 布尔生成器的常用参数

"布尔类型"：分为"A加B""A减B""AB交集"和"AB补集"四种方式。

"A加B"方式是将两个模型真正意义上缝合在一起。打开视图设置中的所选线框之后，可以明显看出，模型与模型之间除了合并在一起，表面的分段也会发生变化，效果如下图所示。

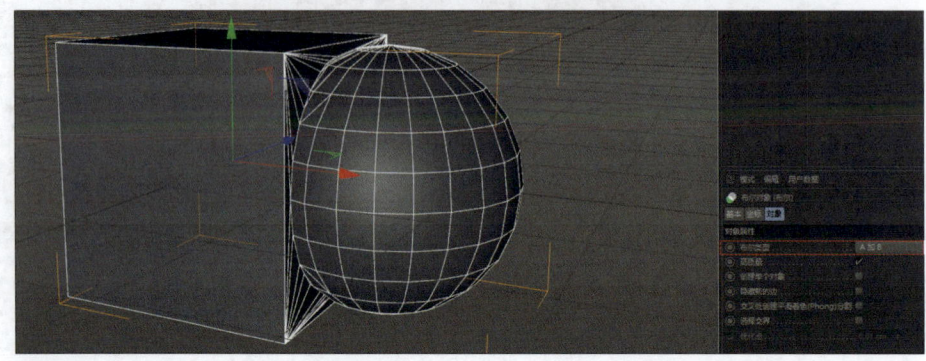

↑ 在视图中打开线框查看"A加B"方式的效果

102

"A减B"已经介绍过了,是其中一个模型减去另外一个模型。

"AB交集"指的是两个模型相交的地方会被独立计算出来,效果如下图所示。

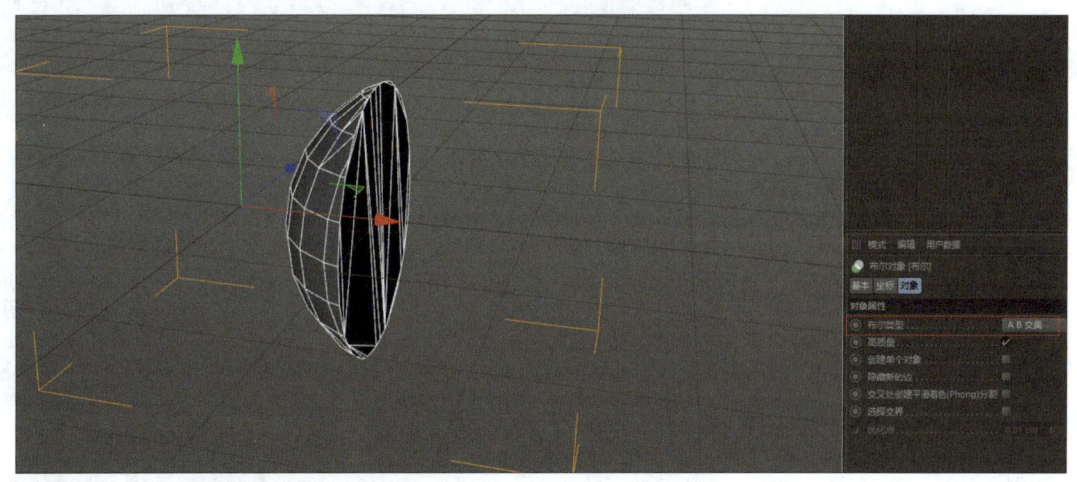

↑"AB交集"方式是显示球体和立方体的相交部分

"AB补集"方式会显示两个模型不直接发生交互的部分,效果如下图所示。

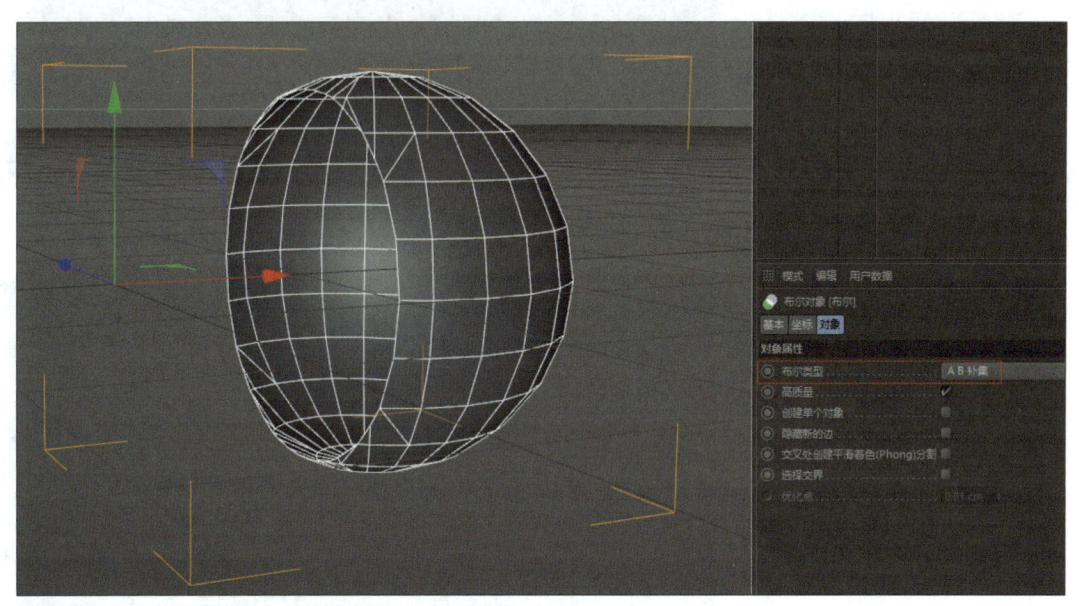

↑"AB补集"方式显示球体和立方体没有直接发生交互的部分

"创建单个对象":勾选该复选框,在模型进行塌陷之后,由布尔得到的模型中,A部分模型和B部分模型不会合并到一起。反之,两个模型塌陷之后合并为一个模型。

"隐藏新的边":模型在进行布尔运算之后会出现一些新的连接边,有时这些边的产生会使模型的形态发生变化。这里如果勾选该复选框,就可以去掉那些新产生的连接边。

布尔生成器是在进行模型的加减运算中,使用起来非常方便的一个生成器。但是使用该生成器最大的问题是容易产生**不规则的边和面**,导致模型**无法进行平滑**,所以布尔运算得到的模型通常需要进行布线上的修改。

我们偶尔也会在动画制作中使用布尔生成器,因为在布尔生成器子级下的物体还是可以继续制作动画的。

样条布尔生成器

样条布尔生成器和布尔生成器类似，只不过它是针对样条对象之间的运算。

在场景中创建一个圆环样条和一个文本样条，并且将其放到样条布尔的子级下，效果如右图所示。

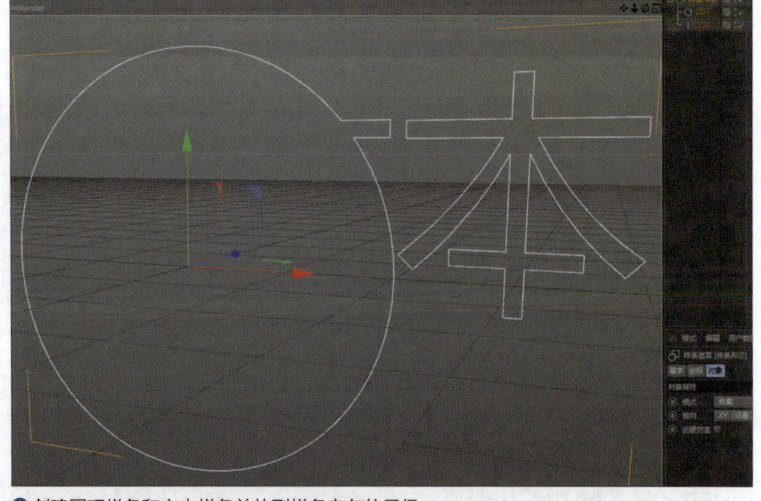

↑ 创建圆环样条和文本样条并放到样条布尔的子级

使用样条布尔生成器时，要进行样条布尔的样条对象，需要保持在一个平面上的对齐关系。假如不在空间平面上进行对齐，样条布尔就不会产生作用。

样条布尔的核心属性参数有"模式""轴向"和"创建封盖"，如右图所示。

↑ 样条布尔生成器的参数

样条布尔的"模式"比布尔更多，都比较好理解，这里就不一一列举了，大家可以自行尝试或者观看随书教学视频。

"轴向"指的是样条布尔运算的空间平面，这里并不是指单一轴向，而是由两个方向所构成的平面。

"创建封盖"实际上是将运算之后的样条生成一个模型。勾选该复选框之后的效果如右图所示。

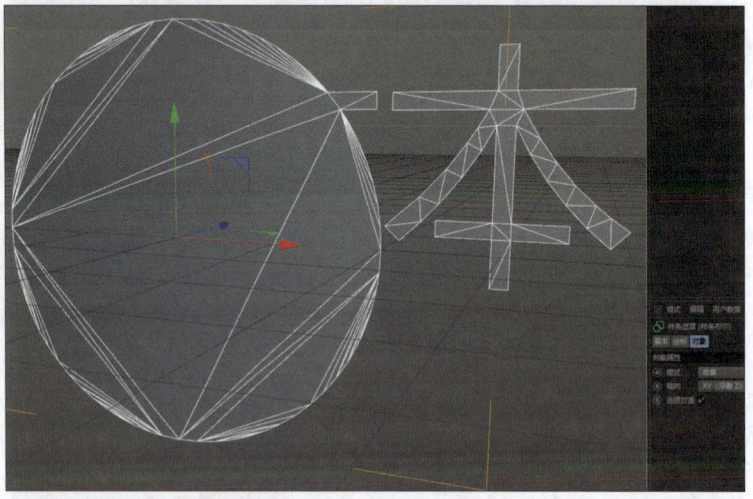

↑ 勾选"创建封盖"复选框的效果

5.8 连接和实例生成器

连接生成器实际上就是对两个物体进行合并，并且还能在对象管理器中保留独立的个体关系，在不塌陷连接的情况下，将原物体拖出连接子级，依然可以独立进行操作。而实例生成器的定义类似某些第三方渲染器代理物体的概念。本节将对连接生成器和实例生成器的应用进行详细介绍。

连接生成器

首先在C4D中创建一个连接生成器，如右图所示。

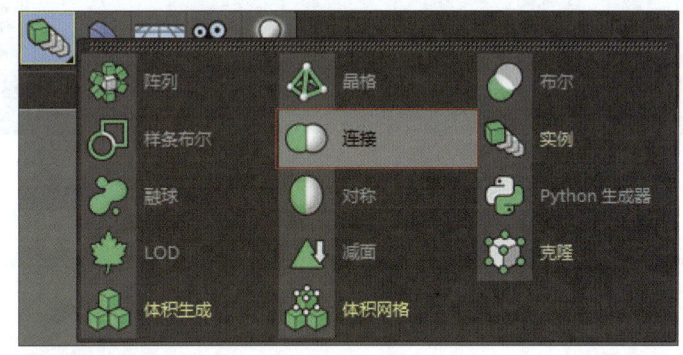

↑ 创建连接生成器

再创建两个球体，将其放到连接生成器的子级，即可将两个物体连接起来，如右图所示。

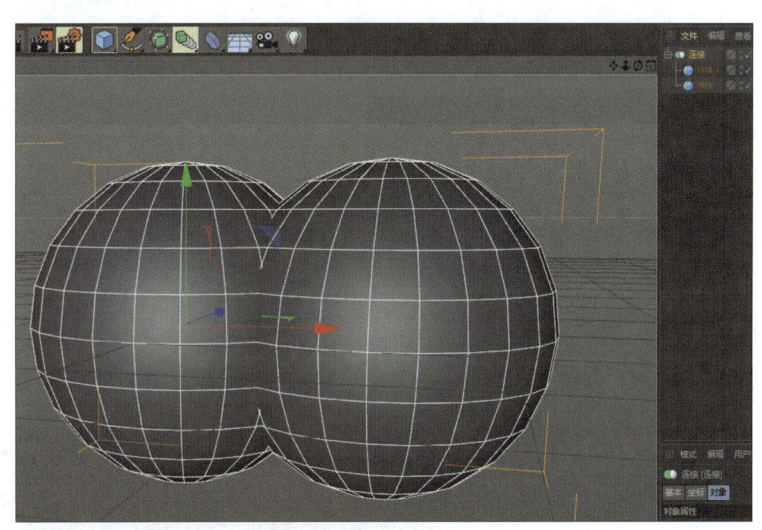

↑ 通过连接生成器连接两个球体

连接生成器的常用参数不多，我们只需要掌握"焊接"和"公差"这两个参数的应用即可，如右图所示。

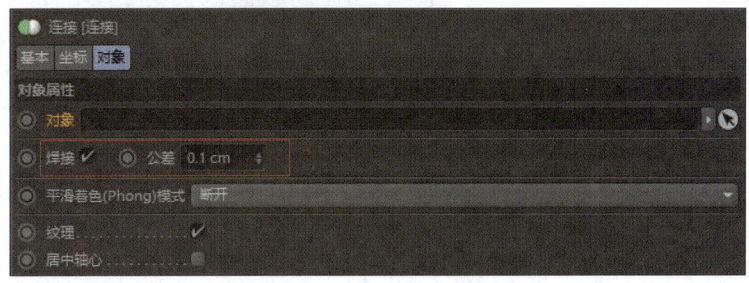

↑ 连接生成器的参数

5 生成器和建模对象

"焊接"和"公差"是连接生成器比较核心的属性。默认状态下"焊接"复选框是勾选状态,这时候增加"公差"值,就会发现原本放置在连接生成器子级下的两个球体的点被焊接到一起,效果如下图所示。

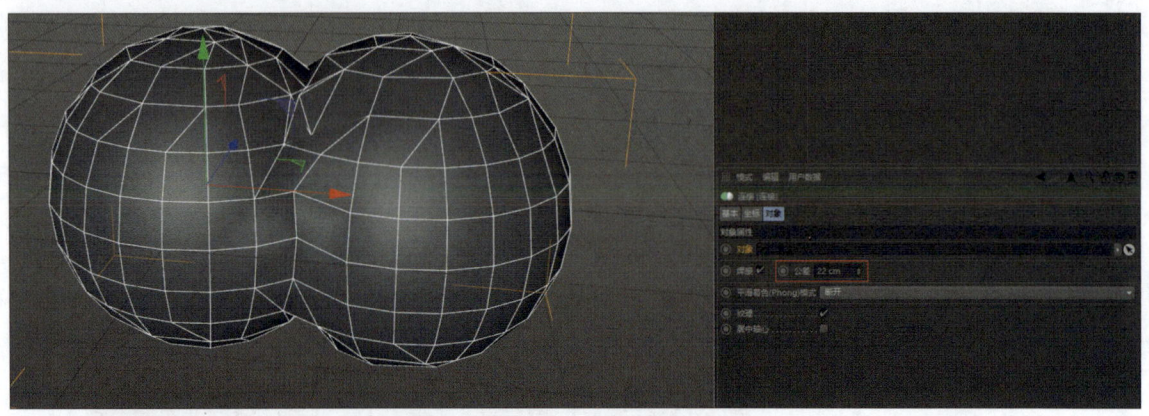

↑ 勾选"焊接"复选框并增加"公差"的值

当"公差"值比较大的时候,两个模型之间的点会产生连接,模型自身的点也会产生连接。

介绍完连接生成器的基本用法后,接下来我们继续学习实例生成器的用法。

实例生成器

之前介绍过"渲染实例"这个参数,但是并没有进行细致的讲解。

在三维制图过程中,有些时候需要创建大量重复的物体,比如森林或者楼群。这会导致最终场景中出现成千上万的多边形,严重侵占设备内存,使软件运行发生卡顿。

所以实例相当于在C4D中创建物体的**替身**。实例对象和普通对象的区别在于,实例对象**没有点、线、面**的概念。被复制出来的替身模型无法单独修改形态,仅可以被渲染和做一些基础的移动、旋转、缩放操作。例如在C4D中创建一个森林场景,在创建完第一棵树模型之后,用实例生成器对树模型进行复制。假如这时需要对其中一个复制出来的模型的叶子大小进行修改,会发现这个操作在被复制的模型上是无法完成的,如果修改主模型,将会对所有被复制模型产生同样的效果。

了解实例的概念之后,我们来具体看看实例生成器的应用。

首先在场景中创建一个球体,在选中球体的情况下,创建一个实例生成器,如下图所示。

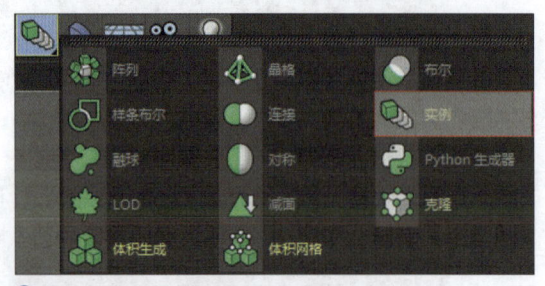

↑ 创建球体并选中,再创建实例生成器

然后将实例对象移到原有球体的旁边(默认创建出来的实例对象和原始对象的位置、大小等信息完全相同,因此位置也是重叠的)。此时需要注意,实例生成器和其他生成器不同,实例生成器不需要在对象管理器中建立父子级关系,如下页上图所示。

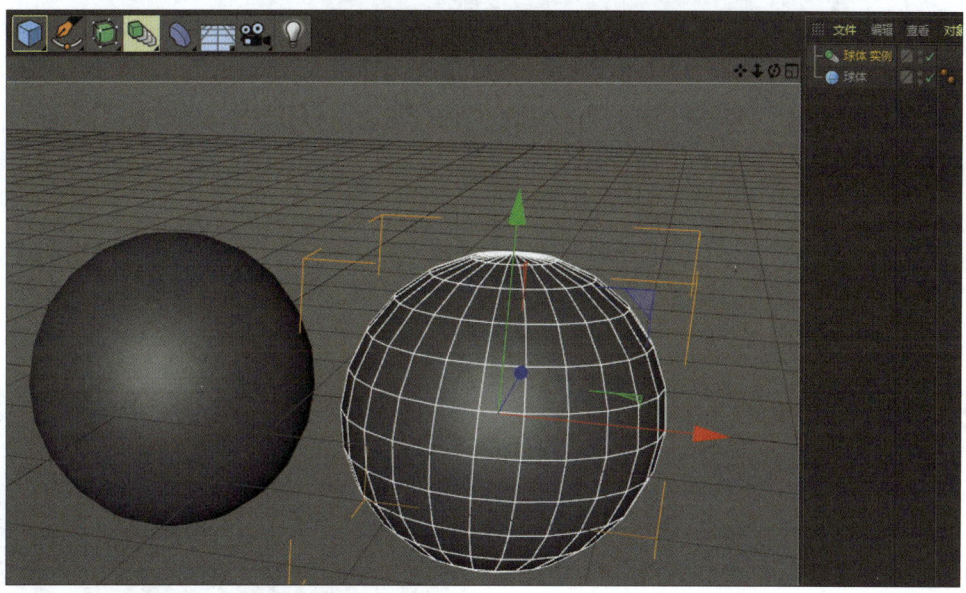

↑ 实例生成器不需要在对象管理器中创建父子关系

实例生成器的属性参数也非常少，如下图所示。

↑ 实例生成器的参数

"参考对象"其实就是制作的替身对象物体。如果在创建实例生成器的时候没有选中原始对象物体，创建后将原始物体拖拽到这里也是可以实现的。

"实例模式"是核心参数，分为"实例""渲染实例"和"多重实例"三种模式，其中"多重实例"是C4D R20版本中加入的新功能。

首先介绍"实例"模式，在这个模式下，复制出来的物体和原始物体一样，虽然不能直接进行点线面的操作，但是可以使用**变形器**对其产生形变。也就是说这个模式下，相当于对原始物体进行了一次直接复制，**并不会节省计算机资源**。

在"渲染实例"模式下，制作出来的实例物体不计算点线面的数量，也不可以发生形变，从而节省计算机资源。但是"渲染实例"模式下，超巨量的场景制作依然会使计算机卡顿，只能说相对节省计算机资源。

在"多重实例"模式下，可以通过修改实例物体的显示方式来达到更加快速操作的目的。在实例生成器中，使用"多重实例"模式需要对实例物体的位置信息进行定义。

在常规项目制作中，通常"渲染实例"模式就够用了。

5.9 融球和对称生成器

融球的概念比较好理解，是将两个物体进行融合，类似粘贴的效果。这种方式不仅限于球体，任何物体都是可以使用的。而对称生成器主要用于建模时的对称操作，也可以用来对称复制物体。

融球生成器

首先创建一个融球生成器，如右图所示。

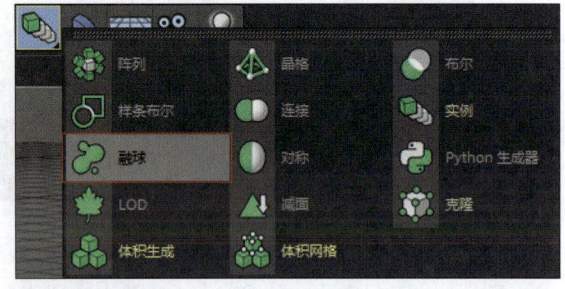

↑ 创建融球生成器

再创建两个球体，将其拖拽至融球生成器的子级。接着将其中一个球体在X轴方向上移动一定距离，不要移动太远。

这时候就可以看到融球生成器产生的效果，如下图所示。

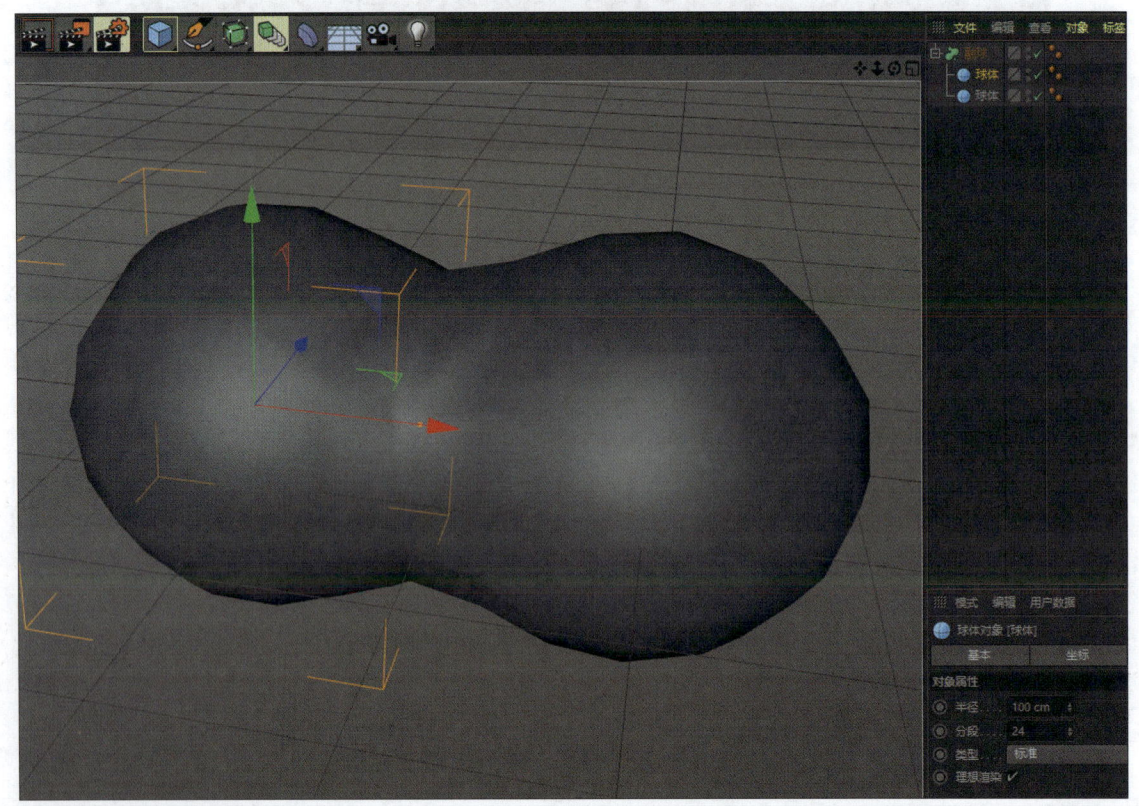

↑ 创建两个球体并拖拽至融球生成器的子级

» 5.9 融球和对称生成器

同样，将其他物体放置到"融球"子级，也会产生相同的效果。在使用其他物体的时候，可以适当增加物体表面的分段数，因为分段数少的物体，效果不会特别明显。

融球生成器的参数设置是非常简单的，在项目中通常不需要去调节。下面介绍"编辑器细分"和"渲染器细分"两个参数的含义，如右图所示。

⬆ 融球生成器的参数

"编辑器细分"指的是在视窗中融球所呈现的细分状态，值越小，细分数越高，模型的表面也就越平滑。

"渲染器细分"指的是在渲染图中所呈现的细分状态。

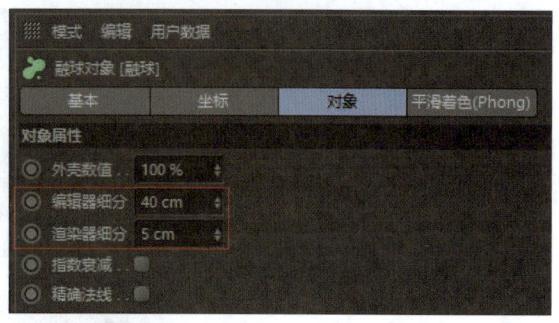

建议将这两个参数调整为一致的数值，这样在渲染出图阶段不容易忘记。

将"编辑器细分"调整为"5cm"，效果如下图所示。

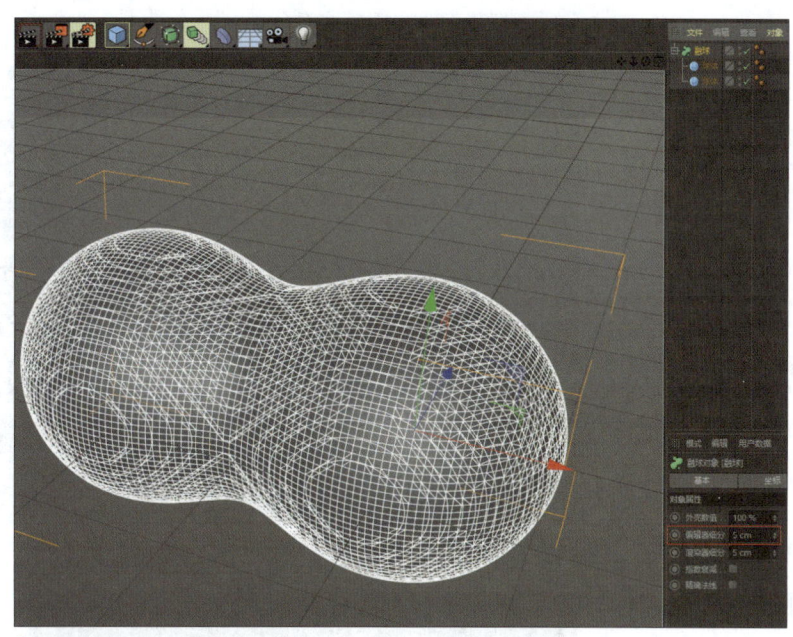

⬆ 设置"编辑器细分"为"5cm"

可以看到模型表面的细分段数变多了，模型表面也变得平滑了。

对称生成器

首先创建一个对称生成器，如右图所示。

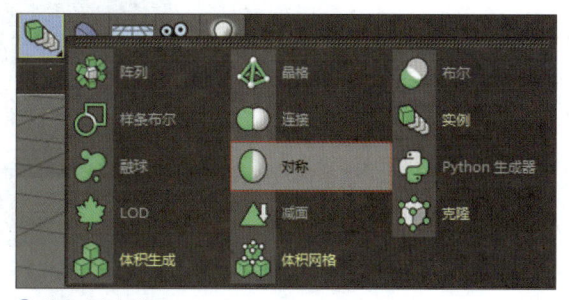

⬆ 创建对称生成器

» 5 生成器和建模对象

然后创建一个立方体，将其放到对称生成器的子级下，并移动立方体。效果如右图所示。

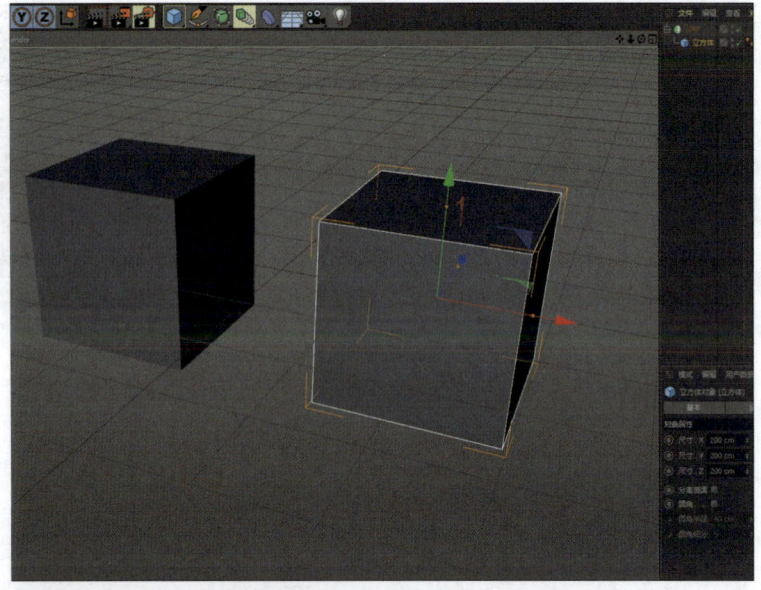

⬆ 创建立方体并放到对称生成器的子级

对称出来的物体和原始物体是镜像关联状态。如果旋转原始立方体，则对称出来的立方体也会跟着旋转，效果如右图所示。

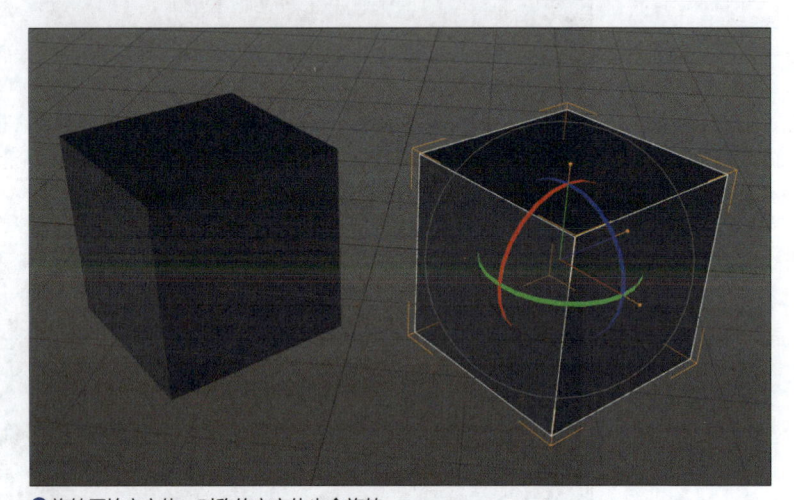

⬆ 旋转原始立方体，对称的立方体也会旋转

对称生成器的属性参数，如右图所示。

"镜像平面"指的是基于某两个轴所组成的面来进行镜像。这里通常都是使用Z轴和Y轴所构成的平面，偶尔会用到其他平面。

至于其他参数，在项目制作过程中很少会修改。"焊接点"和"公差"参数在之前章节讲解过，其意义是一样的。

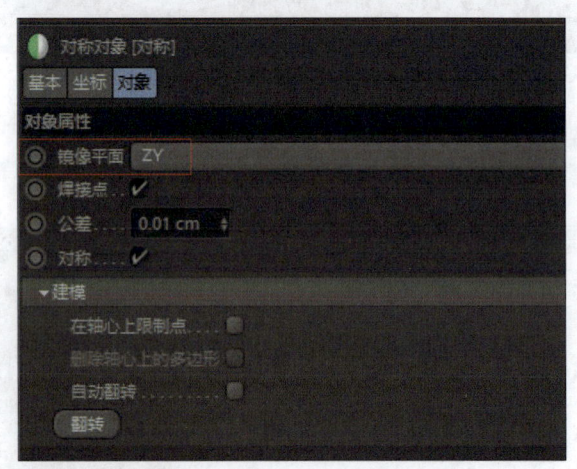

⬆ 对称生成器的参数

5.10　LOD 和减面生成器

LOD是Level of Detail的缩写。LOD生成器的主要功能是对模型进行优化。当摄像机距离模型较近时，将会切换显示为高细节度模型；当摄像机距离模型较远时，则切换为低细节度模型。相对于LOD生成器，减面生成器的功能以及使用就简单很多。减面生成器的主要作用是将放置到其子级的模型进行面数上的减少，相应地也会将原本模型的布线改为三角面。

LOD生成器

首先在场景中创建一个LOD生成器，如右图所示。

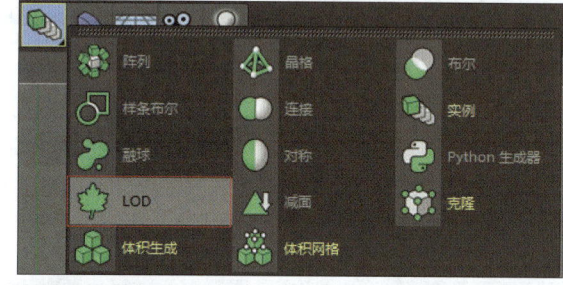

↑ 创建LOD生成器

然后在场景中建立三个分段数不一样的球体，从左到右"分段数"依次为"3""12""50"，效果如右图所示。

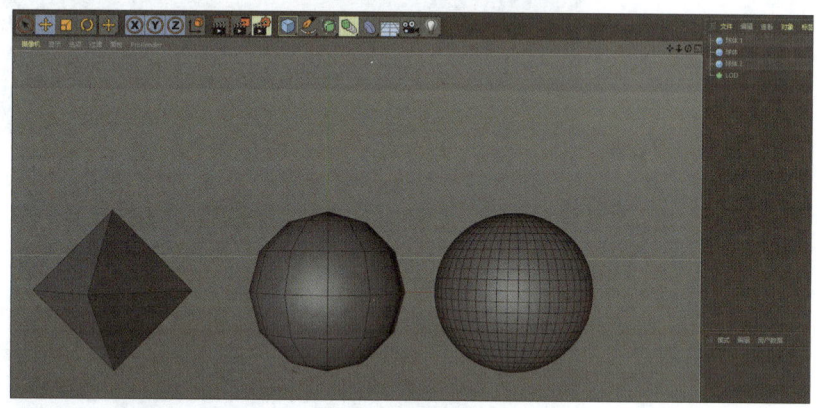

↑ 创建三个"分段数"分别为"3""12""50"的球体

对三个精度不同的球体进行命名，从左到右依次为"低""中""高"。

然后将三个球体都回归到原点位置，使其重合。并将它们同时拖拽至LOD生成器子级，如右图所示。

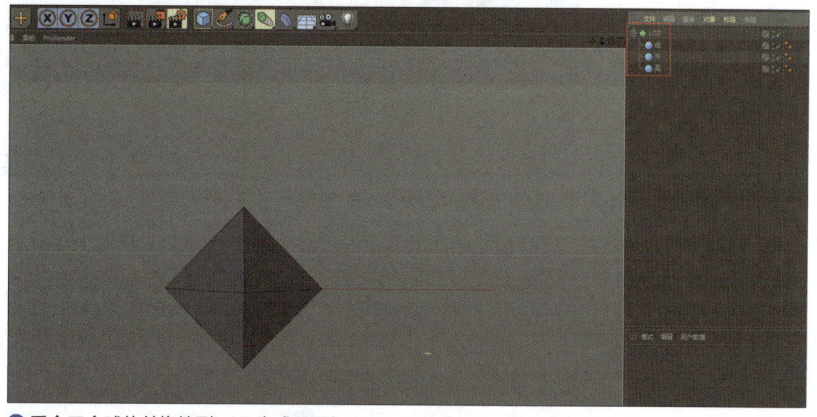

↑ 重合三个球体并拖拽到LOD生成器子级

这时，LOD生成器会优先显示子级中最上层的对象，所以这里显示出来的应该是命名为"低"的球体。

接下来重点学习一下LOD的属性参数，如下图所示。

⬆ LOD生成器的参数

在上图中，LOD生成器的主要参数有三个，分别是"LOD模式""标准"和"当前级别"。

"LOD模式"主要是指使用LOD进行优化的方式。默认使用"子级"模式，也是最为常用的一种模式，该模式会识别生成器子级中的物体来进行优化和选择。相对来说，"手动分组"和"简化"模式的使用频率很低。如下图所示。

⬆ "LOD模式"的三个选项

"标准"是非常重要的参数，主要指的是切换不同级别模型的标准，展开下拉列表之后，选项非常多，如下图所示。

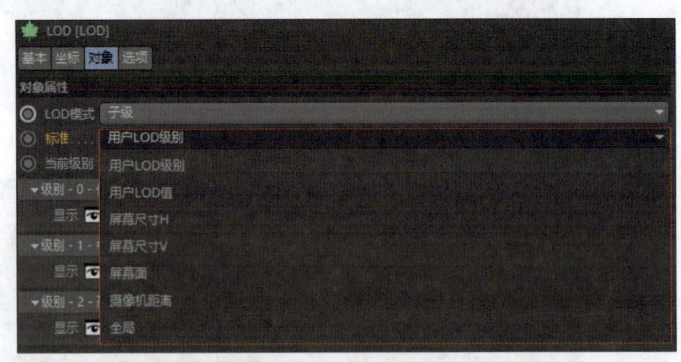

⬆ "标准"列表中包含多个选项

在"标准"下拉列表中，最常用的是"摄像机距离"选项。其他模式将会在随书配套的视频中为大家进行详细讲解。

选择"摄像机距离"选项，LOD生成器将会根据摄像机距离物体的远近，来切换不同精度的模型。

切换之后，属性面板将会显示出"最小距离""最大距离"和"LOD条"三个参数，如下页上图所示。

» 5.10 LOD 和减面生成器

小提示:"LOD条"参数的作用

"LOD条"参数表示的是LOD生成器下的三个物体,分别对应三个级别。LOD条下有一个小的摄像机图标,表示当前摄像机与物体之间的距离远近。LOD条左端代表最小距离,右端代表最大距离。当摄像机距离物体较近的时候,LOD条下方的摄像机小图标滑块会自动向左侧滑动。

↑ 设置"标准"为"摄像机距离",同时显示相关参数

可以看到,此时的摄像机与物体处于最大距离。当前画面中显示的是精度最高的球体模型,如下图所示。

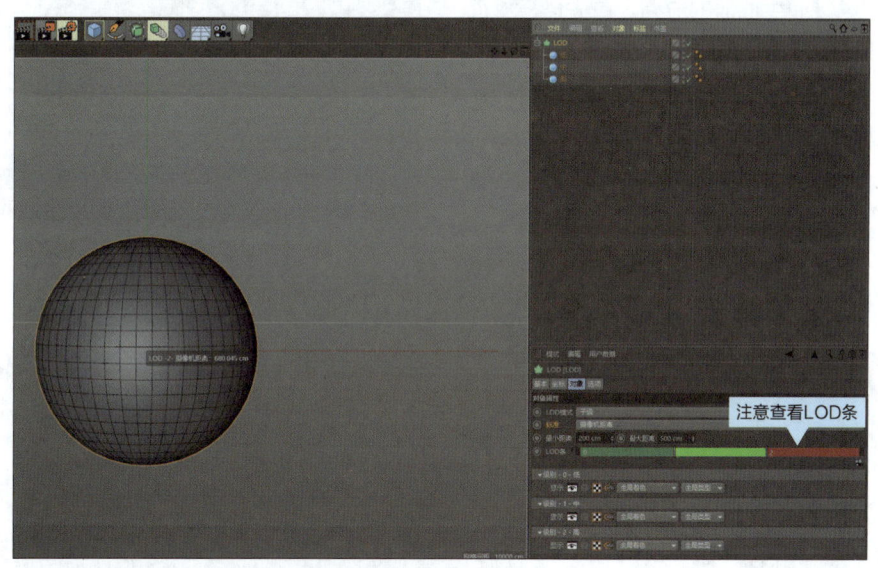

↑ 摄像机与物体处于最大距离时,显示最高精度的球体

此时将摄像机推近物体,让摄像机与物体之间的距离变小,LOD生成器会切换到精度最低的球体,如下图所示。

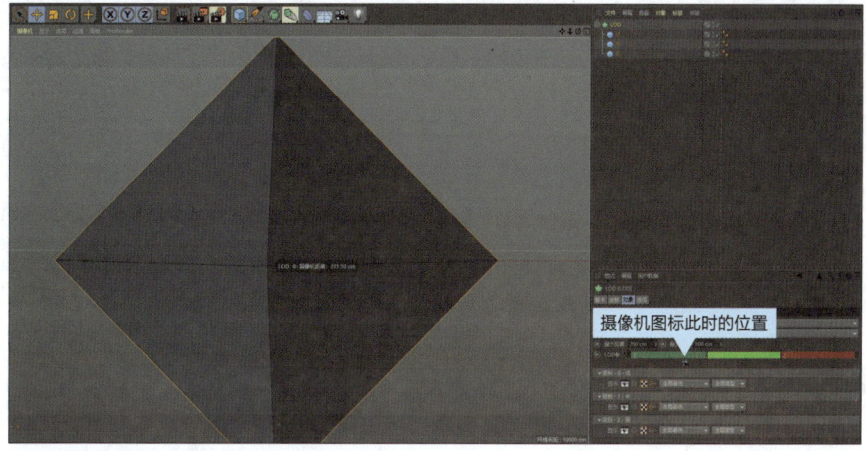

↑ 摄像机与物体之间距离变小,精度降低

在制作项目时，通常距离摄像机较远的物体不需要呈现高精度。这样可以节省场景的硬件消耗，达到优化场景的目的。

在这个示例当中，需要调整LOD生成器下模型的排序，将最高精度的模型放到最上层，如右图所示。

这样就可以实现当摄像机距离物体较近时，显示高细节度物体；距离适中时，显示中等细节物体；距离较远时，显示低细节模型。

↑ 将高精度球体移到最上方

减面生成器

接下来介绍减面生成器的应用。首先创建减面生成器，如右图所示。

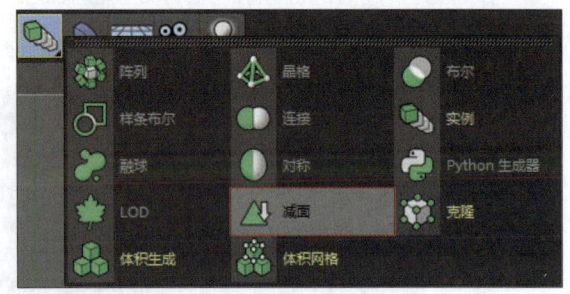

↑ 创建减面生成器

在场景中创建一个胶囊对象，并放到减面生成器的子级，如下图所示。

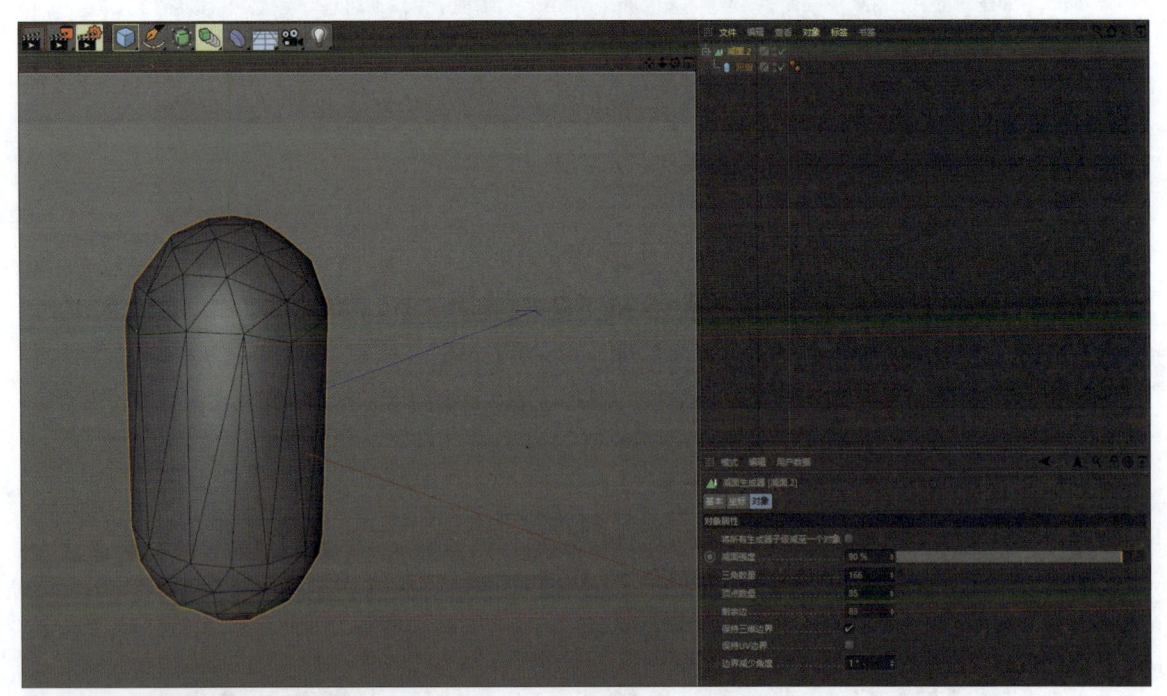

↑ 创建胶囊对象并放到减面生成器的子级

可以看出，胶囊对象的面数明显减少，并且网格线的分布方式全部变为三角面。

接下来介绍一下减面生成器的属性参数，如下图所示。

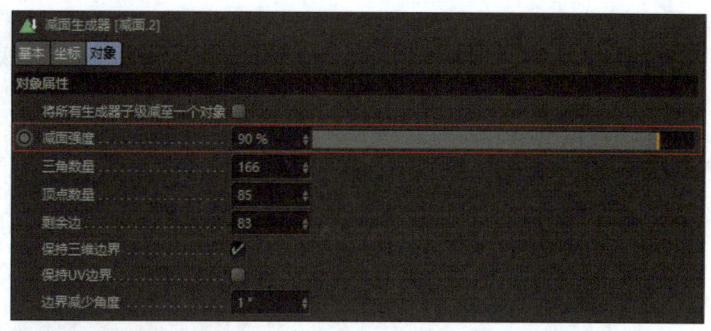

↑ 减面生成器的参数

应用减面生成器时需要掌握的常用参数是"减面强度"，该参数是对物体面数减少的强度控制。在调整过程中，我们会看到此参数与下面的"三角数量""顶点数量"和"剩余边"三个参数是相互关联的。

这三个参数主要作为参考数量存在，可以更直观地显示当前模型所剩余的点边面的数量。

5.11 克隆生成器 1

克隆生成器在之前的C4D版本中，一直被规划在运动图形模块中，但是这个生成器在建模方面也有着非常重要的地位，所以在R20版本中被添加到了生成器的快捷图标区中。

克隆生成器的功能和用法非常广泛，是C4D中非常重要的工具。如果能够熟练掌握克隆生成器的用法，在前期建立模型或者场景制作时可以加速工作流程，后期制作动画时也会变得更加得心应手。因克隆生成器的内容比较多，我们分成两节进行讲解。

克隆生成器的用法

首先介绍克隆生成器的具体**用法**。

在场景中创建一个克隆生成器，如右图所示。

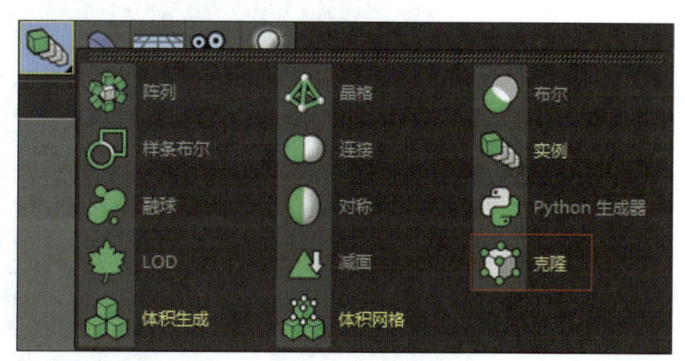

↑ 创建克隆生成器

然后以球体为例，将新创建的球体对象拖拽至克隆的子级，就可以看到场景中出现的三个球体，如下图所示。

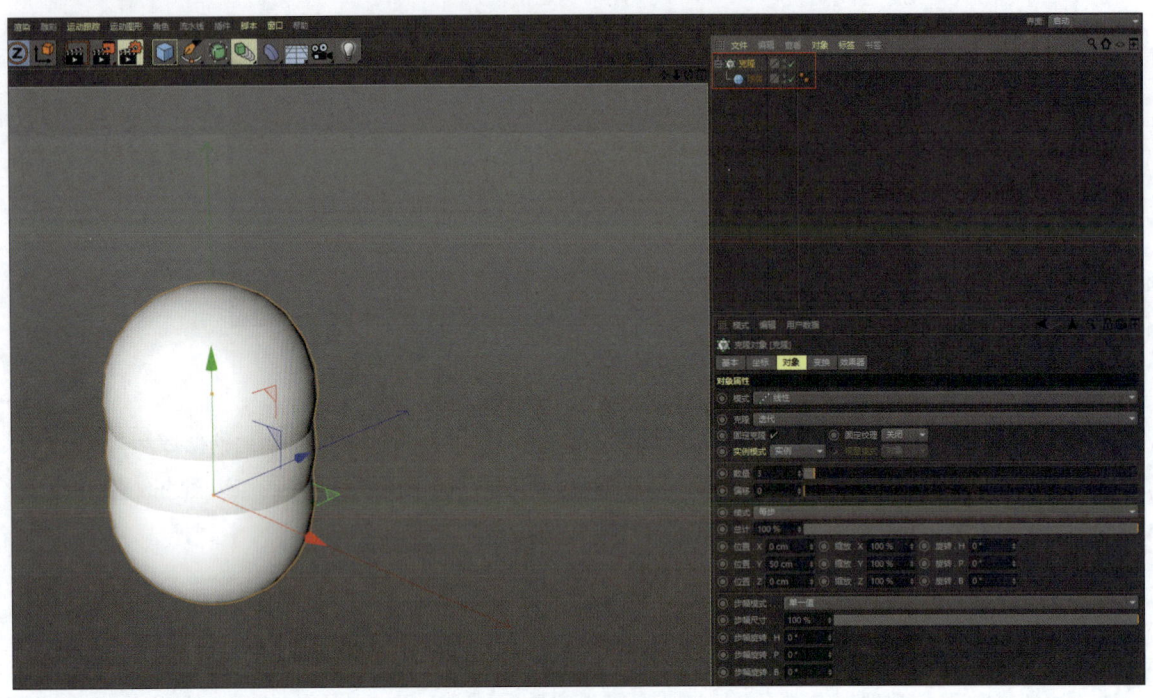

↑ 将球体拖至克隆生成器的子级

克隆的 主要功能 是将场景中的任意对象进行有规律的复制，并且可以配合相应的参数进行控制。

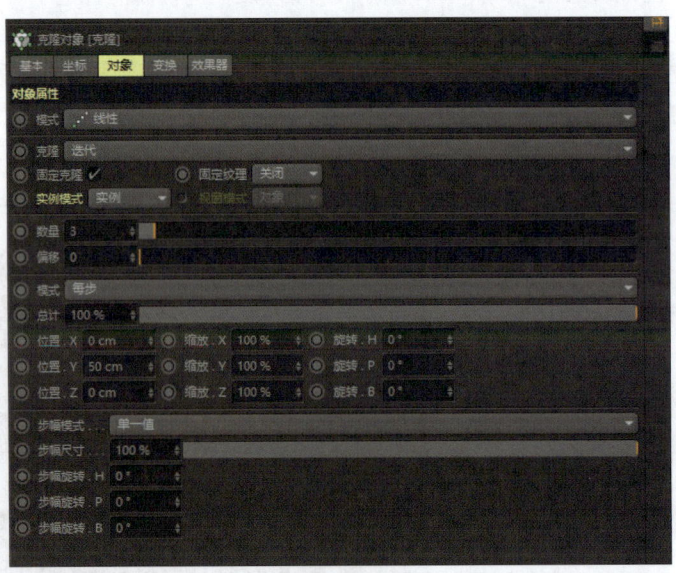

克隆生成器的属性

克隆生成器的属性参数非常多，也较为复杂，因此在学习克隆生成器的属性参数前，对属性参数进行分类，将属性分成几个区域去学习。克隆生成器属性管理器界面如下图所示。

↑ 克隆生成器的参数

首先需要掌握的克隆生成器参数是"模式",如右图所示。

克隆的"模式"分为五种,分别是"对象""线性""放射""网格排列"和"蜂窝阵列",在实际应用当中都是非常常用的。这五种模式是克隆生成器的核心部分,当克隆模式不同时,一部分属性也会发生变化。接下来我们将以这五种模式为基础,逐一讲解不同模式下的不同属性。

"线性"是克隆生成器的默认模式。

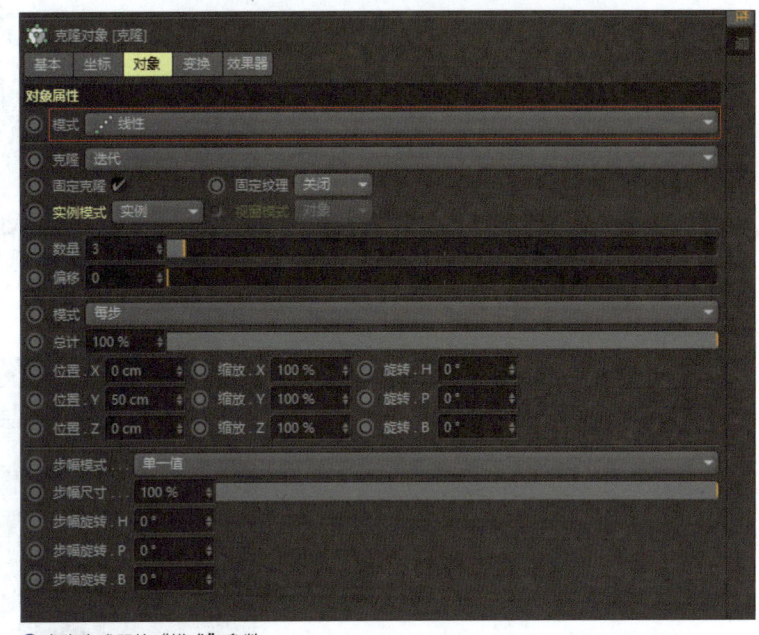

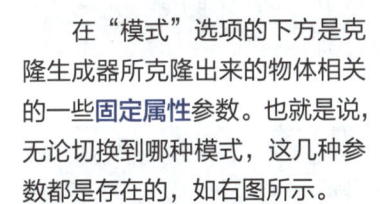

● 克隆生成器的"模式"参数

在"模式"选项的下方是克隆生成器所克隆出来的物体相关的一些**固定属性**参数。也就是说,无论切换到哪种模式,这几种参数都是存在的,如右图所示。

● 克隆物体的固定属性

在这几组固定参数之下是根据克隆的"模式"不同,所产生的特有属性参数。

当克隆为"线性"模式时,参数如右图所示。

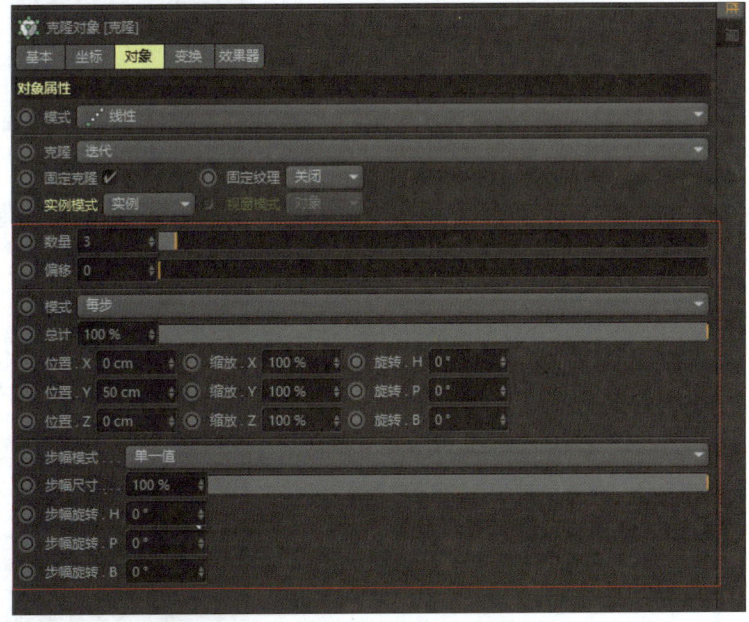

● "线性"模式的特有参数

» 5 生成器和建模对象

当克隆为"对象"模式时，参数如右图所示。

> **小提示：克隆的"对象"模式**
> 克隆为"对象"模式时，属性参数非常少，是因为在右图红框内，"对象"选项框内并没有指认对象物体。如果放入指定的对象物体，参数就会变得多起来。

↑"对象"模式下的特有参数

当克隆为"放射"模式时，参数如右图所示。

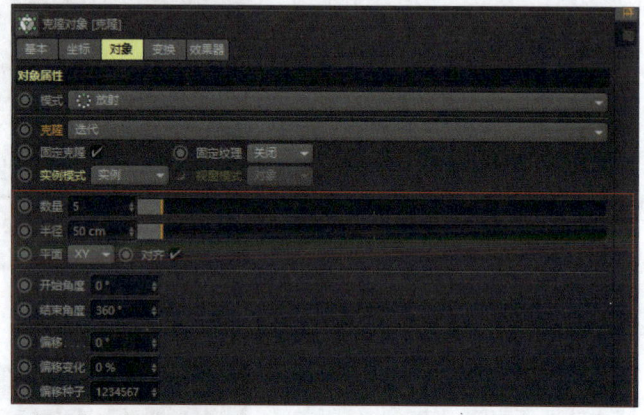

↑"放射"模式的特有参数

当克隆为"网格排列"模式时，参数如右图所示。

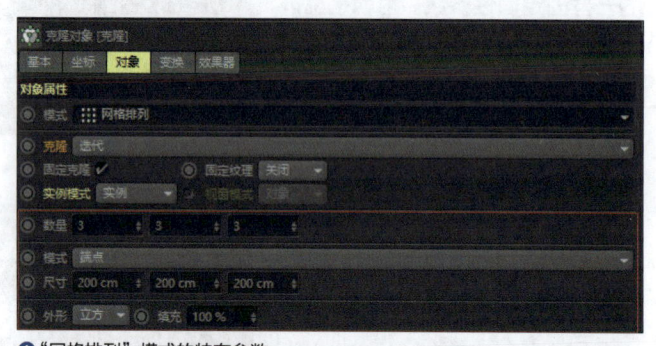

↑"网格排列"模式的特有参数

当克隆为"蜂窝阵列"模式时，参数如右图所示。

接下来对这些参数进行逐一讲解。
首先了解克隆生成器各个"模式"下的特有参数，至于固定属性参数，将在后面进行讲解。

↑"蜂窝阵列"模式的特有参数

"线性"模式

首先将之前在克隆生成器下的球体半径减小，即在球体的属性管理器中将"半径"参数改小，让克隆出来的球体之间避免互相穿插，如右图所示。

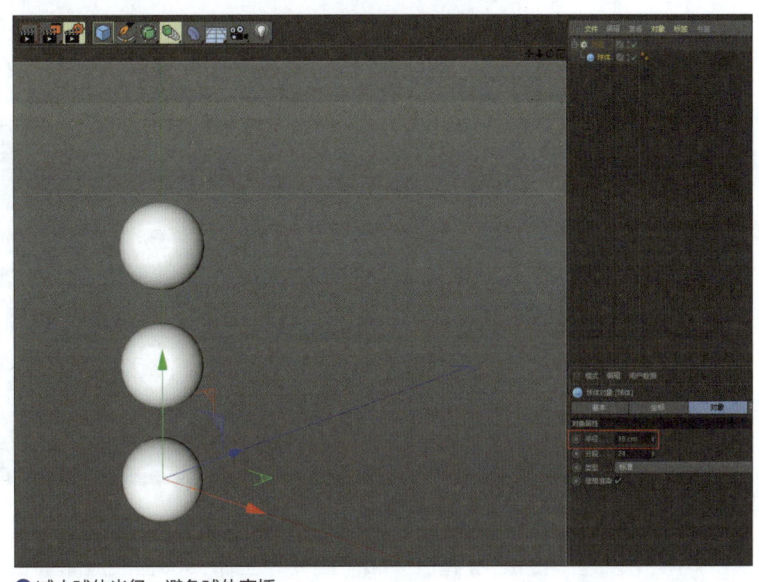

↑ 减小球体半径，避免球体穿插

接下来，看一下特有参数中的"数量"和"偏移"。

"数量"：直接拖动"数量"右侧的滑块，可以增加或减少克隆出来物体的数量。

"偏移"：这里指的是克隆物体整体的方向偏移，决定偏移方向的是下方属性中的"位置"参数，如右图所示。

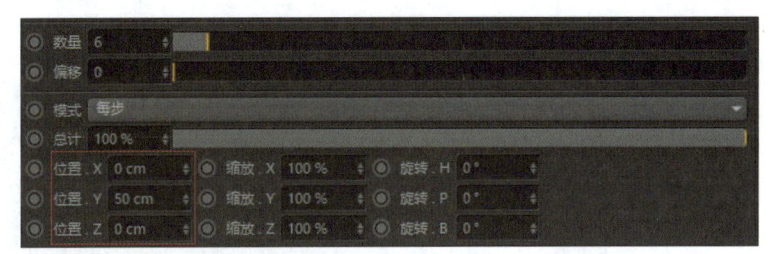

↑ "位置"参数决定偏移的方向

在"数量"和"偏移"下方有一个"模式"选项，指的是克隆物体之间间距的计算模式。

当"模式"为"每步"时，计算的是每个克隆物体之间的距离。通过下方"位置"参数可以显示具体的数值，默认Y轴为"50cm"，如下图所示。

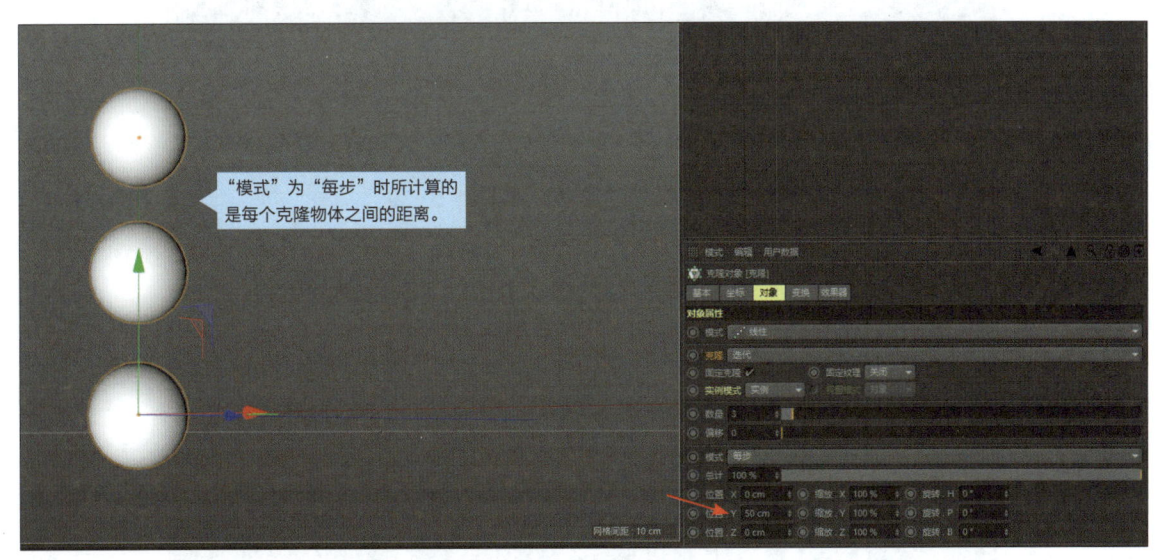

↑ "位置"默认的Y轴为"50cm"

» 5 生成器和建模对象

当"模式"为"终点"时,计算的是第一个克隆物体到最后一个克隆物体之间的距离。通过下方"位置"参数可以显示出具体的数值,默认Y轴为"100cm",如下图所示。

↑ "模式"为"终点"时Y轴默认为"100cm"

再往下就是"位置""缩放"和"旋转"三个参数。

这里的"位置"指的是克隆物体整体在X/Y/Z轴向上的偏移方向。

"缩放"是依次呈现出递增的缩放效果,如下图所示。

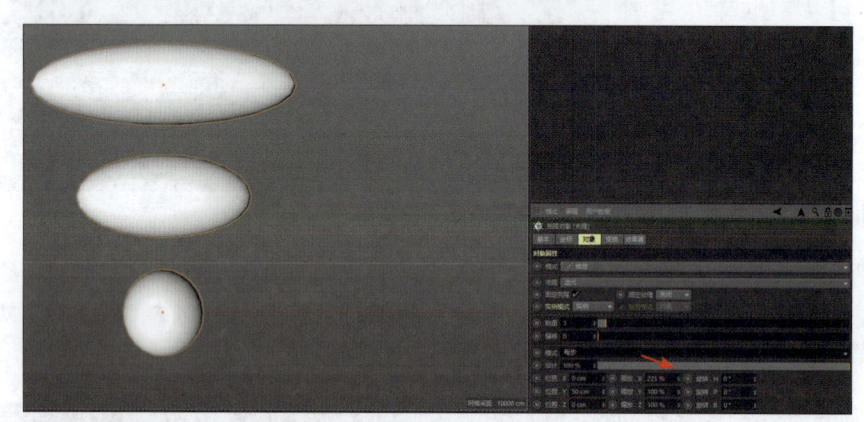

↑ 调整"缩放"值

"旋转"参数用于调整物体对象在某轴上的旋转,如下图所示。

↑ 调整物体在X轴上旋转"57°"

下方的"步幅"以及"步幅旋转"模式，因为在实际工作中不会经常用到，这里不进行过多讲解。在随书的视频中，将会进行补充讲解。

"对象"模式

"对象"模式可以将生成的克隆物体附着在任意对象上，对象可以是模型、样条或者其他生成器等。

这里以宝石模型作为对象。首先在场景中创建一个宝石对象，并将克隆"模式"切换成"对象"，然后将对象管理器中的宝石对象拖拽至特有属性的"对象"参数内，可以看到克隆出来的球体对象附着在宝石对象上了，如下图所示。

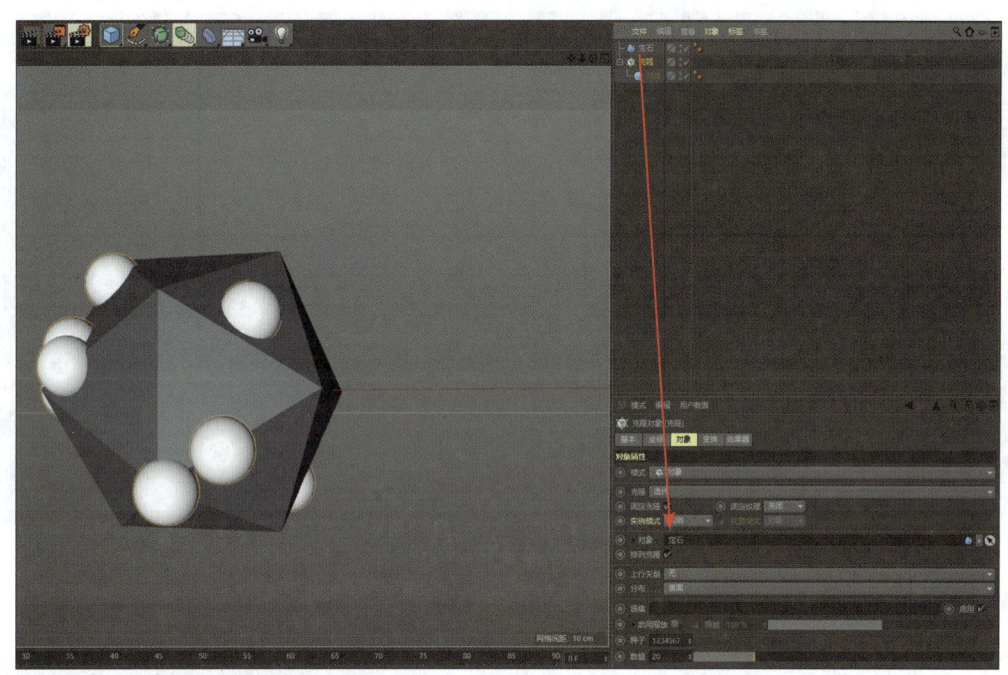

⬆ 通过"对象"模式将球体附着在宝石模型上

关于"对象"模式的特有参数，需要重点学习的是"分布"和"选集"，如下图所示。

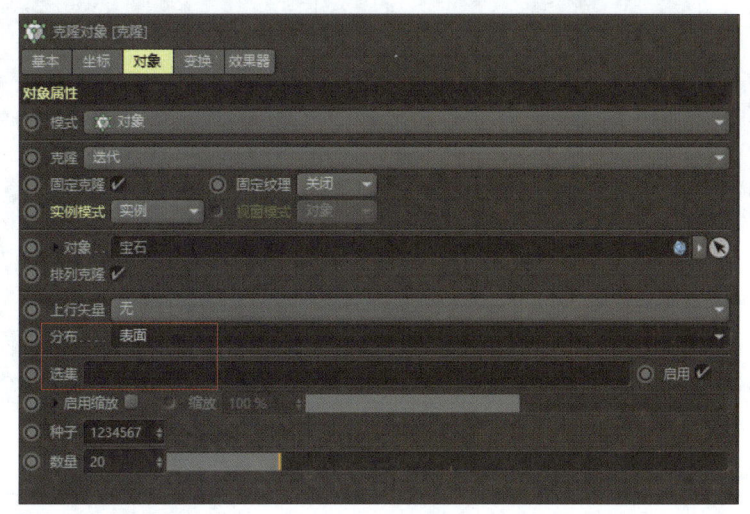

⬆ "对象"模式的参数

» 5 生成器和建模对象

其中"分布"的方式有好几种，主要是控制克隆物体在附着对象上的分布情况，如右图所示。

↑"分布"参数的种类

"表面"分布方式可以让克隆物体在附着对象的表面随机分布，如下图所示。

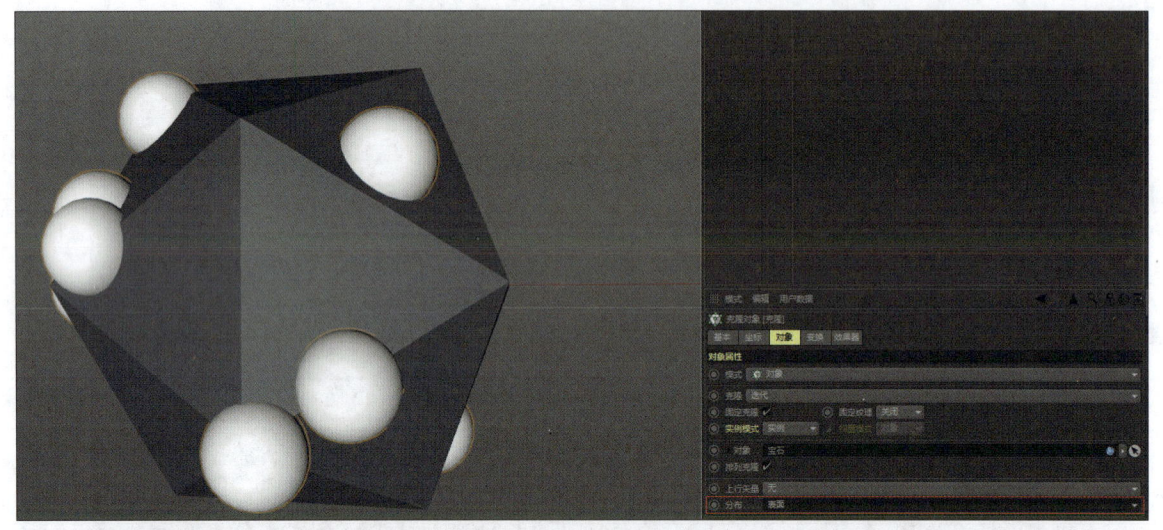

↑"分布"为"表面"的效果

"顶点"分布方式可以让克隆物体在附着对象的顶点位置进行分布，如下图所示。

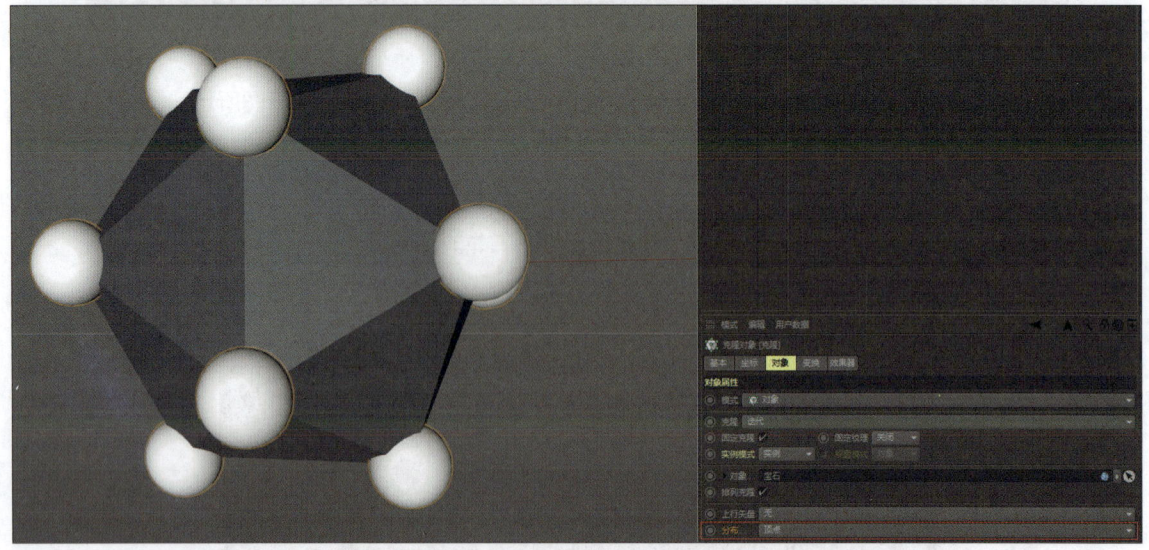

↑"分布"为"顶点"的效果

"边"分布方式可以让克隆物体在附着对象的每个边的中心位置进行分布，如下页上图所示。

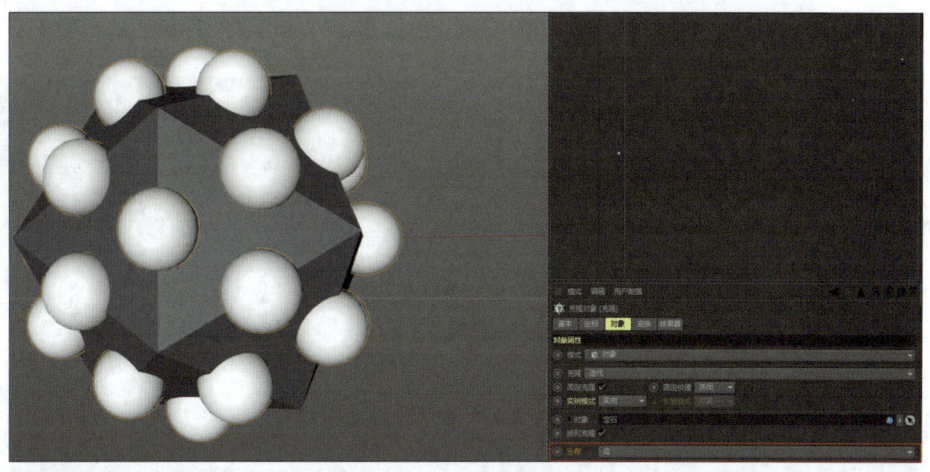

» 5.11 克隆生成器 1

↑ "分布"为"边"的效果

"多边形中心"分布方式可以让克隆物体在附着对象的每个面的中心位置进行分布,如下图所示。

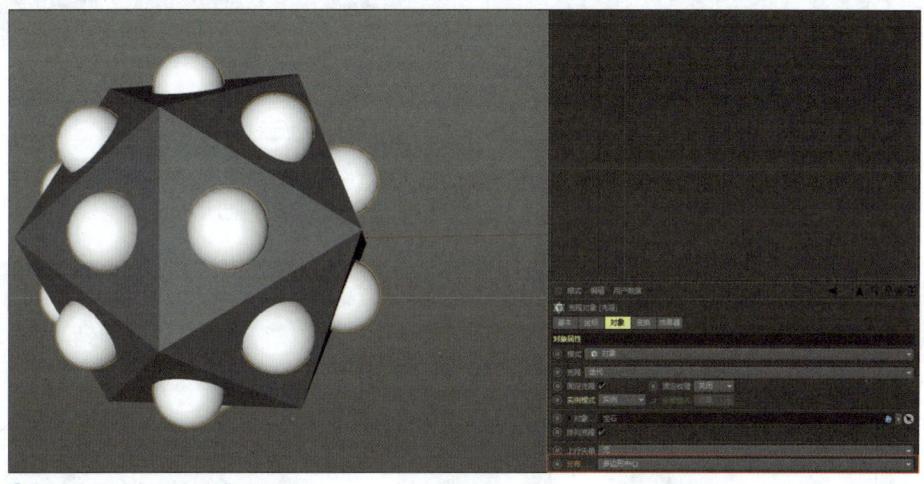

↑ "分布"为"多边形中心"的效果

"体积"分布方式可以让克隆物体在附着对象的内部进行分布,如下图所示。

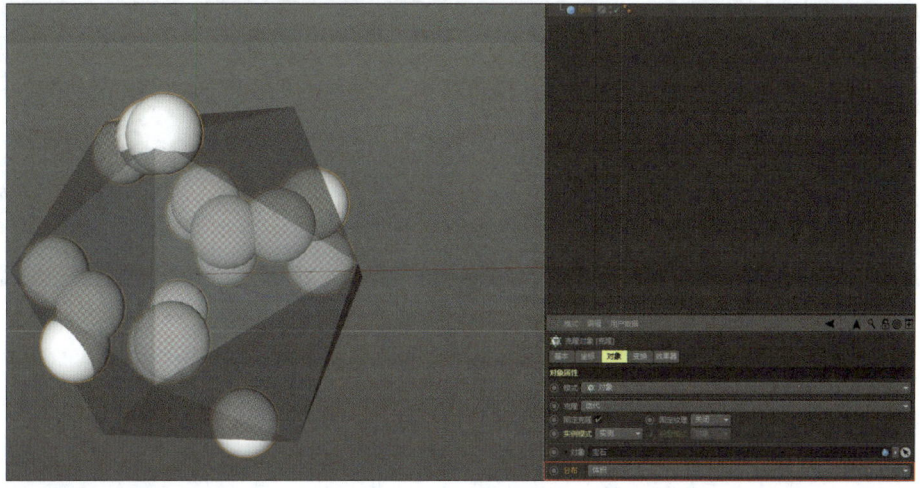

↑ "分布"为"体积"的效果

» 5 生成器和建模对象

"轴心"分布方式可以让克隆物体在附着对象的轴心点位置进行分布，如下图所示。

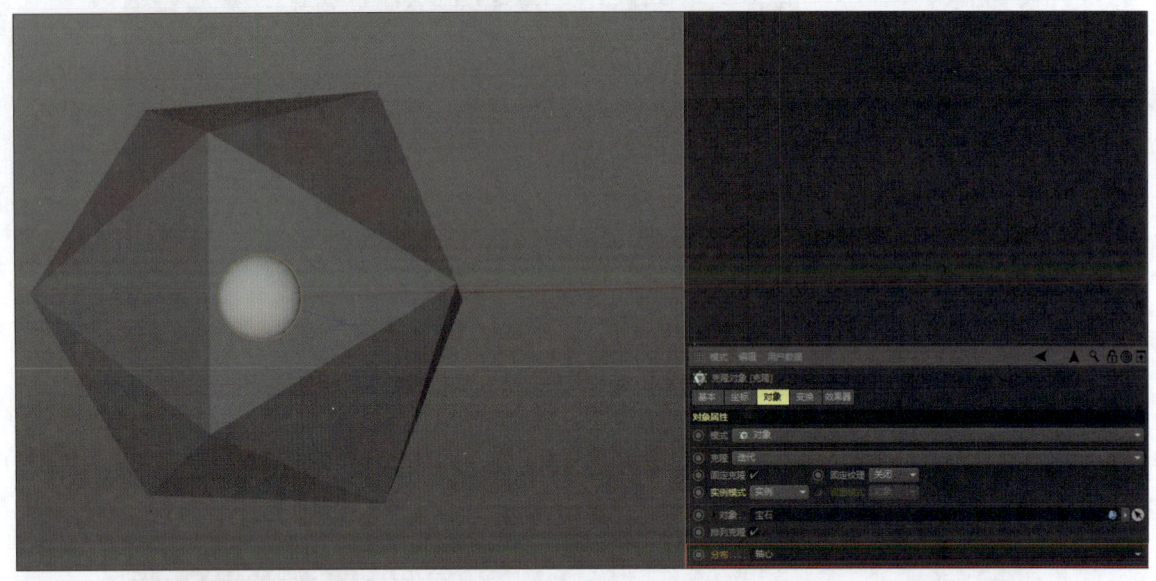

⇧ "分布"为"轴心"的效果

"选集"是很多生成器中都有的参数。使用"选集"的两个必要条件，一是附着对象需要是可编辑多边形，二是要建立好选集标签。

这里以宝石对象为例，先按键盘的**C键**，将宝石对象转为可编辑对象。进入宝石对象的面模式，选择一个面，如下图所示。

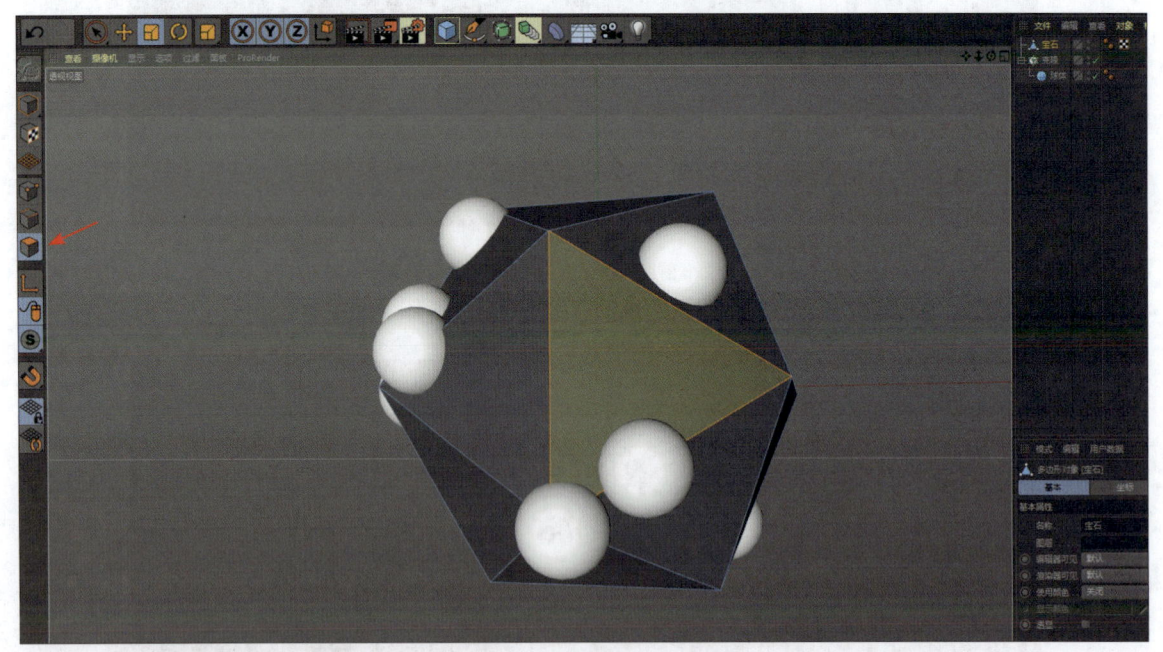

⇧ 将宝石对象转为可编辑对象，接着选择一个面

选择面之后，选择"选择"菜单中的"设置选集"命令，如下页上图所示。

124

» 5.11 克隆生成器 1

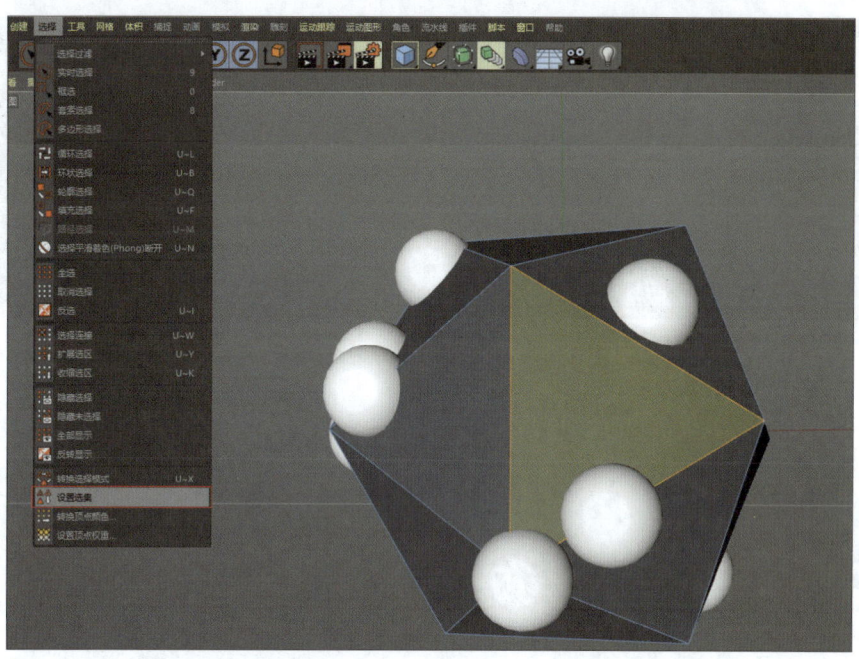

⬆ 在"选择"菜单中选择"设置选集"命令

执行命令之后,在对象管理器中宝石对象的名称后面,会出现一个橙色的三角标签,该标签就是**面选集标签**。这时单击对象管理器中的克隆对象,将克隆的属性显示在属性管理器中,随后将标签拖拽至克隆生成器的"选集"选项栏中,如下图所示。

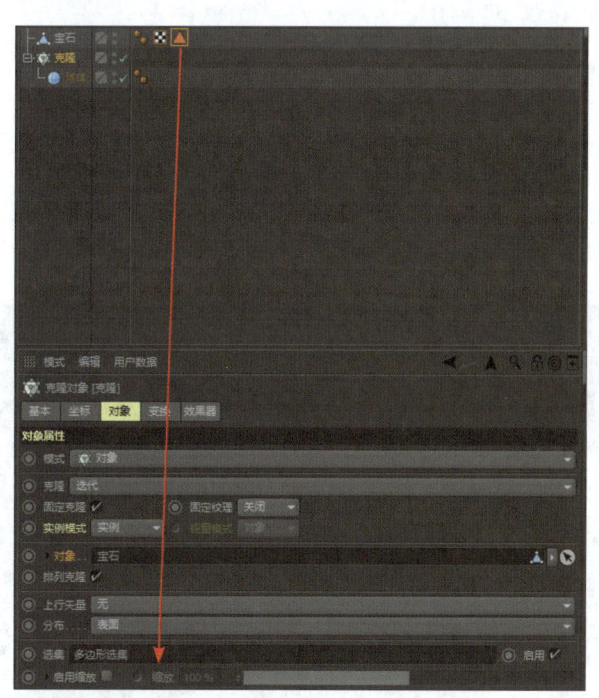

⬆ 将面选集标签拖拽至"选集"选项中

这里需要注意的是,拖拽之后如果发现所有的克隆物体都消失了,可以试着增加克隆物体的数量,然后检查一下属性中的"分布"是否为"表面"。

增加克隆物体的数量后,就会看到克隆物体仅出现在所选择的面上了,如下页上图所示。

» 5 生成器和建模对象

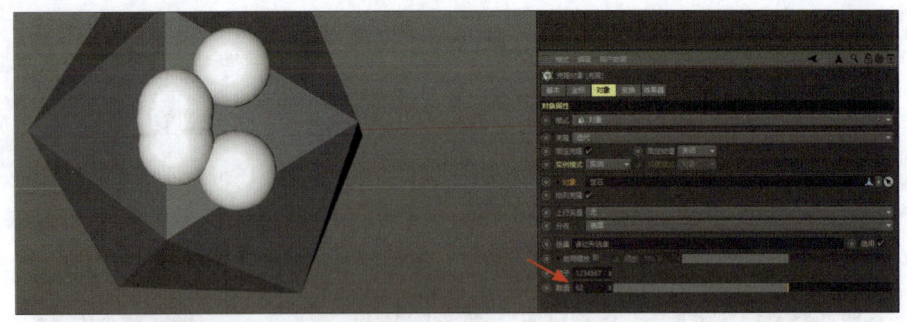

↑ 克隆物体只显示在选中的面上

5.12 克隆生成器 2

扫码看视频

在上一节中,我们介绍了克隆生成器的用法和属性的大致分类,并对"模式"下的"线性"和"对象"选项的应用进行了详细讲解。在这一节中,将继续讲解"模式"列表中其他几个类型选项,以及上一节提到的固定属性参数的应用。

"放射"模式

"放射"模式是将克隆物体以圆圈的方式排列。首先在场景中创建一个球体,然后将它拖拽到克隆的子级,并将克隆生成器下的"模式"属性切换为"放射",如下图所示。

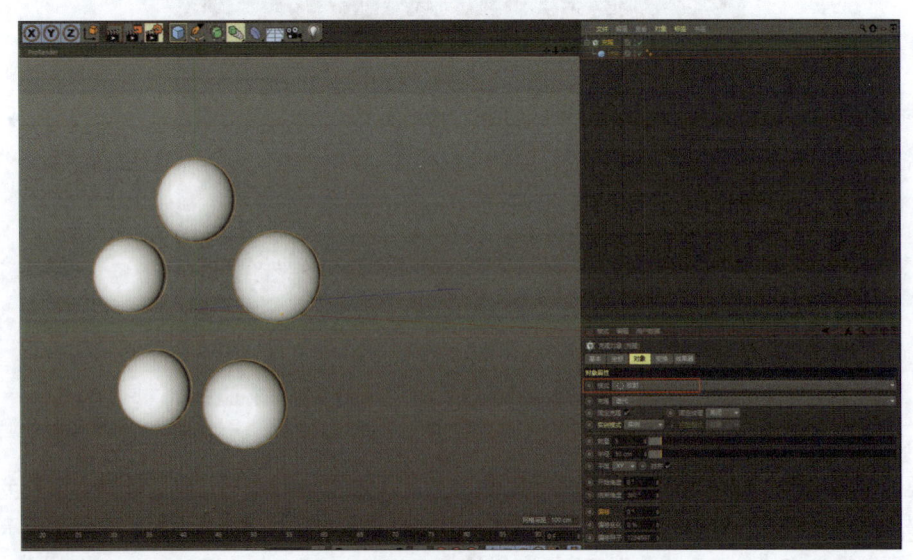

↑ 创建球体并拖拽至克隆的子级,设置"模式"为"放射"

下面介绍"放射"模式的特有参数。

"数量":用于增加或减少克隆物体的数量。

"半径":用于改变由克隆物体组成的圆形半径的大小。

"平面":指定克隆出的圆形是在哪个平面上的,下图为在"XZ"平面上的效果。

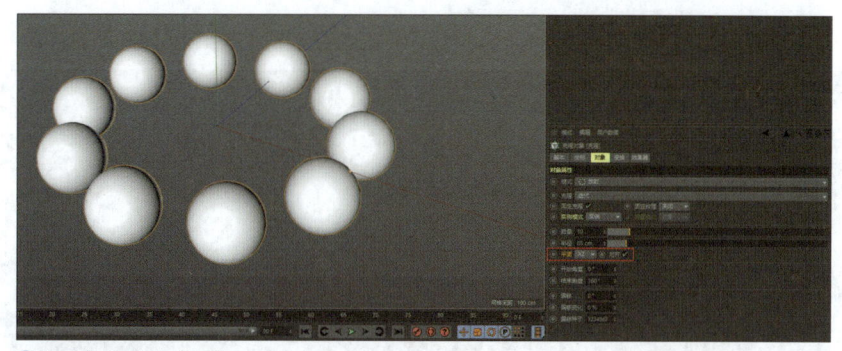

○ 设置"平面"为"XZ"

"开始角度"与"结束角度":这两个参数用于设置由克隆物体构成的圆圈的角度。此处设置"结束角度"为"180°",效果如下图所示。

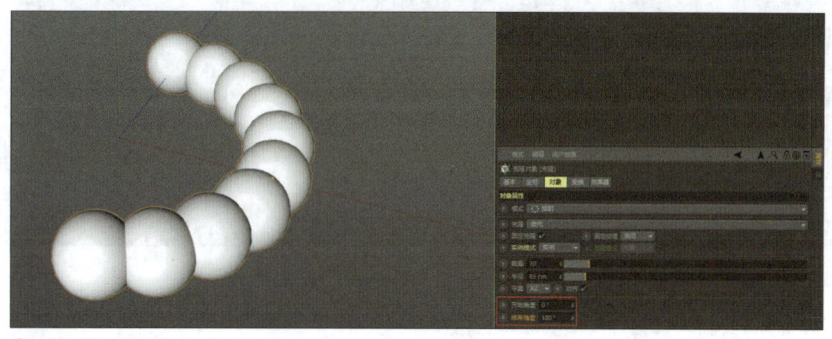

○ 设置"结束角度"为"180°"

"偏移":用于设置每个克隆物体在所构成的圆圈上移动的角度。

"偏移变化":用于设置偏移过程中产生的一些随机效果。将"偏移变化"设置为"100%",将"偏移"设置为"60°",效果如下图所示。

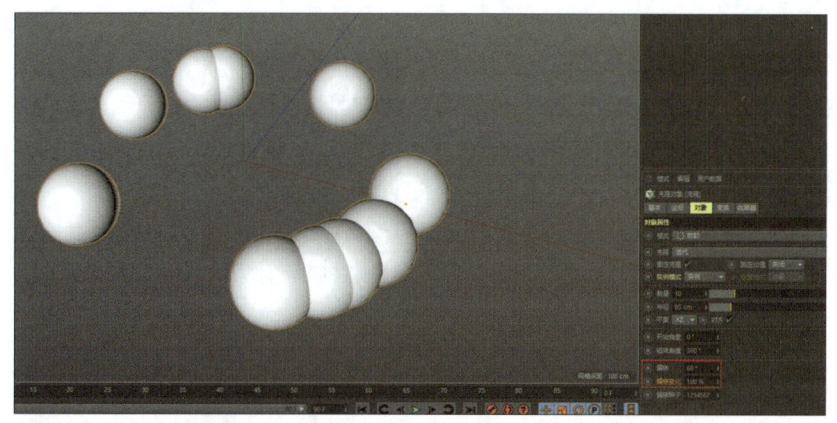

○ 设置"偏移"和"偏移变化"参数的效果

"网格排列"模式

接下来将克隆生成器下的"模式"切换为"网格排列",所生成的物体将会以一种三维立方体阵列的方式呈现。对于网格排列模式来说,要掌握的重点参数有"数量""尺寸"和"外形"。"网格排列"的效果如下图所示。

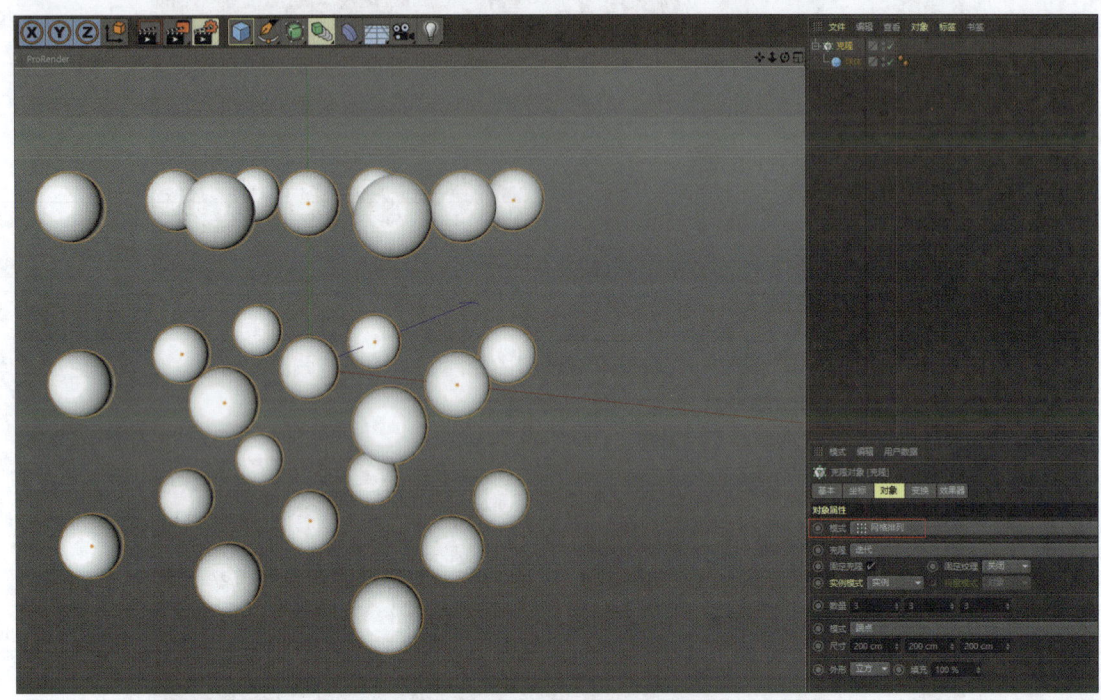

↑ "模式"为"网格排列"的效果

"数量":由于所产生的效果是在三维空间以矩阵的形式对克隆物体进行排列,所以这里的"数量"指的是X、Y、Z轴向上的克隆物体数量。因此"数量"后的三个参数从左到右依次指代X、Y、Z三个轴向,如右图所示。

↑ 在X、Y、Z轴设置数量

"尺寸":用于设置由克隆物体构成的三维立方体矩阵的尺寸。

"外形":可以更改由克隆物体构成的矩阵形态,其中最常用的是"立方"选项,如右图所示。

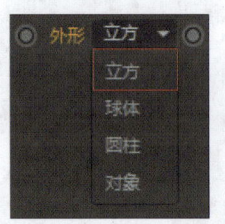

↑ "外形"下拉列表,常用的是"立方"选项

"蜂窝排列"模式

克隆生成器下的"蜂窝阵列"模式是一种将克隆物体错开计算的排列方式,克隆物体所构成的形态更接近于蜂窝六边形,其常用属性参数有"偏移""宽数量""高数量""宽尺寸""高尺寸"和"形式"。"蜂窝阵列"模式效果如下页上图所示。

» 5.12 克隆生成器 2

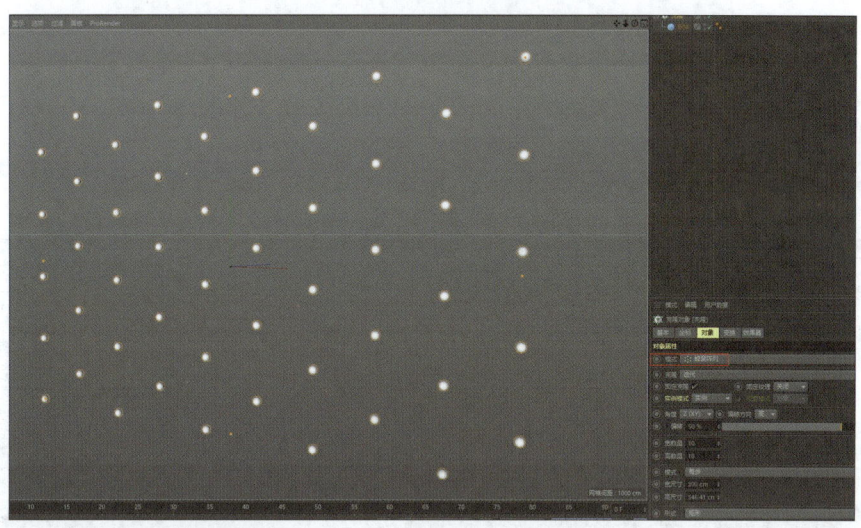

↑ "模式"为"蜂窝阵列"的效果

这里用球体演示效果并不直观,我们将克隆物体下的物体替换为**样条线—多边**,其位置如下图所示。

↑ 将克隆物体替换为样条线—多边

将创建出来的多边样条线拖拽到克隆的子级,所产生的效果会非常接近蜂窝的排列形态,效果如下图所示。

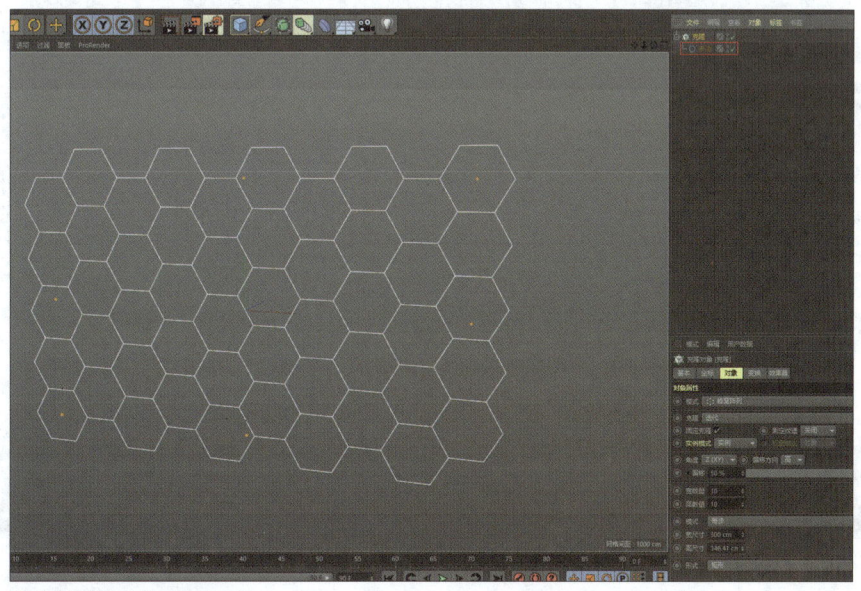

↑ 将多边样条拖拽到克隆子级

129

接下来看一下"蜂窝阵列"的属性参数。

"偏移":每隔一列的克隆物的偏移位置,通常情况下为"50%",不需要进行修改。

"宽数量"和"高数量":这两个属性值每增加一个单位,会在横向或纵向上新生成一排克隆物体。

"宽尺寸"和"高尺寸":用于设置克隆物体和物体之间的间隙。将"宽尺寸"和"高尺寸"参数分别改为"380cm"和"400cm",效果如下图所示。

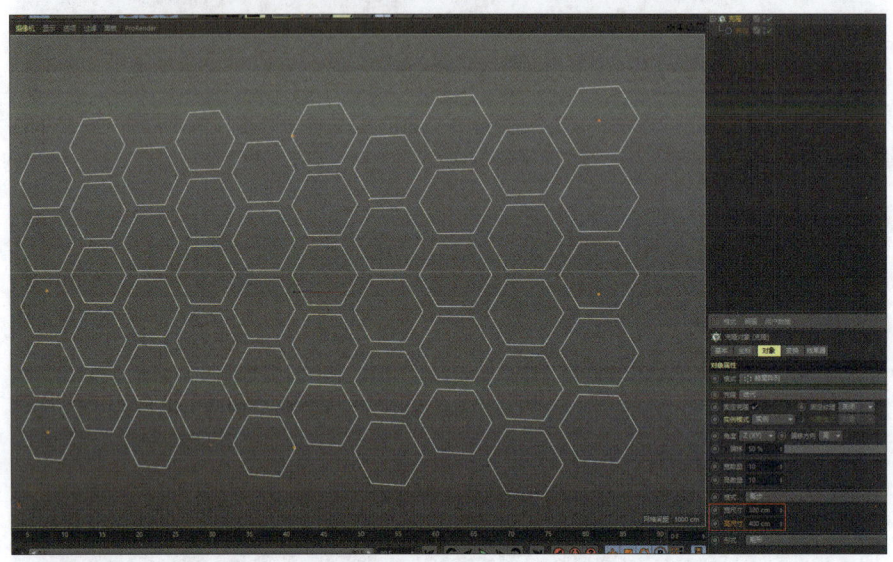

↑ 设置"宽尺寸"为"380cm","高尺寸"为"400cm"

"形式":用于设置克隆物体排列出来的基本形态,默认状态下是"矩形",也就是说克隆物体会构成一个大的矩形。将"形式"切换为"圆环",将"高数量"改为"15",克隆物体的形态会接近一个圆形,效果如下图所示。

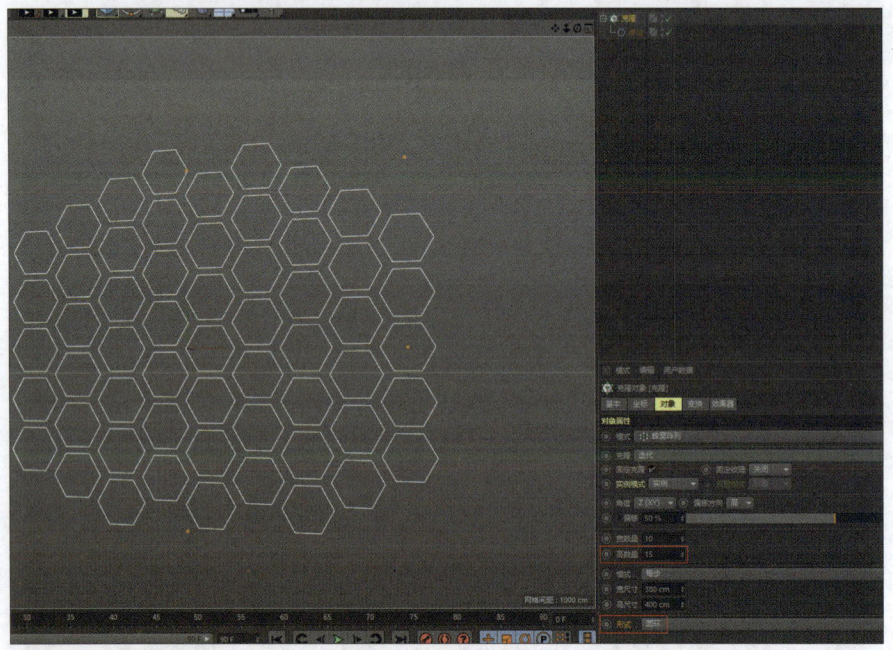

↑ 设置"形式"为"圆环"的效果

固有属性参数

最后,看一下克隆生成器的固有属性参数,其中需要重点掌握的是"克隆"和"实例模式"。"克隆"参数包括四个选项,如下图所示。

↑"克隆"参数包括四个选项

为了方便展示演示效果,这里将克隆生成器下的"模式"切换为"线性",并在场景中创建一个球体对象和一个立方体对象,将这两个对象物体同时拖拽到克隆生成器的子级。调整克隆生成器属性中"位置.Y"的值为"300cm",设置"数量"的值为"10",效果如下图所示。

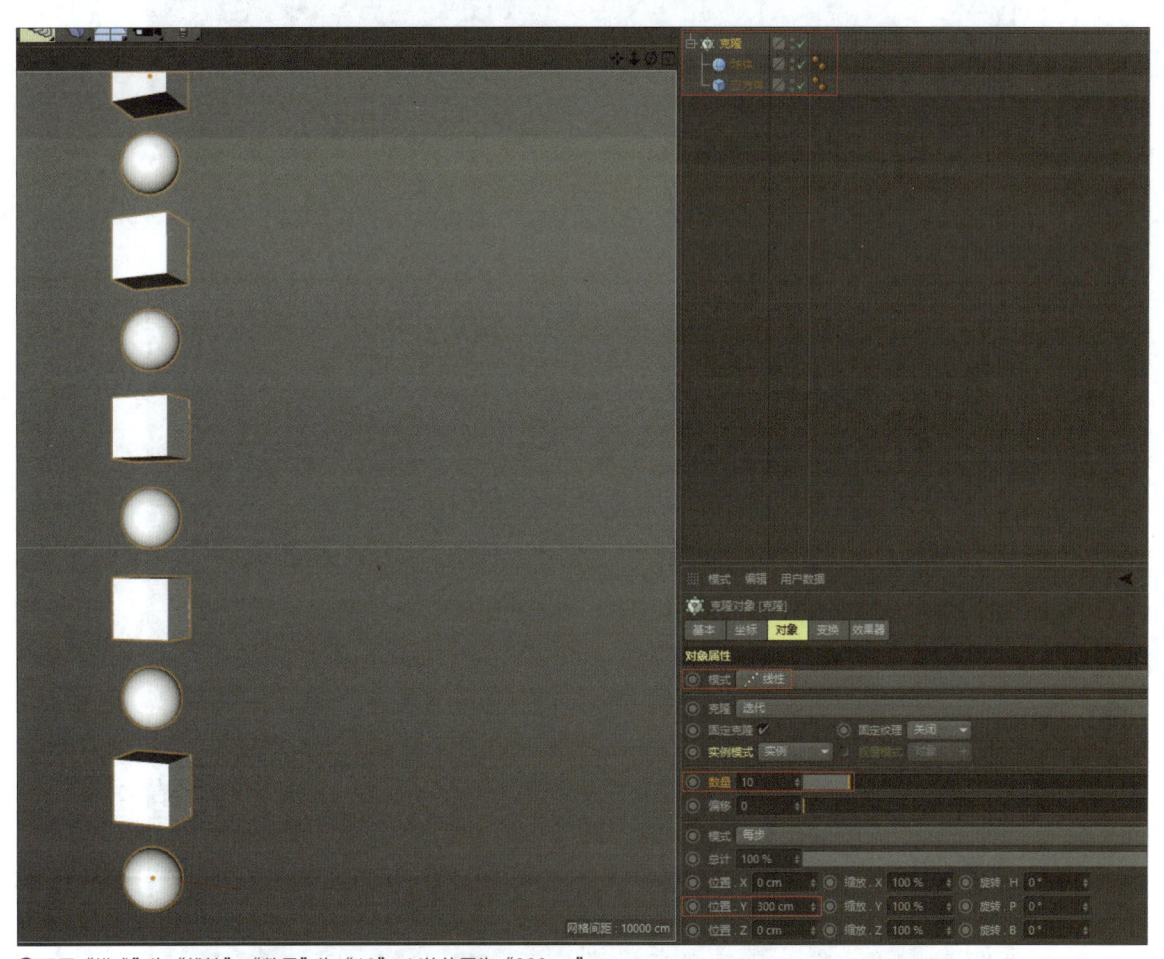

↑ 设置"模式"为"线性","数量"为"10",Y的位置为"300cm"

此时克隆生成器属性中的克隆参数默认状态为"迭代",指的是当克隆生成器下有多个对象的时候,克隆出来的物体会按照一定的顺序(如ABABAB的顺序)进行克隆排列,效果如下页上图所示。

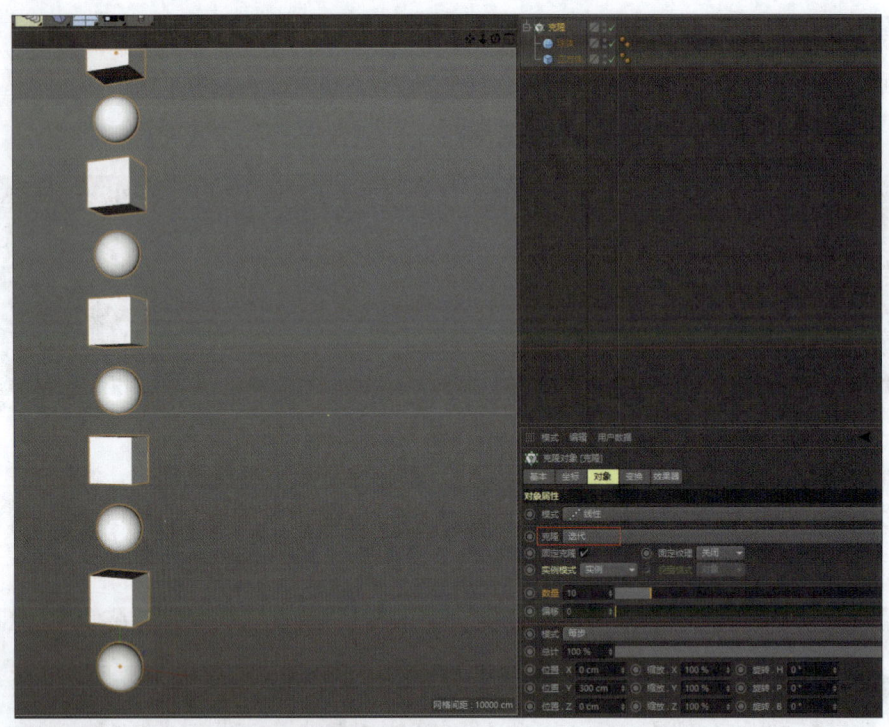

» 5 生成器和建模对象

⬆ "克隆"为"迭代"时,物体按照指定顺序克隆并排列

将"克隆"参数切换为"随机",当克隆生成器下有多个对象的时候,克隆出来的物体会以**随机的顺序**进行克隆排列,效果如下图所示。

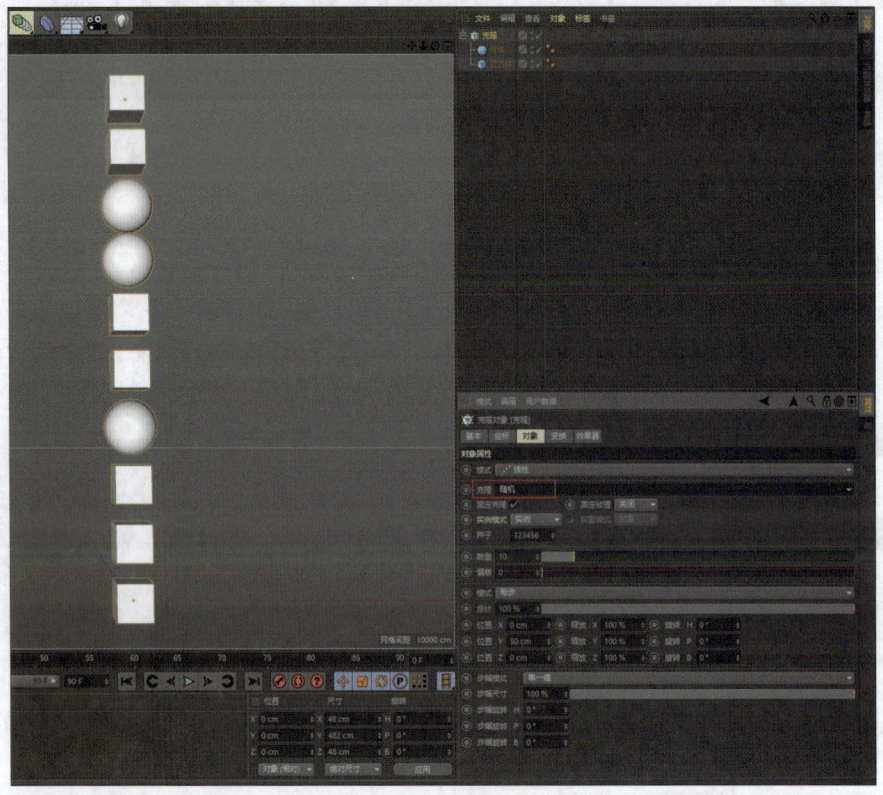

⬆ 设置"克隆"为"随机"时,物体将按随机顺序克隆并排列

将"克隆"类型切换为"混合",当克隆生成器下有多个对象的时候,克隆出来的物体会以一定的顺序(如AAABBB的顺序)进行克隆排列,效果如下图所示。

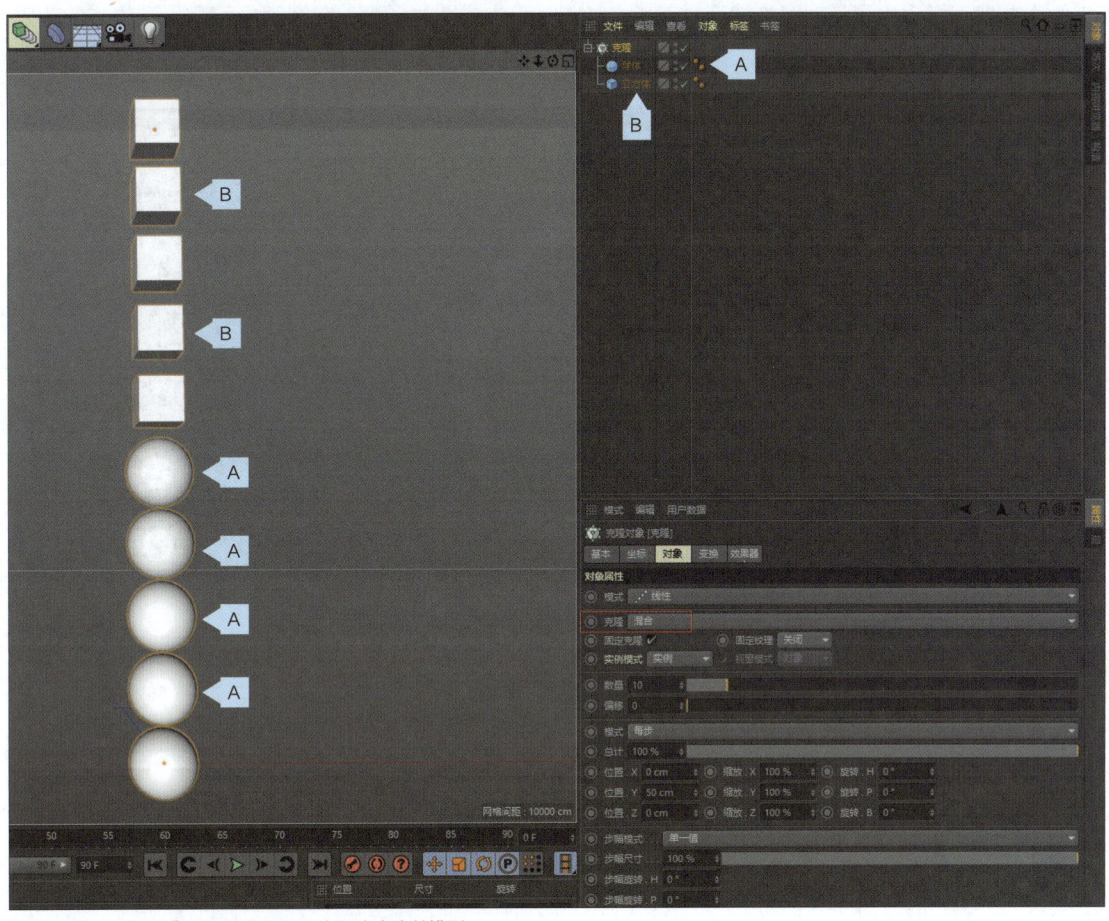

↑ "克隆"为"混合"时,物体按照一定顺序克隆并排列

当选择"克隆"类型为"类别"时,需要配合运动模型模块下效果器使用,操作相对较为复杂,实际操作方式将在随书教学视频中展示。

5.13 体积生成器与体积网格生成器

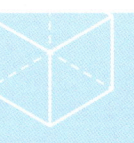

扫码看视频

体积生成与体积网格这两个生成器是R20版本中的新功能,两者往往相互配合使用,其中体积网格生成器是用来将体积生成器所产生的体素对象(官方名称为Voxel Objects)生成为多边形对象。

体积生成器的使用方法

首先介绍体积生成器的**使用方法**。体积生成器和其他生成器一样,也是将对象拖拽至其子级,这里的对象可以是基础对象和样条。

此处以一个**圆环样条对象**为例,将其拖拽至体积生成器的子级,在视窗中可以看到生成的体素对象,如下图所示。

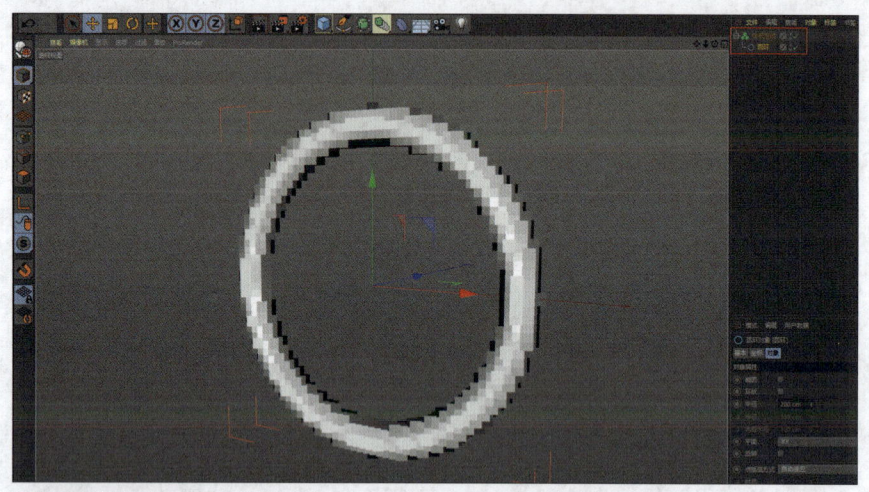

↑ 将圆环样条拖拽至体积生成器的子级

> **小提示:体素的渲染**
>
> 体素对象并不能直接进行渲染,它的意义在于确定最后由体积网格生成器生成的多边形物体的精度。

体积生成器与体积网格生成器的配合使用

接下来讲解体积生成器与体积网格生成器如何配合使用。目前我们已经创建了一个体素对象,再创建一个体积网格生成器,将之前的体积生成器拖拽至体积网格生成器下,如下图所示。

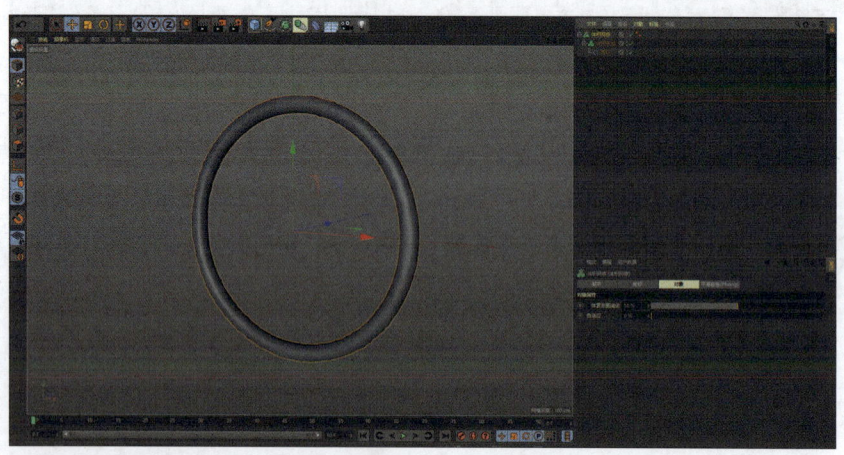

↑ 将体积生成器和子级拖拽至体积网格生成器中

此时的体素对象已经成为多边形对象,这是两者最基础的使用方式。

再以**基础对象**为例,在场景中创建一个立方体和一个球体,然后移动球体,使其与立方体发生穿插,如下页上图所示。

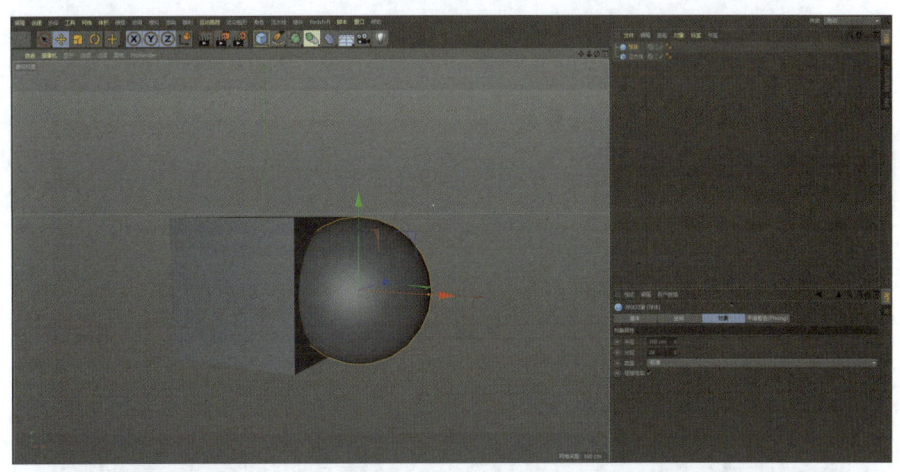

» 5.13 体积生成器与体积网格生成器

↑ 将球体与立方体进行穿插

再创建一个体积生成器,将球体和立方体同时拖拽至体积生成器下,此时生成的体素对象立方体和球体粘到了一起,如下图所示。

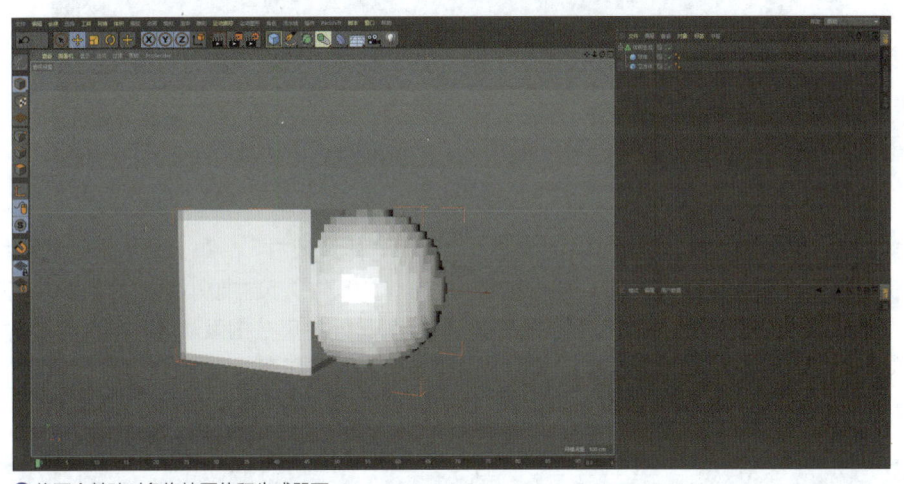

↑ 将两个基础对象拖拽至体积生成器下

重复之前的操作,将体积生成及器其子级同时拖拽至体积网格生成器下,效果如下图所示。

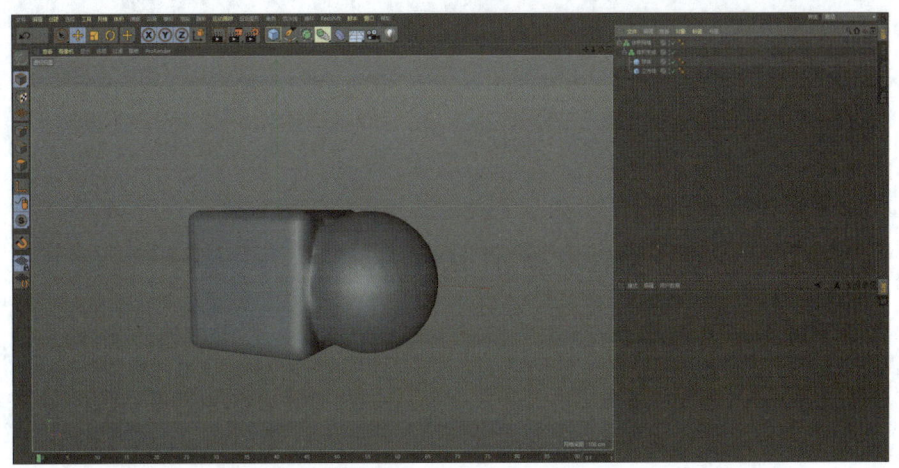

↑ 将体积生成器和子级拖拽至体积网格生成器中

» 5 生成器和建模对象

此时仔细查看粘接处，我们发现模型表面比较粗糙，精度较低。接下来介绍如何进行相关属性设置，来解决这个问题。

体积生成器的**属性参数**如下图所示。

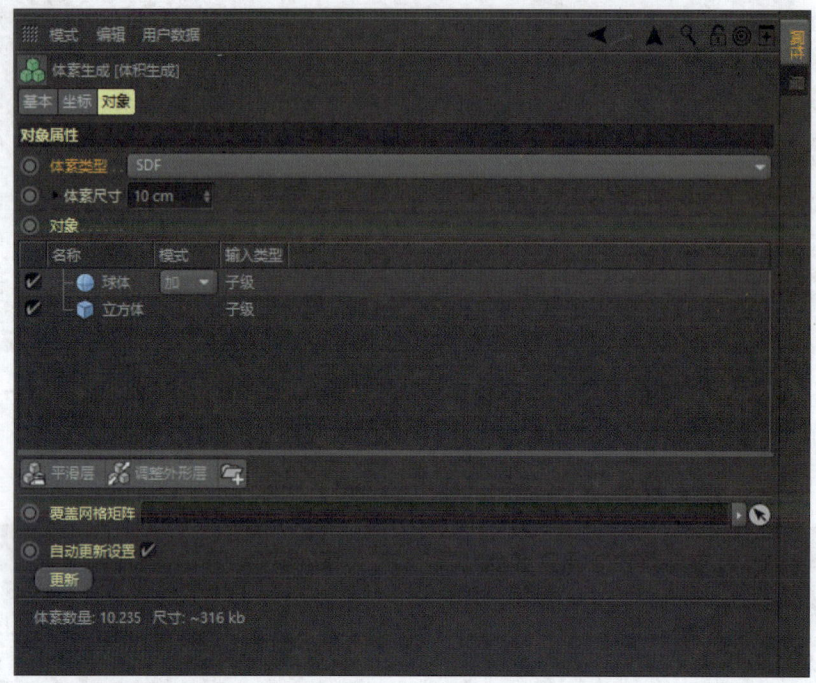

⬆ 体积生成器的参数

"体素类型"：有两种模式，代表了两种算法。比较常用的"**SDF**"模式是在模型的内部排列若干个小立方体，立方体的数量越多，精度越高。立方体数量较少时，有点类似积木的效果。"**雾**"模式的使用概率较低，这里不做详细介绍。

"体素尺寸"：即上文中提到的模型内部小立方体的尺寸，尺寸越小，数量越多，模型的精度越高。此处将尺寸由默认的"10cm"改为"2cm"，效果如下图所示。

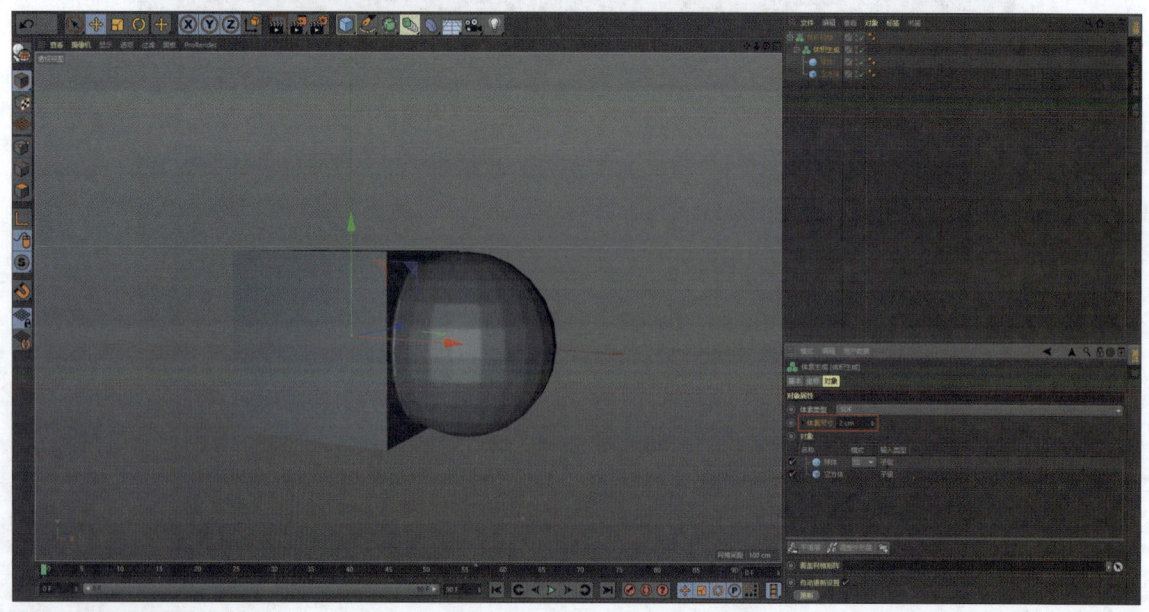

⬆ 将"体素尺寸"修改为"2cm"

» 5.13 体积生成器与体积网格生成器

此时两个对象的粘接处变得精细,但球体的分段数过少,所以表面不平滑。将球体的"分段"改为"100",效果如下图所示。

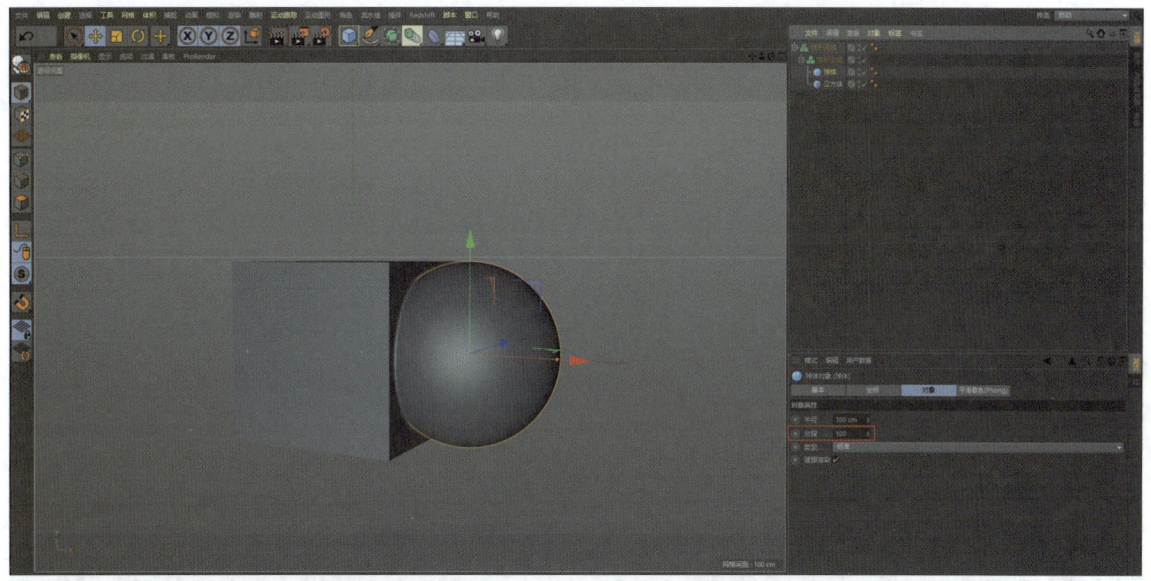

↑ 将球体"分段"修改为"100",球体表面更平滑

"对象":在该属性列表中显示球体、立方体的名称。"名称"后面"模式"下拉列表中的三种模式与布尔生成器的模式类似,用户自行尝试即可理解。"模式"列表的位置如下图所示。

↑ "模式"列表

"平滑层"：主要作用是对体积生成器所产生的体素进行平滑。单击"平滑层"图标后，会在上面的"对象"列表中显示出来，其位置及效果如下图所示。

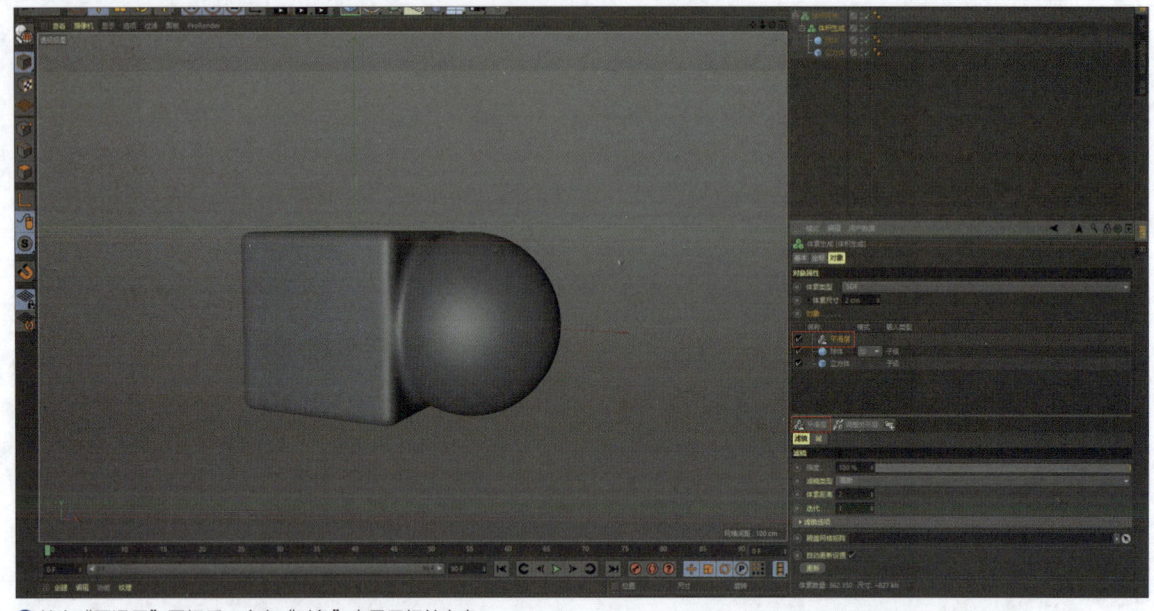

◉ 单击"平滑层"图标后，会在"对象"中显示相关内容

选中列表中的"平滑层"，在属性编辑器的下方会显示"平滑层"的属性，包括"滤镜"和"域"两个选项卡。"域"的概念较为复杂，会涉及运动图形的相关知识，这里先不做讲解，下面主要讲解"滤镜"选项卡下的属性。

"强度"：用于设置平滑层对体素进行平滑的强度。

"滤镜类型"：共有五种类型，代表了五种不同的计算方式，最常用的是"高斯"类型，如下图所示。

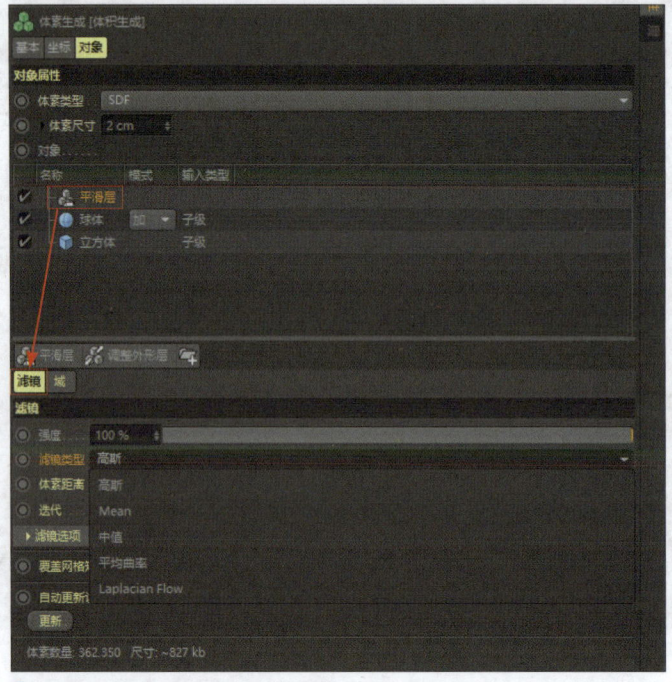

◉ "滤镜类型"最常用的是"高斯"类型

"迭代"：用于设置平滑层的平滑次数，每增加一个数值，增加一倍的平滑量。

"调整外形层"：主要作用是让体积生成器产生的体素膨胀或者收缩。和"平滑层"的使用方法一样，单击"调整外形层"后会在"对象"列表中显示出来，其位置如下图所示。

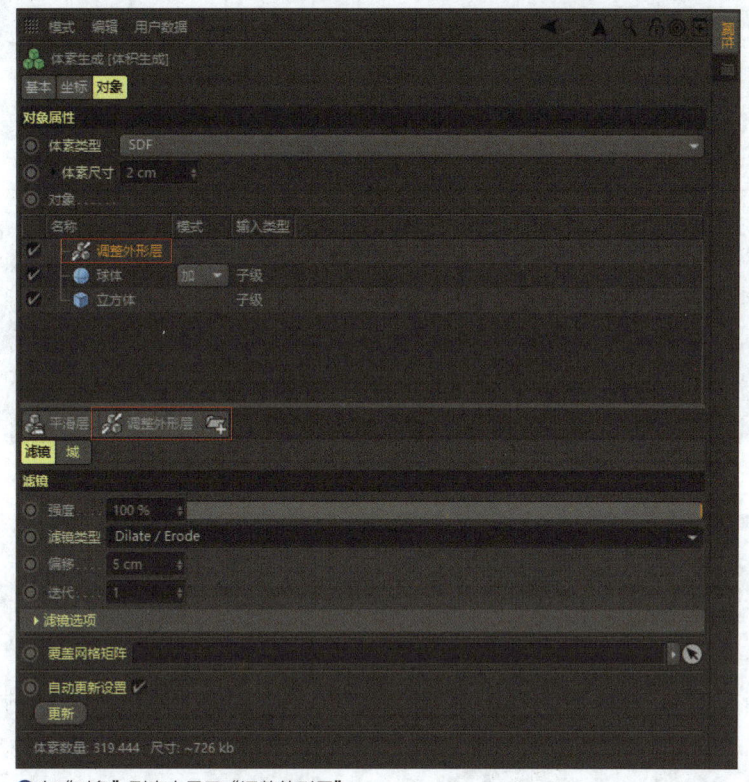

↑ 在"对象"列表中显示"调整外形层"

选中列表中的"调整外形层"后，在属性编辑器的下方同样会显示出"调整外形层"的属性，包括"滤镜"和"域"两个选项卡。其中参数的意义与"平滑层"一样，这里就不再单独介绍了。

体积网格生成器的属性

体积网格生成器的属性参数和体积生成器相比，相对简单，只有两个属性参数，如下图所示。

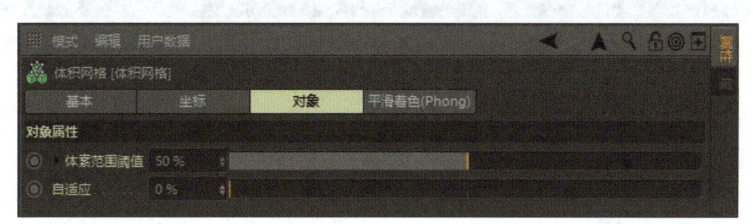

↑ 体积网格生成器的参数

"体素范围阈值"：很少修改此属性，保持默认"50%"为最佳状态。

"自适应"：首先将模型的分段显示出来（在视窗的"显示"菜单下选择"快速着色线条"命令），便于理解该属性。"自适应"的主要作用是优化或减少体积网格生成器所产生的分段数，并最大限度保持模型表面的光滑程度，以节省计算机资源。下页两图为将"自适应"更改为"30%"和"0%"的对比效果。

» 5 生成器和建模对象

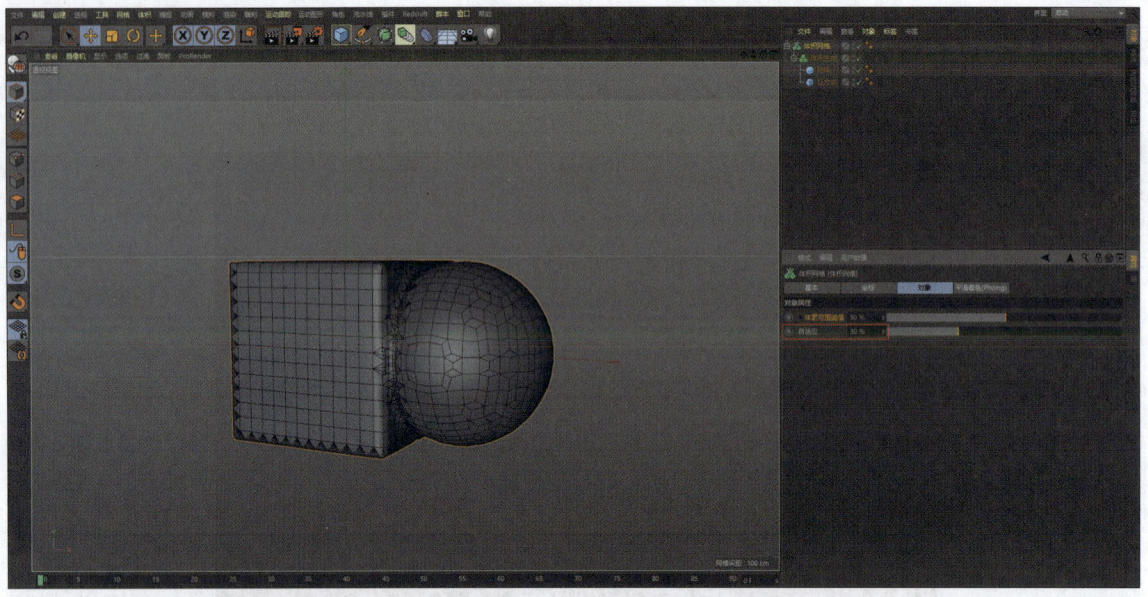

↑ 设置"自适应"为"30%"的效果

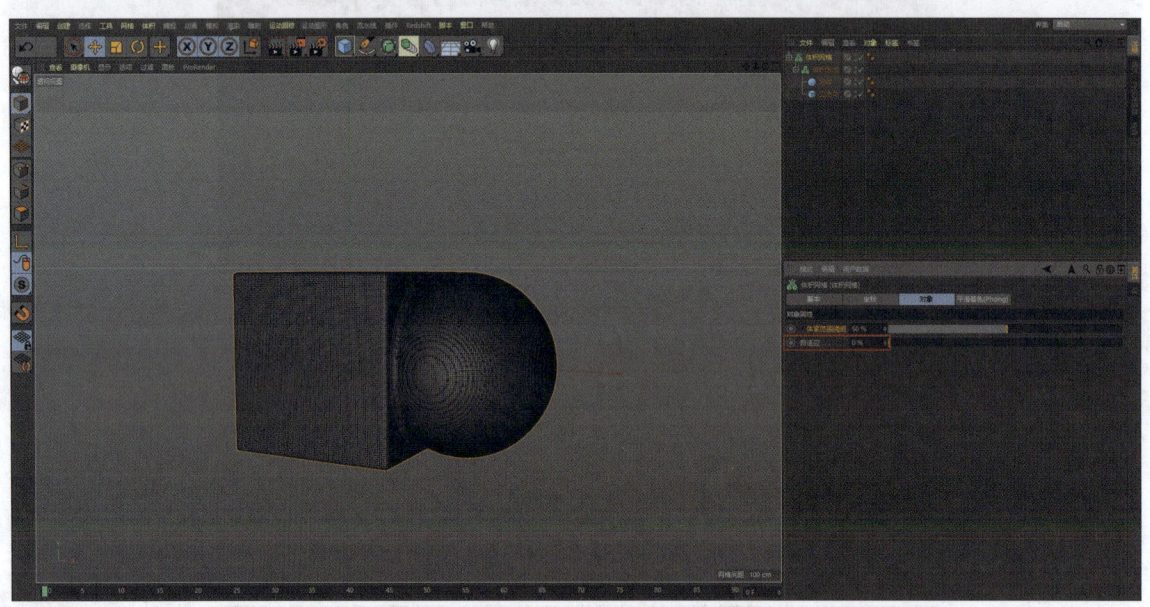

↑ 设置"自适应"为"0%"的效果

多边形建模

6.1 创建点工具

6.2 笔刷工具、磁铁工具和熨烫工具

6.3 连接点/边工具和多边形画笔工具

6.4 消除工具和溶解工具

6.5 线性切割工具、循环/路径切割工具和平面切割工具

6.6 镜像工具

6.7 滑动工具、缝合工具和焊接工具

6.8 桥接工具和封闭多边形孔洞工具

6.9 倒角工具

6.10 挤压工具和内部挤压工具

6.11 阵列工具和克隆工具

6.12 断开连接对象和分裂对象

6.1 创建点工具

扫码看视频

多边形建模工具主要是针对多边形对象的点、边、面进行操作，因此模型是一定要转化为可编辑对象之后才可以起作用。在不同的点边面模式下都可以通过鼠标右键单击画面空白处打开多边形建模工具的快捷菜单，每种模式下菜单内容都不太一样，其中在面模式下的内容最为全面。多边形建模工具是制作复杂模型的必备工具。

除了在画面空白处右击的方法之外，用户还可以在"网格"菜单中找到所有的工具。在实际工作中，因在画面中右击的方法最为便捷，因此以该方法为主。

接下来首先讲解点的创建。

在面模式下，"创建点"命令的位置如下图所示。

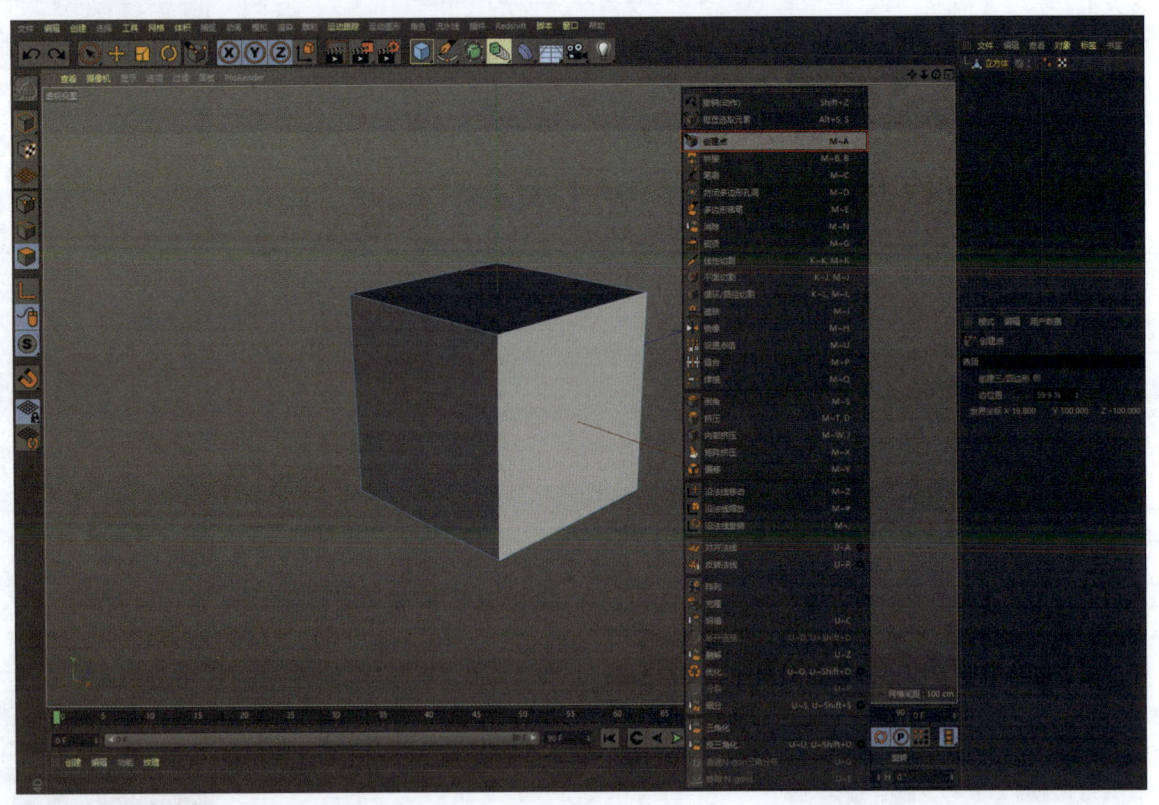

◎ 选择"创建点"命令

"创建点"命令的主要作用是在模型的边和面上创建新的点。

进入边模式，右击并选择"创建点"命令，此时光标右侧会显示创建点工具的图标，随后在模型的任意一条边的任意位置上单击鼠标左键，创建一个新的点。此时**不进行任何操作**的情况下，在右侧属性编辑器中，可以通过调节"边位置"属性参数来调整该点的具体位置。在边上创建点的效果如下页上图所示。

↑ 在边上创建点的效果

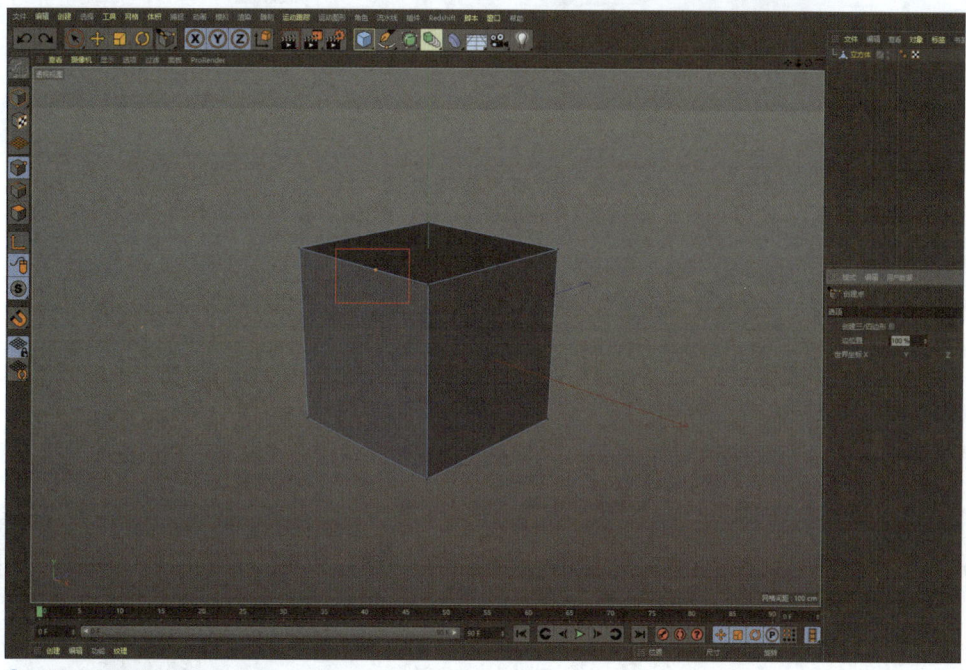

> **小提示：使用创建点工具的注意事项**
>
> 　　新创建的点只能在点模式下被观察到，在边或面模式下无法直接看到新创建的点，因此需要在操作时谨慎一些，尽量避免重复加点的误操作。
> 　　创建新点以后，若此时按空格键退出创建点工具模式（光标右侧不再带有创建点工具的图标），即便又重新进入创建点工具，也无法再通过工具的属性去影响最初创建的点。因此，为避免误操作，从学习C4D开始，就要养成良好的操作习惯。

在对象的面上创建点后，新创建的点会和周围的点自动连线，如下图所示。

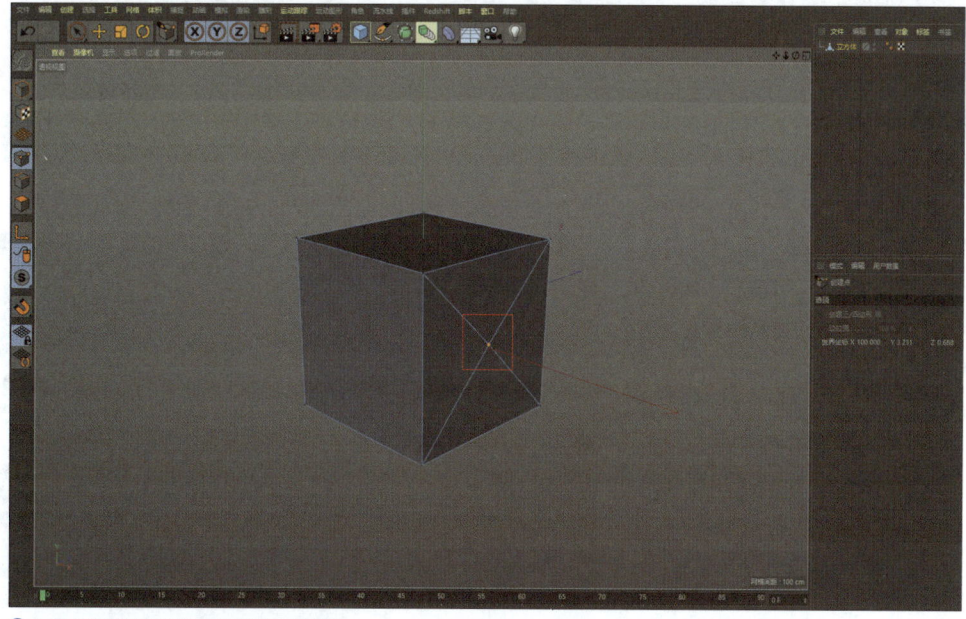

↑ 在面上创建的点会自动与周围的点连线

6.2 笔刷工具、磁铁工具和熨烫工具

本节将介绍笔刷工具、磁铁工具和熨烫工具的应用。这三个在建模中非常常用的工具，可以快速编辑模型的形态。

笔刷工具的应用

笔刷工具可以作用于模型的点、边、面，能够直观地对模型进行外形调整。其位置如下图所示。

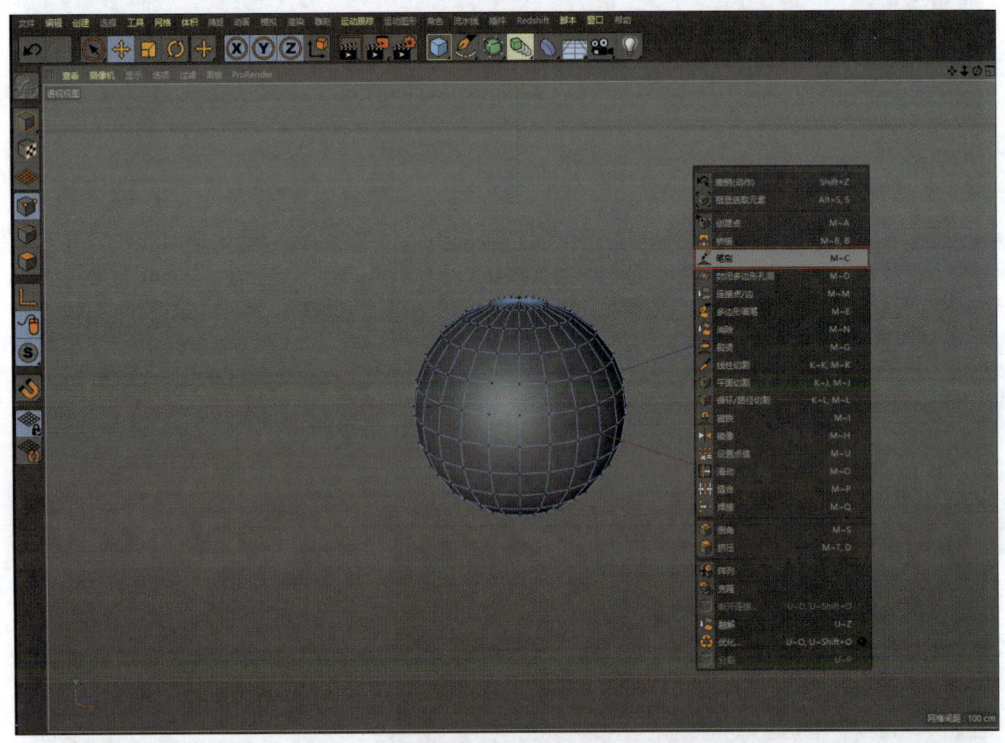

↑ 在右键菜单中选择"笔刷"命令

这里以将球体"C掉"为例。进入点级别后，右击，选择"笔刷"命令，此时光标周围被一个白色的圈环绕，这个白色的圈就是笔刷的大小。按住鼠标左键在模型上移动，白圈内的点就会移动。

接下来讲解笔刷工具的常用属性参数，如右图所示。

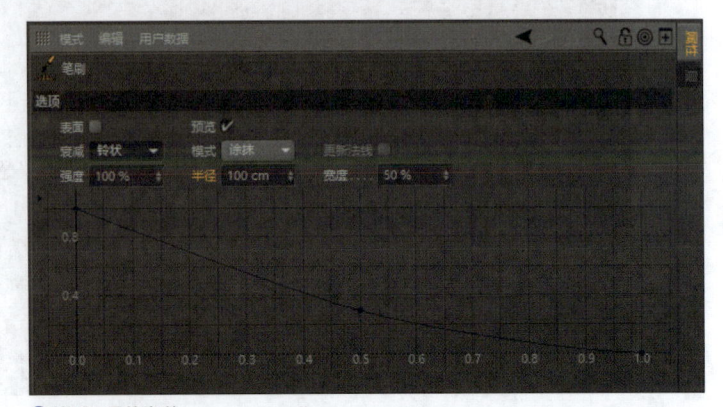

↑ 笔刷工具的参数

» 6.2 笔刷工具、磁铁工具和熨烫工具

"衰减":这里指的是光标周围白圈内从中心到边缘发生的衰减,越靠近中心位置,对模型的点、边、面产生的影响越大,反之则越弱。"衰减"的多种方式中,最常用的是"铃状"。

"模式":不同的模式决定了笔刷对模型产生的效果不同。

"模式"—"涂抹":这是默认的也是其中最常用的模式,在"涂抹"模式下,模型的点、边、面会随着鼠标拖拽的方向产生变化,如下图所示。

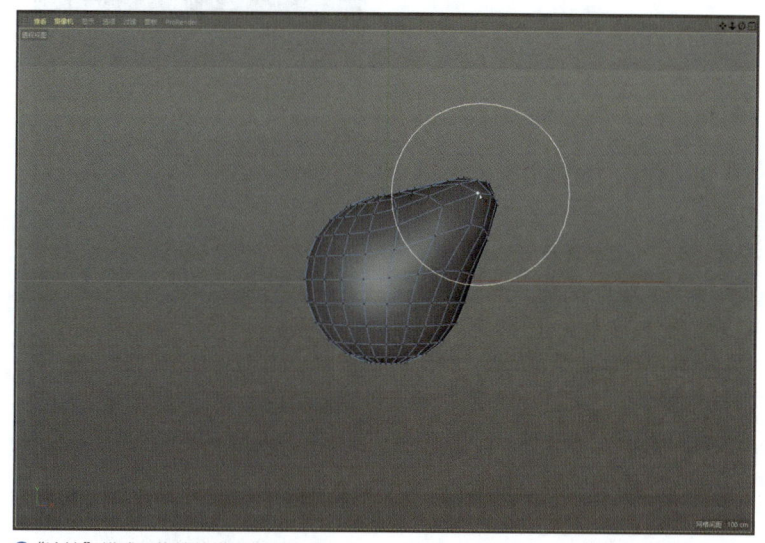

⬆ "涂抹"模式下拖拽使模型变形

"模式"—"平滑":可以对白圈内的点进行平滑。

"强度":调整笔刷的整体强度。
"半径":调整笔刷的大小,即白圈的大小。

磁铁工具的应用

磁铁工具可以作用于模型的点、边、面模式,该工具可以将点、边、面从多边形对象或样条曲线中拉出。其位置如右图所示。

选中磁铁工具后,单击对象上的任意位置,然后拖动鼠标。点离光标越远,磁铁对它们的拉力就越弱。如果在拖动时按住Shift键,则这些点将会沿着法线(指始终垂直于某平面的直线,每一个面都有自己的法线)的方向被拖出。

它和笔刷工具的"涂抹"模式非常像,大家可以在C4D中自己操作一下,感受两者的区别。

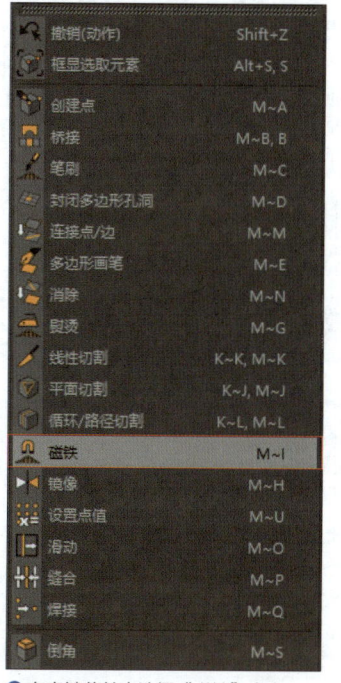

⬆ 在右键菜单中选择"磁铁"命令

145

熨烫工具的应用

熨烫工具的主要作用有两个,就是将模型变得更平滑或更不平滑。其位置如右图所示。

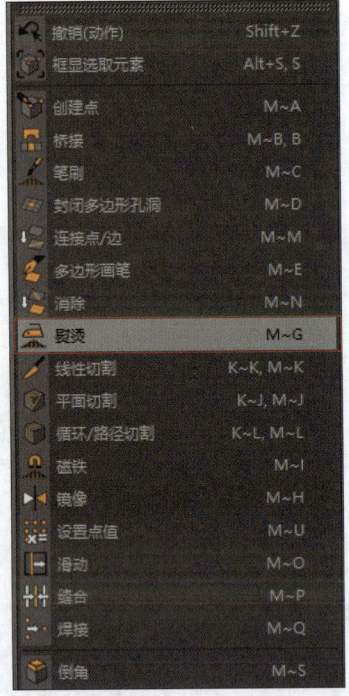

↑ 在右键菜单中选择"熨烫"命令

选择熨烫工具后,在空白处按住鼠标左键向右拖动,会使模型变得平滑,松开鼠标即完成一次操作。如果想继续平滑模型,重复操作即可。反之,在空白处向左拖动鼠标,可以使模型看起来更不平滑。下图中从左至右分别为:向左拖动鼠标的效果、宝石对象本身的效果、向右拖动鼠标的效果。

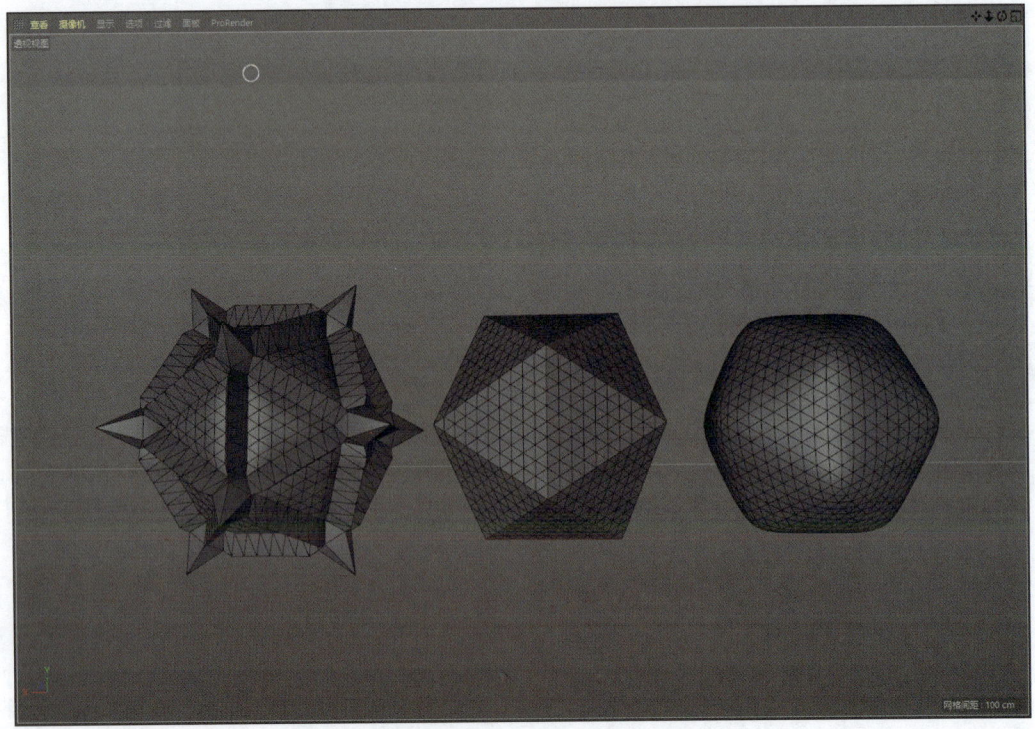

↑ 使用熨烫工具将宝石模型分别向左和向右拖动的效果

6.3 连接点/边工具和多边形画笔工具

本节将介绍连接点/边工具和多边形画笔工具的应用。其中，使用多边形画笔工具可以快速创建多边形对象，非常实用。

连接点/边工具的使用频率非常低，和之前介绍的工具不一样，该工具有点像一个命令，甚至都没有可以调整的属性，其位置如右图所示。

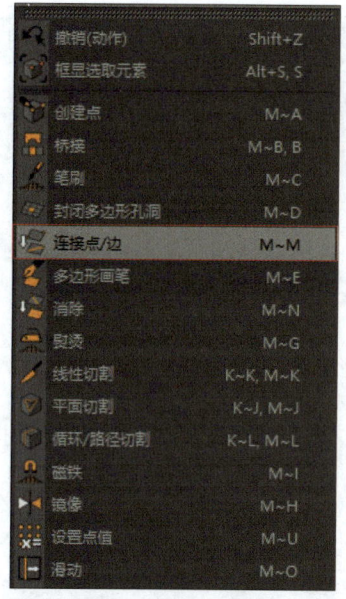

↑ 在右键菜单中选择"连接点/边"命令

以点模式为例，基本操作方法是选中模型的同一个面上不相邻的两个点，例如选中一个四边形对角的两个点并右击，选择"连接点/边"命令，效果如右图所示。

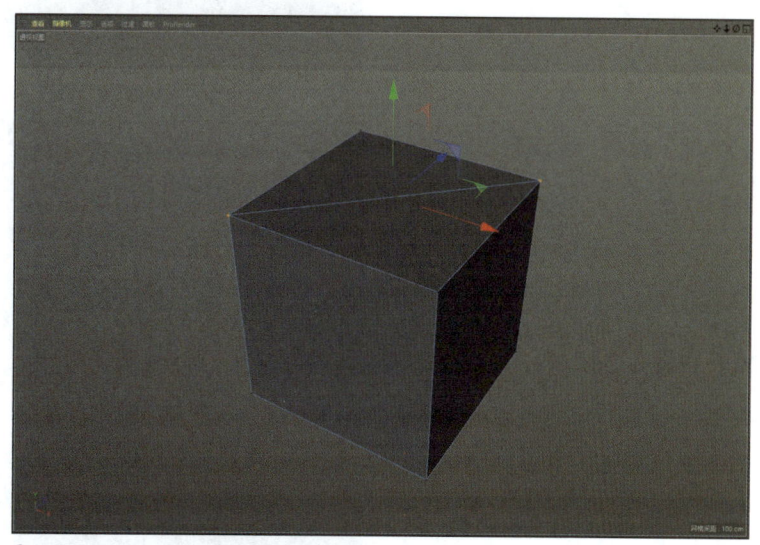

↑ 通过连接点/边工具连接四边形的对角点

多边形画笔工具一般用来修改模型的拓扑结构，其功能较为复杂，详细使用方法在随书教学视频中进行了介绍。

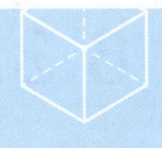

6.4 消除工具和溶解工具

消除工具和溶解工具都是用来对模型上的点或者边进行删除的，但是又有所区别，本节将对这两个工具的应用进行介绍。

消除工具的应用

消除工具可以作用于模型的**点**和**边**，也就是用来消除模型上不需要的点和边。其位置如右图所示。

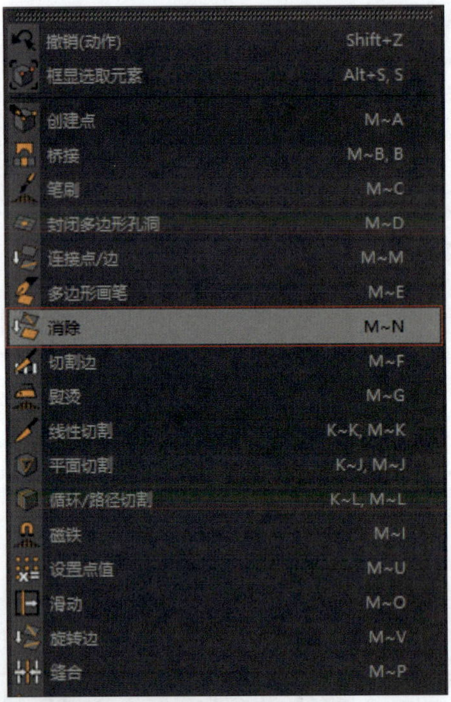

↑ 在右键菜单中选择"消除"命令

和在键盘上按Delete键的区别是，如果直接按键盘上的Delete键，与该点或该边相邻的面也会随之被删除。而使用消除工具则只会去掉选中的点或边，保留面。

以球体为例，将球体"C掉"之后进入边模式，选中想要删除的一条边，直接按键盘上的**Delete**键，效果如右图所示。

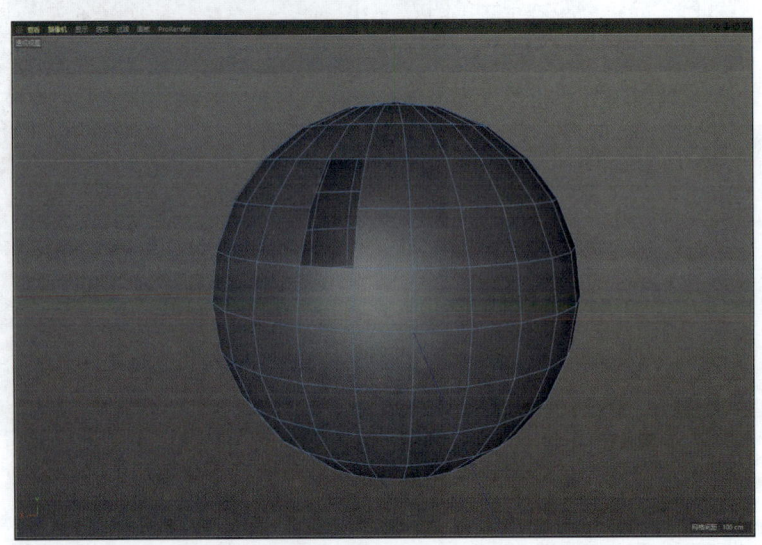

↑ 选择边并按Delete键，删除与该边相邻的面

选中一条边后右击，在快捷菜单中选择"消除"命令，效果如下图所示。

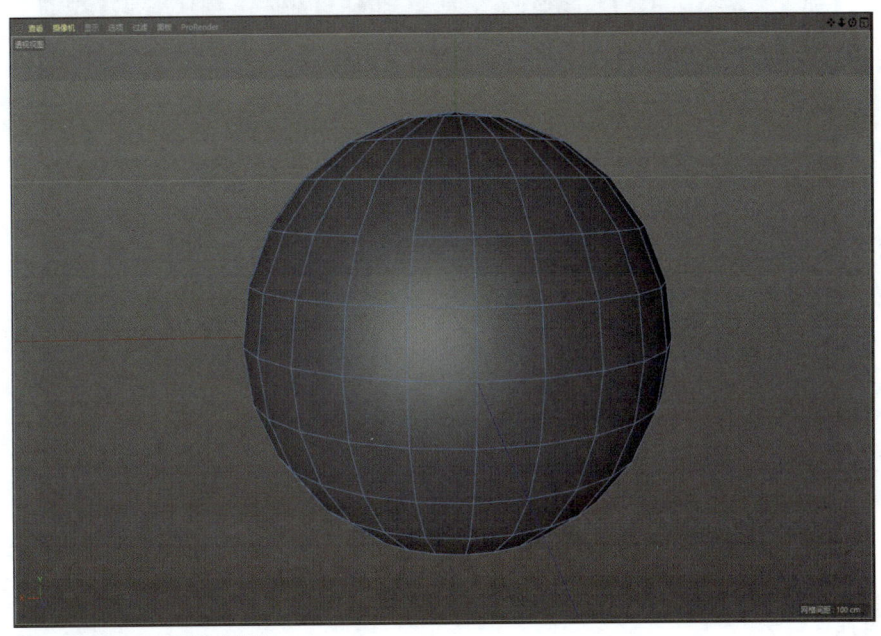

↑ 使用消除工具只删除选中的边

溶解工具的应用

如果同时消除多个边，使用消除工具时相交部分的点也会同时被消除。溶解工具和消除工具的区别就在于溶解多个边时，相交部分的点还会继续存在。

依旧以球体为例。进入球体的边级别，选中两条相连的边，使用消除工具后，效果如下图所示。

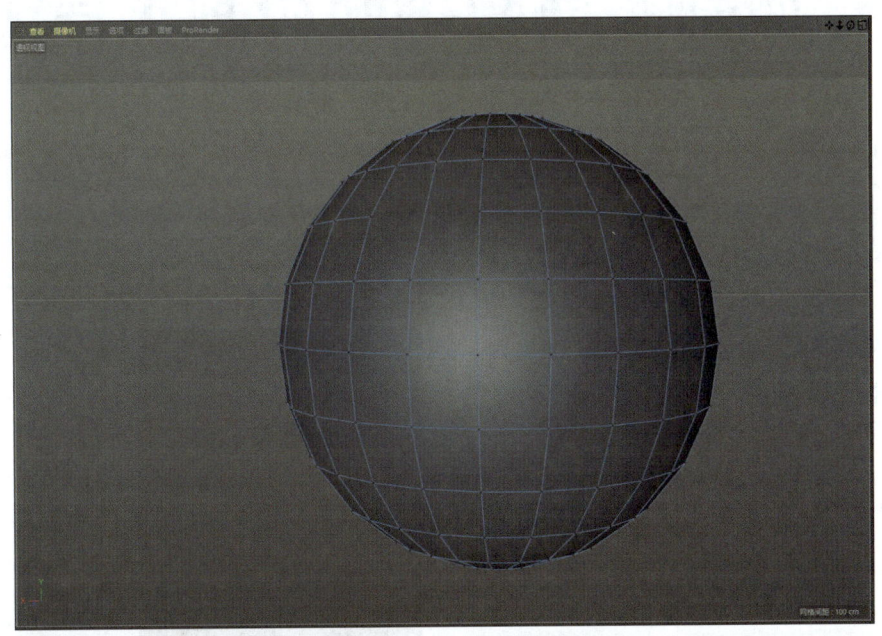

↑ 使用消除工具消除相邻边时，交点也会被消除

同样选中相邻的两条边，使用溶解工具后，效果如下页上图所示。

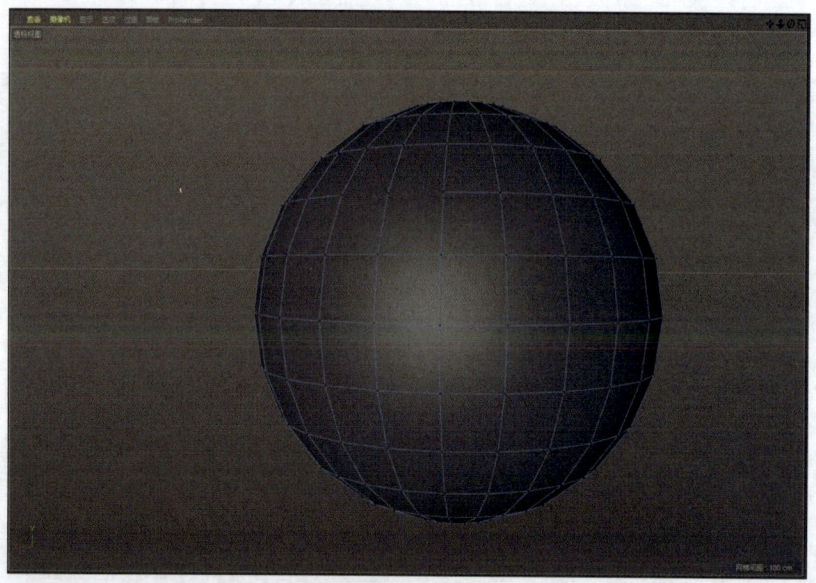

◐ 使用溶解工具溶解相邻两个边时交点会被保留

溶解工具和消除工具用法非常相似，具体什么时候用溶解工具、什么时候用消除工具，学习C4D时间久了慢慢就能掌握了。

6.5 线性切割工具、循环/路径切割工具和平面切割工具

扫码看视频

线性切割工具和循环/路径切割工具是非常常用的多边形建模工具，经常用来在模型的表面增加分段和修改布线。平面切割工具使用频率则相对较低。

线性切割工具

线性切割工具的图标像一把黄色的小刀，其位置如右图所示。

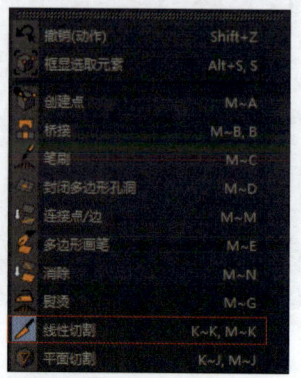

◐ 在右键菜单中选择"线性切割"命令

» 6.5 线性切割工具、循环/路径切割工具和平面切割工具

线性切割工具的操作非常自由，可以在模型的任意点、边、面上进行切割。在任意点、边、面上的任意位置用鼠标左键单击之后，会拉出一根白色的线，接着可以继续在其他位置单击鼠标左键进行切割。完成切割后，按**空格键**退出当前工具并结束切割。以立方体为例，下图为在立方体上随意地进行了切割。

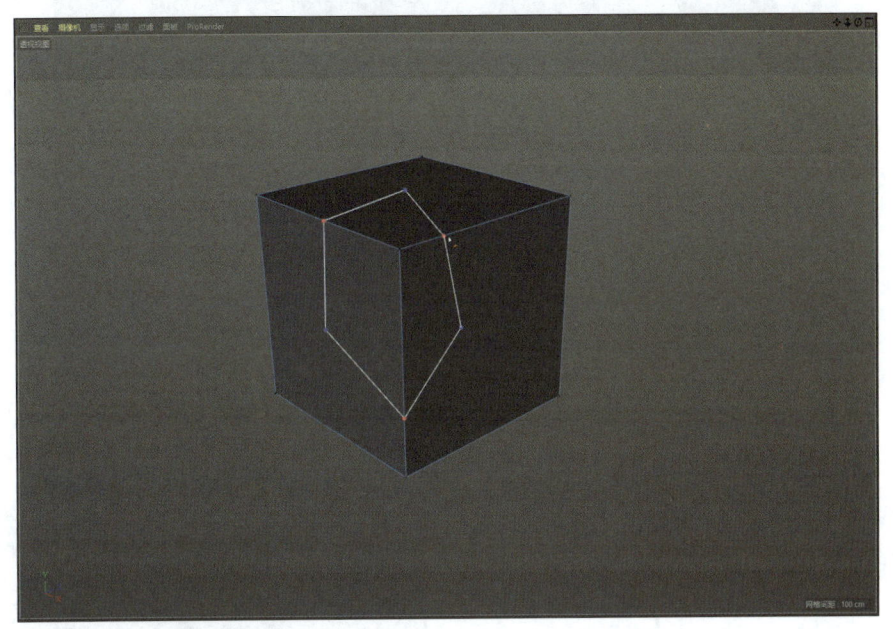

○ 使用线性切割工具切割立方体

线性切割的属性保持默认参数即可，无须进行过多设置，这里就不讲解了。

循环/路径切割工具

"循环/路径切割"命令的位置如右图所示。

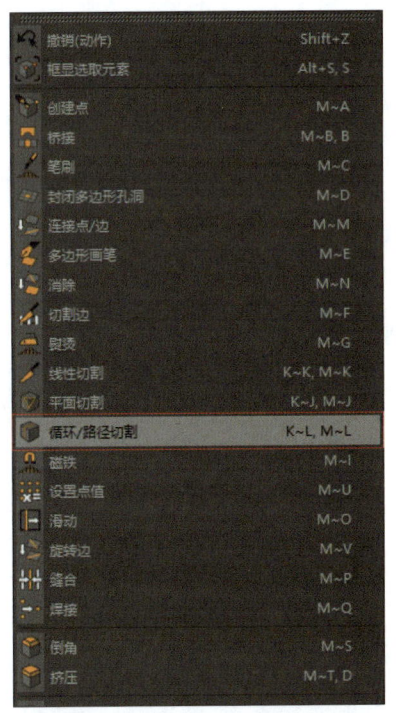

○ 在右键快捷菜单中选择"循环/路径切割"命令

151

使用循环/路径切割工具时，视图的上方会出现一个条形工具栏，如下图所示。

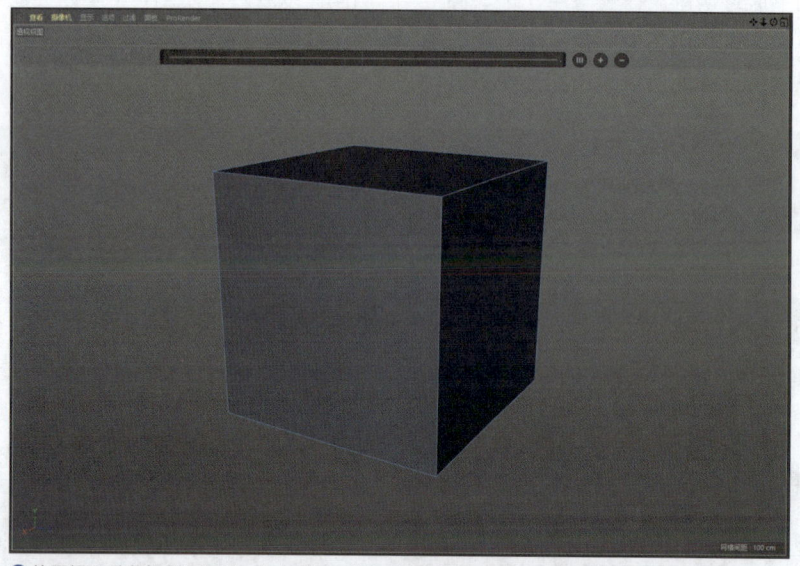

◐ 使用循环/路径切割工具时，上方显示一个条形工具栏

将光标移至模型的任意一条边上，模型上会显示出一圈白色的循环边，单击鼠标左键进行切割。此时条形工具栏上会显示出一个黄色的滑块，即切出来的这条线的位置。在条形工具栏的右侧有三个按钮，从左至右依次为"居中""增加分段""减少分段"，如右图所示。

此时单击"居中"按钮，会将刚才切割出来的循环线挪至居中的位置。单击"增加分段"按钮，就会增加一条新的分割线。同理，单击"减少分段"按钮，可以减少一条分割线。

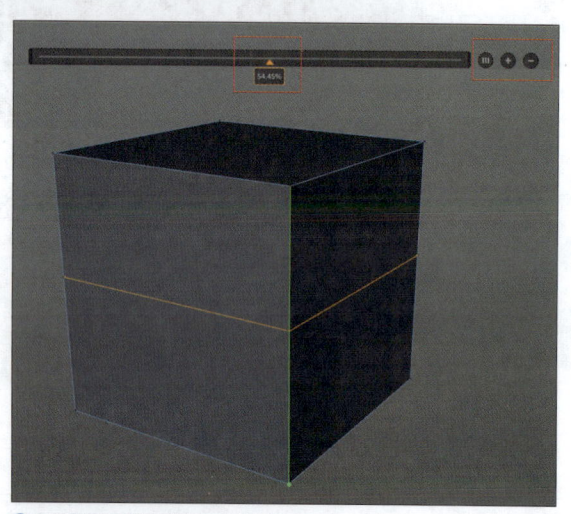

◐ 在条形工具栏右侧有三个按钮

平面切割工具

"平面切割"命令的位置如右图所示。

◐ 在右键菜单中选择"平面切割"命令

》 6.5 线性切割工具、循环/路径切割工具和平面切割工具

选择平面切割工具后,在空白处单击,出现白色线条后划过模型至模型另一侧的空白位置再次单击鼠标左键,如下图所示。

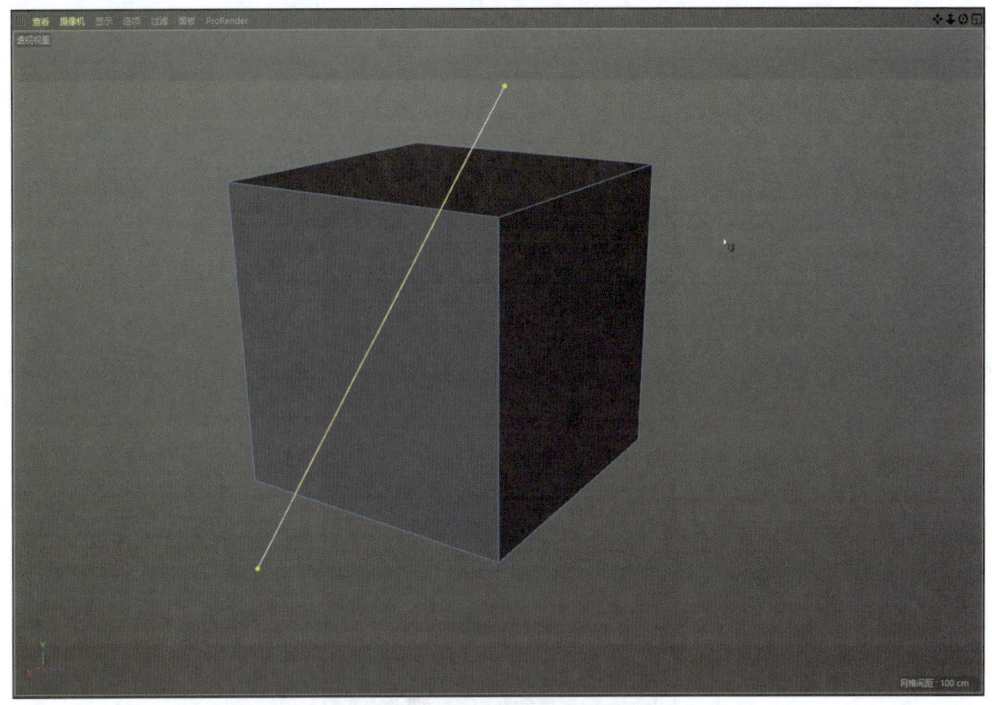

↑ 使用平面切割工具对立方体进行切割

线条与模型相交的部分显示为**黄色**,按**空格键**退出平面切割工具模式,确认切割,如下图所示。

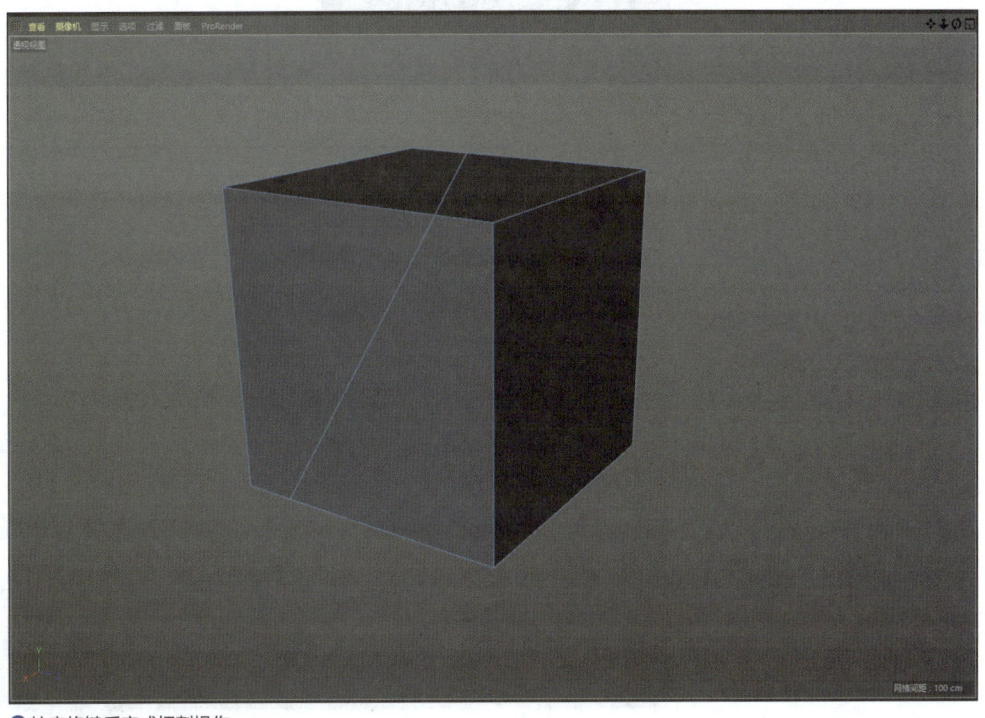

↑ 按空格键后完成切割操作

153

6.6 镜像工具

镜像工具是针对模型的面模式使用的，点和边模式是无法使用镜像工具的。镜像工具的位置如下图所示。

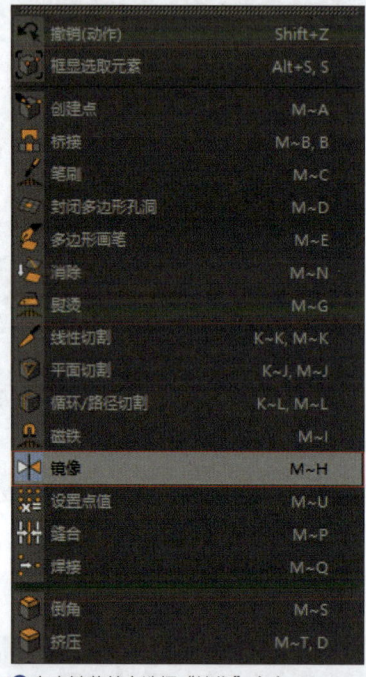

⬆ 在右键菜单中选择"镜像"命令

镜像工具的使用方法：切换至面模式，在视图中任意处按住鼠标左键，同时**左右滑动鼠标**，此时画面中出现一条**从上至下**的白色线条，我们称之为**镜像轴**，效果如右图所示。

⬆ 在面模式下，使用镜像工具在视图中绘制镜像轴

此时松开鼠标左键，将会在镜像轴的另一侧镜像出新的模型（此时对象管理器中并不会出现一个新的对象），如右图所示。

同理，在画面的任意地方按住鼠标左键，同时**上下滑动鼠标**（镜像轴为**从左至右**的），松开鼠标后，将会在镜像轴的另一侧镜像出新的模型。

在实际的项目制作过程中，同样可以用对称生成器达到此效果，因此镜像工具实际使用的频率很低。

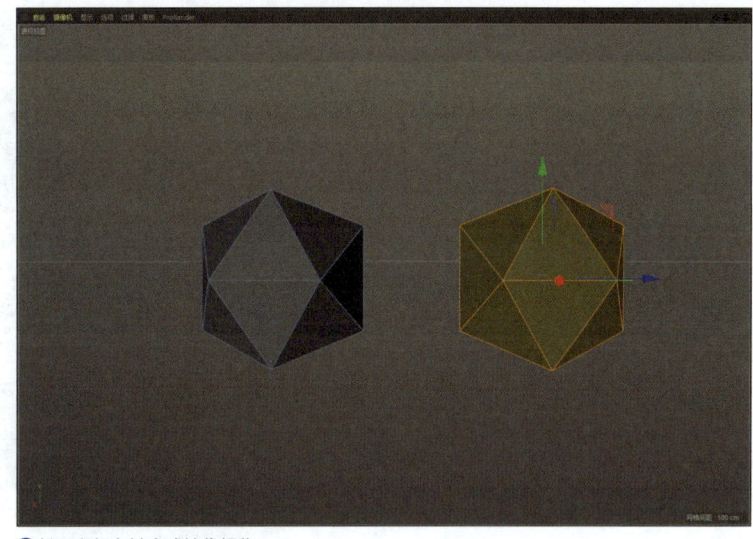

↑ 松开鼠标左键完成镜像操作

6.7 滑动工具、缝合工具和焊接工具

扫码看视频

本节将介绍滑动工具、缝合工具和焊接工具的应用方法。

滑动工具的应用

滑动工具仅能作用于模型的点、边模式，面模式无法使用。其位置如右图所示。

使用滑动工具，可以移动单个或多个选定的点、边或整个循环边，这里的移动只能沿其周围的线移动。

↑ 在右键菜单中选择"滑动"命令

缝合工具和焊接工具的应用

缝合工具和焊接工具都可以将多个点合并为一个点。缝合工具是将选中的A点拖拽至选中的B点位置并进行合并;选择两个或多个将要合并的点,使用焊接工具可以将选中的点合并至中点位置。因此,两者最大的区别在于合并若干个点之后,那个合并点的位置。缝合工具和焊接工具的位置如右图所示。

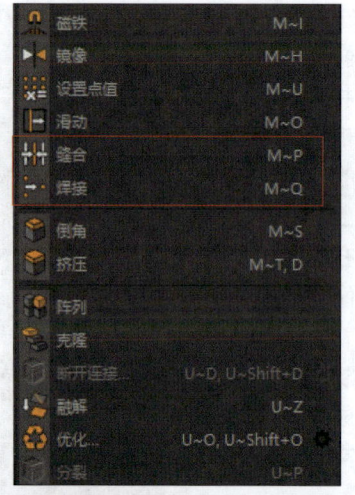

↑ 在右键菜单中选择"缝合"或"焊接"命令

以立方体为例,首先在立方体上用循环/路径切割工具切割三条线,进入点模式后,再选择缝合工具,单击A点,如右图所示。

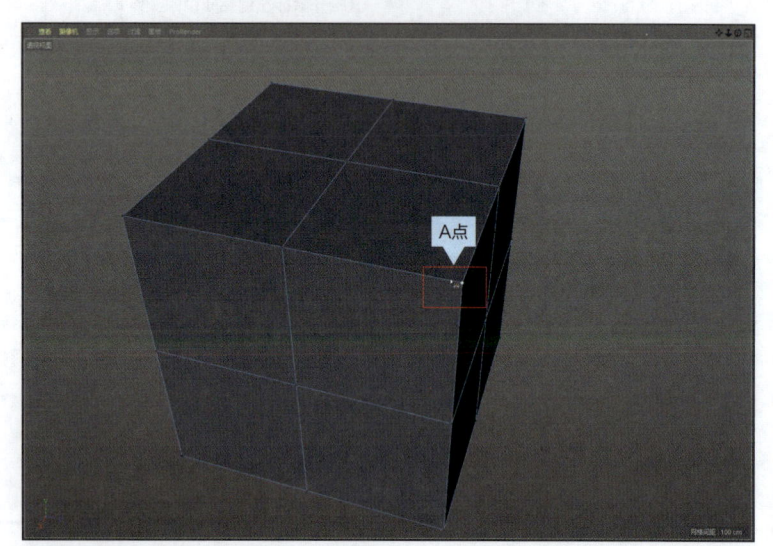

↑ 对立方体进行切割,再使用缝合工具单击A点

将A点拖拽至B点的位置进行缝合,如右图所示。

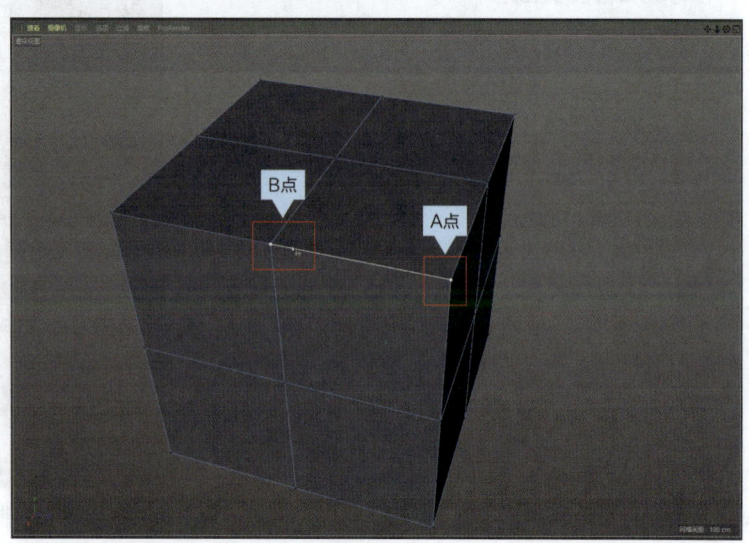

↑ 将A点与B点缝合

» 6.7 滑动工具、缝合工具和焊接工具

松开鼠标左键结束缝合，效果如右图所示。

↑ 松开鼠标左键，A、B两点缝合在一起

同样以切割立方体为例，介绍焊接工具的应用。进入点模式后，选中A点和B点后选择焊接工具，在A点和B点的边上显示中点，如右图所示。

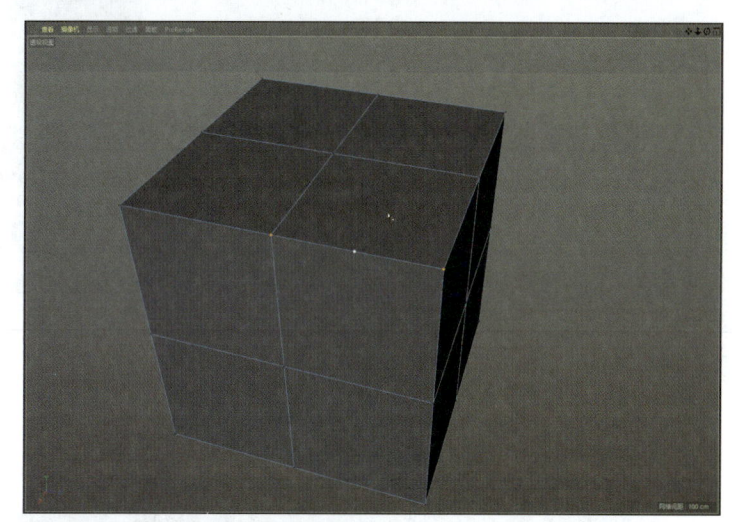

↑ 在点模式下使用焊接工具连接A点和B点

在**空白处单击鼠标左键**，即完成焊接，如右图所示。

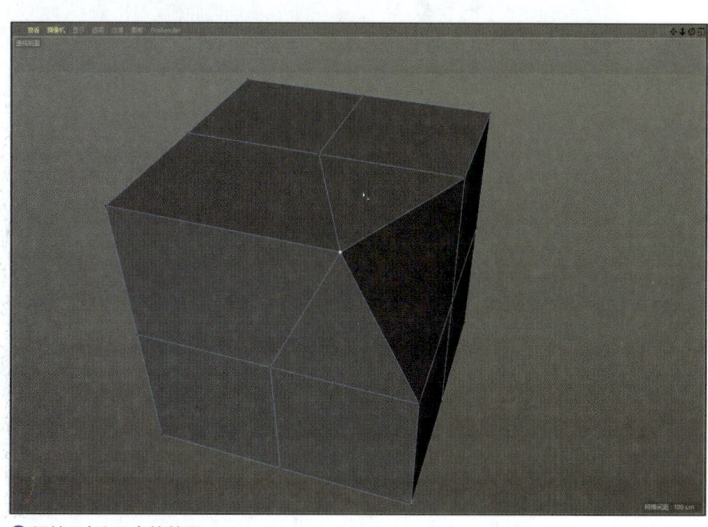

↑ 焊接A点和B点的效果

157

6.8 桥接工具和封闭多边形孔洞工具

本节将学习桥接和封闭多边形孔洞工具的应用。桥接工具在建模中非常常用，主要用来连接多边形。而封闭多边形孔洞工具则适用于多边形有开口的部分，可以快速将缺口封盖起来。

桥接工具的应用

桥接工具可以在点、边、面模式中使用，可以在未连接的模型表面之间创建连接。其位置如右图所示。

↑ 在右键菜单中选择"桥接"命令

在场景中创建两个立方体并同时选中（按Shift键加选），"C掉"后进入边模式。使用桥接工具，选择其中一个模型的任意一条边，按住鼠标左键拖拽至另一模型的任意一条边上，两者之间会产生连接，效果如下图所示。

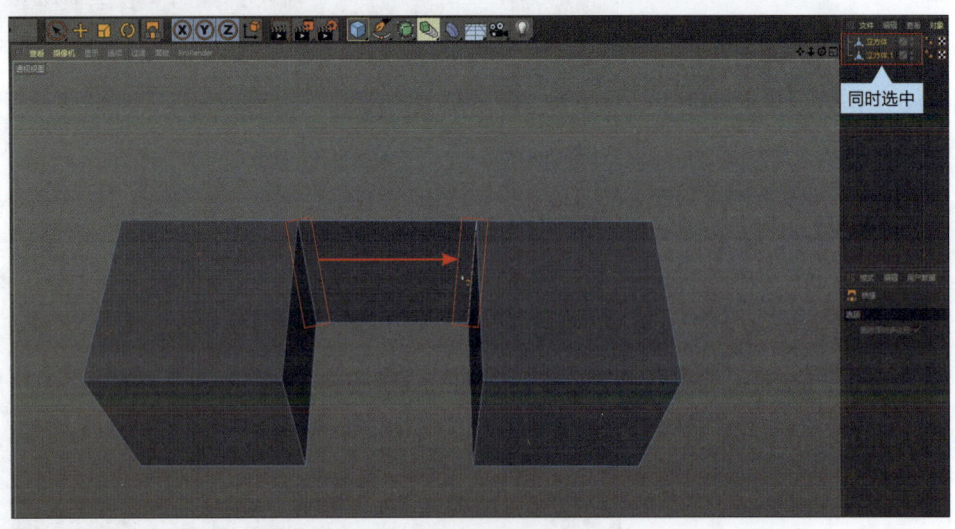

↑ 使用桥接工具连接两个立方体的边

如果是单个模型，也可以连接模型上的任意两条边。

封闭多边形孔洞工具的应用

使用封闭多边形孔洞工具可以封闭模型中的开口。其位置如右图所示。

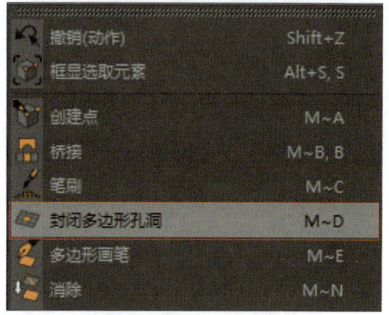

↑ 在右键菜单中选择"封闭多边形孔洞"命令

以球体为例,进入面模式并将其"C掉"后选中部分面,按键盘上的 **Delete键** 删除,效果如下图所示。

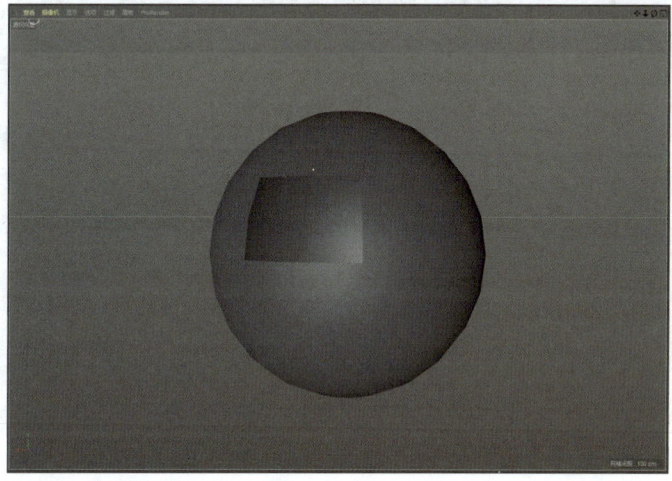

↑ 删除球体上的部分面

选择封闭多边形孔洞工具后,将光标移至想要封闭的孔洞的边上,单击即可封闭该孔洞,如下图所示。

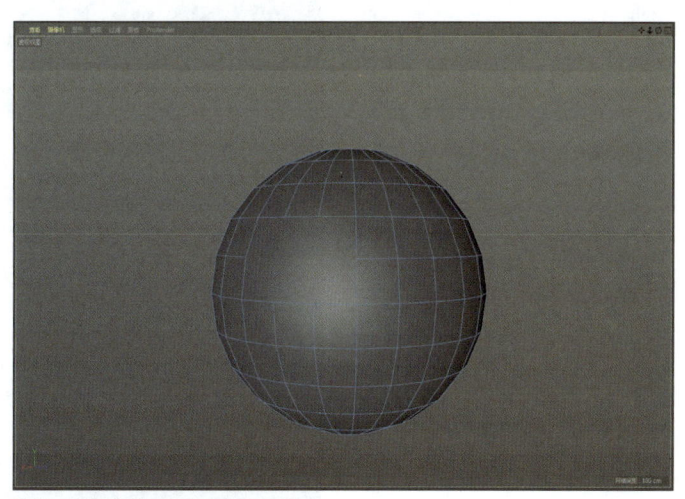

↑ 使用封闭多边形孔洞工具封闭孔洞

需要注意的是,在孔洞封闭后产生的面上,并不会将缺失的边相接,需要手动用线性切割工具将其连接。

6.9 倒角工具

倒角这个概念最初来自机械制造，是把工件的棱角切削成一定斜面的加工方式。工件倒角的目的是去除零件上因为加工产生的毛刺，也为了便于零件装配，一般在零件端部做出倒角。

三维中倒角所产生的效果与机械制造时的效果类似，也是在模型的边缘产生新的斜面。不同的是，三维倒角的目的是让模型的边缘看起来更加光滑、圆润，提升真实感。下图是模型倒角和未倒角的效果对比。

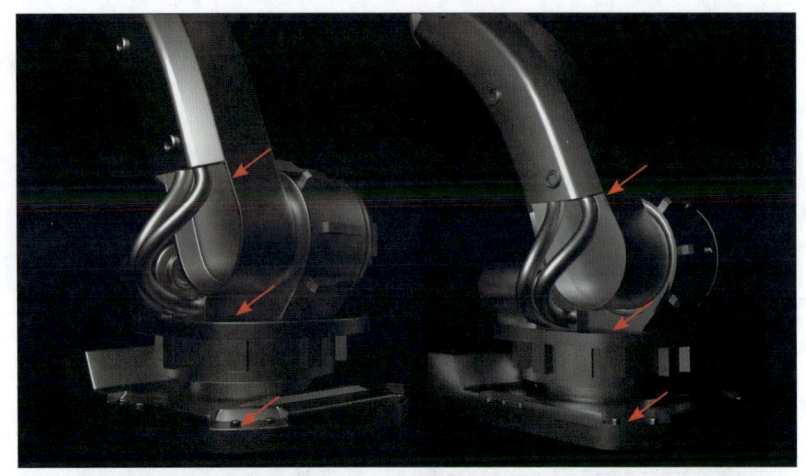

↑ 左侧为倒角效果，右侧为未倒角的效果

倒角工具的三种模式

C4D中的倒角工具可以作用于模型的点、边、面三种模式，三种模式下实现的效果各不相同。倒角工具命令的位置如右图所示。

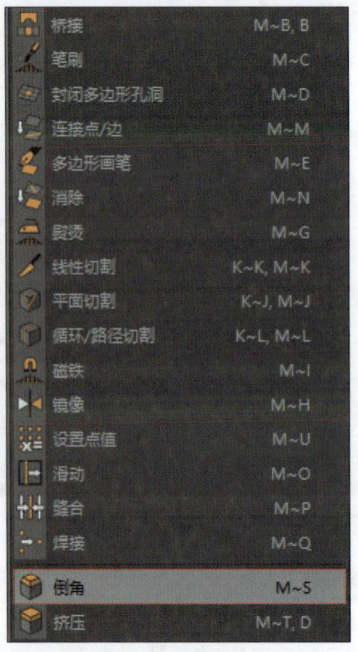

↑ 在右键菜单中选择"倒角"命令

» 6.9 倒角工具

倒角工具的使用方法是选中模型上想要执行倒角的点、边或面，按住鼠标左键在**空白处拖拽**即可完成。

下面的三张图依次是立方体的点模式、边模式及面模式下，分别对立方体的点、边及面进行倒角后的效果。

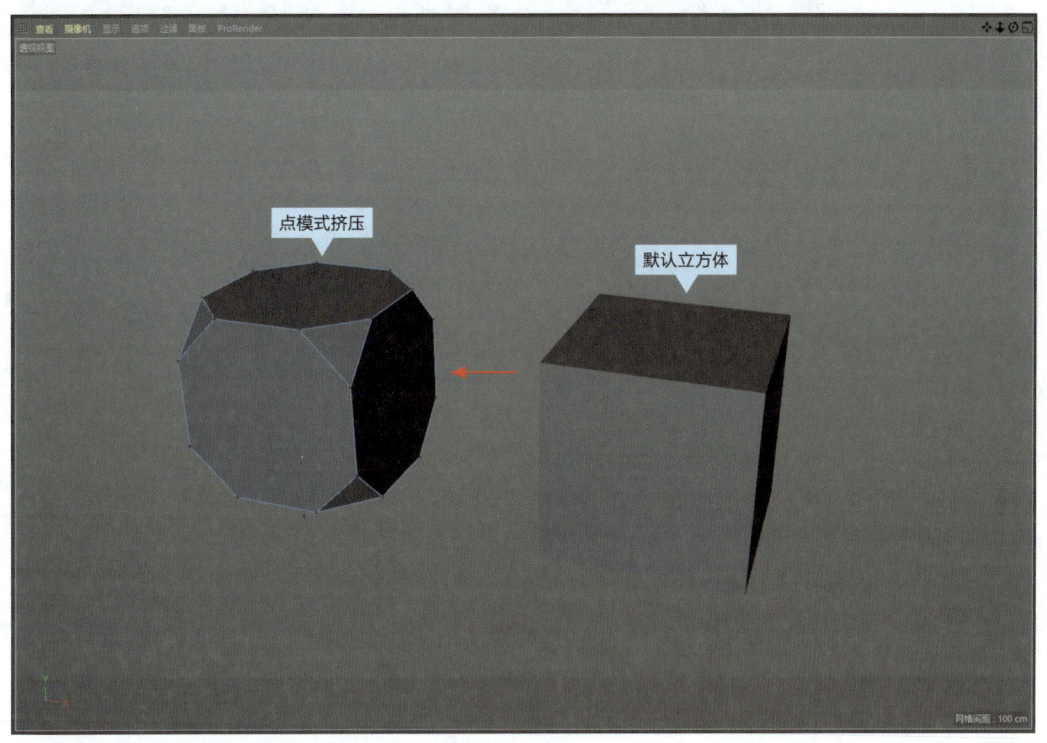

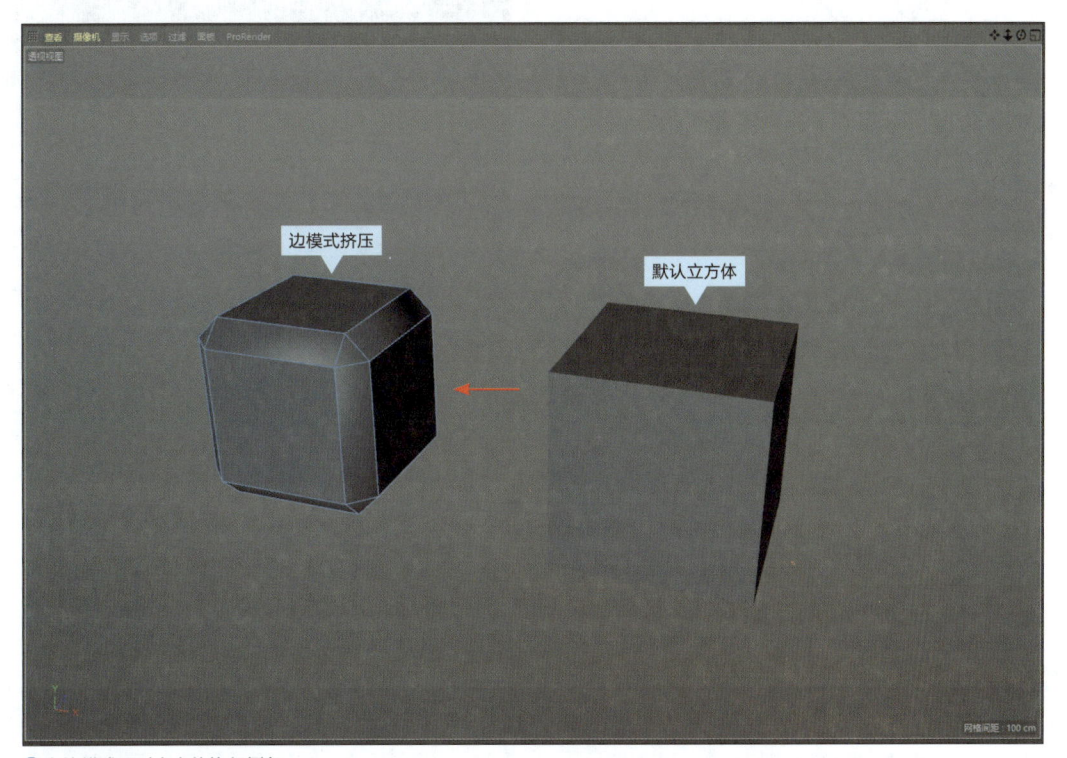

⬆ 在点模式下对立方体执行倒角

⬆ 在边模式下对立方体执行倒角

161

» 6 多边形建模

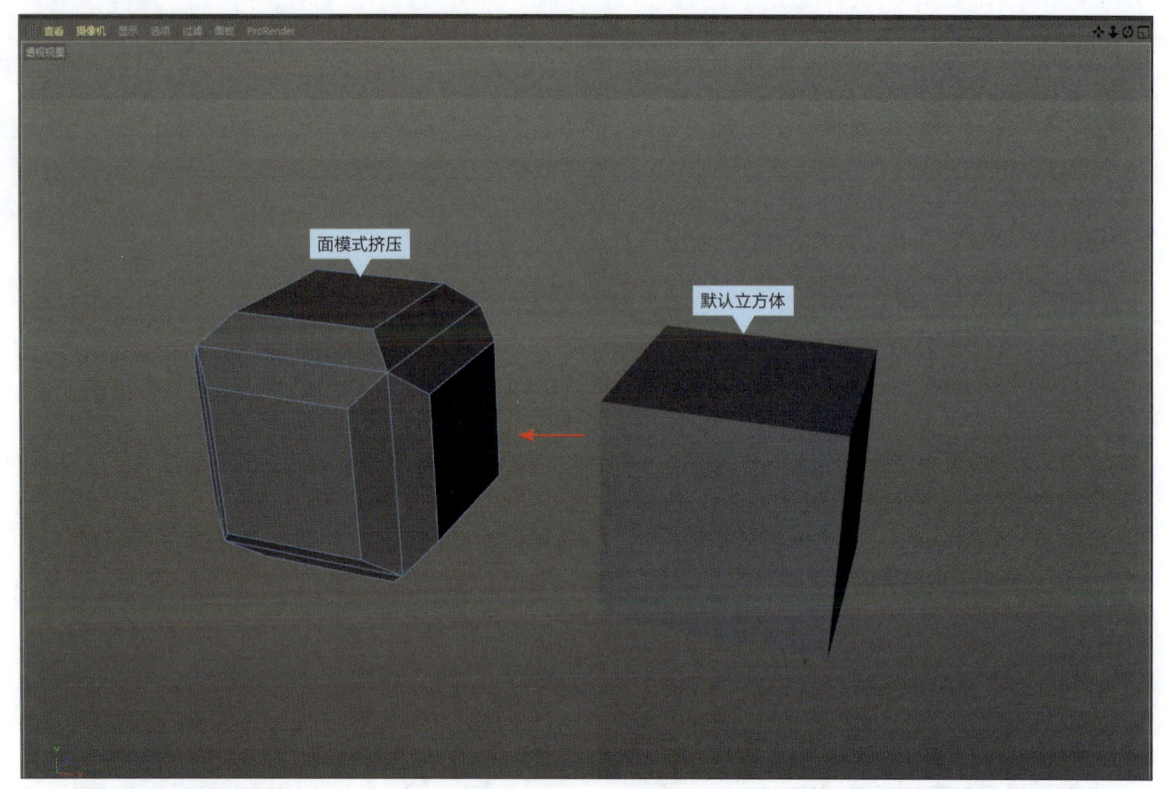

↑ 在面模式下对立方体执行倒角

倒角的属性

接下来以对立方体的边进行倒角为例（对边倒角的使用概率在三者中最大），对倒角的属性进行讲解。同之前介绍过的方法一样，在执行完一次倒角后，在不退出工具的情况下，才可以在属性管理器中对当前边的倒角进行调整。倒角的属性管理器如右图所示。

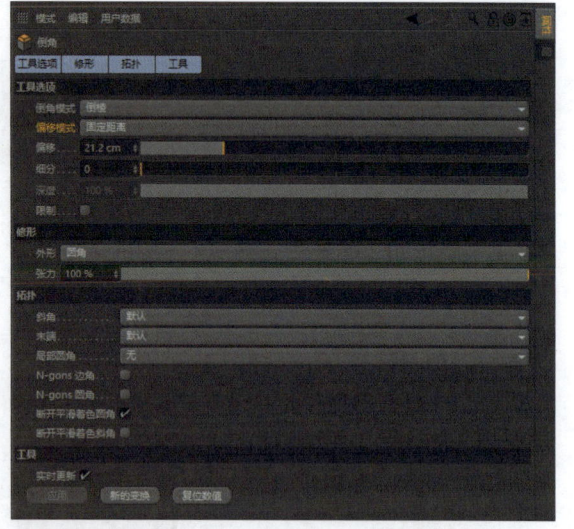

↑ 倒角的属性管理器

首先介绍"工具选项"选项卡。

"倒角模式"决定了倒角的形态，分为两种。不同的倒角模式的形态是完全不同的，其中较为常用的是"倒棱"。

"偏移模式"分为三种模式，不同的模式直接影响了下方"偏移"属性的计算方式，其中较为常用的是"固定距离"。

"偏移"影响倒角的大小，执行倒角后，若对倒角大小不满意，可以在此处进行调整。

"细分"指的是通过倒角产生的斜面，以分段的数量表示。细分数越高，倒角越圆滑。下页的上图是"细分"为"0"时，倒角斜面的状态。

» 6.9 倒角工具

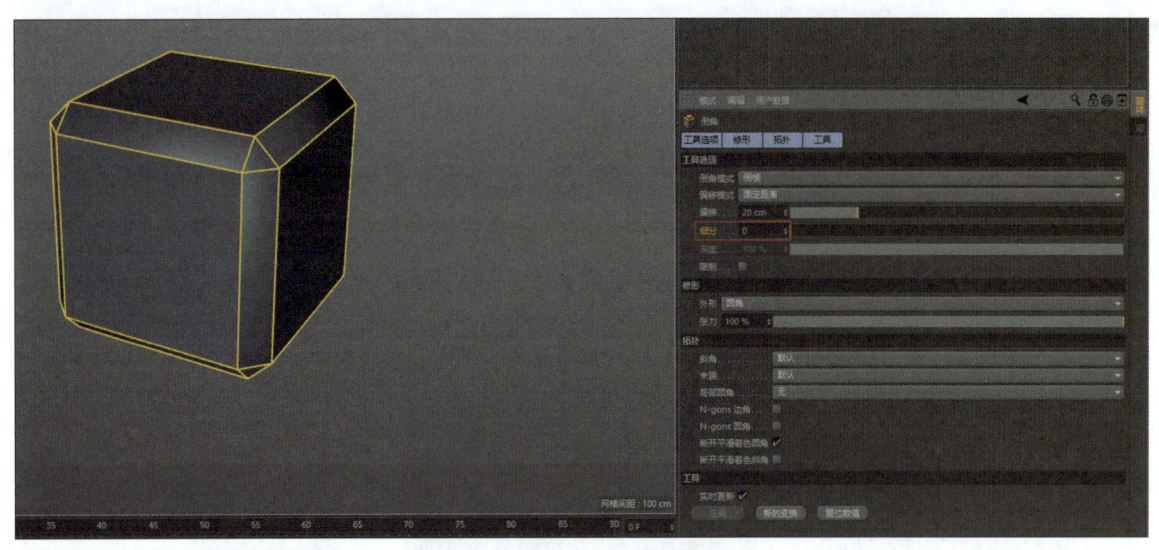

○ "细分"为"0"时，倒角比较生硬的

下图是"细分"为"6"时，倒角斜面的状态。

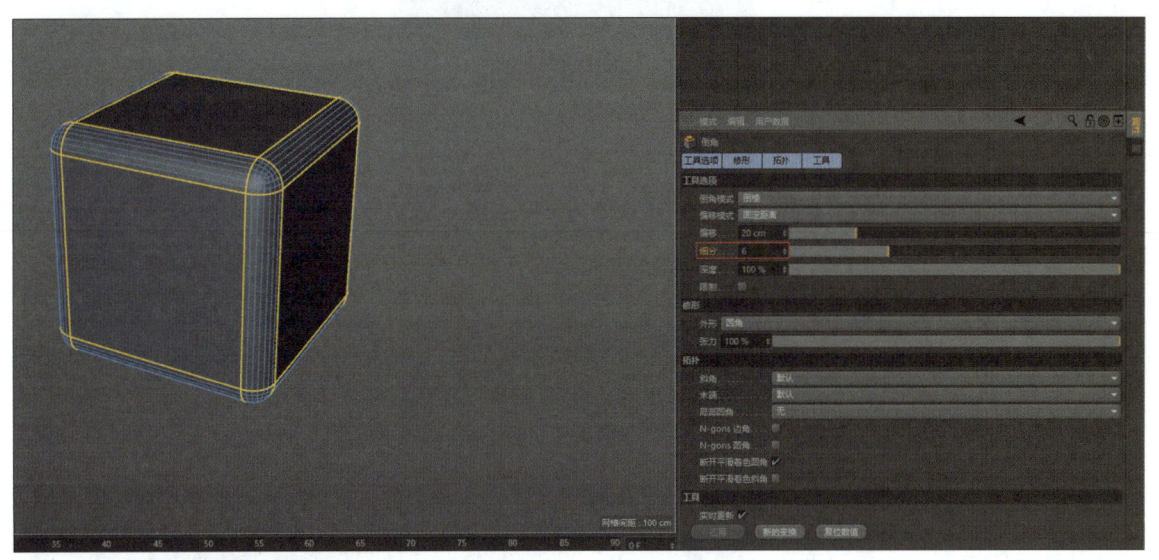

○ "细分"为"6"时，倒角比圆滑

然后介绍"修形"选项卡。

"外形"包括"圆角""用户"和"轮廓"三种。切换不同的外形时，下面的属性也不同。

"外形"—"圆角"：使用频率在三者中最高。当"外形"为"圆角"时，可通过调节下方的"张力"属性参数改变倒角斜面的凹凸状态。当数值为"0"时，斜面为平直状态；当数值为"100%"时，斜面为向外凸起状态（默认状态）；当数值为"-100%"时，斜面为向内凹的状态。

"外形"—"用户"：当"外形"为"用户"时，可以通过修改下方的曲线来改变倒角斜面的凹凸状态。

163

6.10 挤压工具和内部挤压工具

这一节将介绍挤压和内部挤压命令的应用。这两个命令在建模中非常常用，主要用来在模型上增加新的结构。

挤压工具的应用

挤压工具可以沿多边形表面的法线方向拉伸选定的点、边或面。如果挤压时未选择任何点、边或面，则默认挤压模型中所有的面。挤压工具的命令位置如右图所示。

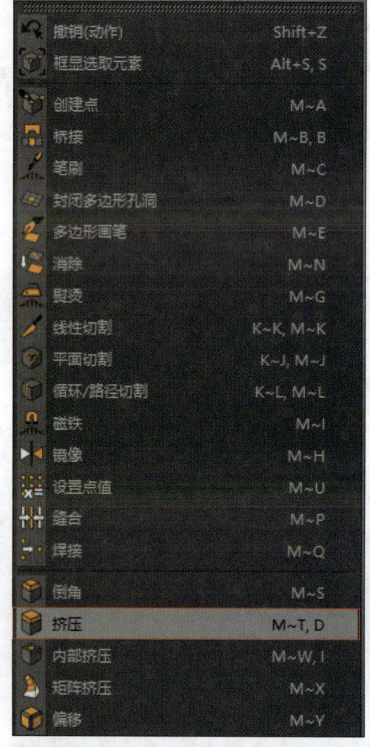

↑ 在右键菜单中选择"挤压"命令

以立方体为例，新建立方体对象后，在属性管理器中将立方体的"分段X""分段Y"和"分段Z"都增加至"9"。然后将立方体"C掉"，选中立方体的若干面，选择挤压工具，在视图的空白处按住鼠标左键向右拖动，即向外挤压出一个新的结构，在不松开鼠标的情况下，可以通过鼠标左右拖动来调整挤压的偏移程度。松开鼠标即完成一次挤压，如右图所示。

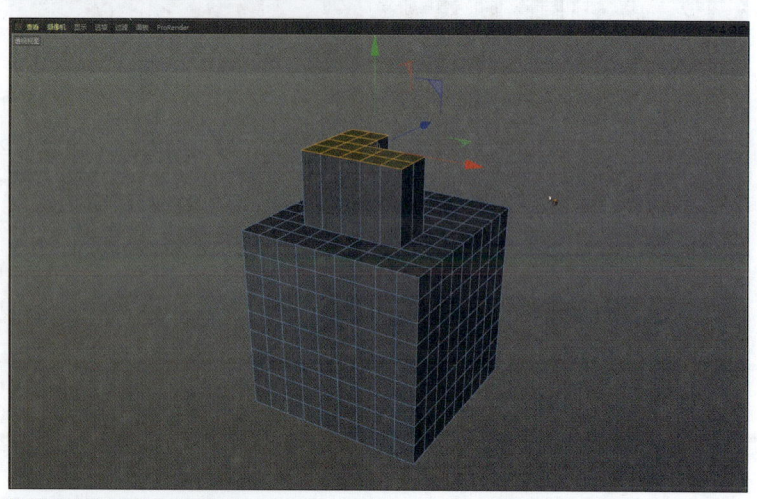

↑ 以立方体为例执行挤压操作

小提示：执行"挤压"命令的注意事项

执行"挤压"命令时若已松开鼠标，代表一次挤压动作的完成。此时若再次使用鼠标左键在空白处拖动，代表执行一次新的挤压动作，将会第二次挤压出新的结构，此时已无法对上一次挤压出的结构进行调整偏移。

接下来介绍挤压的常用属性参数，如右图所示。

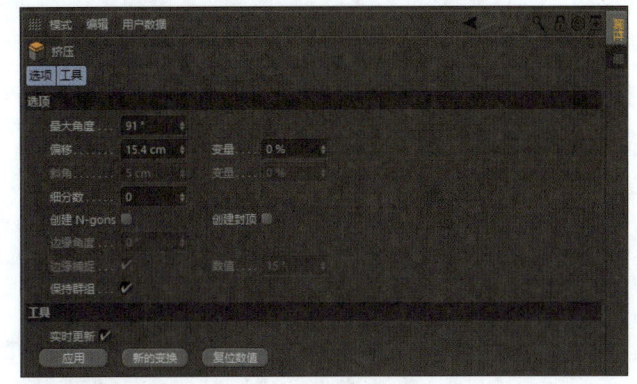

↑ 挤压的相关参数

"最大角度"：想要挤压的若干面成转角关系时，首先选择立方体中的面，如右图所示。

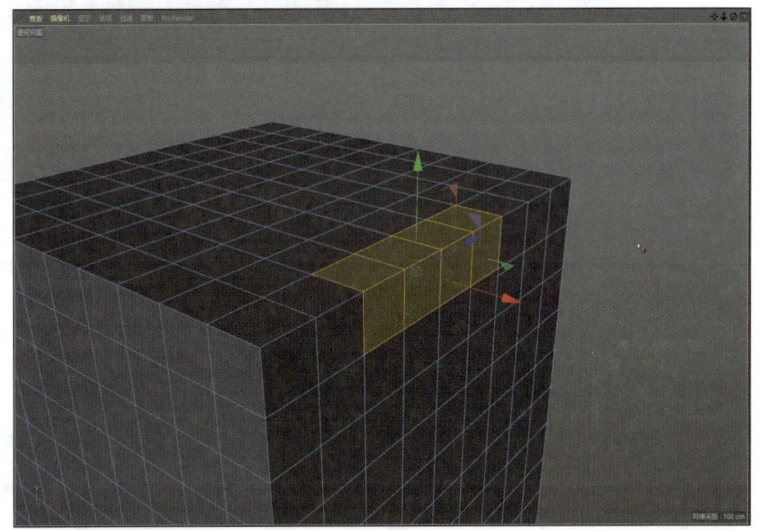

↑ 在立方体中选择边或直角关系的面

当"最大角度"大于"90°"时，转角处的面将会以连接的状态共同挤出，如右图所示。

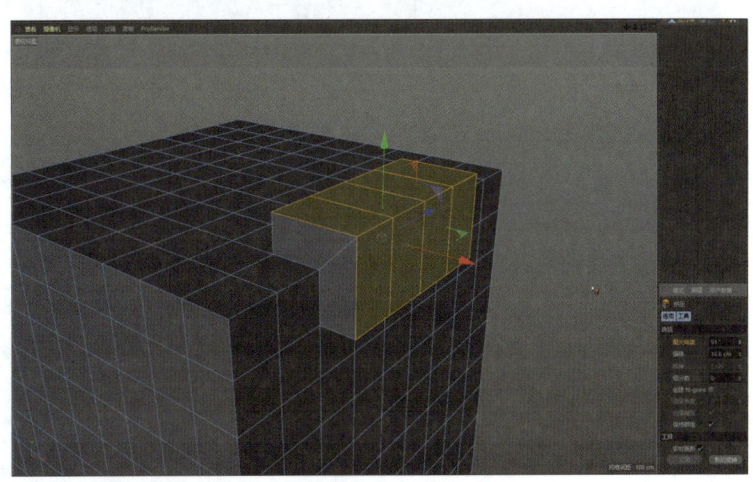

↑ 设置"最大角度"大于"90°"的效果

当"最大角度"小于或等于"90°"时,转角处的面将会以**断开**的状态分别向各自的**法线方向**挤出,如下图所示。

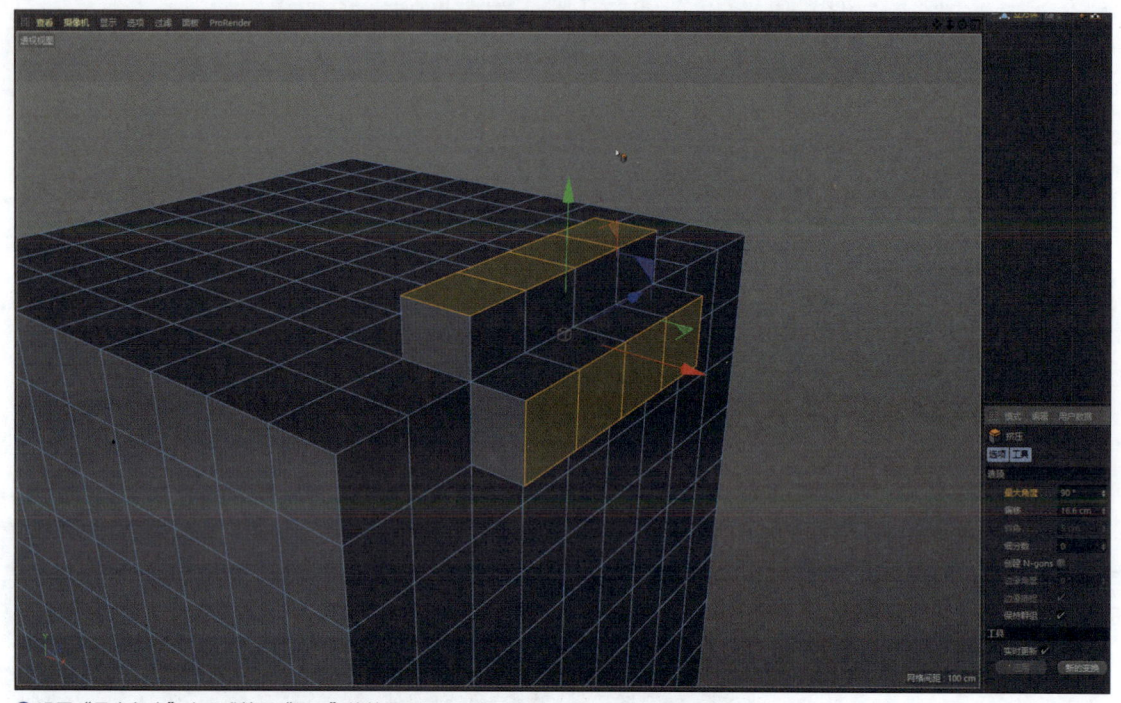

↑ 设置"最大角度"小于或等于"90°"的效果

"偏移":在上页的"小提示"中我们提到,若已经松开鼠标左键,再次拖动鼠标左键是无法继续调整该结构的偏移的。如果还想调整第一次挤压出来的结构的偏移距离,只能通过调整属性管理器中"偏移"数值达到目的。

"细分数"指的是所挤压出来新的结构的细分段数。这里将"细分数"调整到"10",效果如下图所示。

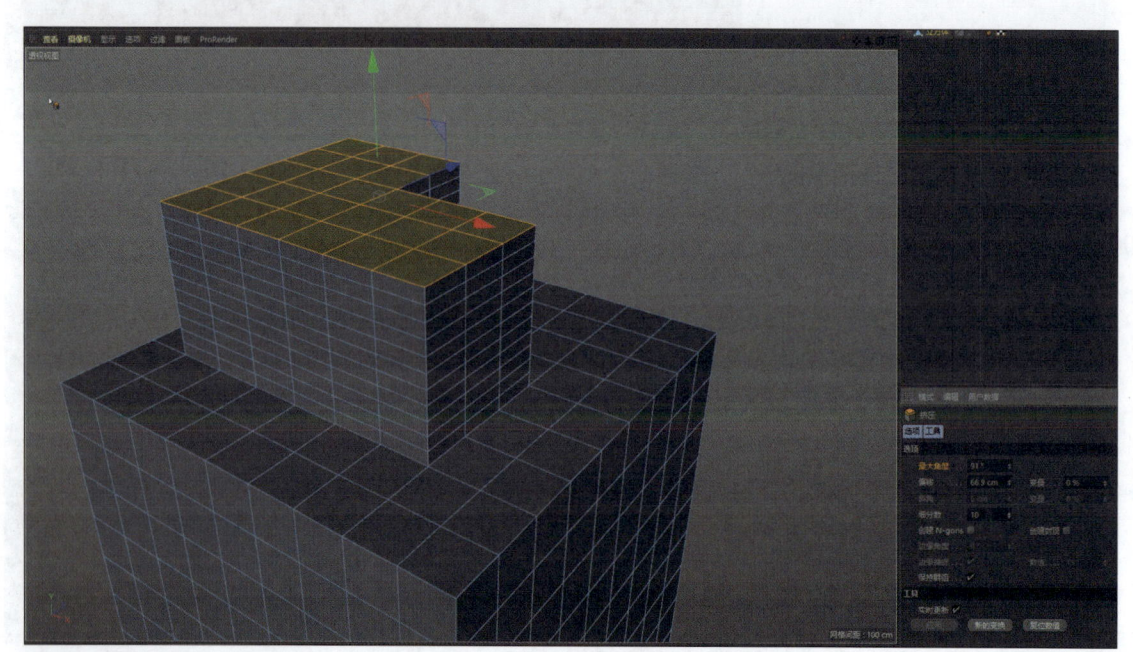

↑ 设置"细分数"为"10"的效果

"保持群组"默认为勾选状态，勾选该复选框时，所选的若干个面将会作为一个整体被挤出，此时移动其中两个面，会发现彼此是相互连接的，如下图所示。

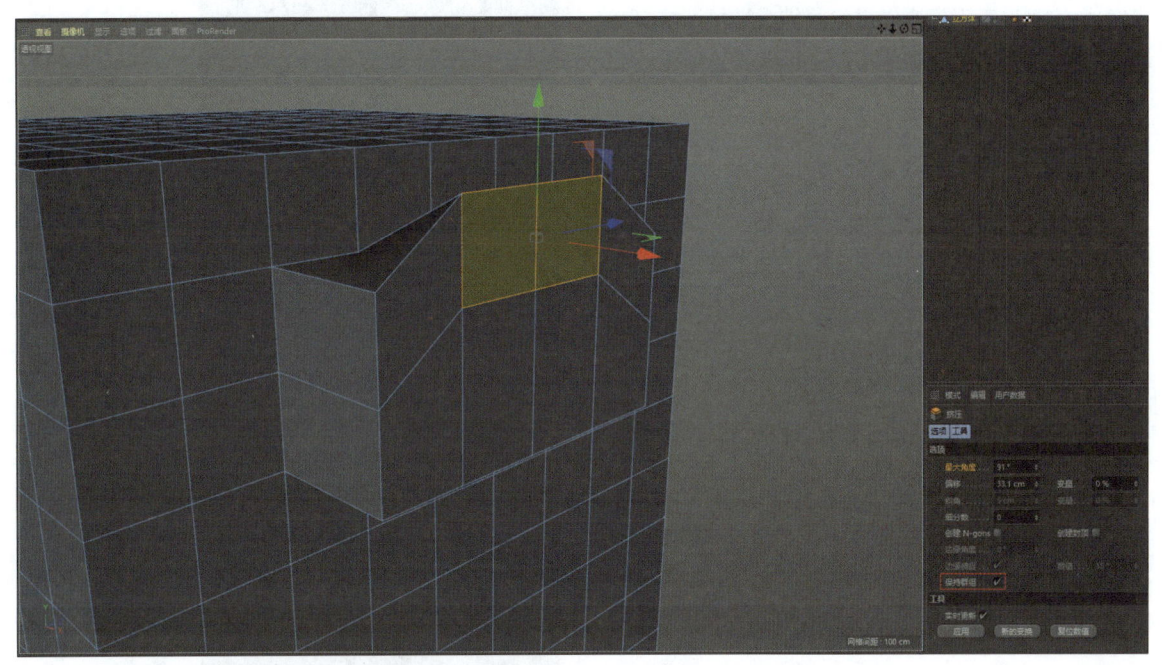

↑ 勾选"保持群组"复选框并移动两个面的效果

取消勾选"保持群组"复选框时，所选的若干个面将会被各自以独立的状态挤出，此时移动其中的两个面会发现彼此是不相连的，如下图所示。

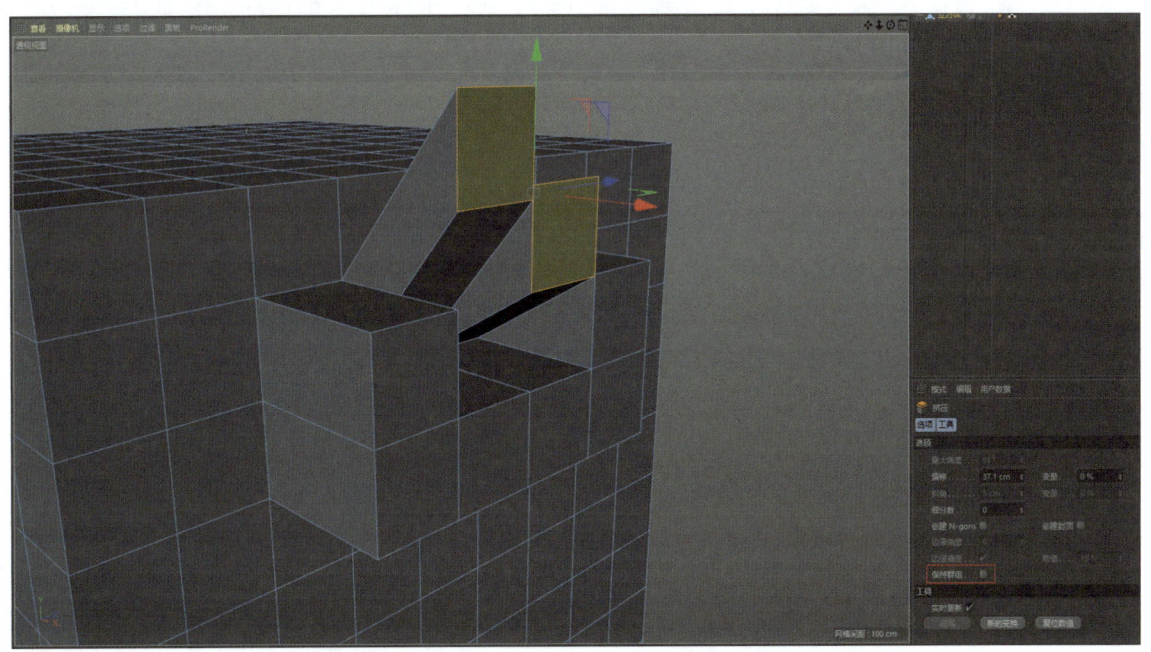

↑ 取消勾选"保持群组"复选框时移动两个面的效果

内部挤压工具的应用

内部挤压的操作方式与挤压相似，主要作用是将选中的面沿着平面方向进行收缩或扩展。内部挤压并不会挤压出新的结构。"内部挤压"命令的位置如右图所示。

↑ 在右键菜单中选择"内部挤压"命令

以立方体为例，选中部分面后执行"内部挤压"命令，在空白处按住鼠标左键拖拽，即可完成一次内部挤压，如下图所示。

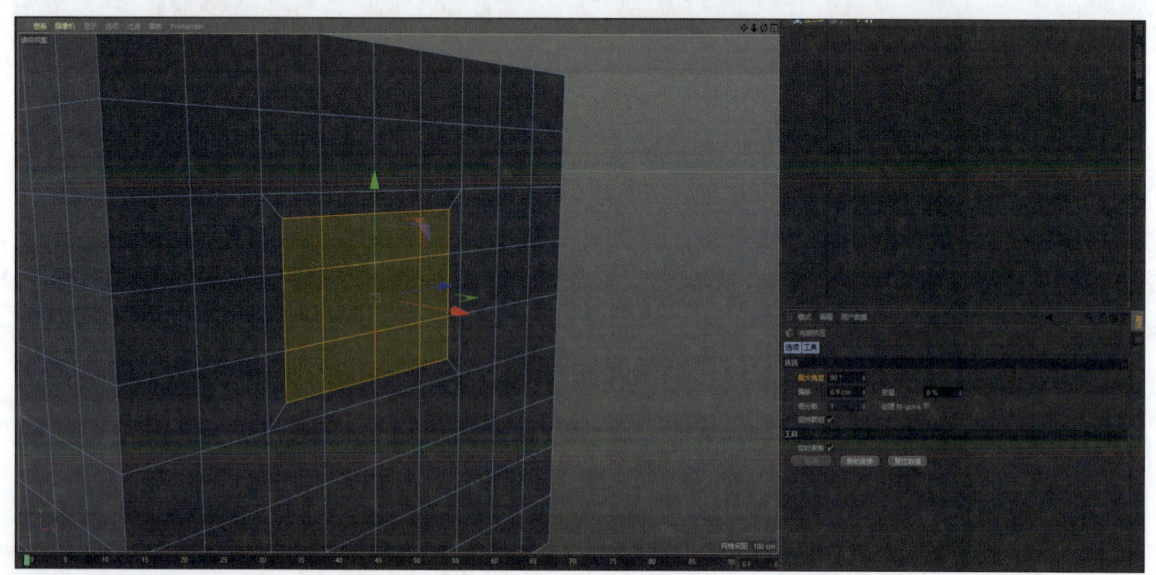

↑ 选中立方体部分面后执行内部挤压的效果

内部挤压的属性和挤压的属性几乎一致，这里不再讲解了。

6.11 阵列工具和克隆工具

阵列工具和克隆工具在实际工作中可以被克隆生成器替代，其所能实现的效果，克隆生成器中都有，因此使用频率较低，仅了解即可。

阵列和克隆都仅适用于模型的面模式，这两个命令的位置如右图所示。

↑ 在右键菜单中可以选择"阵列"或"克隆"命令

阵列工具的应用

以一个立方体为例，阵列工具无法在视图中进行操作，需要在属性管理器中单击"应用"按钮来实现。"应用"按钮的位置如下图所示。

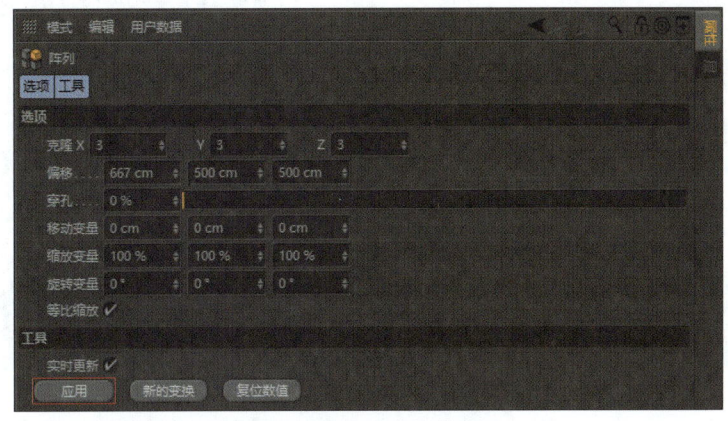

↑ 在阵列的属性管理器中设置相关参数后单击"应用"按钮

» 6 多边形建模

单击"应用"按钮之后的效果如右图所示。

⬆ 在X、Y和Z轴克隆3个立方体的效果

克隆工具的应用

克隆工具的使用方法同阵列工具类似，无法在视窗中操作，需要在属性管理器中单击"应用"按钮，其位置如右图所示。

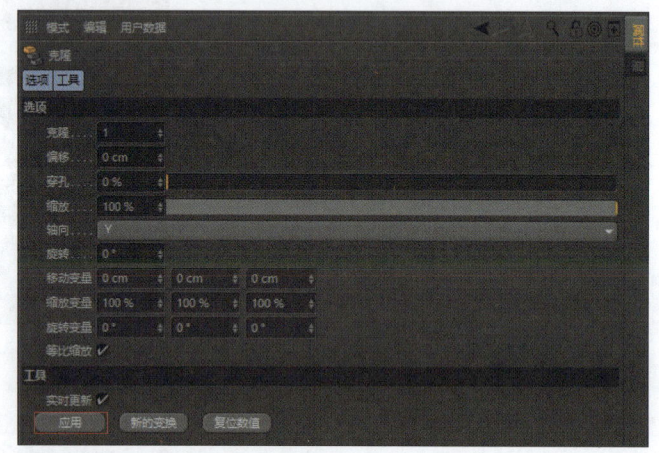

⬆ 克隆属性管理器中的"应用"按钮

需要注意的是，单击"应用"按钮之后，需要调整属性参数后才可以看到效果。下图为设置"克隆"为"5"，"偏移"为"1200cm"的效果。

⬆ 单击"应用"按钮之后设置相关参数，克隆出5份立方体模型

6.12　断开连接对象和分裂对象

"断开连接"和"分裂"命令在实现的效果非常相似，都是将模型上所选的面提取出来。不同的是"断开连接"命令并不会创建新的对象，而"分裂"命令会在不破坏当前模型的前提下在对象管理器中创建一个新的对象。

"断开连接"和"分裂"命令的位置如右图所示。

⬆ 在右键菜单中选择"断开连接"或"分裂"命令

断开连接对象

以一个立方体为例，首先创建并选中立方体上的部分面，如右图所示。

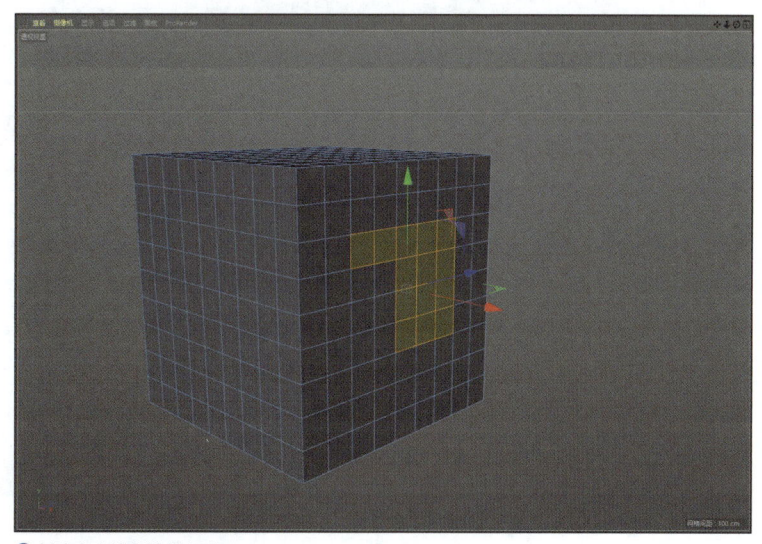

⬆ 创建立方体并选择部分面

右击并选择"断开连接"命令，此时移动选中的面可以发现，已经与立方体处于断开连接的状态，并且立方体本身会出现破口，如下图所示。

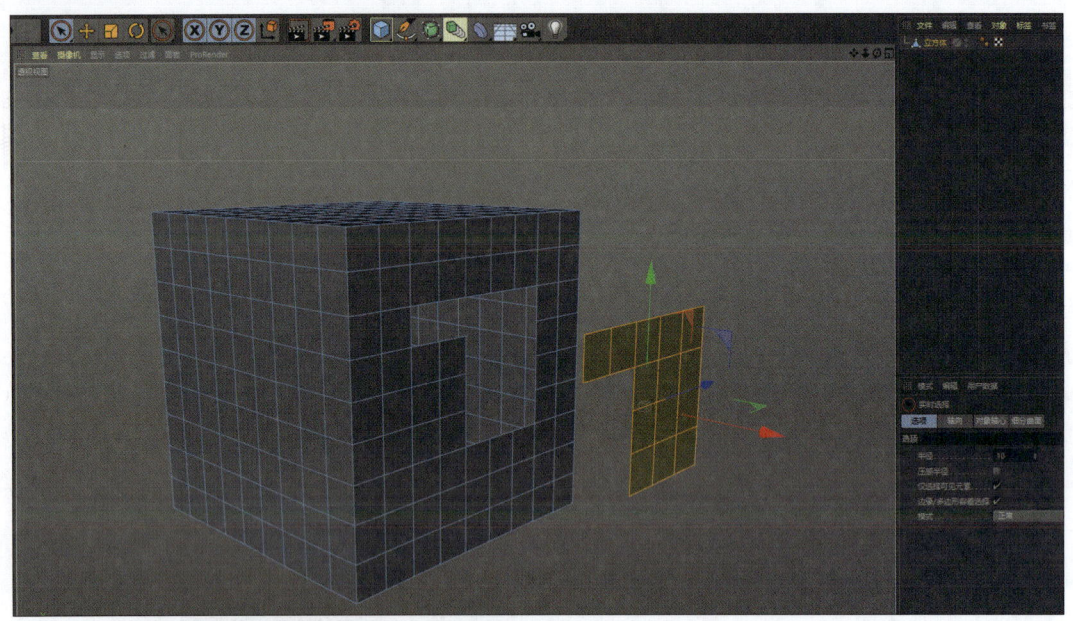

↑ 执行"断开连接"命令并移动选中的面

分裂对象

同样以这个立方体为例，使用分裂工具移动这几个面会发现，立方体本身没有被破坏，并且在对象管理器中出现了一个新的对象，该对象就是使用分裂工具分裂出来的这几个面，如下图所示。

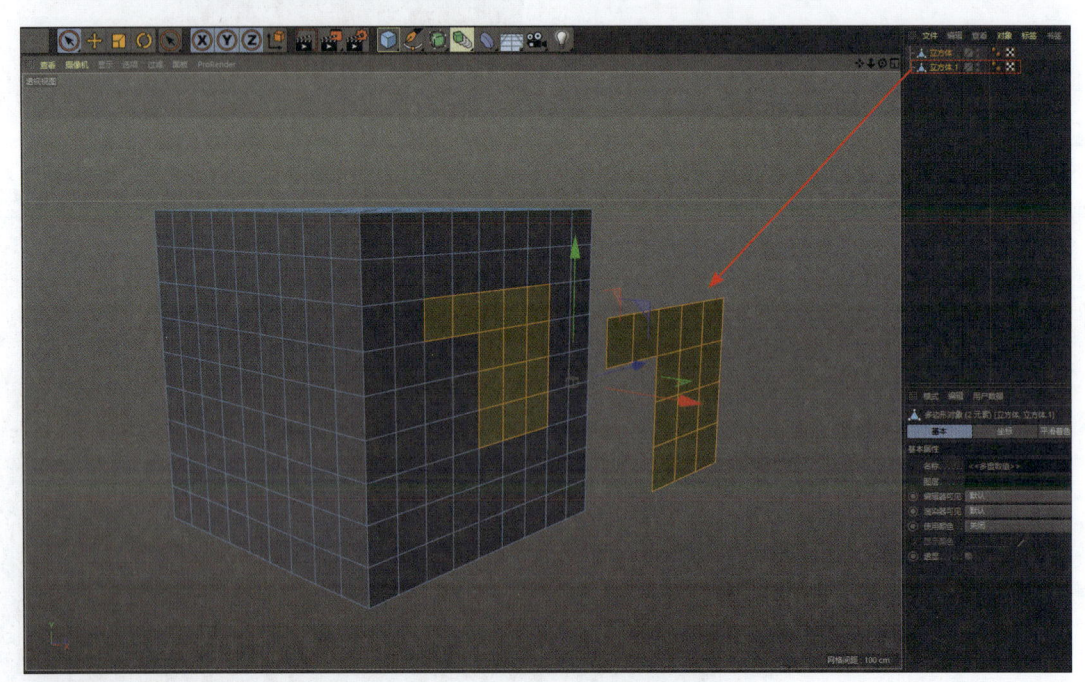

↑ 使用分裂工具分裂立方体中选中的面

变形器应用

7.1 扭曲变形器、膨胀变形器和挤压 & 伸展变形器

7.2 斜切变形器、锥化变形器和螺旋变形器

7.3 FFD 变形器和网格变形器

7.4 修正变形器

7.5 变形及姿态变形

7.6 球化变形器和包裹变形器

7.7 样条约束变形器

7.8 碰撞变形器

7.9 置换变形器

7.10 平滑变形器和倒角变形器

7

7.1 扭曲变形器、膨胀变形器和挤压&伸展变形器

扫码看视频

变形器主要用于对其他对象产生形态上的变化，这里的其他对象可以是基础对象、生成器对象、可编辑对象及样条线。变形器的位置如右图所示。

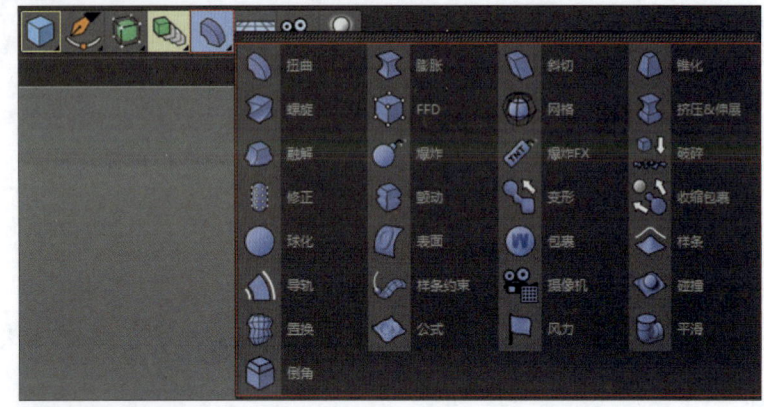

↑ C4D中的变形器

> **小提示：变形器的使用方法**
>
> 变形器的图标颜色和第5章介绍的生成器颜色不同，变形器的图标全部为紫色。变形器的使用方法有两种，第一种是将变形器拖拽至其他对象的子级；第二种是将变形器和其他对象处在同一组内。这两种使用方法在后面的内容中都会讲到。
> R20版本的变形器有29个，但本书仅介绍常用的17种，另外12种属于工作中几乎用不到的，所以就不做讲解了。

扭曲变形器的应用

扭曲、膨胀和挤压&伸展是三种非常常用的变形器，其使用方法相同。

首先介绍扭曲变形器。扭曲变形器的主要作用是使对象产生弯曲效果。在场景中创建一个圆柱基本对象，再创建一个扭曲变形器并拖拽至圆柱子级，如下图所示。

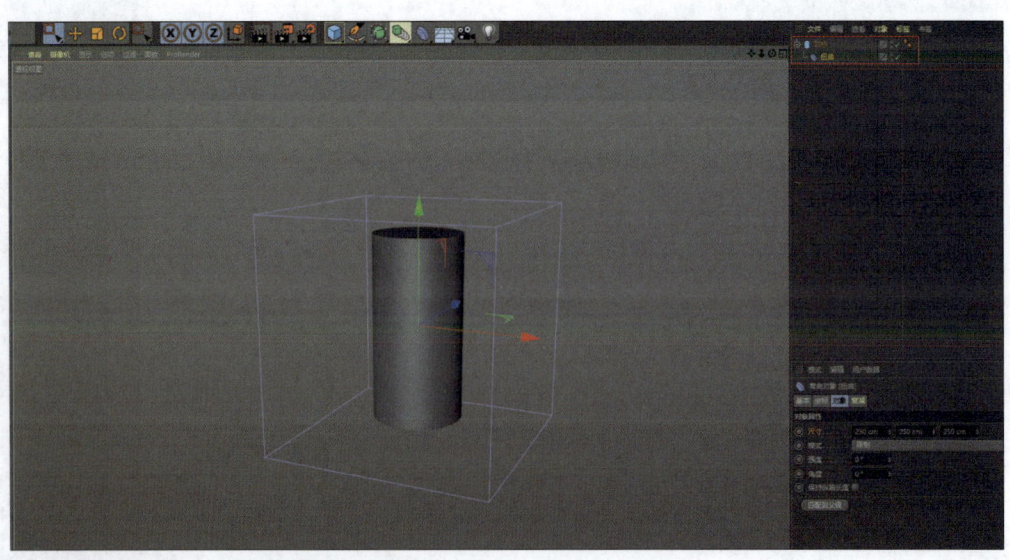

↑ 创建圆柱对象并将扭曲变形器拖拽至圆柱子级

» 7.1 扭曲变形器、膨胀变形器和挤压 & 伸展变形器

此时扭曲变形器已经生效，但在默认状态下看不到变化，还需要调整一下属性参数。属性参数如右图所示。

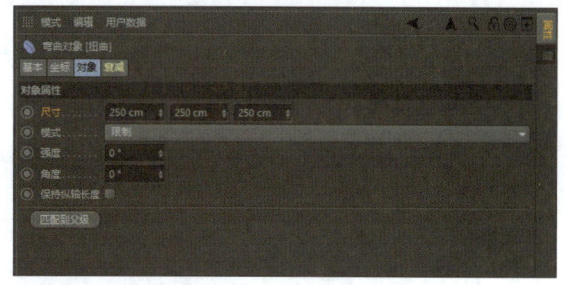

↑ 扭曲变形器的属性参数

"尺寸"指的是视窗中可以看到的紫色范围框的尺寸大小，对于单一对象来说，范围框尽量和对象的尺寸相匹配。我们也可以通过单击属性管理器最下方的"匹配到父级"按钮来一键匹配对象大小，如下图所示。

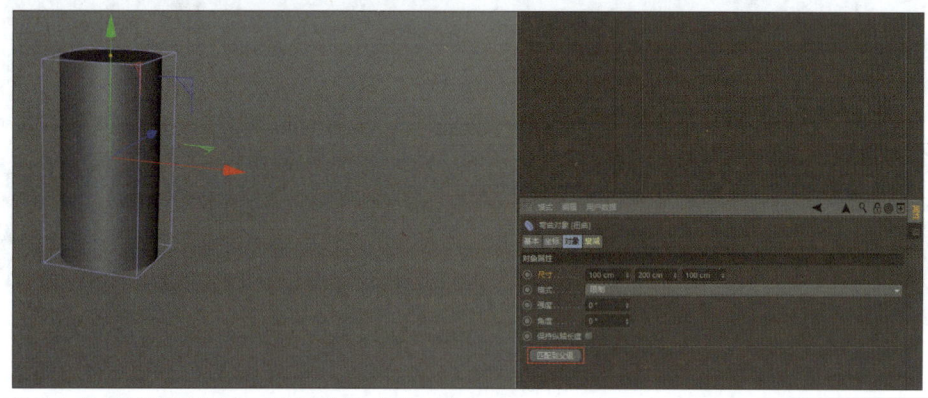

↑ 单击"匹配到父级"按钮，匹配紫色框和对象的尺寸

"模式"：在下拉列表中选择变形器的三种不同计算方式，最常用的是"限制"模式。
"强度"：设置变形器产生形变的强度。
"角度"：定义变形的方向。
对于变形器来说，有一个非常重要的概念，即想要产生形变的对象需要足够多的分段来支撑形变。在下图中，虽然"强度"已经调为"70°"，也可以看到变形器的范围框发生了形变，但因为圆柱的分段数不够，导致圆柱的变形是错误的。

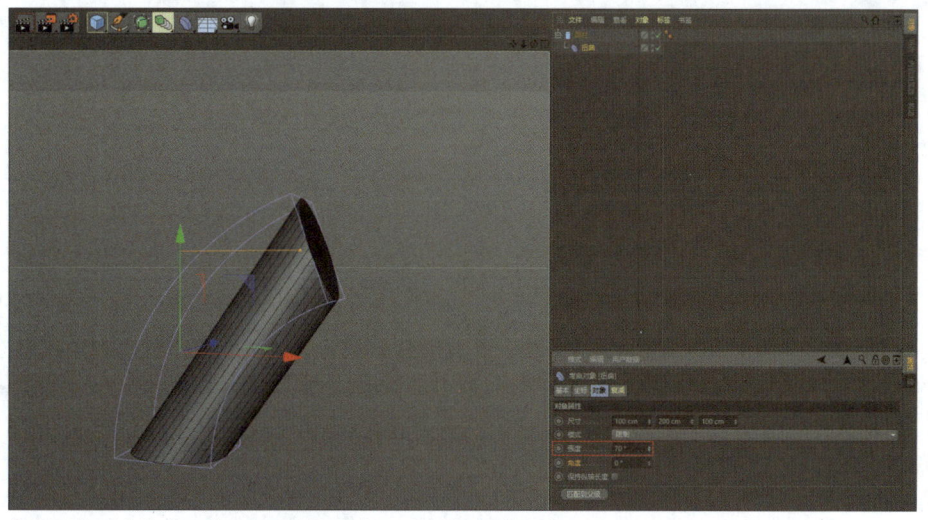

↑ 设置"强度"为"70°"，由于圆柱没有分段，所以变形是错误的

175

» 7 变形器应用

这里要在圆柱的属性管理器中,将"高度分段"增加至"30"(该数值并不是固定的,要根据对象变形的程度决定。通常变形越大,所需分段数越多)后,圆柱的变形即为正确的效果,如下图所示。

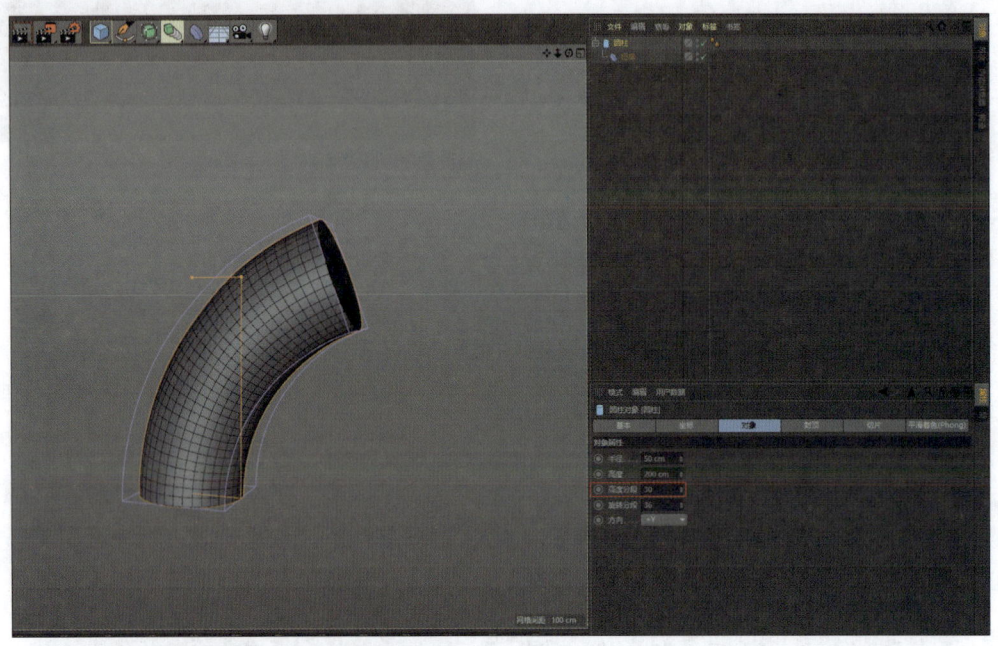

↑ 设置圆柱的"高度分段"为"30"后显示的扭曲效果

膨胀变形器的应用

接下来介绍膨胀变形器的应用。膨胀变形器的主要作用是使对象产生膨胀或收缩的效果。

这里以上文中分段数为"30"的圆柱为例,将膨胀变形器拖拽至圆柱的子级,并单击"匹配到父级"按钮,使膨胀变形器范围框的尺寸适配圆柱大小,如下图所示。

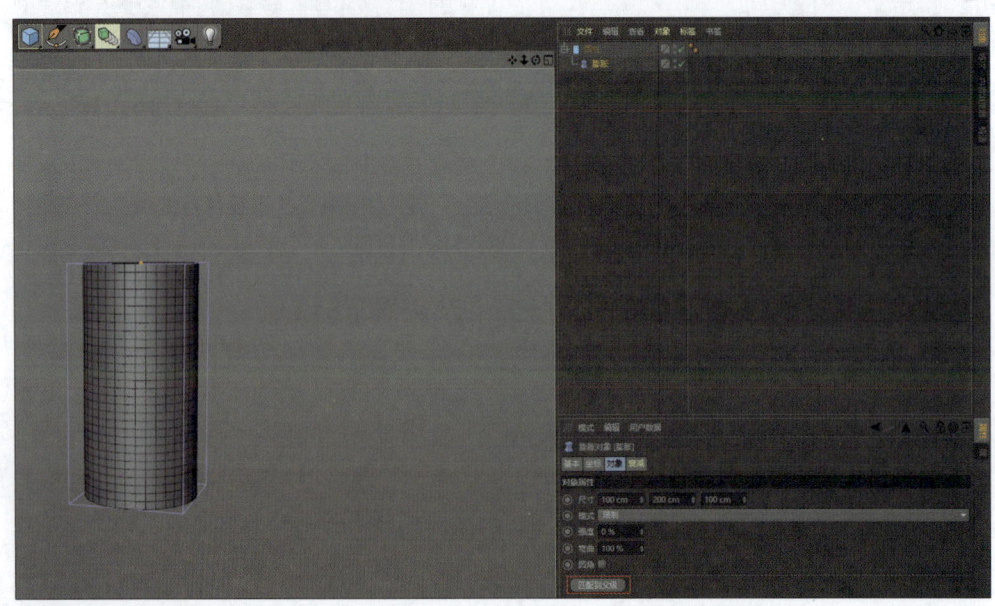

↑ 将膨胀变形器拖至圆柱的子级

» 7.1 扭曲变形器、膨胀变形器和挤压 & 伸展变形器

接下来介绍膨胀变形器的属性参数,如右图所示。

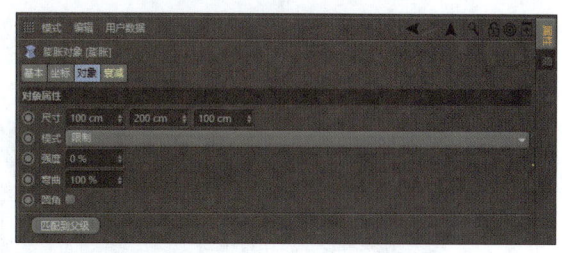

↑ 膨胀变形器的参数

"尺寸"和"模式"参数和扭曲变形器中的用法一样。

"强度"值可以为正数或负数,为正数时,将会对模型产生膨胀效果。这里将"强度"设置为"100%",效果如下图所示。

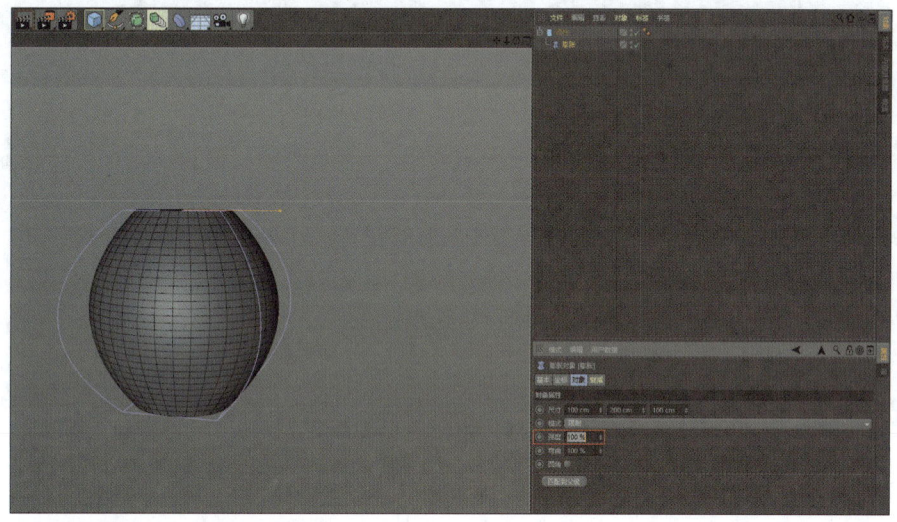

↑ 设置"强度"为"100%"的效果

"强度"值为负数时,产生收缩效果,将"强度"设置为"-100%"时,效果如下图所示。

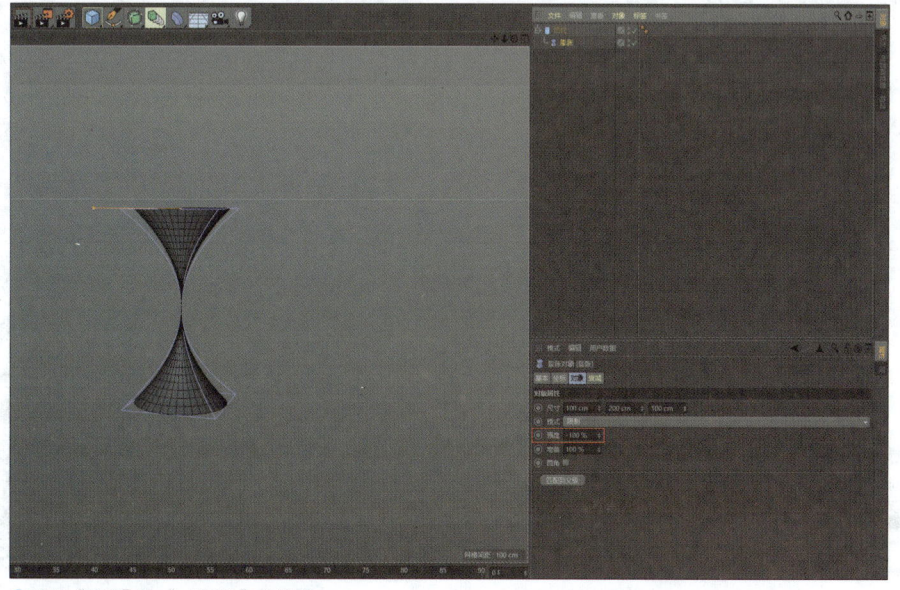

↑ 设置"强度"为"-100%"的效果

» 7 变形器应用

"弯曲":影响变形器的曲率,该数值可以是0%到无限大。将"弯曲"设置为"0%"时,效果如下图所示。

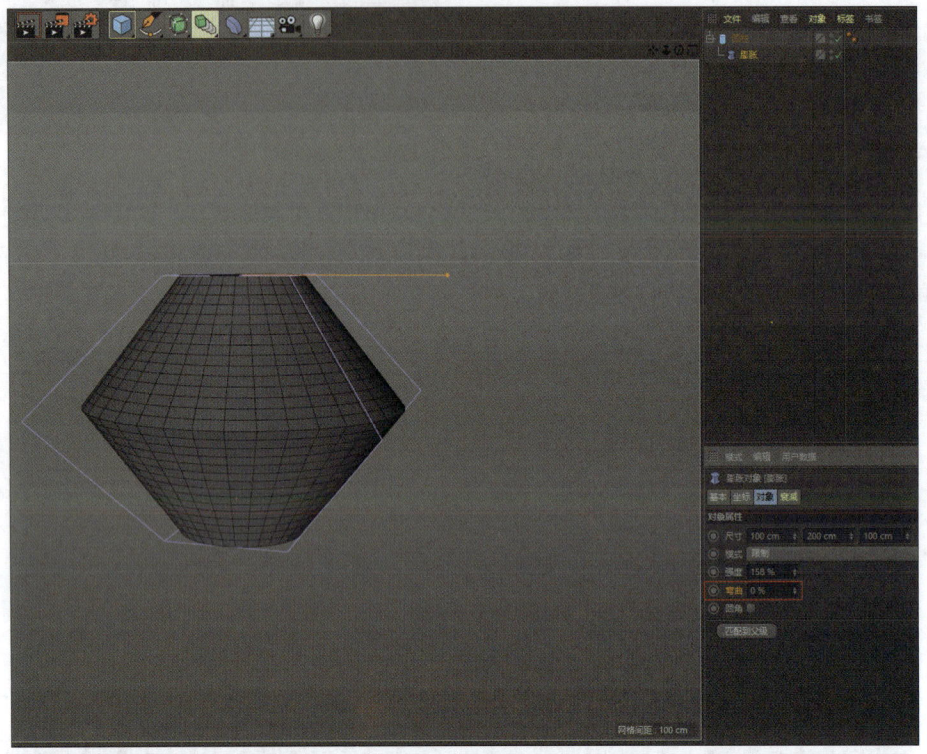

↑ 设置"弯曲"为"0%"的效果

当"弯曲"大于"100%"时,效果如下图所示。

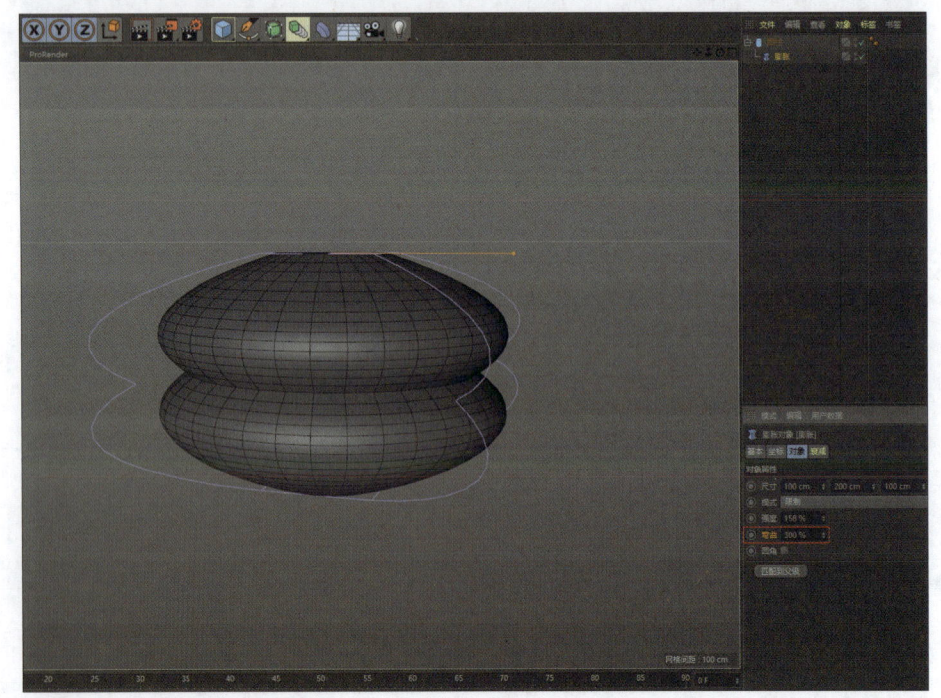

↑ 设置"弯曲"为"300%"的效果

» 7.1 扭曲变形器、膨胀变形器和挤压&伸展变形器

"圆角":勾选该复选框,会在变形器的顶端和底端出现一个小的圆角,效果如下图所示。

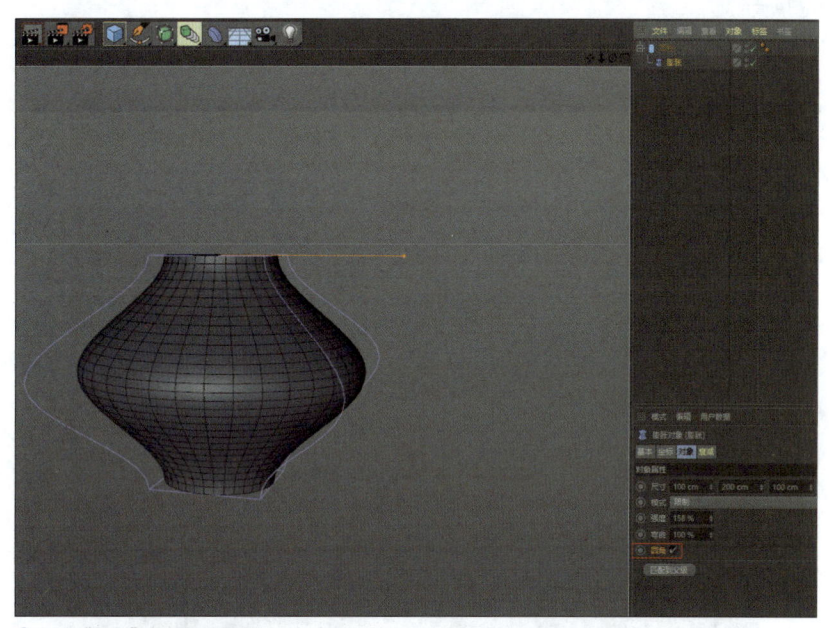

↑ 勾选"圆角"复选框的效果

挤压&伸展变形器的应用

挤压&伸展是传统2D动画中比较常用的效果。例如小球弹跳时,在落地击中地板的一瞬间会被压扁一些,在弹起时又会被拉伸一些。挤压&伸展变形器就可以实现这样的效果。

在场景中创建一个挤压&伸展变形器,并且添加到圆柱的子级。需要注意的是,挤压&伸展变形器没有属性框,在视图中显示的是一根紫色的线,并标有最上端和最下端,如下图所示。

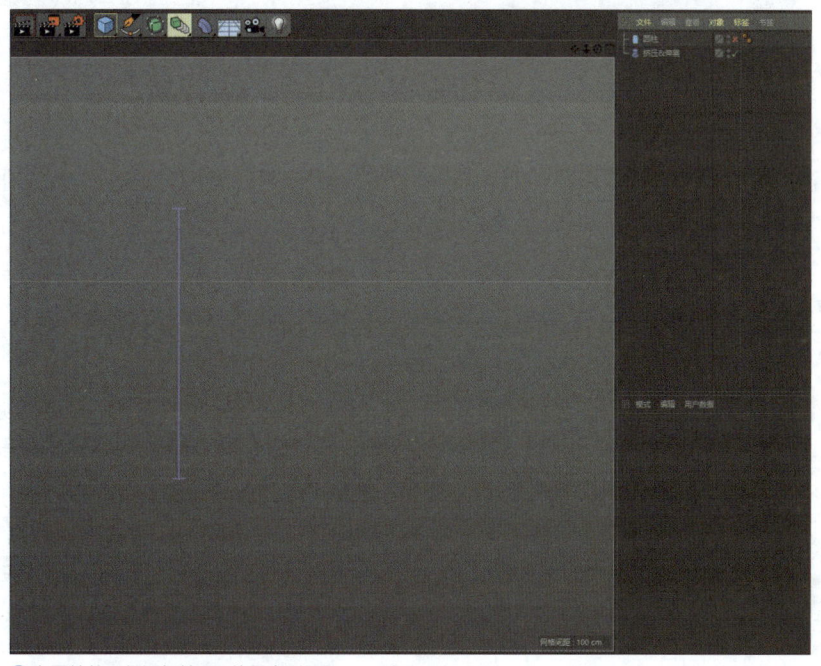

↑ 在圆柱的子级添加挤压&伸展变形器

挤压&伸展变形器的属性较多，主要使变形器产生效果的属性是"因子"，其余皆为影响范围的辅助属性参数，如下图所示。

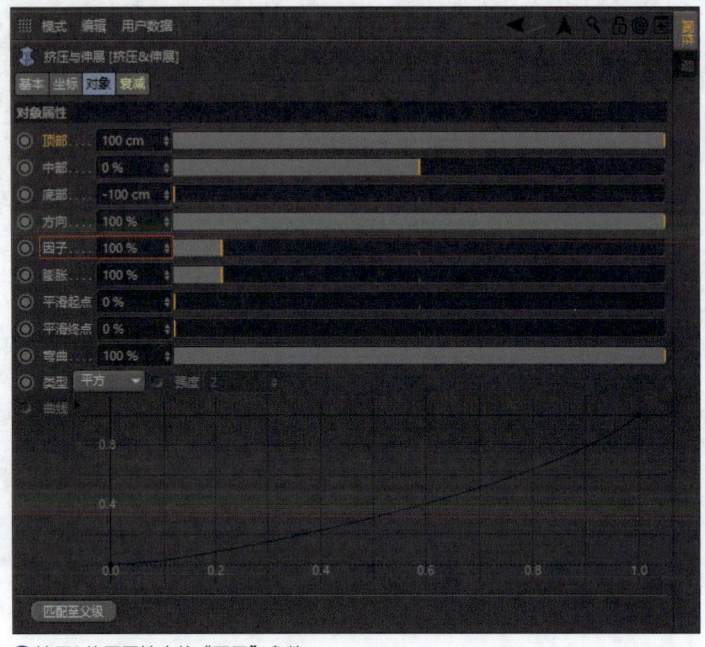

↑ 挤压&伸展属性中的"因子"参数

"因子"默认设置为"100%"，此时是不起任何作用的。当数值大于100%，模型会被拉伸，如下图所示。

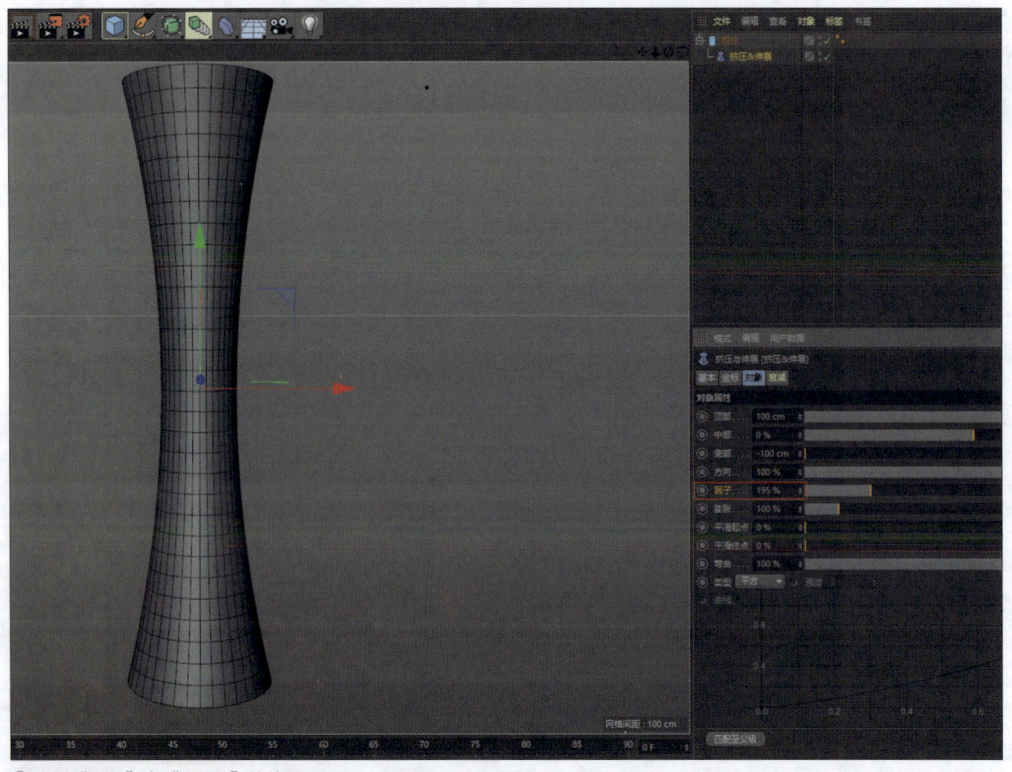

↑ 设置"因子"为"195%"的效果

» 7.1 扭曲变形器、膨胀变形器和挤压 & 伸展变形器

当"因子"参数小于100%，模型会被挤压。设置"因子"为"40%"时，效果如下图所示。

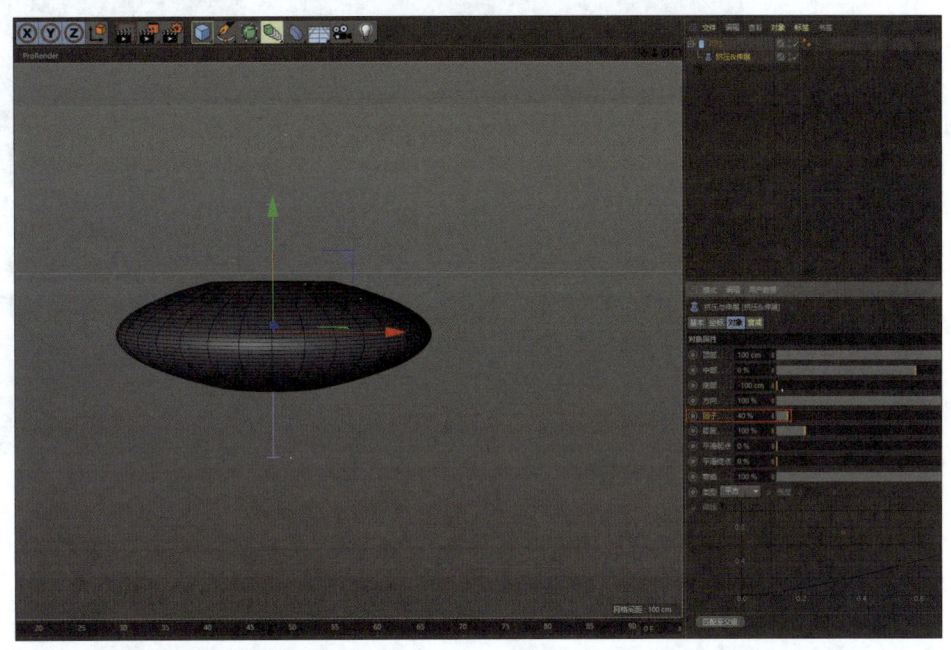

⬆ 设置"因子"为"40%"的效果

"顶部""中部"和"底部"：主要控制变形器的影响范围。

"膨胀"：控制产生膨胀或收缩的强弱，当数值为"0"时，因子依然可以对模型产生挤压或伸展效果，但不会产生膨胀收缩效果。在下图中，"因子"为"186%"，但"膨胀"为"0"，可以看到圆柱被拉长了，但并没有产生收缩效果。

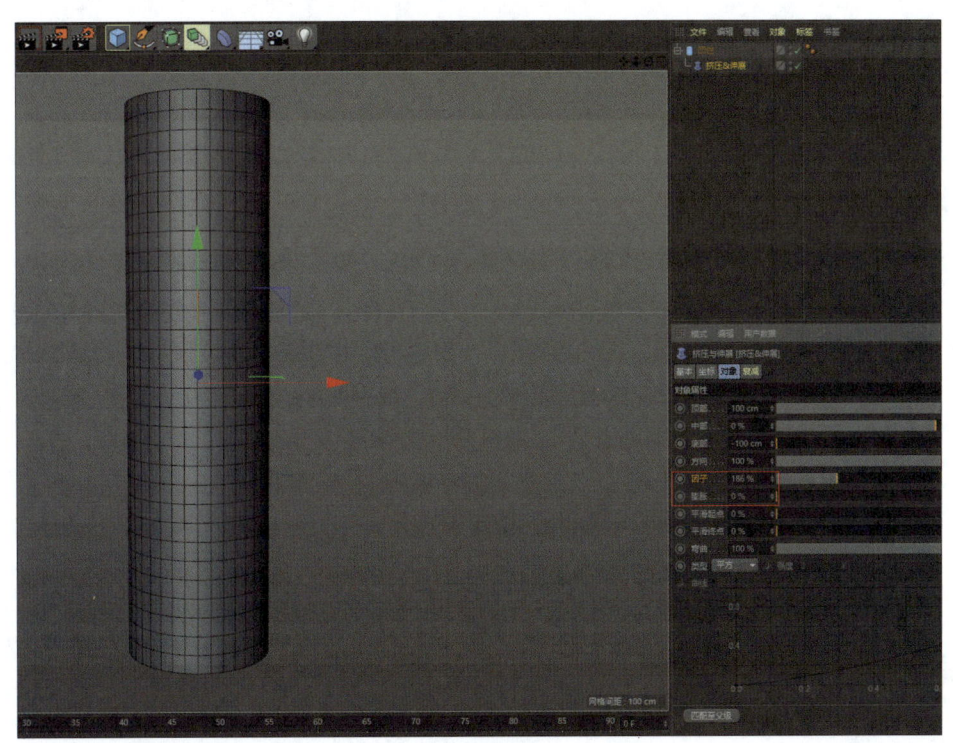

⬆ 设置"因子"为"186%""膨胀"为"0%"，圆柱被拉长

"平滑起点"和"平滑终点"指的是在变形器的顶端和底端产生两个弧度,如右图所示。

"弯曲"值可以影响变形器所产生的变形弧度。当数值为"0%"时,"因子"依然可以对模型产生挤压或伸展的效果,但不会产生任何弧度。

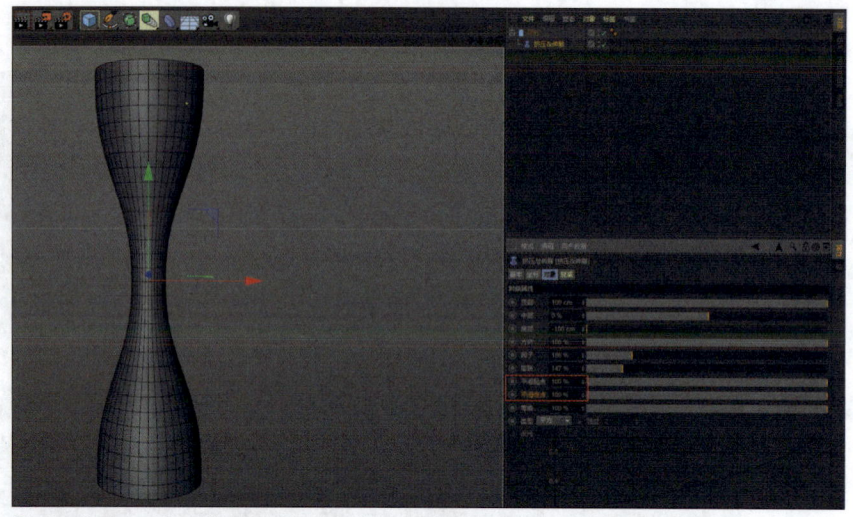

↑ 设置"平滑起点"和"平滑终点"均为"100%"的效果

7.2 斜切变形器、锥化变形器和螺旋变形器

扫码看视频

斜切、锥化和螺旋是三个非常实用的变形器,可以快速改变模型的形态,也可以辅助制作动态效果,本节将对这三个变形器的应用进行介绍。

斜切变形器的应用

斜切变形器可以将模型斜切。

上一小节中,我们介绍了变形器的第一种使用方法,即将变形器拖拽至对象的**子级**。在介绍斜切变形器时,我们使用第二种方法,也就是将变形器和其他对象**打组**。

在场景中创建一个样条文本,并添加挤压生成器,将样条文本拖拽至挤压生成器下生成模型。再新建一个斜切变形器,在对象管理器中按**Shift**键同时选中"挤压"和"斜切"这两个对象,按**Alt+G**组合键进行打组,如下图所示。

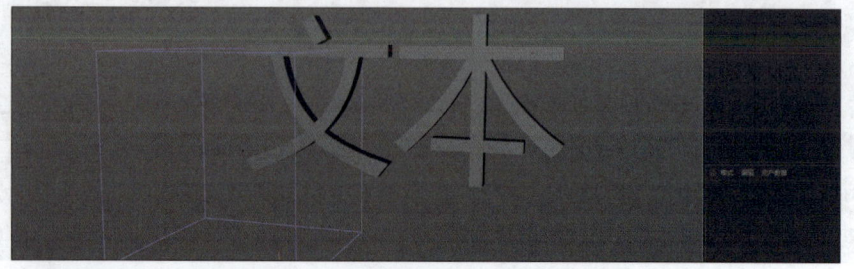

↑ 创建样条文本并移至挤压生成器下,再创建斜切变形器,最后将"挤压"和"斜切"对象打组

> 7.2 斜切变形器、锥化变形器和螺旋变形器

> **小提示：变形器对多个对象或者多层级对象的使用方法**
>
> 当对象管理器中已经存在一层父子级关系时，又想让变形器同时对父子级两个对象起作用，就可以使用第二种方法，将父级和变形器进行打组，即将"挤压"和"斜切"对象打组。

在视图中移动斜切变形器的紫色外框，并通过属性管理器调整斜切的尺寸，直到斜切变形器将挤压出来的模型**完全包裹起来**，如下图所示。

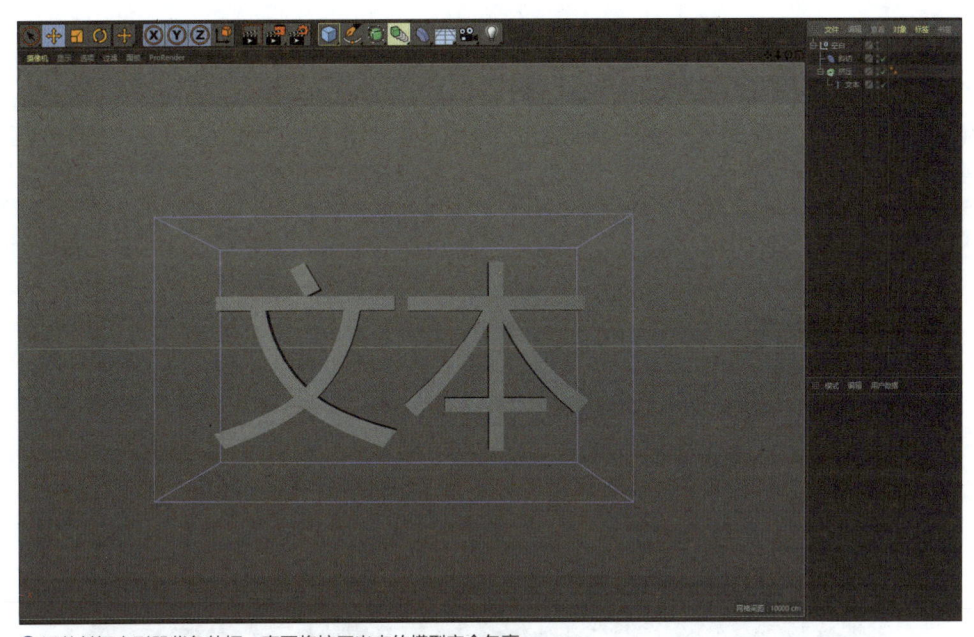

⬆ 调整斜切变形器紫色外框，直至将挤压出来的模型完全包裹

将属性管理器中的"**强度**"调整至"**100%**"，可以在视图中看到文本模型被斜切变形器斜切了，效果如下图所示。

⬆ 调整"强度"为"100%"，样条文本发生变形

"角度"：用于定义变形的方向。

"弯曲"：用于设置在斜切过程中是否产生弯曲弧度。

"圆角"：勾选该复选框，会在变形器的顶端和底端出现一个小的圆角。

> **小提示：变形器的属性**
>
> 在部分变形器属性中，上述几个属性参数所代表的意义和实现的效果相似，在后面的内容中不再单独讲解。

锥化变形器的应用

锥化变形器可以使物体的某一端变窄或者变宽。这里以立方体为例，在场景中创建一个立方体，并将"分段X""分段Y"和"分段Z"调整至"9"。创建一个锥化变形器，并拖拽至立方体子级，在属性管理器中单击"匹配到父级"按钮，如下图所示。

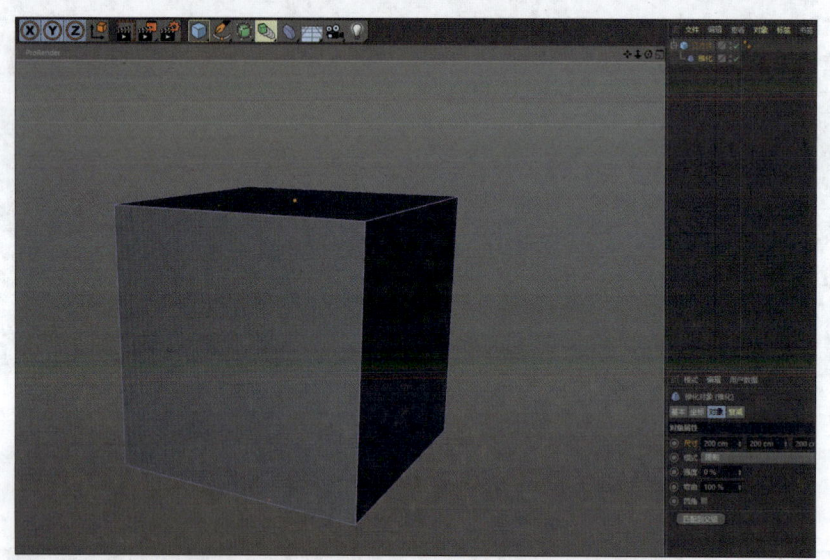

↑ 创建立方体，并将锥化变形器拖到立方体的子级，单击"匹配到父级"按钮

属性管理器中的"强度"为"0%"至"100%"时，将使模型的一端变窄，效果如下图所示。

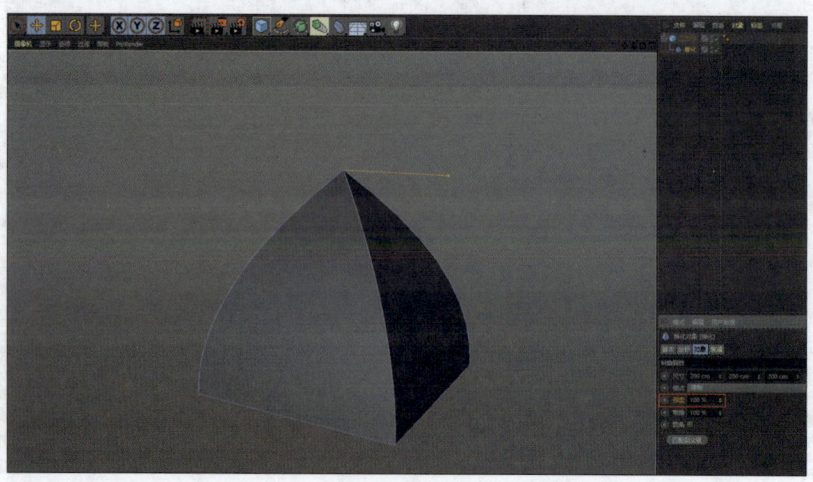

↑ 设置"强度"为"100%"的效果

属性管理器中的"强度"为"0%"至"-100%"时，将使模型的一端变宽，效果如下图所示。

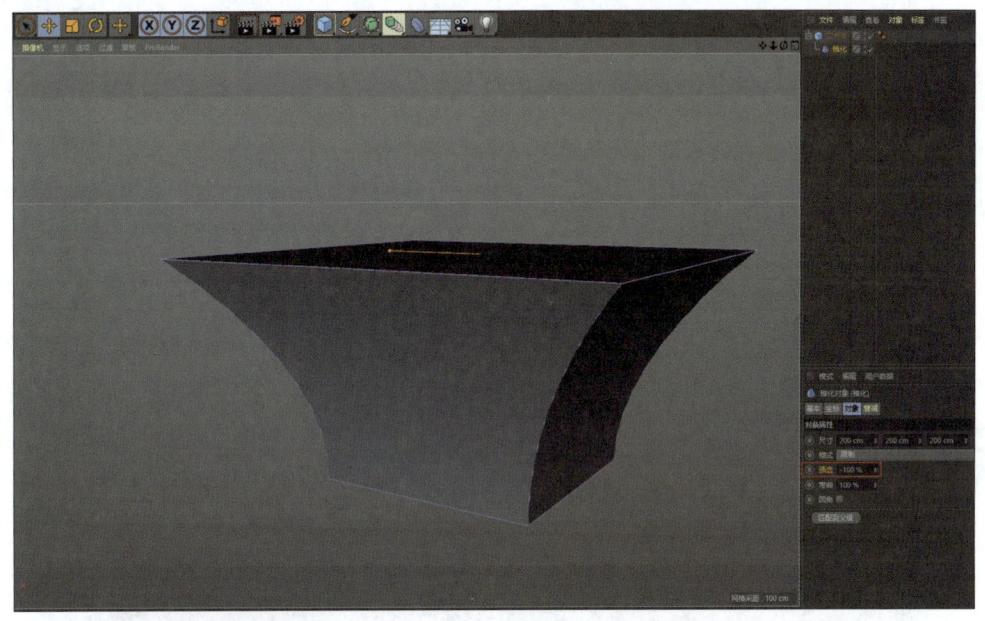

○ 设置"强度"为"-100%"的效果

螺旋变形器的应用

螺旋变形器可以使对象绕其Y轴扭曲。同样以分段为"9"的立方体为例，将螺旋变形器拖拽至立方体子级，通过调整属性管理器中的"角度"参数，控制立方体的扭曲程度，如下图所示。

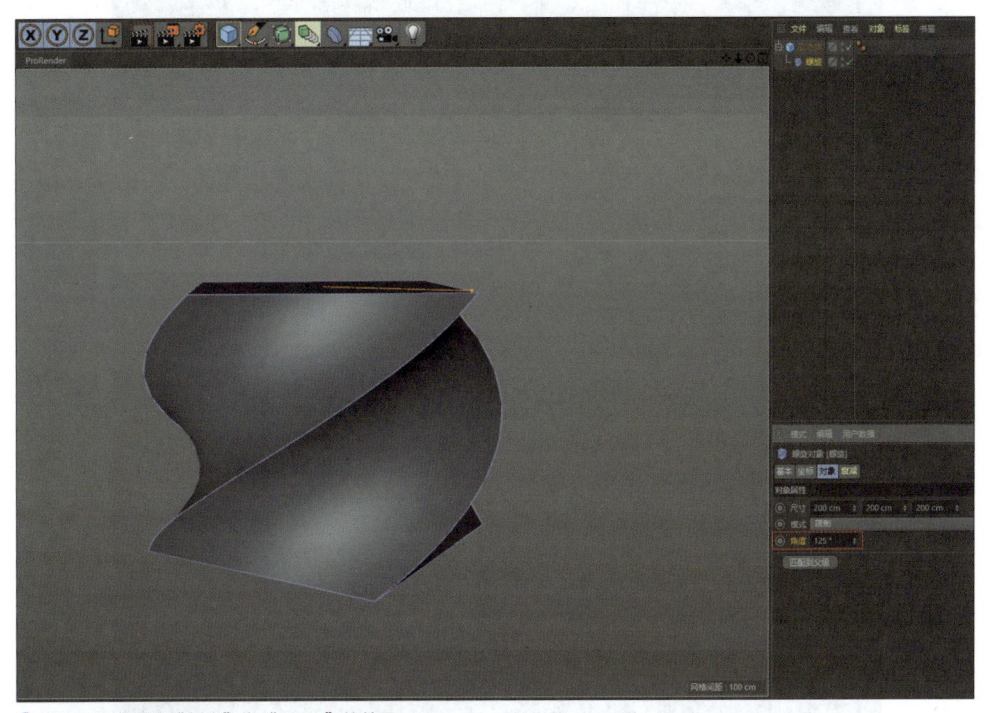

○ 设置螺旋变形器"角度"为"125°"的效果

7.3 FFD 变形器和网格变形器

本节将介绍FFD变形器和网格变形器的应用。FFD变形器在日常项目制作过程中使用频率很高，因为它可以很方便地用来更改模型的大致形态。网格变形器则被大量用于动力学计算中低模封套高模。

FFD变形器的应用

FFD变形器可以使用任意数量的网格点自由变形对象，会影响其范围内任何对象的顶点。

此处以人偶对象为例，在场景中创建一个人偶对象，将FFD变形器拖拽至人偶对象子级，并单击"匹配到父级"按钮，效果如下图所示。

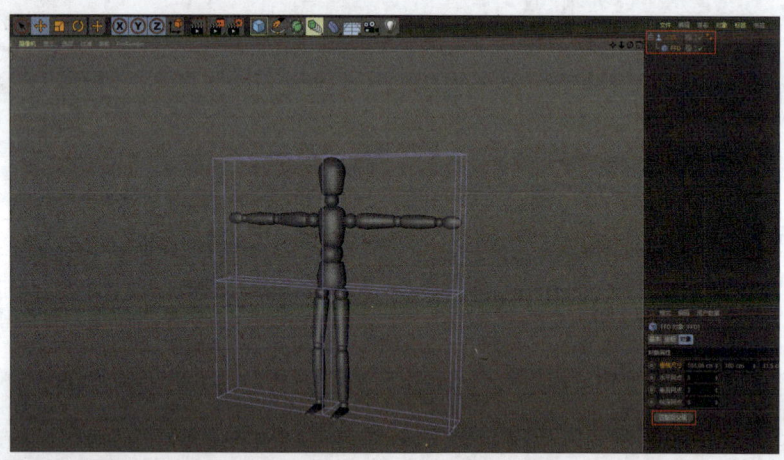

⬆ 将FFD变形器拖至人偶对象的子级，并单击"匹配到父级"按钮

使用FFD变形器时，需要在FFD的点模式下进行。在对象管理器中选中FFD变形器后，进入点模式，使用选择工具选择FFD变形器上的点，并对点进行移动操作。效果如下图所示。

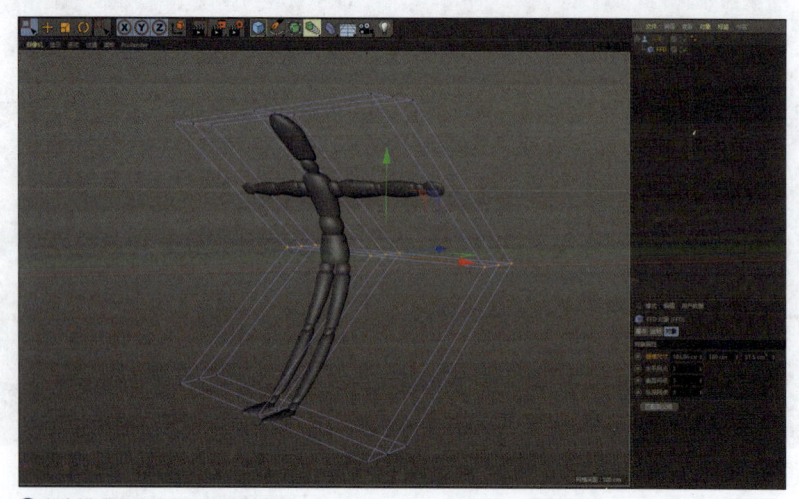

⬆ 在点模式下移动点，使模型变形

» 7.3 FFD 变形器和网格变形器

属性管理器中的"水平网点""垂直网点"和"纵深网点"三个参数决定了FFD网格上X、Y、Z三个轴向上控制点的数量。其位置如右图所示。

FFD变形器在项目制作过程中，多用于对模型进行整体比例的调整。例如，做角色动画时，已经完成了该角色的模型、绑定动画部分，在最终输出时发现模型的手略大于其他角色，可利用FFD变形器整体缩放角色手的比例。这样可以不用返回

⬆ FFD的参数

到模型阶段，在不破坏原始模型的基础上对模型进行比例调整，大大节省了资源。

网格变形器的应用

网格变形器可以使可编辑对象作为变形器影响其他对象，其条件是被影响的对象必须在变形器对象的内部。

在场景中创建一个立方体（作为变形器）、一个球体和一个网格变形器。将立方体的"分段X""分段Y"和"分段Z"均改为"3"，并转化为可编辑对象。将网格变形器拖拽至球体的子级，并将立方体拖拽至网格变形器属性中的"网笼"属性框内，单击"初始化"按钮，如右图所示。

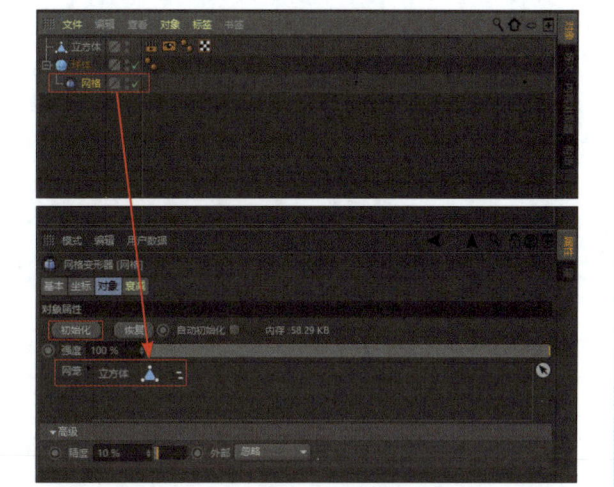

⬆ 将网格拖至球体的子级，再将立方体拖至网格变形器的"网笼"属性框内

视图中立方体的显示状态就会发生改变，如下图所示。

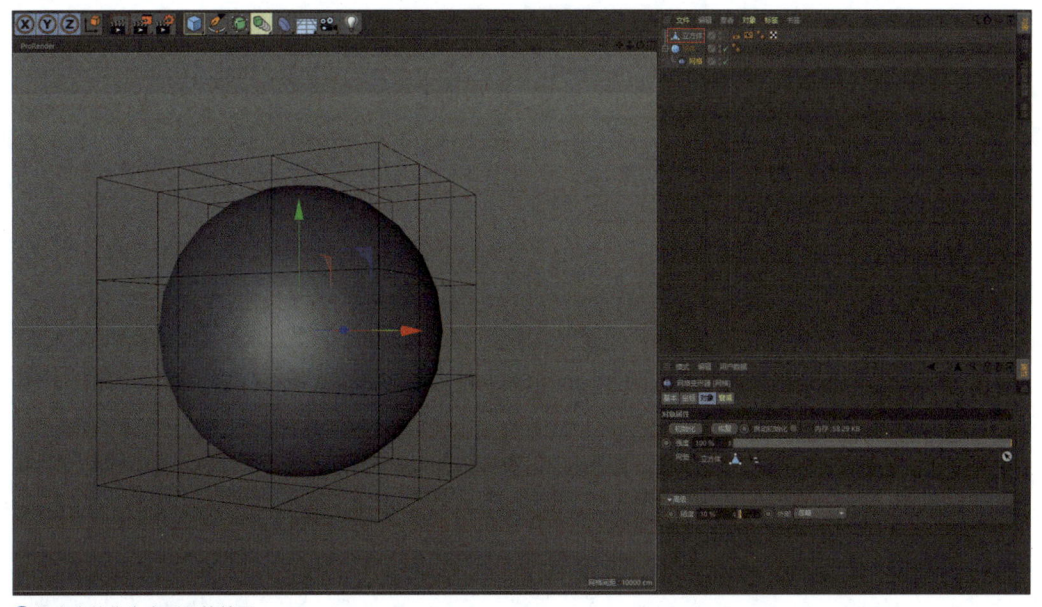

⬆ 将立方体作为变形器的效果

立方体被初始化之后，在对象管理器中，C4D会自动为立方体对象添加两个标签，用来更改立方体的显示模式，这也让立方体与其他对象区分开。

具体的操作方法和FFD变形器类似，即进入立方体的点模式后，选择任意点并移动，即可影响球体的形态，如右图所示。

网格变形器多用于低精度模型修改高精度模型的形态，因此在一些特定场景中使用频率较高，例如复杂模型的动力学运算。

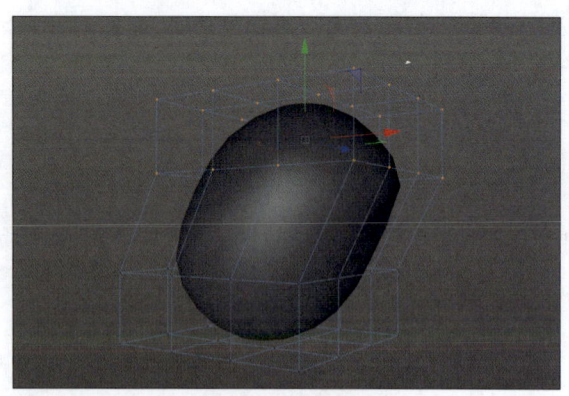

⬆ 进入立方体的点模式并移动点改变球体的形态

7.4 修正变形器

扫码看视频

修正变形器可以在不破坏模型的基础上最大限度地对模型进行形态调整。修正变形器最大的特点是可以在对象不可编辑（没有被"C掉"）的情况下，允许访问对象的点、线、面模式。

在场景中创建一个立方体，将"分段X""分段Y"和"分段Z"改为"6"，然后将修正变形器拖拽至立方体的子级。此时选中修正变形器，进入点、边或面的任意模式，可以发现在立方体未被"C掉"的情况下依然可以选中它的点、边或面，甚至可以对其进行移动，修改模型的形态。效果如下图所示。

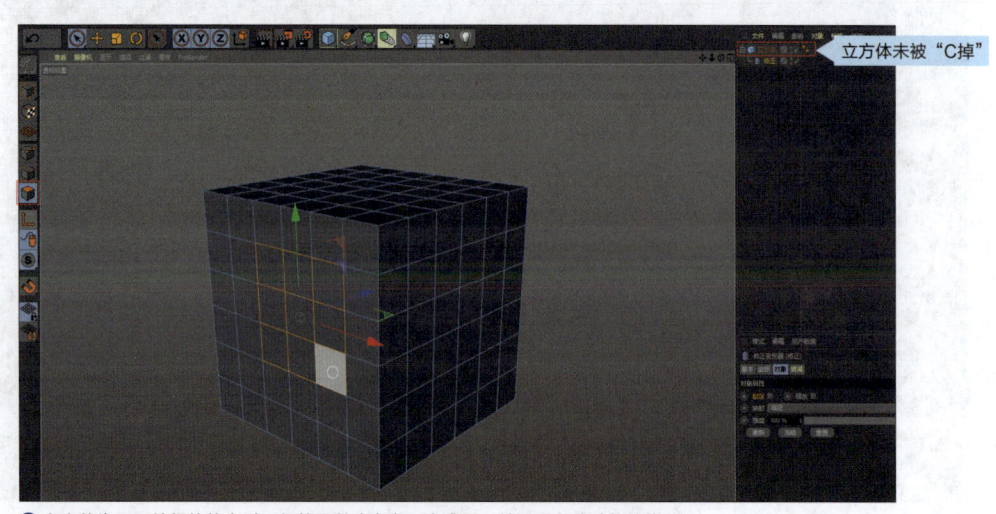

立方体未被"C掉"

⬆ 立方体为不可编辑的状态时，仍然可以选中点、边或面，并且可以移动修改模型

» 7.4 修正变形器

选中立方体上的若干面，进行移动，效果如下图所示。

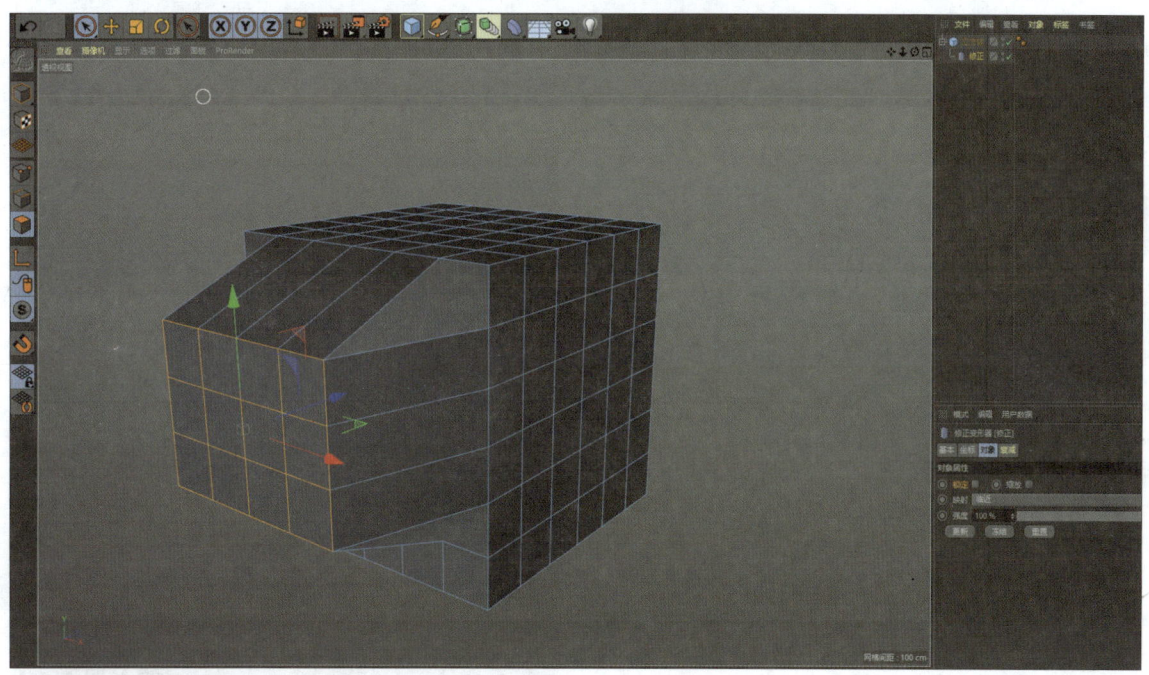

⬆ 选中立方体的部分面并移动

此时依然可以对立方体对象标签下的属性参数进行修改，例如增加分段等。

在修正变形器的属性编辑器中，对"强度"参数进行微调，可以修正产生的形变幅度。下图是将"强度"改为"50%"的效果。

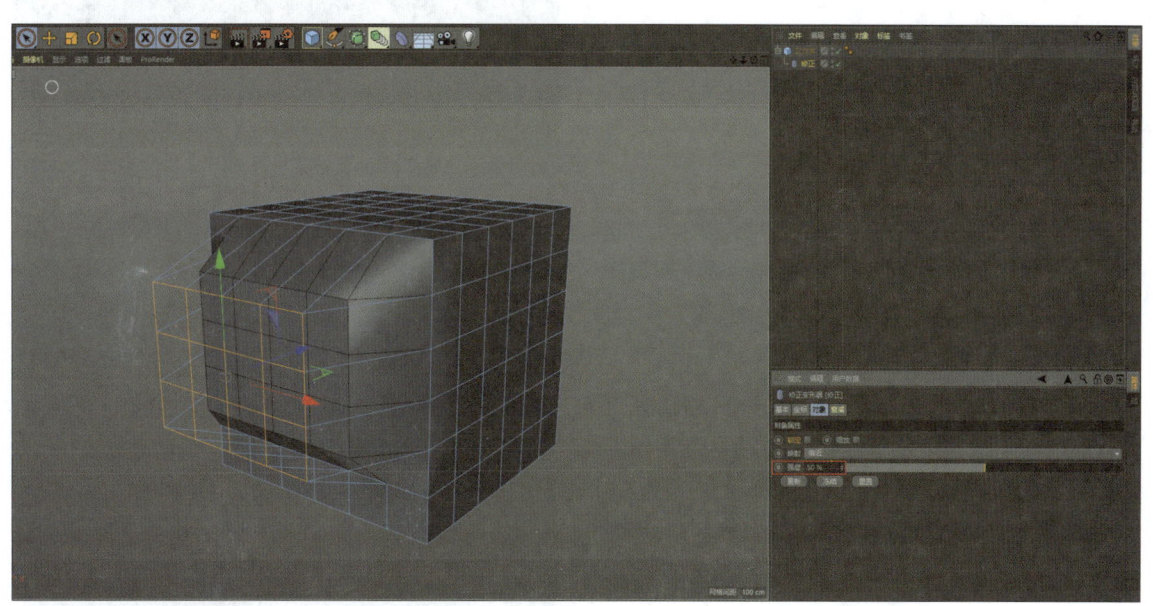

⬆ 设置修正变形器的"强度"为"50%"的效果

7.5 变形及姿态变形

在C4D中，变形变形器经常和"姿态变形"标签结合使用。这是在本书中第一次使用标签，下面简单介绍一下什么是标签。

标签一般添加在对象管理器中对象的最右侧，右图框内的为标签。

⬆ 管理器中对象的右侧为标签

标签的应用

一个对象可以添加多个标签，标签的作用是对**对象属性**的补充。所有标签都可以在对象管理器上方的"标签"列表中找到，其位置如右图所示。

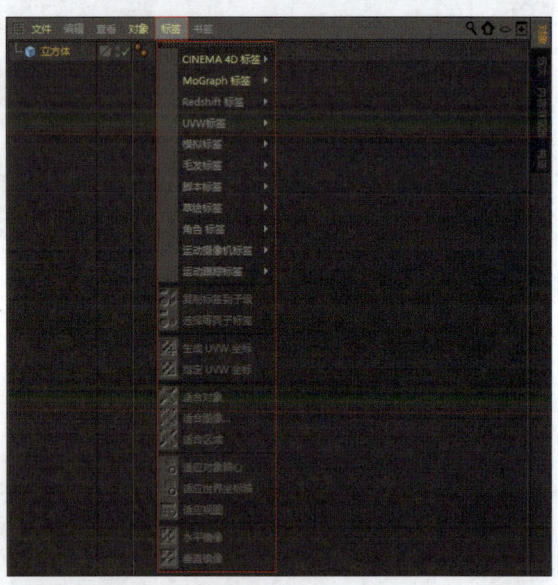

⬆ 在"标签"列表中包括所有标签

选中对象后，在对象管理器中右击对象，同样可以执行标签命令，其中包含所有标签，如右图所示。

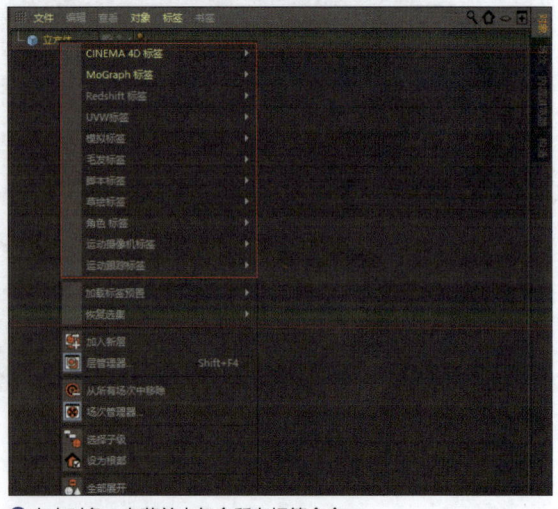

⬆ 右击对象，在菜单中包含所有标签命令

变形和姿态变形的应用

变形和姿态变形大多数情况下用于角色表情的制作，主要功能之一是记录模型上点位置的变化。这里以一个角色头像为例，在内容浏览器中，按以下路径可以找到C4D官方预设的角色头像模型："Studio-Example Scenes-Render Examples-01 Scenes-Man-Infinite Realities.c4d"，如下图所示。

↑ 导入C4D官方预设的角色头像模型

在对象管理器中，找到名为"Head"的对象（模型），并将变形拖拽至其子级，如右图所示。

↑ 将变形拖至模型的子级

添加之后并不会看到效果，要给名为"Head"的对象添加"姿态变形"标签，其位置如右图所示。

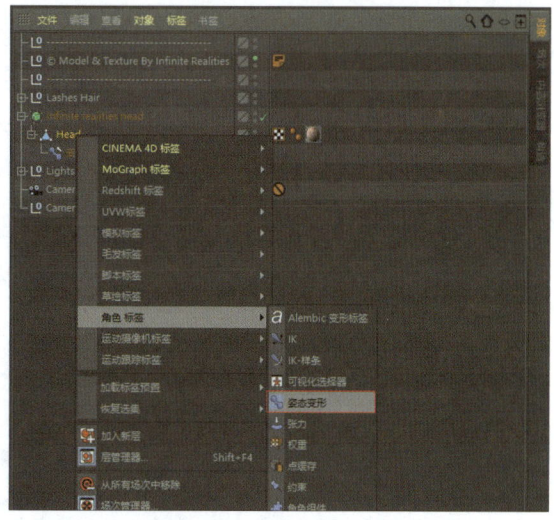

↑ 右击模型，在菜单中选择"角色 标签"—"姿态变形"命令

» 7 变形器应用

在对象管理器中选中变形,将变形的属性显示在属性管理器中。然后将姿态变形标签拖拽至属性管理器中的"变形"属性框中(此时变形变形器只是用来方便控制"姿态变形"标签所产生效果的强弱),效果如右图所示。

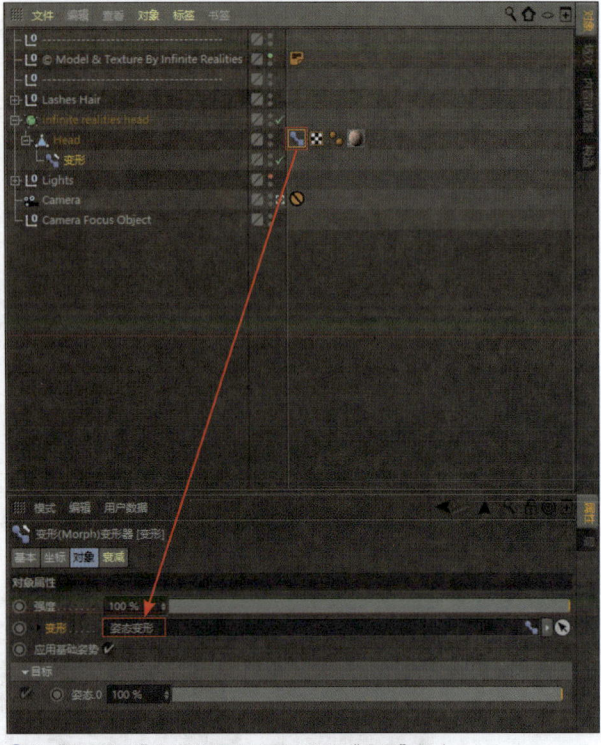

↑ 将"姿态变形"标签拖至变形变形器的"变形"框中

接下来介绍"姿态变形"标签的属性参数。要给角色制作一个简单的表情,这里以点为例,在属性管理器中勾选"点"复选框,如右图所示。

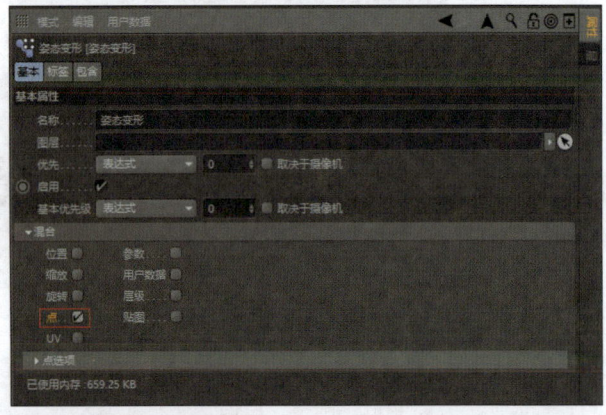

↑ 在属性管理器中启用点模式

开启"点"模式后,进入到"姿态变形"属性面板的"标签"选项卡,如右图所示。

↑ 切换至"姿态变形"属性的"标签"选项卡

192

这里有"编辑"和"动画"两种模式。制作表情时要先进入"编辑"模式，在下方的"姿态"选项框中可以添加多个姿态（单击下方的"添加姿态"按钮），目前已经有"基本姿态"及"姿态0"。"基本姿态"是该模型的原始状态，"姿态0"是可以操作编辑的新姿态（此处可以双击重命名）。

选中"姿态0"，进入到头像模型的点模式，进行点的调整。此处制作一个简单的微笑表情（可以用磁铁等工具），如下图所示。

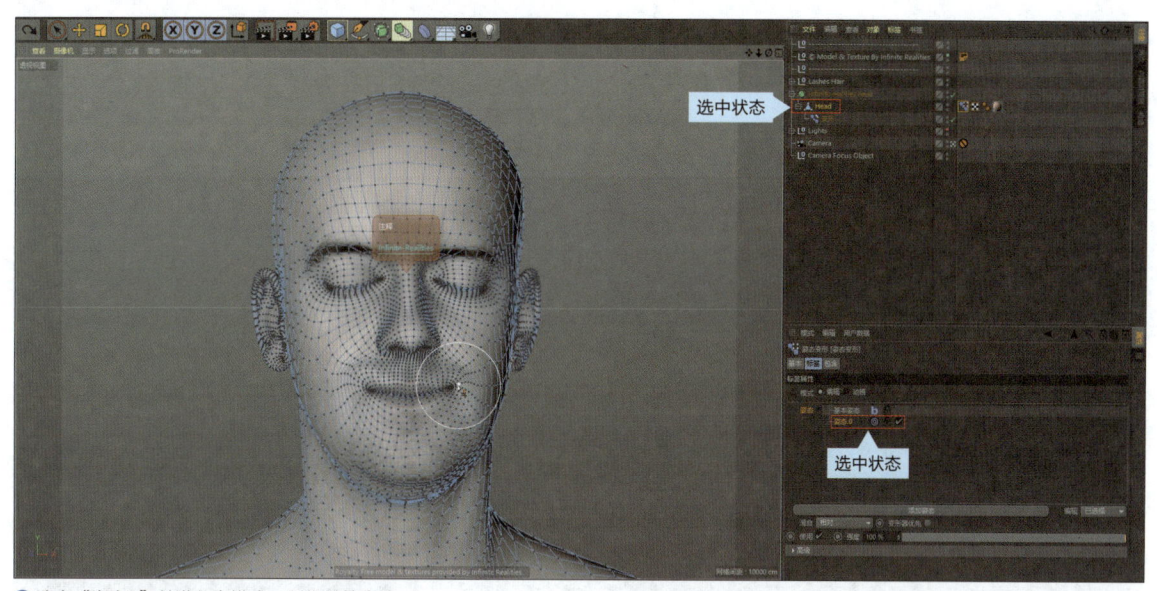

↑ 选中"姿态0"并进入点模式，制作微笑表情

编辑完成后，在属性管理器中选择"动画"模式退出编辑。此时在对象管理器中选中变形变形器，可以看到属性管理器中出现了名为"姿态0"的选项，调整右侧滑块，可以控制该角色模型微笑表情的程度，其位置如右图所示。

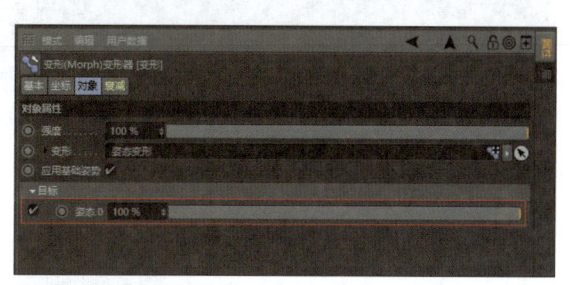

↑ 选择"动画"模式退出编辑，调整变形变形器"姿态0"参数

7.6 球化变形器和包裹变形器

扫码看视频

本节将介绍球化变形器和包裹变形器的应用。球化变形器可以将任意模型变为球体。包裹变形器则常用来将平面物体包裹成球体或者圆柱体。

球化变形器的应用

在场景中创建一个胶囊,将球化变形器拖拽至胶囊的子级。球化变形器的使用方法及属性非常简单,属性编辑器中仅有两个属性,如右图所示。

↑ 球化变形器的属性

"半径":球化变形器的大小,也可以理解为对象球化后,球的大小。

"强度":对象的球化程度,当数值为"100%"时,对象将完全变为球体并充满整个球化变形器。下图为设置"强度"为"70%"的效果。

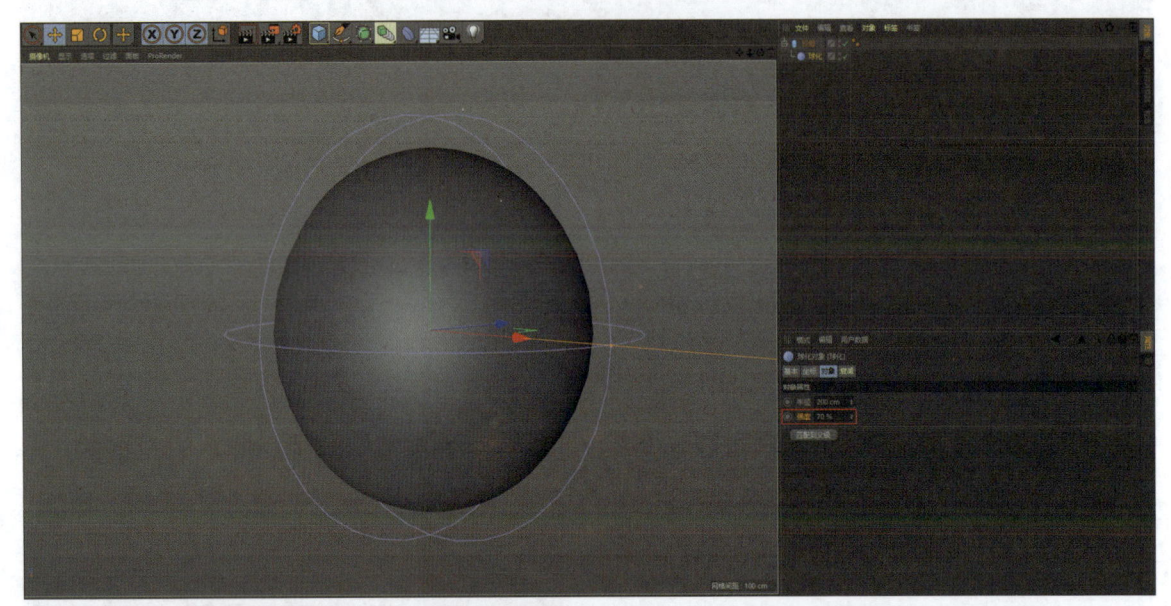

↑ 设置"强度"为"70%"的效果

包裹变形器的应用

包裹变形器可以将对象包裹在球体或圆柱内,这里的对象通常指平面状的对象,例如字体、地图等。在视图中可以看到包裹变形器是由一个平面和一个曲面组成的,如右图所示。

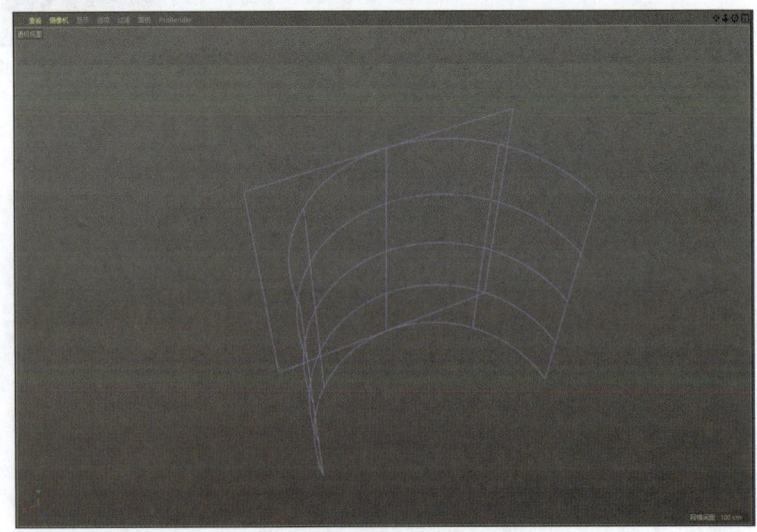

↑ 视图中包裹变形器由一个平面和一个曲面组成

» 7.6 球化变形器和包裹变形器

平面线框部分指将要被包裹变形器作用的对象的范围，曲面线框部分是对象被包裹变形之后的形态。这里以文本为例，创建一个样条文本，输入一些文字后，将包裹变形器拖拽至文本的子级，并单击"匹配到父级"按钮，如右图所示。

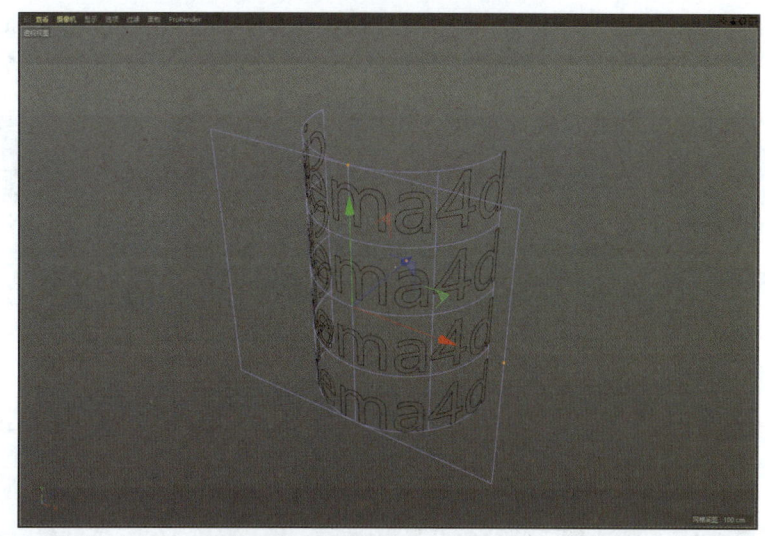

↑ 创建样条文本，将包裹变形器拖至文本的子级

这时可以看到文本样条已经被包裹变形器包裹起来，成为一个曲面。接下来讲解包裹变形器的属性参数，如右图所示。

↑ 包裹变形器的属性参数

"宽度"和"高度"指的是包裹变形器在视窗中平面网格的影响范围。

"半径"指的是曲面网格的半径大小。

"包裹"的方式有两种，分别为"球状"和"柱状"，其效果如字面意义一样，非常直观。

"经度起点"和"经度终点"：当"经度起点"为"0°"，"经度终点"为"360°"时，将会包裹成一个完整的圆柱，效果如下图所示。

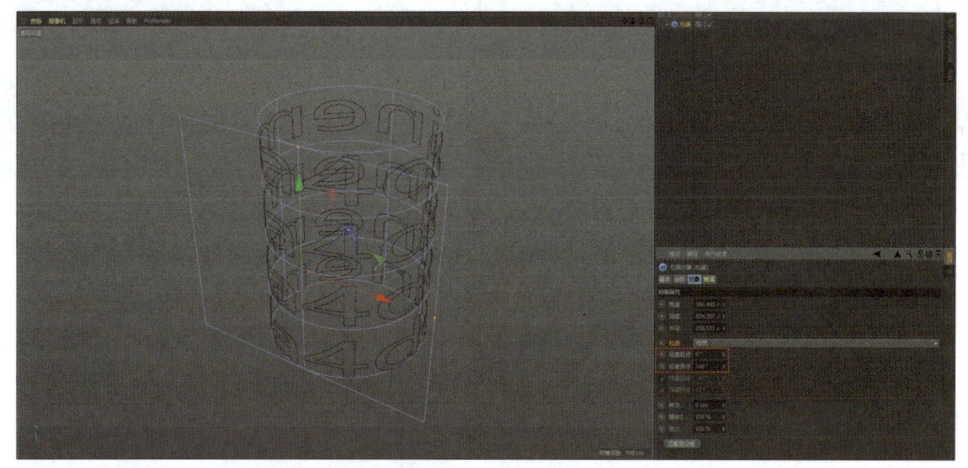

↑ 设置"经度起点"和"经度终点"，使包裹成为圆柱

195

» 7 变形器应用

"纬度起点"和"纬度终点":只有在包裹模式为"球状"时,这两个参数才被启用。当"纬度起点"为"-90°","纬度终点"为"90°"时,将会包裹成一个完整的球体,如下图所示。

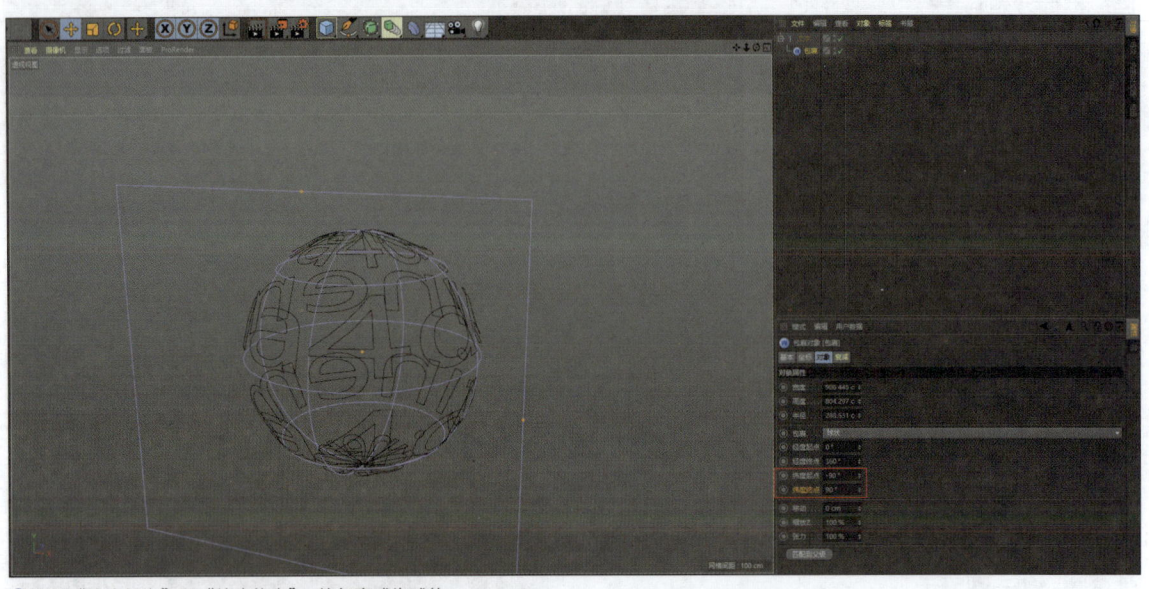

⬆ 设置"纬度起点"和"纬度终点",使包裹成为球体

"移动"参数可以让变形对象在Y轴上发生偏移,会变成螺旋上升或下降形状。将"移动"改为"500cm",变形对象成为螺旋上升形状,如下图所示。

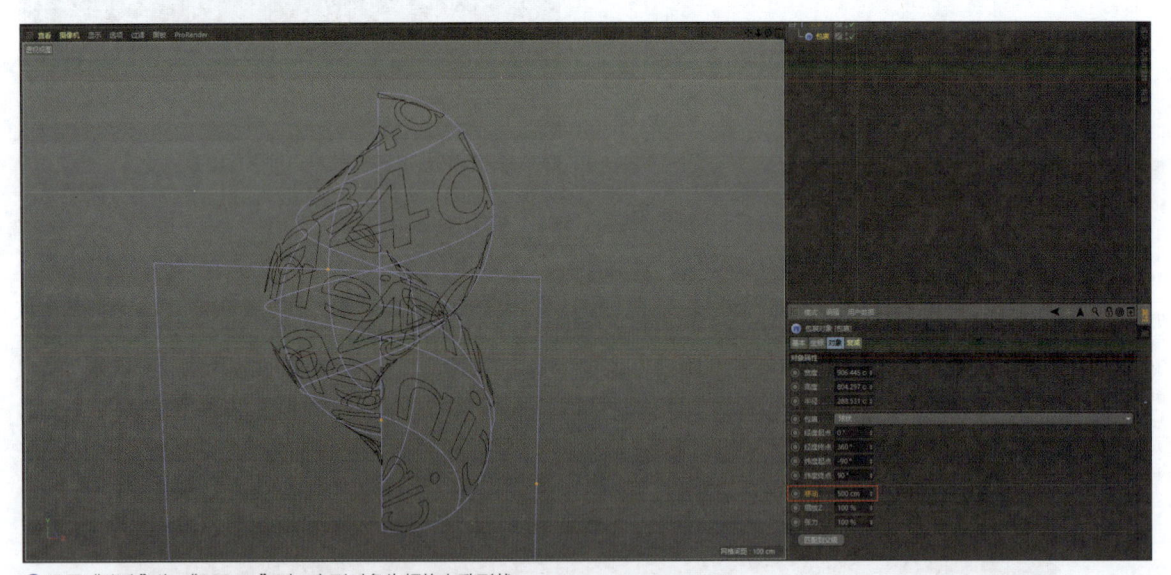

⬆ 设置"移动"为"500cm"时,变形对象为螺旋上升形状

"张力":表示包裹的强度。当"张力"为"0%",会将之前产生的对象展平;当"张力"为"100%",会将对象完全包裹。

7.7 样条约束变形器

样条约束是C4D中非常重要的一个变形器，可以帮助用户搭建场景模型或制作动画。样条约束变形器使用样条线作为载体，将添加变形器的对象沿着样条移动，并相应地变形。样条约束变形器几乎可以作用于任何对象。

创建样条约束变形器和胶囊对象

首先在场景中随意绘制一根样条线，创建一个样条约束变形器及胶囊对象，将样条约束拖拽至胶囊的子级，拖拽之后并不会直接看到效果，如下图所示。

⬆ 创建样条线、样条约束变形器和胶囊对象

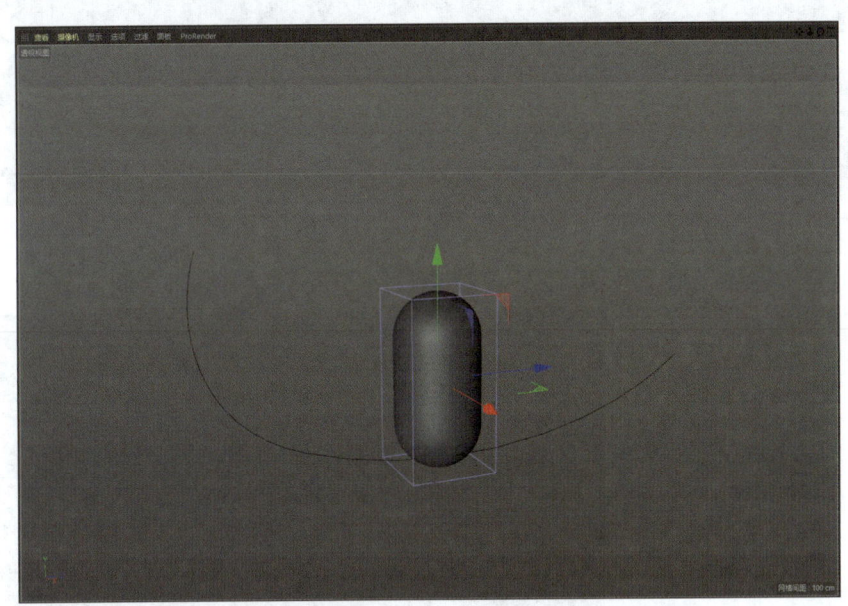

此时在对象管理器中选择样条约束对象，将样条约束对象的属性显示在属性管理器中。随后把刚刚绘制的样条对象拖拽至属性管理器中"样条"右侧的属性框内，如右图所示。

⬆ 将样条对象拖拽至样条约束属性管理器中"样条"属性框内

» 7 变形器应用

这时样条约束就已经可以对胶囊对象产生影响了，但是当前效果并不正确。如果要得到正确效果，需要配合调整样条约束的"轴向"属性。以下图中可以看出，红框内才是胶囊的顶部或底部的位置。

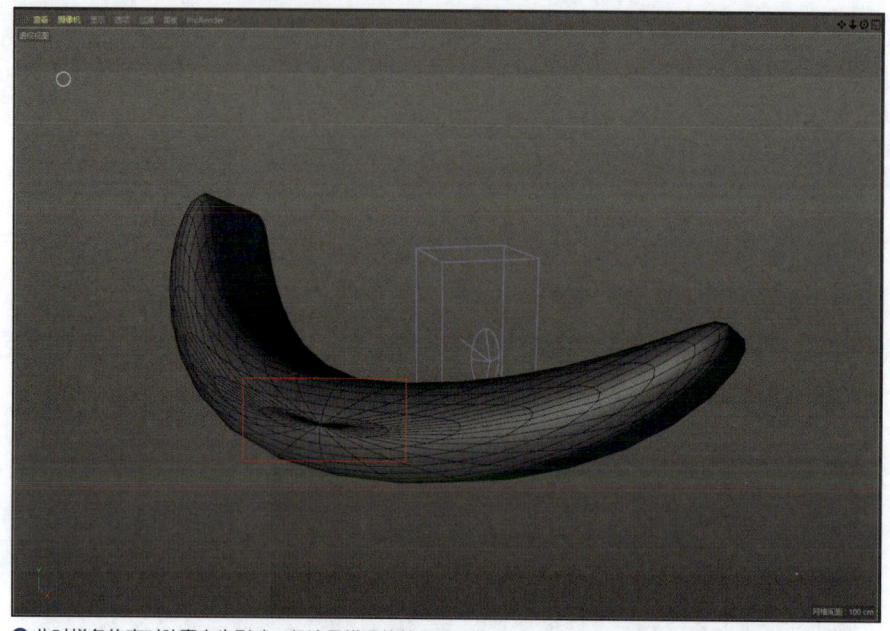

⬆ 此时样条约束对胶囊产生影响，但这是错误的效果

样条约束的属性

接下来讲解样条约束的属性，其属性面板如右图所示。

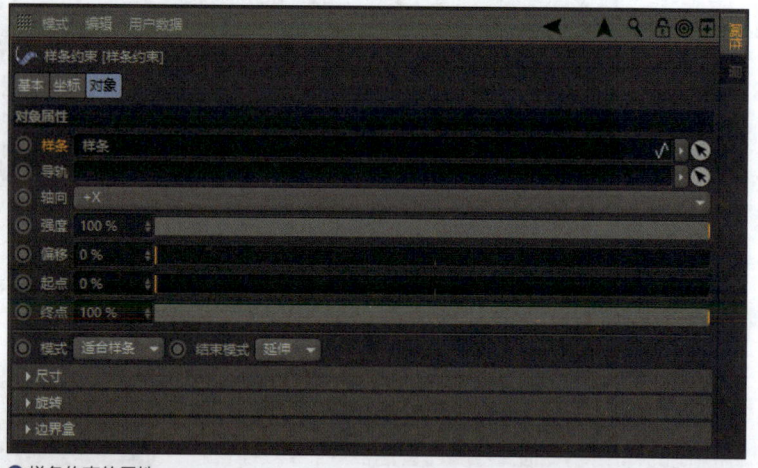

⬆ 样条约束的属性

"轴向"：用以设置物体以哪一个轴为基础被约束起来。通常情况下，会以物体的Y轴作为约束的轴向。"轴向"列表如右图所示。

⬆ "轴向"列表

将"轴向"修改为"+Y"后,视图中样条约束紫色范围框里的箭头也相应地变成了"+Y"方向,如下图所示。

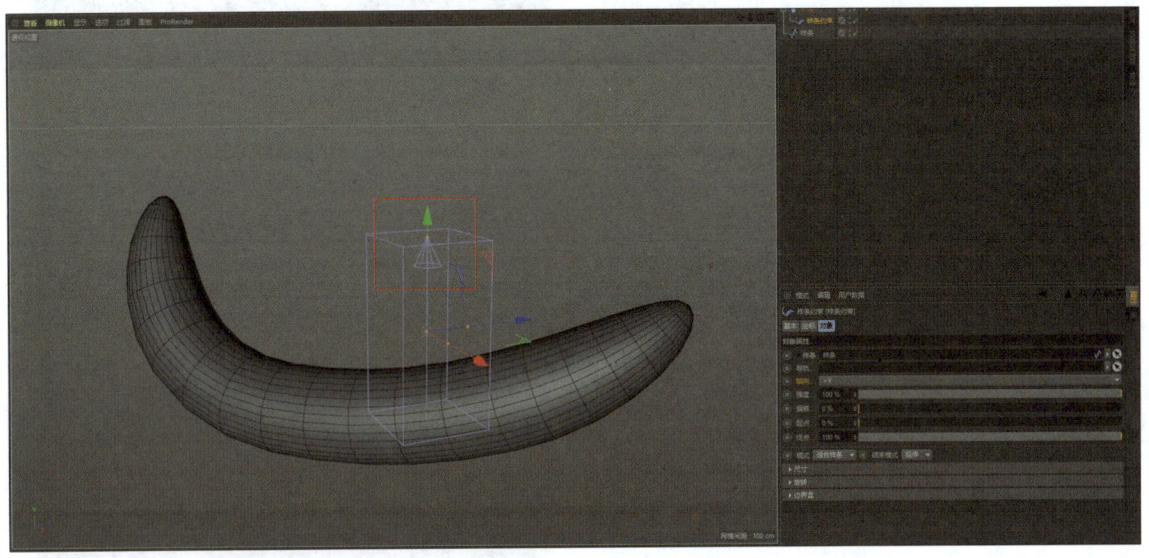

○ 设置"轴向"为"+Y"的效果

"强度":设置对象被样条约束的强度,一般设置为"100%"。

"偏移":设置对象在样条上的位置。这个数值是可以无限大的,当数值大于100%时,对象会超出样条线的范围,以样条线最末端指向的方向继续偏移。"偏移"在制作路径动画时是非常重要的一个属性参数,使用频率非常高。

"起点"和"终点":可以将对象向样条的起点或终点位置进行压缩。

"模式":共有两种模式,分别代表了对象以何种方式被约束在样条上。"适合样条"模式会将对象拉伸变形至样条相同的长度,宽度不变,这样会改变对象的比例;"保持长度"模式会保持对象本身的长度,不改变对象本身的比例。下图为将"模式"由默认的"适合样条"修改为"保持长度"的效果。

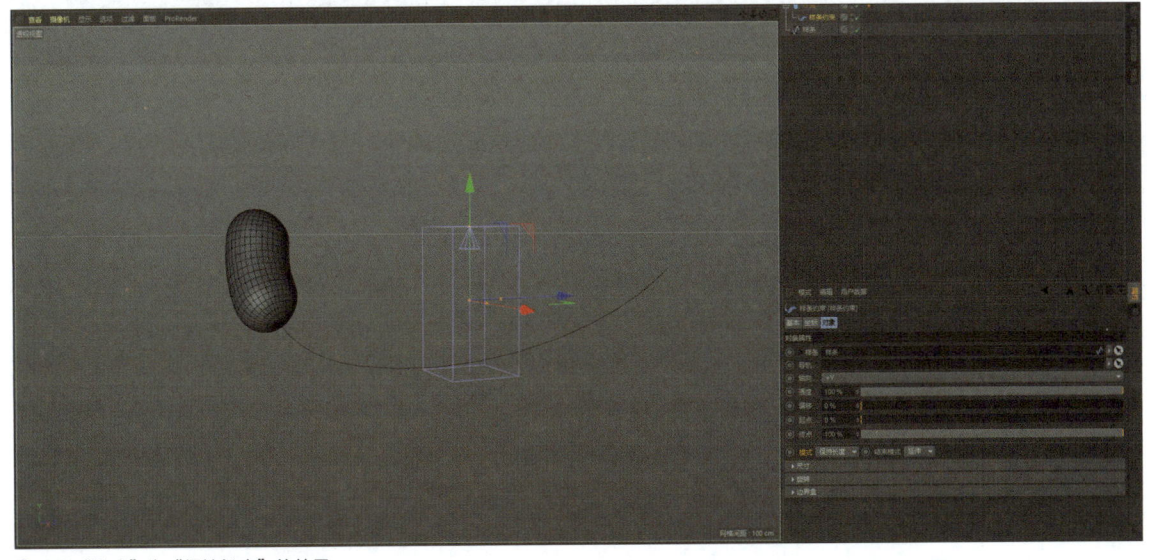

○ 修改"模式"为"保持长度"的效果

"结束模式":上文介绍过"偏移"的属性参数可以无限大,大于100%时对象会超出样条范围。这里的"结束模式"对应的就是当对象到达样条线的终点时,是否还会超出样条线范围继续偏移。"延伸"结束模式为默认模式,也就是上文中对象可以超出样条线的范围;"限制"结束模式则不会使对象超出样条线范围,在到达终点时会被挤压成一个平面,即便"偏移"数值大于100%也没有任何意义。

"尺寸":单击该属性左侧的小三角按钮,展开卷展栏,卷展栏下方分为两个区域,分别为"尺寸"和"样条尺寸",如右图所示。

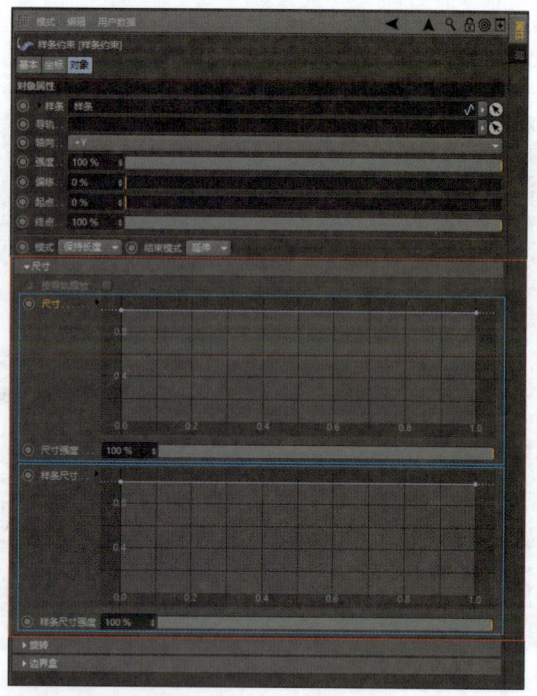

↑ 展开"尺寸"卷展栏

两个框内的图表叫做"功能图表",以"尺寸"属性右侧的功能图表为例,使用这个功能图表可以沿着对象本身的长度对对象进行尺寸缩放,达到类似两端小、中间粗的效果。图表中有一根蓝色的线和两端两个蓝色的点,这两个点分别代表对象或样条的两端。

"尺寸":在右侧的图表中,蓝色线条两端的点代表对象的两端。使用鼠标左键按住左侧的点向下拖动,可以使物体的左侧变小,如下图所示。

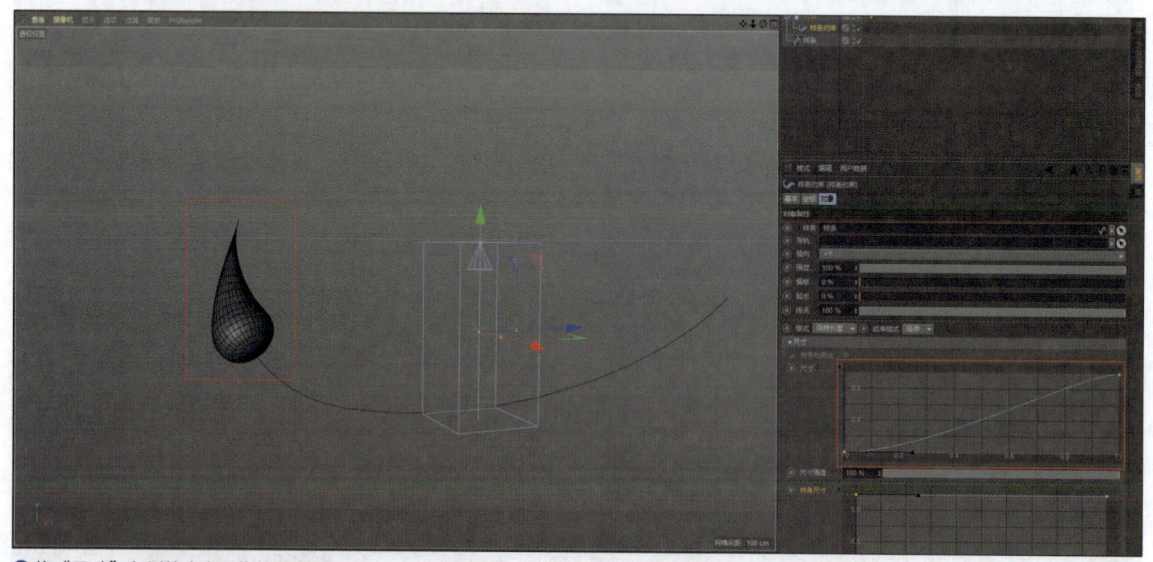

↑ 将"尺寸"左侧的点向下拖拽至底部

> **小提示:在曲线上新增控制点的方法**
>
> 在蓝色线条上按住Ctrl键的同时用鼠标左键单击,可以增加新的控制点。

"尺寸强度":指的是对象本身整体的尺寸缩放。

"样条尺寸":在右侧的图表中,蓝色线条两端的点代表样条的两端。在蓝色线条的中间位置增加一个新的控制点,然后将该控制点向下拖动。这时再去调整上方的"偏移"属性,可以看到对象在位于样条线两端时尺寸较大,偏移至样条中间位置时尺寸变小,如下面三张图所示。

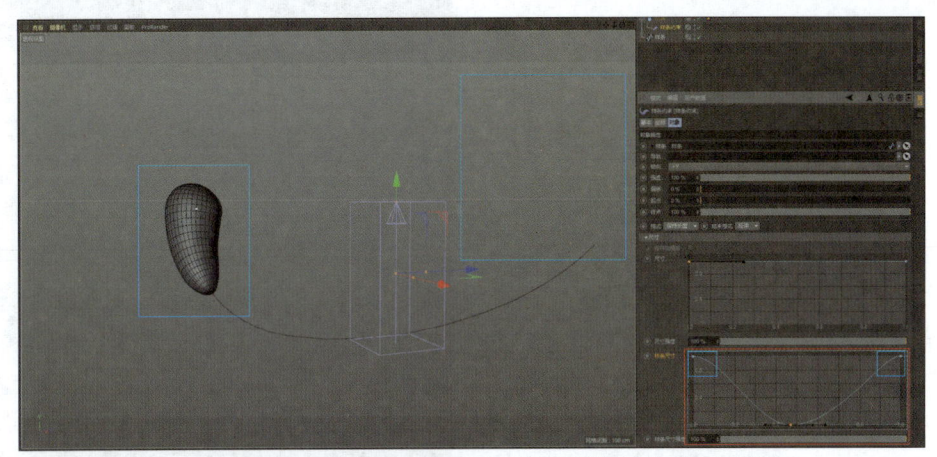

↑ 在"样条尺寸"功能图表的中间线增加控制点并拖至底部,并设置"偏移"为"0%"的效果

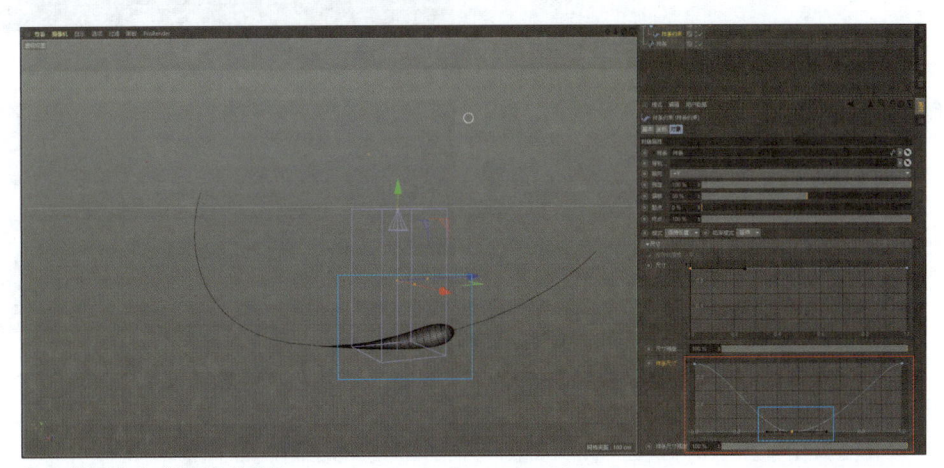

↑ 设"偏移"为"50%"的效果

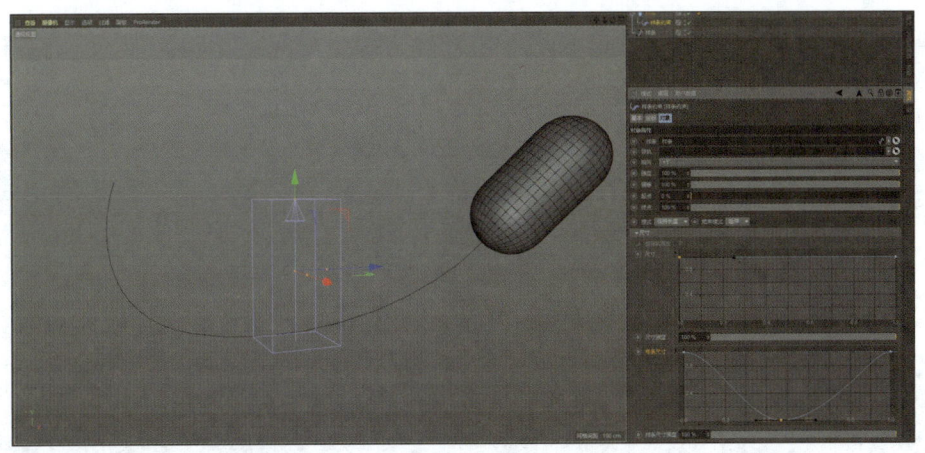

↑ 设"偏移"为"100%"的效果

» 7 变形器应用

"旋转":单击该属性左侧的小三角按钮,展开卷展栏,卷展栏下方分为"旋转"和"样条旋转"两个区域,如右图所示。

⬆ 展开"旋转"卷展栏

首先创建一个立方体对象,设置"尺寸Y"为"300cm","分段Y"为"30",如右图所示。

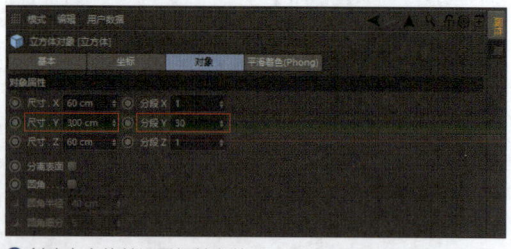

⬆ 创建立方体并设置相关参数

"Banking":设置对象自身整体的旋转角度。

"旋转":和上文的"尺寸"属性一样,右侧功能图表中蓝色线条两端的点代表对象的两端。将图表中左侧的点选中,向上拖至顶部,可以旋转立方体对象的左侧,如下图所示。

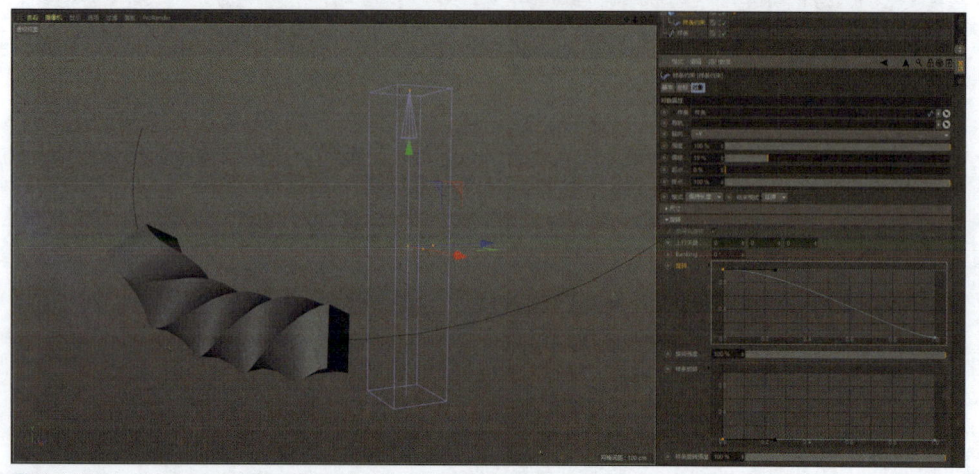

⬆ 将"旋转"功能图表左侧点拖至顶部,旋转立方体对象的左侧

"样条旋转"：同理，蓝色线条两端的点代表样条线的两端。这里实现的效果和"样条尺寸"一样，但是用图片很难解释清楚彼此之间的区别，如果想更深入了解这些区别，可以观看随书教学视频中的演示动画。

"边界盒"：单击该属性左侧的小三角按钮，展开卷展栏，如右图所示。

"边界盒"指的是样条约束变形器的范围框尺寸。但是大多数情况下即使这里不做调整，范围框也会自动适配对象的大小，因此"边界盒"的使用频率非常低。

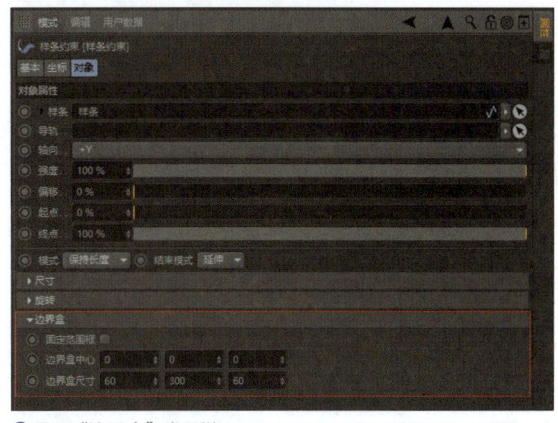

↑ 展开"边界盒"卷展栏

7.8 碰撞变形器

碰撞变形器可以计算物体和物体中间的交互，通过变形器的计算方式来模拟两个物体在碰撞时发生的形变。碰撞变形器多用于动画和动力学计算。

在场景中创建一个球体和一个平面，并且在视图中将球体移至平面的上方。新建一个碰撞变形器，拖拽至平面的子级，效果如下图所示。

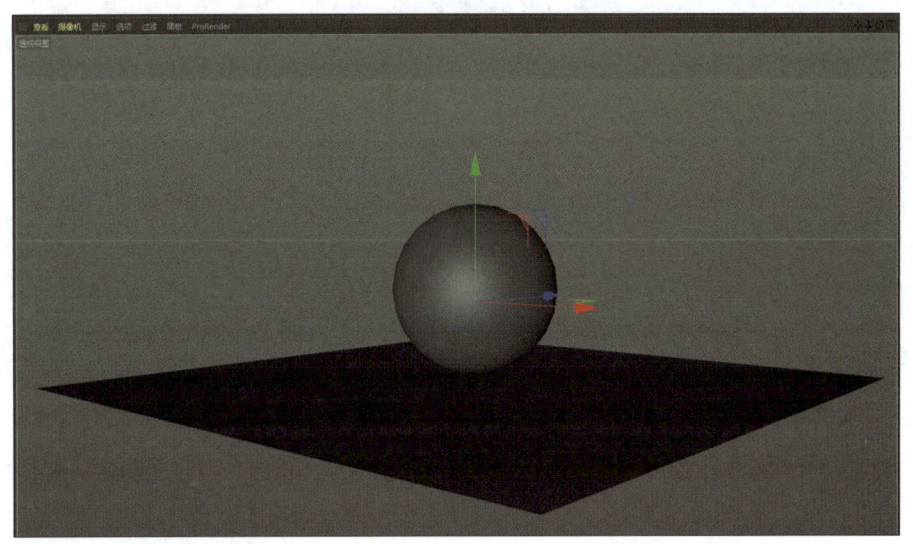

↑ 创建球体、平面和碰撞变形器

> 7 变形器应用

在碰撞的"对象"选项卡下的属性参数中，没有太多需要调整的属性参数，大多数属性仅用于动画制作。"对象"选项卡的属性面板如右图所示。

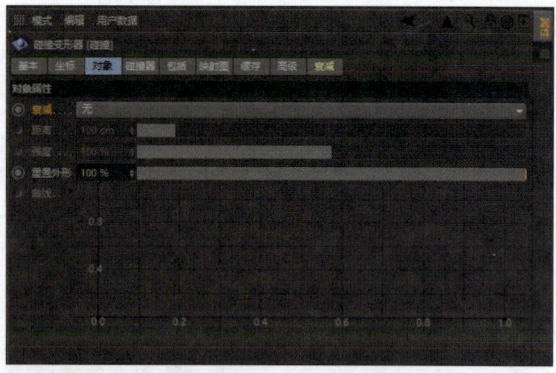

◎ 碰撞变形器的"对象"选项卡

若想让球体对地面产生碰撞作用，需要进入到碰撞变形器的属性管理器中，选择"碰撞器"选项卡，并将球体拖拽至下面"对象"属性右侧的列表中，如右图所示。

◎ 将球体拖到"碰撞器"选项卡下"对象"列表中

此时向下移动球体，使球体和平面产生交互，可以看到平面和球体接触的地方产生了凹陷，如下图所示。

◎ 向下移动球体，在接触的地方产生凹陷

在实际项目应用中，碰撞变形器可以制作的效果有：雪地中的脚印、被压扁的罐子和被碰撞后产生凹陷的金属板等。

7.9 置换变形器

置换变形器必须与图像配合使用，其原理是识别图像中的黑白信息，识别图像中的白色为凸起，黑色为凹陷，并在模型的表面产生凹凸起伏的效果。置换变形器最典型的应用是结合C4D中的程序纹理使用。需要注意的是，产生变形的对象必须有足够多的分段数支撑变形。

在场景中创建一个平面对象，将置换变形器拖拽至平面的子级。此时视图中没有发生任何变化，是因为目前还没有图像让置换变形器识别黑白信息。

在置换变形器的属性管理器中，切换至"着色"选项卡，如右图所示。

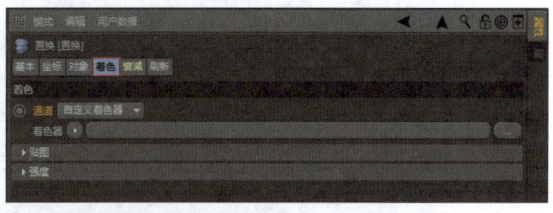

↑ 置换变形器的"着色"选项卡

"通道"：指C4D中材质球的通道，因为涉及材质部分的内容，此处先不介绍它的意义。

"着色器"：使用鼠标左键按住属性旁边的三角按钮展开列表，这个列表中显示了所有C4D的着色器，光标移至"噪波"后松开鼠标左键。"噪波"的位置如右图所示。

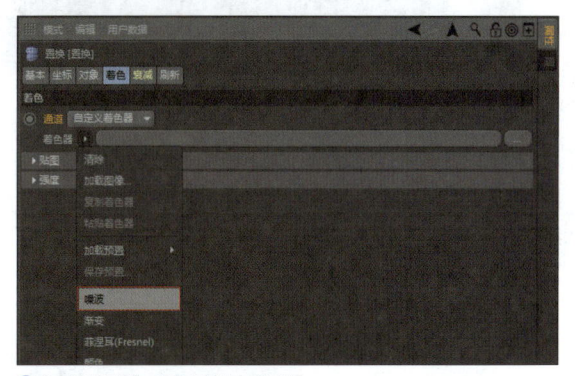

↑ 在"着色器"列表中选择"噪波"

添加"噪波"着色器后，视图中的平面已经产生了变化，如右图所示。

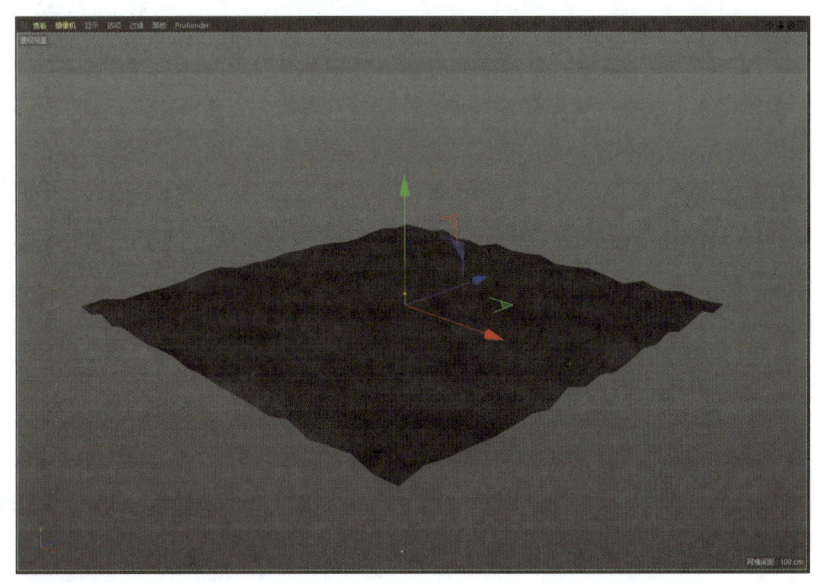

↑ 视图中的平面发生噪波变化

此时的平面因为分段数不够，显示的效果是不正确的。我们将平面的"宽度分段"和"高度分段"设置为"300"，可以看到更高精度的起伏效果，如下图所示。

⬆ 设置"宽度分段"和"高度分段"的效果

接下来讲解一下置换变形器"对象"选项卡下的属性参数，"对象"选项卡如右图所示。

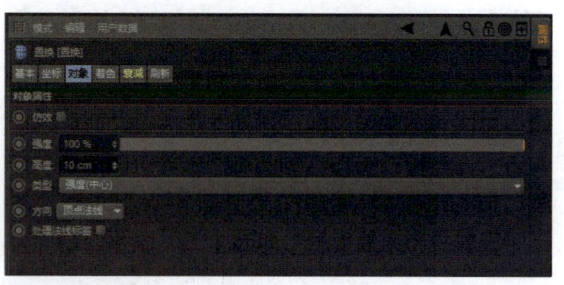

⬆ 置换变形器的"对象"选项卡

"强度"和"高度"分别指的是置换变形器对对象产生形变的整体强度和形变高度，两者在实际应用当中所产生的变化非常相似，都可以用来控制置换产生的起伏的大小。当"强度"为负数，或"高度"为负数时，会翻转凹凸效果，即图像中黑色为凸起，白色为凹陷。

"类型"：下拉列表中包含置换的六种计算方式，最常用的为"强度"和"强度（中心）"方式，默认为"强度（中心）"方式。

"类型"—"强度（中心）"：增加"高度"值时，黑白两个信息将同时作用于平面，也就是说，黑色向下凹陷，白色向上凸起。

"类型"—"强度"：增加"高度"值时，仅白色信息作用于平面。也就是说，黑色保持不动，白色向上凸起。当"高度"为负数则刚好相反，白色保持不动，黑色向下凹陷。

"方向"：下拉列表中包含"顶端法线""球状"和"平面"三个选项，代表置换产生的三种不同方向。

"方向"—"顶点法线"：按照模型表面每一个面的法线方向进行置换。

"方向"—"球状"：C4D会在对象的中心创建一个假的球体，以球体的形态进行置换。

"方向"—"平面"：通过调整设置，可以单独使模型在X、Y、Z轴的正负方向上进行置换。

7.10 平滑变形器和倒角变形器

本节将介绍平滑变形器和倒角变形器的应用。平滑变形器可以让模型产生平滑的效果，但不增加模型表面的细分。倒角变形器使用起来比倒角命令更加灵活，可以通过边选集灵活地对模型局部进行倒角，并且可以随时对倒角的宽度等信息进行调整。

平滑变形器的应用

第5章介绍的细分曲面生成器，可以给模型添加分段并进行圆滑。平滑变形器和细分曲面变形器的区别就在于，平滑变形器可以在**不添加分段**的情况下对模型进行圆滑。

在场景中创建一个立方体，将"分段X""分段Y"和"分段Z"均改为"4"。将平滑变形器拖拽至立方体的子级，就能得到一个平滑的立方体了，效果如下图所示。

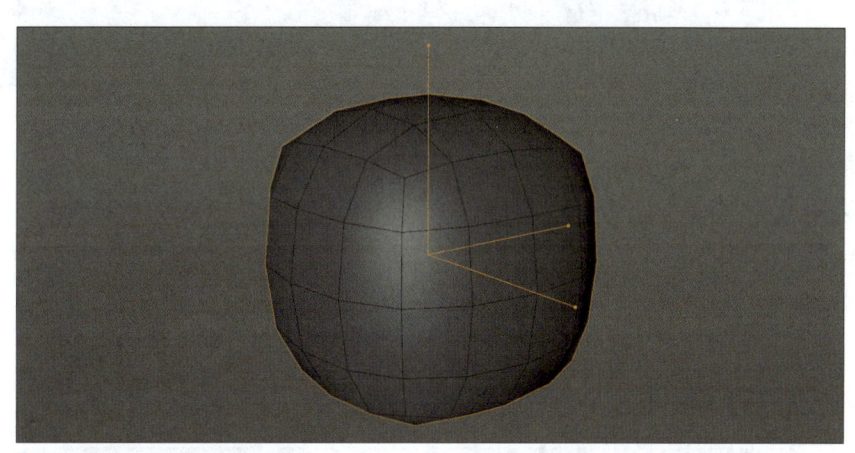

◐ 使用平滑变形器对立方体进行平滑

接下来看一下平滑变形器的属性参数，如右图所示。

"强度"：用于设置平滑的强度。当值为"0%"时，即变形器不产生平滑效果。

"类型"：共有三种，代表了三种不同的计算方式。最常用的是默认的"平滑"类型。

"迭代"：用于设置平滑的次数。需要注意的是，并不是迭代越高越好，当参数越大，模型会变得越小。

"硬度"：用来控制硬度的强度。但只有在下方的"硬度贴图"属性中有顶点贴图时，才会和"强度"有所区分。在没有顶点贴图的情况下，调整"硬度"属性的效果和调整"强度"的效果一样。

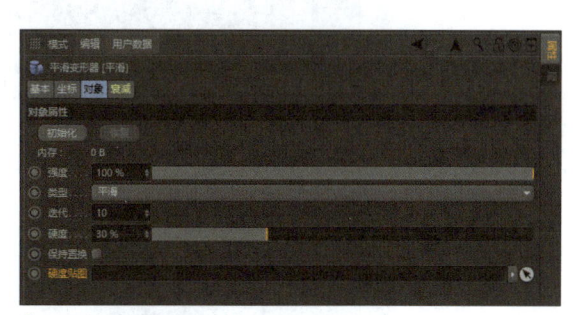

◐ 平滑变形器的属性

> **小提示：简单认识"顶点权重"**
>
> 顶点贴图也称为顶点权重，它可以为每一个顶点储存一个0~1之间的值。它的作用有很多，经常被用做辅助变形器、动力学等工具，来精确地控制对象的部分点。如果想使用顶点贴图，对象必须是可编辑状态。

"硬度贴图"：需要配合顶点贴图标签使用，我们可以用顶点贴图来选中硬度参数所控制的区域。下面介绍"硬度贴图"属性的具体使用方法。

将立方体转为可编辑对象，选中立方体的部分点，如下图所示。

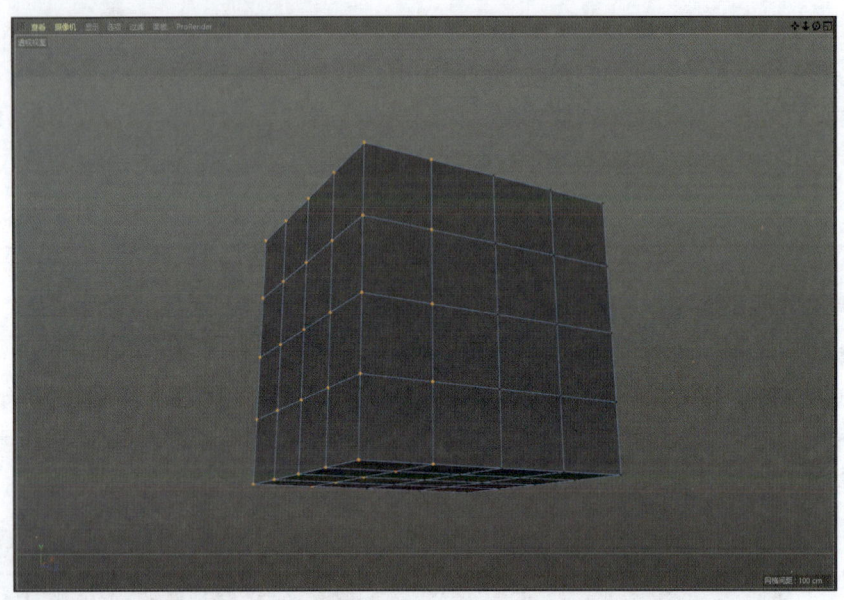

↑ 将立方体对象转为可编辑对象，并选中部分点

在"选择"菜单中选择"设置顶点权重"命令，在弹出的对话框中设置"数值"为"100%"，单击"确定"按钮，如右图所示。

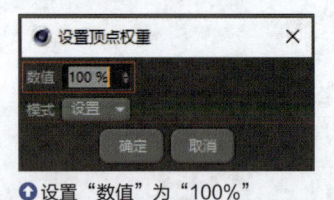

↑ 设置"数值"为"100%"

这时，视窗中对象上刚刚选中的点以黄色显示，如下图所示。

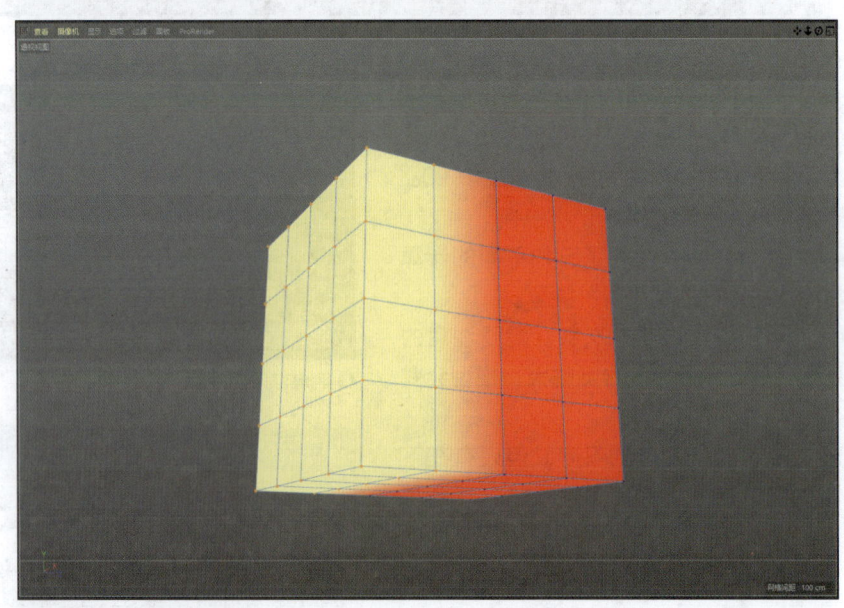

↑ 立方体选中的点变为黄色

» 7.10 平滑变形器和倒角变形器

在对象管理器中可见立方体对象右侧的标签区出现了一个顶点贴图的标签,如右图所示。

↑ 在立方体对象右侧显示顶点贴图的标签

将顶点贴图标签拖拽至平滑变形器的"硬度贴图"属性框中,如右图所示。

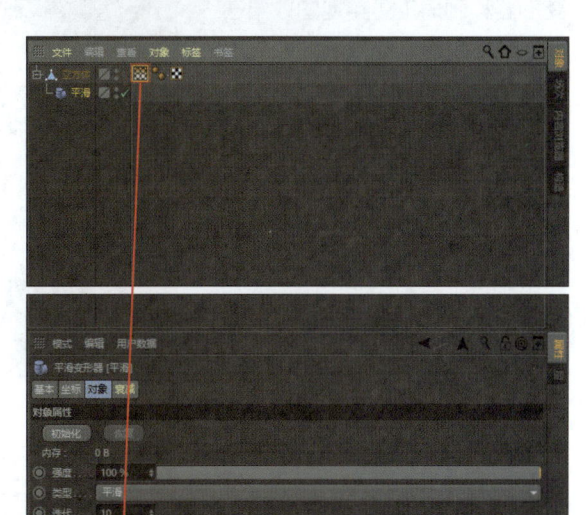

↑ 将顶点贴图标签拖至"硬度贴图"属性框中

这时就可以通过调整"硬度"参数来调整刚刚选中的那些点的硬度了。

这里听起来可能有点不好理解,下面换一种方式来介绍。此时"强度"属性依旧控制整个立方体的平滑强度,只不过刚刚选中的那些点在平滑效果器的作用之下,被强制用"硬度"属性控制了硬度。若"强度"值为"0%",则选中的这些点会跟随平滑变形器一起产生平滑的效果;若值为"100%",则选中的这些点被强制执行100%强度的硬化,在视图中体现的刚好是没有平滑过的效果,如下图所示。

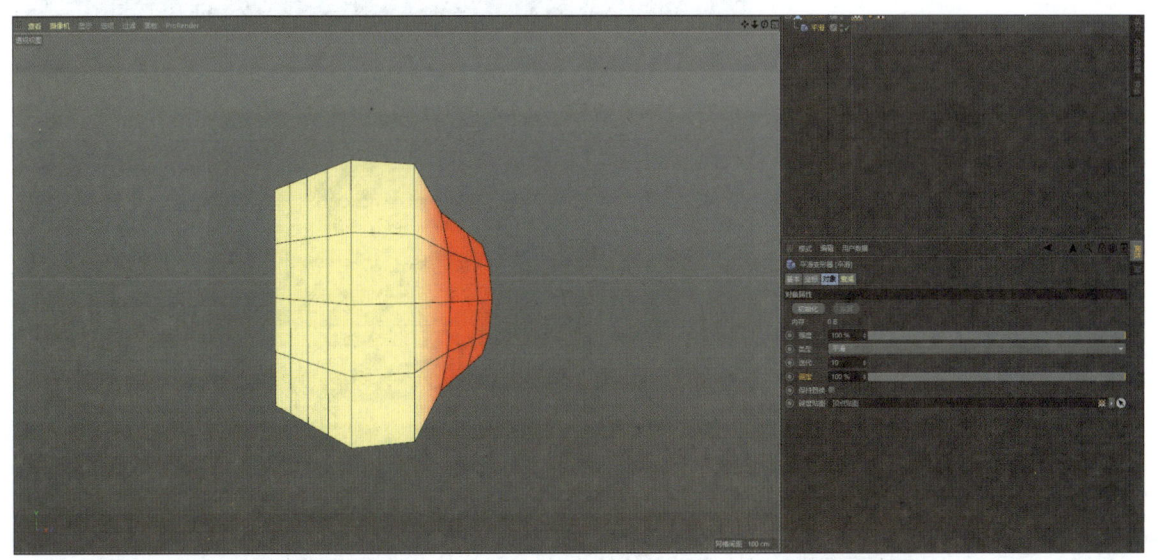

↑ 设置"强度"为"100%"的效果

209

倒角变形器的应用

在之前的6.9节中，我们重点介绍了倒角工具的应用。倒角变形器和倒角工具实现的效果一样，只不过是以变形器的形式去实现倒角的效果。它的优点是可以反复修改变形器的属性，并且可以随时取消倒角效果，不破坏原始模型。

在场景中新建一个立方体，利用挤压工具制作一个简单的几何体模型，如右图所示。

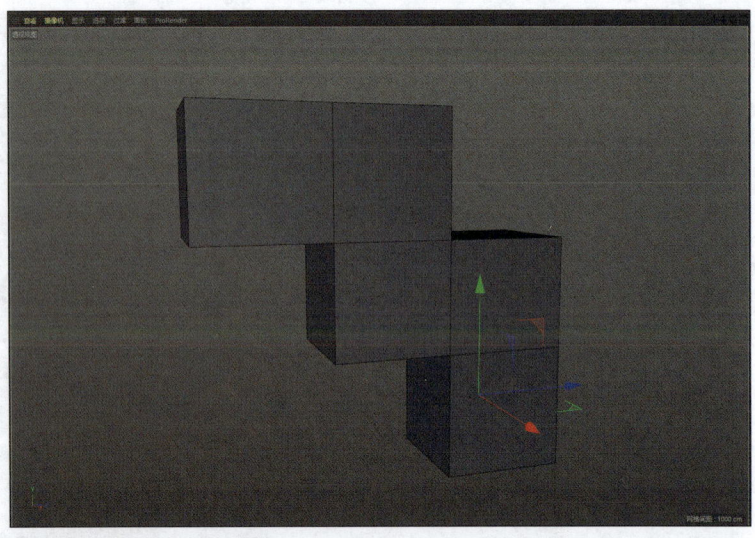

⬆ 使用挤压工具制作几何体模型

将倒角变形器拖拽至立方体的子级，此时倒角就已经对立方体产生了作用，如右图所示。

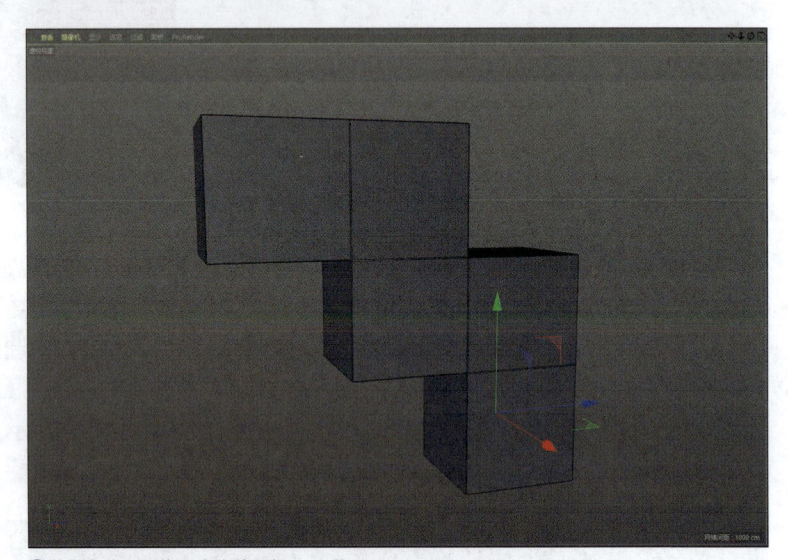

⬆ 将倒角变形器拖至立方体子级

接下来看一下倒角变形器的属性参数，如右图所示。

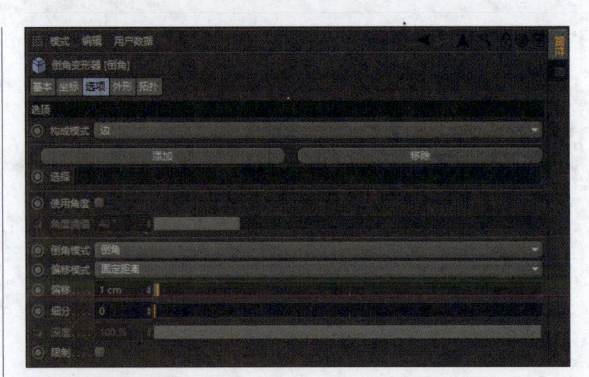

"构成模式"：共分为"点""边"和"面"三种，分别对应了模型上的点、边和面，其意义是"倒角"变形器可以单独对点、边和面进行倒角。如果想同时对一个对象进行两种及以上模式的倒角，直接在子级添加一个新的倒角变形器即可。

"选择"：这个属性在C4D中是很常见的，它的使用方法是一样的，都是将对象的选集标签

⬆ 倒角变形器的属性

拖拽到属性框中，以达到具有针对性的操作。例如，在倒角变形器中，用户可以指定某个或某几个点进行倒角。

» 7.10 平滑变形器和倒角变形器

> **小提示：什么是选集标签**
>
> 选集标签是C4D庞大的标签体系中的一个（之前还学习过姿态变形标签、顶点贴图标签），使用频率非常高。首先了解一下选集标签的概念，选集标签可以将对象上所选择的点、边或面以标签的形式储存起来，从而通过双击对象管理器中的标签来重新获取这些点、边或面的信息。

这里以边为例，选择模型上的几条边，如右图所示。

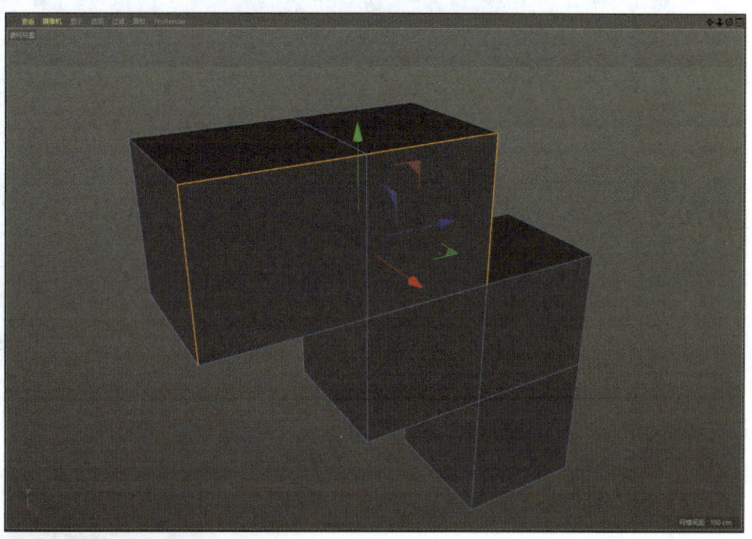

↑ 选择模型上的几条边

然后在"选择"菜单下选择"设置选集"命令，其位置如右图所示。

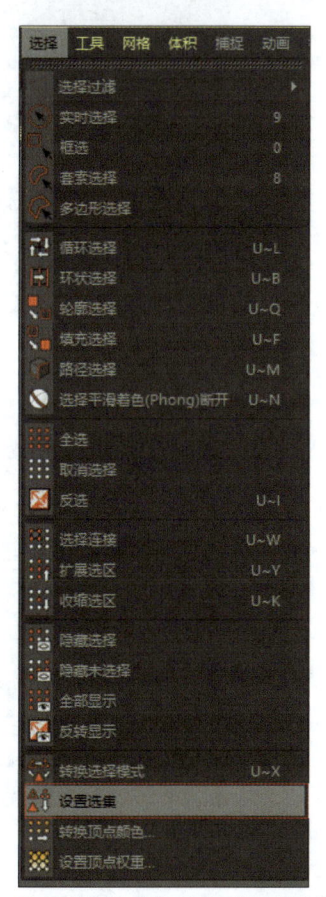

↑ 在"选择"菜单下选择"设置选集"命令

» 7 变形器应用

此时在对象管理器中，立方体右侧就出现了一个选集标签。将选集标签拖拽至倒角变形器的"选择"属性框中，为了方便观察，将属性管理器中"偏移"属性改为"15cm"，效果如下图所示。

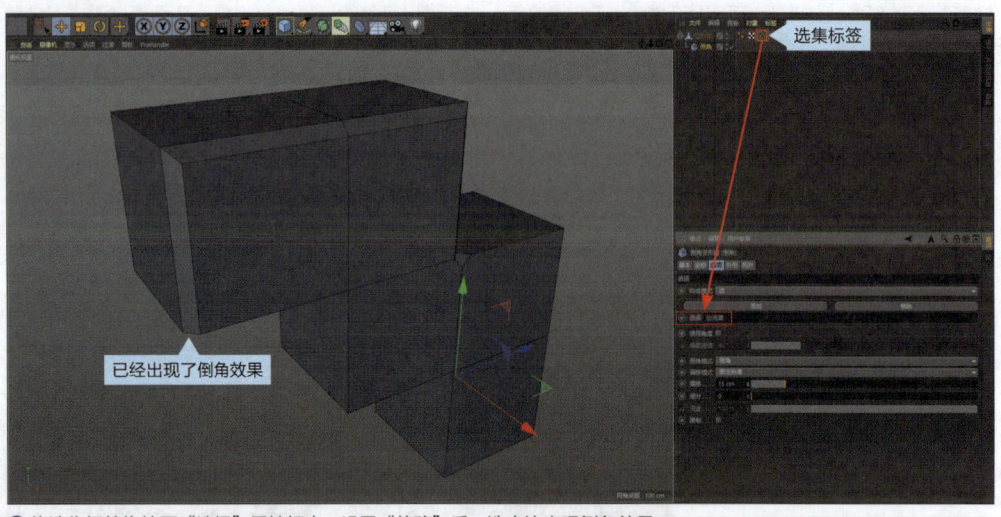

↑ 将选集标签拖拽至"选择"属性框中，设置"偏移"后，选中边出现倒角效果

在"选择"的上方有两个按钮。单击"添加"按钮，可以添加多个"选择"属性框来添加多个选集标签；单击"移除"按钮，可以移除多余的属性框。

"倒角模式"：共有"倒角"和"实体"两种模式。为"倒角"模式时，倒角变形器会对模型产生形态上的改变；为"实体"模式时，模型的形态不变，仅在模型的边缘产生新的环线。"实体"仅支持边模式，在点模式和面模式下此选项不可用。右侧两张图是"倒角模式"为"倒角"和"实体"的效果。

"偏移模式"：倒角时不同的偏移距离的作用是相同的。这里最常用的是默认的"固定距离"。

"偏移"：倒角的大小。

"细分"：倒角后产生的斜面上的段数。

"深度"：倒角的凹凸变化。当"深度"为正数，倒角为向外凸起；当"深度"为负数，倒角为向内凹陷。

"限制"：勾选该复选框，可以避免模型在偏移值过大时产生穿插。

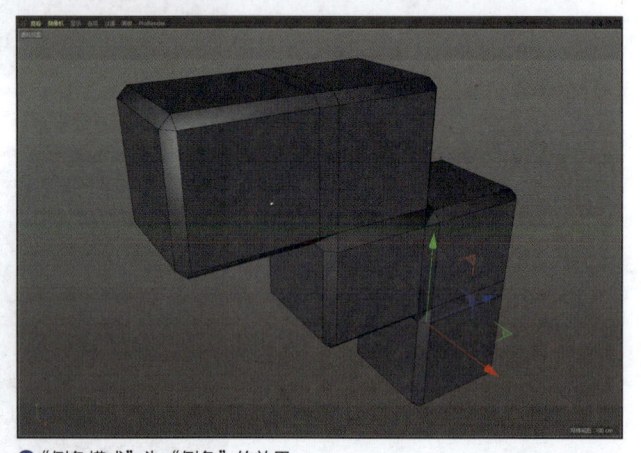

↑ "倒角模式"为"倒角"的效果

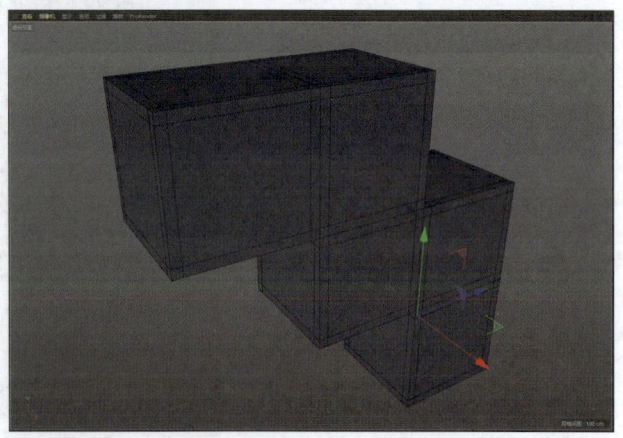

↑ "倒角模式"为"实体"的效果

RS 灯光应用

8.1 自定义布局

8.2 RS 灯光概览

8.3 RS 常用的四种灯光

8.4 Dome Light（穹幕光源）

8.5 Redshift Sun & Sky Rig（RS 太阳和天空）

8

8.1 自定义布局

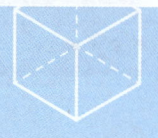

从本节开始，正式进入到RedShift（简称RS）渲染器的学习。关于RS渲染器，我们在之前的章节中已经有比较详细的介绍，包括RS渲染器的安装与购买等。在开始RS渲染器内容的学习前，大家可以回到之前的章节回顾一下。

本章主要讲解RS渲染器中灯光的常用知识，帮助大家快速掌握RS渲染器的应用。

因为RS属于插件渲染器，需要额外安装，而且安装后在C4D的默认布局中没有快捷图标。所以在开始学习RS渲染器之前，要先学会如何自定义布局，将RS渲染器的常用命令及工具放置在自定义的布局界面上。

安装完RS渲染器后，会在菜单栏中显示一个名为"Redshift"的菜单，鼠标左键单击该菜单，将光标放置在下图中红框标注的位置。

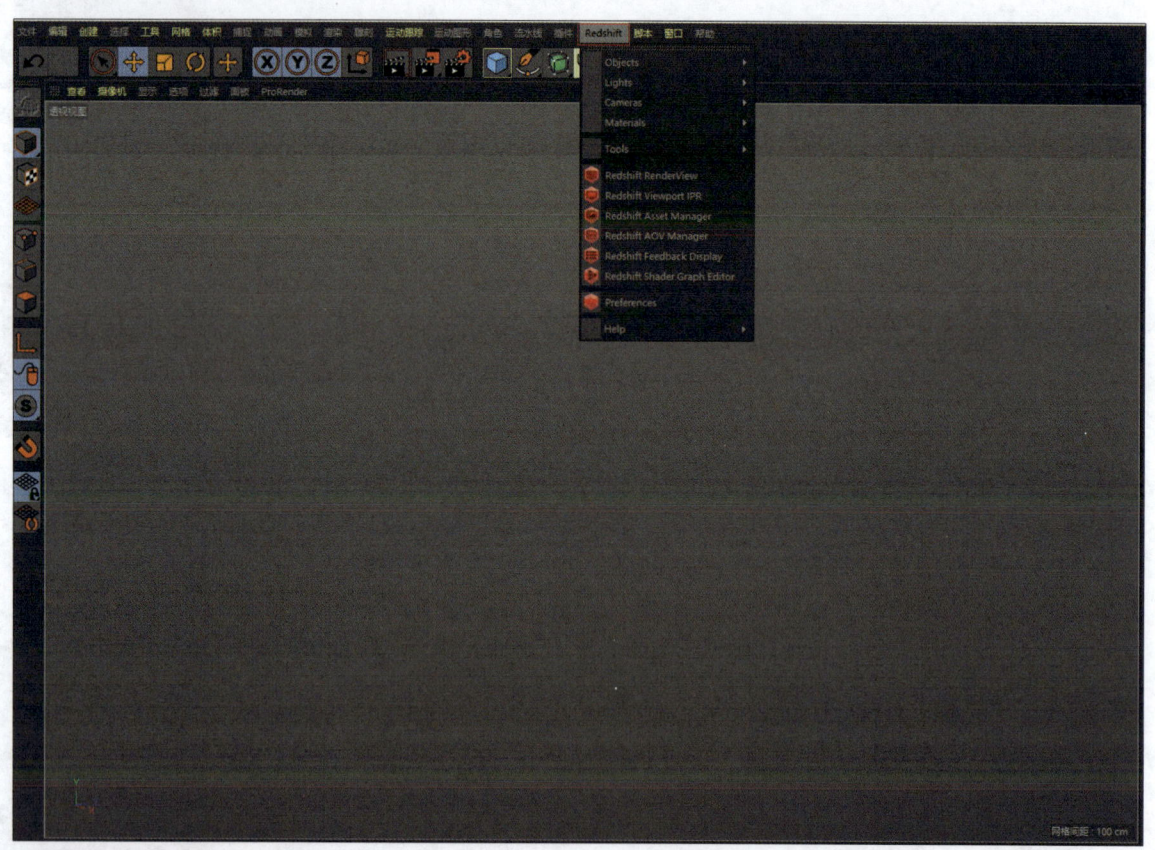

↑ 在菜单栏中显示"Redshift"菜单

单击鼠标左键，此菜单栏会变成一个浮动窗口，如下页上图所示。

» 8.1 自定义布局

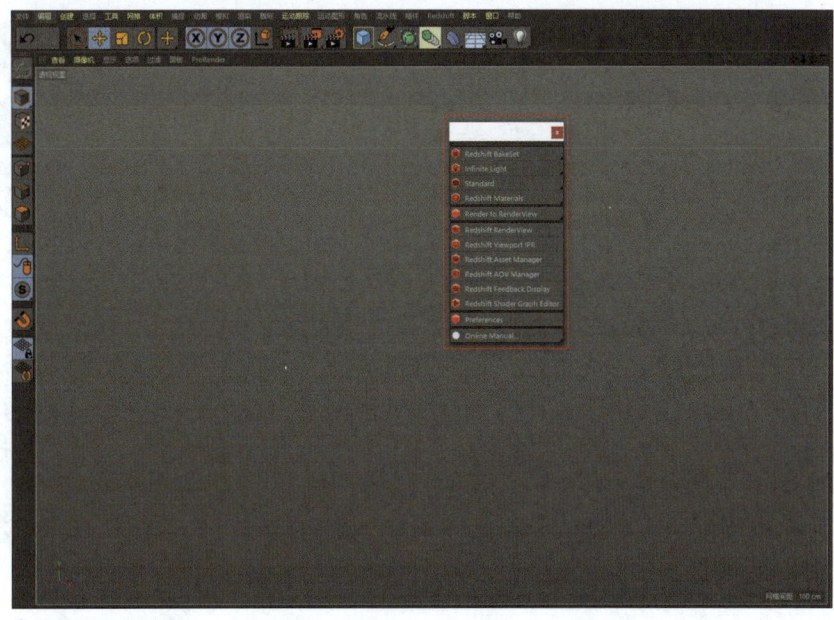

⬆ 单击后显示浮动窗口

继续使用鼠标左键按住刚才的区域不动，拖拽至对象管理器的左侧，会呈现右图所示的高亮区域。

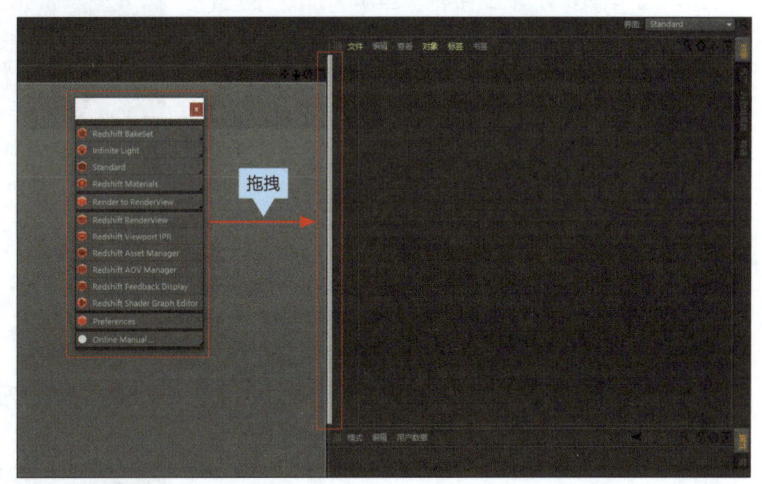

⬆ 将浮动窗口拖至对象管理器的右侧

这时松开鼠标左键，RS渲染器的菜单被固定到了对象管理器左侧的区域，这样就不需要每次都去菜单栏里寻找RS的命令及工具了，可以节省大量的工作时间。固定后的布局如右图所示。

⬆ 固定RS命令后的布局效果

215

8 RS 灯光应用

如果在使用C4D的过程中不再需要这个菜单了，或者想把这个菜单挪到其他位置，是可以随时更改或者移动的。操作方法也非常简单，只需要在菜单区域内任意地方右击并选择"解锁"命令就可以了，如右图所示。

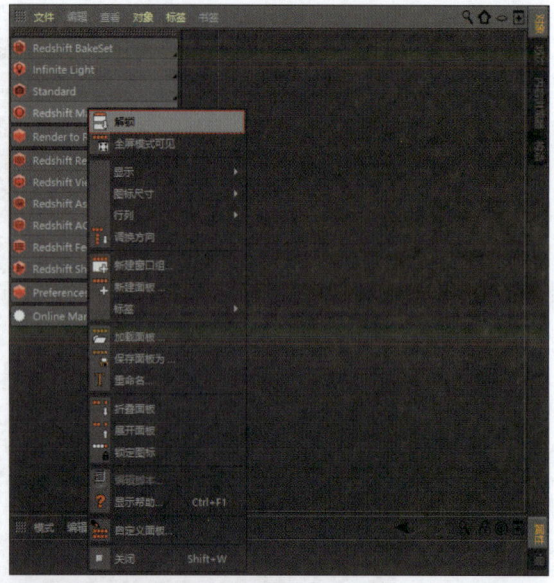

↑ 右击菜单区域并选择"解锁"命令

接下来用鼠标左键单击RS菜单中的"Redshift RenderView"按钮（渲染显示窗口），其位置如右图所示。

↑ 单击"Redshift RenderView"按钮

单击后出现一个新的窗口，也就是RS的渲染显示窗口，如右图所示。

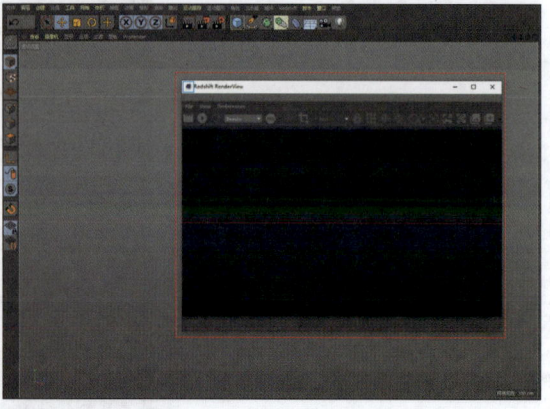

↑ 显示RS的渲染窗口

216

接着像之前的操作一样，用鼠标左键拖拽这个窗口到视窗的左侧，将其固定至视窗的左侧。不太一样的是，这时我们需要用鼠标左键按住上页图中蓝色框内的位置才可以进行拖拽。固定后的布局如右图所示。

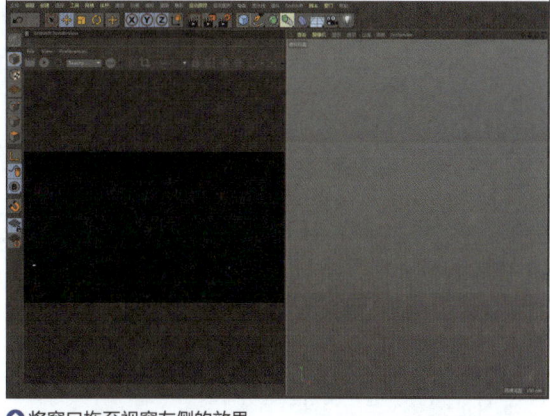

↑ 将窗口拖至视窗左侧的效果

把渲染显示窗口固定到视图左侧，是因为RS是一款支持实时显示的渲染器，我们可以在视图操作的过程中实时观察渲染的效果。

这两个操作完成后，在"窗口"菜单下选择"自定义布局"—"另存布局为"命令保存目前的界面，以便在工作中进行切换使用。"另存布局为"命令的位置如右图所示。

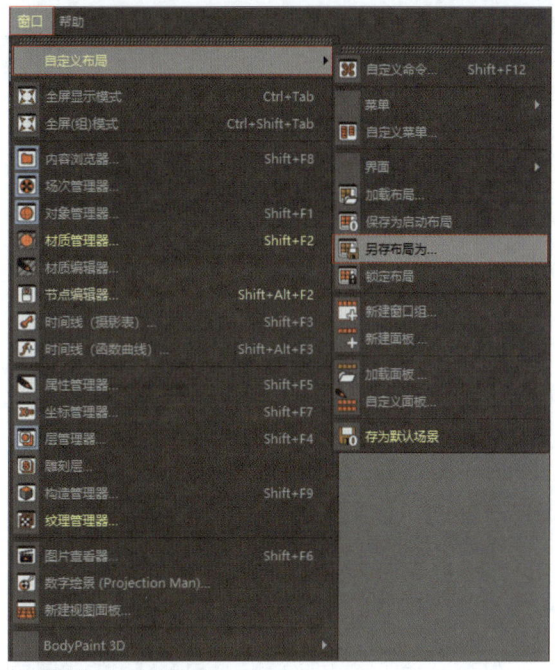

↑ 选择"另存布局为"命令

在弹出的保存窗口中，会自动切换到布局保存的路径，直接命名保存即可［这里将布局命名为"RS_c4d（用户）"］。成功保存之后，会在C4D界面右上角"界面"下拉列表中出现刚刚保存的界面，如右图所示。

在之后的工作中，用户可以在这里对界面布局进行切换。

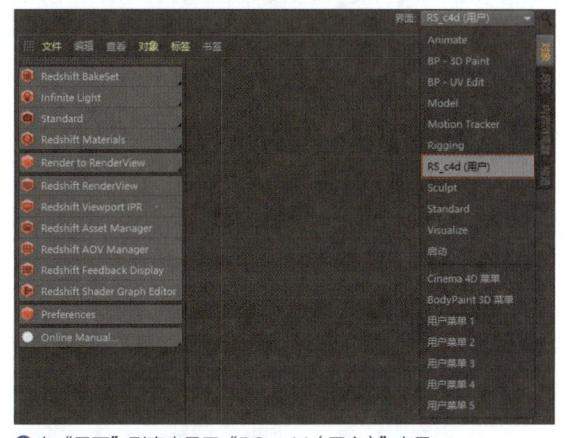

↑ 在"界面"列表中显示"RS_c4d（用户）"布局

8.2 RS灯光概览

使用RS渲染器进行渲染工作时，虽然该渲染器也支持C4D的默认灯光和默认材质，但只有用RS渲染器内的灯光才能达到最佳效果。

在RS菜单中找到"Infinite Light"（无限光）命令，鼠标左键按住不动，在弹出的菜单中包含所有RS的灯光，如右图所示。

> **小提示：RS灯光名称**
>
> **自定义**RS菜单后，"Infinite Light"所显示的名称是上一次创建的灯光名称，例如，新建一个"Spot Light"（聚光灯）后，这里的名称会显示为"Spot Light"。默认显示的是第一个灯光名称，也就是"Infinite Light"。但在**菜单栏**的RS菜单下，则只显示为"Light"。

↑ "Infinite Light"（无限光）子菜单中包含所有RS的灯光

下面以在场景中创建一个Infinite Light为例，介绍RS灯光的属性**架构**。RS渲染器的各种灯光属性架构基本相同，主要分为"General""Ray""Volume""Light Group""Shadow""Photon"和"Project"七个选项卡，如右图所示。

对于不同的灯光，其属性参数的区别都集中在"General"选项卡下。其他六个选项卡中的属性都是一样的。

"General"：常规选项卡，包含灯光的常用参数，例如灯光的颜色、强度等，是最为常用、也是主要讲解的选项卡。

"Ray"：光线选项卡，用于设置灯光对各个材质通道的影响，例如该灯光是否会对材质的颜色或高光等产生影响。

"Volume"：体积选项卡，用于设置光线是否能够对物体体积产生照射，例如环境雾、烟雾等效果。

"Light Group"：灯光组选项卡，结合多通道（AOV）进行使用，可以为多个灯光分组。

"Shadow"：阴影选项卡，用于调整灯光照射所产生的阴影的软硬、透明度等参数。

"Photon"：光子选项卡，用于设置特定材质

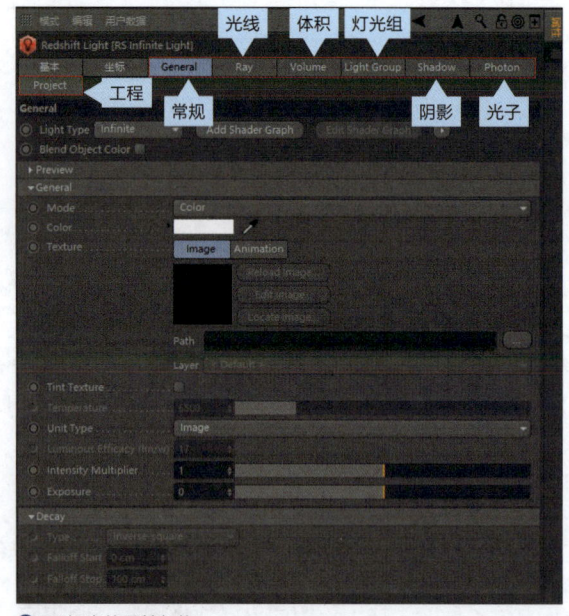

↑ RS灯光的属性架构

类型下，灯光所产生的光子对特定材质产生的焦散效果，例如钻石、玻璃等透明介质。

"Project"：工程选项卡，用于设置在复杂的场景中，灯光只对某一物体照射，或者只排除某一物体。

8.3 RS 常用的四种灯光

本节将讲解RS中四种最常用的灯光，这四种灯光的使用方法基本一样。用户可以在C4D默认灯光列表中找到相应的灯光选项。

Infinite Light（无限光）

在场景中创建一个Infinite Light灯光，在操作视图中可以看到Infinite Light灯光的形态，如下图所示。

⊕ 创建Infinite Light灯光

> **小提示：关于随书素材**
>
> 本书中所有用到的模型，都可以在提供的随书素材中找到。

Infinite Light是一种没有任何衰减的灯光，只有方向性。它在场景中的位置不重要，重要的是朝向，不论放在场景中的哪个位置，整个场景都可以被照亮。Infinite Light灯光所产生的光照阴影比较锐利，适用于室外光照或者主光源。

如果想在视图操作的过程中实时看到渲染效果，需要在Render View窗口中单击"开始渲染"按钮，其效果如下页上图所示。

» 8 RS 灯光应用

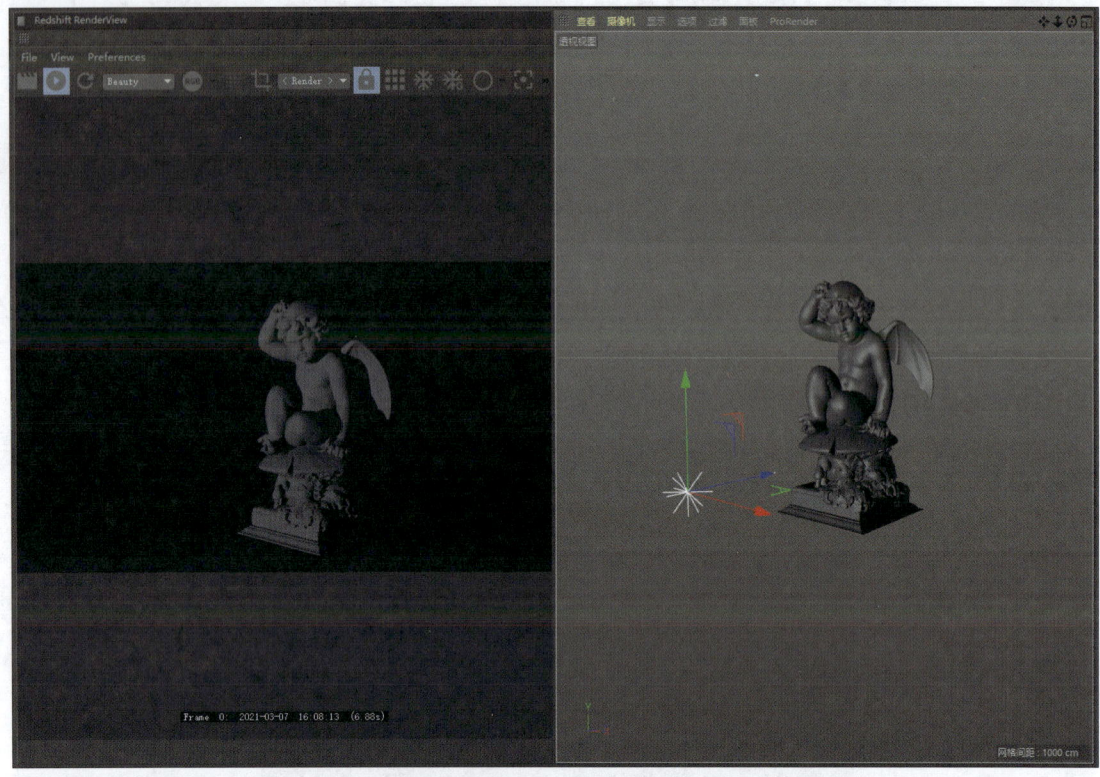

⬆ 渲染场景并查看效果

调整Infinite Light灯光的角度，效果如下图所示。

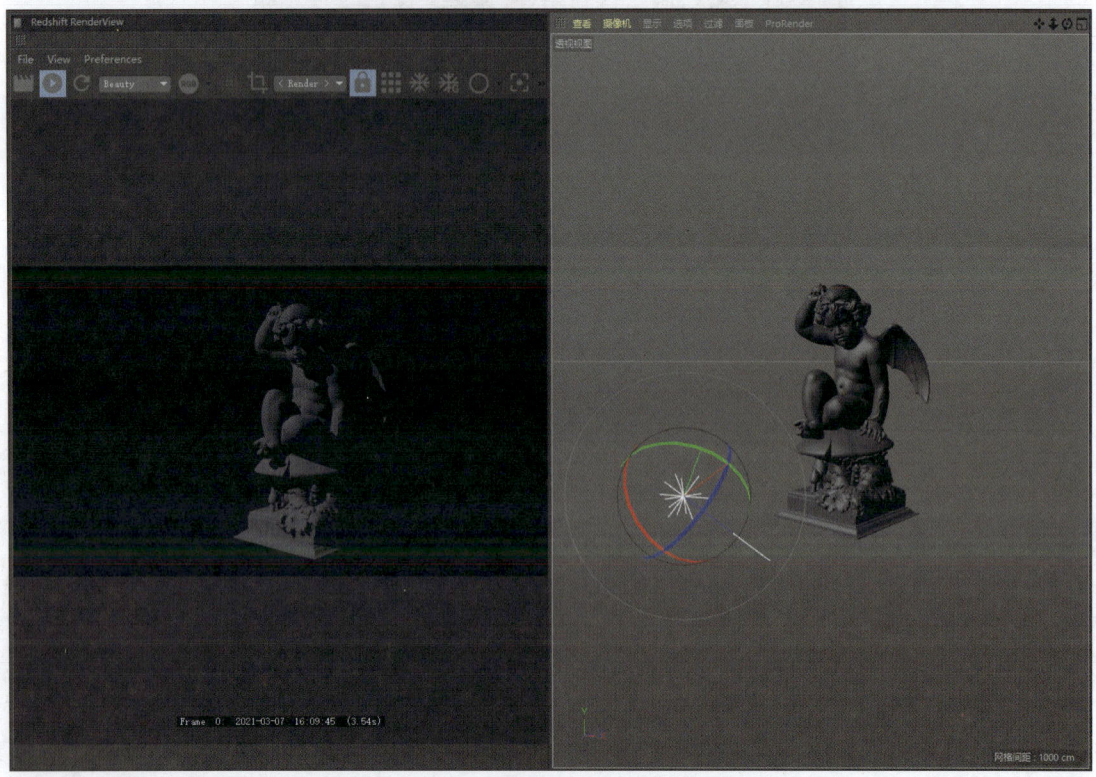

⬆ 通过旋转Infinite Light灯光来调整光照角度

220

接下来看一下Infinite Light灯光的"General"选项卡下的属性，如右图所示。

"Light Type"：用于对灯光的类型进行快速切换，例如从Infinite Light切换至Spot Light。

"Add Shader Graph"：单击该按钮，可以给灯光添加一个着色器，添加之后单击右侧的"Edit Shader Graph"按钮，可以打开节点编辑器，并对刚刚添加的着色器进行编辑。此时"Add Shader Graph"按钮变为了"Remove Shader Graph"，单击"Remove Shader Graph"按钮可以移除这个着色器。

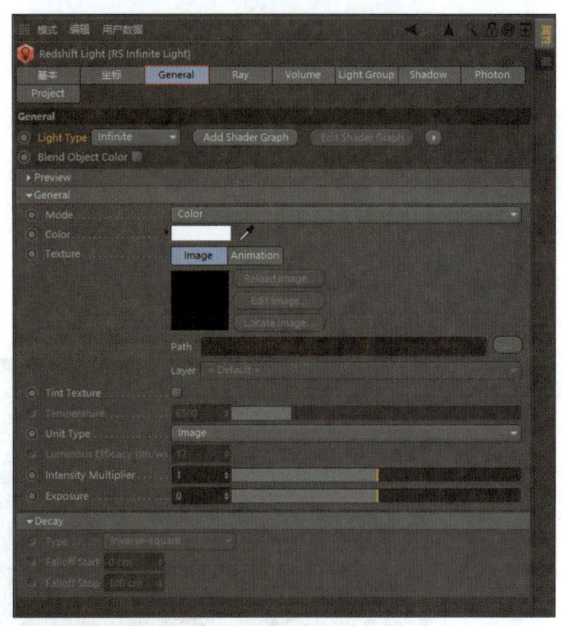

> **小提示：RS的节点编辑模式**
>
> RS着色器和材质球的编辑方式都是节点编辑模式。

◑ Infinite Light灯光的"General"选项卡

用户可以单击"Preview"（预览）左侧的小三角按钮，展开卷展栏，如右图所示。

"Wireframe"：线框，取消勾选此复选框，灯光在视图中不显示，但灯光照射仍起作用。

"Illumination"：明度，取消勾选此复选框，在操作视图中将不显示灯光的光照，但渲染时仍然起作用。

"Illumination Adjustment"：明度调整，决定灯光在操作视图中的显示强度，但不影响渲染。

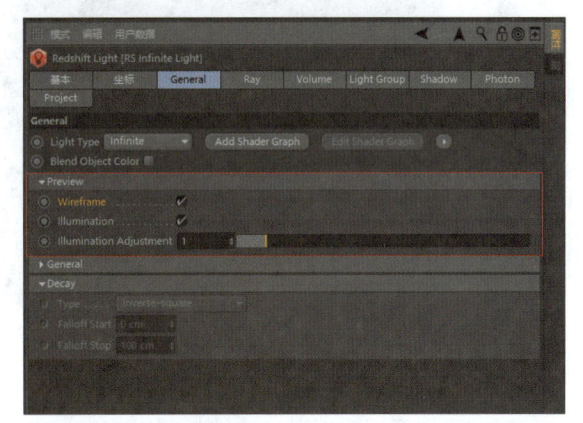

◑ 展开"Preview"卷展栏

用户可以单击"General"（常规）左侧的小三角按钮，展开卷展栏，如右图所示。

"Mode"：模式，这里指灯光的颜色模式，有"Color"（颜色）、"Temperature"（色温）和"Temperature and Color"（色温和颜色）三种。通常情况下，使用"Color"模式就足够了。

"Color"：灯光的颜色，单击右侧的色块，打开颜色拾取器，可以对灯光的颜色进行调整。

"Texture"：纹理，通过单击"Texture"右侧"Path"后面的按钮，可以从本地选取一张图片载入，作为灯光的纹理贴图。

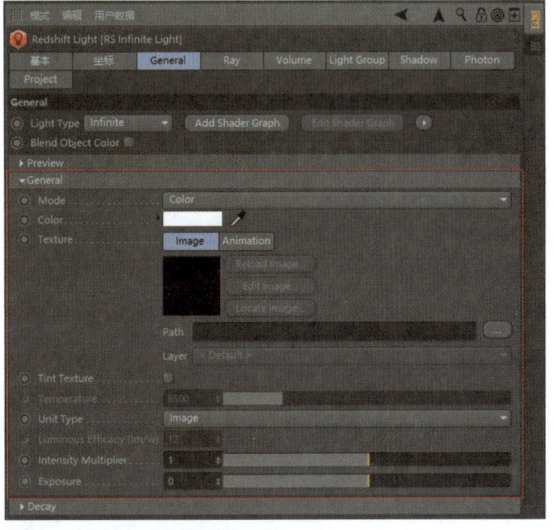

◑ 展开"General"卷展栏

"Intensity Multiplier":用于控制灯光的强度。

"Exposure":用于设置曝光参数。

"Decay":衰减,这个卷展栏下的参数为灰色不可用状态,是因为无限光是一种没有衰减的灯光类型。

Point Light(点光)

在场景中创建一个Point Light灯光,挪动其位置,并将"Intensity Multiplier"改为"6000",效果如下图所示。

↑ 创建Point Light灯光并设置"Intensity Multiplier"为"6000"

Point Light是以一个点向四周发散光照效果的灯光,可以模拟电灯泡、烛火等照射效果。和Infinite Light灯光不同的是,旋转Point Light灯光没有任何意义,只有调整位置是有意义的。Point Light灯光的属性参数和Infinite Light灯光完全一样,只有最下面的"Decay"被激活,其属性参数如右图所示。

"Type":类型,包括"Inverse-sesquare"(平方倒数)、"None"(无衰减)和"Linear"(线性衰减)三种。"Inverse-square"是基于物理光照衰减的程度进行计算的,是最真实、最常用的选项。切换为"Linear"选项时,可以通过调整下面的"Falloff Start"(衰减开始)和"Falloff Stop"(衰减停止)参数,自由控制衰减的范围。

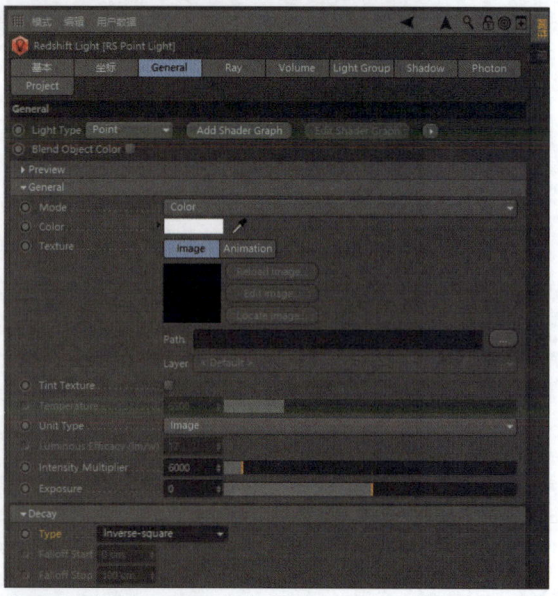

↑ 展开"Decay"卷展栏

Spot Light（聚光灯）

在场景中创建一个Spot Light灯光，挪动位置，效果如下图所示。

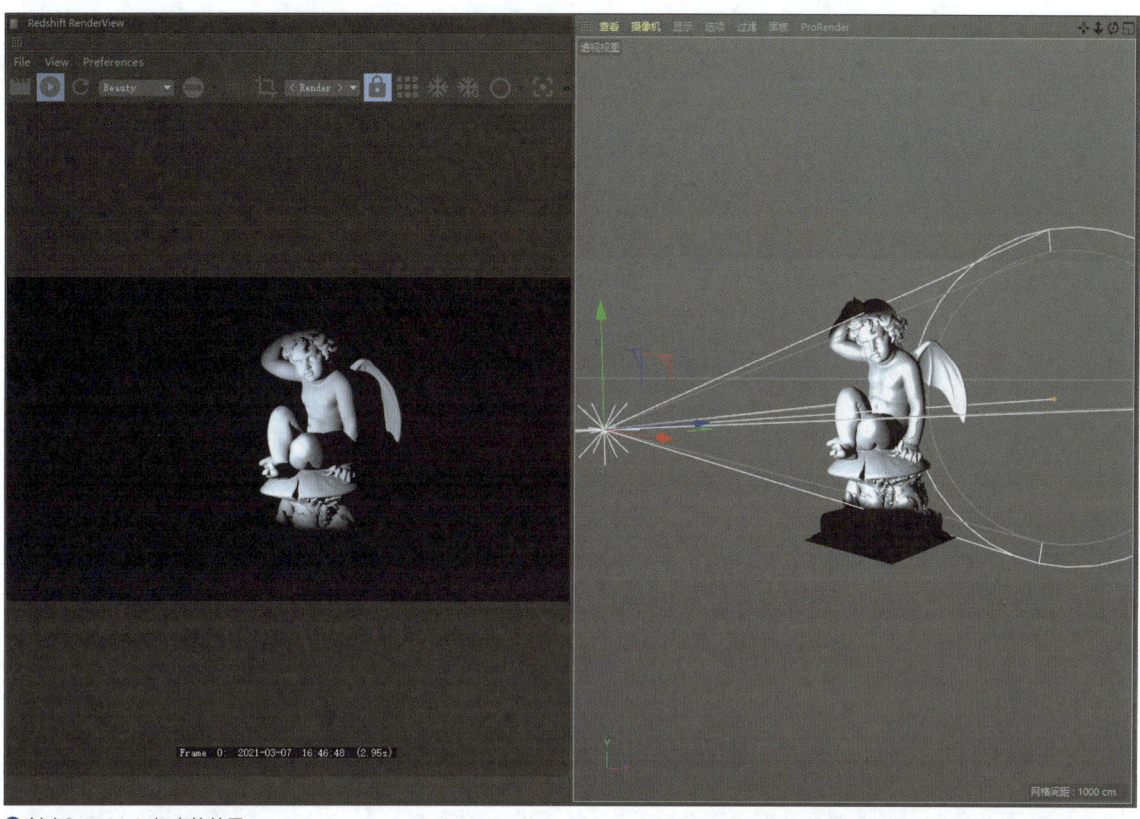

↑ 创建Spot Light灯光的效果

　　Spot Light灯光是从一个点，以一个固定的角度向某一个方向产生有范围的光照效果，可以模拟手电筒、舞台灯和车灯等照射效果。Spot Light灯光的位置和旋转都有意义。Spot Light灯光的属性面板中多了一个"Spot"卷展栏，单击左侧三角按钮将卷展栏展开，如下图所示。

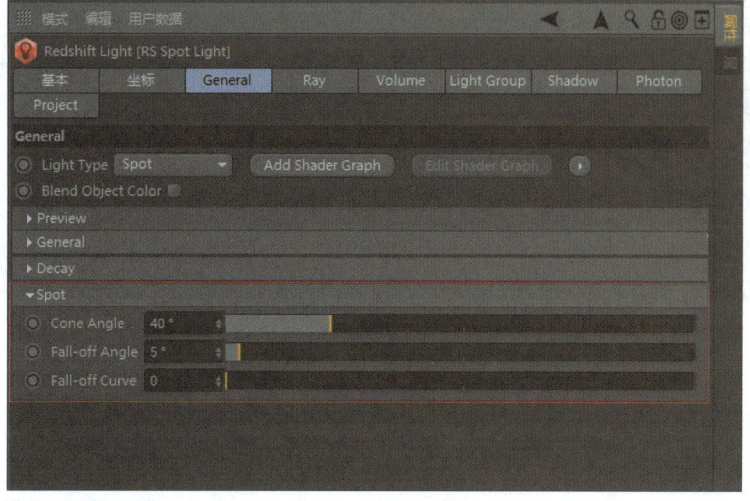

↑ "Spot"卷展栏

"Cone Angle"：设置锥形角度，用来控制聚光灯的光照范围。

"Fall-off Angle"：衰减角度，用于设置聚光灯的边缘衰减，可以使聚光灯的边缘具有一定衰减的效果，更加柔和。这里将"Fall-off Angle"改为"180°"，效果如下图所示。

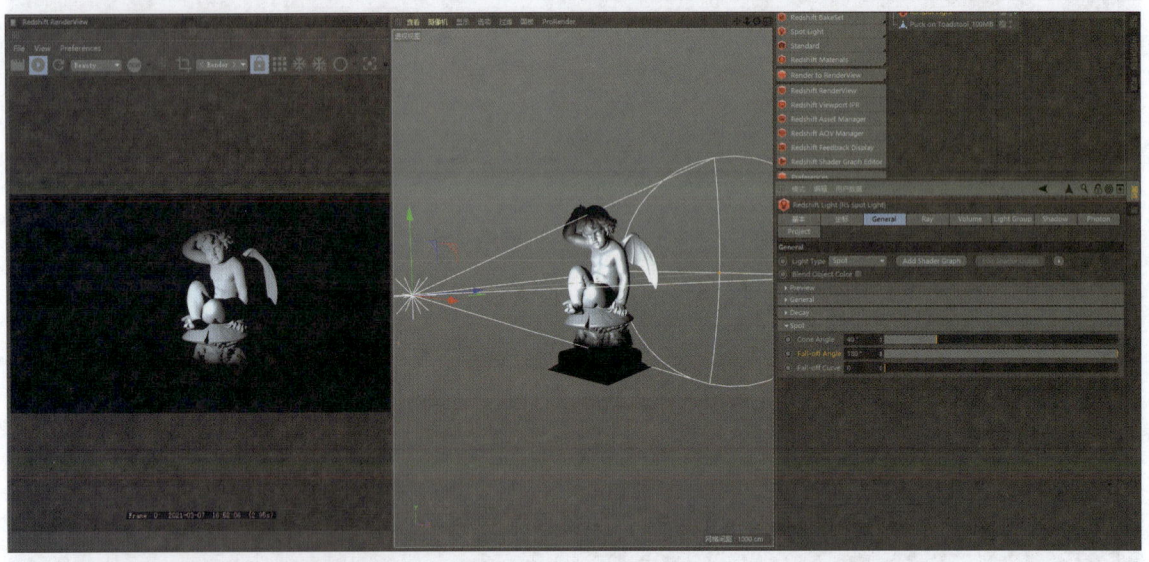

○ 设置"Fall-off Angle"为"180°"的效果

"Fall-off Curve"：增加边缘衰减的程度，参数越高，衰减越大。这里将"Fall-off Curve"改为"200"，效果如下图所示。

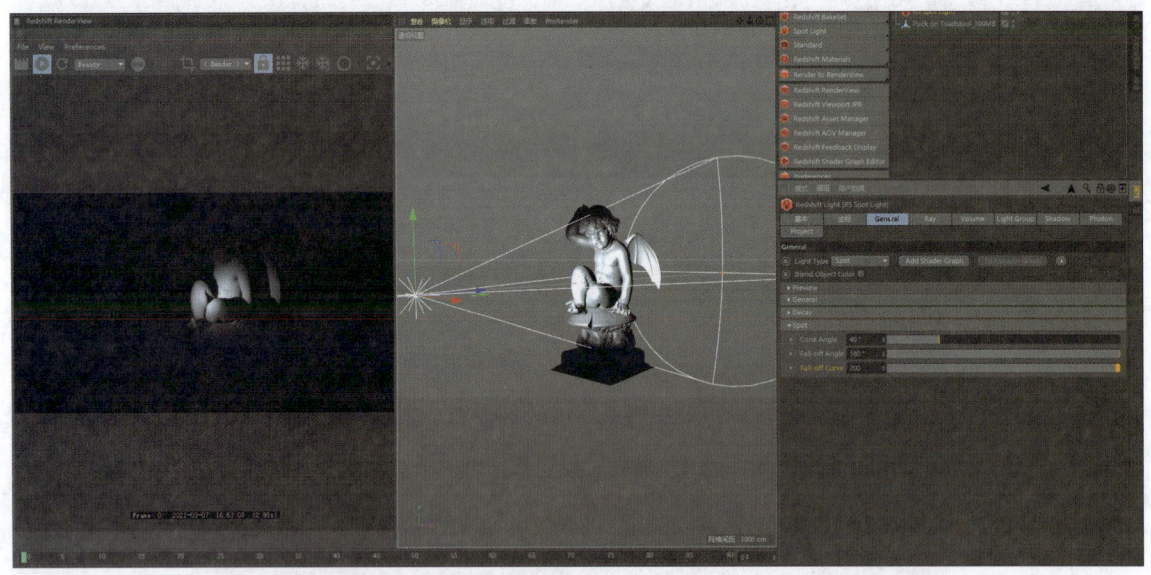

○ 设置"Fall-off Curve"为"200"的效果

Area Light（区域光）

在场景中创建一个Area Light灯光，挪动其位置，并将"Intensity Multiplier"改为"15"，效果如下页上图所示。

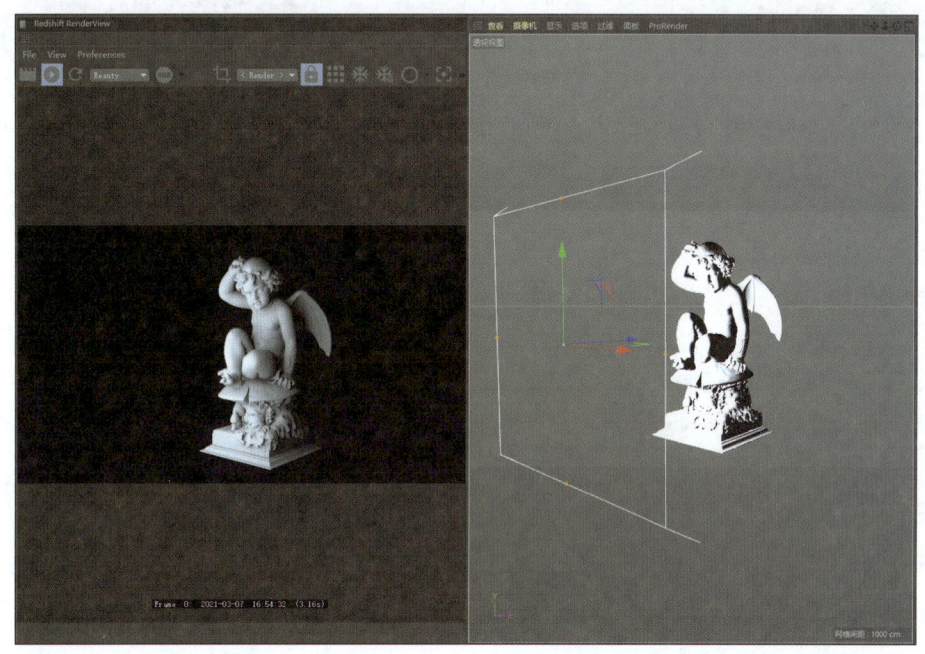

⬆ 创建Area Light灯光的效果

Area Light是一个平面向正方向以一定的角度产生光照效果的灯光，产生的光影比较柔和，光照区域大，是常用的一种灯光类型。它可以模拟影棚中摄影灯的效果。Area Light灯光的移动和旋转都有意义。在Area Light灯光的属性面板中，多了一个"Area"卷展栏，单击左侧三角按钮将卷展栏展开，如右图所示。

"Shape"：形态，指的是区域光除了平面之外，还可以切换成多种形态。"Rectangle"是默认的四边面，"Disc"为圆盘，"Sphere"为球体，"Cylinder"为圆柱，"Mash"为网格。其中"网格"是Area Light灯光一个比较重要的特点，可以将场景中的任何一个模型变为区域光，只需要将对象拖拽至下方的"Mesh"属性框中即可。

"Size X""Size Y"和"Size Z"：用来控制Area Light灯光的大小。

"Visible"：可见，勾选后可以在场景中渲染出灯光，如右图所示。

"Bi-Directional"：双向光源，勾选后，平面的反面也可以产生光照。

"Spread"：展开，用于控制Area Light的光照角度。

"Samples"：采样，采样越高，光照所产生的噪点越小，渲染时间越长。

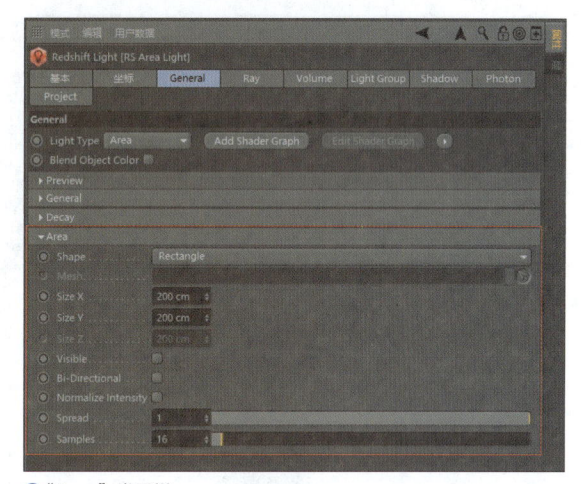

⬆ "Area"卷展栏

⬆ 勾选"Visible"复选框的效果

8.4 Dome Light（穹幕光源）

  Dome Light灯光本质上是创建一个无限大的球体，对球体内包裹的对象进行照明。多数情况下，我们会使用一张HDR图片贴在球体上进行照明，用于还原现实场景的光照信息。这种光照方式经常用于让**三维场景**的渲染匹配**实拍环境**，得到更真实的光照效果。

> **小提示：HDR光照贴图的概念**
>
>   HDR即高动态范围，和普通位图（即格式为".JPG"".PNG"的常规图像）的区别在于".HDR"格式的图片包含了多种曝光信息，可以非常真实地还原图片中场景的亮度。通常情况下，我们将这种技术称为IBL（图片背景）照明技术。

  在场景中创建一个Dome Light灯光，默认情况下Dome Light灯光会以**纯白色**对场景进行照明，如下图所示。

↑ 在场景中创建Dome Light灯光

》 8.4 Dome Light（穹幕光源）

接下来看一下Dome Light灯光的"General"选项卡下的属性参数。Dome Light灯光的属性和之前介绍的几种灯光的属性有很大区别，如右图所示。

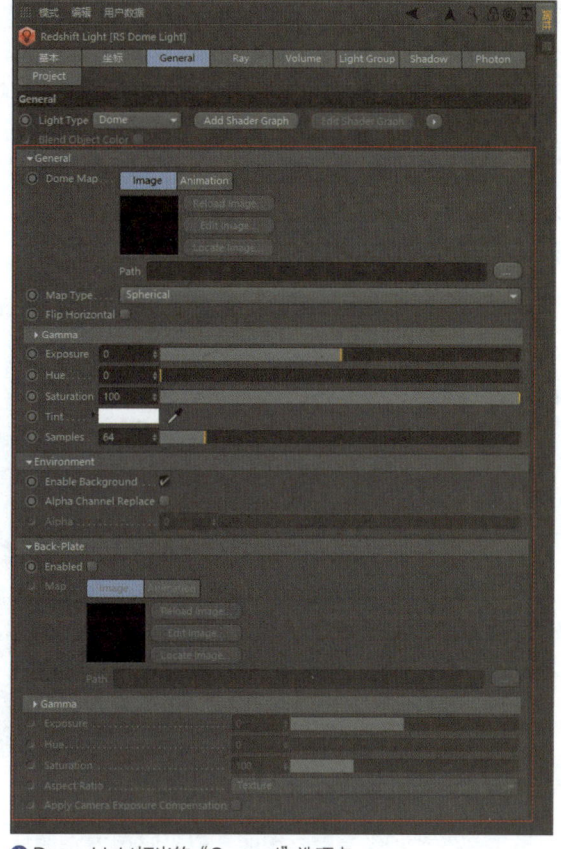

🔼 Dome Light灯光的"General"选项卡

"Dome Map"：在此选项的"Path"属性框中，可以选择一张HDR图片作为背景照明，效果如下图所示。

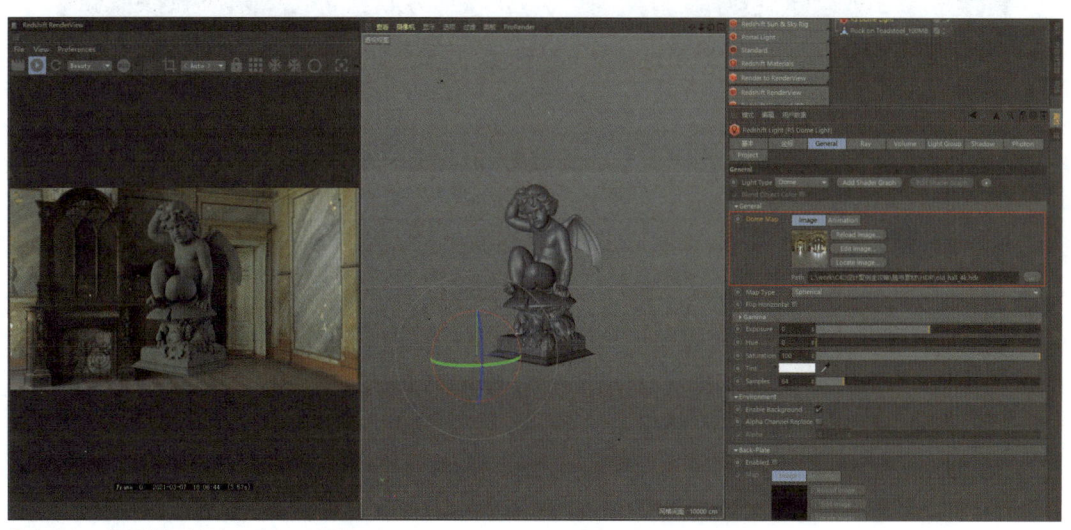

🔼 在"Path"属性框中添加一张HDR图片

可以看到物体受到HDR的光照之后，真实度非常高。

"Map Type"：用于选择Dome Light灯光的形状。目前主流的HDR拍摄方式都是**球状**，因此基本上所有项目中都设置为"Spherical"。

"Exposure"：曝光，这里指的是HDR贴图的曝光度，可以理解为光照的强度。

"Hue"：用于改变HDR贴图的色相。

"Saturation"：用于改变HDR贴图的饱和度。

"Tint"：用户可以在HDR上填充任意一种颜色，有点像将一层颜色蒙在HDR上的效果。默认为白色时，HDR颜色不变。

"Samples"：用于设置采样参数。

"Enable Background"：使用背景，勾选此参数复选框时，HDR贴图将被渲染出来；取消勾选该复选框时，不会被渲染出来，但依旧可以对场景产生光照效果。默认是勾选状态，但在项目中，大部分情况都会将其取消勾选。取消勾选后的效果如下图所示。

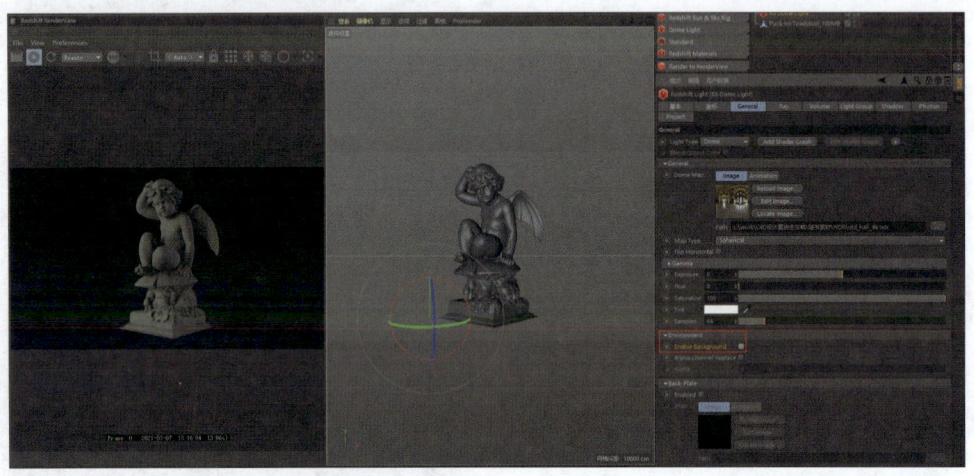

↑ 取消勾选"Enable Background"复选框

Back-Plate卷展栏中的参数可以将一张图片设置为渲染背景。该卷展栏默认为展开状态。

"Enabled"：勾选该复选框，就可以载入图片。载入图片后在渲染视图中没有任何变化，这时需要勾选上方的"Enable Background"复选框，允许使用背景。勾选后的效果如下图所示。

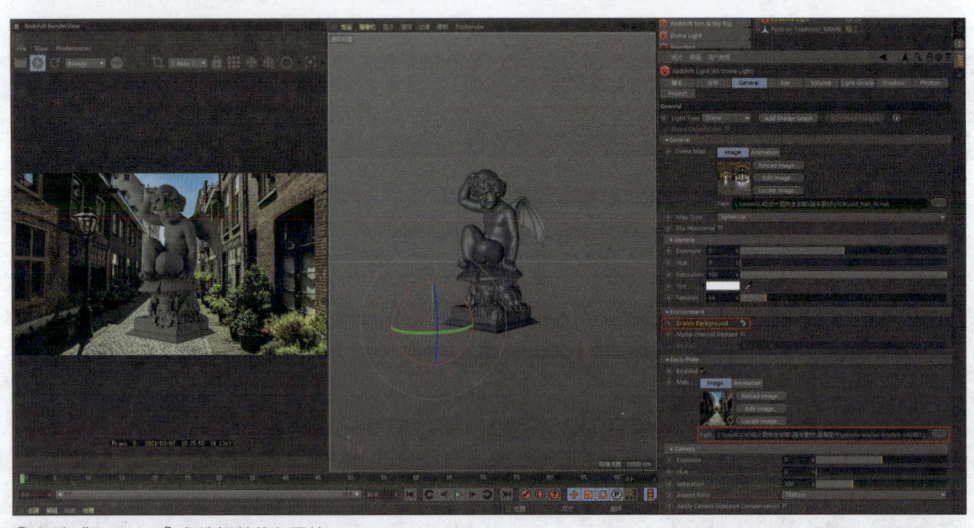

↑ 勾选"Enabled"复选框并载入图片

在"Gamma"卷展栏下包括"Exposure"和"Hue"等属性，与上文介绍的"Exposure"和"Hue"等属性意义相同，只不过这里的属性是针对刚刚载入的背景图。

8.5 Redshift Sun & Sky Rig（RS 太阳和天空）

Redshift Sun & Sky Rig（RS太阳和天空，通常称之为"物理天空"）常用来模拟真实的物理天空，是由两个工具组合起来的，这两个工具分别是Redshift Sky（RS天空）和Physical Sun（物理太阳）。Redshift Sun & Sky Rig的位置如右图所示。

↑ 选择"Redshift Sun & Sky Rig"选项

在场景中创建一个Redshift Sun & Sky Rig灯光，效果如下图所示。

↑ 在场景中创建Redshift Sun & Sky Rig灯光

创建Redshift Sun & Sky Rig灯光之后，在对象管理器中会出现两个对象，即上文介绍的Redshift Sky和Physical Sun，其中"Redshift Sky"为父级，"Physical Sun"为子级，如右图所示。

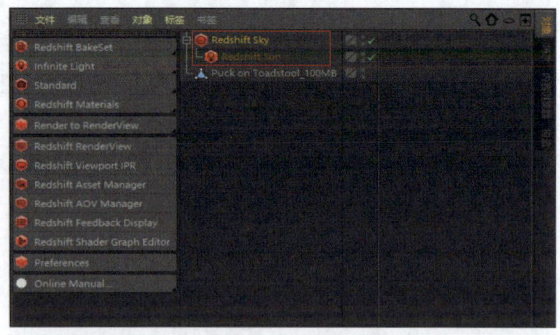

⬆ 包含两个对象，一个为父级，一个为子级

Redshift Sun & Sky Rig灯光主要的属性参数都集中在Redshift Sky上，单击Redshift Sky，我们来看一下它的属性参数，如右图所示。

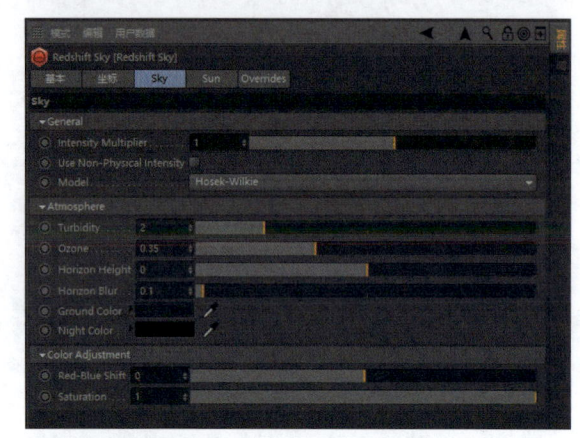

⬆ Redshift Sky的属性

Redshift Sky有"Sky"（天空）、"Sun"（太阳）和"Overrides"（重写）三个选项卡。

先来讲解"Sky"选项卡。

"Intensity Multiplier"：强度叠加，用于设置物理天空的光照强度。

"Turbidity"：用于设置大气浑浊度。这个参数默认值为"2"。值较高时，可呈现雾、雾霾天气的效果，天空的颜色比较灰暗。将参数设置为"10"，效果如下图所示。

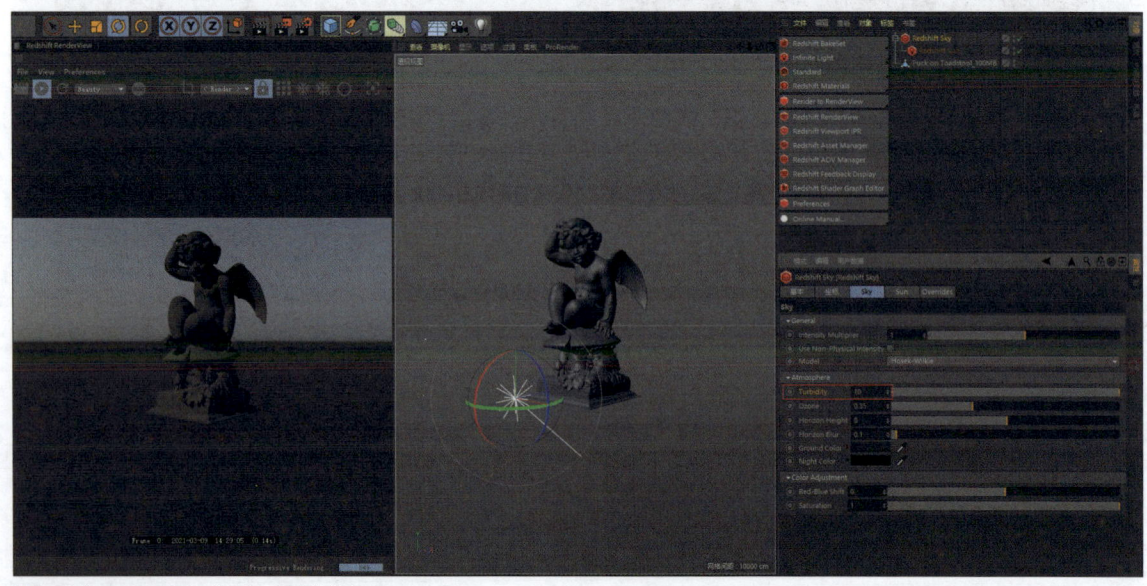

⬆ 设置"Turbidity"为"10"，天空比较灰暗

"Ozone"：臭氧层。此数值越高，天空颜色越蓝，最高为"1"。

"Horizon Height"：用于设置地平线高度。右图分别是地平线高度为"-2""0"和"2"的效果。

⬆ "Horizon Height"为"-2"的效果

⬆ "Horizon Height"为"0"的效果

⬆ "Horizon Height"为"2"的效果

"Horizon Blur"：用于设置地平线模糊。此参数默认为"0.1"，值越大，地平线越模糊。将参数调整为"1"，效果如右图所示。

⬆ 设置"Horizon Blur"为"1"的效果

"Night Color"：用于设置当光照强度非常低，接近于夜晚时，物理天空所产生的光照颜色。默认为黑色。

"Red-Blue Shift"：用于设置红蓝偏移效果。当参数为负数时，向蓝色偏移；当参数为正数时，向红色偏移。可以用来模拟早上、中午、晚上不同的阳光颜色。

"Saturation"：用于设置光照颜色的饱和度。

"Sun"选项卡，如下图所示。

○ "Sun"选项卡

在"Sun"选项卡中，只有一个属性是比较常用的。

"Sun Disk Scale"：用于设置太阳圆盘大小。此参数增加时，可以使光照所产生的投影变得柔和。下图分别是参数为"1"和"50"的区别，可以重点观察天使翅膀部分的投影。

○ "Sun Disk Scale"为"1"

○ "Sun Disk Scale"为"50"

最后是"Overrides"选项卡，如右图所示。

"Back Ground"：背景设置，此参数关闭时，不渲染物理天空的背景，但并不影响物理天空的光照效果。

"Reflection"：用于设置物理天空是否影响反射。关闭时，场景中任何反射材质都无法反射出物理天空。

"Reflection Intensity"：用于设置反射强度。上面的"Reflection"开启时，可以通过这个属性调整场景中反射材质对物理天空的反射强度。

"Refraction"：用于设置物理天空是否影响折射。关闭时，场景中任何折射材质都无法折射出物理天空。

"Refraction Intensity"：用于设置折射强度。上面的"Refraction"开启时，可以通过这个属性

○ "Overrides"选项卡

调整场景中折射材质对物理天空的折射强度。

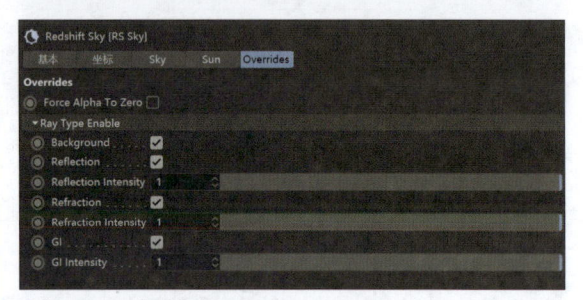

"GI"：全局光照。开启时，物理天空产生全局光照效果。

"GI Intensity"：上面的"GI"开启时，可以通过这个属性调整物理天空产生全局光照的强弱。

RS 材质与渲染

- 9.1 RS 材质概览
- 9.2 节点编辑器
- 9.3 RS Material（RS 材质）
- 9.4 节点库
- 9.5 Materials 组的常用节点
- 9.6 Textures 组的常用节点
- 9.7 Utilities 组的常用节点
- 9.8 渲染设置 1
- 9.9 渲染设置 2
- 9.10 RS 摄像机标签
- 9.11 RS 对象标签
- 9.12 Redshift Environment（RS 环境）
- 9.13 Redshift Volume（RS 体积）

9

9.1 RS 材质概览

在RS中，所有的材质都是以节点的形式存在的。本节将会正式进入RS材质渲染的学习，为大家讲解RS中常用的材质节点以及渲染输出时渲染设置的相关知识。

我们会以实用的角度出发，对常用的功能和属性重点讲解，使用户能够快速掌握RS渲染器的应用。

在C4D中，用户可以通过两种方式创建RS的材质球，一是在材质管理器中单击"创建"菜单按钮，然后在"Redshift"子菜单中创建，如下图所示。

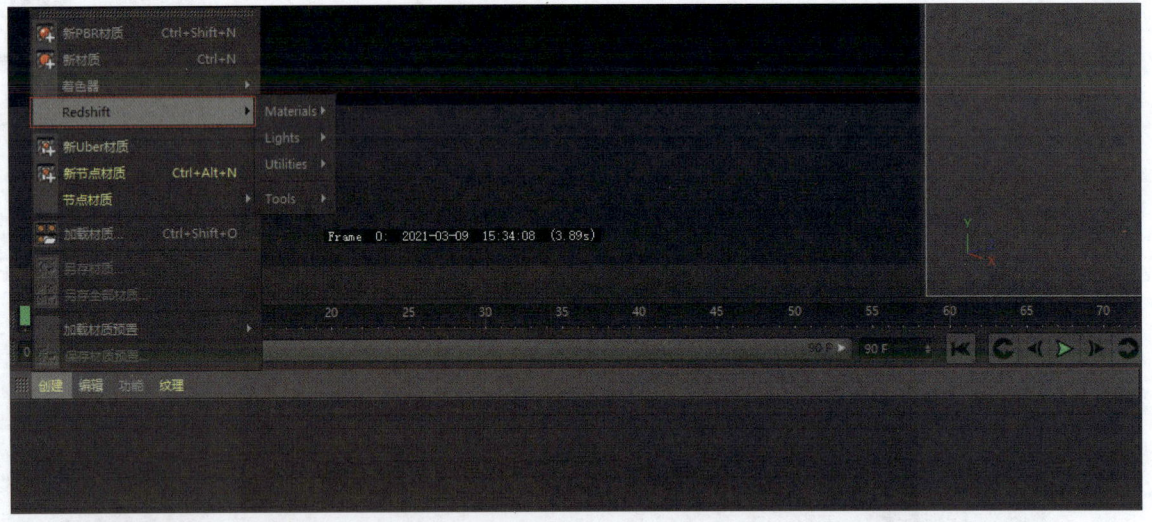

↑ 从"创建"菜单中创建材质球

二是在RS菜单的"Redshift Material"列表中创建，如下图所示。

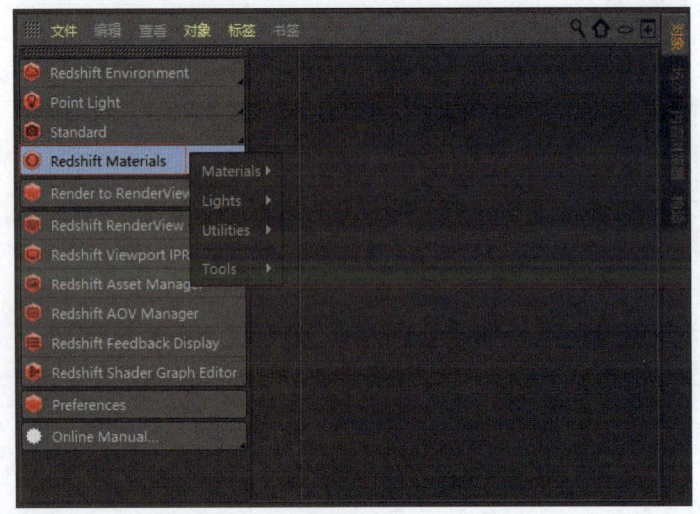

↑ 在"Redshift Material"列表中创建材质球

接下来分别对几个子菜单的功能进行讲解。

"Materials"（材质）子菜单，如右图所示。这个菜单中拥有所有RS常用的材质球。

其中"Material"（这里需要注意要将其与母级的"Materials"区分开，这里结尾没有"s"）是最常用的，可以理解为"万能"材质球。

其他选项是针对特定效果才会使用的材质球。例如Car Paint是模拟车漆效果的材质球，Skin是模拟皮肤效果的材质球。

↑"Materials"子菜单中包含所有RS常用的材质球

"Lights"（灯光）子菜单，如右图所示。

这个菜单里的灯光相当于上一章学到的灯光以材质节点的形式存在。"Lights"子菜单中的命令在实际工作中使用频率比较低，因为它能达到的效果和上一章学到的灯光达到的效果非常相似。这里的灯光就不再重复讲解了，仅了解即可。

↑"Lights"子菜单

"Utilities"（功用）子菜单，如右图所示。

这个菜单的主要功能是一些特定材质效果的辅助设置，例如最常用的"AO"命令，可以在RS中渲染出环境吸收层。

↑"Utilities"子菜单

"Tools"（工具）子菜单，如右图所示。

在这个菜单下，前四项都是可以将材质管理器中的默认材质球转化为RS材质球的相关工具；第五项是与"Substance"软件交互使用的工具；最后两项是用来渲染刷新材质球预览效果的工具。

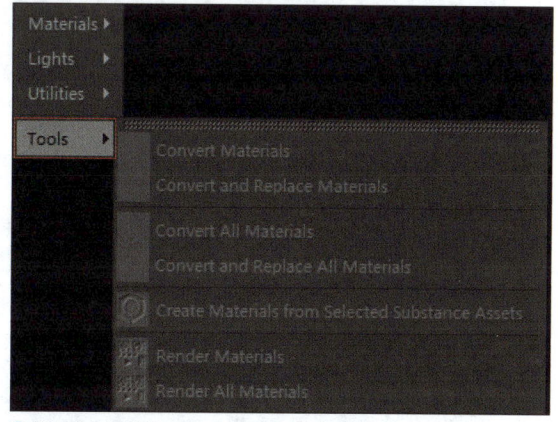

↑"Tools"子菜单

9.2 节点编辑器

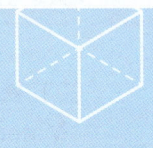

上一节介绍了RS中的万能材质球——Material。这里我们新建一个Material材质球，其位置如右图所示。

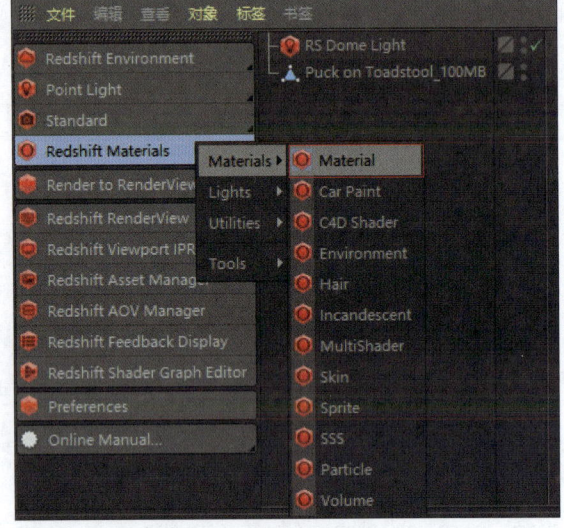

↑ 选择"Material"命令，创建材质球

在材质管理器中双击刚刚新建的材质球，弹出一个新的窗口，该窗口就是RS的节点编辑器，如下图所示。

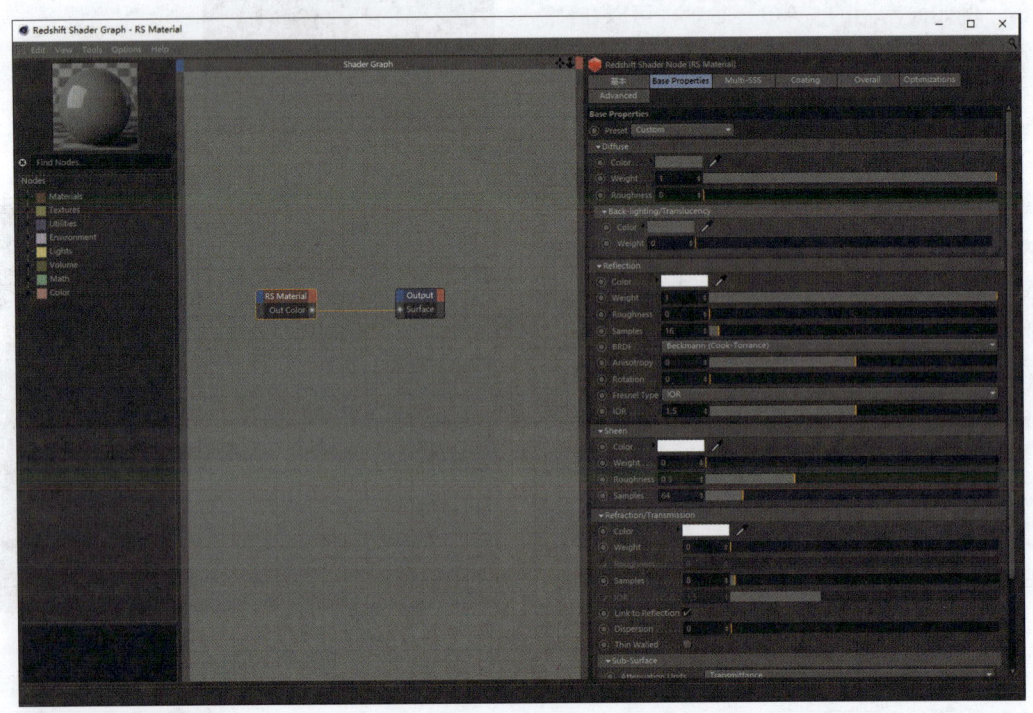

↑ 打开RS的节点编辑器窗口

> 9.2 节点编辑器

> **小提示：使用RS需要有节点思维**
>
> 所有从RS中可以创建的对象，**都被视作一个节点**。因此，在节点编辑器中能找到所有可以使用的节点，甚至包括上一节介绍的灯光等。

节点编辑器是使用RS过程中常用的一个窗口，几乎所有与材质调节相关的工作都在这里完成。为了方便理解，我们把节点编辑器窗口分为几个区域，如下图所示。

↑ 节点编辑器分为几个区域

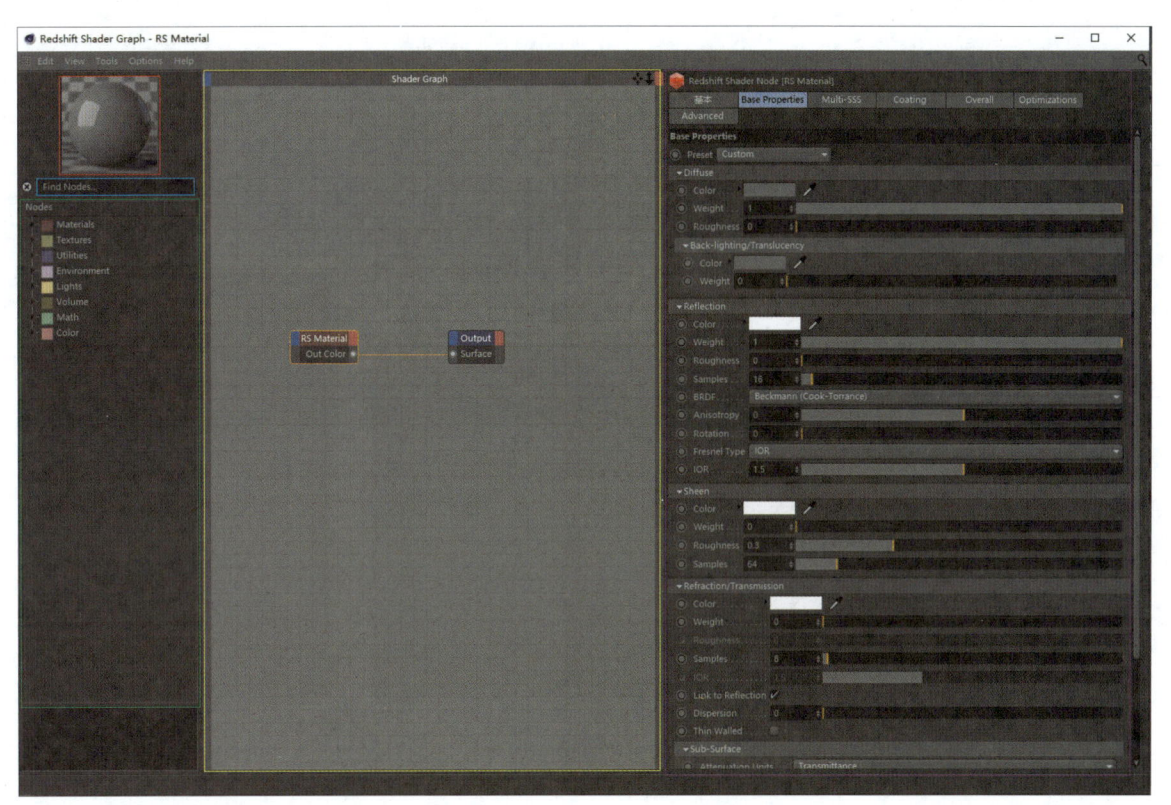

红色框区域：材质球预览窗口。在这里可以实时看到材质调整后的效果。

蓝色框区域：快捷搜索栏。

绿色框区域：节点库（也称为节点池）。在这里可以找到所有RS中的可用节点，包括材质、灯光等。

黄色框区域：节点编辑区。在这里可以看到每一个节点上都有红、蓝两端，蓝色是**输入端**，红色是**输出端**。目前节点编辑区右侧的节点为"Output"，这个节点非常重要，作用是将所调节的材质效果最终作用于场景中的对象上。如果不连接Output节点，材质球和对象的渲染结果一定会出错。

> **小提示：Output节点的报错与提示**
>
> 没有连接Output时，这个节点的名称将会被标黄，同时材质球预览窗口会变成纯红色。

紫色框区域：属性显示区域。所有被创建的节点在选中后，属性都会显示在这里。

9.3 RS Material（RS 材质）

在开始这一小节之前，先介绍三种常用的**将材质球赋予对象**的方法。首先在材质管理器中新建一个 **RS Material** 材质球。

将材质球赋予对象的三种方法

第一种，用鼠标左键按住材质球不动，拖拽到对象管理器中的对象上，松开鼠标左键即可。这时在对象的右侧会出现一个材质球标签，代表该对象已经被赋予材质球，如下左图所示。

第二种，在对象管理器中选中对象，然后在材质球上右击，选择"应用"命令，如下右图所示。

第三种，在对象管理器中选中对象，直接把材质球拖拽到视图中的模型上。这种方法在场景较大时容易误操作，因此比较推荐前两种方法。

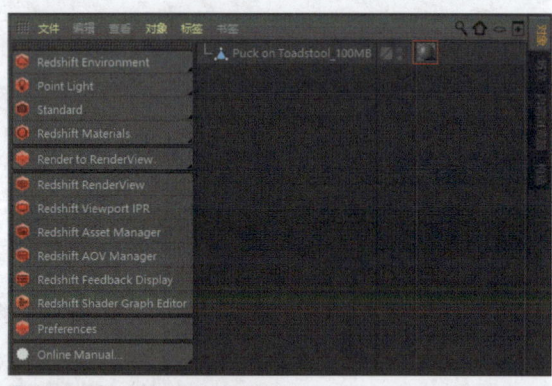

↑ 利用鼠标拖拽材质球赋予对象材质

↑ 通过右键菜单为对象赋予材质

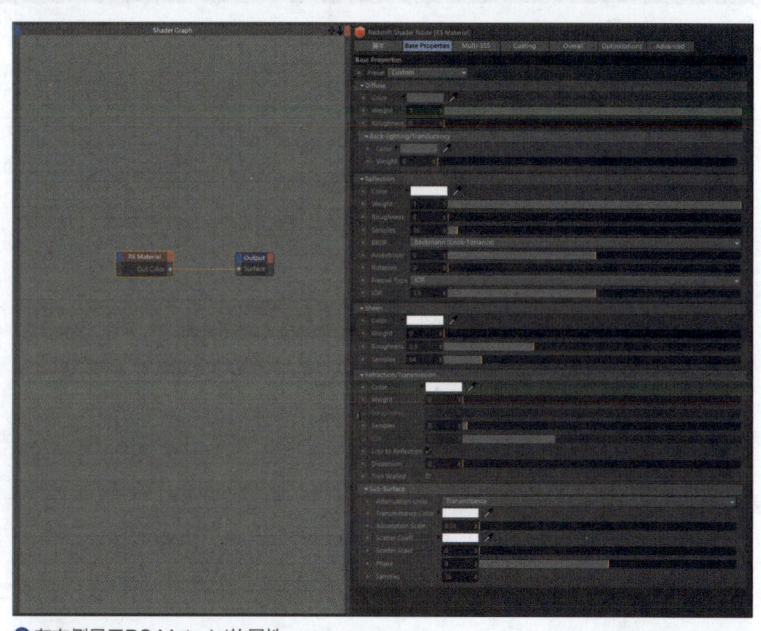

RS Material的属性

双击新建的Material材质球，打开节点编辑器窗口，选中RS Material节点，这时右侧会出现RS Material的属性，如右图所示。

在属性面板中有七个选项卡，从左至右依次为："基本""Base Properties"（基础属性）、"Multi-SSS"（次表面散射）、"Coating"（清漆）、"Overall"（全部）、"Optimization"（优化）和"Advanced"（高级）。"Optimization"和"Advanced"选项卡下的参数几乎不需要修改，仅了解即可。

↑ 在右侧显示RS Material的属性

» 9.3 RS Material（RS 材质）

节点的常规属性

"基本"选项卡如右图所示。

"基本"是所有节点都会有的选项卡，并且选项卡下的属性参数都是一样的，可以理解为节点的**常规属性**。

"名称"：用于给材质球自定义命名。

"标题颜色"：这里的颜色对应的是右图中红框内标题的颜色。

"备注信息"：可以在这里输入一些关于这个节点的备注，例如这个节点的具体用法等。

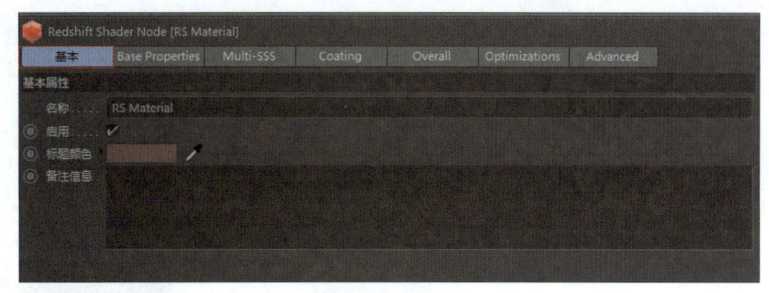

○ "基本"选项卡

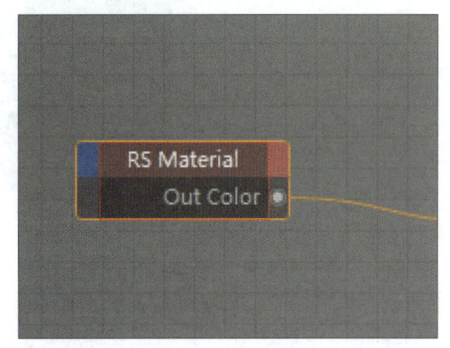

○ 标题的颜色

节点的基础属性

"Base Properties"选项卡（基础属性）如右图所示。

这个选项卡下除了第一个"Preset"属性外，下面还有四个大卷展栏（大卷展栏下面还有若干个小卷展栏），从上至下依次为："Diffuse"（固有色）、"Reflection"（反射）、"Sheen"（光泽）和"Refraction/Transmission"（折射/传输）。

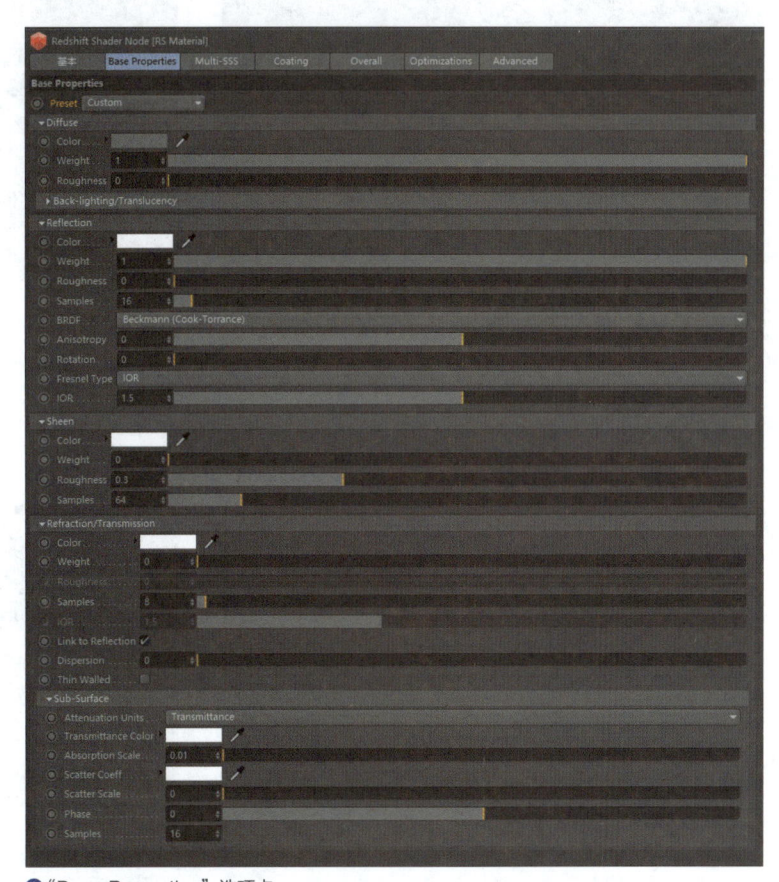

○ "Base Properties"选项卡

» 9 RS 材质与渲染

"Preset"：在这个属性中，RS预设了多种材质相对应的节点属性参数。在项目中，用户可以直接获取一些常见材质的属性参数，节省工作时间，同时，研究这些预设也是一种非常好的学习方式。"Preset"下的预设如右图所示。

自定义 — Custom
玻璃 — Glass
有色玻璃 — Tinted Glass
水 — Water
塑料 — Plastic
铝 — Aluminium
铜 — Copper
金 — Gold
铁 — Iron
铅 — Lead
白金 — Platinum
银 — Silver
牛奶咖啡 — Milky Coffee
翡翠 — Jade
纸 — Paper

↑ "Preset"中预设的材质选项

▼ "Diffuse"（固有色）

"Color"：决定了物体的固有颜色，默认为灰色。这里将颜色改为天蓝色，与默认的灰色进行对比，如下两图所示。

↑ "Color"为灰色

↑ "Color"为天蓝色

"Weight"：权重，决定了"Color"所占的比重。为0时，同颜色为黑时效果一样。

"Roughness"：决定了颜色的粗糙程度，可以理解为颜色的哑光质感，默认为"0"。下左图为粗糙程度为"1"的效果，下右图为默认的"0"时的效果。

↑ "Roughness"为"1"

↑ "Roughness"为"0"

"Back-lighting/Translucency"：背光和透射。可以使模型模拟类似纸张一样的透光效果，但和我们平时常说的次表面散射（也称作3S效果）是不一样的。"Back-lighting/Translucency"所

» 9.3 RS Material（RS 材质）

实现的透光效果比较单一，计算速度也相对快一些，且模型较薄。

例如，在场景中新建一个平面和一个RS Point Light，将点光源的强度增加为"3000"，在视图中将点光源放置在平面的后面，在节点编辑器中将"Back-lighting/Translucency"下的 "Color"属性设置为白色，"Weight"属性设置为"1"，此时可以看到灯光穿透平面，产生了透光效果，渲染效果如下图所示。

这个属性可以用来模拟纸张、灯罩、毛玻璃等效果。

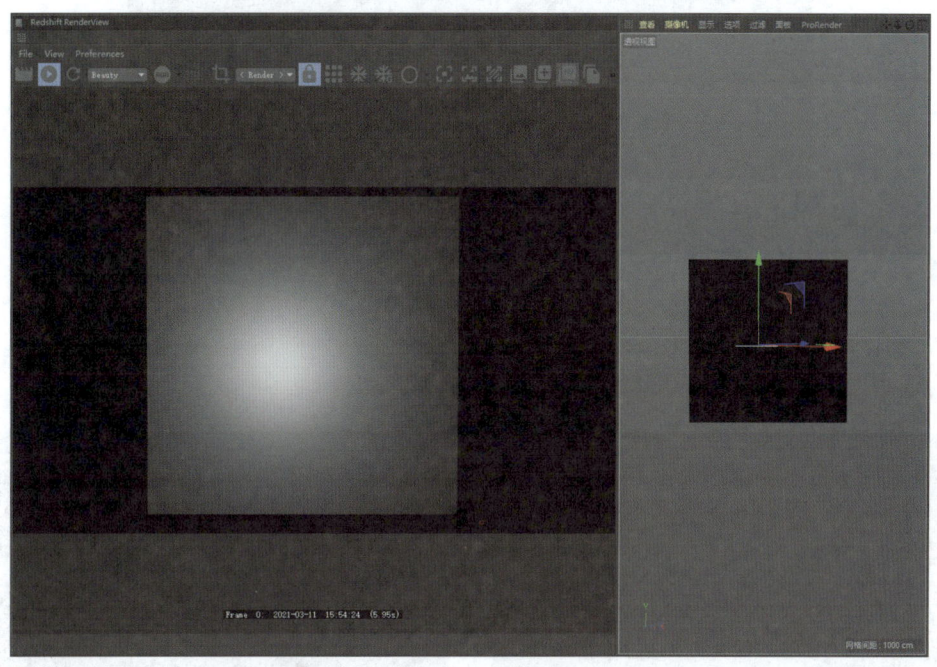

⬆ 创建一个平面和Point Light，再设置"Color"和"Weight"

▼ "Reflection"（反射）

自然界中所有物体都有反射，只不过强弱的区别。笼统地说，越光滑的物体反射越强，越粗糙的物体反射越弱。

"Color"：决定了物体对周围环境产生反射后的颜色，默认为白色。反射的颜色是周围环境本身的颜色。

为了方便观察反射的颜色，我们将模型的固有色调为黑色，添加一张HDR贴图后，进行渲染，可以看到虽然场景中没有灯光，但是能看到模型对HDR的反射，如下图所示。

⬆ 设置固有色为黑色，添加HDR贴图后的效果

然后将"Color"调整为蓝色,模型的反射被填充为蓝色,如下图所示。

↑ 设置"Color"为蓝色的效果

"Weight":权重,决定了反射所占的比重。为"0"时,相当于关掉反射属性,即完全不显示反射。

"Roughness":粗糙,这个属性在反射中非常重要,反射的模糊程度直接可以定义物体的质感。例如,一个金属物体,反射粗糙或不粗糙对质感的影响是非常明显的,如下面两张对比图所示。

↑ 反射不粗糙的效果

↑ 反射粗糙的效果

"Samples":采样,当材质的反射有了粗糙度时,一定会产生一些噪点,这个属性就是用来降低噪点的。采样越高,噪点越低。通常这里的数值是16的几何倍数。

"BRDF":反射的模式,共有三种,分别代表了三种不同的计算方法。"Beckmann(Cook-Torrance)"是一种基于物理的行业标准反射模式,是最常用的一种反射模式;"GGX"是针对金属的一种反射模式;"Ashikhmin-Shirley"模式用得非常少,用来模拟多种材料和样品,其产生的噪点较低。

"Anisotropy":各向异性,这个属性参数可以在某个轴向上对反射进行拉伸,从而得到拉丝金属的效果。X轴向为"-1"到"0";Y轴为"0"到"1"。下面三张图的参数依次为"-1""0"和"1"的效果。

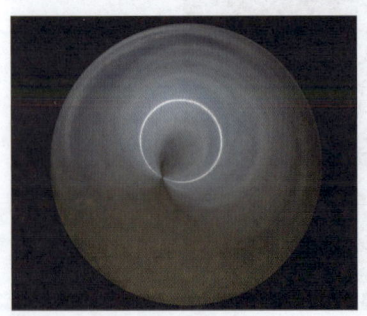

↑ "Anisotropy"为"-1"

↑ "Anisotropy"为"0"

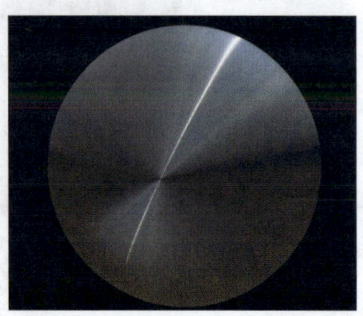

↑ "Anisotropy"为"1"

» 9.3 RS Material（RS 材质）

"Rotation"：用于设置旋转各向异性产生的拉丝角度。

"Fresnel Type"：菲涅尔类型。菲涅尔是光学中的一个重要公式，解释了反射光和折射光等强度的关系。简单地讲，当视线垂直于表面时，反射较弱；当视线非垂直表面时，夹角越小，反射越明显。例如当你站在湖边时，低头看脚下的湖水，会发现湖水是清澈见底的；但看向远处的湖面时，湖面会因为较强的反射看不到湖底。

在RS中，开启反射强度时默认自带菲涅尔效果，计算菲涅尔的方式有四种："IOR（Advanced）"高级折射率、"Color+Edge Tint"颜色+边缘填充、"Metalness"金属度和"IOR"折射率。切换不同的菲涅尔属性时，下面的属性参数会发生改变，这里只讲解其中最为常用的"IOR"。

"IOR"（折射率）：是Index Of Refraction的缩写，我们可以通过调整折射率来控制反射率，这个数值通常控制在1.0至2.0之间。IOR为"1.0"时表示无反射，数值越高反射越强，物体越光滑；数值大于"2.0"时，反射强度的区别就会越来越小。

▼Sheen（光泽）：这个卷展栏下的属性用的概率较低，常用来在模型的边缘再增加一层高亮色。

"Color"：颜色设置。

"Weight"：权重设置，数值为"0"时，相当于完全关掉"Sheen"属性。

"Roughness"：粗糙设置。对于"Sheen"这个属性来说，粗糙值不能完全为0，为0时在视图中不起任何作用。这里将粗糙度设置为"0.06"，效果如下图所示。

↑ "Roughness"为"0.06"

▼ "Refraction/Transmission"（折射/传输）
"Color"：用于设置折射的颜色。
"Weight"：权重，默认情况下为"0"。权重大于"0"时，材质开始产生透明效果；为"1"时，完全透明。下面三张图是"Weight"值依次为"0""0.5"和"1"的效果。

↑ "Weight"为"0" 　　↑ "Weight"为"0.5" 　　↑ "Weight"为"1"

243

"Roughness"：粗糙度设置，默认状态不可用。
"Samples"：采样设置。
"IOR"：折射率度设置，默认状态下不可用。
"Link to Reflection"：勾选该复选框时，此卷展栏中的粗糙和折射率参数不可用，由"Reflection"卷展栏下的同一参数控制；取消勾选该复选框时，可以在这个卷展栏中对粗糙和折射率单独控制。
"Dispersion"：色散设置。色散是复色光分解为单色光而形成光谱的现象。在使用过程中，这个参数不宜调整过大，最好控制在0～2之间。将该参数设为"0.5"，效果如右图所示。
"Thin Walled"：薄壁设置。取消勾选该复选框时，RS会认为模型是一个有体积的状态；勾选该复选框时，RS会认为这个模型是中空，且外壁非常薄。常被用来模拟气泡、塑料等物体的透明效果，如右图所示。

↑ 设置"Dispersion"为"0.5"

↑ 勾选"Thin Walled"复选框的效果

▼ "Sub-Surface"：次表面单次散射

这个参数模拟的是光线在传播介质中的衰减效果，可以模拟牛奶、咖啡等浑浊液体的效果。和"Multi-SSS"的区别在于，"Sub-Surface"仅能计算一次衰减的散射，较为简单，计算速度也较快。

在利用"Sub-Surface"属性做出相应画面效果之前，先来系统地讲解一下各个属性参数的含义。

"Attenuation Units"：衰减单元，有两种模式，代表了两种光线衰减的方式。"Transmittance"透射率，是最常用的一种；"Extinction"为消光方式。

"Transmittance Color"：透光颜色。这里指的是光线进入物体内部后产生的颜色。

"Absorption Scale"：吸收大小，用于设置光线衰减的程度。

"Scatter Coeff"：用于散射效果控制，可以理解为散射的颜色。

"Scatter Scale"：用于设置散射的大小，该属性决定了物体的透光程度，默认是"0"。"Scatter Scale"是整个卷展栏中最重要的参数，值不宜设置太大，尽量控制在0～1之间。值**越大**，物体越**不透光**，为"0"时，不会产生任何效果。只有"Scatter Scale"的值大于"0"时，上文介绍的参数才有调整意义。这里将"Scatter Scale"调整为"0.1"，就是一个乳白色半透光材质，如下图所示。

↑ 将"Scatter Scale"设为"0.1"的效果

次表面散射属性

"Multi-SSS"（次表面散射）用于设置光线穿过**透明/半透明表面**时发生散射的照明效果。光会从表面进入物体经过内部散射，然后又通过物体表面的其他位置穿透出来，这通常被称作3S效果。3S效果可以用来模拟点亮的蜡烛、肥皂、人的皮肤等。3S的属性如右图所示。

在这个选项卡下共有四个卷展栏，分别为"General"（常规）、"Layer1"（层1）、"Layer2"（层2）和"Layer3"（层3）。

▼ "General"（常规）

"Amount"：幅度调整，即3S效果的强度设置。数值区间为0～1，为"0"时不产生3S效果，为"1"时产生最大强度的3S效果。

> **小提示：创建3S效果时的注意事项**
>
> 若要使模型产生3S效果，"Base Properties"选项卡下的固有颜色的权重必须为"1"。也就是说，只有物体本身拥有固有色，才能产生3S效果。

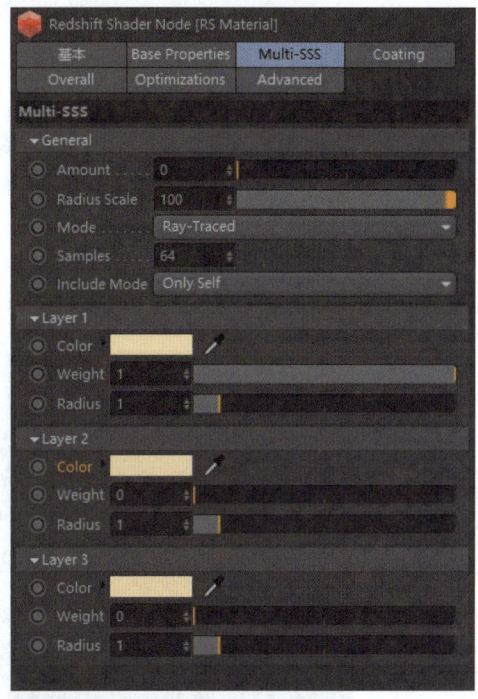

⬆ "Multi-SSS"选项卡中的参数

在场景中创建一个RS Point Light灯光，放置在模型的后方，这样比较容易观察到3S的效果。

下面两张图是"Amount"（分别）为"0"和"1"时的效果。

⬆ "Amount"为"0"的效果

⬆ "Amount"为"1"的效果

"Radius Scale"：半径大小设置，默认为"100"。模型上的透光半径大小，决定了模型上的透光范围。下面两张图是"Radius Scale"的值分别为"100"和"25"的效果。

⬆ "Radius Scale"为"100"的效果

⬆ "Radius Scale"为"25"的效果

"Mode"：模式选择，共有两种。"Point-Based"是基于点计算的模式，优势是渲染速度快，但效果没有另外一种模式真实；"Ray-Traced"为光线追踪模式，最常用，也是默认的模式，效果真实但渲染较慢。

"Samples"：采样设置。

"Include Mode"：当一个模型由多个对象构成时，可以选择所计算透射的方式是由所有物体一起计算透光半径，还是单个物体计算透光半径。"All Objects"为每个物体分开计算透光半径；"Only Self"为将模型作为一个整体计算透光半径。

▼Layer1、Layer2和Layer3

以下图中的颜色为例，可以看到Layer1控制的是透光较浅位置的颜色，而Layer3控制的是透光较深位置的颜色。

↑ 设置"Layer1""Layer2"和"Layer3"中的"Color" 　↑ 不同层的颜色控制模型不同的部分

> **小提示：3S效果中层的作用**
>
> 这里的层1、层2和层3，可以更细致地控制光线在物体内部的颜色，例如模拟阳光下人类皮肤颜色的丰富变化等。

Coating（清漆）属性

"Coating"（清漆）选项卡，如右图所示。

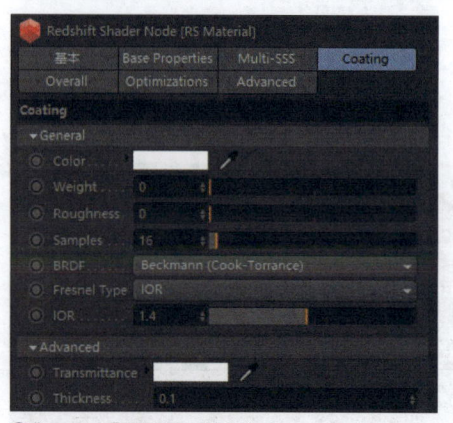

↑ "Coating"选项卡下的参数

这个选项卡可以实现在原有反射的基础上再覆盖一层新的反射效果，常用来模拟珠光车漆的效果（珠光车漆的效果大概分为固有色+珠光层+清漆层三层，用Coating来模拟清漆层的效果）。下左图是在"Base Properties"选项卡下开启反射及模糊反射的效果，下右图是在"Coating"选项卡下将"Weight"改为"0.5"的效果。

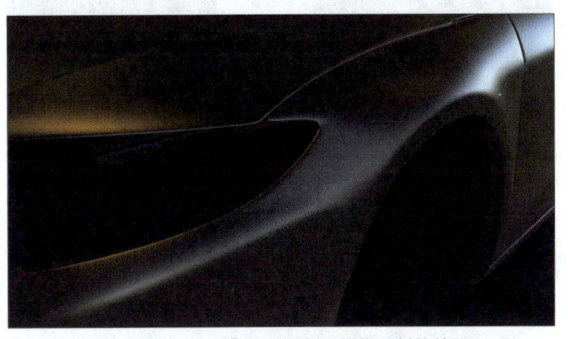

↑ 开启"Base Properties"中的反射和模糊反射的效果

↑ 设置"Coating"中"Weight"为"0.5"的效果

这个选项卡下的属性参数和之前"Base Properties"中讲到的反射参数的使用方法几乎一样，因此这里不再讲解了。

Overall（全部）属性

"Overall"（全部）选项卡，如右图所示。

这个选项卡中的参数是用来对模型整体的材质效果进行调整的。

↑ "Overall"选项卡

"Overall Tint"：整体填充。该属性后面设置为除白色之外的颜色时，会将材质球中的所有属性（例如固有色、反射颜色和折射颜色等）全部填充为某一种颜色，只保留其明度对比。

"Opacity"：不透明度。区别于Refraction，这里的不透明度指的是强制使物体变为透明物体，不会带有任何折射信息，经常用于制作透明贴图等。

需要注意的是：白色为不透明，黑色为全透明，默认为白色。为白色时物体本身不发生任何改变，为黑色时物体为纯透明。右图为灰色的效果。

↑ 颜色为灰色时的效果

"Emission"：用于发光的颜色设置，黑色为不发光。当此处颜色为除黑色外任意一种颜色时，即产生发光效果。

"Emission Weight"：发光强度设置。

这里将发光颜色调整为黄色，发光强度设置为"1"，效果如右图所示。

⬆ "Emission"为黄色，"Emission Weight"为"1"的效果

9.4 节点库

在9.2节中介绍过的RS节点编辑器窗口左下方的"节点库"，也称作节点池。除了之前介绍的"万能材质球"RS Material之外，RS中**所有的节点**都可以在这里找到。

对于RS来说，任何一个对象或材质球，都是以**节点**的形式存在的。一个对象就是一个节点，这和C4D传统默认材质的思路是完全不一样的。

RS的节点库如右图所示。可以看到在节点库中共有八个大类，分别为"Materials"（材质）、"Textures"（纹理）、"Utilities"（工具）、"Environment"（环境）、"Light"（灯光）、"Volume"（体积）、"Math"（计算）和"Color"（颜色）。其中前三个大类和最后一个大类是比较常用的，也是接下来要介绍的重点内容。我们会对这几个大类中最常用的几个节点进行讲解。

"Materials"（材质）：这里需要注意一下，和之前讲解的"RS Material"不同，这里的"Materials"后面跟了一个"**s**"，代表它的下面是有很多其他的RS材质节点的，当然也包含了"RS Material"。

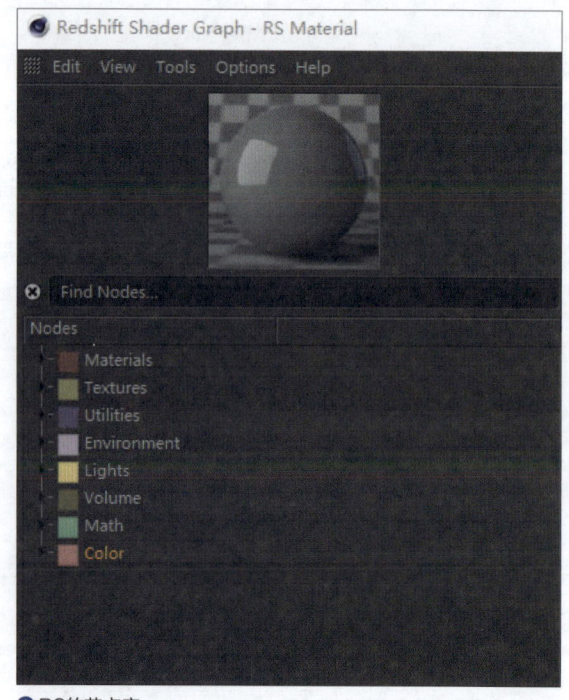

⬆ RS的节点库

单击左侧的小三角按钮，下面出现的都是一些常用的和材质相关的节点。

"Textures"（纹理）：这个组都是和贴图纹理相关的节点。

"Utilities"（工具）：这个组属于一些辅助节点，可以让我们更方便地完成材质效果调整。

"Environment"（环境）：这个组的节点使用频率非常低。我们可以通过RS菜单中的相关工具达到相同的效果，因此很少通过节点的方式调整。

"Light"（灯光）：这个组都是和灯光相关的节点。之前在介绍灯光的内容中讲过，每一个灯光都可以创建一个节点，并在节点编辑器中以节点的形式对灯光进行编辑。但是使用频率较低，通常情况下都是在灯光的属性管理器中对其调节。

"Volume"（体积）：这个组只有一个节点，也是可以通过RS菜单中的工具进行调节的。

"Math"（计算）：这个组的节点可以允许我们对场景中的一些纹理进行加减乘除之类的操作。这个组节点的意义在于，可以将图像数据化，并计算图像与图像之间所产生的关系。

"Color"（颜色）：这个组都是与颜色调整相关的节点，可以方便我们在RS中对纹理的颜色进行快速调节。这样就不需要借助Photoshop等第三方软件对纹理贴图进行修改了。

9.5　Materials 组的常用节点

Materials组中的节点如右图所示。其中重点讲解的部分用蓝色框标出。

▼Legacy（遗留）

"Architectural"（建筑材质）：用来模拟建筑漫游或建筑效果图中常用材质的节点。

"Matter-Shadow Catch"（遮罩阴影捕捉）：用来单独提取画面中的投影及反射的节点。通常配合合成使用。

"Car Paint"（车漆）：可以用来模拟真实汽车漆面材质的节点。

"Hair"（毛发）：用来渲染毛发的节点。

"Incandescent"（发光）：用来模拟真实的自发光效果的节点。

"Material"（材质）：就是之前讲解的万能材质球。

"Material Blender"（材质混合）：可以对多个不同属性的材质节点进行混合，让其同时作用于一个对象。

"Skin"（皮肤）：用来模拟人类皮肤3S效果的节点。

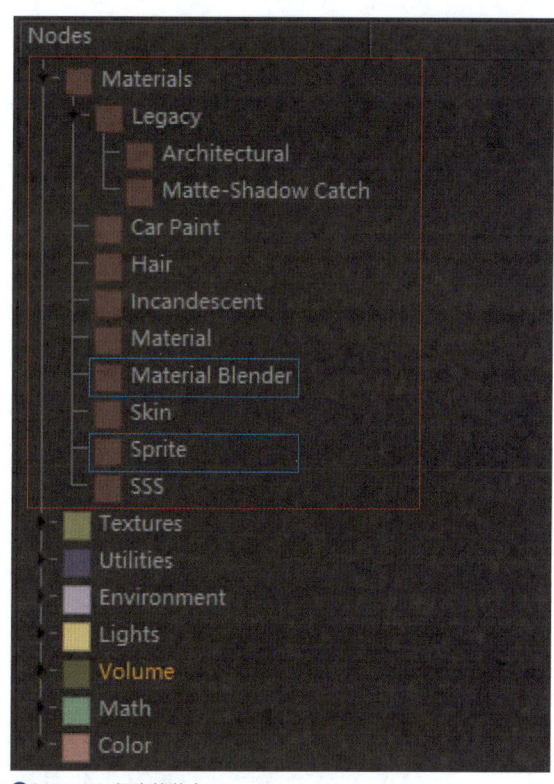

↑ Materials组内的节点

» 9 RS 材质与渲染

"Sprite"（精灵）：这个节点通常用来制作透明贴图，和RS Material中的Opacity效果类似，但运算速度更快。

"SSS"：用来模拟次表面散射，即3S效果的节点。

接下来重点对Material Blender和Sprite节点的应用进行讲解。

Material Blender（材质混合）

先在材质编辑器中创建一个万能材质球RS Material，双击该材质球，打开材质编辑器，从节点库中拖拽出一个Material Blender节点。选中RS Material节点，将属性中的"Preset"（预设）改为"Plastic"。按住键盘上的Ctrl键，向下拖拽，复制一个新的RS Material节点，并将新节点的"Preset"（预设）改为"Gold"，如右图所示。

◆ 创建两个RS Material节点并设置属性

单击RS Material Blender节点，在右侧显示其属性，如右图所示。

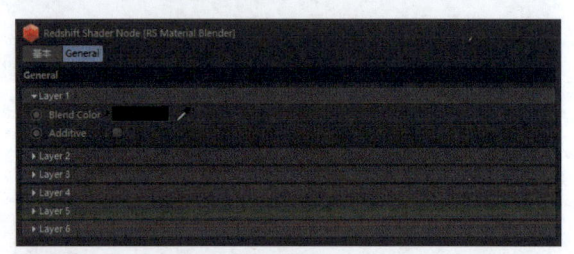

◆ 显示RS Material Blender的属性

可以看到属性面板中有6个Layer（层），每一个层都是可以在基础材质上进行叠加的。基础材质的位置可以在RS Material Blender节点的输入端找到，也就是节点左上角蓝色区域，鼠标左键按住输入端会出现一个菜单，如右图所示。

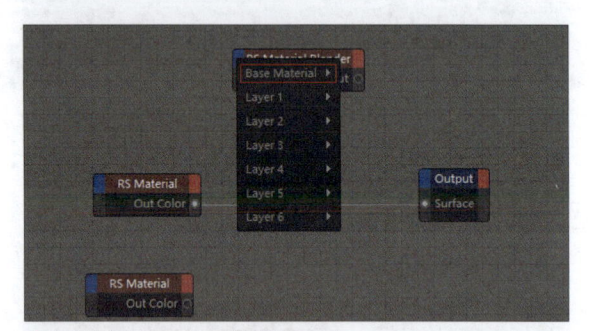

◆ 按住节点左上角显示下拉菜单

接下来将刚刚创建的两个RS Material材质节点进行混合，即预设为Plastic的RS Material节点（以下简称Plastic）和预设为Gold的RS Material节点（以下简称Gold）。

将光标放在Plastic输出端的"Out Color"处，按住鼠标左键拖拽至RS Material Blender节点的输入端，在输入端弹出的菜单中选择"Base Color"命令后松开鼠标左键，即完成了一次连接，如右图所示。

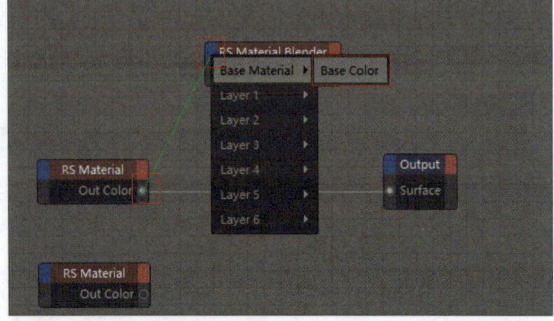

◆ 拖拽Plastic输出端的"Out Color"至RS Material Blender输入端，并选择"Base Color"命令

同样的操作，将Gold输出端的"Out Color"连接至RS Material Blender节点输入端的"Layer1-Layer Color1"，如右图所示。

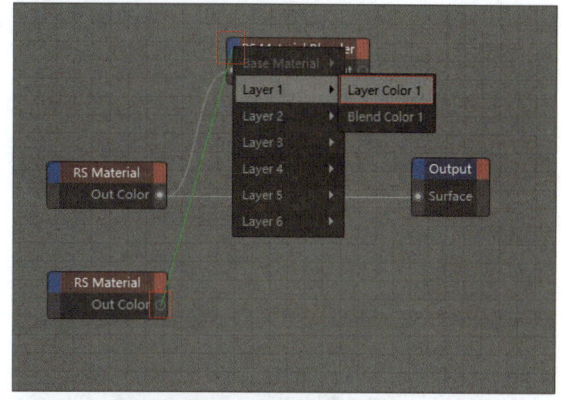

↑ 将Gold输出端连接至输入端的"Layer Color1"

将RS Material Blender节点输出端的"Out"连接至Output节点输入端的"Surface"，如右图所示。

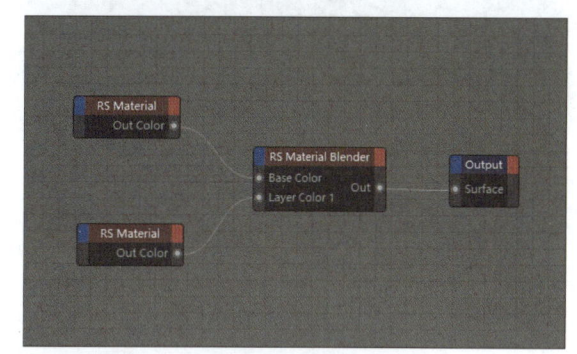

↑ 将输出端的"Out"连接至输入端"Surface"

此时在渲染视窗中看到的渲染结果依旧为基础材质效果，如果想要看到两个材质混合后的结果，需要调整RS Material Blender节点属性中Layer1下的"Blend Color"（混合颜色），其位置如右图所示。

↑ Layer1下的"Blend Color"参数

"Blend Color"是可以通过颜色的黑白信息的明度对**混合程度**进行控制的属性参数，甚至可以使用纹理贴图来控制，例如通过噪波、渐变等纹理节点的黑白区域控制混合的**区域**。

将"Blend Color"改为明度大概为"70%"的灰色，这时在渲染视窗里就能看到Plastic和Gold混合后的效果了，如右图所示。

↑ 设置"Blend Color"为"70%"的灰色效果

9 RS 材质与渲染

在Layer1中还有一个属性——"Additive",勾选该复选框,可以将原有的混合模式变为添加模式,我们理解为另一种计算模式即可。

Sprite(精灵)

这里以一个植物模型为例(所有模型都可以在随书素材中找到),利用Sprite节点来处理这个植物模型的叶子边缘。下左图为原模型效果,下右图为处理后的效果。

⬆ 植物模型的原始效果

⬆ 处理后植物模型的效果

双击场景中植物的材质球,进入节点编辑器,如右图所示。

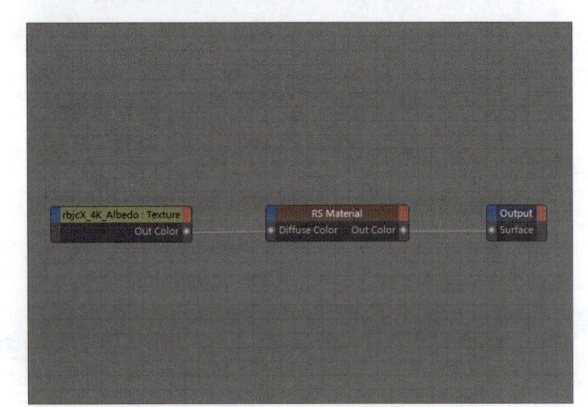

⬆ 打开植物模型的节点编辑器

拖拽一个Sprite节点出来,其属性面板如右图所示。

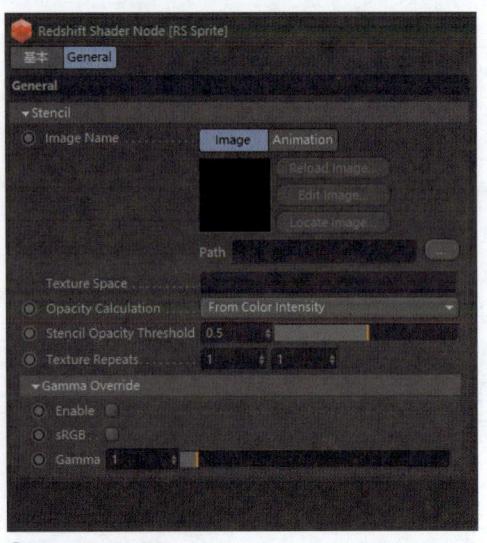

⬆ Sprite节点的属性

在"Image Name"下面的"Path"文本框里载入一张纯黑白的JPG格式图片，作为这个植物模型的透明贴图，如右图所示。

↑ 在"Path"文本框中载入植物模型贴图

将RS Material输出端的"Out Color"连接到RS Sprite输入端的"Shader Input-Input"，再将RS Sprite输出端的"Out Color"连接到Output输入端的"Surface"，如下图所示。

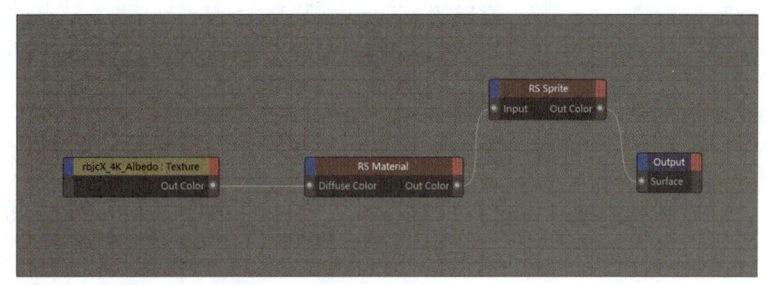

↑ 将节点输出端和对应节点的输入端连接

这时，在渲染视窗中就可以看到最终效果了，如下图所示。

↑ 在渲染视窗中查看最终效果

接下来看一下RS Sprite的其他属性。

"Opacity Calculation"（透明计算）：有两种模式，代表了两种不同类型的贴图。设置为"From Color Intensity"模式时，"Image Name"中载入的贴图格式可以是不带Alpha通道的黑白图，将通过计算图片中的黑白信息对模型产生透明效果；设置为"From Alpha"模式时，载入的图片需要带有Alpha通道，通过计算图片中Alpha信息对模型产生透明效果。

9.6 Textures 组的常用节点

在介绍Texture之前，我们先来了解一下PBR（Physicallly-Based Rendering）的工作流程。这个流程在影视、游戏等行业非常普遍，可以制作出还原物理的材质效果。简单地说，就是使用**特定的贴图**对材质球中**对应的各个通道（例如高光通道、凹凸通道等）**加以控制，最后综合得出的材质效果。

通道贴图命名规则与Textures组下的节点

在网络上，我们可以找到非常多使用PBR流程制作的贴图素材。为了方便使用者区分贴图对应的通道，这些贴图的命名都有一定的规则，以RS的材质通道为例，下表列举了几种常用的通道贴图命名规则。

常用的通道命名规则

RS 通道	中文释义	对应贴图名称
Diffuse Color	固有色	Color、COL、Aibedo
Refl Color	反射颜色	Specular、Reflection、REFL
Refl Roughness	反射粗糙度	Roughness、Gloss
Normal	法线	Normal、NRM
Displacement	置换	Displacement、DISP

接下来看一下Textures组下的节点，其中重点讲解的节点已经用蓝色框标出，如右图所示。

▼Legacy（遗留）
"Normal Map"（法线贴图）：用来载入法线贴图的节点。
"AO"（环境吸收）：用来添加环境吸收效果的节点。
"Camera Map"（摄像机贴图）：基于摄像机的角度对贴图进行映射的节点。
"Curvature"（曲率）：可以计算出模型中的转角和凹槽，并添加材质细节，例如边缘磨损等。
"Maxon Noise"（Maxon噪波）：用来访问C4D自带的噪波类型的节点。
"Noise"（噪波）：用来添加RS自带噪波的节点。
"Ramp"（渐变）：用来添加RS自带渐变的节点。

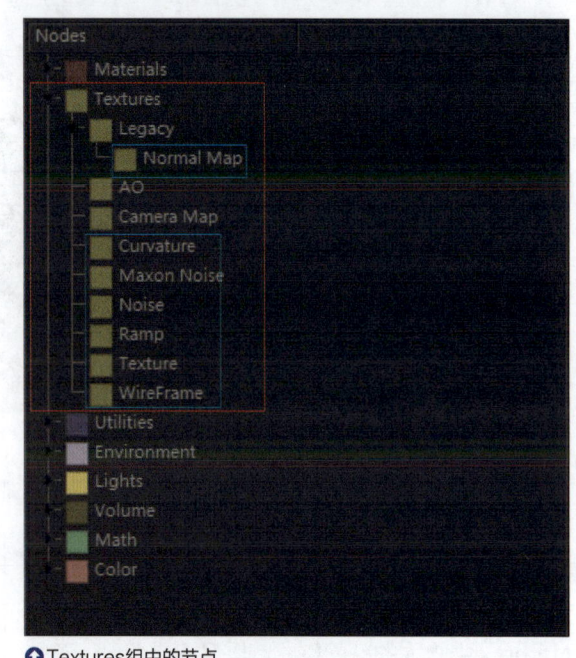

⊕ Textures组中的节点

"Texture"（纹理）：用来载入外部贴图的节点，是这个组内最常用的节点。
"WireFrame"（线框）：用来渲染模型上线框结构的节点。

接下来先讲解"Texture"（纹理贴图）和"Normal Map"（法线贴图）这两个节点的应用。

Texture（纹理贴图）和Normal Map（法线贴图）

以右图的老旧墙体为例，我们将利用"Texture"和"Normal Map"这两个节点制作这个墙体效果。这张图中所使用的资源来自quixel.com，使用的就是上页表格中列举的五个通道的贴图。

⬆ 老旧墙体

打开随书素材中名为"RS Texture"的C4D文件，在视图中可以看到目前模型是一个没有任何贴图的低模，如右图所示。

双击材质球，打开节点编辑器，先载入一张Aibedo贴图（本小节所有贴图都可以在案例的C4D工程目录中的"tex"文件夹中找到）。

载入外部贴图的方法有两种，第一种：创建一个Texture节点，并在属性"Filename"下的"Path"属性框中指定一张需要载入的贴图；第二种：在计算机中提前找到需要载入的贴图，直接拖入节点编辑器，这时被拖拽进来的贴图会自动生成一个

⬆ 打开"RS Texture" C4D文件

Texture节点，并且这个节点会以该贴图的名称进行命名。但是在载入Normal Map时不建议直接拖拽，因为拖拽直接生成的是Texture节点。

载入Aibedo贴图后，将节点输出端的"Out Color"连接至RS Material输入端的"Diffuse Color"，如下图所示。

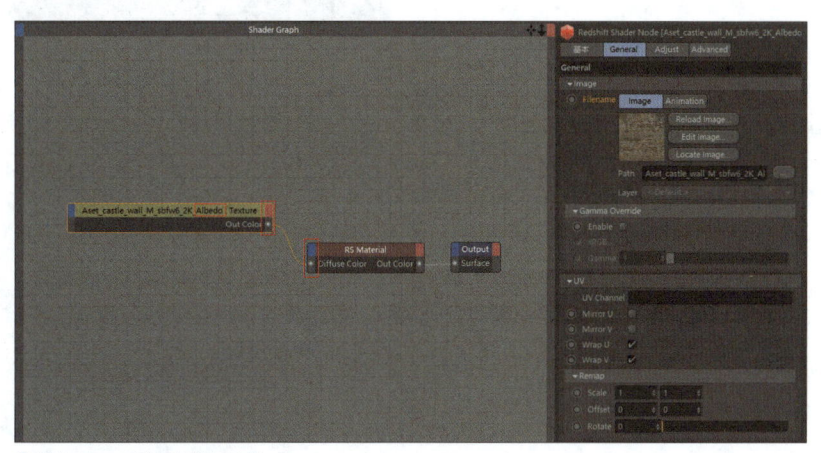

⬆ 载入Aibedo贴图并进行连接

连接好Aibedo节点后，进行渲染，效果如右图所示。

这时的墙体有了颜色，但是RS的材质默认自带比较强的高光效果，反射及凹凸等信息并不是想要的，需要使用贴图对反射、凹凸等通道进行控制，例如用Specular贴图控制哪里有高光、哪里没有高光。

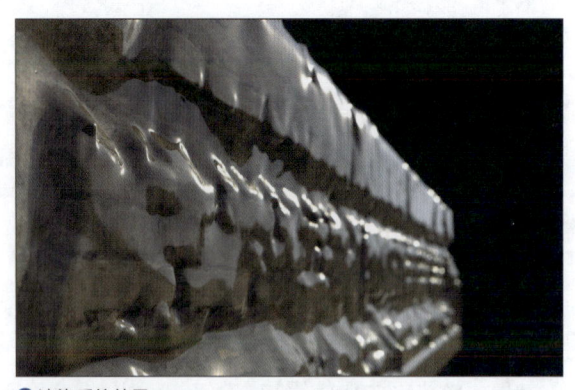

↑ 渲染后的效果

把"tex"文件夹内命名为"Specular"和"Roughness"的两张贴图拖入C4D的节点编辑器内，将Specular贴图输出端的"Out Color"连接至RS Material输入端的"Refl Color"，将Roughness贴图输出端的"Out Color"连接至RS Material输入端的"Refl Roughness"，如右图所示。

↑ 添加两张贴图并连接

然后进行渲染，效果如右图所示。

↑ 再次进行渲染后的效果

通过当前渲染效果，可以看到墙体模型上的反射信息得到了校正。接下来需要加深凹凸的细节。

新建Normal Map节点，在属性面板中将"tex"文件夹中的"Normal"贴图载入，将Normal Map节点输出端的"Out Displacement Vector"连接至RS Material输入端的"Overall-Bump Input"，如右图所示。

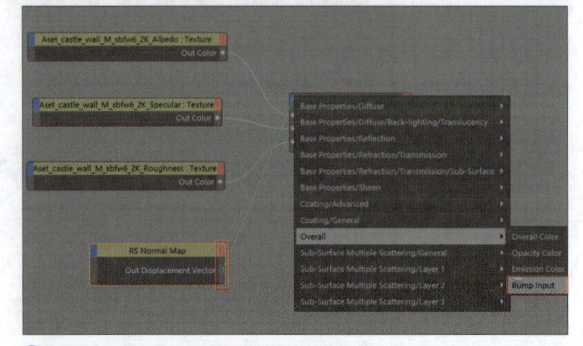

↑ 添加Normal Map节点和贴图并进行连接

然后进行渲染，效果如右图所示。

这时可以看到模型出现了更多凹凸细节，凹凸细节的丰富使得这个模型看起来更真实、更有质感。

到目前为止，离最终效果还有一步操作未完成，这个操作需要借助Utilities组下的Displacement节点，我们在下一节讲到该节点时再接着完成这一模型的渲染。

↑ 渲染后墙体的效果

Curvature（曲率）

下面我们将使用之前的天使模型场景，在节点编辑器中新建一个Curvature，将Curvature输出端的"Out"连接至Output输入端的"Surface"（此时原本的Material节点就空闲了，搁置到一边就好，后面还会用到），如右图所示。

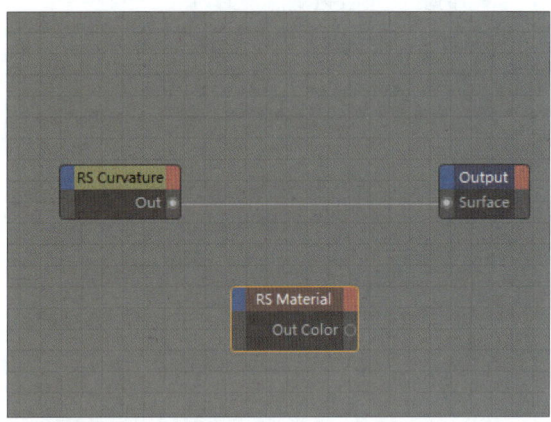

↑ 新建Curvature节点并连接

然后进行渲染，效果如右图所示。

可以看到这时渲染的是一张黑白图，并且所有凸起的地方都是白色。目前的渲染图并不是最终的效果，我们可以将其理解为一张黑白信息图，也就是说，利用Curvature节点可以计算模型上凸起或凹陷地方，并用白色将其标注出来。Curvature经常用来配合Material Blender节点使用。

↑ 渲染的效果

接下来看一下Curvature节点的属性参数。"General"选项卡，如右图所示。

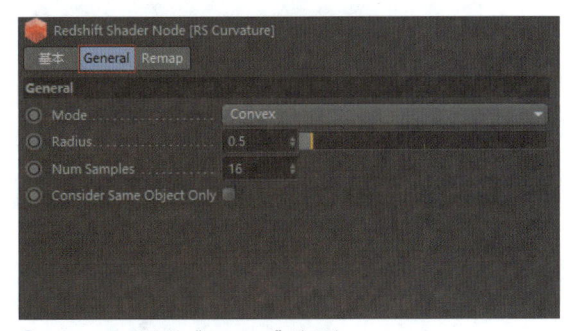

↑ Curvature节点的"General"选项卡

257

"Mode"（模式）：可以切换凸起和凹陷两种模式，凸起和凹陷分别有两种计算方式，因此这里共有四个选项。在实际项目制中，我们一般只用"Convex"（凸起）或"Concave"（凹陷）这两种。

"Radius"（半径）：决定了凸起或凹陷计算区域的半径大小。

"Num Samples"（采样）：采样值越高，计算越精细。

"Remap"（重映射）选项卡，如右图所示。

▼Input Range（输入范围）

"Min"（最小值）和"Max"（最大值）：这两个值的范围是0到1，通过调整这两个属性参数，可以控制Curvature节点计算出来的黑白信息图的黑白对比。

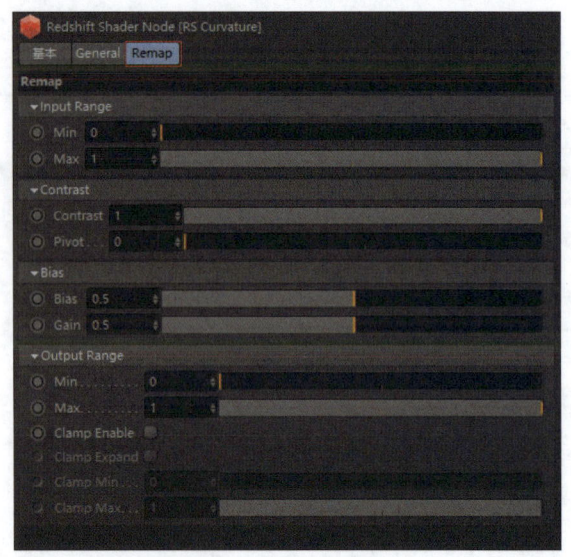

下面看一下Curvature和Material Blender配合使用的方法。

在节点编辑器中创建一个Material Blender节点，把之前闲置的Material节点的预设改为"Copper"，并将Material输出端的"Out Color"连接至Material Blender输入端的"Base Color"。

再创建一个新的Material节点，把反射关掉（即将Reflection的"Weight"值改为"0"），颜色改为墨绿色，模拟铜被氧化之后产生的铜锈，并将这个Material节点输出端的"Out Color"连接至Material Blender输入端的"Layer Color1"。

最后将Curvature输出端的"Out"连接至Material Blender输入端的"Blend Color1"。连接完成后的效果，如右图所示。

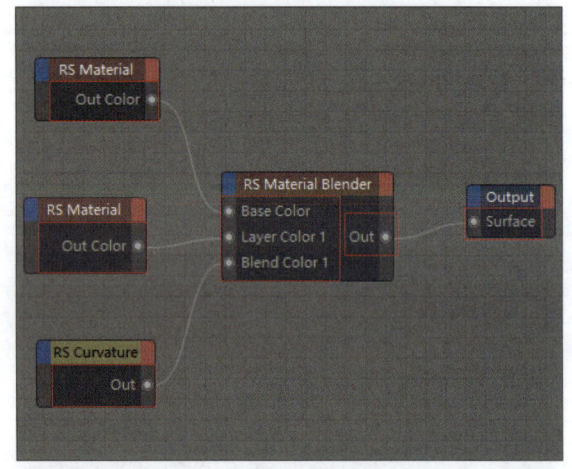

此时渲染的效果并不明显，如右图所示。

⬆ "Remap"选项卡

⬆ 创建Material Blender和Material节点并进行连接

⬆ 渲染后的效果

进入到Curvature属性中，将"Remap"选项卡下"Input Range"卷展栏中的"Max"参数值改为"0.05"，此时可以看到边界已经出现了一层绿色。再回到"General"选项卡下，将模式改为"Concave"（凹陷），就可以得到模拟模型凹槽处出现铜锈的效果了，如右图所示。

↑ 调整"Remap"和"General"选项卡下参数后的效果

Maxon Noise（Maxon噪波）

这个节点常用来创建Maxon自带的程序纹理——噪波。噪波也是一种由随机函数产生的黑白信息的图像（也可以改为其他颜色，默认为黑白），而且有多种噪波类型可以选择。

在节点编辑器里创建一个新的Maxon Noise节点，连接至Output，并进行渲染，效果如右图所示。

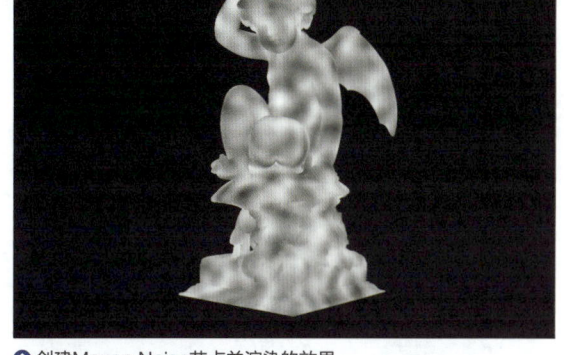

↑ 创建Maxon Noise节点并渲染的效果

接下来看一下Maxon Noise的属性，如右图所示。

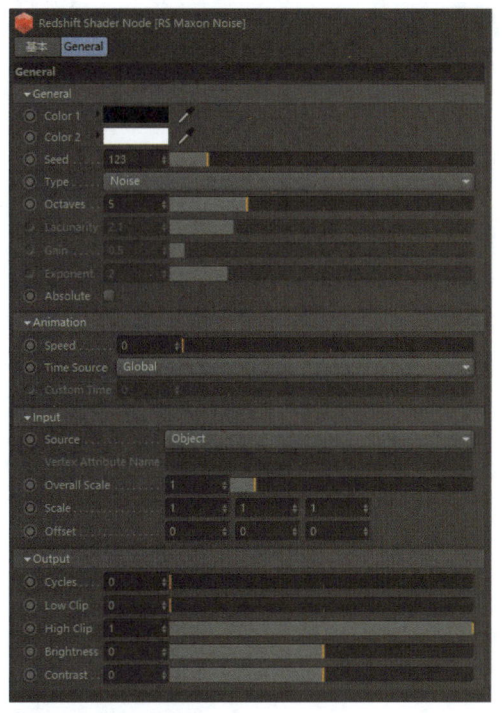

▼General

"Color1"和"Color2"：这两个参数用于设置噪波的颜色。

"Seed（种子）"：修改噪波的随机值。

"Type"：噪波的类型。C4D中的噪波类型非常丰富，在这个属性下有三十多种类型可以进行切换，每一种类型都可以模拟不同形态的噪波。

"Octaves"（梯度）、"Lacunarity"（空隙）、"Gain"（增益）、"Exponent"（指数）和"Absolute"（绝对）这五个属性在不同的噪波类型下，可调节性不同。有些属性只对应某一种或某几种噪波类型，但用途都是用来调整噪波的细节，例如形态、对比等。

▼Animation（动画）

"Speed"（速度）：当这个参数值大于0时，播放时间线时可以看到噪波出现扰动动画。

↑ Maxon Noise的属性

"Time Source"（时间来源）：这里共有两个选项，当为"GLobal"时，噪波的动画时长是以C4D软件中设定的时长为准；当为"Custom"时，可以通过调整下方的"Custom Time"，对动画时长进行自定义，这里的参数以秒为单位。

▼Input

"Source"（来源）：噪波投射的不同计算方式。通常情况下这里仅选择"Object"就可以了。

"Overall Scale"（全局缩放）：噪波整体大小的缩放。参数越小，噪波整体比例越小，颗粒越小，反之则越大。

"Scale"（缩放）：单独对噪波某一个轴向的缩放。

"Offset"（偏移）：单独对噪波某一个轴向的偏移。

▼Output

"Low Clip"（低端修剪）和"Hige Clip"（高端修剪）：对噪波的黑色、白色区域进行控制。

"Brightness"（亮度）：整体调整噪波的亮度。

"Contrast"（对比度）：整体调整噪波的对比度。

Noise（噪波节点）

Noise节点在实际使用时频率较低，大部分情况下使用Maxon Noise就够了，且Maxon Noise的类型及可调节性都比Noise要丰富许多，因此这里不过多介绍了，仅了解即可。

Ramp（渐变）

渐变是在调节材质过程中使用频率非常高的一个节点，它可以通过从黑到白的颜色渐变来控制区域。

为了方便理解，这里用一个球体模型来讲解Ramp。新建一个RS Material材质球，双击打开节点编辑器。新建一个Ramp节点，并连接至Output节点（此时RS Material节点为闲置状态），渲染后的效果如右图所示。

可以看到球体上出现了从白到黑的颜色渐变效果。

接下来看一下Ramp的属性，如右图所示。

▼Input

"Source"（来源）：用于选择Ramp以哪种标准进行分布，大部分情况下"Auto"模式就够了。当模型有比较准确的UV信息时，可以将其切换为"UV Map"。

"Mapping"（映射）：用于选择映射方向，共有五种类型，分别为"Vertical"（竖直）、"Horizontal"（水平）、"Diagonal"（对角线）、"Radial"（放射）和"Circular"（圆形）。

⬆新建Ramp节点，连接并渲染后的效果

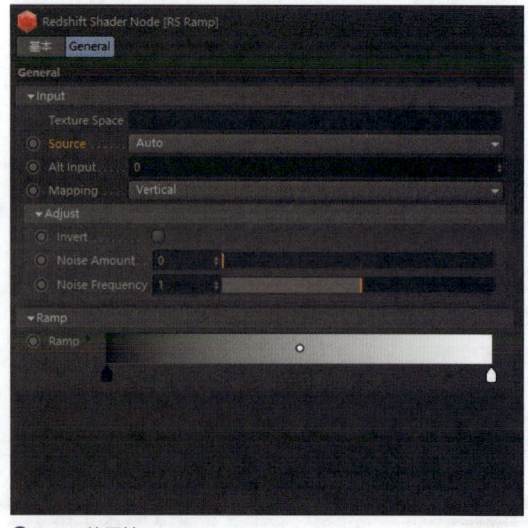

⬆Ramp的属性

▼Adjust
"Invert"（反转）：反转黑白颜色。
"Noise Amount"（噪波幅度）：当此参数大于0时，会在渐变上叠加一层噪波。
"Noise Frequency"（噪波频率）：参数越大，噪波越密。

▼Ramp
"Ramp"：通过调整这个属性的两个滑块，可以调整黑色和白色的区域分布。在颜色条上用鼠标左键单击，可以新建一个滑块，滑块的数量不受限制。双击滑块，可以修改渐变的颜色。

WireFrame（线框节点）

WireFrame节点的使用方法非常简单，常用来渲染模型的线框图的节点。

在内容浏览器中选择一个车的模型，将所有材质球删除后，新建一个RS Material材质球，应用到模型上。打开节点编辑器，新建一个WireFrame节点，连接至Output节点后，渲染效果如右图所示。

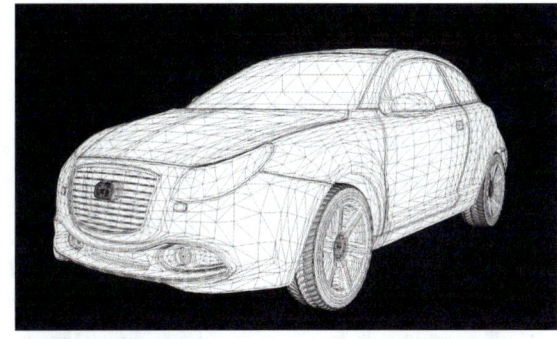

↑ 车模型渲染后的效果

接下来，让我们来了解一下WireFrame的属性，如右图所示。

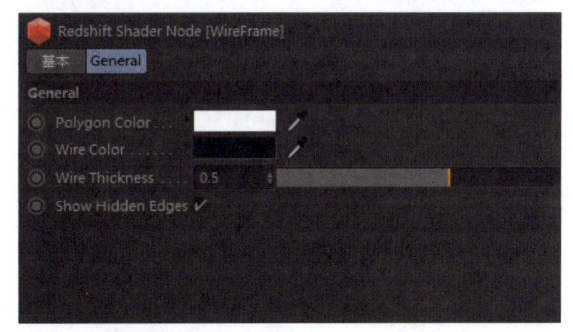

↑ WireFrame的属性

"Polygon Color"（多边形颜色）：用于设置多边形的颜色。

"Wire Color"（线框颜色）：用于设置线框的颜色。

"Wire Thickness"（线框粗度）：用于设置线框的粗细程度。

"Show Hidden Edges"（显示隐藏线段）：用于设置是否显示隐藏线段。勾选该复选框时，渲染为三角面；关闭时，以实际布线为准。

这里将多边形颜色改为黑色，线框颜色改为蓝色，勾选"Show Hidden Edges"复选框，渲染效果如右图所示。

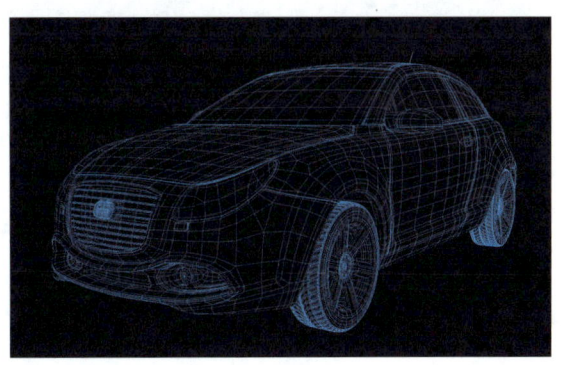

↑ 设置多边形颜色和线框颜色，勾选"Show Hidden Edges"复选框后的渲染效果

9.7 Utilities 组的常用节点

右图为Utilities组下的节点，其中重点讲解的节点已经用蓝框标出。

▼AOVs（多通道）：常用于一些特定的多通道的节点组，使用频率不高。

▼Attributes（属性）：这个组都是与点相关的属性节点。

▼Bump（凹凸）：用于制作凹凸效果的节点组。目前的工作流程中，Bump的凹凸效果已渐渐被法线替代，所以就不再讲解Bump了。

▼C4D：用于获取C4D中程序纹理及定点贴图的节点组。

▼Displacement（置换）：用来制作置换效果的节点组。

▼Hair：用来制作毛发材质的节点组。

▼Switch（切换）：用来做多材质切换的节点组。

▼User Data（用户数据）：用来获取一些自定义数据的节点组。

▼Fresnel（菲涅尔）：用来模拟菲涅尔反射现象的节点。

▼MultiShader（多重着色器）：可以允许多个着色器，并进行叠加效果的节点。

▼Output（输出）：输出节点，每次新建材质，在节点编辑器中都会自动创建一个该节点。除非误操作，否则不需要手动添加。

▼Refrerence（参考）：用来放置对象的节点，可配合其他节点使用，获取对象的一些信息。

▼Remark（备注）：用来写一些备注信息的节点。

▼Round Corners（圆角）：通过材质的方式，给没有倒角的模型渲染出倒角。该节点不会对模型的结构发生改变，但是复杂模型较难控制倒角的效果。

▼State（状态）：用来获取C4D纹理标签信息的节点。

▼TriPlanar（三轴映射）：可以从三个轴向同时透射一张贴图，并且对贴图的边缘进行融合，从而消除贴图接缝。

▼UV Projection（UV投射）：用来改变贴图透射方式的节点。

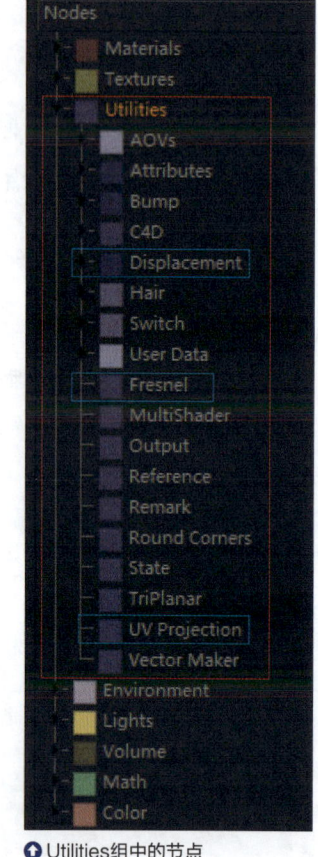

↑ Utilities组中的节点

Displacement（置换）

置换的流程在RS中比较特殊，要借助RS对象标签中的部分功能。置换与法线、凹凸最大的区别在于，置换通过图像可以对模型产生形变，因此需要模型有较高的面数支撑，这也是为什么要借助RS对象标签的原因。

在上一节中，我们利用Normal Map和Texture做了一个老旧墙体效果，如右图所示。

↑ 老旧的墙体

» 9.7　Utilities 组的常用节点

我们用之前的工程文件，使用Displacement节点继续完善这个墙体。

创建一个Displacement节点，将"tex"文件夹中名为"Displacement"的贴图拖拽至C4D的节点编辑器中。然后将贴图输出端的"Out Color"连接至Displacement节点输入端的"Tex Map"；将Displacement输出端的"Out"连接至Output输入端的"Displacement"，如右图所示。

⬆ 创建Displacement节点并连接

连接之后执行渲染操作，此时并不会出现置换的效果，需要给模型添加一个RS标签。在对象管理器中选中对象并右击，在快捷菜单中添加一个"Redshift Object"标签，其位置如右图所示。

⬆ 为对象添加"Redshift Object"标签

Redshift Object标签的作用非常多，这里只需要掌握与置换相关的部分就够了，后面的章节会专门介绍Redshift Object标签的具体使用方法。

右图为Redshift Object的属性面板，其中与置换相关的属性已用红框标出。

⬆ Redshift Object的属性

首先，勾选"Override"复选框，下面的属性参数才会被启用。

勾选"Tessellation"（细分）下的"Enable"复选框。这个卷展栏的主要作用是在渲染时对模型产生细分。这里的参数保持默认即可，其中"Maximum Subdivision"（最大细分）参数，可以更改渲染时产生的最大细分的次数。

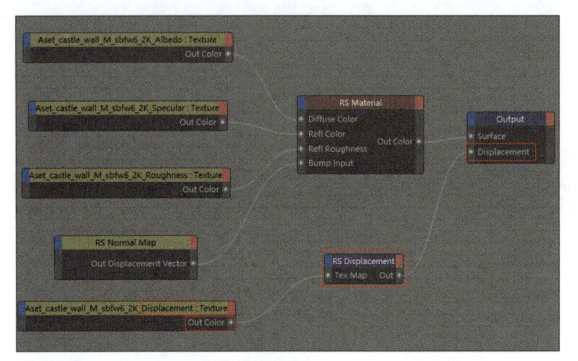

勾选Displacement下的"Enable"复选框。

"Maximum Displacement"（最大置换数）：用于限制最大置换幅度。

"Displacement Scale"（置换缩放）：用于设置置换的大小。但置换的大小会受到上面的"Maximum Displacement"（最大置换术）参数限制，无法超越该参数设定的最大值。

263

这时再进行渲染，就可以看到置换已经产生了效果，细节更丰富，并且模型产生了一定的形变，凸起更明显，如右图所示。

○ 渲染后的效果

Fresnel（菲涅尔）

在9.3节中，讲解RS Material的反射属性时解释过，菲涅尔现象就是视线垂直于表面时，反射较弱；而当视线非垂直表面时，夹角越小，反射越明显。但RS Material节点中的菲涅尔属性仅仅可以控制<u>反射通道</u>上菲涅尔效果的强度。而Utilities组下的菲涅尔节点可以将菲涅尔效果应用在各个通道上，例如在发光通道上可以做出类似勾边光的效果。

新建一个Fresnel节点，这里先不将Fresnel连接在通道上，而是将Fresnel连接至Output节点，目的是可以最<u>直接</u>地观察到Fresnel产生的效果并方便进行讲解。需要注意的是，在调整完Fresnel的效果之后，**需要将Fresnel节点连接Materia节点的某一通道之后**，再连接Output节点进行渲染。因为Fresnel节点属于一个工具，直接连接输出节点，无法使灯光对其产生光照效果。

接下来，我们来看下Fresnel的属性参数，如右图所示。

▼Falloff Color（衰减颜色）

"Use Index of Refraction"（使用Index of Refraction）：勾选该复选框时，菲涅尔的衰减效果是由下方的"Index of Refraction"属性参数控制的；取消勾选该复选框时，则是由"Curve Falloff"控制的。

"Facing Color"（正面颜色）：可以理解为模型的中心颜色。

"Perpendicular Color"（垂直颜色）：可以

将Fresnel节点输出端的"Out Color"连接至Output节点输入端的"Surface"，渲染效果如下图所示。

○ 添加Fresnel节点的效果

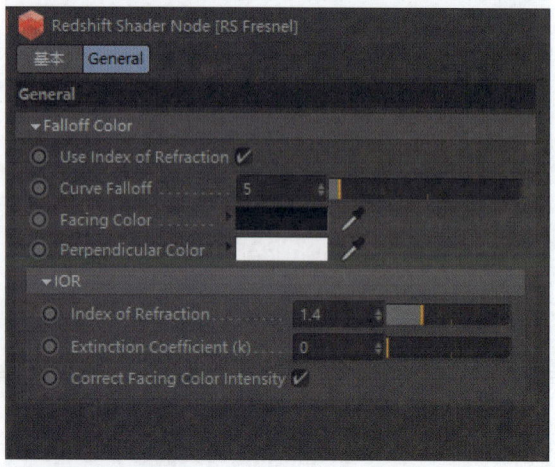

○ Fresnel的属性参数

理解为边缘颜色。

▼IOR

"Index of Refraction"（折射率）：即为IOR。

接下来我们用Fresnel节点制作一个边缘光效果。

首先将Fresnel属性的"Perpendicular Color"改为绿色；将"Index of Refraction"改为0.9。渲染效果如右图所示。

↑ 设置边缘光为绿色的效果

然后将Fresnel节点输出端的"Out Color"连接至RS Material输入端的"Emission Color"，再将RS Material输出端的"Out Color"连接至Output输入端的"Surface"，如右图所示。

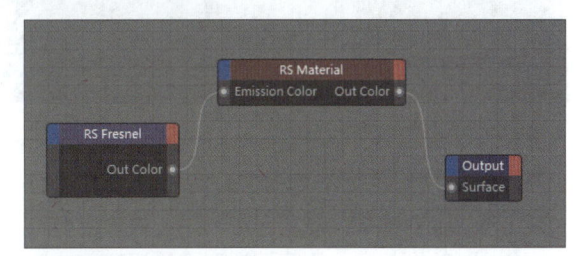

↑ 设置各节点的连接

这时会发现渲染没有任何效果，这是因为Material没有开启发光强度，需要将Material属性中"Overall"选项卡下的"Emission Weight"参数改为"2"。渲染效果如右图所示。

这就是利用Fresnel节点模拟一个模型边缘光为荧光绿的效果。

↑ 设置边缘光为荧光绿的效果

UV Projection（UV投射）

什么是UV？

UV是一个平面的位置信息**坐标图**，定义了模型上每一个点的位置信息，UV中的点和模型上的点是可以相互对应的。UV的作用是用来决定贴图贴在模型上的位置的，可以让贴图以正确、合理的状态贴在模型表面，避免贴图产生任何拉伸、挤压的错误形态。

右图可以比较方便地理解将一个三维模型上的点转变为UV坐标图的过程。

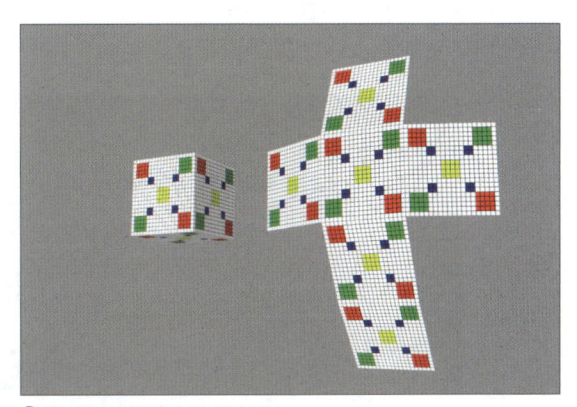

↑ 将三维模型转变为UV坐标图

UV就像模型上的皮肤一样，展开后将其从三维变成二维，方便在平面上绘制贴图并准确地赋予物体。大部分情况下，比较复杂的模型UV信息是非常混乱且错误的，需要手动对UV进行重新展开，甚至有时要使用第三方软件。下图展示了一个正确的、已经处理过的人物头像的UV信息。

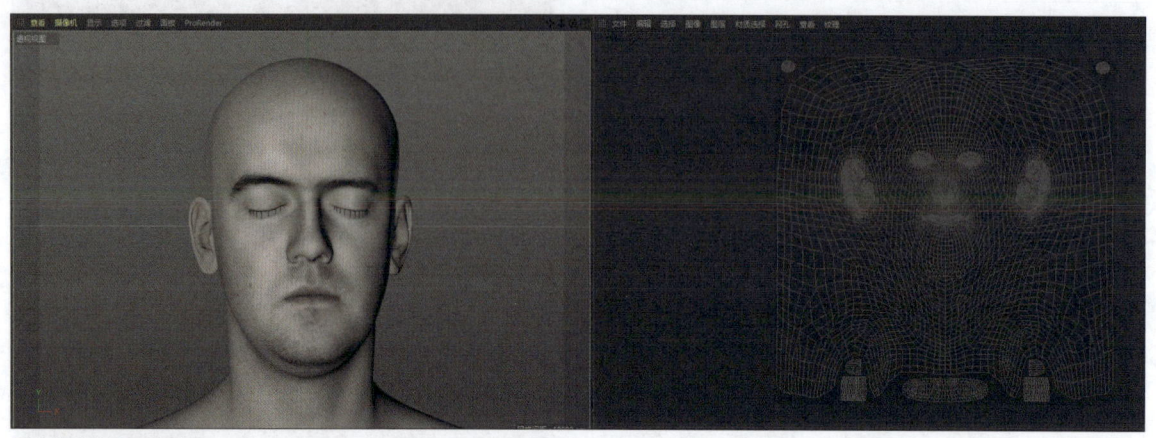

↑ 人物头像的UV信息

在C4D中，UV的信息会以标签的形式进行记录，即UVW标签。需要注意的是，只有可编辑对象才拥有UV信息，不可编辑对象是没有点的概念的。

什么是投射？

投射是一种可以在不展开UV的情况下，快速将贴图贴在三维模型表面上的方法。其工作原理就像拿投影仪直接将图像投射在模型表面一样。

在了解了UV和投射的概念之后，下面将讲解如何使用RS中的UV Projection节点。

在场景中创建一个球体，再创建一个Material材质球，将随书素材中名为"UV_Projection_Test"的素材载入到节点编辑器。将贴图节点输出端的"Out Color"连接至RS Material输入端的"Diffuse Color"。这时可明显看到贴图被贴到球体上，并发生了拉伸和挤压，如下图所示。

↑ 添加贴图的效果

出端的"Out Color"连接至UV Projection节点输入端的"Color"，将UV Projection节点输出端的"Out Color"连接至RS Material输入端的"Diffuse Color"，如下图所示。

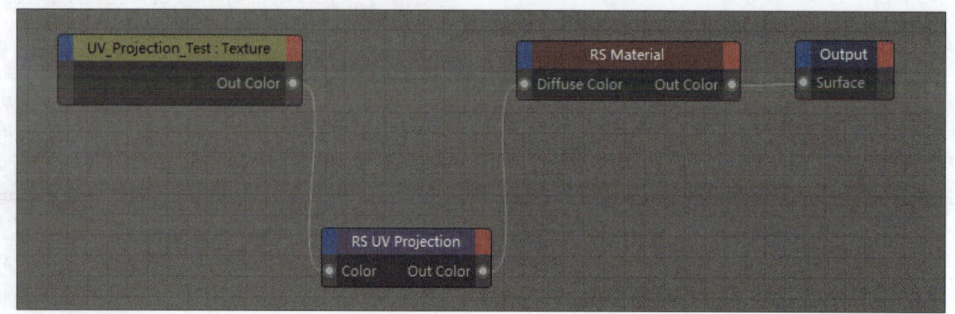

这是因为在C4D中，贴图默认是以UV的方式贴到模型上的。接下来利用UV Projection节点对这张贴图以投射的方式投到球体上。

新建一个UV Projection节点，将贴图节点输

↑ 连接各节点

» 9.7 Utilities 组的常用节点

接下来看一下UV Projection节点的属性参数，如右图所示。

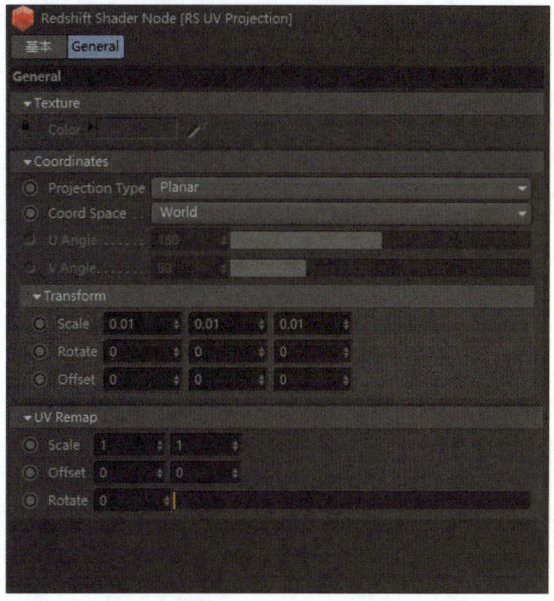

◆ UV Projection节点参数

▼Texture（纹理）

"Color"：目前该参数是被锁定状态，是因为刚才已经以一张贴图接管了这个参数。

▼Coordinates（坐标）

"Projection Type"（投射类型）：共有五种投射类型，默认为"Planar"投射类型。

当投射类型为"Planar"时，贴图以平面的方式投射到模型上，如右图所示。

◆ "Projection Type"为"Planar"的效果

当投射类型为"Spherical"时，贴图以球状的方式投射到模型上，如右图所示。

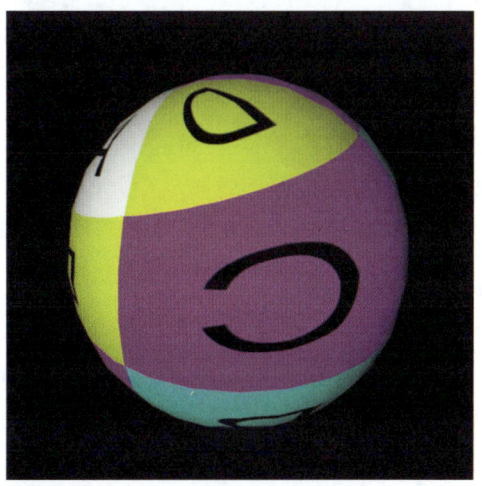

◆ "Projection Type"为"Spherical"的效果

267

当投射类型为"Cylindrical"时，贴图以圆柱的方式投射到模型上，如右图所示。

⬆ "Projection Type"为"Cylindrical"的效果

当投射类型为"Ball"时，贴图以球体的方式投射到模型上，如右图所示。

⬆ "Projection Type"为"Ball"的效果

当投射类型为"Cubic"时，贴图以立方体的方式投射到模型上，如右图所示。

⬆ "Projection Type"为"Cubic"的效果

"Coord Space"（坐标空间）：可以更改投射坐标，共有三种选项。"World"是基于世界坐标；"Object"是基于物体自身坐标；"Reference Object"是基于参考物坐标。默认是"World"选项，但最常用的是"Object"选项。右图展示了投射模式为"Cubic"、投射坐标为"Object"的效果。

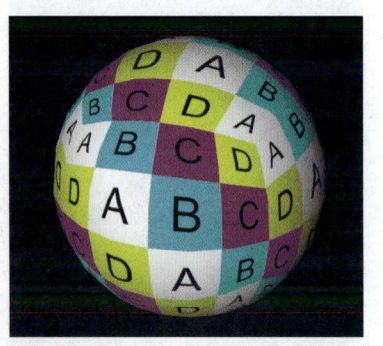

⬆ "Coord Space"为"Object"的效果

▼Transform（变换）

这个卷展栏下的属性参数是针对投射坐标的，对应的是坐标的缩放、旋转和偏移。

▼UV Remap（UV重映射）

这个卷展栏下的属性参数是针对贴图的，对应的是贴图的缩放、偏移和旋转。

9.8 渲染设置1

渲染设置，即场景渲染输出时，对输出的图片或序列进行的设置，是渲染输出时必须有的一个步骤。

"渲染设置"面板

执行渲染设置的快捷键是 **Ctrl+B**，快捷图标位置如右图所示。

↑ 渲染设置的图标

单击"渲染设置"快捷图标，将弹出"渲染设置"面板，如右图所示。

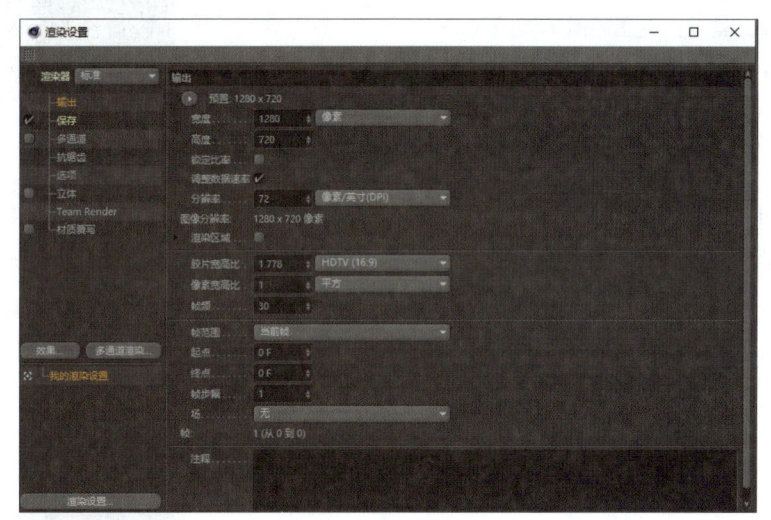

↑ "渲染设置"窗口

"渲染设置"面板左上角有一个"渲染器"下拉列表，在下拉列表中选择"Redshift"选项，如右图所示。

这时可以看到左侧就只包括"输出""保存""多通道"和"Redshift"这四个选项了。接下来我们依次对每个选项进行讲解。

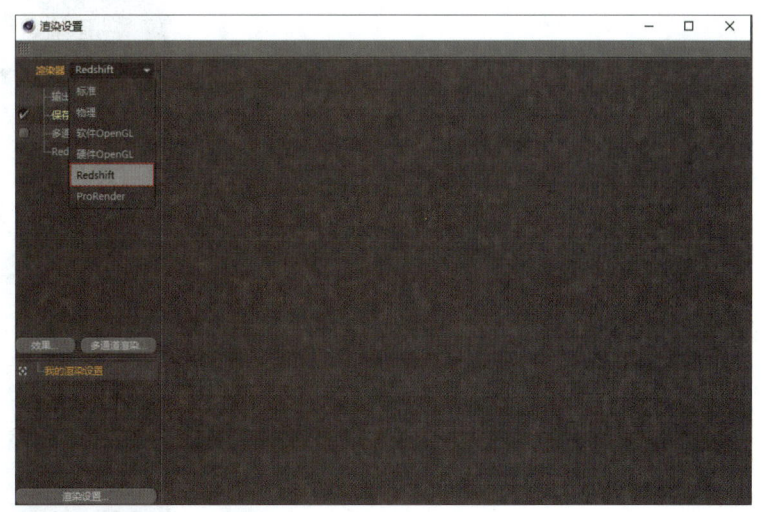

↑ 设置"渲染器"为"Redshift"

输出

"输出"参数设置如右图所示。

"宽度"和"高度":这两个属性是最终输出的图像尺寸。在属性的右边可以对单位进行更改,一般以"像素"为单位。目前项目大多数为流媒体平台播出,因此画面的宽高比大部分为16:9,这其中又以标清1280×720和高清1920×1080为主。

"锁定比率":用来锁定画面的宽高比。

"分辨率":单位为DPI,通常在制作高精度图像时会使用到,例如在制作有喷绘需求的图像时,需要将分辨率调整至300DPI以上。

"像素宽高比":指的是单个像素的宽高比,单位为平方。目前主流的像素宽高比为1,若非项目需求,这里通常不做更改。

"帧频":即输出动画序列时,每秒渲染的图像数量。需要注意的是,这里的"帧频"要与工程设置里的"帧频"数量一样,否则在渲染输出时时长会出错。

"帧范围":即输出时,输出单帧图像还是动画序列。若选择"当前帧",则输出的是当前时间线上的当前单帧图像。而"手动""全部帧"和"预览范围"都是在输出序列时需要用到的选项。三者之间略有区别,因为涉及动画的部分,所以在后面介绍动画的内容时再详细讲解。

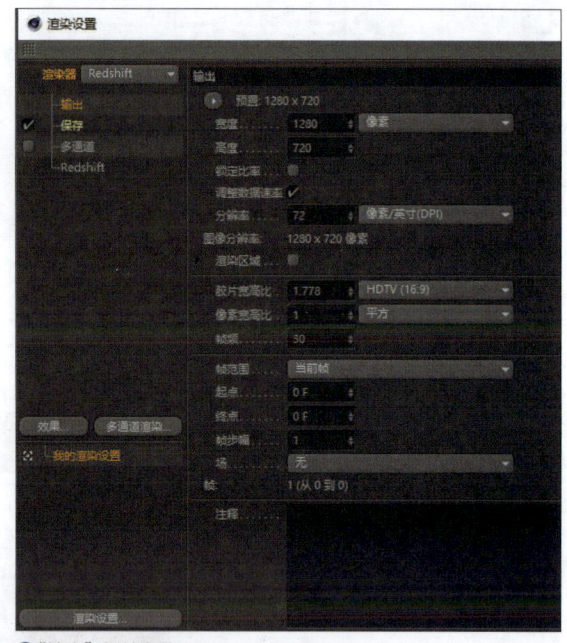

↑"输出"相关参数

"帧步幅":指定在渲染输出时,渲染帧与帧之间相隔的数量,默认为"1"。当"帧步幅"为"1"时,为逐帧渲染;当"帧步幅"为"2"时,则每两帧渲染一张,依此类推。

保存和多通道

"保存"参数设置如右图所示。

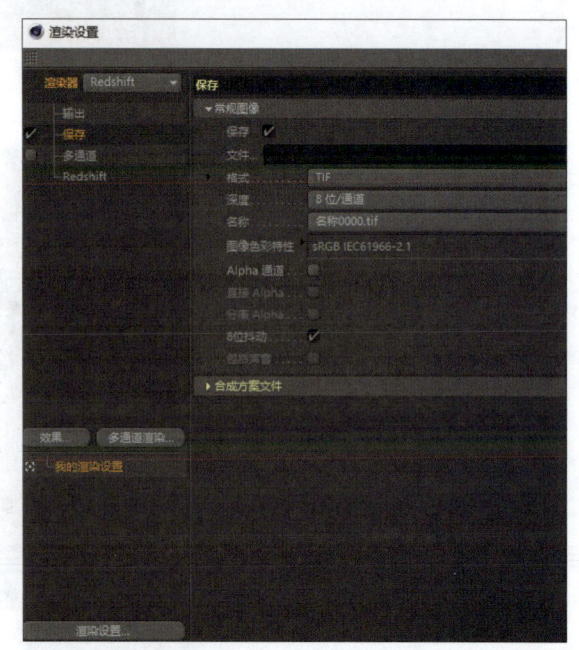

↑"保存"的相关参数

"保存"：勾选该复选框后，所渲染的图像将会自动进行保存，需要指定保存路径。

"文件"：用来指定保存的路径。单击属性框右侧的按钮，在弹出的对话框中选择要保存的路径，输入文件名后单击"保存"按钮，如下图所示。

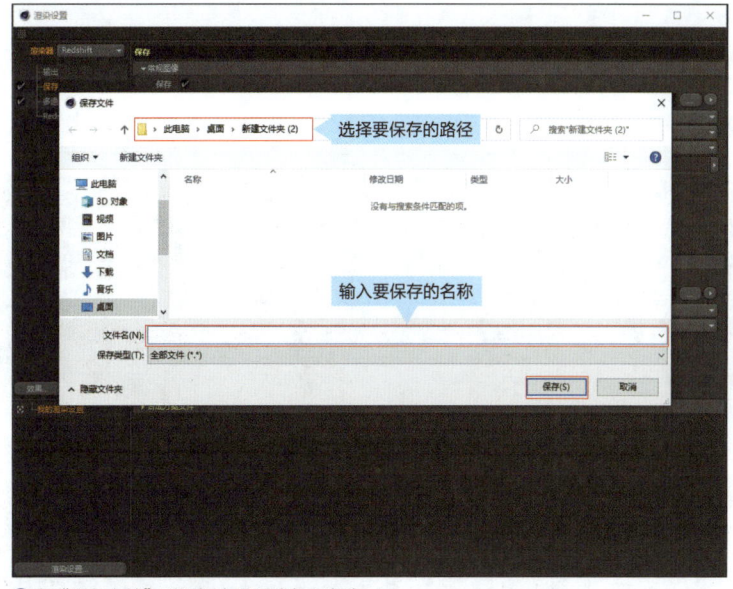

⬆ 在"保存文件"对话框中设置路径和名称

"格式"：即渲染输出的图像格式。常用的带Alpha通道的格式有png、OpenEXR、TGA和TIFF等。

"深度"：色彩位深度，在图片或视频中储存1个像素的颜色所用的位数。色彩深度越高，可用的颜色就越多。

"Alpha通道"：即渲染出来的图像是否带有透明通道。

当勾选"多通道"复选框，将会在"保存"选项面板中出现一个"多通道图像"卷展栏。这个卷展栏下的属性参数与上面的"常规图像"卷展栏几乎完全一样，如下图所示。

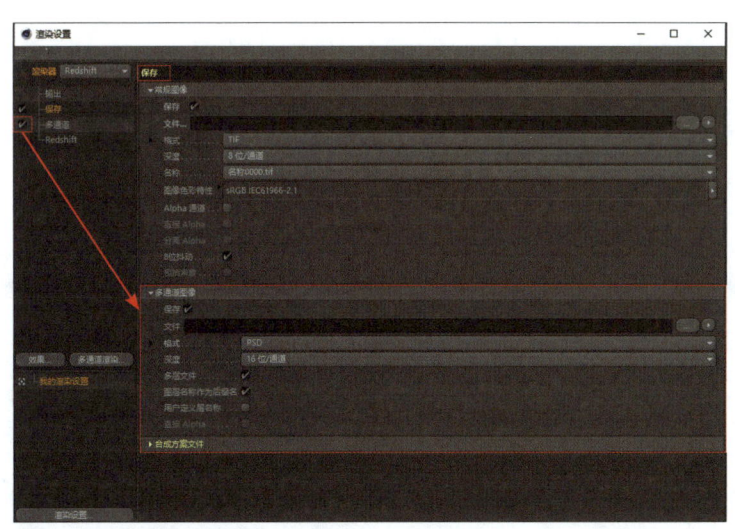

⬆ 显示"多通道图像"卷展栏

"多重通道"：在输出PSD、OpenEXR格式时，可以将多个通道文件储存在一个文件中。

9.9 渲染设置 2

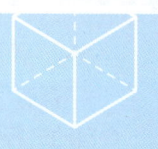

本节我们介绍渲染设置中最后一个、也是最复杂的"Redshift"选项的具体应用,其位置如下图所示。

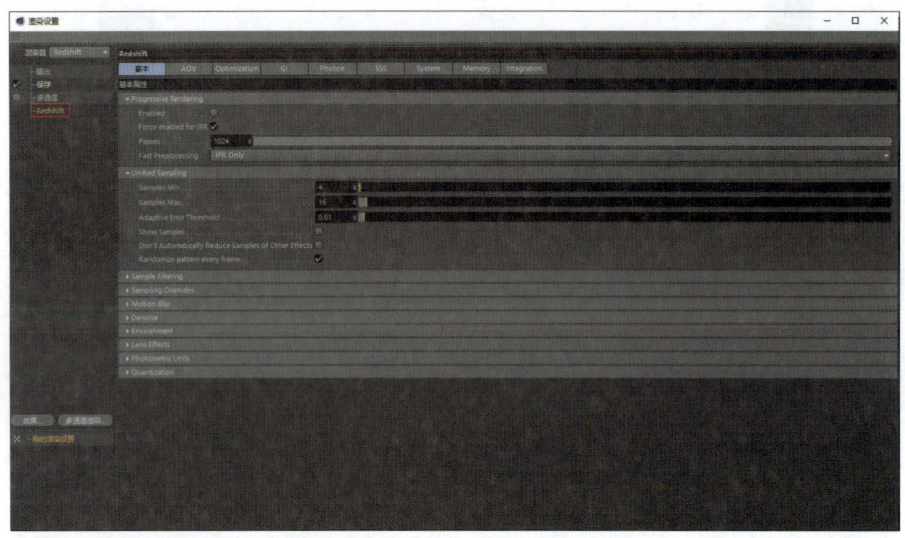

○ "Redshift"的相关参数

Redshift选项面板中有9个选项卡,从左至右依次为"基本""AOV(多通道渲染)""Optimization(优化)""GI(全局光照)""Photon(光子)""SSS""System(系统)""Memory(内存)"和"Integration(综合)"。

接下来,我们将对所有选项卡中的内容进行逐一讲解。

"基本"选项卡

"基本"选项卡的属性参数如下图所示。

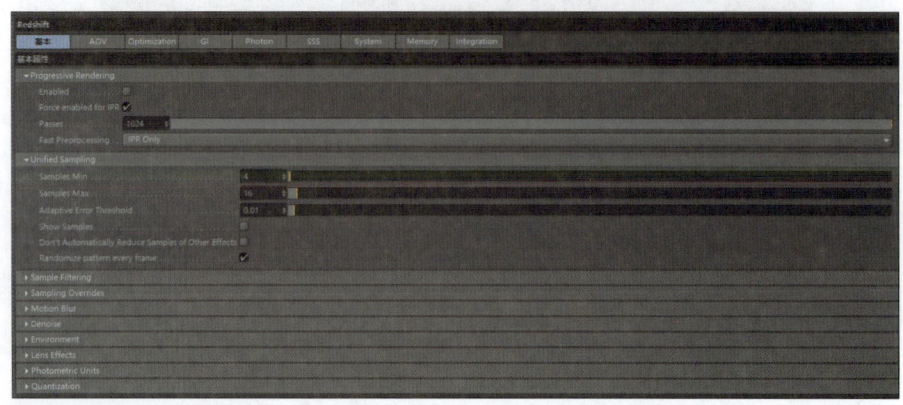

○ "基本"选项卡的属性参数

» 9.9 渲染设置 2

▼ Progressive Rendering（渐进式渲染）

该渲染方式会用最快的速度将画面渲染出来，但画面精度很低，随着渲染时间的推移，画面精度逐渐增高。属于一种不太常用的渲染方式，保持默认即可。

▼ Unified Sampling（统一采样）

该渲染方式常用来整体控制画面采样精度，使用频率非常高。要提高渲染质量，可以调整这个卷展栏下的相关属性参数。

"Samples Min"（最小采样）和"Samples Max"（最大采样）：这两个参数越大，画面越精细，噪点越少。这里的数字通常为4的几何倍数。

从右侧的两张图来说明采样参数对画面的影响。第一张图是最小采样为"4"、最大采样为"16"的效果；第二张图是最小采样为"32"、最大采样为"128"的效果。可以看到画面中阴影部分的噪点数的区别是非常明显的。

▼ Sample Filtering（采样过滤）

该渲染方式为计算采样精度时不同的算法。这个卷展栏下的属性一般保持默认即可。

▼ Sampling Overrides（采样覆盖）

该渲染方式可以对不同的材质通道分别进行采样设置。例如在渲染一张图像时，反射和折射都是干净的，但SSS通道有噪点，就可以通过这个卷展栏下的属性参数单独控制其采样精度。将这个卷展栏展开，可以看到下面是不同的材质通道，如右图所示。

⬆ 最小采样为"4"，最大采样为"16"的效果

⬆ 最小采样为"32"，最大采样为"128"的效果

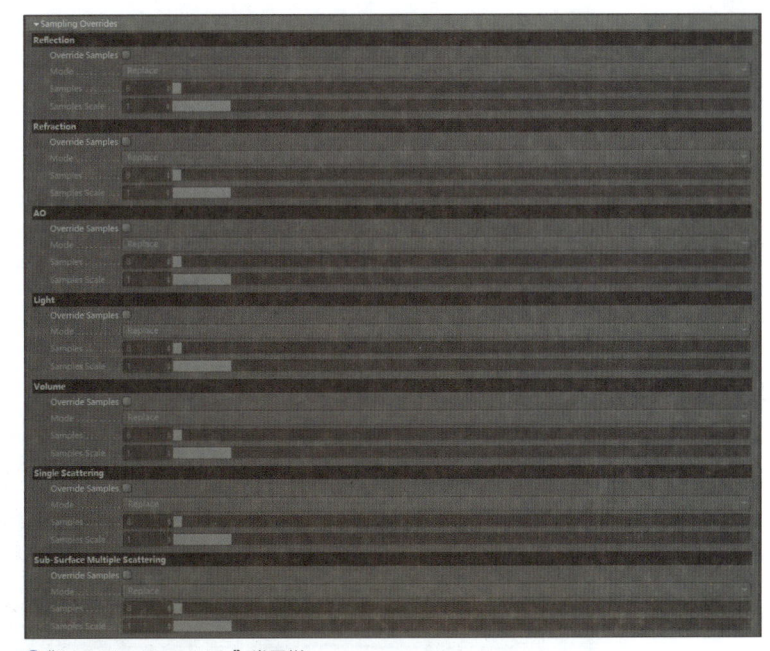

⬆ "Sampling Overrides"卷展栏

▼Motion Blur（运动模糊）

用于设置渲染动画时，是否产生运动模糊效果。要产生运动模糊效果，还需要与RS Object标签中的"Motion Blur"选项配合使用，这里相当于对运动模糊的全局设置。展开卷展栏，如下图所示。

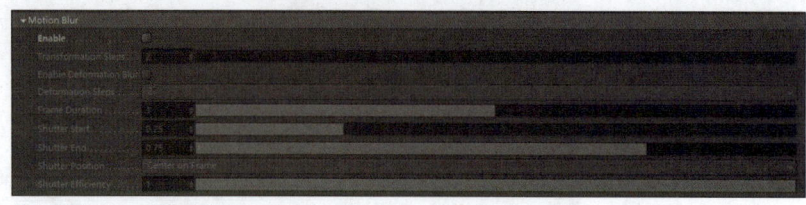

⬆ "Motion Blur"卷展栏

"Enable"：勾选此复选框，下面的属性参数才会被激活。

"Transformation Steps"（变换步幅）：步幅数越大，所产生的运动模糊越大。

"Enable Deformation Blur"（使用变形模糊）：勾选此复选框后，因变形器而产生的形变等也会产生模糊。

▼Denoise（降噪）

展开Denoise卷展栏，如下图所示。

⬆ "Denoise"卷展栏

"Engine"（引擎）：共四个属性，默认为"None"，即不开启降噪。当这个属性为其他三种任意一种模式时，开启降噪效果，最常用的是"OptiX"。

需要注意的是，开启降噪会使画面看起来更模糊，因为这里的降噪是通过涂抹像素达到效果的，所以更建议通过提高采样的方式降低噪点。

"AOV"（多通道渲染）选项卡

一帧画面是由**多种材质信息**构成的，例如固有色、反射和折射等。多通道渲染的意义在于可以将这些信息单独提取并渲染出来，以便在后期合成软件中对每一个单独的信息进行调整，例如更改固有色、使反射更强一点等操作，在后期中就可以简单迅速地完成。如果没有多通道渲染这个功能，这些操作就要回到C4D中重新调整材质球并重新渲染，这样工作时间将会大大增加。

"AOV"选项卡下的属性参数如下图所示。这个选项卡中，只需了解"Show AOV Manager（显示多通道管理器）"属性。

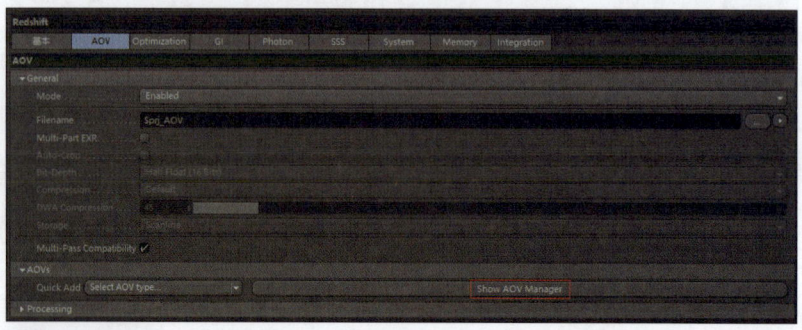

⬆ "AOV"选项卡

"Show AOV Manager"（显示多通道管理器）：单击该按钮，会弹出一个新的窗口，在这个窗口中，可以找到**所有**RS中可以渲染的**通道**，如下图所示。

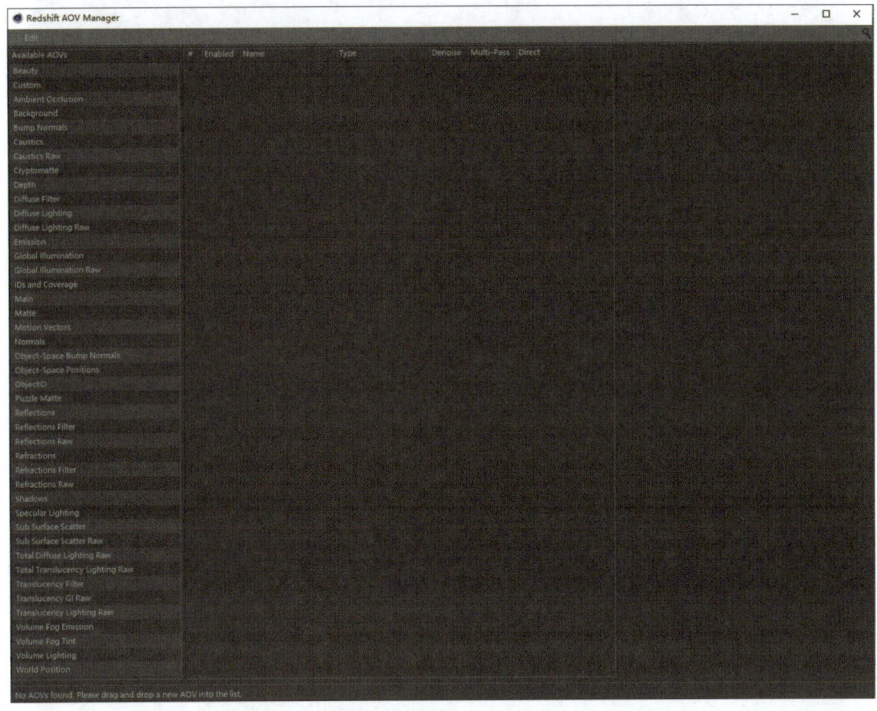

⬆ "Redshift AOV Manager"窗口

在这个窗口中，左边是通道库，RS中所有的通道都会在这里显示出来。使用鼠标左键将想要添加的通道拖拽至窗口中间的空白区域，该通道的属性就会出现在窗口的右侧。

现在以一个简单的场景为例，演示如何进行多通道渲染。效果如下图所示。

⬆ 多通道渲染的效果

打开渲染设置中的多通道管理器，在左侧的通道库中找到"DiffuseLighting（带有光照的固有色）""Reflections（反射）""Refractions（折射）"和"Specular-Lighting（高光）"这几个通道，将它们分别拖拽至多通道管理器的中间空白区域，如下页上图所示。

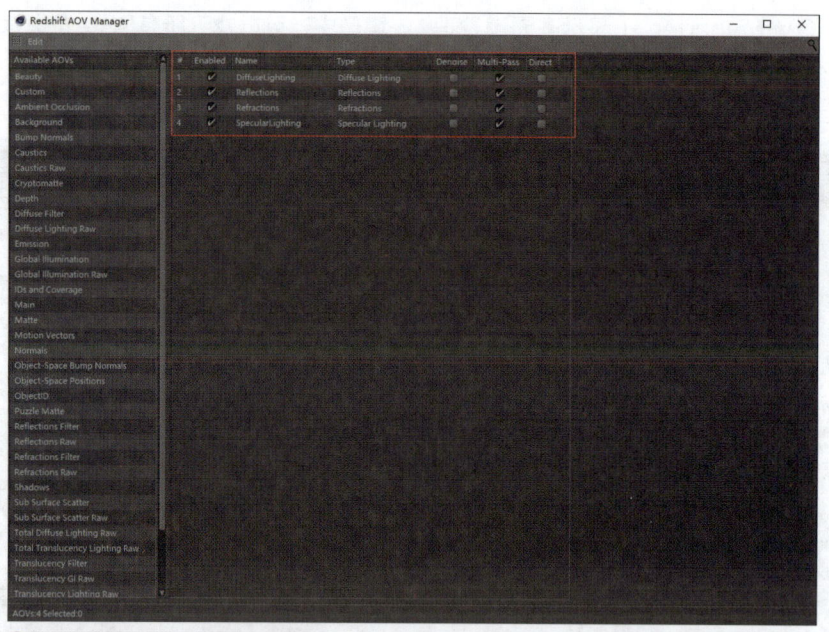

↑ 将需要的四个通道添加至中间区域

单击"渲染到图片查看器"快捷图标，快捷图标的位置如下图所示。

↑ 单击"渲染到图片查看器"按钮

> **小提示：图片查看器和RS实时渲染窗口的区别**
>
> 　　图片查看器和RS实时渲染窗口类似，都是对场景进行渲染，但是图片查看器可以将每一次渲染的结果**缓存**。如果在渲染设置中指定了保存路径，在单击"渲染到图片查看器"按钮时，C4D就会将渲染得到的结果以指定的格式**储存**到指定的本地保存路径中。而RS的实时渲染窗口则更像一个**观察渲染结果的窗口**，是无法对渲染结果进行存储的。

　　在弹出的"图片查看器"窗口右侧预览图的下方，切换至"层"选项卡，并选择"单通道"单选按钮。这时就可以在下面的列表中看到添加的多通道了，如下四图所示。

↑ 在"图片查看器"窗口查看添加的多通道

» 9.9 渲染设置 2

↑ "Reflections" 通道的效果

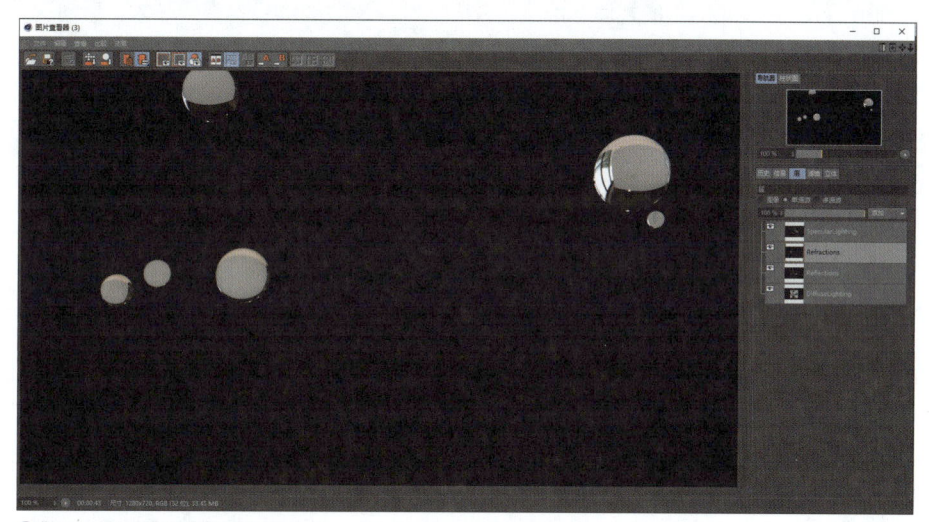

↑ "Refractions" 通道的效果

↑ "SpecularLighting" 通道的效果

"Optimization"（优化）：我们可以通过这个选项卡下的属性参数优化渲染效果。"Optimization"选项卡如下图所示。

◎ "Optimization"选项卡

▼Maximum Trace Depth（最大追踪深度）

这个属性参数决定了光线在各个通道中的深度，增加数值可以提升渲染质量，但渲染时间也会增加；减少数值可以降低渲染时间，但是以牺牲渲染质量为前提的。

"Reflection"：参数越大，反射的次数就越多。

"Refraction"：参数越大，折射次数越多。

"Combined"（合并）：将反射和折射合并，可以设置两者的上限。

"Transparency"（透明）：决定了光线穿过Alpha透明物体的次数。

"GI"（全局光照）选项卡

全局光照是为了模拟现实生活中光子的反弹作用，即光线照射到物体表面之后会发生反弹。这种模拟增加了现实感，帮助渲染出更加逼真的画面。目前几大主流渲染器都具有GI这一功能，是制作真实光照场景不可或缺的一部分。

下面两图用一个简易的室内场景进行GI开启前后的效果对比。第一张是没有开启GI的渲染效果；第二张是开启了GI的渲染效果。可以看到开启GI之后，光线照射到物体表面后发生反弹，正是这种反弹将室内的暗处照亮了。

◎ 没有开启GI的渲染效果

» 9.9 渲染设置2

↑ 开启GI的渲染效果

"GI"选项卡如下图所示。

↑ "GI"选项卡

▼General

"Primary GI Engine"（主要GI引擎）：这个属性参数决定了作为直接光照的GI类型。默认为"None"，不开启GI。

"Second GI Engine"（次要GI引擎）：这个属性参数决定了照明的GI类型。默认为"None"，不开启GI。

"Number of GI Bounces"（GI反弹次数）：即光线照射到物体表面之后，发生几次反弹。反弹次数越多，场景被照明的次数越多，场景就越亮。

单击"Primary GI Engine"右侧的下拉按钮，可以看到在下拉列表中除了"None"之外的三种类型，其中"Irradiance Cache"（辐射缓存）和"Brute Force"（蛮力）对应了下面的两个卷展栏，如下图所示。

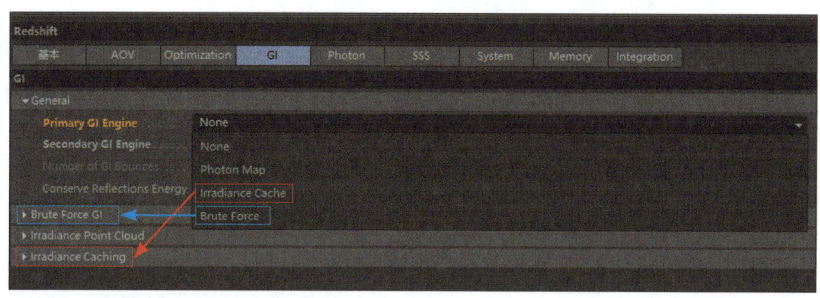

↑ "Primary GI Engine"另外两个选项

279

也就是说，当主要GI引擎类型为"Irradiance Cache"（辐射缓存）和"Brute Force"（蛮力）时，它们的参数在下面对应的卷展栏中。而"Photon Map"（光子贴图）属性属于一种老旧类型，不需要参数控制，其渲染速度较快但极易导致画面闪烁，因此下文中不对这一属性进行讲解了。

接下来看一下"Irradiance Cache"（辐射缓存）和"Brute Force"（蛮力）这两个类型。

"Irradiance Cache"（辐射缓存）：这种类型的GI是根据几个相邻的像素点去共享相同的GI值，不需要为每一个像素单独计算GI。因此它的优点是计算GI速度更快，产生的噪点更少；缺点是在渲染动画时，需要提前将光子计算结果进行缓存，否则极易造成画面闪烁，并且如果场景中有大量的复杂模型（例如树叶），是很有可能计算错误的。

展开"Irradiance Caching"卷展栏，看一下辐射缓存的参数，如下图所示。

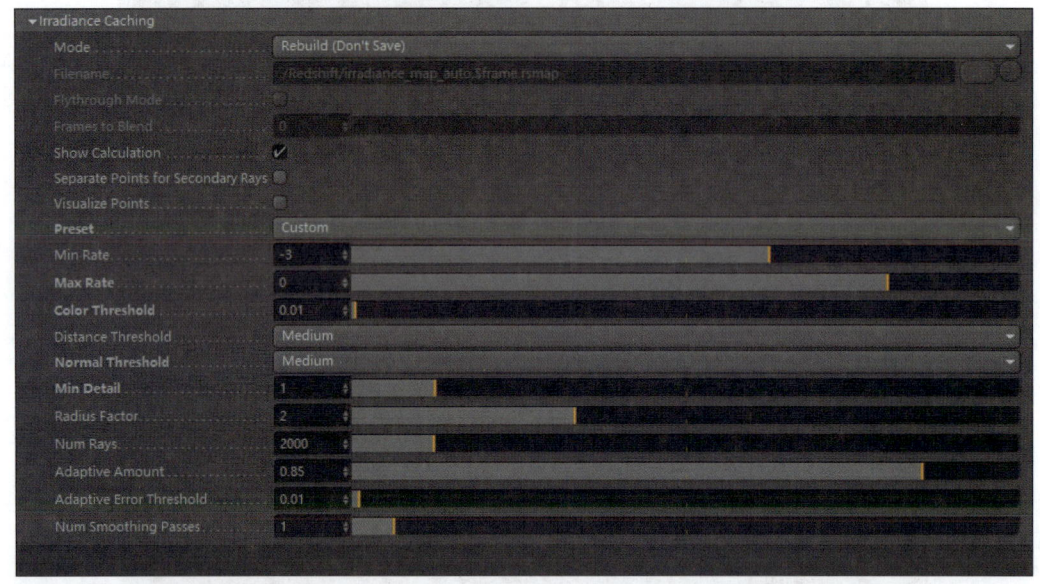

○ 展开"Irradiance Caching"卷展栏

"Mode"：即辐射缓存的储存模式。"Rebuild（Don't Save）"是在渲染时产生GI计算，但并不会保存在计算机里，适合渲染单帧画面时使用；"Rebuild（Prepass Only）"是只缓存GI文件，但不渲染图像，即跑光子，切换为这一选项时，下面的"Filename"被激活，可以用来指定储存路径；"Rebuild"即渲染图像又保存光子文件；"Load"读取已经缓存的光子文件。

"Brute Force"（蛮力）：这种方式是通过产生大量的光子，在场景中的每一个物体表面产生反弹，来获得精准的GI计算。它的优点是在动画运算中不会产生闪烁，操作方式简单，不需要进行缓存；缺点也是非常明显的，这是速度最慢的一种计算方式，在光线条件不足的情况下，容易在画面的暗部区域产生噪点。

展开"Brute Force GI"卷展栏，看一下其参数，如下图所示。

○ 展开"Brute Force GI"卷展栏

"Number of Rays"（光子数量）：作为蛮力的唯一一个属性，它决定了光子的数量。光子数量越多渲染质量越好，渲染速度越慢。

接下来我们单击"Second GI Engine"（次要GI引擎）右侧的下拉按钮，在列表中只有一个类型是有别于主要GI引擎的——"Irradiance Point Cloud"（辐射点云），它的属性也可以在下面的卷展栏中找到，如下页上图所示。

↑ 在"Second GI Engine"列表中选择"Irradiance Point Cloud"选项

"Irradiance Point Cloud"（辐射点云）：这个类型只能作为次要GI引擎使用，其目的是提高GI的质量和效率，获得更快、更干净的渲染效果。优点是可以渲染非常复杂的场景；缺点是在场景中包含大量灯光时，计算会变得非常困难。

展开"Irradiance Point Cloud"卷展栏，可以看到这里的属性参数和主要GI引擎的辐射缓存相似，使用方法也几乎一样，这里就不再过多讲解了。该卷展栏如下图所示。

↑ 展开"Irradiance Point Cloud"卷展栏

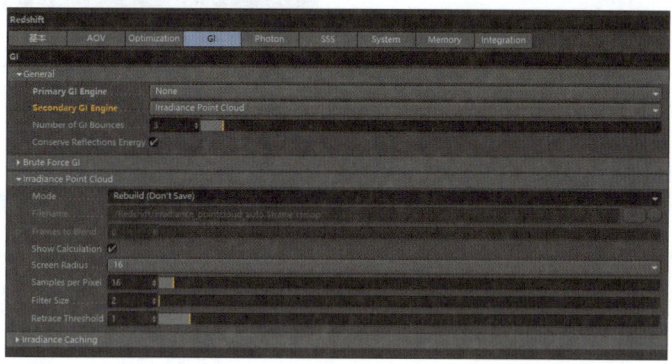

"Photon（光子）""SSS（3S）"和"System（系统）"选项卡

这三个选项卡在实际工作中保持默认设置即可，几乎用不到，这里简单介绍。

"Photon"：可以理解为光子的全局设置。例如光子是否应用GI、焦散等。

"SSS"：可以理解为3S的全局设置。

"System"：RS渲染器的系统设置。

"Memory"（内存）选项卡

"Memory"选项卡如下图所示。

↑ "Memory"选项卡

在这个选项卡内只需要掌握一个属性即可。
"Percentage of GPU memory to use"（GPU内存使用百分比）：这个数值代表了渲染时使用GPU内存的百分比。这里可以直接将数值拉满，让RS最大限度地启用GPU内存。

"Integration"（综合）选项卡

"Integration"选项卡如右图所示。在这个选项卡内只需要掌握一个属性即可。

"Default Light"（默认灯光）：在场景中没有任何灯光的情况下使用RS，也可以渲染出物体，这是因为RS给我们设置了一个默认灯光。但实际工作中建议将此复选框取消勾选，否则会干扰渲染结果。

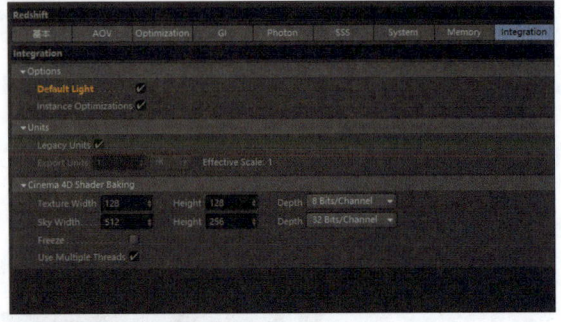

↑ "Integration"选项卡

9.10　RS 摄像机标签

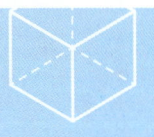

扫码看视频

在RS中有Redshift Camera（RS摄像机）和Redshift Object（RS对象）两个标签。本节我们先学习Redshift Camera标签的使用方法。

右键单击对象管理器中的摄像机，在"Redshift"菜单中选择"Redshift Camera"命令，即可创建一个摄像机标签。需要注意的是，Redshift Camera标签只能给摄像机添加，添加给其他任意对象都是无意义的。

单击"Redshift Camera"标签，可以看到Redshift Camera的属性，如右图所示。

在Redshift Camera标签的属性中，共有11个选项卡，下面将对除了"基本"之外的10个标签进行逐一讲解。

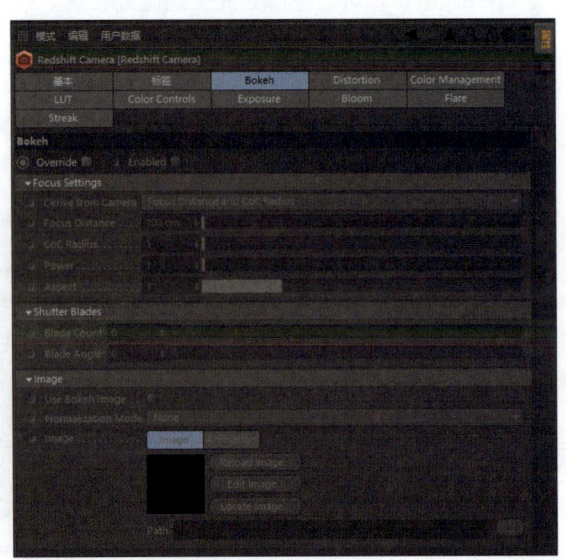

↑ Redshift Camera标签的属性

"标签"选项卡如右图所示。

"Motion Blur"（运动模糊）：用于设置是否开启因摄像机运动而产生的运动模糊。默认为开启状态，即勾选该复选框。

"Camera Type"（摄像机类型）：共有五种摄像机类型，分别为"Standard（标准）""Fisheye（鱼眼）""Spherical（球状）""Cylindrical（柱状）"和"Stereo-Spherical（立体）"。切换为不同的摄像机类型，下面会出现不同的属性参数。最常用的是"Standard"类型，保持默认即可。

"Bokeh"（虚焦）选项卡是用来增加镜头景深模糊的。但会将景深直接渲染在画面上，无法后期对景深的大小、远近等进行修改，因此在实际工作中较常用的方法是在多通道中提取景深通道，再利用后期软件的景深通道单独添加景深特效。其属性参数如右图所示。

想要添加景深效果，要先勾选"Override"和"Enable"复选框，来激活下面的参数。

> **小提示：RS标签中效果的启用**
>
> 下文所介绍的所有选项卡下的属性参数，都需要将"Override"和"Enable"复选框勾选才可以激活。下面就不再重复说明了。

⬆ "标签"选项卡

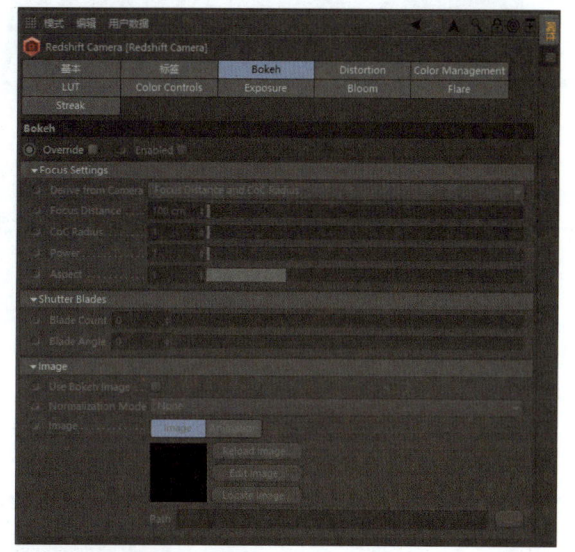

⬆ "Bokeh"选项卡中的属性

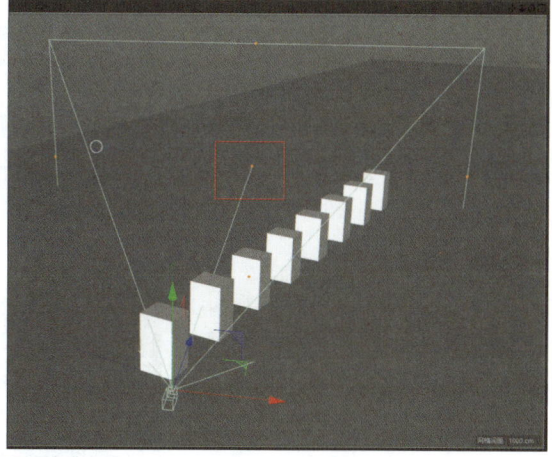

▼Focus Setting（焦点设置）

"Derive From Camera"（摄像机来源）：这个属性参数是用来调整焦点位置，进而控制景深的焦点距离和模糊大小。当选择"None"时，景深的焦点位置完全由下方的参数来控制；当选择"Focus Distance"时，景深的焦点位置由摄像机上的一个黄色小点来控制，如右图所示。

⬆ "Derive From Camera"为"Focus Distance"的效果

"CoC Radius"（模糊半径）：模糊半径决定了景深的模糊程度。半径数值越大，越模糊。

下面用一个简单的场景来展示一下景深效果。

开启摄像机景深之后，将"CoC Radius"设置为"6"，效果如下图所示。

↑ 设置"CoC Radius"为"6"的效果

"Distortion"（镜头畸变）选项卡中，可以利用一张UV贴图对摄像机产生镜头畸变，它的效果完全可以在后期软件中进行模拟，因此使用频率非常低。

在"Color Management"（色彩管理）选项卡中，可以对色彩的工作空间进行管理。例如在需要结合实拍的项目当中，一些实拍素材会因为相机的不同而造成色彩空间的不同，因此有时需要在渲染时将色彩空间与其匹配。其属性参数如右图所示。

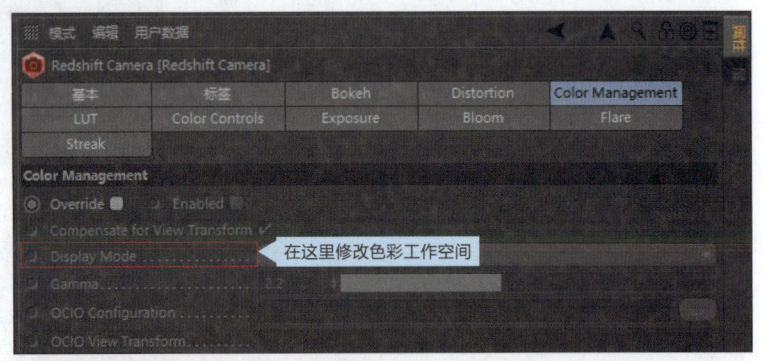

↑ "Color Management"选项卡中的属性

"LUT"（调色预设）是可以直接加到摄像机上对画面整体调色的功能，需要载入相应的LUT文件。其属性参数如右图所示。

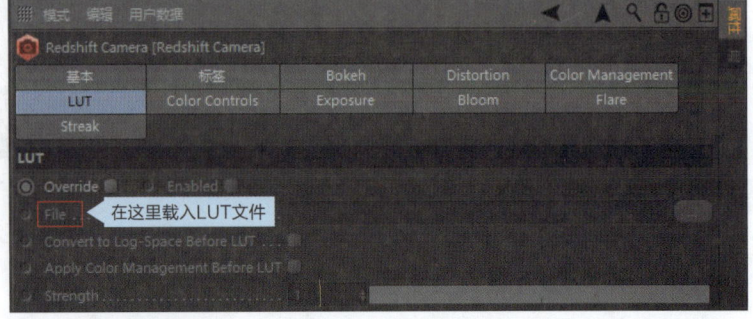

↑ "LUT"选项卡中的属性

"Color Controls"（色彩控制）选项卡下的曲线可以对画面进行整体的色彩调整，其属性参数如右图所示。

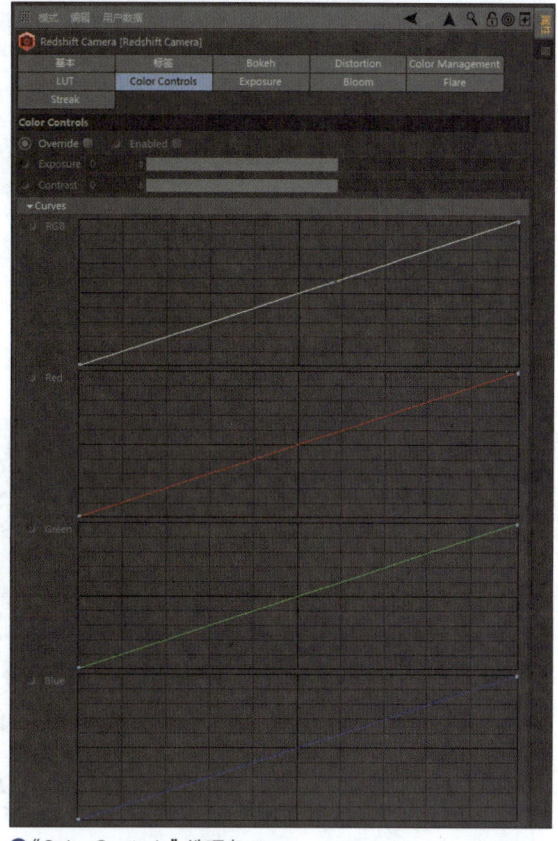

◐ "Color Controls" 选项卡

"Exposure"（曝光度）选项卡下的属性参数可以对画面进行整体的曝光度调整。这里的曝光度类似真实相机中的曝光度设置。其属性参数如右图所示。

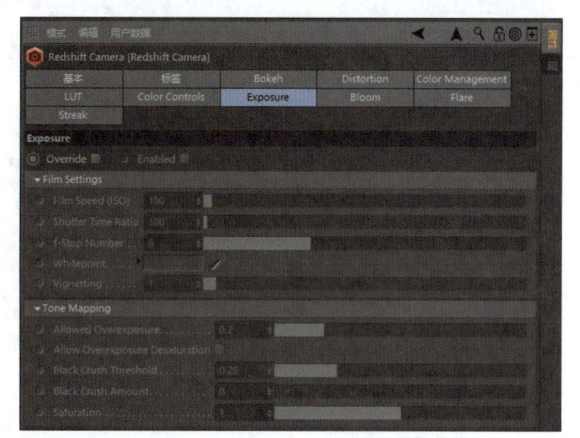

◐ "Exposure" 选项卡

"Bloom"（辉光）用于使图像中的高亮区域产生辉光。其属性参数如右图所示。

"Threshold"（阈值）：设置产生辉光的范围，值越小，图像中可以产生的辉光效果的范围越大。

"Softness"（柔化）：设置辉光的柔化程度，值越大，辉光越柔和。

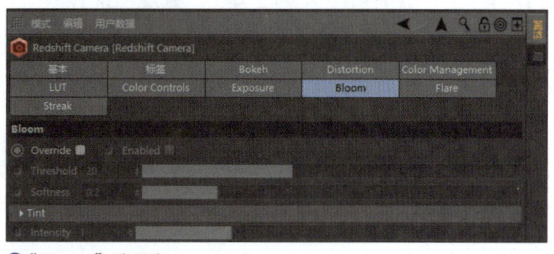

◐ "Bloom" 选项卡

"Intensity"（强度）：设置辉光的强度，值越大，辉光越强。

以一个简单场景为例，勾选"Override"和"Enabled"复选框，设置"Threshold"为"1""Intensity"为"1"，效果如右图所示。

⬆ 设置"Bloom"选项卡中参数后的效果

"Flare"（光晕）可以在场景中产生镜头光晕效果。其属性参数如右图所示。

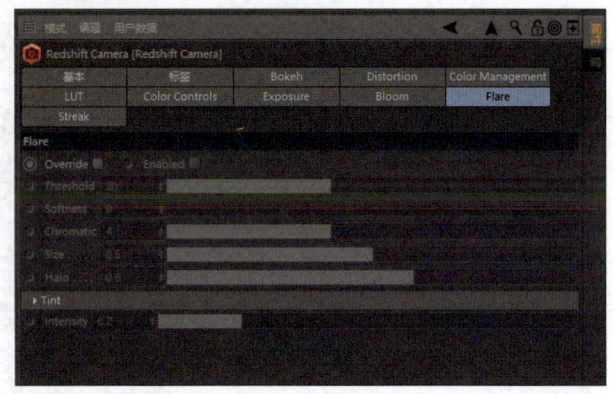

⬆ "Flare"选项卡

"Streak"（星光）可以在图像中高亮区域产生星光效果。其属性参数如右图所示。

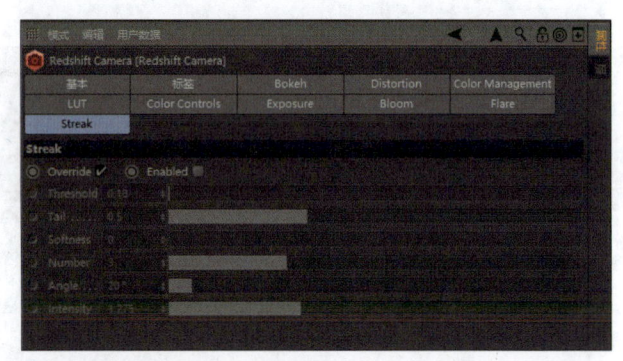

⬆ "Streak"选项卡

以一个简单场景为例，勾选"Override"和"Enabled"复选框，设置"Threshold"为"2""Intensity"为"4"，效果如右图所示。

⬆ 设置"Streak"选项卡中参数后的效果

9.11　RS 对象标签

RS的对象标签可以控制对象的显示、设置对象的ID号等，对象标签适用于场景中的任意对象。在对象管理器的任意对象上右击，在"Redshift"菜单中选择"Redshift Object"命令，即可创建一个对象标签。

接下来我们看一下对象标签的属性面板，如右图所示。

下面将对除了"基本"之外的六个选项卡下的属性进行逐一讲解。

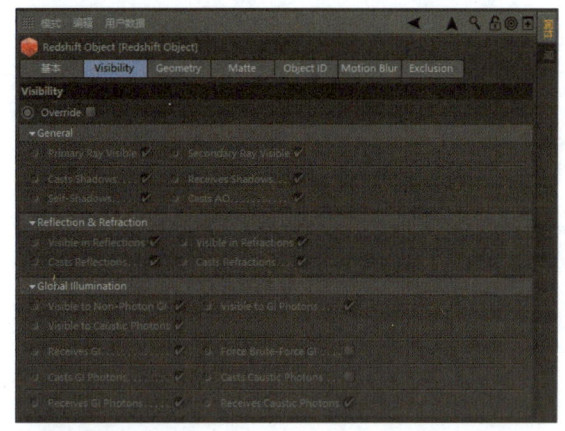

↑ 对象标签的属性面板

"Visibility"（可见性）：这里的可见性不只是对象的可见和不可见这样简单的属性，还包括阴影、折射、反射和GI等的控制。其属性如右图所示。

"Override"：与很多属性一样，只有勾选"Override"复选框，下面的属性参数才会被激活。

▼General

"Primary Ray Visible"（主要光源可见）：这里可以理解为物体是否可以被渲染出来。同之前介绍的对象的基本属性中的"渲染器可见"不同的是，虽然物体不被渲染出来，但依旧可以产生投影、反射等效果。

"Secondary Ray Visible"（二次光源可见）：这里可以理解为一个总开关，用于控制物体可以从其他所有效果里不可见，包括反射、折射等。

"Casts Shadows"（投射阴影）：用于控制物体是否投射阴影。

"Receives Shadows"（接收阴影）：用于控

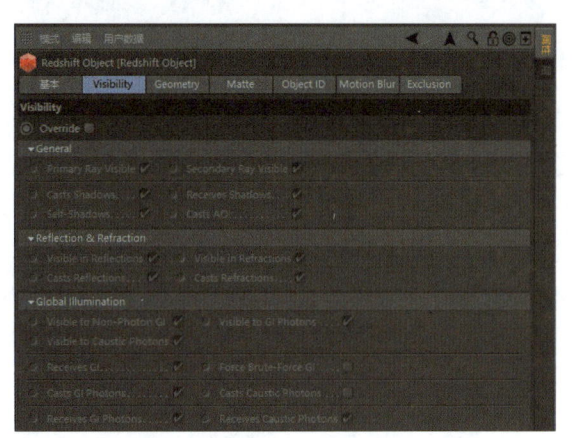

↑ "Visibility"选项卡下的属性

制物体是否接收其他物体的投影。

"Self-Shadows"（自身阴影）：用于控制物体是否可以接收自身的阴影。

"Casts AO"（投射AO）：用于控制物体是否产生AO。

▼Reflection & Refraction（反射和折射）

"Visible in Reflection"（反射可见）：用于控制物体在反射中是否可见。

"Visible in Refraction"（折射可见）：用于控制物体在折射中是否可见。

"Casts Reflection"（投射反射）：用于控制物体是否会产生反射。

"Casts Refraction"（投射折射）：用于控制物体是否会产生折射。

"Matte"（遮罩）：当启用遮罩时，默认情况下在RS中，此对象是渲染不可见的。本质上有点像在场景中切了一个洞，此对象所处的区域将会变为有Alpha通道的区域。如果此时场景中有HDR，就会透过场景看到HDR。其属性参数如右图所示。

▼Global Illumination（全局照明）

这个卷展栏下都是针对物体是否在GI中可见的相关参数。但实际工作中都尽可能使物体均匀地接收GI影响，才能达到一个逼真的光照效果，因此这些参数保持默认即可。

"Geometry"（几何体）：可以对物体产生细分和使用置换，具体的使用方法在9.7节讲解置换效果时已经介绍过了，这里就不重复讲解了。

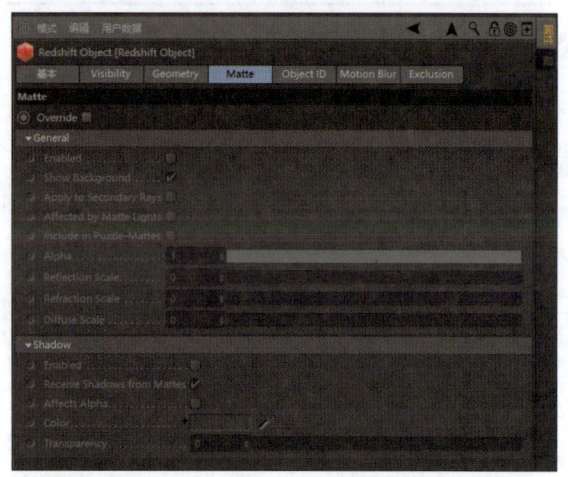

↑ "Matte" 选项卡

"Object ID"（对象ID）：用于给对象设置一个ID号，用于在多通道渲染时，可以将指定ID号对象的黑白遮罩层渲染出来，方便后期单独对该对象进行调整。其属性参数如右图所示。

↑ "Object ID" 选项卡

"Motion Blur"（运动模糊）：用于在渲染设置中开启运动模糊之后，对该对象的运动模糊进行单独调整。其属性参数如右图所示。

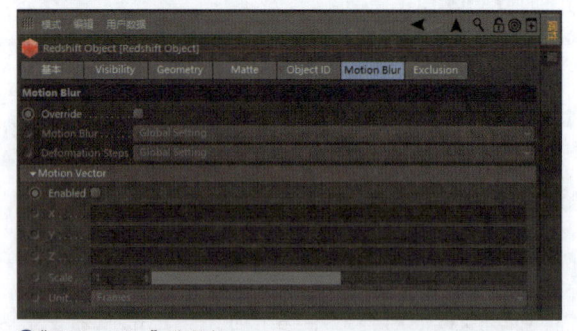

↑ "Motion Blur" 选项卡

"Exclusion"（排除）：用于定义多个对象中的一个对象是否被反射或折射影响。其属性参数如右图所示。

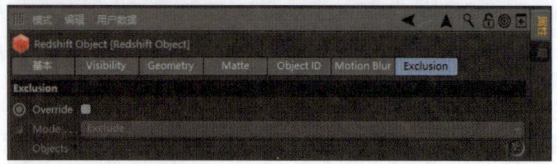

↑ "Exclusion" 选项卡

» 9.12 Redshift Environment（RS 环境）

排除的使用方法非常简单，将想要排除的对象拖拽至属性下方的属性框中即可。在场景中新建三个球体，除颜色不同之外其他材质属性保持一致，如右图所示。

⬆ 新建三个球体并设置不同颜色

为灰色球体添加一个RS对象标签，将蓝色、红色球体拖拽至"Exclusion"选项卡下的属性框。再次渲染，可以看到灰色球体不再对蓝色、红色球体进行反射和折射，如右图所示。

⬆ 排除灰色球体并渲染

9.12 Redshift Environment（RS 环境）

扫码看视频

在这节中，我们主要介绍RS的灯光雾和环境雾的具体应用。

在场景中添加Redshift Environment（RS环境）

在场景中添加一个Redshift Environment（RS环境），其位置如右图所示。

⬆ 选择"Redshift Environmen"命令

Redshift Environment可以用来模拟灯光雾和环境雾两种效果。右图中对用来模拟灯光雾和环境雾的属性分别进行了标注。

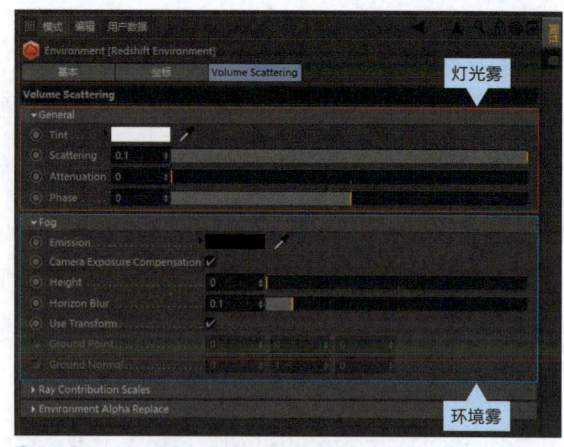

↑ "Volume Scattering"选项卡下的属性

灯光雾

▼General
"Tint"（填充）：设置灯光雾的颜色。
"Scattering"（散射）：设置灯光雾的强度。
"Attenuation"（衰减）：设置光线通过雾的衰减量，数值越大，雾越大，衰减越大。
"Phase"（阶段）：控制灯光雾聚散的形态。当这个数值为正数时，雾会向灯光所在的位置聚拢；为负数时，灯光雾会散开。

这里以一个简易场景为例，讲解如何使用Redshift Environment制作灯光雾效果。

在场景中创建一个RS Area Light灯光，在"Volume"选项卡下将"Contribution Scale"的数值改为"0.1"。

> **小提示：灯光雾的应用**
>
> 灯光雾需要灯光配合才可以起作用。RS所有的灯光都包含"Volume"选项卡，因此可以理解为"Contribution Scale"数值只要大于0，所有灯光都可以产生灯光雾效果。

再创建一个Redshift Environment，将"Tint"改为黄色。渲染后效果如右图所示。

↑ 设置"Tint"为黄色的效果

环境雾

环境雾与灯光雾的区别在于，环境雾可以在场景中没有灯光的情况下使用。

▼Fog
"Emission"（发光）：设置环境雾的颜色。

"Height"（高度）：设置雾气离地平线的高度。当数值为"0"时，是一个不会有任何渐变的环境雾效果。

这里以一个简易场景为例，讲解如何使用Redshift Environment制作环境雾效果。

在场景中创建一个Redshift Environment，要想产生环境雾效果，首先调整"General"卷展栏下的"Attenuation"（衰减）数值，只要这个数值大于"0"，就会产生环境雾效果；若数值为"0"，无论怎样调整下方的属性都不会有任何效果。

将"Attenuation"（衰减）数值改为"0.05"，并将"Emission"改为黄色，"Height"（高度）改为"250"，渲染后效果如下图所示。

↑ 设置环境雾参数后的效果

9.13 Redshift Volume（RS 体积）

扫码看视频

RS的Volume可以模拟类似云、烟火等流体效果，需要配合一种特殊格式的文件使用。这种格式的文件称之为"OpenVDB"，通常简称"VDB"，这种格式的文件可以将流体特效中的一些通道信息进行保存，比较典型的是"Density（密度）"通道。

在场景中添加一个Redshift Volume，其位置如右图所示。

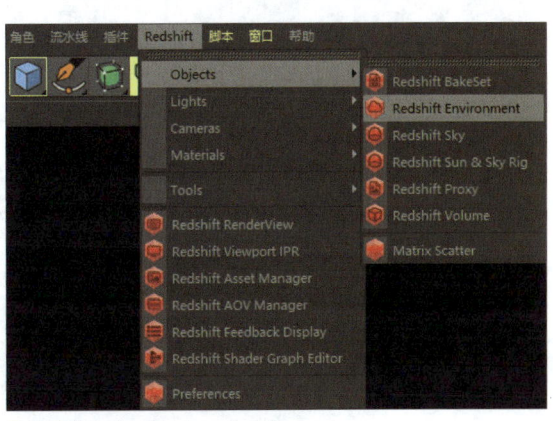

↑ 选择"Redshift Volume"命令

接下来看一下Redshift Volume的属性面板，如右图所示。

"File"：用来载入VDB文件。

▼Display（显示）

这个卷展栏下的属性参数都是针对VDB在视窗中的显示状态。

"Show Bounding Box"（显示边界框）：设置是否显示VDB的边界框。

"Preview"（预览）：有三种模式，"Off"为没有预览；"Bonding Box"（边界框）为只显示VDB的边界框；"Points"会以点的形式在视图中显示VDB，这也是最常用的一个模式，同时也会激活下面两个属性参数。

"Maximum Points to Display"（显示点数量最大值）：可以控制视图中VDB点的最大数。

"Prune Threshold（修剪阈值）"：用来修剪VDB点的数量。

▼Motion Blur（运动模糊）

这个卷展栏下的属性都是用来调整运动模糊的，当VDB文件带有运动模糊信息时，可以将其带有运动模糊信息的标签拖拽至下方属性框中，就可以渲染出运动模糊了。

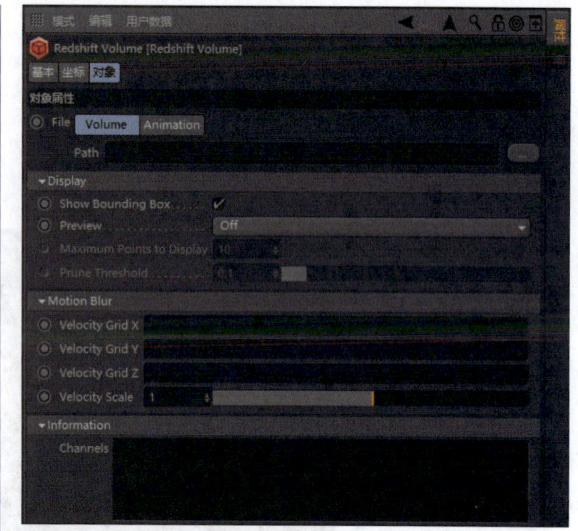

◎ Redshift Volume的属性

▼Information（信息）

"Channels"（通道）：在这里可以查看VDB所包含的通道信息。接下来讲解具体使用方法。

在"Path"属性框中载入随书附带VDB文件，载入之后VDB尺寸默认会比较小，在坐标中将"S.X""S.Y"和"S.Z"均改为"100"，也就是将VDB文件放大100倍。将"Preview"改为"Points""Maximum Points to Display"改为"50"，此时在视图中的显示效果如下图所示。

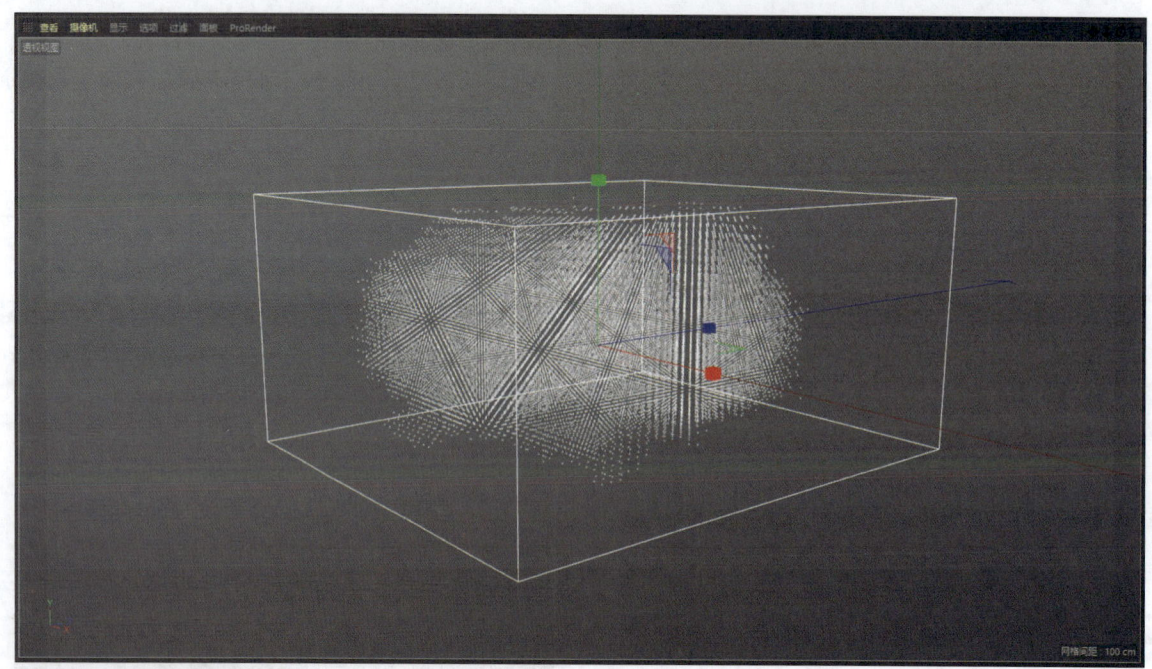

◎ 载入VDB文件并设置相关参数后的效果

» 9.13 Redshift Volume（RS 体积）

在场景中创建一个RS Dome Light，并加载一张HDR贴图。这时如果进行渲染，会发现是无法渲染出VDB的，因为需要配合一个Redshift的特定材质——Volume。其位置如右图所示。

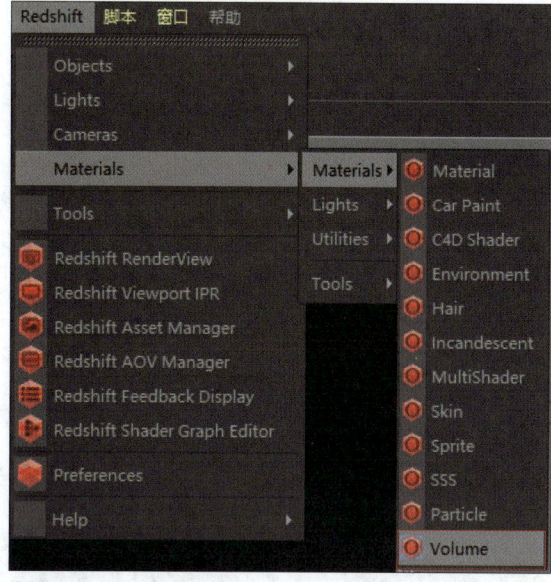

↑ 选择"Volume"命令

创建一个Volume材质球，并赋予Redshift Volume对象。双击材质球，打开节点编辑器，材质球属性如右图所示。

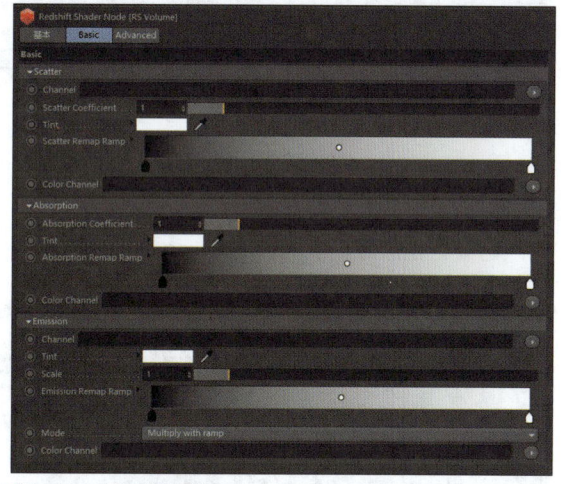

↑ Volume材质球的属性

可以看到属性中有三个卷展栏。

▼Scatter（散射）

该卷展栏下的属性通常用来调整烟雾的效果。对应文件的通道是Density。

▼Absorption（吸收）

该卷展栏下的属性通常用来调整VDB。

▼Emission（发光）

该卷展栏下的属性通常用来调整类似火焰的发光效果。对应文件的通道是Temperature。

单击"Scatter"卷展栏下"Channel"右侧的小三角按钮，选择"Redshift Volume"—"density"选项，如右图所示。

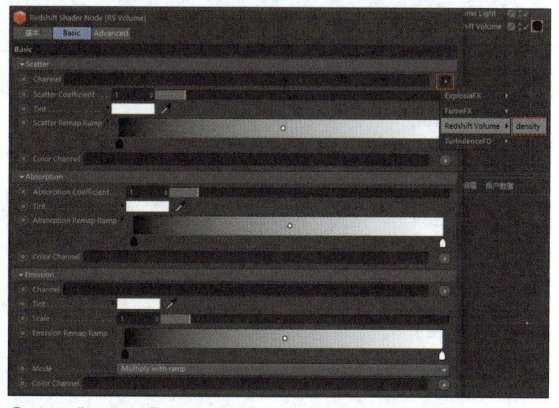

↑ 选择"density"选项

293

> 9 RS 材质与渲染

此时进行渲染，会发现场景中的VDB是全黑的，如下图所示。

↑ 渲染后VDB是黑色的

这是因为此时的VBD虽然可以被渲染出来了，但是没有接受光照。将场景中Dome Light（这里可以切换为任意灯光）的"Volume"选项卡下的"Contribution Scale"改为"1"，也就是说，Dome Light此时可以对Volume产生光照作用了。渲染后的效果如下图所示。

↑ 设置"Contribution Scale"为"1"的效果

动画应用

- 10.1 关键帧动画
- 10.2 路径动画
- 10.3 矩阵和破碎运动图形
- 10.4 分裂运动图形
- 10.5 追踪对象和实例运动图形
- 10.6 文本运动图形
- 10.7 运动样条运动图形
- 10.8 效果器概览
- 10.9 简易效果器和域的应用
- 10.10 随机效果器
- 10.11 推散效果器
- 10.12 继承效果器
- 10.13 公式效果器
- 10.14 延迟效果器
- 10.15 着色效果器
- 10.16 声音效果器
- 10.17 样条效果器
- 10.18 步幅效果器
- 10.19 目标效果器
- 10.20 时间效果器
- 10.21 体积效果器
- 10.22 运动挤压和多边形 FX 运动图形变形器

10

10.1 关键帧动画

动画模块一直是C4D比较独特的部分，其强大的运动图形模块，可以帮助我们在工作中快速做出复杂的动态效果。

关键帧概述

关键帧，英文名为"Key Frame"，最早出自二维动画的制作流程。在早期的二维动画制作过程中，经验丰富的动画师设计动画中的关键画面，也就是我们现在所说的关键帧。而关键帧和关键帧中间的动画，也就是中间帧动画，则由普通动画师去完成。在三维软件中，制作动画的原理与之相同，将关键动作的属性参数记录为关键帧，而中间帧动画则由计算机自动生成。

例如小球落地弹起这个动作，简单地说，在三维软件中记录3个位置信息的关键帧即可，即小球在空中的位置、小球下落碰撞至地面的位置、小球再次弹起至空中的位置。这时计算机就会自动计算中间帧，生成一段小球落地弹起的动画。

所有影响画面的属性参数都可以成为关键帧，例如位置、旋转，甚至包括纹理缩放、灯光强度等。

关键帧的应用领域非常多，不仅三维软件里有关键帧，剪辑软件、合成软件等都有关键帧。而在三维软件中，从简单的物体位移，到复杂的角色动画，还有C4D的运动图形，都会用到关键帧。本书的动画部分主要以C4D特有的运动图形为主，因此关键帧动画仅仅介绍其使用方法，就足够我们后面学习运动图形了。

关键帧的应用

下面以一个球体的简单位移为例，介绍关键帧的使用方法。

在场景中创建一个球体，进入到球体的"坐标"选项卡中，可以看到每一个坐标属性前都有一个圆点，如右图所示。

这个小圆点就是用来 添加关键帧 的按钮，所有带有圆点的属性参数都是可以添加关键帧的。

↑ 球体的"坐标"选项卡

为球体添加位移动画

接下来为球体添加一个简单的位移动画。

第一步，鼠标左键单击 "P.X" 前面的圆点，给球体的位移X轴添加一个关键帧，这时小圆点变成了 红色，代表这个属性在当前时间帧有关键帧，如右图所示。

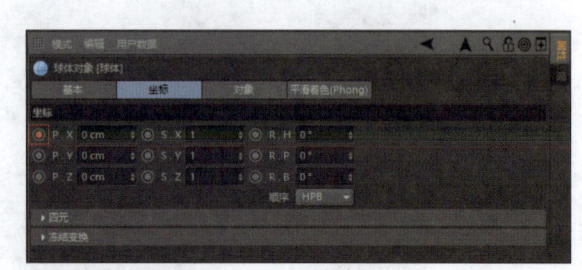

↑ 为"P.X"添加关键帧

» 10.1 关键帧动画

这时在C4D的时间线上会出现一个灰色的滑块,这个滑块就是一个关键帧,代表该物体在第0帧拥有一个关键帧,如下图所示。

↑ 在时间线上显示关键帧

鼠标左键按住滑块,可以使滑块在时间线上拖动,这说明关键帧不是必须从第0帧开始。

第二步,拖拽时间线上的绿色滑块(也就是时间线指针)至50帧的位置,并将球体沿着X轴向右拖动一段距离。这时会发现,"P.X"属性前面的红色小圆点变成了黄色圆圈,如下图所示。

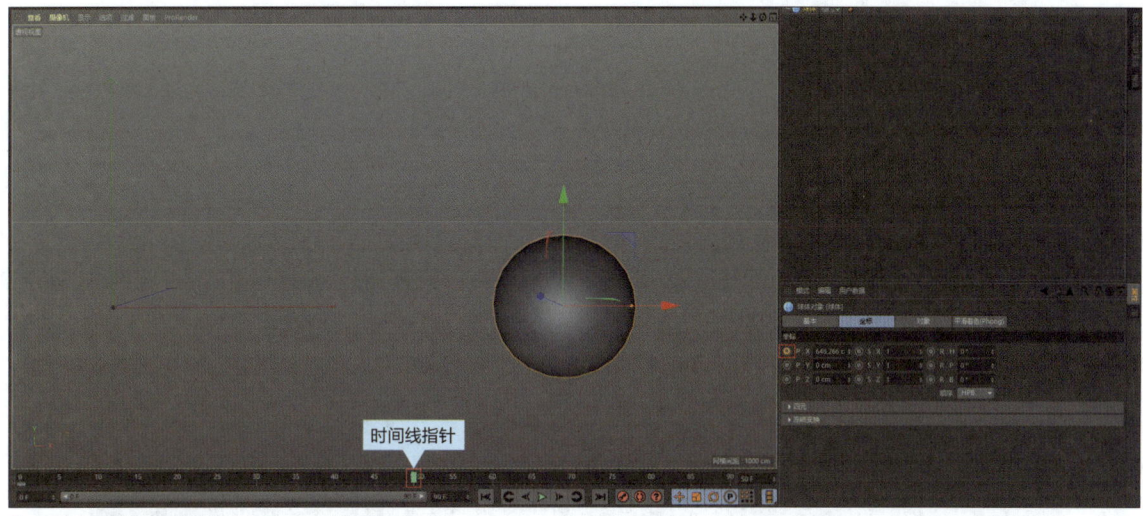

↑ 调整时间线指针到50帧

第三步,单击"P.X"属性前面的黄色圆圈,再次添加关键帧,这个属性图标会再次变成红色的小圆点,时间线指针下方同样也会再次出现一个灰色滑块。并且画面中会出现一根蓝色线条,如下图所示。

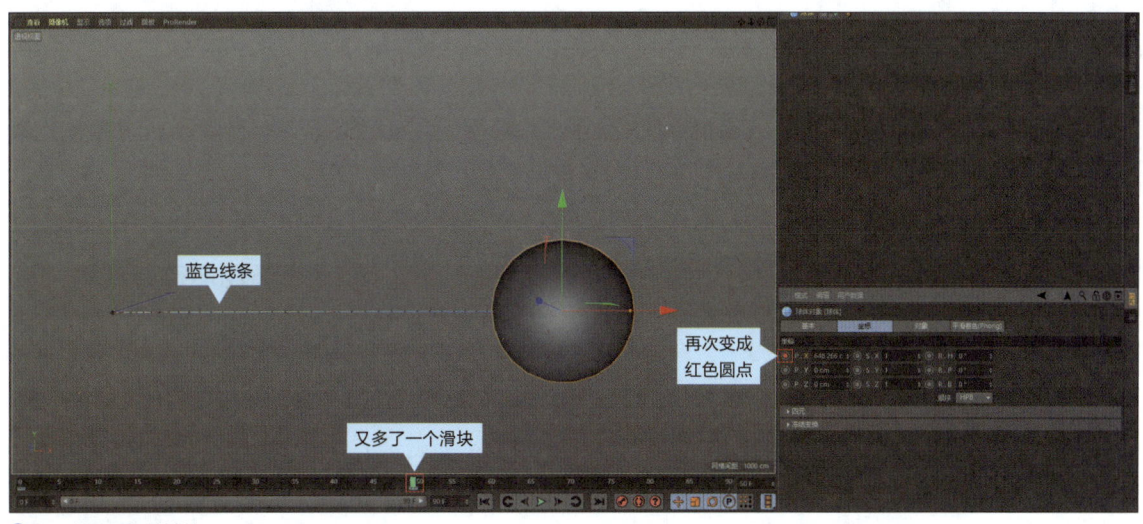

↑ 在50帧处添加关键帧

这根蓝色的线条就是物体的运动轨迹，仔细看线条上还有非常多的黑色小点，每一个黑色小点就代表了一帧。也就是说，从这个线条上不仅可以直观地看到该物体的运动轨迹，还可以通过每一帧移动的距离大致得到物体的运动速度。

> **小提示：对象运动路径的意义**
>
> 点和点之间的距离越大，说明在一帧时间内物体移动的距离越大，那么移动的速度也就越快。运动轨迹上的黑色小点默认情况下彼此之间并不是等距的，因为在C4D中，所有的关键帧动画在创建时默认带有缓入缓出的效果。

第四步，单击"播放"按钮，可以看到球体拥有了一个简单的位移动画。"播放"按钮的位置如下图所示。

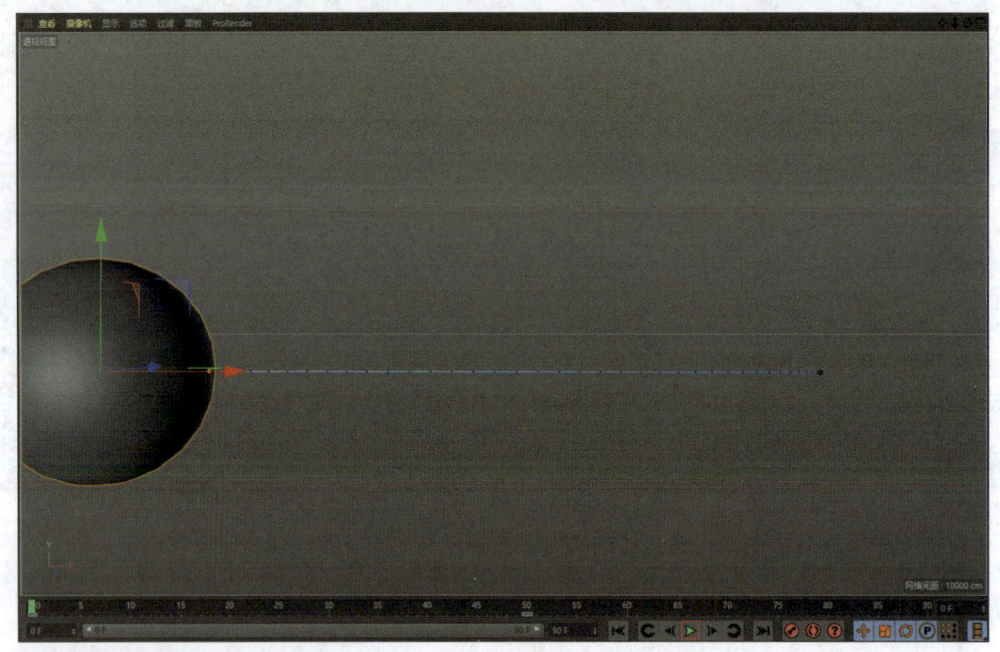

⬆ 播放动画查看效果

播放动画相关图标的作用

在"播放"按钮的左右两侧，还有很多非常重要的快捷图标，在下图中，我们将每一个快捷图标的作用标注出来。

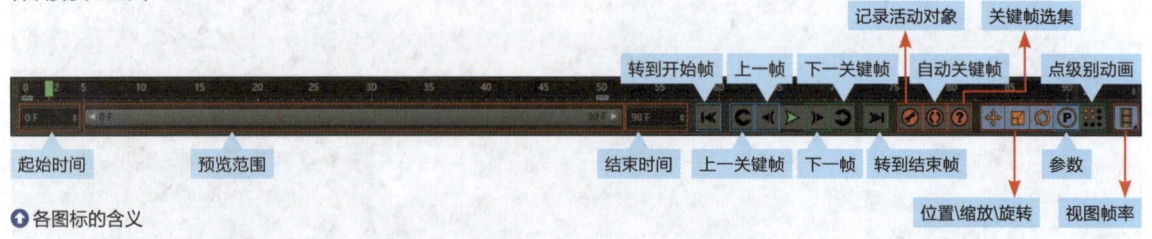

⬆ 各图标的含义

在上面的快捷图标中，除了"起始时间""上一帧"和"下一帧"等比较好理解的快捷图标之外，还需要重点了解"记录活动对象""自动关键帧"和"点级别动画"图标的含义。

"记录活动对象"：单击一次该图标，C4D会将该物体的位置、缩放和旋转参数同时添加一个关键帧。它省去了我们一个一个手动添加关键帧的步骤，在制作较复杂的动画时非常方便。

"自动关键帧"：当这个图标为开启状态时，修改物体上的任意参数，会自动添加关键帧。开启"自动关键帧"后，为了防止误操作将之前的关键帧覆盖，C4D的视窗会有一圈红色的线框作为提醒，如右图所示。

"点级别动画"：当这个图标为开启状态时，可以记录模型上点的位移动画（因为点不存在旋转和缩放属性，因此这里只记录位移动画）。

↑ 开启"自动关键帧"的效果

这时如果球体的运动速度不是自己想要的（例如默认的缓入/缓出、先快后慢或者平入/平出），就要打开"时间线窗口"面板，对运动曲线进行调整。

"时间线（函数曲线）"命令的位置如右图所示。

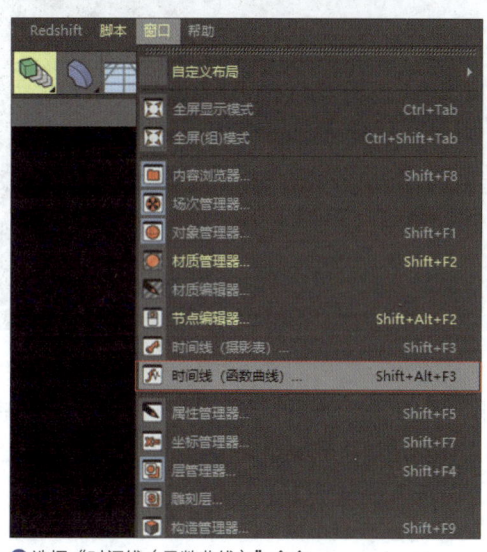

↑ 选择"时间线（函数曲线）"命令

打开"时间线窗口"面板，如右图所示。

"时间线窗口"面板是用来显示两个关键帧之间的差值，这个差值是以F曲线的形式表现出来的。

右图中蓝色框就是对象列表框。单击对象前面的加号，可以看到该对象拥有关键帧的属性参数。

红色框中的两个点，对应的就是刚刚添加的两个关键帧。通过调整关键帧上的手柄，可以调整物体的运动速度。

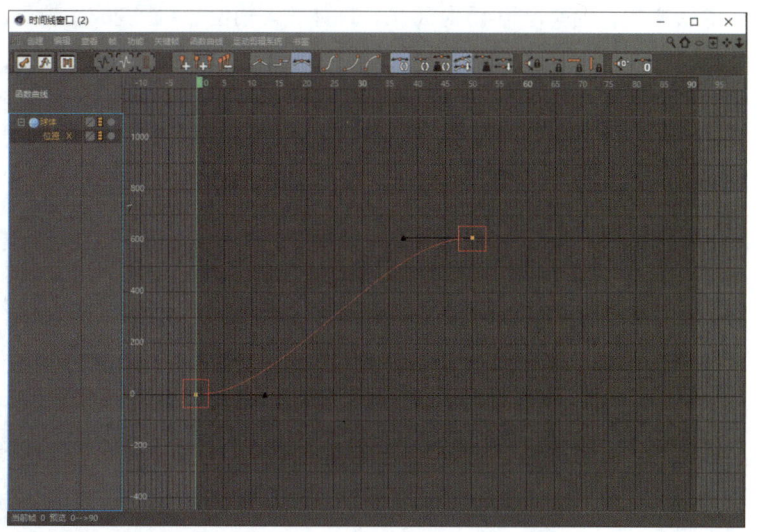

↑ 打开"时间线窗口"面板

» 10 动画应用

窗口右侧的曲线图中，有横轴和竖轴两个轴，横轴是关键帧**时间**，竖轴是关键帧**数值**。例如，在上页图中，第一个关键帧横轴为0时，其竖轴也是0，也就是说在第0帧时，球体的 X 轴位置为0；第二个关键帧横轴为50时，竖轴约为600，也就是说在第50帧时，球体的 X 轴位置约为600。和我们一开始添加关键帧时的信息是对应的。而两个关键帧中间的**曲线**，是计算机自动为我们计算的中间帧，也就是差值。

下面介绍如何调整球体运动的速度。C4D默认的速度为缓入/缓出，这点在曲线图上已经可以比较清晰地看出来了。下面以将球体的速度改为先快后慢为例，讲解如何调整曲线。

选中第一个关键帧的点，将关键帧上的手柄调整为下图的状态。

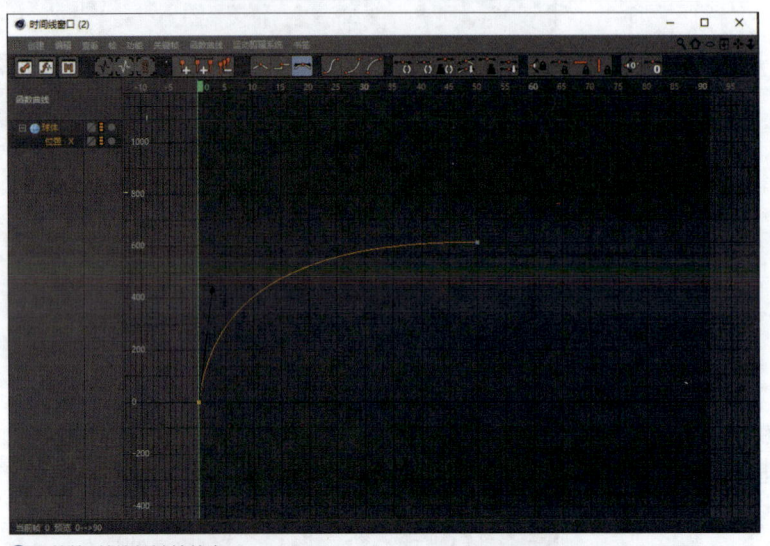

⬆ 调整第0帧的关键帧的点

此时从曲线可以看出，在第0帧至第5帧时，球体的 X 轴位置从0移动到了300，移动了**300**个单位，速度是非常快的。但是在第5帧到第10帧时，球体的 X 轴位置从300移动到了400，移动了**100**个单位，速度比第一个5帧要慢许多。而在曲线的最末端，也就是第45到50帧，球体的 X 轴位置的移动微乎其微，**几乎看不到**了，速度是非常慢的。这样，就达到了让球体速度改为先快后慢的目的了。

接着回到操作视图中，可以看到此时代表运动轨迹的蓝色线条上也发生了变化，黑色的小点的间距变成了越靠右越密集，如下图所示。

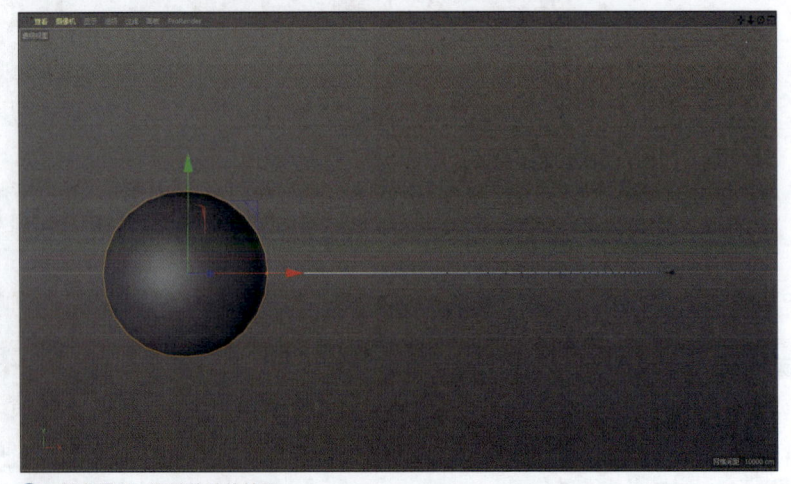

⬆ 调整曲线后，运动轨迹的效果

这时再播放时间线，就可以看到球体运动速度的变化了。

这就是"时间线窗口"面板的主要作用，而面板上方的快捷图标，都是关于曲线形态的快捷调整，这里就不再讲解了。

总结一下球体制作成一端先快后慢的位移动画的步骤：

（1）在第0帧时，给球体的"P.X"添加一个关键帧。

（2）挪动时间线指针至第50帧。

（3）挪动球体，再次给球体的"P.X"添加一个关键帧。

（4）打开"时间线窗口"面板调整曲线的形态。

10.2 路径动画

扫码看视频

上一节介绍了关键帧动画，路径动画和关键帧动画一样很常用。路径动画指的是物体沿着样条路径进行运动，其优点是运动路径修改起来非常方便、直观。

在场景中随意绘制一根样条线，并创建一个球体，如右图所示。

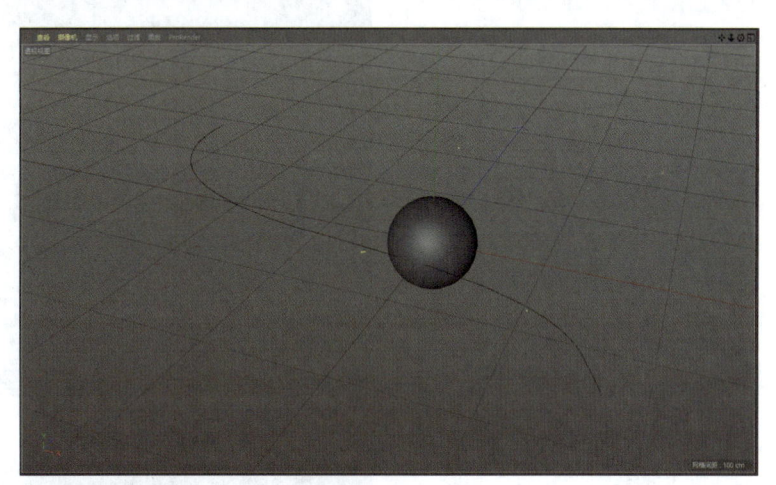

↑ 创建样条线和球体

在对象管理器中的球体上右击，在菜单中选择"CINEMA 4D标签"—"对齐曲线"命令，其位置如右图所示。

↑ 选择"对齐曲线"命令

» 10 动画应用

在球体对象的右侧添加"对齐曲线"图标,然后将样条拖拽到"曲线路径"属性框中,如右图所示。

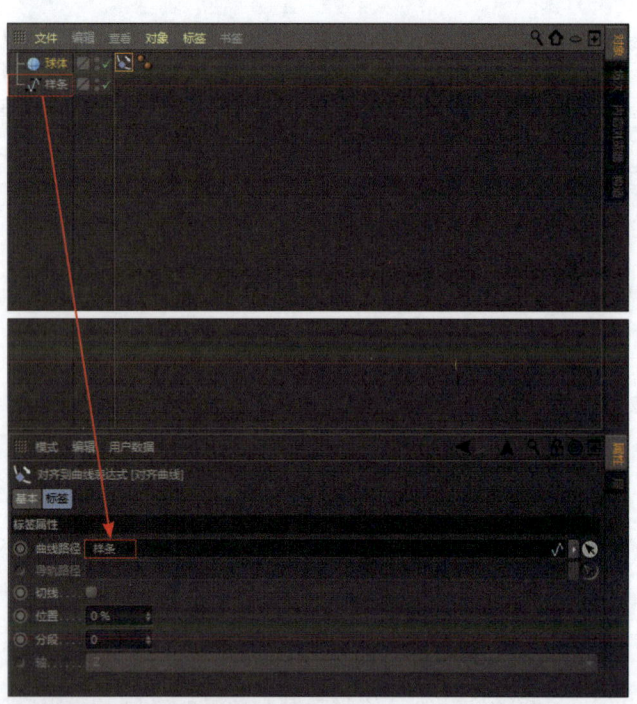

◐ 将样条拖拽到"曲线路径"属性框中

这时球体已自动对齐到样条的起始位置了,如右图所示。

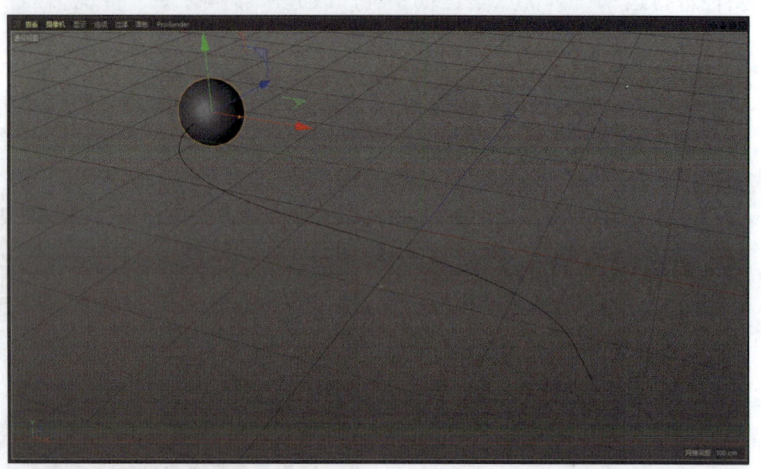

◐ 球体对齐到样条的起始位置

接下来看一下"对齐曲线"标签的属性,如右图所示。

"曲线路径":用来放置所绘制的样条。

"切线":勾选该复选框,移动对象时,会强制对象的Z轴与样条始终保持相切的角度。

"位置":对象在样条上的位置。对该属性添加关键帧,就可以实现路径动画了。

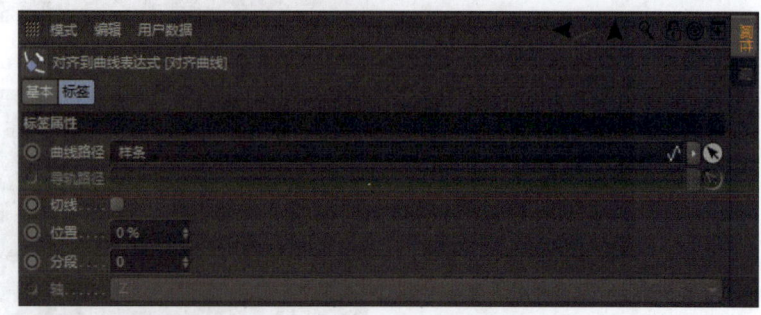

◐ "对齐曲线"的属性

"分段":当样条由多条样条组成时,可切换对象的样条路径。

10.3 矩阵和破碎运动图形

从本节开始，我们将正式进入到运动图形的学习。"运动图形"菜单如下图所示。

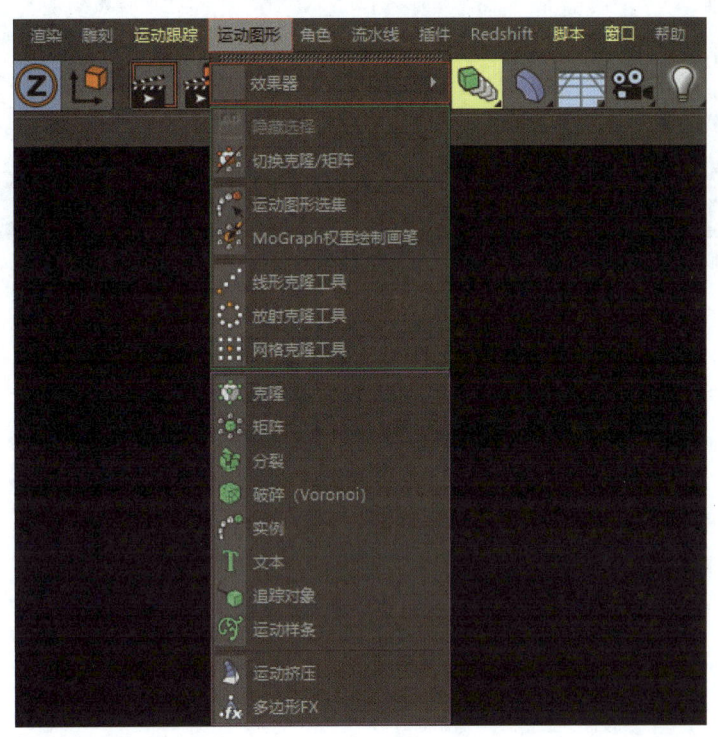

△ "运动图形"的下拉菜单

可以看到"运动图形"菜单分为三个部分：中间绿色框部分属于运动图形的相关工具，使用频率并不高，仅了解即可；紫色框部分就是C4D的运动图形了；而"效果器"是需要配合运动图形使用的，单独使用意义不大，因此在后面会进行讲解。

运动图形的克隆已经在5.11和5.12节详细介绍过了，这一节就从矩阵开始。

矩阵

矩阵的操作方式及属性设置和克隆几乎一样，最大的区别在于矩阵无法自定义所产生的物体。也就是说矩阵只能产生立方体，并且这些立方体不能被渲染出来。矩阵最大的优点在于可以生成Thinking Particles。

Thinking Particles即思维粒子，是C4D自带的一套粒子系统，但是由于版本更新比较缓慢，逐步被其他粒子插件替代。在实际项目中使用频率并不高，仅了解即可。

在场景中创建一个矩阵后，视窗中的初始状态如下页上图所示。

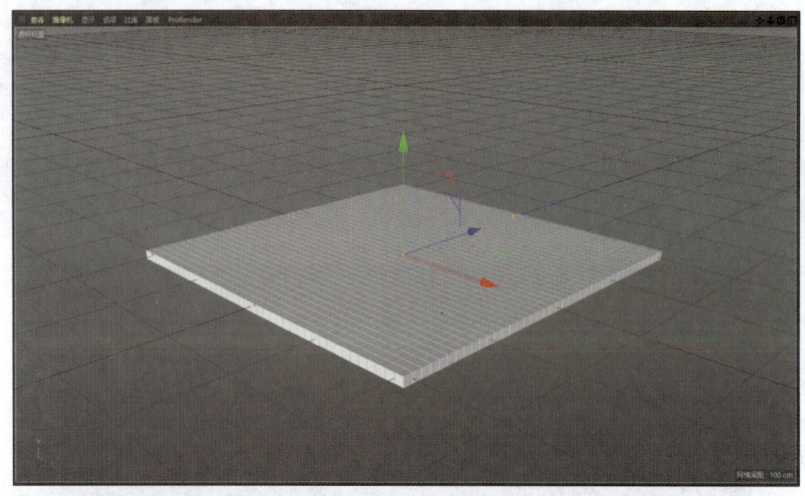

○ 创建一个矩阵的效果

在矩阵的属性面板中，将"生成"从默认的"仅矩阵"改为"Thinking Particles"，如下图所示。

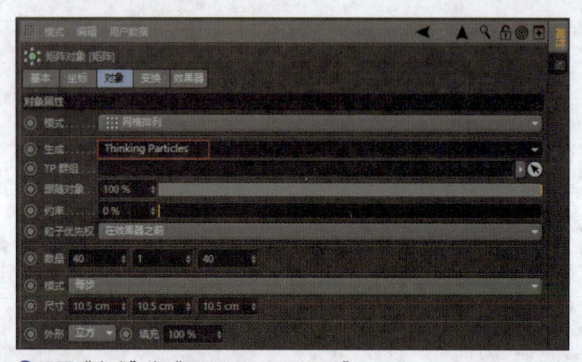

○ 设置"生成"为"Thinking Particles"

之后，视窗中矩阵的状态发生了改变，如下图所示。

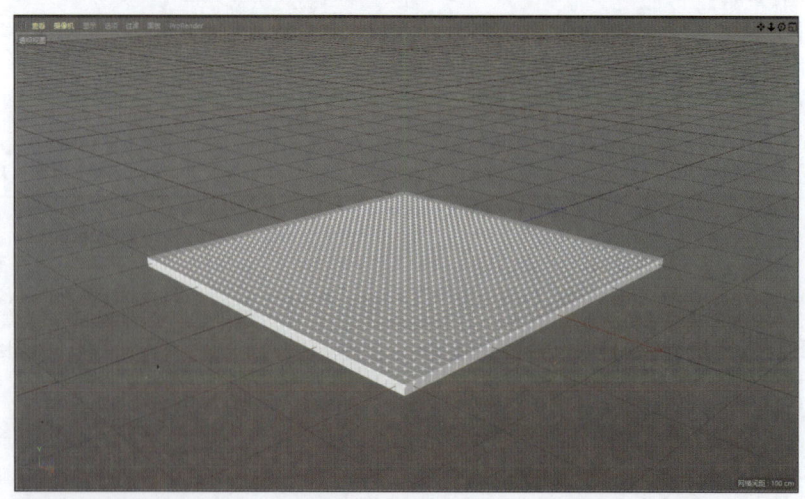

○ 修改后的效果

可以看到每一个立方体上都出现了一个十字标，这个十字标就是思维粒子。

破碎

破碎可以对物体进行分割，常用于模拟物体破碎之后的效果。破碎在工作中经常与效果器配合使用，制作一些动态效果。也可以与动力学配合模拟真实的物理破碎动画。

这里以实现宝石破碎效果为例，进行介绍。

在场景中新建一个宝石模型和一个破碎，将宝石模型拖拽至破碎的子级。这时宝石就已经发生了变化，如下图所示。

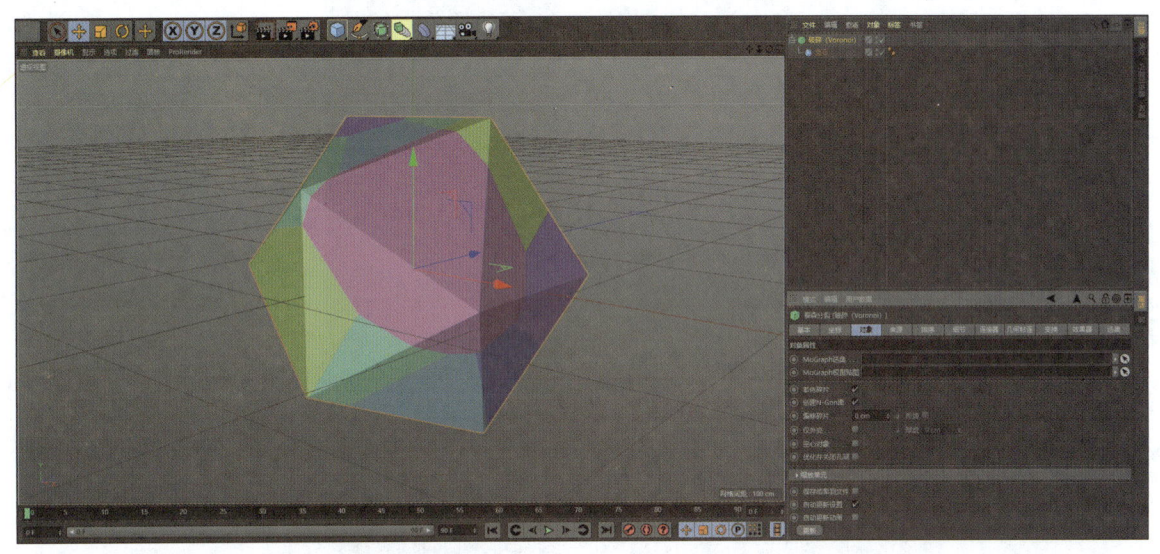

↑ 将宝石对象拖至破碎子级后的效果

接下来看一下"破碎"的属性面板，如右图所示。

破碎属性面板中除了"基本"和"坐标"之外，还有九个选项卡。从左至右依次为"对象""来源""排序""细节""连接器""几何粘连""变换""效果器"和"选集"（"效果器"选项卡会放在后面讲效果器时，统一讲解）。

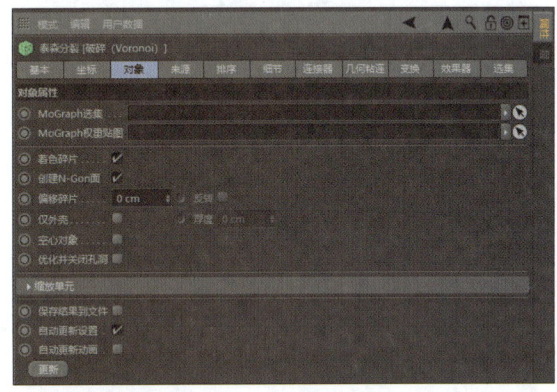

↑ "破碎"属性面板

"对象"选项卡如右图所示。

"MoGraph选集"：运动图形选集。它的作用同之前的点选集类似，可以将破碎之后的每个碎块单独储存为一个标签，再结合效果器使用，使效果器仅作用于部分碎块。

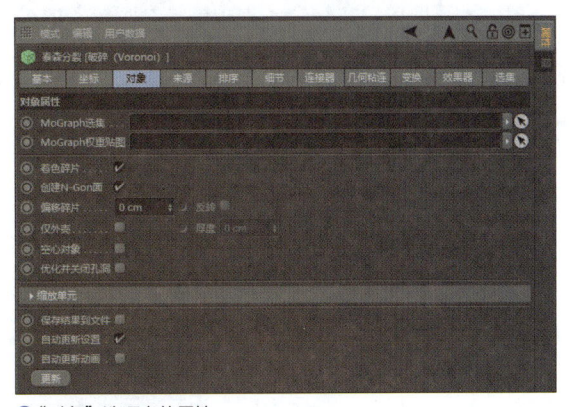

↑ "对象"选项卡的属性

» 10 动画应用

在选取碎块时，要用到"运动图形选集"工具，其位置如右图所示。

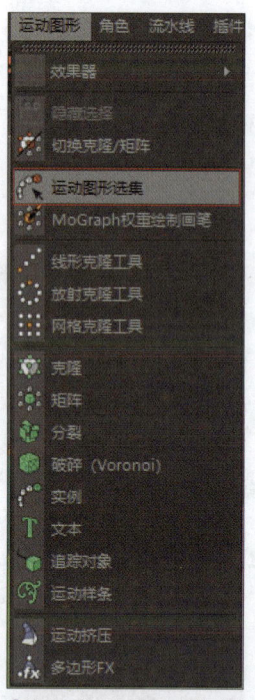

▲ 选择"运动图形选集"命令

进入运动图形选集工具模式后，已破碎的宝石对象上会出现若干个红色小点，每一个小点代表一个碎块的中心点。使用鼠标对这些小点进行选择，选中的小点会变成黄色，同时对象管理器中宝石的右侧会出现一个运动图形选集标签，拖拽标签至"MoGraph选集"属性框中，就可以完成选集的拾取了。

"MoGraph权重贴图"：和"MOGraph选集"的用途类似，都可以用来控制部分碎块。而权重贴图有权重属性，意味着可以调整每一个碎块的控制程度、强弱衰减。使用方法相同，用MoGraph权重绘制画笔对宝石上的小点进行涂抹，再将涂抹后出现的MoGraph权重贴图标签拖拽至属性框即可。"MoGraph权重绘制画笔"的位置如右图所示。

▲ 选择"MoGraph权重绘制画笔"命令

"着色碎片"：将破碎后的每一个碎块随机着色，更方便观察到每一个碎块的状态，取消勾选时将统一着色为白色。默认为勾选状态。

"创建N-Gon面"：允许破碎之后的每一个碎块上有多面，取消勾选则全部变为三角面。默认为勾选状态。

"偏移碎片"：随着数值的增大，可以增大碎片和碎片之间的间隙。当数值非常大时，碎片会消失。如下页两图所示。

↑ 增大"偏移碎片"的值

↑ 数值变大后碎片会消失

"反转":这里指的是"偏移碎片"的反转。勾选该复选框,可以使原本是缝隙的地方被填满,原本是碎块的地方消失。常用来制作非常有意思的艺术效果,如右图所示。

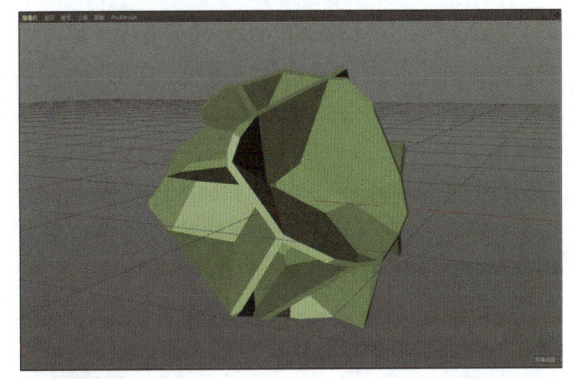

↑ 反转的效果

"仅外壳":原本的物体破碎后,每个碎块会成为单独有体积的体块,但是勾选此复选框后,内部体积消失,仅剩下外壳。效果如右图所示。

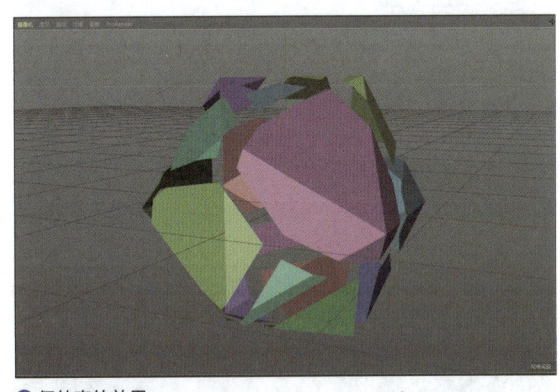

↑ 仅外壳的效果

"厚度":用来增加外壳的厚度,效果如右图所示。

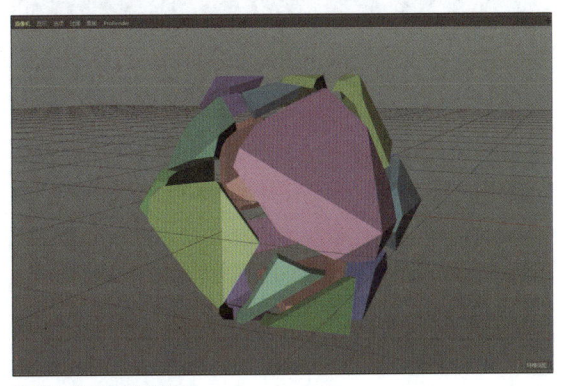

↑ 增加外壳厚度的效果

"**空心对象**"：当被破碎物体的本身是一个空心物体时，例如杯子、陶罐等，在进行破碎时需要勾选此复选框，从而得到一个正确的破碎效果。

"**优化并关闭孔洞**"：当被破碎物体本身是一个有开口的模型，可以自动把开口补齐再破碎，这样破碎得到的就是体块而不是片。

▼缩放单元

这个卷展栏可以对碎块的X、Y、Z三个轴向分别进行挤压。右图是将"缩放X"由默认的"1"改为"0.2"的效果。

"来源"选项卡如右图所示。

默认情况下，破碎的工作原理是在将要破碎的物体内部随机分布若干个点，基于点和点之间的空间位置关系计算每个碎块的大小。每一个点对应一个碎块。

"**显示所有使用的点**"：显示物体内部所有的点。

"**视图数量**"：并不会真正影响碎块的数量，但可在视窗中减少碎块的数量，优化场景。

"**来源**"：设置基于何种方式进行破碎。C4D默认会创建一个"点生成器"，"点生成器-分布"就是上文中提到的，在物体内部随机分布若干个点进行破碎的方式。

在"来源"的下方有两个按钮："添加分布来源"和"添加着色器来源"。

"**添加分布来源**"：可以简单地理解为添加一个"点生成器-分布"。

添加"点生成器-分布"之后，下方会出现关

◎ 设置缩放的效果

◎ "来源"选项卡

于"点生成器-分布"的相关属性，在这里可以增加或降低点的数量、修改分布方式以及设置点位置信息等，如下左图所示。

"**添加着色器来源**"：这个按钮可以用来添加着色器，使破碎基于程序纹理效果进行。例如，添加一个渐变着色器，用黑白渐变来控制破碎的密度。单击该按钮即可创建一个"点生成器-着色器"，如下右图所示。

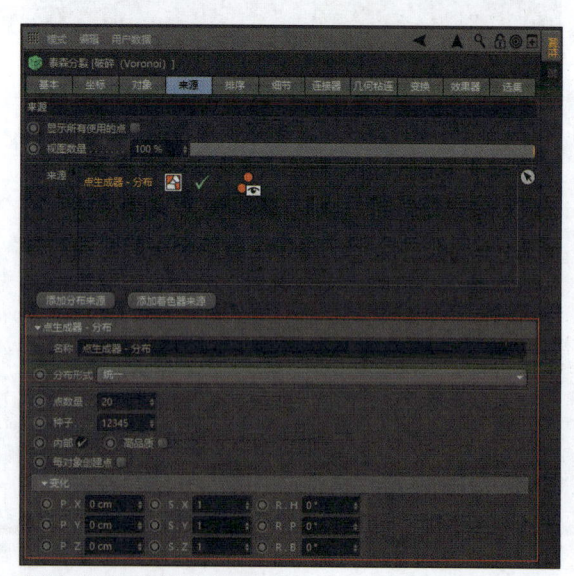

◎ "点生成器-分布"的相关属性

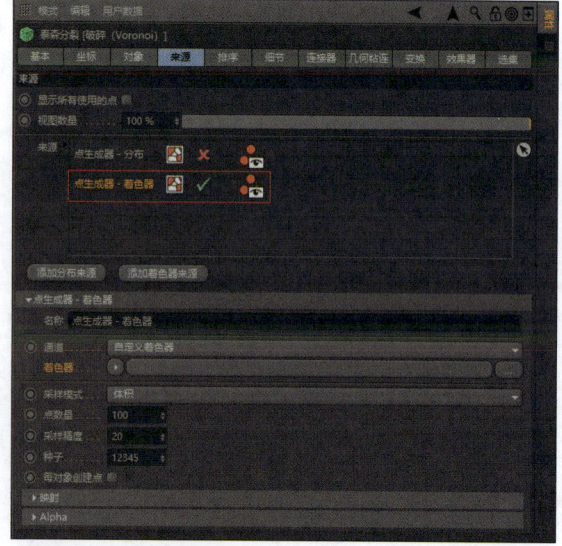

◎ 创建"点生成器-着色器"

在"点生成器-着色器"卷展栏下,单击"着色器"右侧的小三角按钮,在列表中选择"渐变"选项,使破碎基于渐变的黑白信息进行,也就是黑色区域碎块数量少,白色区域碎块数量多,如下图所示。

原则上,"来源"属性框中可以放入任何对象,例如基础对象、样条等,使破碎可以基于任何对象进行。

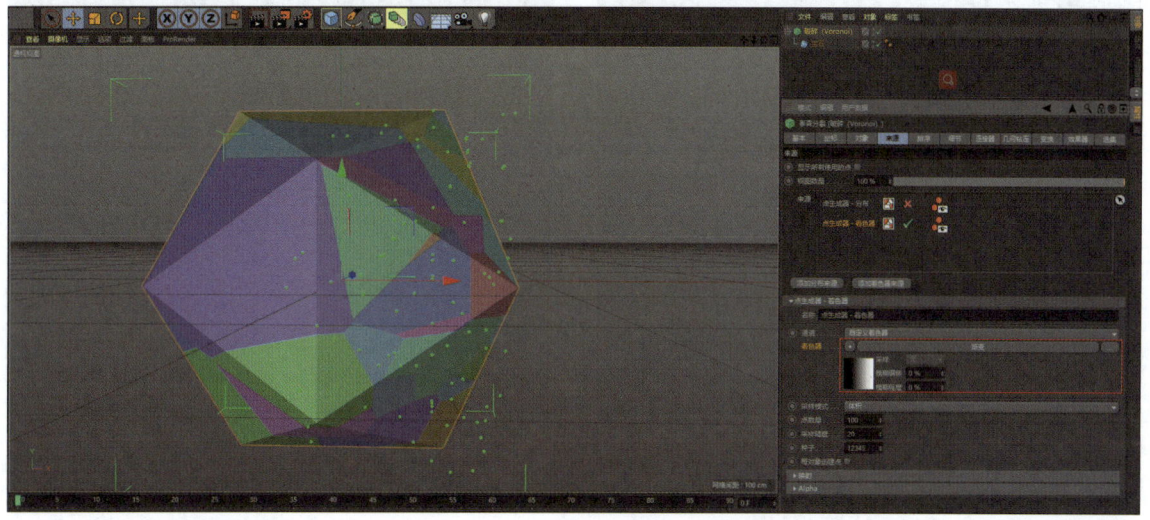

↑ 设置"着色器"为"渐变"

"排序"选项卡可以用来更改碎块的序列号,实际意义不大,此处就不过多讲解了。"排序"选项卡如右图所示。

↑ "排序"选项卡

"细节"选项卡如右图所示。

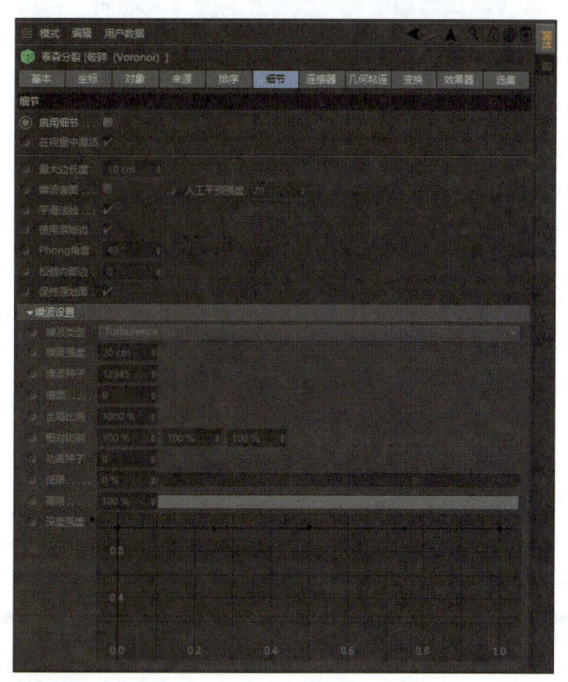

↑ "细节"选项卡

"启用细节"：勾选该复选框时，碎块会增加细分，并在碎块的内部产生凹凸起伏的细节，常用来模拟真实的岩石破碎之后产生的细节。默认为取消勾选状态。下面两张图分别是取消勾选和勾选该复选框的效果。

↑ 取消勾选"启用细节"复选框的效果

↑ 勾选"启用细节"复选框的效果

"最大边长度"：用来控制增加的细分数，数值越小，细分越多。

"噪波表面"：勾选该复选框时，对碎块的边缘处进行扭曲，通过调整右侧的"人工干预强度"去控制扭曲的程度。数值越小，扭曲程度越大。默认为取消勾选状态。

"平滑法线"：对碎块内部的面进行平滑显示。保持默认即可。

"使用原始边"：取消勾选该复选框时，可以通过下面的"Phong角度"来调整碎块内部面的平滑显示程度。默认为勾选状态。

"松弛内部边"：可以对碎块内部的面进行收缩并平滑。数值大于"0"时会产生效果，默认为"0"。

"保持原始面"：取消勾选该复选框时，外表面也会产生凹凸起伏的效果。默认为勾选状态。

▼噪波设置

碎块所有产生凹凸的效果，都是源自噪波，这个卷展栏的属性参数用于控制该噪波的大小、强度等。

"连接器"选项卡主要用于动力学计算中碎块与碎块的粘连效果，因此这里不过多讲解了，仅了解即可。"连接器"选项卡如右图所示。

↑ "连接器"选项卡

"几何粘连"选项卡下的属性可以将部分碎块合并为一个完整的碎块，其选项卡下的属性如右图所示。

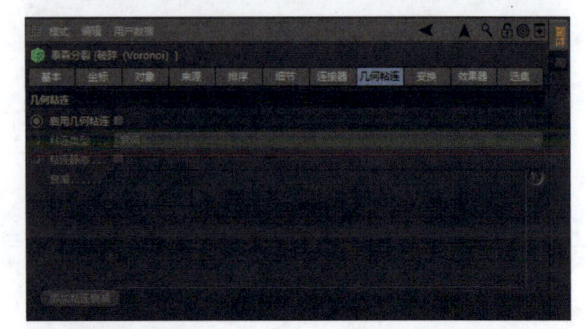

↑ "几何粘连"选项卡

"启用几何粘连":勾选该复选框,下面的属性参数才会被激活。

"粘连类型":共有三种计算方式选项。每切换一种,下方会切换成对应的属性参数。

选择"粘连类型"为"衰减"时,单击下方的"添加粘连衰减"按钮,在属性框中会出现一个"衰减",并在对象管理器中出现一个衰减对象,如右图所示。

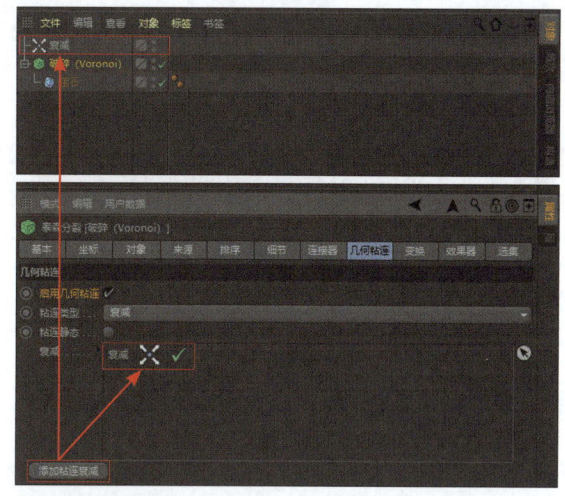

↑ 添加衰减对象

选中对象管理器中的衰减对象,在属性面板中添加一个"球体域"(域可以简单理解为范围,后面会详细讲解,这里仅了解使用方法即可),其位置如右图所示。

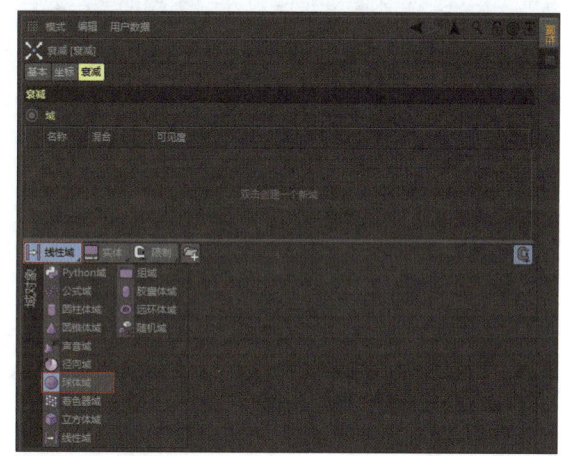

↑ 添加"球体域"

添加之后,球体域就出现在视图中,挪动球体域至下图位置,就可以看到球体域范围内的碎块被合并成一个完整的碎块。

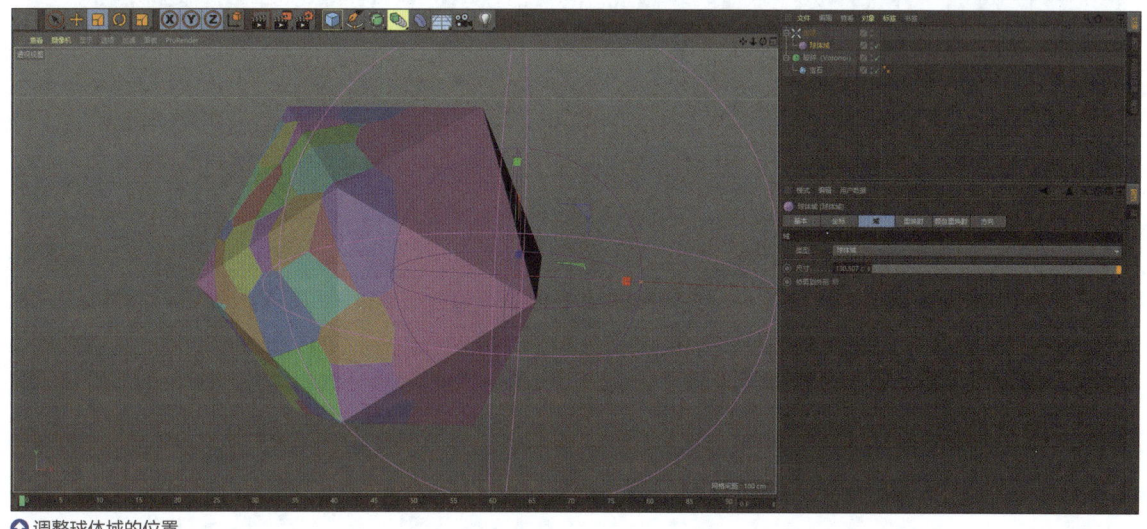

↑ 调整球体域的位置

"簇"：在这个模式中，合并的块数是通过下方的"簇数量"来决定的，数量为多少，所有的碎块就会合并为几个碎块。

"点距"：这个模式中，合并是由下方的"距离"来决定的，即将指定距离内的块数合并。

"变换"指的是每一个碎块自身的位移缩放旋转。"变换"选项卡如右图所示。

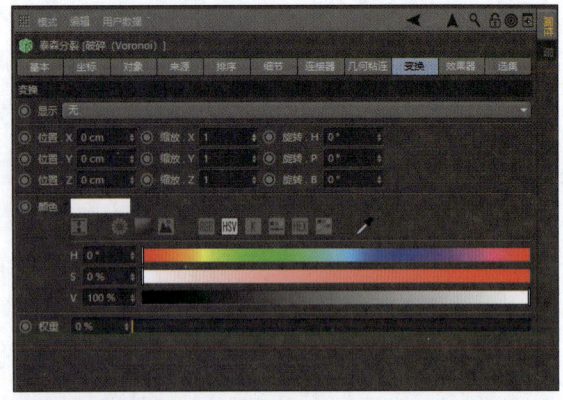

↑ "变换"选项卡

在"选集"区域中，可以获取物体破碎后的碎块信息。最常用的属性参数是"内表面"和"外表面"。勾选这两个复选框时，在对象管理器中会自动出现与该属性对应的选集，如右图所示。

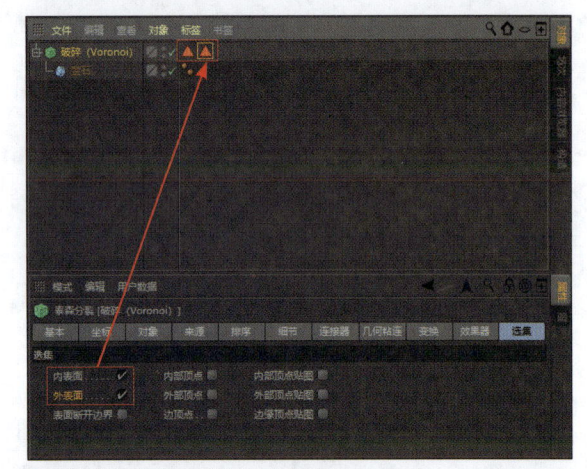

↑ 勾选"内表面"和"外表面"复选框

获取选集标签后，就可以利用选集标签对物体赋予不同的材质了。例如，在材质编辑器中创建两个材质球，一个为蓝色、一个为红色。将两个材质球同时赋予破碎对象，并分别将"内表面"和"外表面"的选集标签拖拽至材质球纹理标签的"选集"属性框中。效果如下图所示。

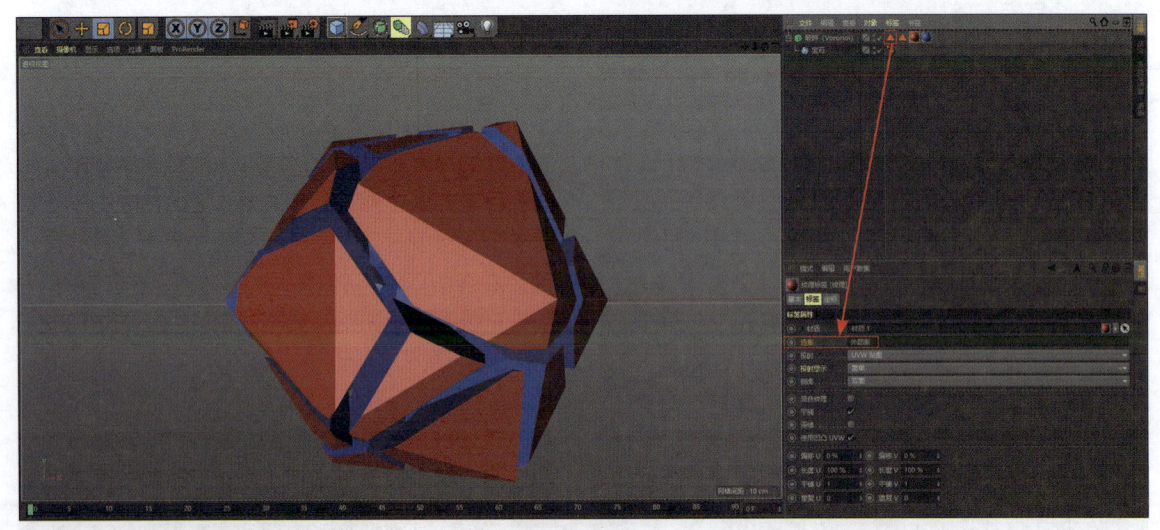

↑ 为破碎对象赋予蓝色和红色材质的效果

> **小提示：什么是纹理标签**
>
> 添加完选集标签后，切换至"对象"选项卡，取消勾选"着色碎片"复选框，这样才可以在视窗中看到材质的颜色。
> 本书中首次介绍材质球的"纹理标签"，和之前介绍的材质球的节点编辑器内的属性不同，纹理标签主要作用有：用来修改所有贴图的投射方式；修改平铺属性；设定选集。但在RS的节点编辑器中，可以使用UV Projection节点代替纹理标签中的投射方式，作用是一样的。打开纹理标签的方法很简单，单击对象管理器中的材质球标签即可。

10.4 分裂运动图形

在上一节中说过，效果器需要配合运动图形使用，单独使用意义不大。那么对于非运动图形对象来说，要想使用效果器，就要借助分裂了。

分裂的主要作用是可以使效果器也能作用于非运动图形对象。

这里以一个样条绘制的徽标为例，使用挤压生成器将其生成为模型，并创建一个分裂。将挤压生成器拖拽至分裂的子级，如下图所示。

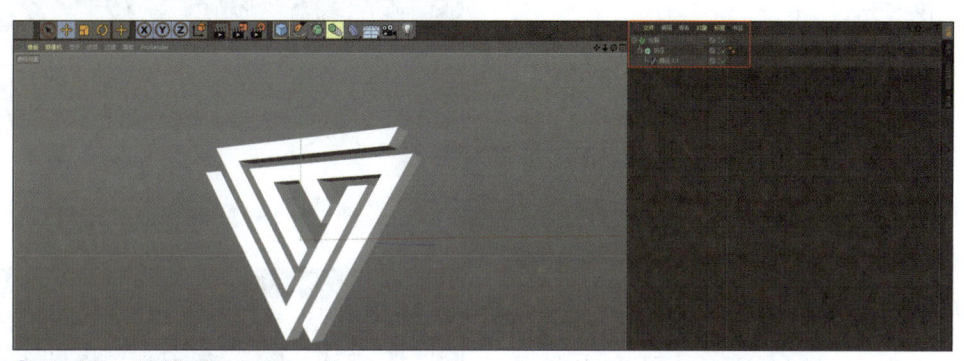

↑ 使用挤压生成器将徽标生成模型

要在视图中看到分裂的作用，需要配合效果器使用，这里会用到随机效果器（仅对随机效果器有一个简单的了解即可，在后面的内容中会详细讲解它的使用方法）。随机效果器的主要作用是可以对运动图形的位移、旋转和缩放等产生随机效果。

创建一个随机效果器，其位置如右图所示。

↑ 在"效果器"子菜单中选择"随机"命令

313

将随机效果器拖拽至分裂"效果器"选项卡的属性框中，如右图所示。

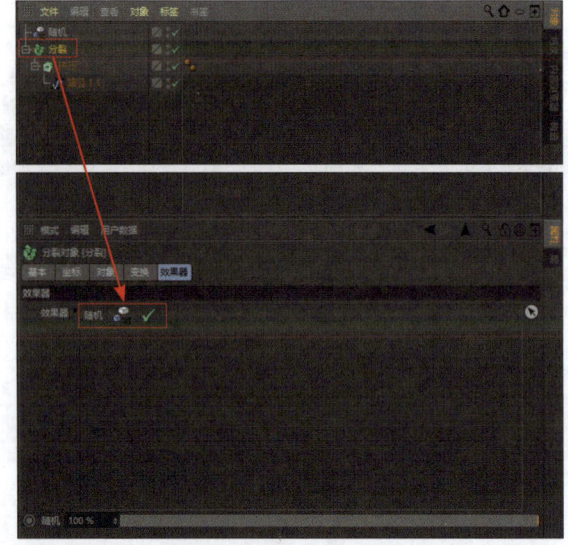

↑ 拖拽随机效果器至分裂对应的属性框

这时可以看到视图中模型的位置发生了变化，代表随机效果器已经产生了作用。接下来看一下"分裂"的属性面板，如右图所示。

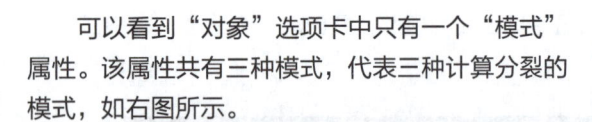

↑ "分裂"的"对象"选项卡

可以看到"对象"选项卡中只有一个"模式"属性。该属性共有三种模式，代表三种计算分裂的模式，如右图所示。

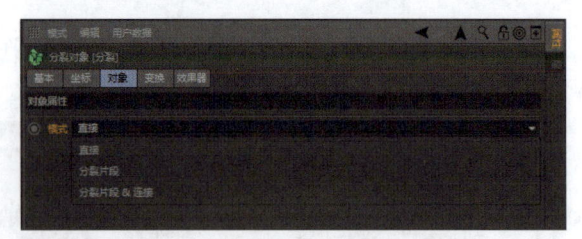

↑ 三种分裂模式

"直接"：该模式会将分裂子级下的物体作为一个单独的**整体**计算单位，使其整体受到效果器的影响（当分裂子级下有多个对象时，会将每一个物体分别当作一个单独的整体）。此时随机效果器对模型整体产生了随机位移的效果，因为目前分裂子级下只有一个对象，因此看不出随机的效果，只有位移的效果。

"分裂片段"：将分裂物体上**没有缝合起来的面**作为计算单位，使这些面分别受到效果器的影响。此时随机效果器对这些面产生了随机位移的效果，如右图所示。

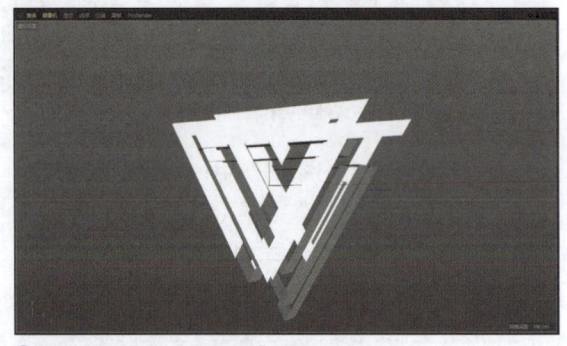

↑ 设置"模式"为"分裂片段"的效果

> **小提示：默认挤压后的模型状态**
>
> 在C4D中，挤压出来的模型的前、侧和后三个部分默认是不缝合的状态。

"分裂片段&连接"：将分裂的物体上没有缝合的面进行缝合，并将不相接的各部分模型作为单独对象来计算单位，使这些单独对象分别受到效果器的影响。这时可以看到随机效果器将模型的几个不相接的部分彼此单独作为对象，产生了随机位移的效果，如右图所示。

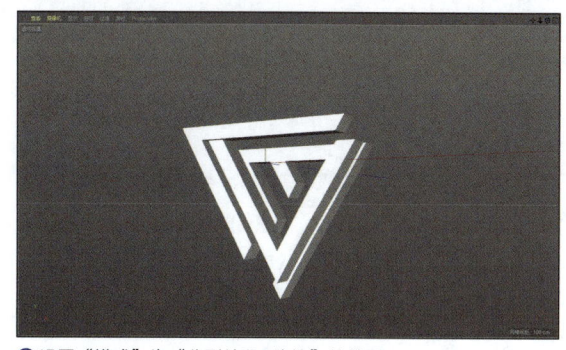

↑ 设置"模式"为"分裂片段&连接"的效果

10.5 追踪对象和实例运动图形

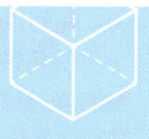

扫码看视频

本节将介绍追踪对象和实例的应用。追踪对象可以得到任意模型的运动轨迹，并且以样条线的方式存在。实例可以用来制作运动对象的残影效果，使用频率较低。

追踪对象

追踪对象在运动图形模块中比较常用，几乎可以追踪C4D中所有可以动的对象的运动轨迹，并将运动轨迹生成样条。被追踪的对象可以是模型、粒子、灯光，甚至空物体等。

在场景中创建两个球体，将两个球体的位置错开，并给这两个球体添加"振动"标签。"振动"命令的位置如右图所示。

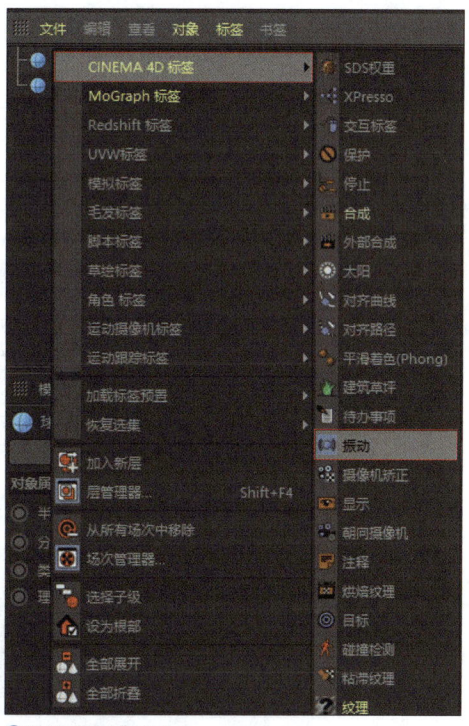

↑ 选择"振动"命令

» 10 动画应用

"振动"标签的作用是通过"振动"表达式函数来驱动对象进行随机或者有规律的位移、缩放和旋转动画，经常被用来模拟规则的或不规则的跳动等动画。

勾选两个"振动"标签的"启用位置"复选框，将"振幅"均改为"150cm"。这时播放时间线，就可以看到两个小球已经有了随机的位移动画。修改"频率"为"1"，降低小球的运动速度，如右图所示。

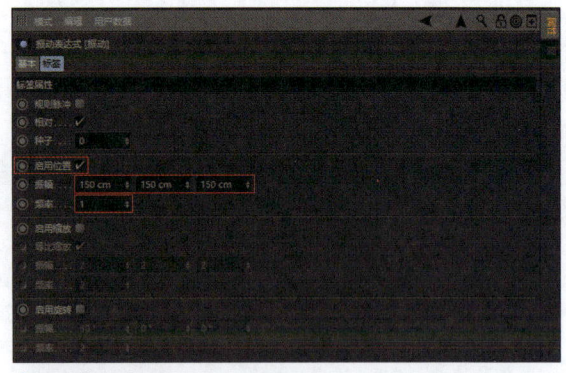

◆ 设置"振动"属性

此时两个小球的动作是完全一样的，在其中一个"振动"标签中，将"种子"属性改为任意数字，就可以使两个小球产生不一样的效果。

在场景中创建一个追踪对象，将两个小球分别拖拽至追踪对象的"追踪链接"属性框中，如右图所示。

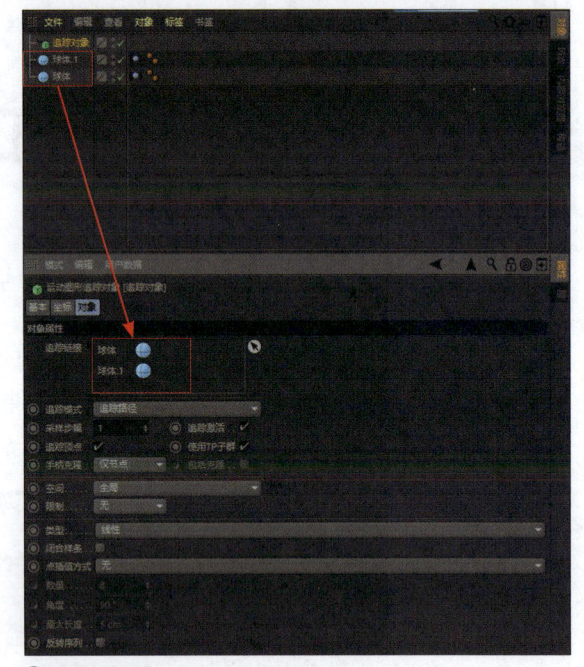

◆ 创建追踪对象

此时播放时间线，可以看到小球上每一个点的运动轨迹都被追踪出来了，如下图所示。

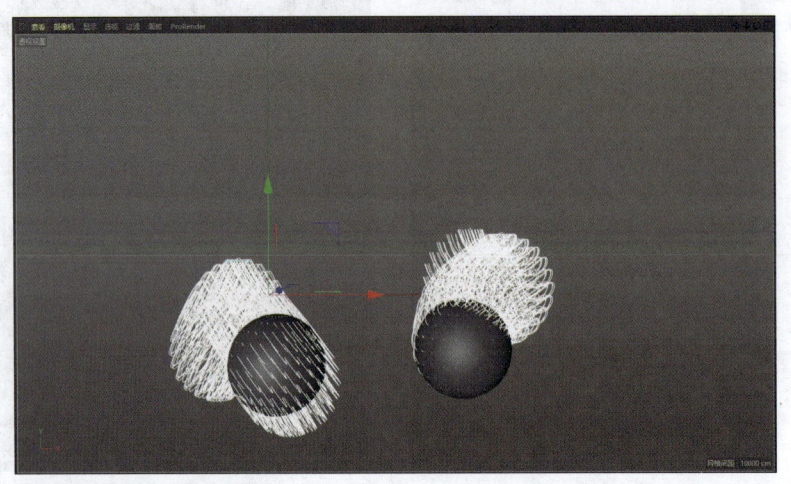

◆ 追踪小球上每个点的运动轨迹

这里也可以改为追踪物体本身而不是物体上的每一个点。在追踪对象属性面板中取消勾选"追踪顶点"复选框后，追踪的就是物体本身了。这时播放时间线，只会产生一根样条，即物体自身的运动轨迹，如下图所示。

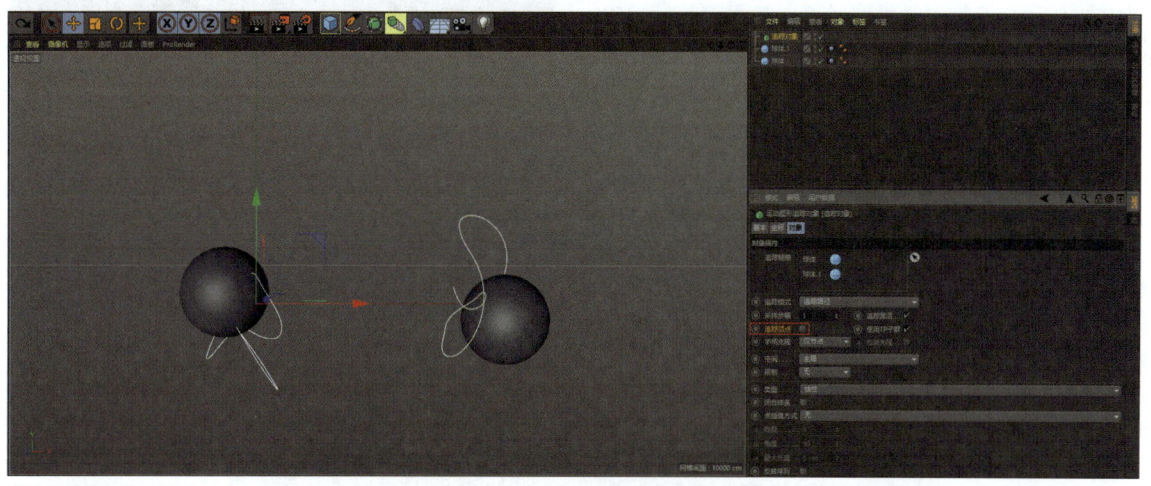

⬆ 追踪物体本身的效果

接下来看一下"追踪对象"的其他属性参数，如右图所示。

"追踪模式"：有三种模式。为"追踪路径"时，会追踪对象的运动路径，并产生类似拖尾的效果，默认就是这种模式；为"连接所有对象"时，会将"追踪链接"属性框中的对象彼此之间添加一根连线，将其链接起来，这时就不再产生拖尾效果；为"连接元素"模式的前提是勾选"追踪顶点"复选框，这时会将物体本身所有的顶点链接起来，不再产生拖尾效果，物体和物体之间也不再出现连线。

"采样步幅"：用来定义产生的样条上顶点的时间间隔。默认为"1"，也就是说每一帧都产生一个样条顶点。

"追踪激活"：决定是否对物体产生追踪效果。通过给这个属性参数添加关键帧，可以使对象在某个时间点失去追踪效果。

"使用TP子群"：该复选框决定是否对Thinking Particles进行追踪。

"空间"：分为"全局"和"局部"两种。当为"全局"时，所追踪出来的样条线不可以被移动；当为"局部"时，可以移动样条线，但不影响

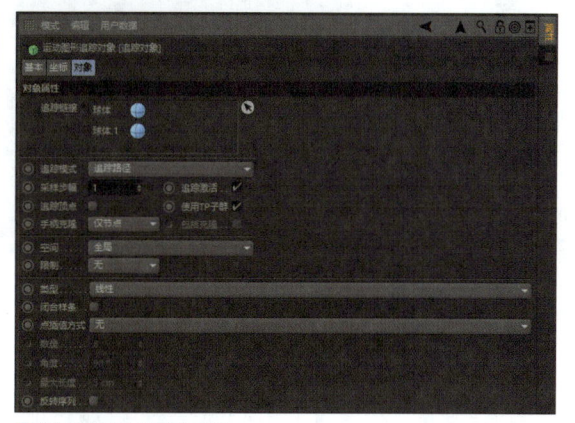

⬆ "追踪对象"的其他参数

继续追踪。

"限制"：用于限制追踪出来的样条线的长短，有三个选项。当为"无"时，会一直追踪下去，并一直产生样条线；当为"从开始"时，样条将从动画的最开始生成，通过后面的"总计"属性来控制追踪的帧数；当为"从结束"时，样条的长度将一直保持在后面"总计"设置的范围内。

"类型"：这是指生成的样条类型，下面的属性都与样条类型相对应。

实例

运动图形的实例和生成器的实例要区分开，虽然名字一样，但作用完全不同。运动图形中的实例的主要作用与追踪对象类似，可以在固定的帧数内追踪自身的动画轨迹，并在每一帧以实例的形式创建过去的状态。简单来说，就是在实例运动时，会产生类似残影的拖尾效果，并接受效果器的影响。

下面介绍实例的使用方法。

在场景中创建一个球体和一个实例。将球体拖拽至实例属性中的"对象参考"属性框中，如右图所示。

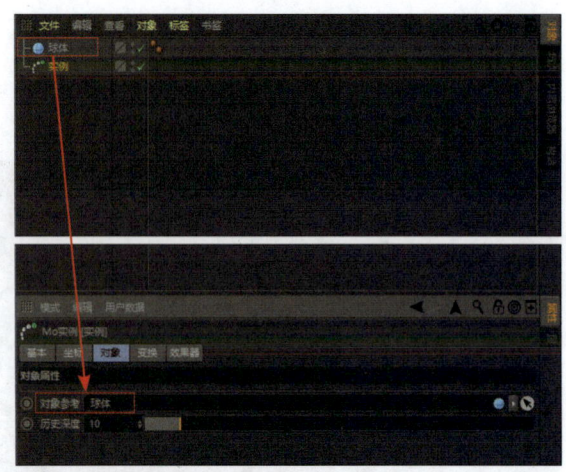

⬆ 将球体拖至"对象参考"属性框中

这时就可以通过给实例的位移添加关键帧，产生类似残影拖尾的效果，如下图所示。

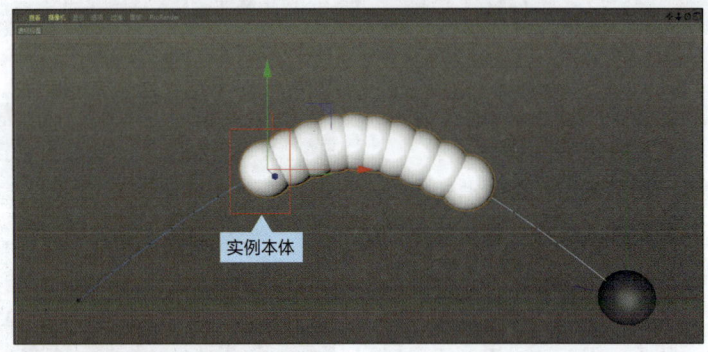

⬆ 类似残影的效果

需要注意的是，作为参考对象的球体如果被隐藏了，实例本身也会被隐藏。如果球体大小缩放，实例也会跟随大小缩放。球体的位置是可以随便调整的，不会影响实例的位置。

"历史深度"：决定了产生的拖尾的数量。

10.6　文本运动图形

扫码看视频

运动图形的文本和样条的文本相似，区别在于运动图形的文本可以直接生成模型，并且可以使用效果器。如果是样条的文本，则需要挤压成模型之后再用分裂，才可以使用效果器。因此，如果工作中需要用到的文字是涉及动画的，可以直接使用运动图形的文本。

» 10.7 运动样条运动图形

在场景中创建一个文本，视图中就可以直接看到文本的模型了，如下图所示。

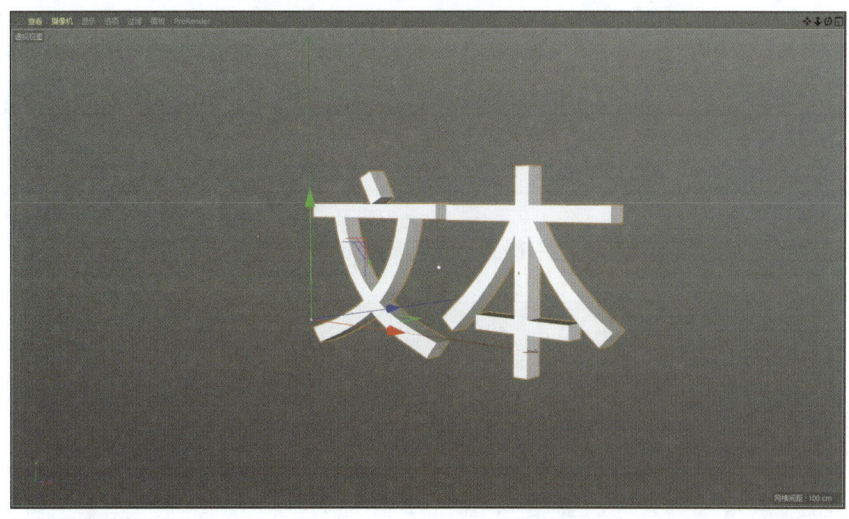

↑ 创建运动图形文本

"文本"的属性面板，如右图所示。

在运动图形的文本属性中，"对象"选项卡下的属性和**样条文本**是一样的，"封顶"选项卡下的属性又和**挤压生成器**是一样的。只有"全部""网格范围""单词"和"字母"是我们之前没有见过的，依次打开这几个选项卡，可以看到每一个选项卡下的属性都是一样的，都有"效果""轴"和"变换"属性。这是因为在运动图形文本中，可以使用效果器对不同单位的文本起作用，例如，使效果器对全部文本、某一行文本、某一个单词，或是某一个字母起作用。

效果器的使用方法非常简单，直接将效果器拖拽至想要控制的单位对应的选项卡下即可。

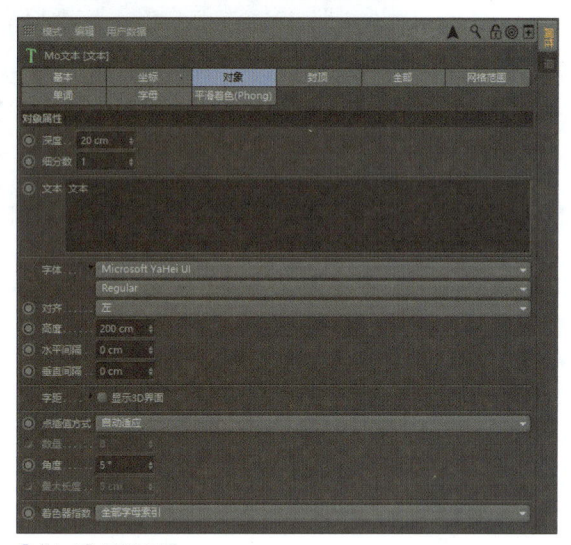

↑ "文本"属性面板

10.7 运动样条运动图形

扫码看视频

运动样条是一个可以生成各种各样形态样条的生成器，利用生成的样条可以制作样条生长动画，还可以配合Turtle语言书写规则，制作出更加复杂的样条图案。同样，运动样条也可以受到效果器的影响。

319

10 动画应用

> **小提示：Turtle语言简介**
>
> Turtle是一种编程常用语言。想象一个乌龟，在平面坐标上从（0,0）点出发，根据书写的函数指令，在平面坐标上移动，而移动的路径就是运动样条产生的路径。Turtle在C4D中的使用频率不高，需要使用者有一定的编程基础，因此这里就不过多讲解了。

在场景中创建一个运动样条，在视图中得到一根有颜色的样条线，如下图所示。

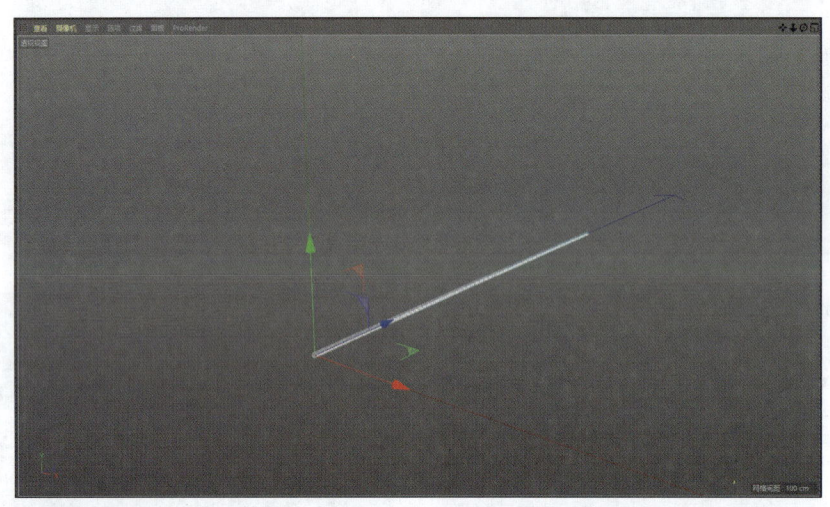

↑ 创建运动样条

"运动样条"的属性面板，如右图所示。

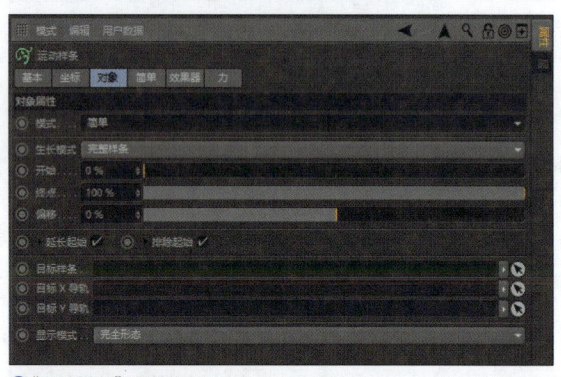

↑ "运动样条"属性面板

在运动样条的属性面板中，除了"基本"和"坐标"外，还有四个选项卡，从左至右依次为："对象""简单""效果器"和"力"。其中"简单"选项卡会根据模式的不同，属性参数也不同。

"对象"选项卡如右图所示。

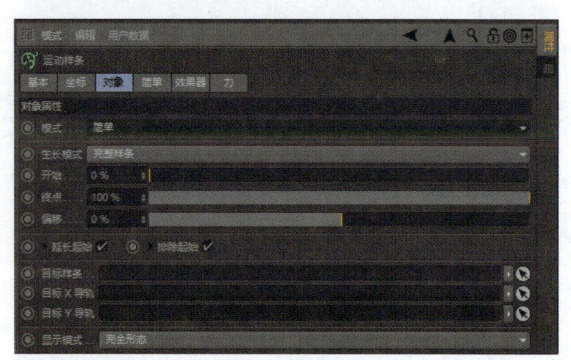

↑ "对象"选项卡

» 10.7 运动样条运动图形

"模式"：下拉列表中有三个选项，代表了三种不同的生长模式。当模式为"简单"时，场景中直接出现一根运动样条，通过调整属性参数使这根样条发生弯曲、生长或扭曲等变化；当模式为"样条"时，基于场景中现有的样条生成运动样条；当模式为"Turtle"时，基于Turtle语言生成运动样条。

"生长模式"：指的是如果基于场景中现有的多根样条生成运动样条，也就是当"模式"为"样条"时，所生成的运动样条是完整的还是彼此独立的。

"开始"和"终点"：决定了样条的长度。这两个属性经常用来制作样条的生长动画。

"偏移"：可以使样条在正负值上进行位置偏移，偏移时会超出原本样条的长度。

"延长起始"和"排除起始"：决定了调整"偏移"属性时，样条会不会偏移出原本样条的长度。

"目标样条"：强制使场景中的某一个样条的形态变为运动样条一样的形态。

"显示模式"：下拉列表中有三种模式选项，代表了运动样条在视图中三种不同的显示状态。

"简单"选项卡如下图所示。

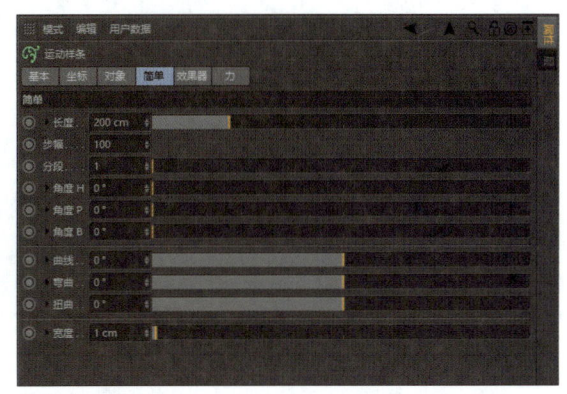

↑"简单"选项卡

"长度"：设置运动样条的长度。
"步幅"：设置运动样条上点的数量。
"分段"：设置运动样条的数量，需要配合下面的"角度H""角度P"和"角度B"才能看出效果。这里将"分段"改为"16"，"角度H"改为"360°"，效果如下图所示。

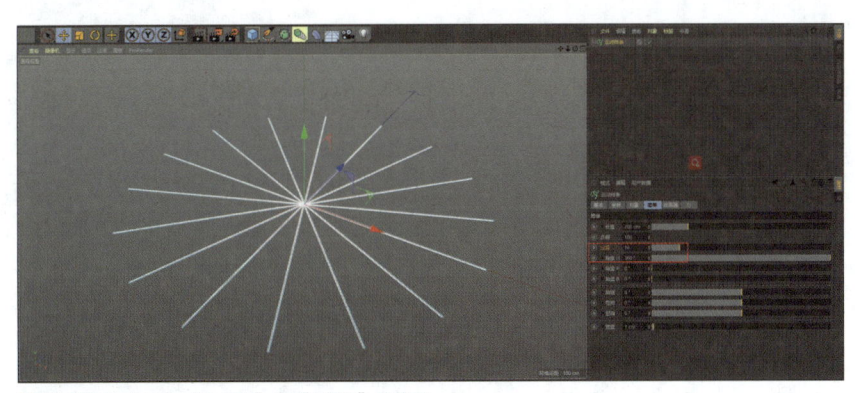

↑"分段"为"16"，"角度H"为"360°"的效果

"曲线"：设置样条围绕Y轴的弯曲角度，这里将数值改为"150"，效果如下图所示。

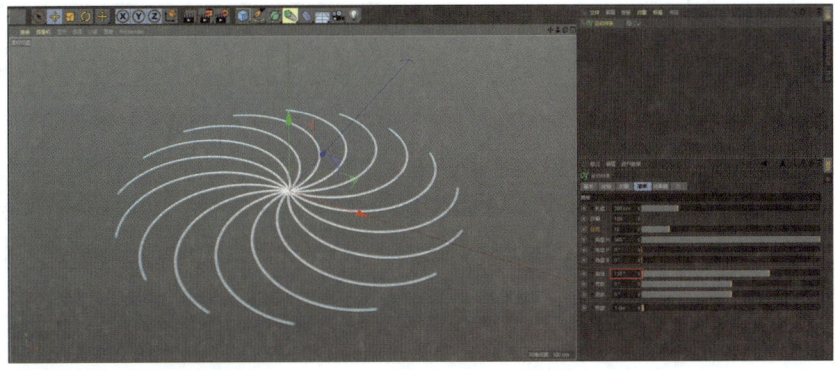

↑"曲线"为"150"的效果

"弯曲"：设置样条围绕Z轴的弯曲角度，这里将数值改为"150"，效果如下图所示。

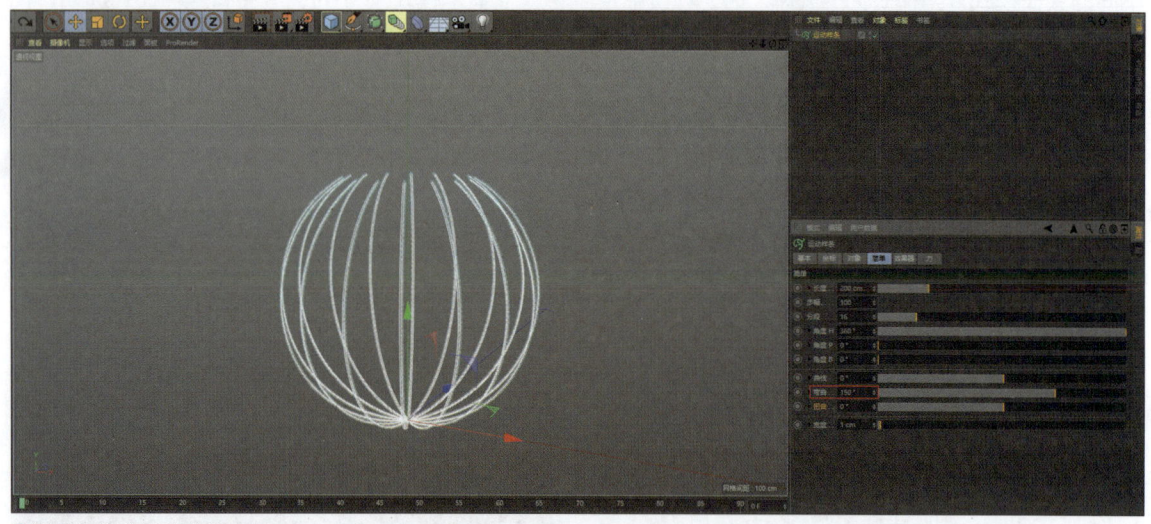

↑ "弯曲"为"150"的效果

"扭曲"：样条围绕自身的长度进行扭曲，这个数值需要配合"曲线"或者"弯曲"才可以看出区别，这里将"弯曲"改为"150"，"扭曲"改为"300"，效果如下图所示。

"宽度"：显示样条的宽度。

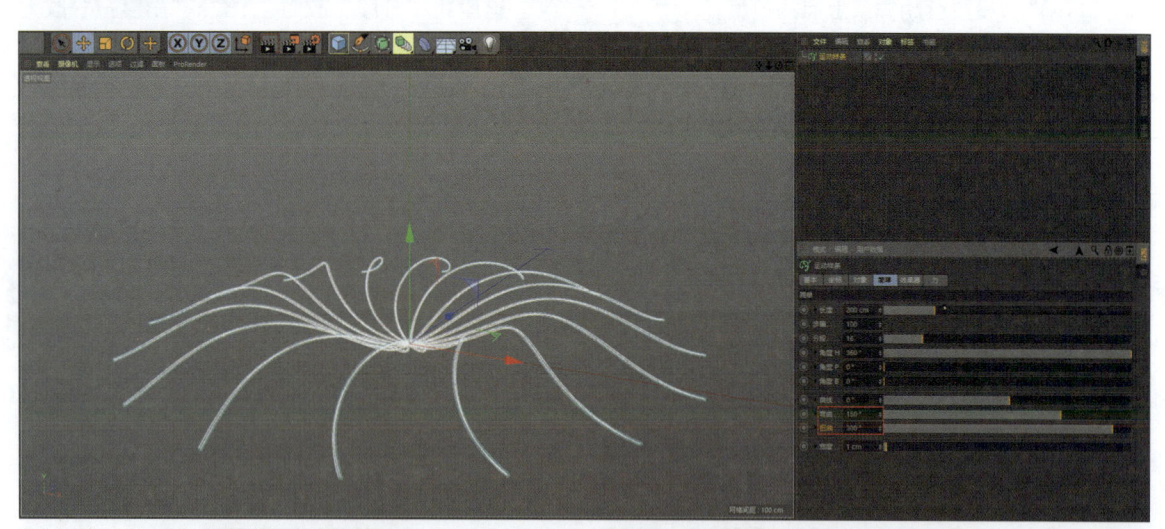

↑ "弯曲"为"150"，"扭曲"为"300"的效果

将"对象"选项卡下的模式改为"样条"，这时"简单"选项卡就切换到"样条"选项卡，如右图所示。

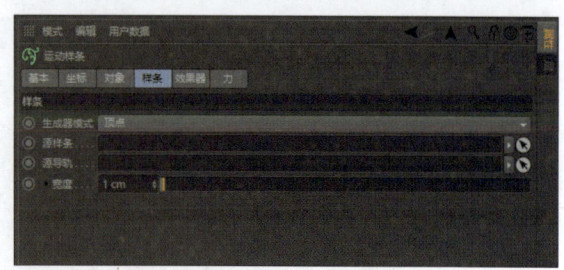

↑ "样条"选项卡

"样条"模式的使用方法非常简单，将场景中现有的样条直接拖拽至"源样条"属性框中即可，如右图所示。

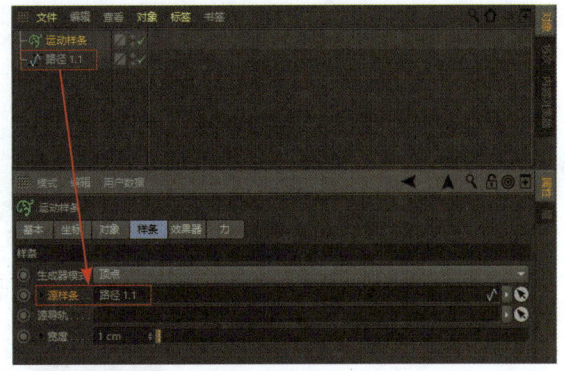

↑ 将"路径"拖拽到"源样条"属性框

这时可以看到视图中已经基于原始样条的形态，生成了运动样条，如右图所示。

"生成器模式"：主要决定了运动样条在生成时的顶点数量是取决于原始样条，还是自定义。共有四种模式，当为"顶点"时，点数量完全取决于原始样条；当为其他模式时，都可以自定义样条上点的数量。

"样条"模式经常用来模拟徽标的生长动画，在"对象"选项卡下对"开始"和"终点"添加关键帧即可。

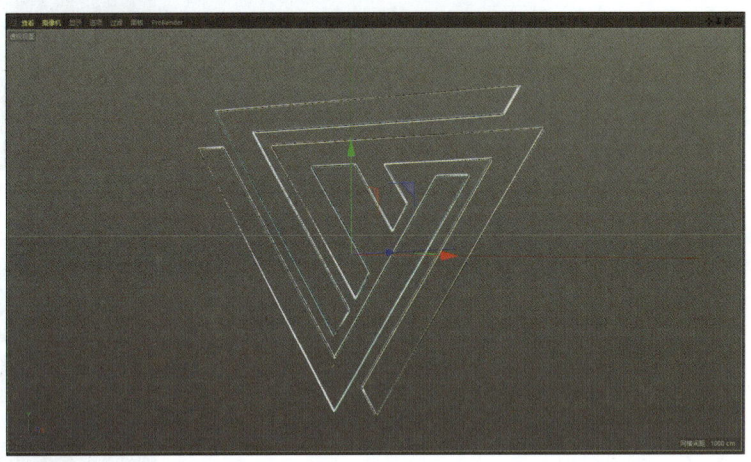

↑ 生成运动样条

10.8　效果器概览

从这一小节开始，正式进入效果器的学习。

效果器可以作用于所有的运动图形对象，甚至可以作为变形器影响对象、样条上的点和面。根据每一个效果器的特性，可以影响对象的位置、大小、角度、材质及其他各种各样的属性。效果器主要用于制作动画，有时还可以作为建模的辅助工具。

效果器和运动图形一直都是C4D的特色功能，两者相互结合，缺一不可。

效果器菜单的位置如右图所示。

选择其子菜单中的Python效果器，则可以使用编程语言来达到一些特定的效果，但需要使用者有一些编程基础。重置效果器的使用频率非常低。因此，本书对这两部分不做讲解。

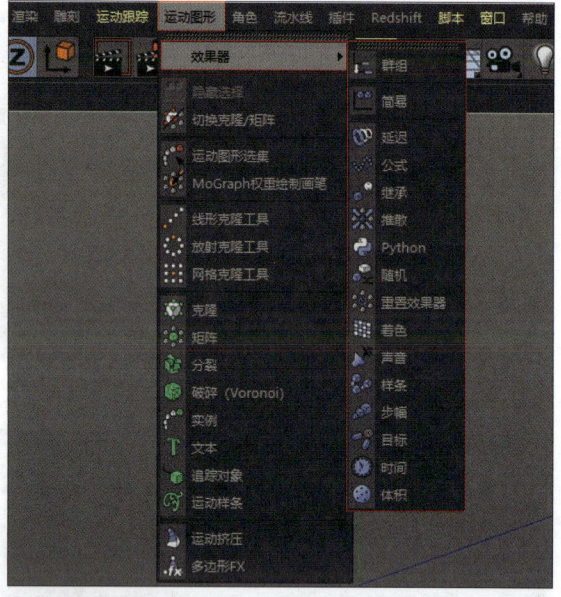

↑ "效果器"的子菜单

"简易"和"随机"作为日常工作中使用频率较高的两个效果器，会着重讲解，也是大家必须掌握的两个效果器。

首先介绍简易效果器，该效果器的属性面板如右图所示。

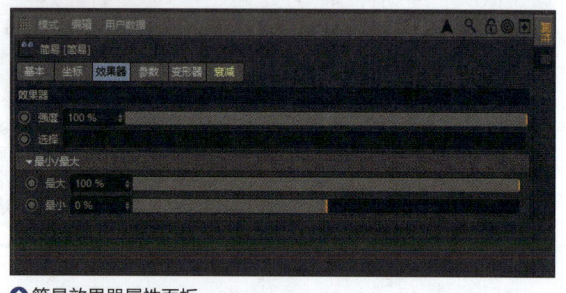

↑ 简易效果器属性面板

简易效果器属性面板中有六个选项卡，除了"基本"和"坐标"之外，"效果器""变形器""衰减"是所有效果器都会有的选项卡。而"参数"选项卡下的属性往往比较复杂，但并不是每个效果器都会有。

下节我们将对所有选项卡进行逐一讲解。

10.9 简易效果器和域的应用

扫码看视频

本节将会介绍简易效果器和域的使用。简易效果器是日常工作中使用频率最高的一个效果器，可以说是所有效果器的基础。域可以理解为效果器的区域控制，灵活地使用域，可以制作出非常丰富的动态图形效果。

简易效果器的应用

简易效果器是一个非常简单的效果器，它的效果仅限于移动、缩放和旋转。

在场景中创建一个立方体，接着新建一个克隆生成器对其克隆，如下图所示。

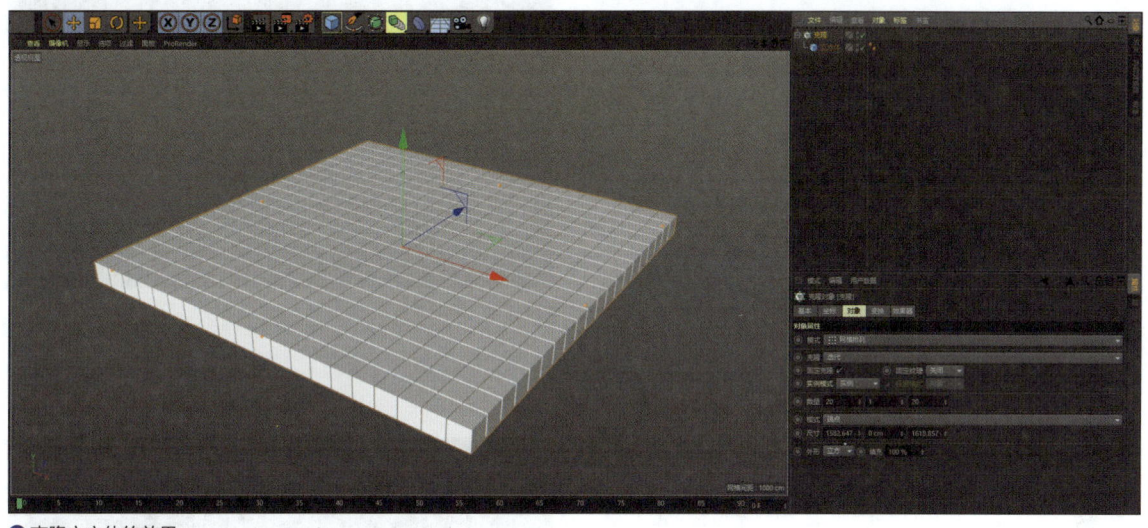

↑ 克隆立方体的效果

"效果器"选项卡

再新建一个简易效果器，将其拖拽至克隆的"效果器"选项卡下的属性框中。

刚才介绍添加效果器的第一种方法，接下来介绍**第二种添加效果器的方法**。在对象管理器中**选中**克隆命令，直接创建效果器，这时C4D会**自动**将效果器添加至克隆的"效果器"属性框中。

添加效果器后，我们会发现所有克隆物体都发生了位移，这就是简易效果器产生的默认效果，沿着Y轴的正方向移动了"100cm"。

下面介绍"效果器"选项卡中的属性，如右图所示。

"强度"：效果器整体的影响强度。

"选择"：用来放运动图形选集标签的属性框，可以指定简易效果器控制哪些克隆物体。

▼最小/最大

"最大"和"最小"：可以理解为效果器的重映射。当"最大"为负值时，所影响的参数为负方向；"最小"在简易效果器中没有意义。

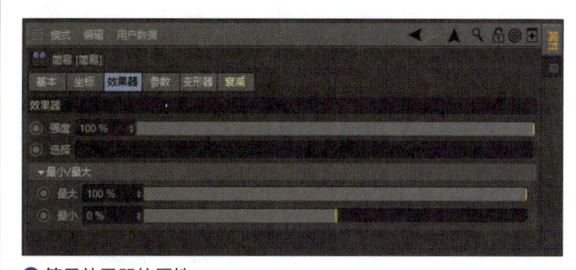

↑ 简易效果器的属性

"参数"选项卡

"参数"选项卡下的属性非常多，也是真正使用简易效果器所需要调整的属性参数选项卡。其属性如下页右上图所示。

▼变换

"变换模式"：用于设置效果器参数的变换模式。

"变换空间"：用于设置效果器所影响物体的坐标系统。

"位置""缩放"和"旋转"：这是简易效果器最常用的三个参数，用于对运动图形产生位移、缩放和旋转。在新创建的简易效果器中，会默认勾选"位置"复选框，并在Y轴向上移动"100cm"。

勾选"缩放"复选框后，下面会出现一个"等比缩放"参数，勾选后可以使X、Y、Z三个轴同时缩放，就不用逐个去调节了。

▼颜色

"颜色模式"：用于改变运动图形物体的颜色，或者运动图形物体的颜色混合。默认为"域颜色"。

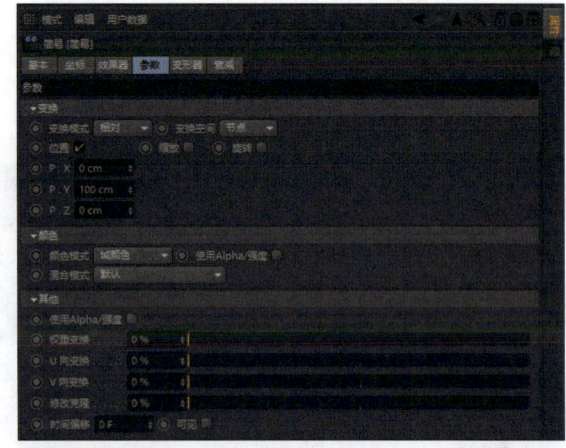

↑"参数"选项卡

"变形器"选项卡

"变形"：可以将效果器变为变形器，有"关闭""对象""点"和"多边形"四种模式，默认为"关闭"模式。切换为其他三种模式时，将效果器拖拽至对象的子级就可以产生作用。由于C4D中的变形器非常丰富，所以此功能使用频率较低。

"变形器"选项卡如右图所示。

↑"变形器"选项卡

"衰减"选项卡

"衰减"在C4D效果器中是非常重要的一部分，我们可以简单地理解为对效果的区域控制。在R20这个版本中，C4D在"衰减"中添加了"域"的概念，"域"就是真正控制衰减范围的东西。右图中红色框标注的部分就是衰减的域列表。

↑"衰减"选项卡

衰减是需要配合不同形态的域进行使用的，并且在C4D中的其他工具中也可以使用衰减。例如：变形器、顶点贴图和选集标签等。

使用鼠标左键按住最左侧的"线性域"按钮不放，在弹出的列表中可以看到，域的类型有很多种，如右图所示。

↑按住"线性域"按钮，显示多种域的类型

域的应用

创建"球体域"后,将在"域"列表中出现该"球体域"。并且在对象管理器"简易"效果器对象的子级下方也会出现一个"球体域",如右图所示。

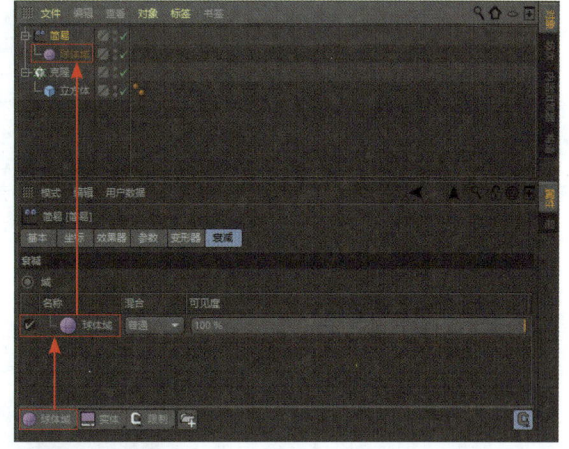

↑ 创建一个"球体域"

需要注意的是,列表中的"球体域"被删除后,对象管理器中的"球体域"对象依然会存在。如果要彻底删除域,可以在对象管理器中进行删除。

选择球体域并放大,由于简易效果器默认会在"位置.Y"上有一个"100cm"的数值,所以只有被"球体域"包含部分的立方体会产生向上的运动,如右图所示。

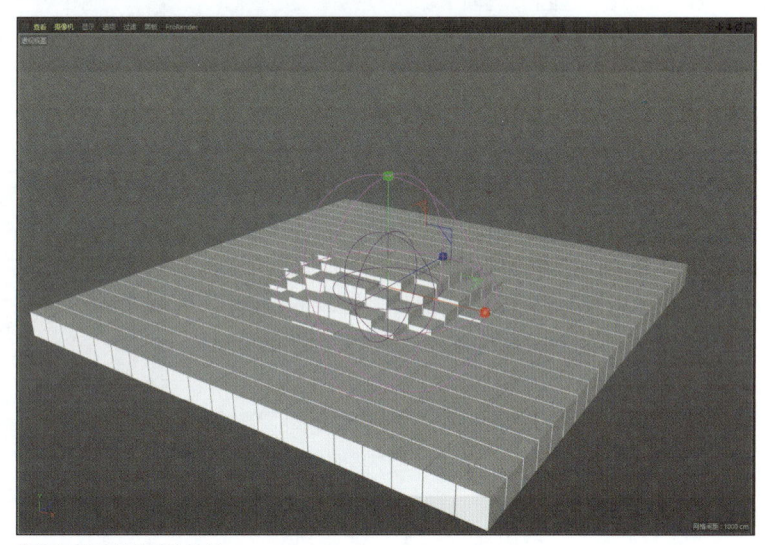

↑ 添加球体域的默认效果

"球体域"由两个范围框构成,中间颜色较深的部分是内部影响区域,颜色较浅的部分是外部影响区域。这两个区域中间会存在衰减效果,呈现出方块的高度由中间逐渐向四周递减的状态。

再次添加一个"立方体域",列表中会出现一个新的"立方体域"。调整"球体域"和"立方体域"的位置,效果如右图所示。

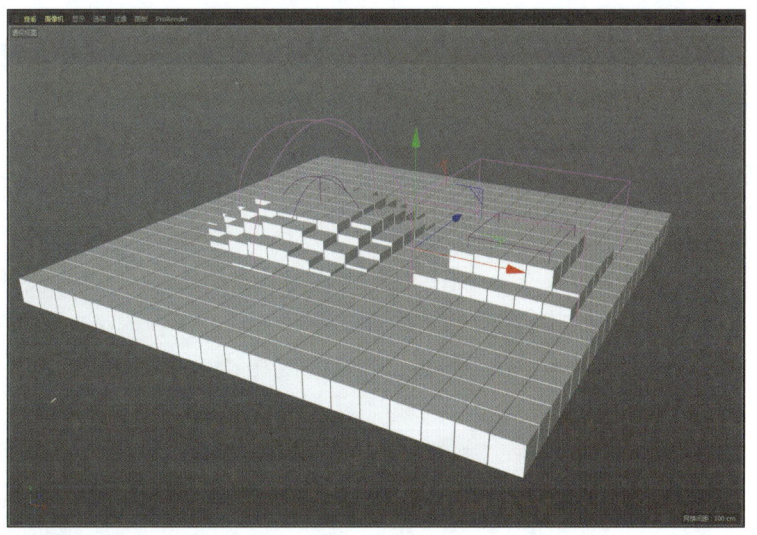

↑ 再添加立方体域

域的属性

在"域"列表中，可以存在多个域，这些域就像Photoshop中的图层，可以进行混合和叠加，也可以通过调整每个域的"可见度"来控制域的影响强度，如右图所示。

↑"域"列表

每一个域对象都有自己的属性参数，在对象管理器中选中之前创建的"球体域"，其属性如右图所示。

几乎每一种域都有"域""重映射""颜色重映射"和"方向"这四个选项卡。

"域"选项卡是针对域自身参数的调整。

"类型"：这个选项可以将此域切换成任意一种类型的域。

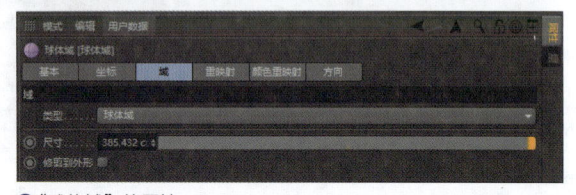

↑"球体域"的属性

"尺寸"：域的大小，也可以直接使用缩放来操作。

"重映射"选项卡主要控制域内部的衰减范围，如右图所示。

在"重映射"的属性面板中有一个重映射图表，代表了域内部衰减范围的状态。图表的两侧代表了域的外部范围，图表的中间代表了域的内部范围。

"强度"：域的影响大小。勾选"反向"复选框，会把影响范围反转，即球体域内部范围不受影响，外部范围受到影响。

"内部偏移"：可以改变域内部的衰减状态。这里将参数调整为"100%"，效果如下图所示。

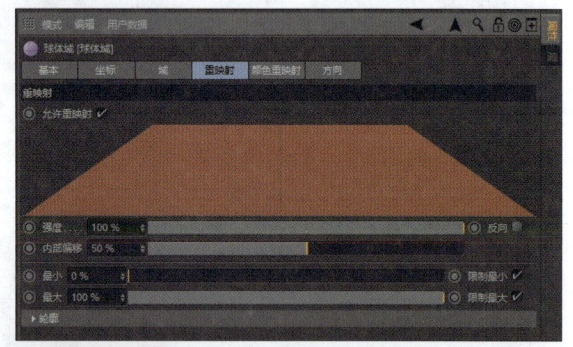

↑"重映射"选项卡

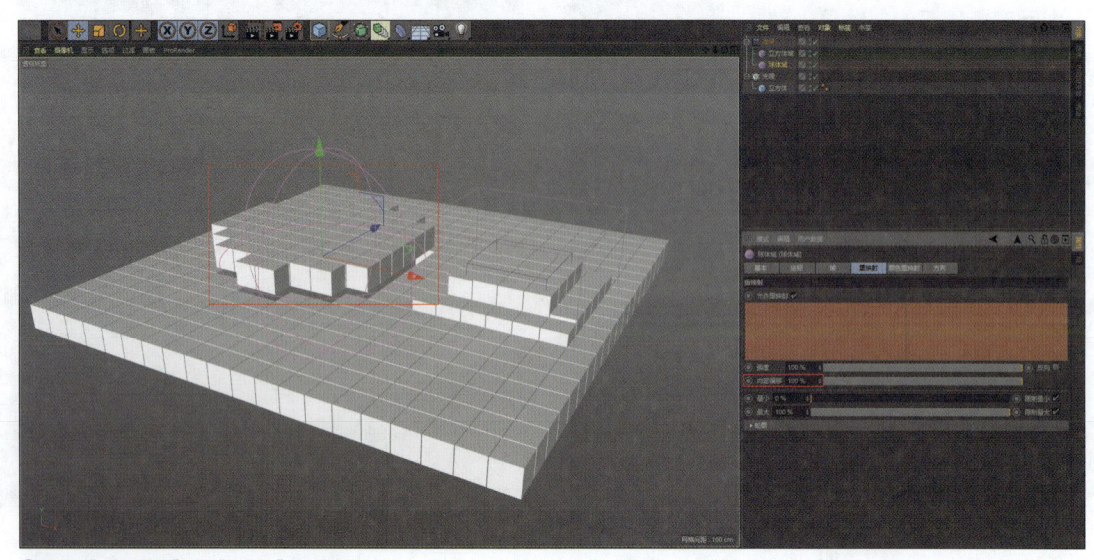

↑设置"内部偏移"为"100%"的效果

"最小"和"最大":"最大"可以理解为限制重映射图表中最高点的位置;"最小"可以理解为限制重映射图表中最低点的位置。

▼ 轮廓

此卷展栏中的参数可以改变重映射图表的样式,也就是可以更改域的衰减状态。

"正片叠底":相当于重映射图表的不透明度。数值为"0"时,域不起作用。

"轮廓模式":可以更改重映射图表中两侧到中间的轮廓形态,比较常用的是"曲线"模式。用户可以根据"样条"图表中的曲线,来自定义重映射图表的轮廓,如右图所示。

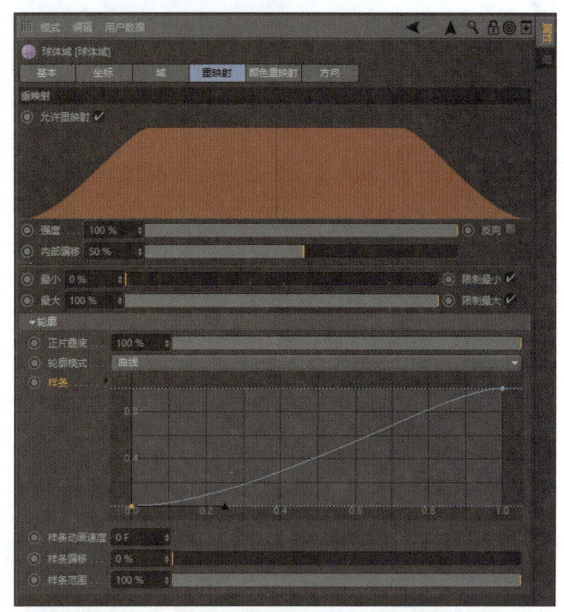

↑"轮廓模式"为"曲线"时,调整"样条"中的曲线

"颜色重映射"选项卡下的属性主要用于通过域的颜色来影响克隆物体的颜色,从而更好地观察域的影响范围,也可以用来进行着色,然后渲染。

此处如果想要看到域的颜色出现在克隆物体上,需要确保效果器"参数"选项卡中"颜色模式"为"域颜色",如下图所示。

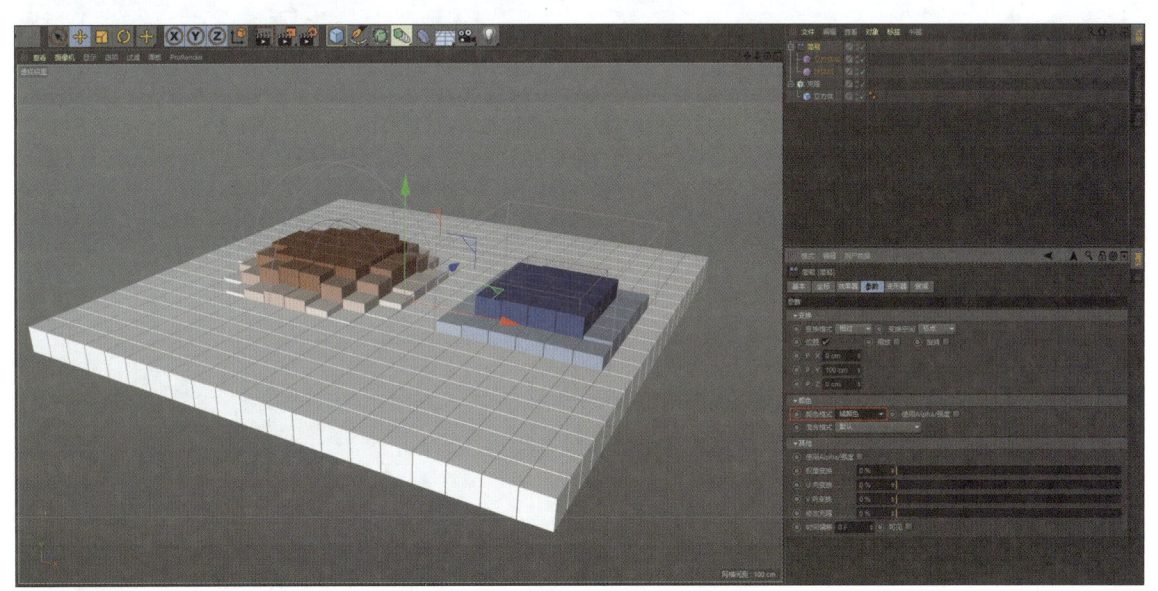

↑ 在"参数"选项卡中将"颜色模式"设为"域颜色"

"方向"选项卡下的属性可以重新定义域的方向。此选项卡在日常操作中使用率很低,简单了解即可。

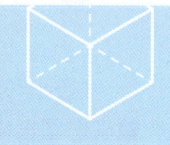

10.10　随机效果器

随机效果器是可以通过一组内置的随机函数，让运动图形物体出现随机的位移、缩放和旋转等效果。

随机效果器多用于对场景中的克隆物体产生随机效果，而随机中某些特定的模式，甚至可以制作一些随机运动的动画。

在场景中创建一个立方体，并新建一个克隆生成器对其克隆，效果如下图所示。

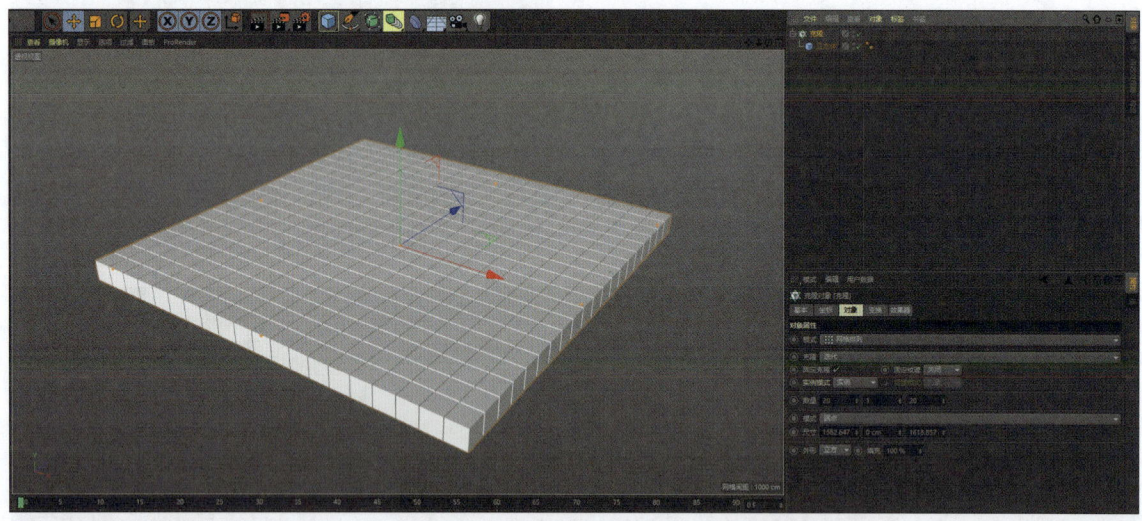

↑ 使用克隆生成器克隆立方体

此时选中克隆的立方体，选择并添加一个随机效果器。可以看到克隆的立方体会受效果器的影响而随机散开，效果如右图所示。

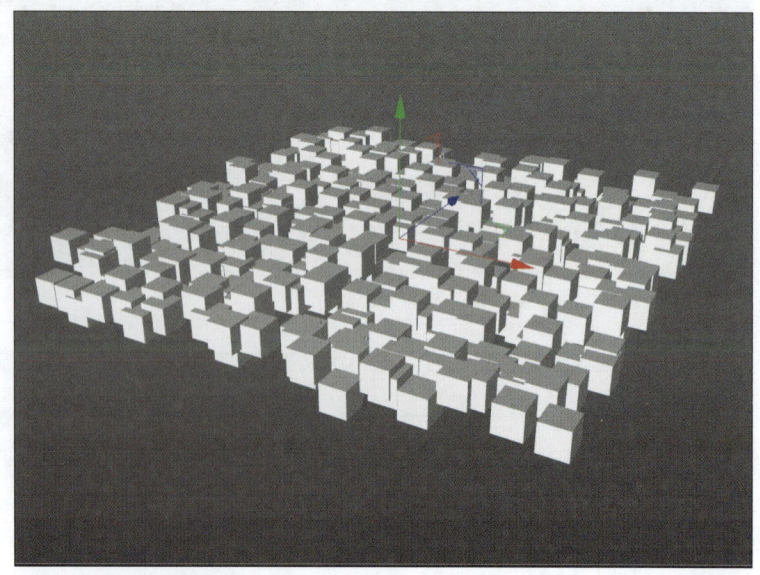

↑ 添加随机效果器的效果

这是因为在新创建的随机效果器的属性面板中，"位置"的X、Y、Z三个轴向默认为"50cm"。也就是说，创建一个随机效果器时，会使每一个克隆物体分别在X、Y、Z三个轴向上随机产生0~50cm的位移。

随机效果器的属性面板，如右图所示。

"随机"的"效果器"选项卡与之前"简易"的区别在于，多了几个新的属性参数。重复的属性就不再重复讲解了，其意义和使用方法都非常接近。接下来介绍一下多出来的几个属性。

"效果器"选项卡下各参数含义如下。

"随机模式"：这是指随机效果器的计算函数模式，有"随机""高斯""噪波""湍流"和"类别"五种。其中"噪波"和"湍流"是可以产生动画的模式。切换为"噪波"或"湍流"时，下方的属性参数会有所变化，如右图所示。

"空间"：此参数主要用来计算噪波的纹理空间，分为"全局"和"UV"两种，不同的空间所产生的随机效果会有所区别。

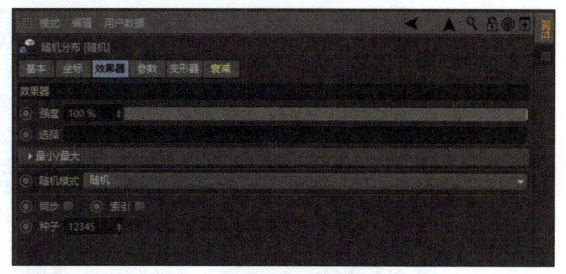

⬆ 随机效果器的参数

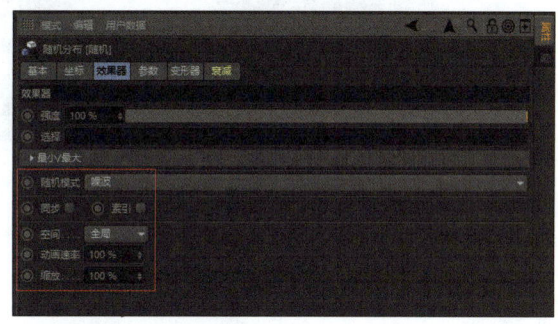

⬆ "效果器"选项卡中的参数

"动画速率"：用来调整随机动画的快慢。
"缩放"：设置噪波的纹理大小。

10.11　推散效果器

扫码看视频

在使用克隆生成器制作大型的场景分布时，克隆物体之间经常会产生穿插。在进行渲染时，这些模型之间的穿插会让场景看起来不够真实。推散效果器可以在最大程度上避免这个问题。虽然有时候因为模型的复杂程度不同，还是会产生一些不可避免的穿插，但是大大减少了手动调整的时间。

推散效果器的应用

接下来具体讲解推散效果器的使用方法。

在场景中创建一个球体，并新建一个克隆生成器对球体以"网格排列"的模式进行克隆，克隆之后效果如下页上图所示。

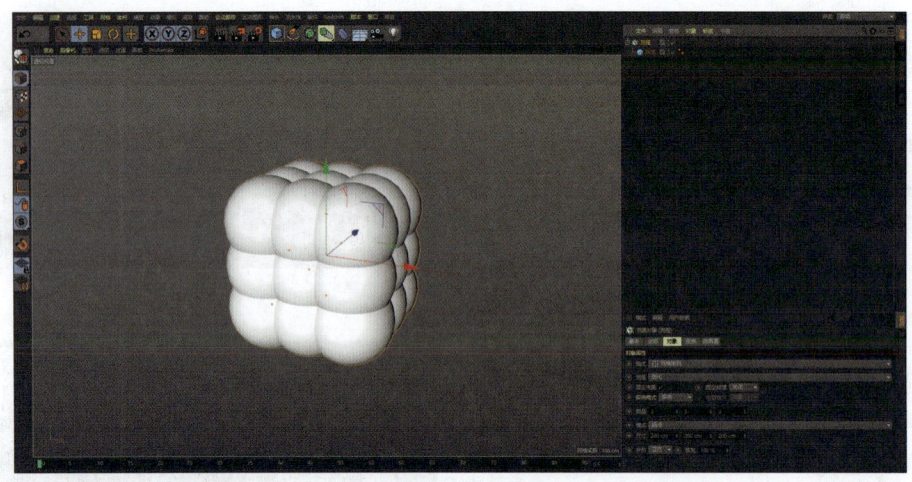

» 10 动画应用

↑ 克隆生成器对球体进行克隆

此时克隆出来的球体之间发生了穿插。选中克隆，并添加一个推散效果器。这时克隆的球体彼此散开了，如右图所示。

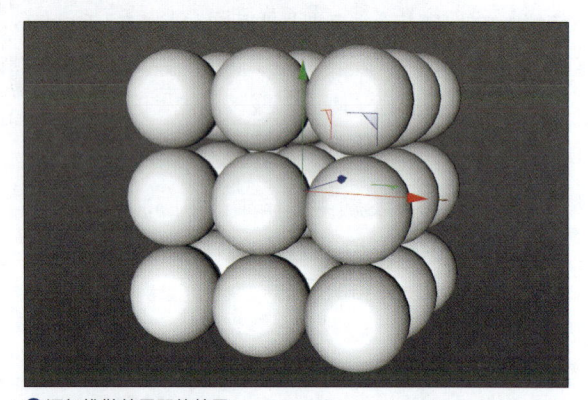

↑ 添加推散效果器的效果

推散效果器的属性

推散效果器的属性面板，如右图所示。

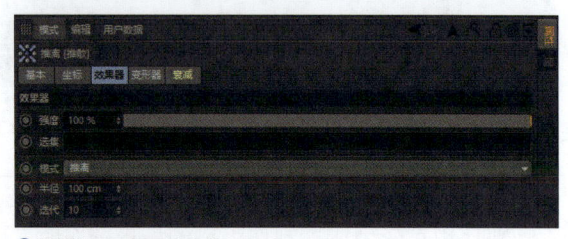

"模式"：用于选择推散效果器的计算模式，共有"隐藏""推离""分散缩放""沿着X""沿着Y"和"沿着Z"六种。其中"推离"为默认模式，这种模式是以克隆物体产生位移的方法来解决穿插问题，也就是上文中演示的模式。当模式为"隐藏"时，克隆物体的位置不会发生变化，产生穿插部分的模型会被隐藏起来。当模式为"分散缩放"时，克隆物体的位置不会发生变化，会通过缩放的方式避免穿插。当模式为"沿着X""沿着Y"或"沿着Z"时，原则上效果与"推离"相似，只是沿着某个特定的轴向让克隆物体产生位移。

"半径"：用于设置克隆物体的半径，定义了克隆物体推散的距离。

"迭代"：这个数值是一个质量控制项。数值

↑ 推散效果器的属性参数

越大，所计算的结果越精准。如果克隆物体模型结构较为复杂，可能需要更高的参数来计算，避免穿插。

推散效果器解决因克隆而产生的穿插问题是非常方便快捷的。但并不是所有的模型都像球体这样简单，在克隆一些比较复杂的模型时，推散效果器不一定每次都能够起到比较好的效果，因此不能太过于依赖该效果器。

10.12 继承效果器

继承效果器是运动图形中功能非常强大的一个效果器，不仅可以使运动图形物体继承其他对象的动画属性，还可以让一个运动图形物体继承另外一个运动图形物体的属性。

继承其他对象的动画属性

接下来为大家演示继承效果器如何继承其他对象的动画属性。

打开随书场景文件，并创建一个立方体。将立方体拖拽至克隆子级，使用"对象"模式将立方体克隆分布到场景中龙模型的表面上。将立方体的尺寸缩小至5cm，然后取消勾选克隆"对象"选项卡下的"排列克隆"复选框。可以看到，所有立方体的旋转将会朝统一方向。再将克隆的"数量"增加至"500"，效果如下图所示。

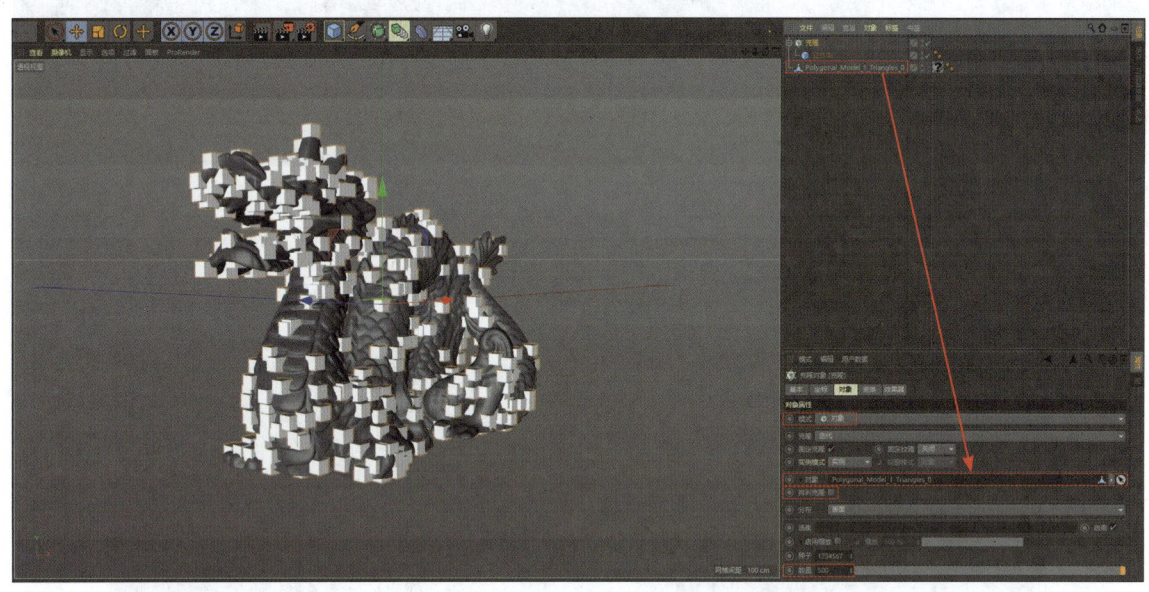

↑ 将立方体克隆在龙模型的表面

继承效果器的属性

选中克隆的物体，选择并添加一个继承效果器，此时克隆的物体不会出现任何效果。选中继承效果器对象，其属性面板如右图所示。

"效果器"选项卡下各参数含义如下。

"继承模式"：有"直接"和"动画"两种模式。选择"直接"模式时，克隆物体会以整体为单位，继承场景中对象物体

↑ "继承"的属性面板

的动画属性。选择"动画"模式时,克隆物体将会以每一个克隆出来的物体为单位,来继承场景中对象物体的动画属性。

"对象":将带有动画的对象拖拽至此属性框中,可以使克隆物体继承它的动画属性。也可以拖入其他运动图形生成器。

下面举例说明这两个参数的具体使用方法和所能产生的效果。

在场景中创建一个球体,并添加简单的位移关键帧,如下图所示。

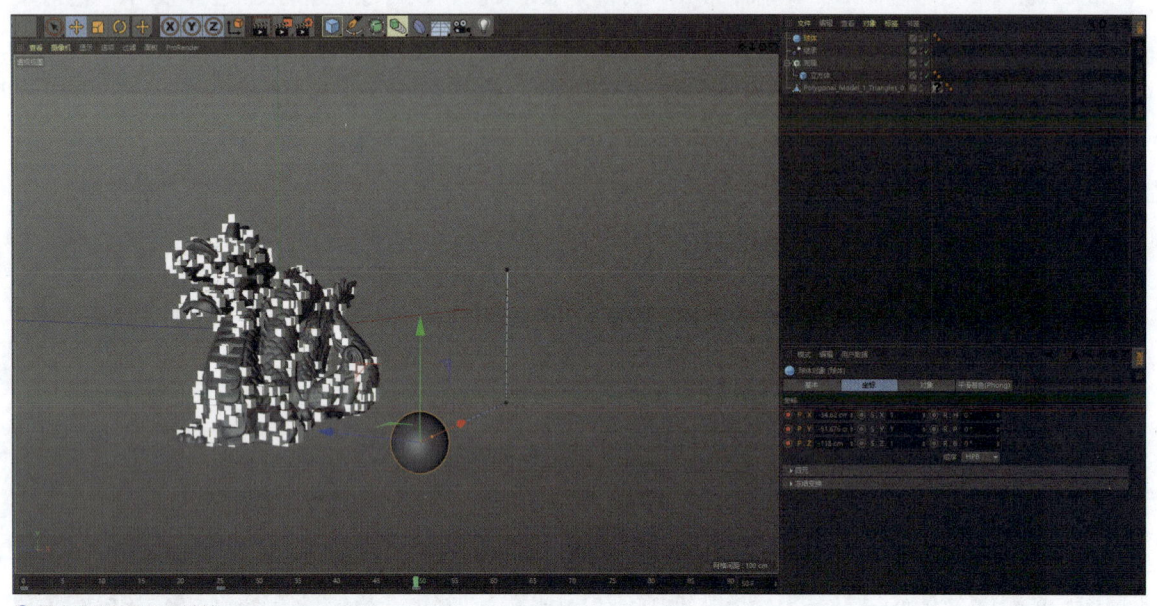

⬆ 创建球体并添加关键帧

将制作好动画的球体对象拖拽至继承效果器"效果器"选项卡下的"对象"属性框中。当"继承模式"为"直接"时,所有克隆物体会跟随球体的位置,并产生同样的动画,如下图所示。

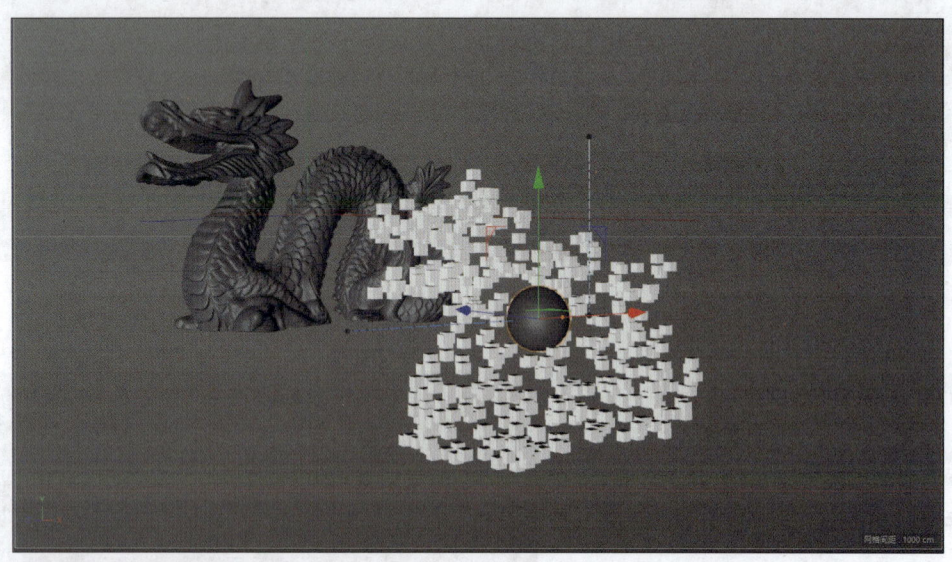

⬆ "直接"继承模式的效果

将"继承模式"切换为"动画",播放时间线,可以看到克隆物体依然会产生和球体同样的动画,但是其位置不会跟随球体运动。并且可以看出,动画的速率也不一样。球体在50帧的时候完成了动画,而克隆物体则会在90帧的时候,才运动到最终位置,如下页三张图所示。

» 10.12 继承效果器

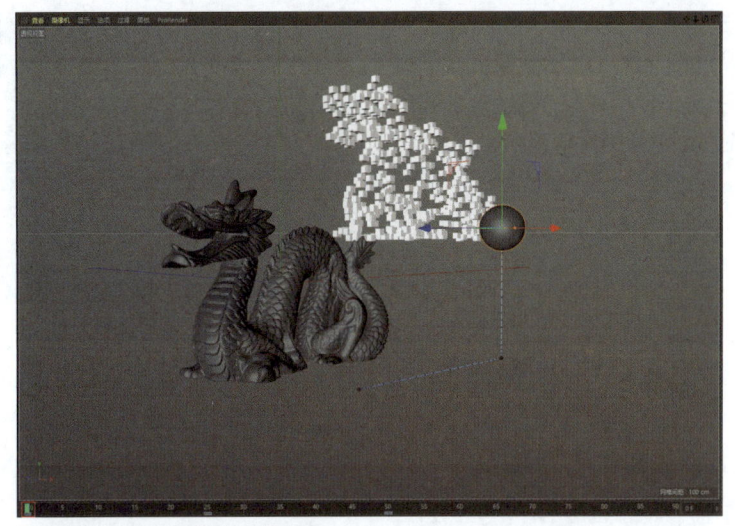

↑ 克隆物体会产生和球体相同的动画

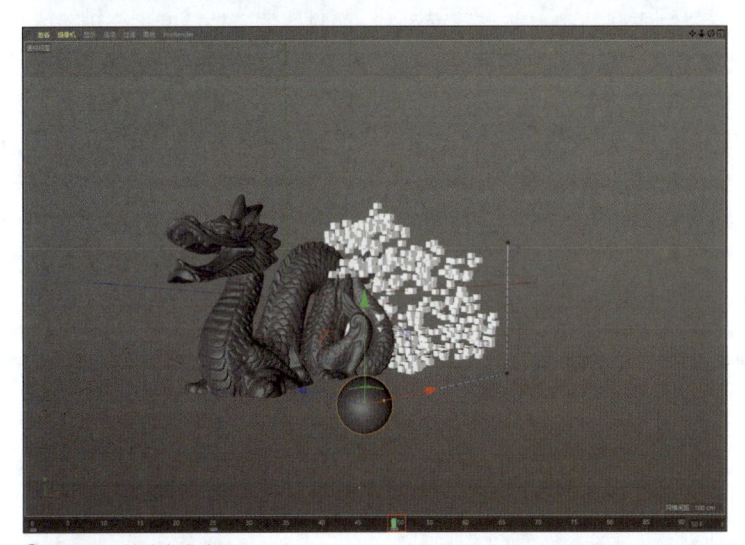

↑ 球体在50帧才完成动画

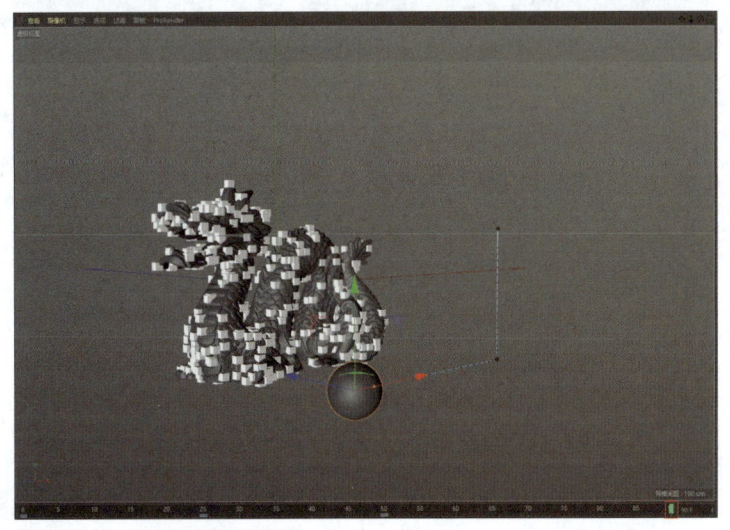

↑ 克隆物体在90帧运动到最终位置

335

克隆物体的运动速度和球体不一致，是因为当"继承模式"为"动画"时，继承效果器"效果器"选项卡中一部分原本不可调节的属性参数被激活了，变为可以调节的状态，如右图所示。

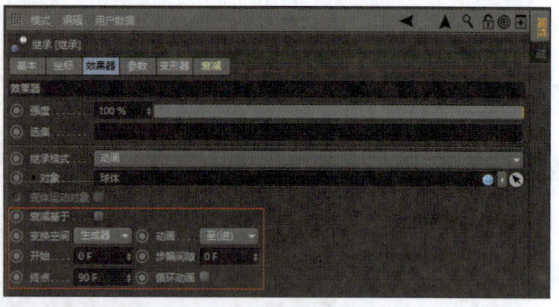

↑ 激活部分属性

这些参数只有在"继承模式"为"动画"时，才可以使用。

"衰减基于"：此参数通常保持默认即可。如果效果器没有使用衰减，开启之后将不会继承其他对象动画。

"变换空间"：有"生成器"和"节点"两种模式，常用来定义克隆物体继承动画之后的运动轴向，通常使用"生成器"比较多。

"动画"：有"至（进）"和"至（出）"两个选项。这里指克隆物体应该从哪个状态来继承动画，可以理解为克隆物体继承动画后的起止位置的变化。

"开始"和"终点"：这个参数定义了克隆物体在继承运动对象属性后动画的开始时间和结束时间。在上文的示例中介绍过，克隆物体的运动速率会比球体本身的运动速率慢，是因为这里的"终点"数值默认为"90F"。如果将这里的"终点"设置和球体动画结束时间一样的"50F"，那么克隆物体的运动速度将会和球体保持一致。

"步幅间隙"：此参数单位为帧。值大于"0"时，每一个克隆物体的动画时间将会产生延迟，可以制作一些有趣的动画效果。这里将参数设置为"1"并播放时间线，效果如下图所示。

"循环动画"：勾选此复选框时，克隆物体的动画将在完成最后一帧后不断重复。

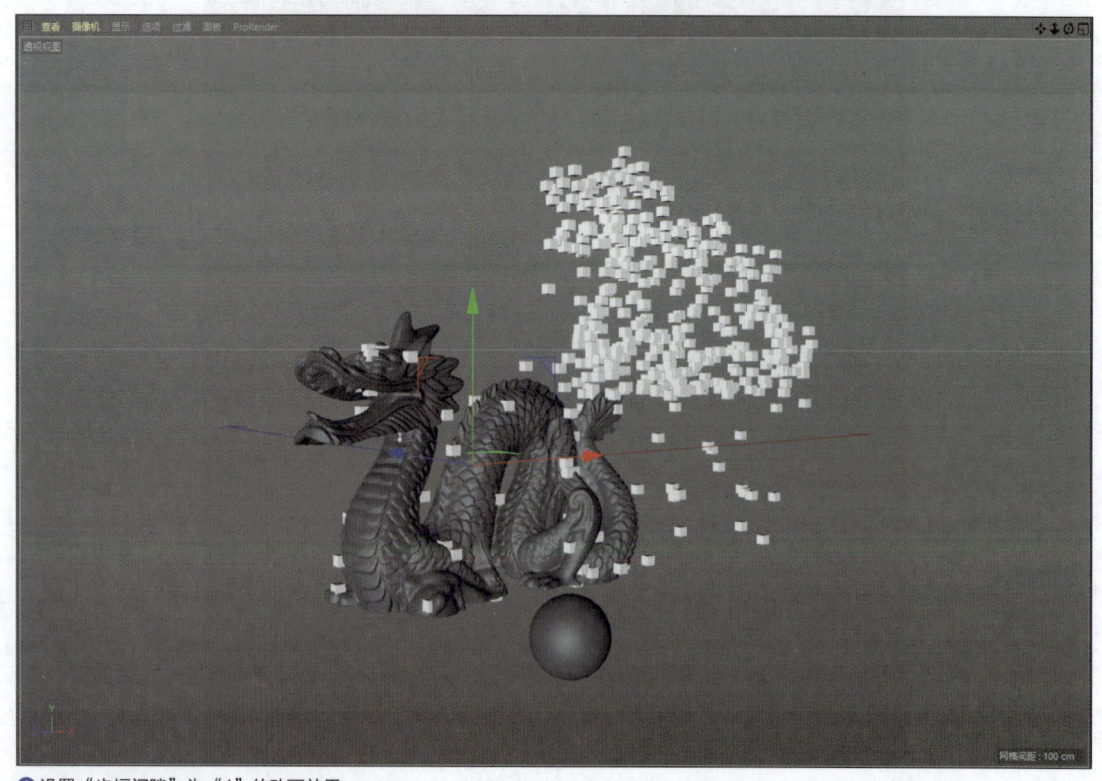

↑ 设置"步幅间隙"为"1"的动画效果

» 10.12 继承效果器

"参数"选项卡中的属性定义了克隆物体将要继承运动对象的哪些信息。"参数"选项卡如右图所示。

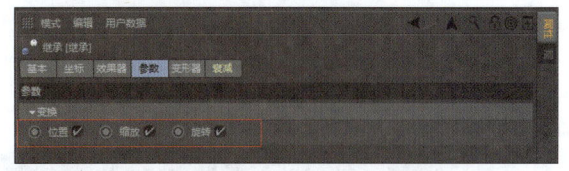

⬆ "参数"选项卡

继承其他克隆物体的位置属性

最后,让我们来学习继承效果器的另一个重要功能,即继承其他克隆物体的位置属性。

打开随书文件,可以看到场景中有"克隆A"和"克隆B"两个克隆对象,并有一个继承效果已经添加至"克隆A",如下图所示。

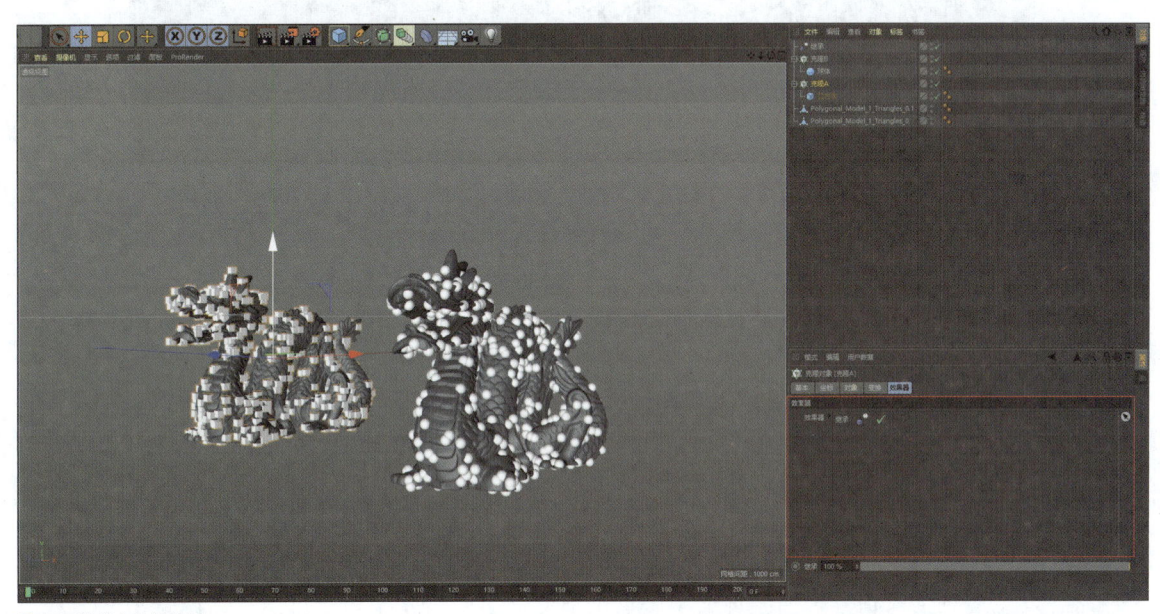

⬆ 打开随书文件的效果

选中继承效果器对象,将"克隆B"对象拖拽至继承效果器"效果器"选项卡中的"对象"属性框中。此时"变体运动对象"复选框被激活,如右图所示。

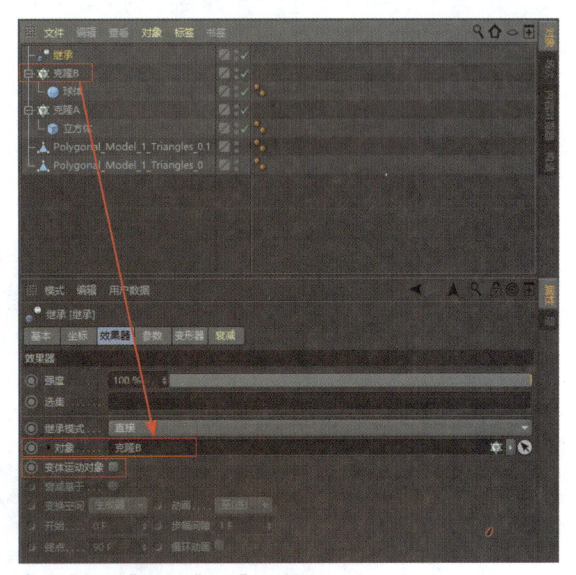

⬆ 将"克隆B"拖至"对象"属性框

"变体运动对象"：当"对象"选项框中所选择的对象为运动图形物体时，该复选框将会被激活。勾选该复选框，配合"强度"参数，就可以使当前"克隆A"的位置继承"克隆B"的位置了。此处将"强度"设置为"50%"，效果如下图所示。

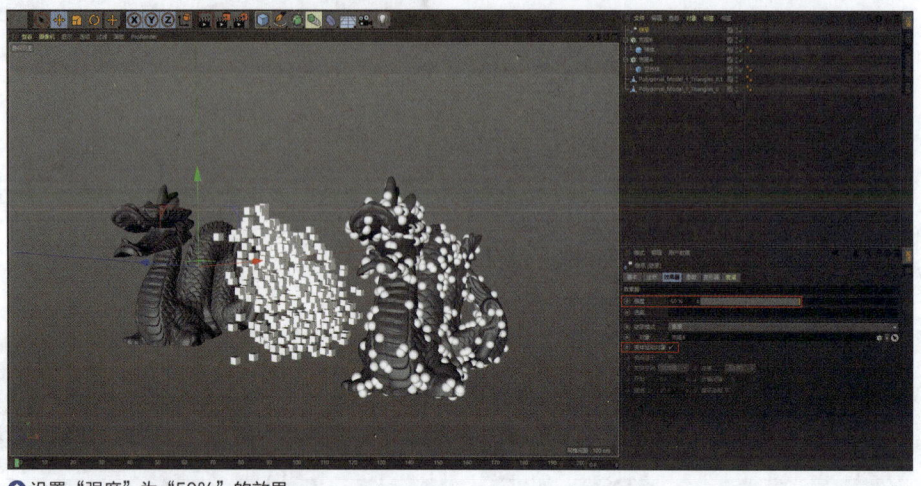

↑ 设置"强度"为"50%"的效果

10.13 公式效果器

扫码看视频

公式效果器是一个相对复杂并且不太容易理解的效果器，在实际项目中的使用频率并不是很高。这个效果器可以让用户创建复杂的数学公式来控制克隆物体的位移、缩放和旋转。

在场景中创建一个立方体，并新建一个克隆生成器对其以"网格排列"的模式进行克隆，克隆之后的效果如下图所示。

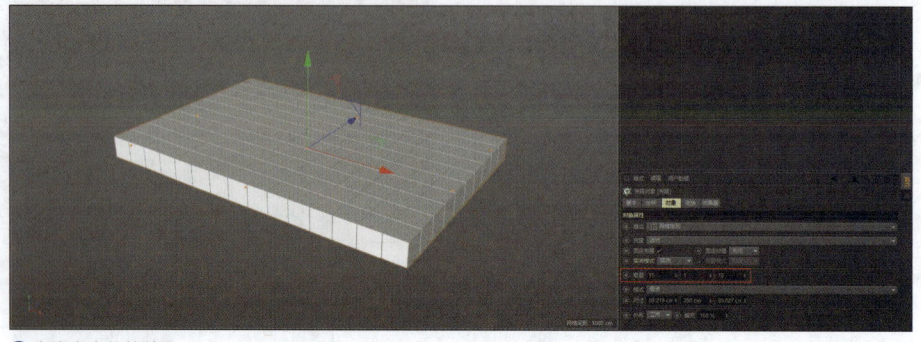

↑ 克隆立方体的效果

选择克隆对象并添加公式效果器。此时播放时间线，可以看到克隆物体会发生位移和缩放变化，如下图所示。

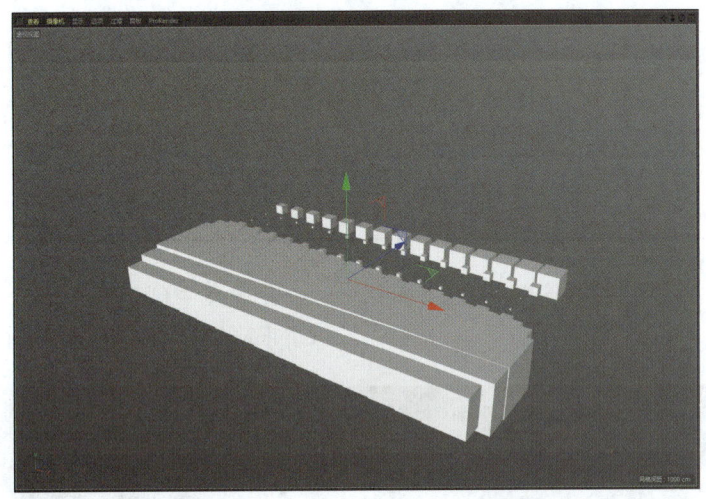

↑ 添加公式效果器的效果

因为在公式效果器的"参数"选项卡中，默认会勾选"位置"和"缩放"复选框，将位移X轴方向数值设置为"50cm"，将"缩放"设置为"1"，并会默认勾选"等比缩放"复选框，如右图所示。

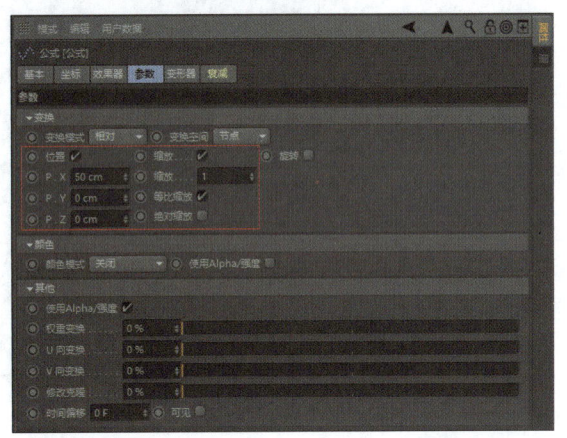

↑ 设置"参数"选项卡中的参数

公式效果器"效果器"选项卡中的属性参数是公式效果器的核心，如右图所示。

"公式"：在该属性框中，可以通过数学函数来定义公式所能产生的效果。默认状态下为一个sin()函数。

▼ 变量

该卷展栏中列举了在"公式"属性框中可以用来书写的常用变量。

"t-工程时间"：通过修改此参数的值，可以加快或减慢动画速度。

"f-频率"：这里表示函数的频率。例如默认状态下的sin()函数，此参数的数值越大，函数的波动频率越密集。

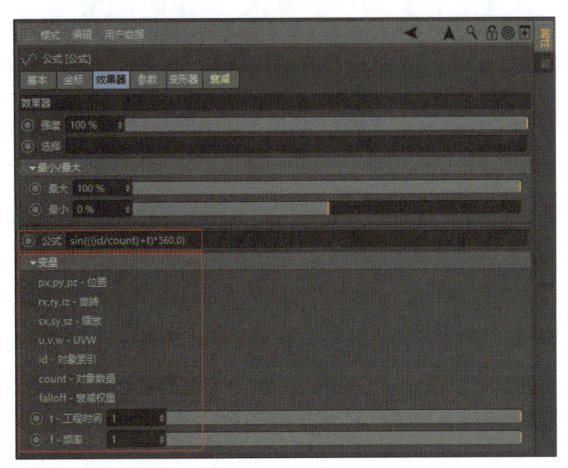

↑ "效果器"选项卡

10.14 延迟效果器

延迟效果器除了可以让运动图形物体的动画变得舒缓,还可以模拟动画中的回弹效果。在一些偏向卡通类动画项目中,制作回弹效果时很常用,可以让动画看上去更加活泼有趣。

这里我们以文本为例,讲解延迟效果器的使用方法。

在场景中创建一个运动图形文本,并输入"CINEMA4D"文本,如下图所示。

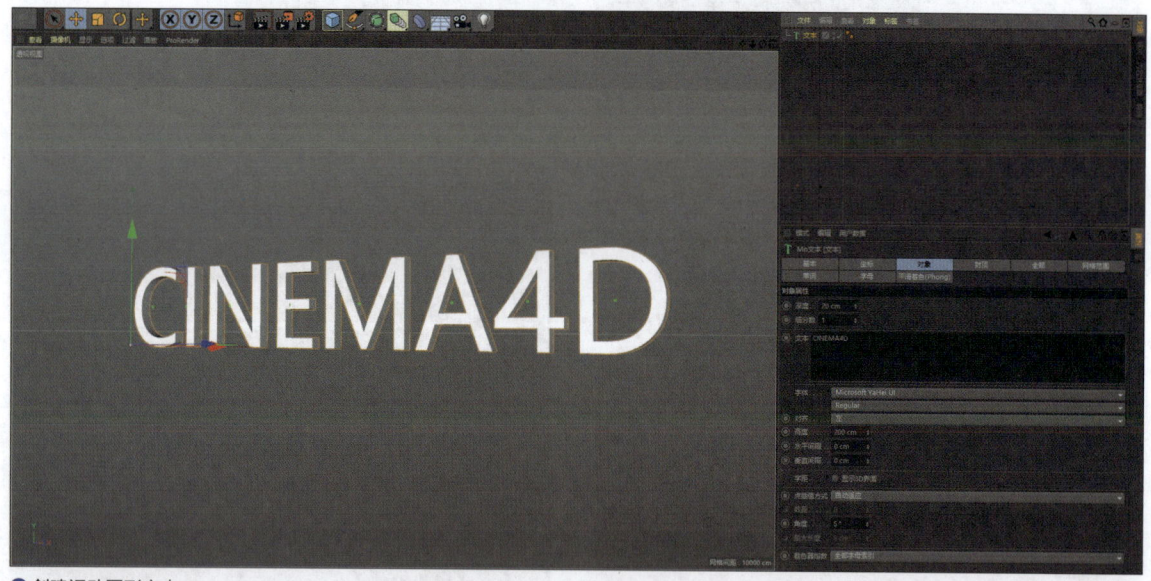

◆ 创建运动图形文本

接下来我们给文本制作一个文字的出现动画效果。

创建一个简易效果器,拖拽至运动图形文本"字母"选项卡下的"效果"列表中,其位置如右图所示。

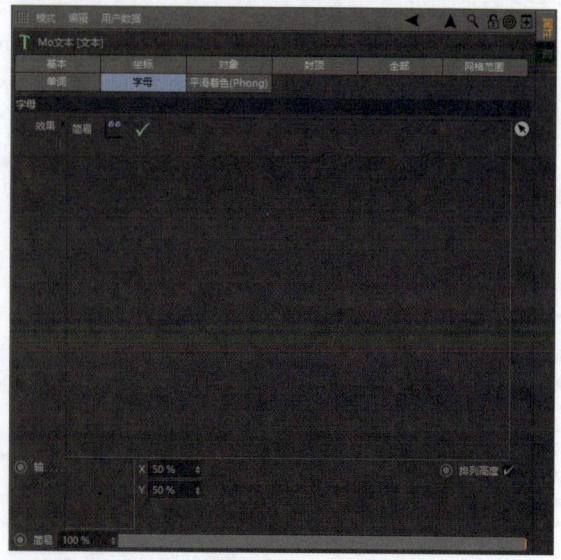

◆ 将简易效果器拖至"效果"列表中

» 10.14 延迟效果器

将简易效果器"参数"选项卡下"缩放"设置为"-1",勾选"等比缩放"复选框,如右图所示。

这时场景中的运动图形文本消失了。

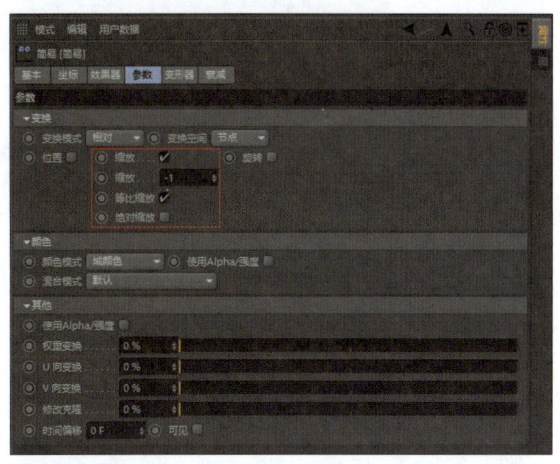

小提示:简易效果器的变换模式

当简易效果器的"变换模式"为"相对"时,"缩放"参数设置为"-1",受影响的运动图形物体将会缩小至完全看不见的状态。当简易效果器的"变换模式"为"绝对"时,"缩放"参数设置为"0",则为完全看不见的状态。

⬆ 设置"缩放"为"-1"

然后在简易效果器的"衰减"选项卡中,创建一个线性域,用来控制简易效果器的影响范围。沿 X 轴移动线性域,可以看到线性域所产生的效果如下图所示。

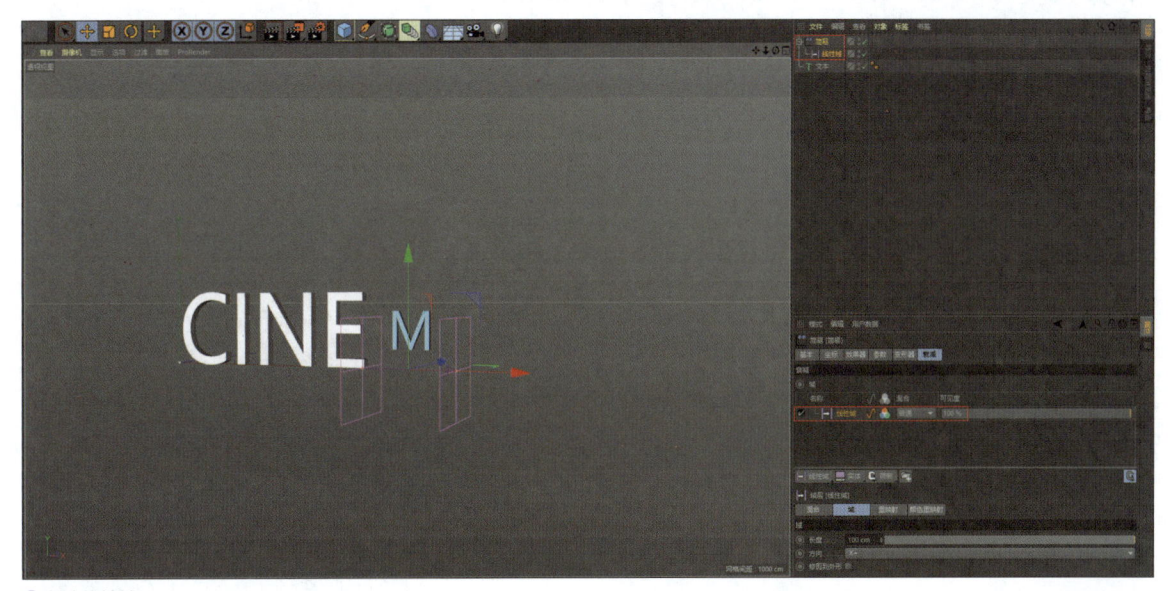

⬆ 创建线性域

给线性域的位移 X 轴属性添加关键帧,制作一个时长为30帧的位移动画,让线性域动起来。播放时间线,可以看到运动图形文本发生了从左到右的依次缩放动画,添加关键帧效果如右图所示。

播放时间线,可以看到文字会根据线性域位置的移动而产生一个出现动画,但这个动画效果相对比较僵硬。

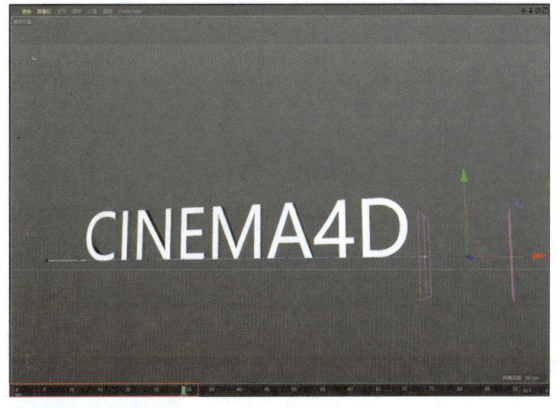

⬆ 添加关键帧的效果

» 10 动画应用

接下来创建一个延迟效果器，同样添加给运动图形文本"字母"选项卡中的"效果"列表中。延迟效果器的参数如右图所示。

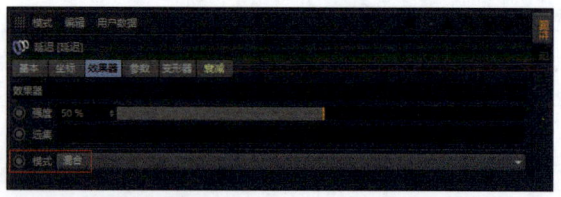

↑ 延迟效果器的参数面板

"效果器"选项卡下各参数含义如下。

"强度"：用于设置"延迟"效果器的强度。"强度"值默认为"50%"。

"模式"：延迟效果器的模式分为"平均""混合"和"弹簧"三种，其中"混合"为默认模式。当模式为"混合"时，效果器会将动画的前后时间进行混合，动画的速率会变慢，也会变得更加柔和，显得没有那么突然。通过增加强度，可以得到更为缓慢和柔和的动画效果。当"模式"为"平均"时，会对动画的前后速率进行平均值运算，和"混合"模式类似，但是没有那么明显，需要更高"强度"值来体现效果。当"模式"为"弹簧"时，可以在之前所产生的动画基础上，添加动画的回弹效果。更高的"强度"，将会带来更为夸张的回弹效果。

这里将"模式"切换为"弹簧"，并将"强度"设置为"80%"。播放时间线可以看到运动图形文本的出现动画带有非常卡通的回弹效果，如下图所示。

↑ "模式"为"弹簧""强度"为"80%"的效果

10.15　着色效果器

扫码看视频

着色效果器的本质和简易效果类似，区别在于，着色效果器可以使用带有黑白信息的纹理来对运动图形物体的移动、缩放和旋转等进行控制。从而使用户可以更加直观地通过黑白区域去调整效果，也可以借助复杂的贴图或者视频文件来完成复杂的变化。

» 10.15 着色效果器

在场景中创建一个立方体,将立方体尺寸的X、Y、Z改为"50cm"。再创建一个克隆对象,并将立方体拖拽至克隆子级。修改克隆"模式"为"网格排列",如下图所示。

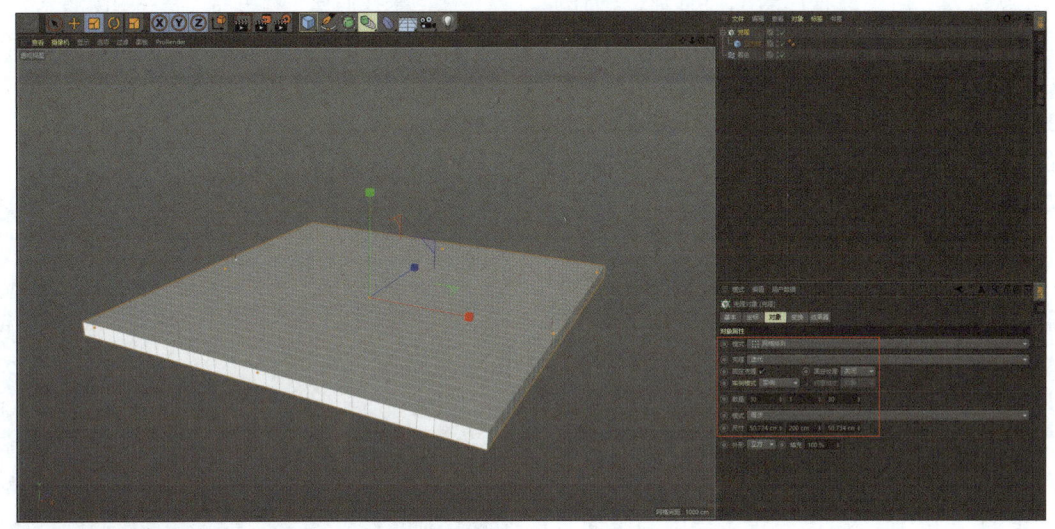

🔺 克隆立方体的效果

接下来选中克隆对象并添加一个着色效果器,克隆的立方体将会变大。这是因为着色效果器的"参数"选项卡下,会默认将"缩放"设置为"0.5",并勾选"等比缩放"复选框,如下图所示。

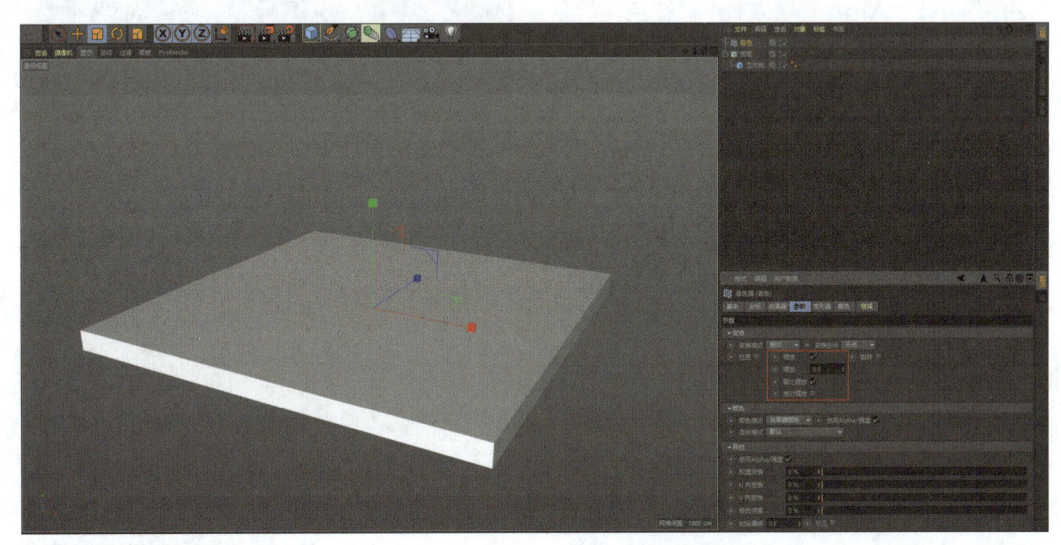

🔺 添加着色效果并设置参数

着色效果器的参数大部分和简易效果器相同,唯一的区别在于多了一个"着色"选项卡,如右图所示。

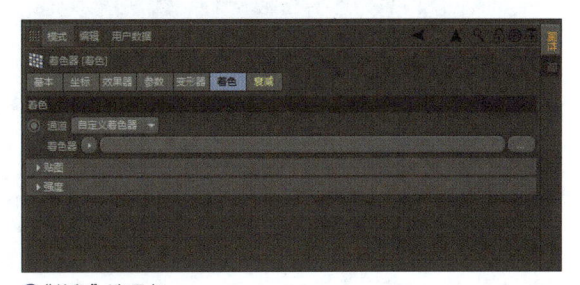

🔺 "着色"选项卡

"着色"选项卡下各参数含义如下。

"通道":用于获取C4D默认材质球通道中的信息。默认为"自定义着色器",可以在下方的"着色器"选项中直接添加程序纹理,例如噪波、渐变等。"自定义着色器"的使用频率最高。当为其他选项时,下方的属性将会变为"纹理标签"选项框,需要将相应的纹理标签拖拽至其中,才能产生效果。

▼ "贴图"

这个卷展栏下的参数用于对所使用的着色器进行调整。

"偏移U"和"偏移V":可以让着色器在两个方向上进行偏移。

"长度U"和"长度V":可以更改着色器在两个方向上的长度。

"平铺":定义了着色器是否会产生平铺的效果。

▼ "强度"

该卷展栏用于设置着色器强度的计算方式。

"使用":有"Alpha""灰暗""红色""绿色"和"蓝色"五种选项,最常用的是"灰暗",即图像的黑白信息。

"反转":用于是否对图像的黑白信息进行反转的计算。

接下来我们在"着色器"属性中创建一个渐变着色器。使用鼠标左键,按住"着色器"后面的小三角按钮,在列表中选择"渐变"选项。其位置如下图所示。

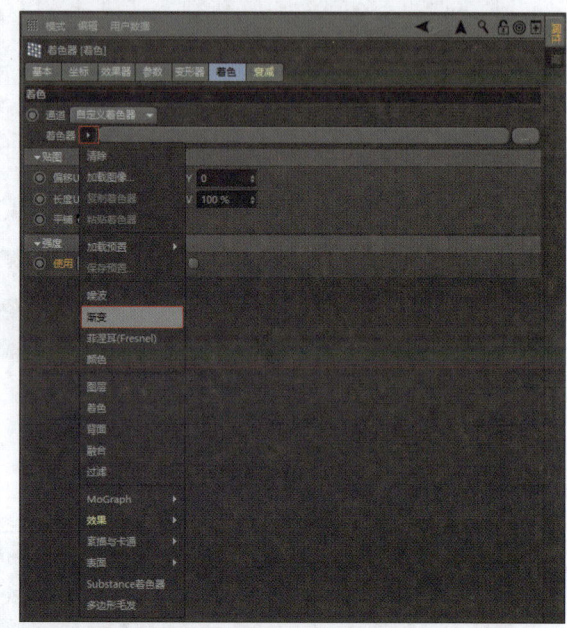

↑ 选择"渐变"选项

然后将着色效果器"参数"选项卡下的"位置"Y轴向改为"200cm"。这时可以看到,克隆出来的立方体会根据渐变产生起伏效果,并且克隆物体的表面颜色也会发生变化,如下图所示。

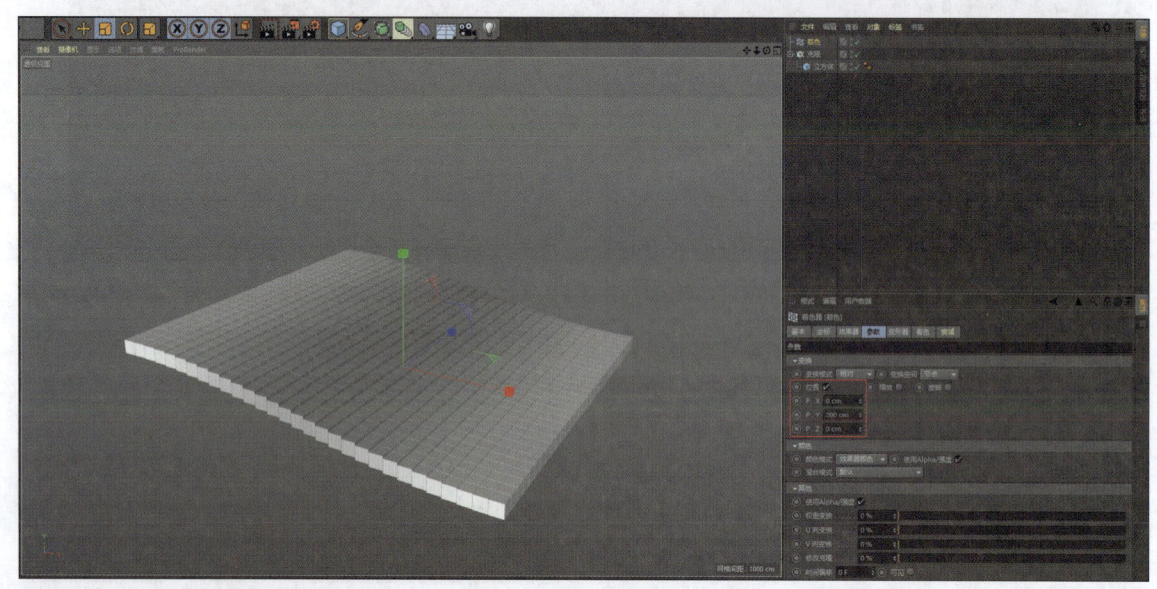

↑ 设为"位置"Y轴向为"200cm"的效果

» 10.15 着色效果器

此时如果对渐变着色器进行调整，克隆物体也会相应地产生变化。使用鼠标左键单击渐变着色器，可以进入其属性界面。这里将黑白两种颜色滑块向中间拖动，如右图所示。

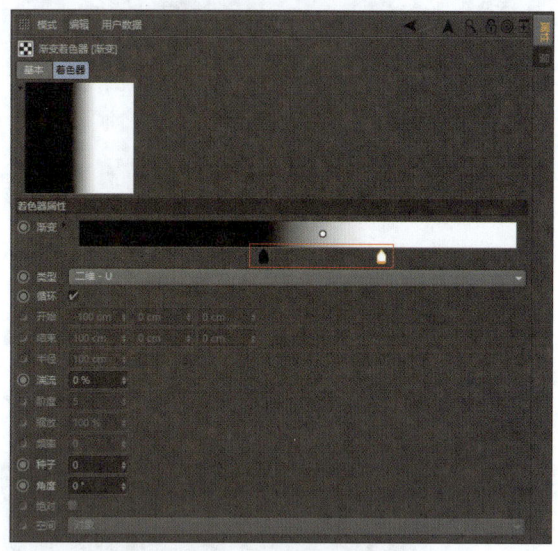

↑ 打开渐变着色器属性面板，调整颜色滑块的位置

这时在视图中所呈现的效果，如下图所示。

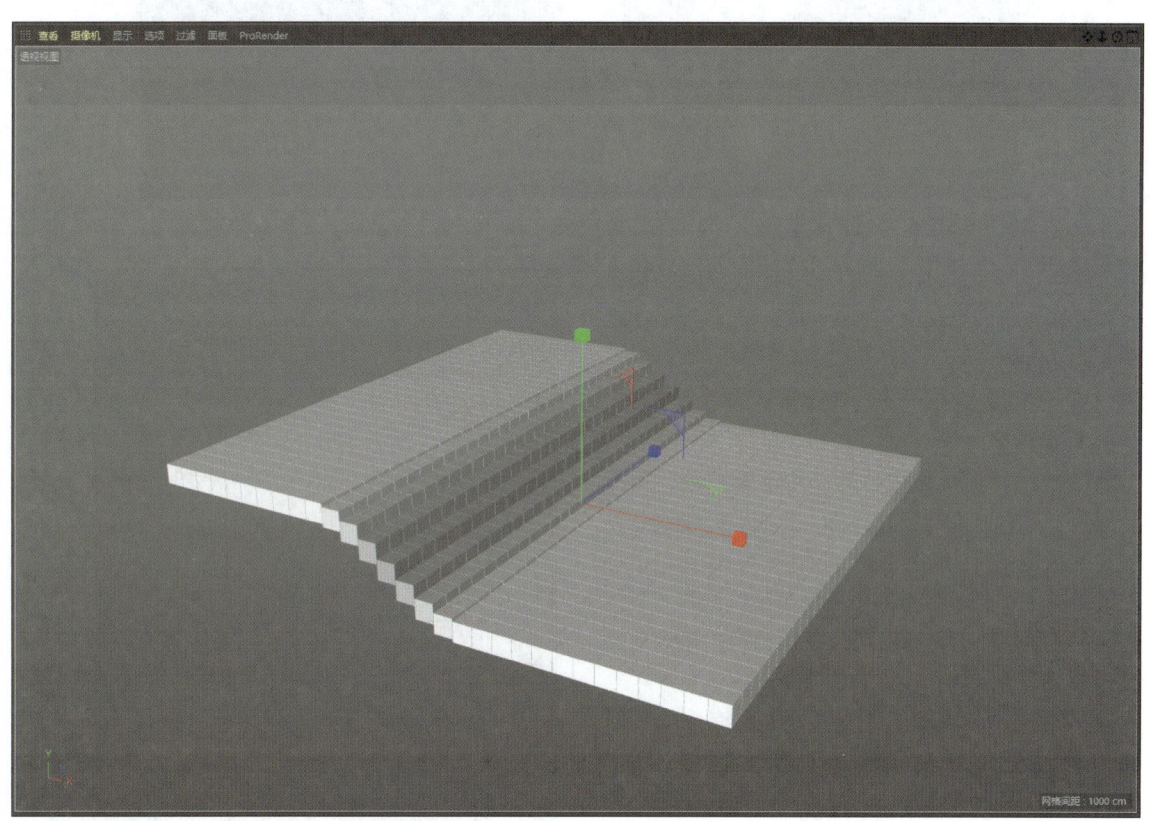

↑ 调整后的效果

这就是着色效果器最常用的一个功能了，即用一张图像来控制物体的位移、缩放和旋转等属性，甚至可以使用一段视频去控制物体的动画。

10.16　声音效果器

声音效果器在日常工作中使用的概率比较低。它的特殊性在于，通过获取音乐中的震动频率，来影响运动图形物体。声音效果器支持的音频文件格式有mp3、WAV等。

打开随书文件，可以看到场景中已经制作好的一堆随机排列的球体，如下图所示。

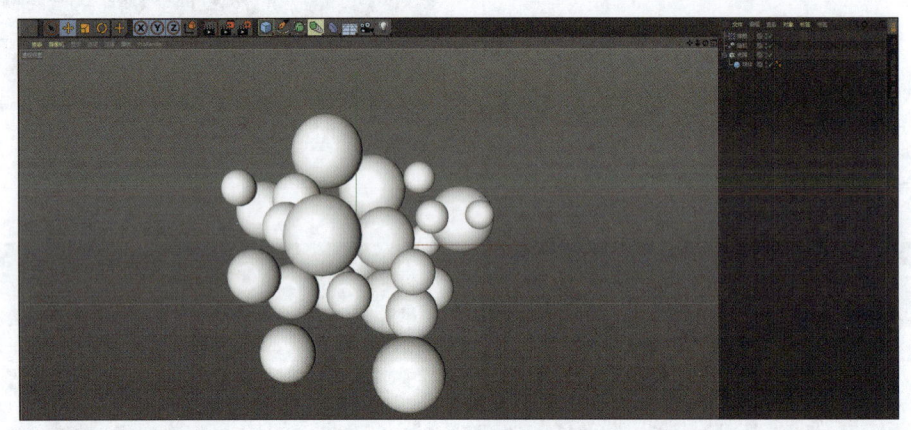

↑ 在场景中随机排列球体

选中克隆对象，并添加一个声音效果器。声音效果器和其他效果器区别最大的是"效果器"选项卡，如右图所示。

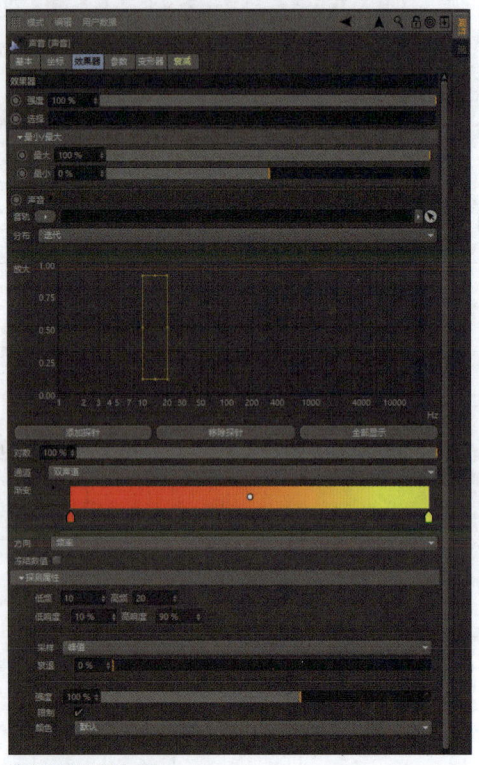

接下来我们来看一下声音效果器的常用参数。

▼最小/最大

"音轨"：这个属性框的作用非常直观，可以允许我们加载外部的音频文件。这里可以使用拖拽的方式直接将音频文件拖入选项框中。也可以鼠标左键单击"音轨"后方的小三角按钮，选择"载入音轨"选项，弹出新窗口后，在计算机中指定音频文件即可。

"分布"：这里指的是当下图表中有多个探针时，探针所选取的音频部分，对运动图形物体的影响范围分布有三种模式，分别为"迭代""分布"和"混合"。

↑ "效果器"选项卡

"放大"：此参数项是一个图表，载入音轨文件后，在图表中将会显示音频文件的振幅信息。图表中的黄色选框称为探针。被探针区域框选的部分，将会用来影响运动图形物体。单击图表下方的"添加探针"按钮，可以增加多个探针；单击"移除探针"按钮，可以删除多余的探针，如右图所示。

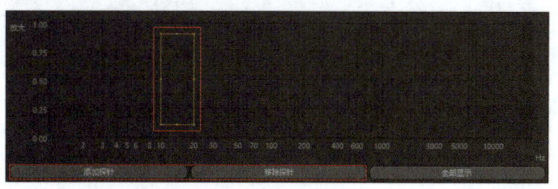

↑ 添加和移除探针的按钮

"对数"：这个参数影响图表中的波段显示状态，通常保持默认即可。

"通道"：即音频文件的声道，这里通常使用"双声道"。

"渐变"：当使用探针框选相应的图标区域，区域内的波形将会被此参数着色。

"方向"：这个参数决定了音频文件的取值标准，包括"音量"和"频率"两种。通常来说，"频率"会有更多的波形变化细节。

"冻结数值"：勾选该复选框，探针会把采样到的数值固定，动画也就不会随着频率的变化而运动。该复选框大多数情况下不勾选。

▼ 探测属性

"低频""高频"和"低响度""高响度"：这四个参数分别对应图表中探针的左右上下四个边，用户可以在图表中直观地进行操作。

"采样"：参数决定了探针范围内最终被取值的区域。通常情况下为"峰值"，也就是在探针范围内波形最高处的数值。

"衰退"：数值越大，"采样"中所获取的数值会相应地产生衰减。保持默认即可。

移动探针的范围框，并调整至波形区域，如右图所示。

此时播放时间线，视图中的克隆球体会随着音乐的节奏进行上下位移。这是因为在默认状态下，声音效果器"参数"选项卡下的"位置"Y轴设置为"50cm"。

如果想使用声音效果器实现更复杂的律动效果，可以单击"添加探针"按钮来增加更多的探针，框选不同的波形区域，这里就不过多讲解了。

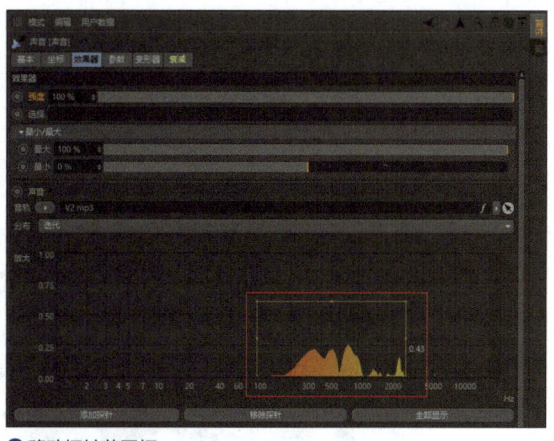

"强度"：数值越大，动画的幅度越大。通常为"100%"。为负值时，运动方向将会反转。

"限制"：勾选该复选框，最大采样值会被限制在探针框内。取消勾选时，则可以采样到框外数值。

"颜色"：图表中被探针框选区域的波形颜色。

接下来载入随书素材中的音频文件，名为"V2.mp3"。将此文件载入声音效果器"效果器"选项卡下的"音轨"中。这时将会在图表中看到起伏的声音波形，如下图所示。

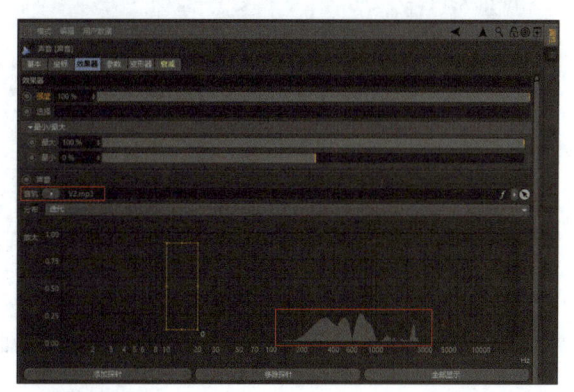

↑ 添加音频文件

↑ 移动探针范围框

10.17 样条效果器

样条效果器可以将运动图形物体约束在样条上。这一效果，类似将对象克隆在样条上，甚至从参数来看也有很多相似的地方。

样条效果器的应用

打开随书文件，可以看到场景中有一个龙的模型。创建一个立方体，将立方体的尺寸改为"3cm"，并将立方体克隆至龙模型上。将"数量"设置为"500"，如下图所示。

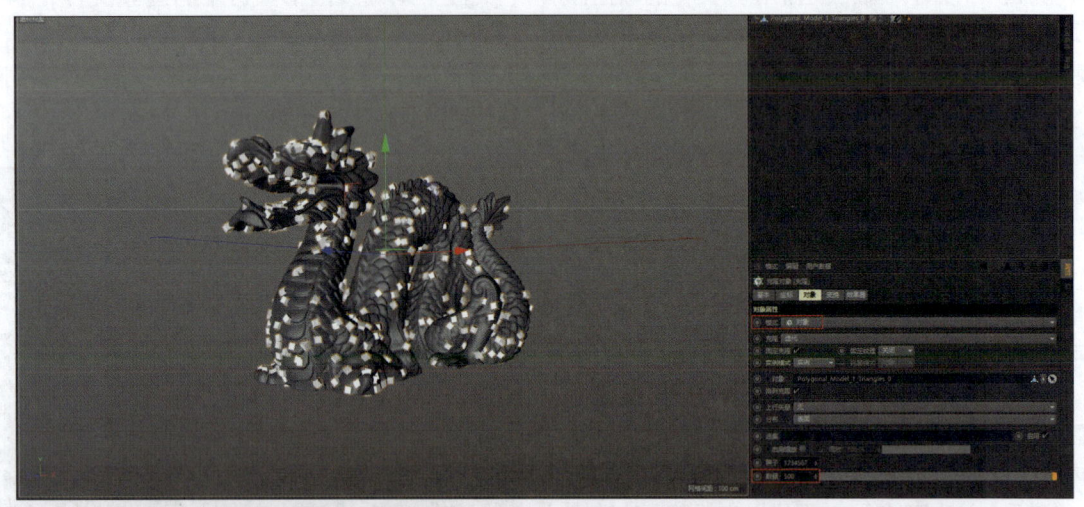

↑ 打开文件，创建立方体并设置相关参数的效果

在场景中创建一个样条文本，并输入"CINEMA4D"文本，调整位置和大小，如下图所示。

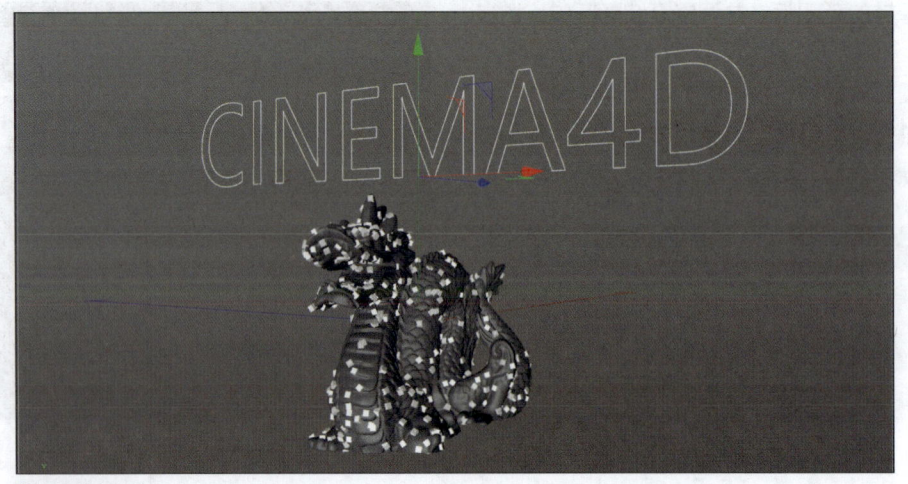

↑ 创建样条文本

样条效果器的属性

选择克隆对象，创建一个样条效果器。其属性参数如右图所示。

"效果器"选项卡下各参数含义如下。

"模式"：这里指的是克隆物体的分布模式，分别为"步幅""衰减"和"相对"三种。"步幅"模式最为常用，可以让克隆物体以均衡的间隙在样条上进行分布。为"衰减"模式时，分布的间隙主要取决于效果器衰减的大小。"相对"指的是在效果器产生作用之前，克隆物体的排列如果有不规则的间隙，那么也会同样不规则地排列在样条上。

"样条"：用来放置样条对象。

"上行矢量"：可以手动定义一个克隆对象向上的矢量。通常情况下不需要调整。

"偏移"：设置克隆物体在样条上的偏移位置。

"开始"和"终点"：设置克隆物体在样条上的开始点和结束点位置。

"限制"：用于限制偏移的循环。勾选此复选框，调整偏移参数，克隆物体不会在样条上产生循环位移。

"分段模式"：当样条对象由多个分段构成时，可以通过选择不同的模式，产生不同的分布效果。当模式为"使用索引"时，可以通过调整下面

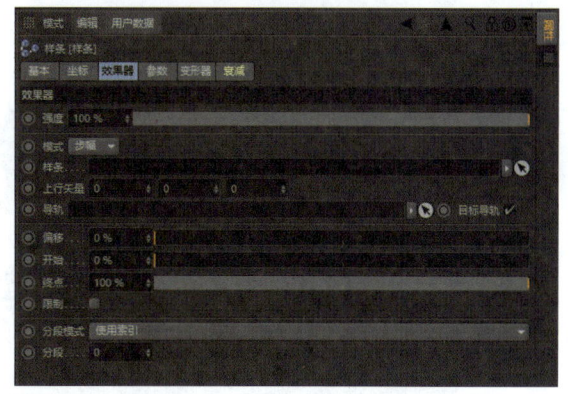

↑ "效果器"选项卡

的"分段"属性数值，控制克隆物体在哪一个分段上进行分布。当模式为"平均间隙"时，克隆物体将会平均分布在每个独立的分段上。当模式为"随机"时，克隆物体将会随机分布在样条对象上。当模式为"完整间距"时，克隆物体将会把所有独立的分段视为一个完整分段，进行分布。"完整间距"是最常用的分段模式。

接下来看看样条效果器的具体用法。

将文本样条拖拽至样条效果器"效果器"选项卡下的"样条"属性框中，此时可以看到克隆物体受到影响，全部分布到了样条文本上。但是仅有字母"C"可以看到克隆物体，如下图所示。

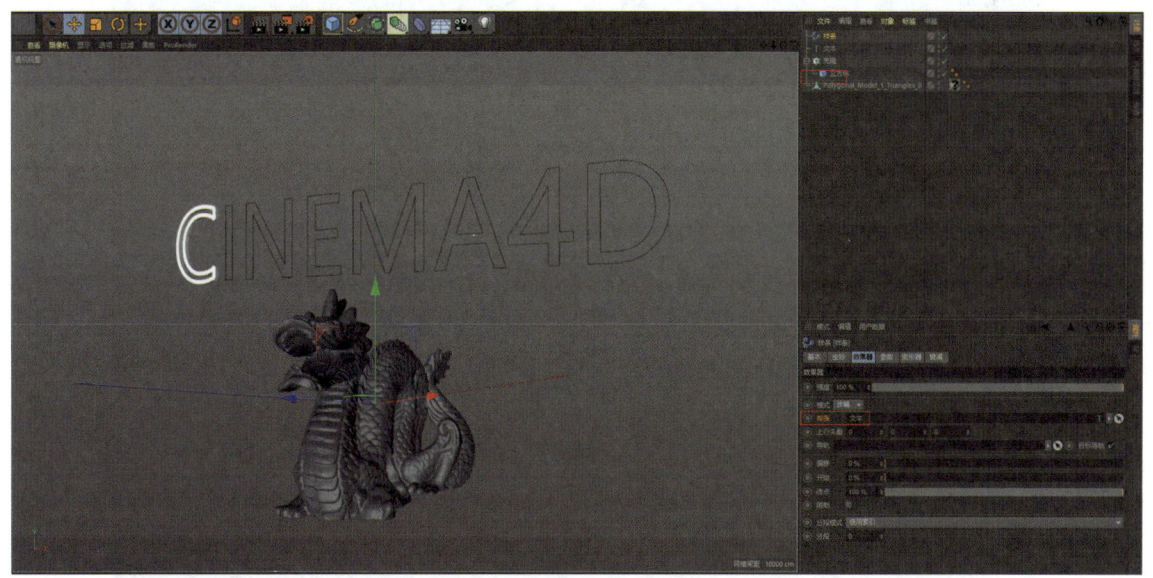

↑ 字母"C"有克隆物体

这是因为样条效果器的"分段模式"默认为"使用索引"。将"分段模式"改为"完整间距"，可以看到所有克隆物体均匀地分布在样条文本上，如下图所示。

↑设置"分段模式"为"完整间距"的效果

此时如果调节"强度"值，可以看到克隆物体将会在样条文本和龙模型之间飞散开来。这里将"强度"设置为"50%"，效果如下图所示。

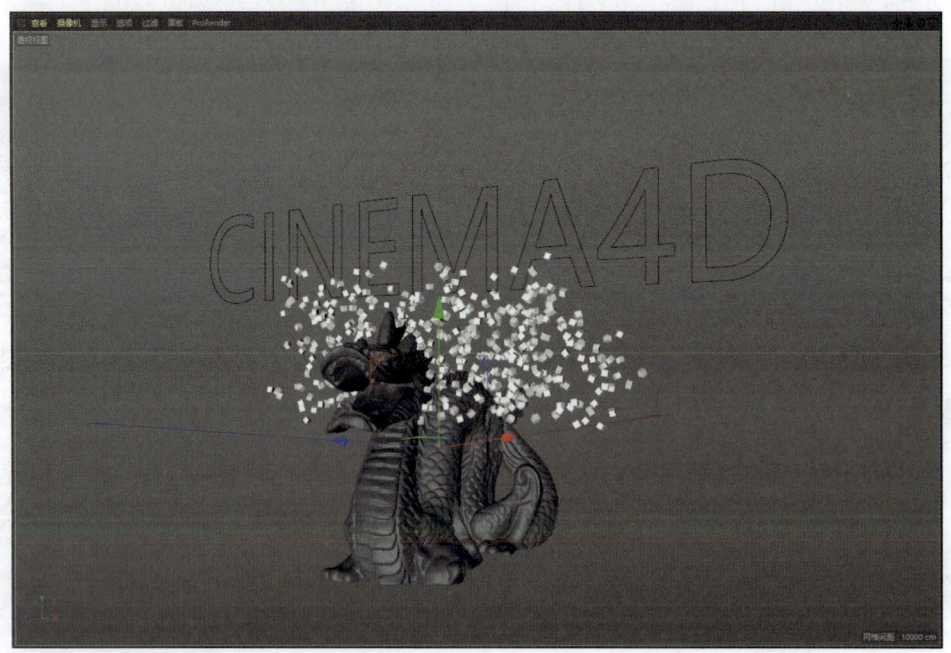

↑设置"强度"为"50%"的效果

当然，如果配合各类衰减，可以实现更多复杂的效果。

10.18 步幅效果器

当场景中有多个运动图形对象时,步幅效果器影响的参数将会按照对象的序列号对应到最后一个对象。从序列号起始对象到序列号结束对象,中间的对象将会受到插值影响。

步幅效果器的应用

在场景中创建一个立方体,再创建一个克隆对象,将立方体拖拽至克隆子级。使用"线性"模式对立方体进行克隆。将"位置.X"设置为"250cm","数量"改为"20",效果如下图所示。

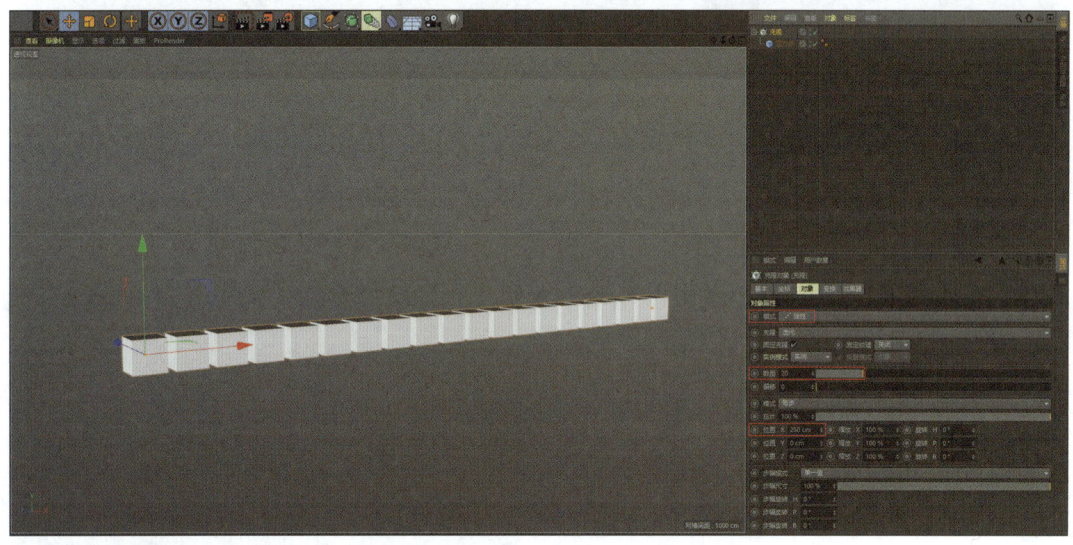

↑ 线性克隆立方体的效果

选择克隆对象,并添加步幅效果器。这时可以看到,从开始到终点的立方体依次变大,如下图所示。

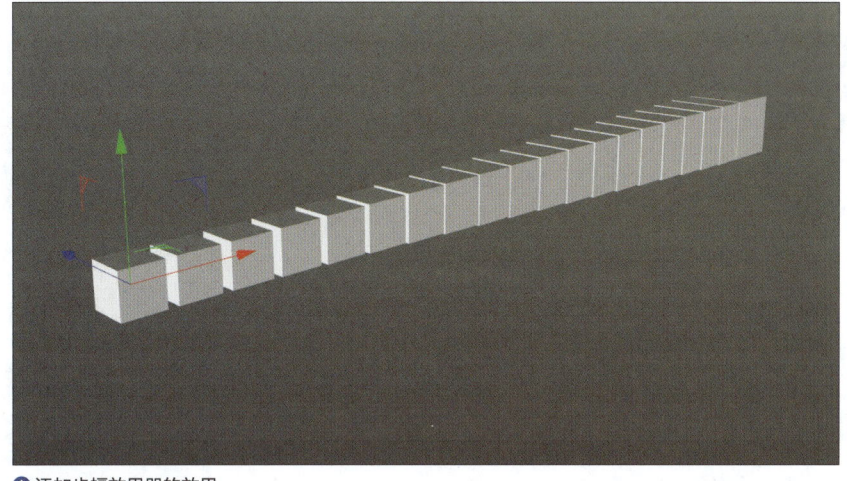

↑ 添加步幅效果器的效果

因为步幅效果器"参数"选项卡下"缩放"的默认值为"1",并默认勾选"等比缩放"复选框。

这里勾选"位置"复选框,并将Y轴设置为"1500 cm"。取消勾选"缩放"复选框,如下图所示。

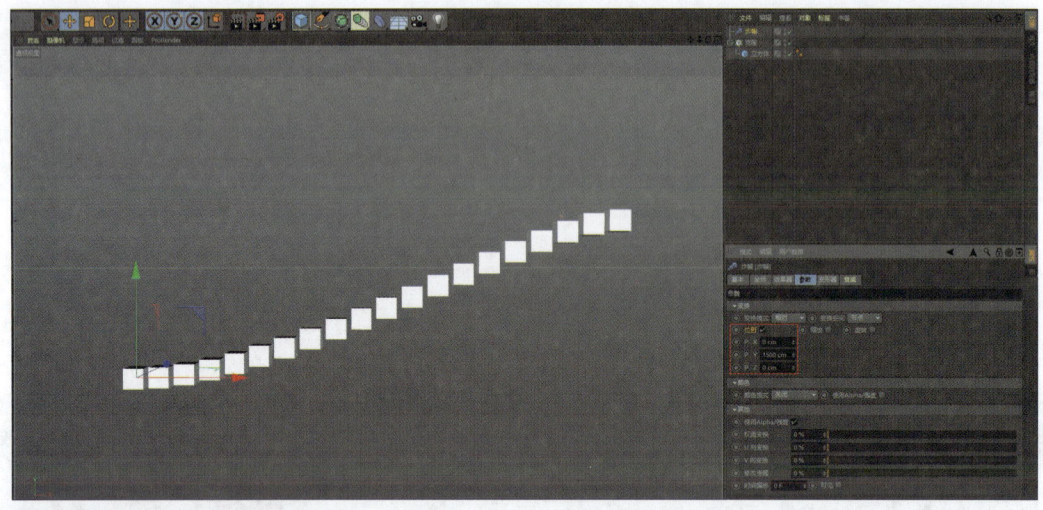

↑ 设置"参数"选项卡下的属性

步幅效果器的属性

步幅效果器的具体参数,如右图所示。下面对"效果器"选项卡下各参数的含义进行介绍。

"样条":此选项是步幅效果器最核心的参数,是以样条图表的形式存在的。通过调整样条的形态,可以更改步幅效果器的插值运算。在之前的设置中不难发现,克隆物体受到效果器影响之后的形态,正好对应了这里样条图表中的曲线形态。这里对样条的形态进行调整,可以看到克隆的形态也发生相应的改变,如下图所示。

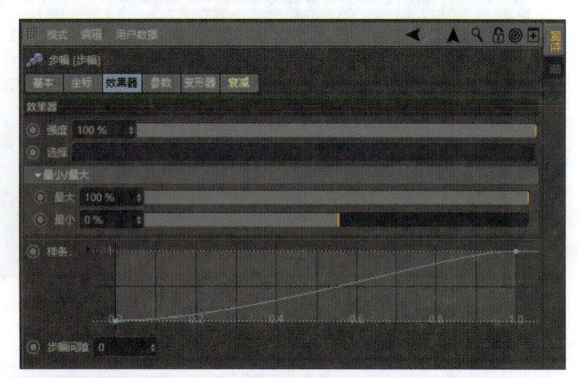

↑ 步幅效果器参数

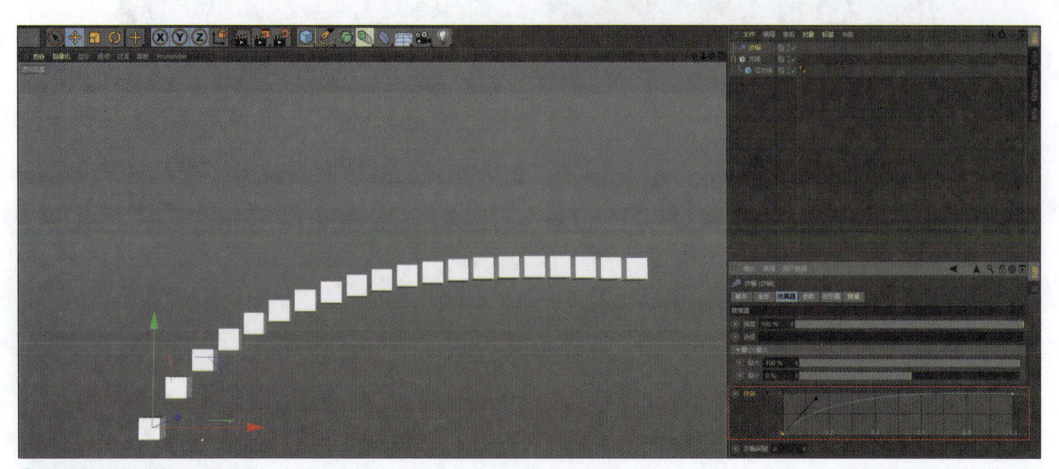

↑ 调整样条后的效果

"步幅间隙"：值大于"0"时，将会把完整的步幅插值运算分成若干份。数值越大，所切分的段数越多。这里将"步幅间隙"改为"4"，效果如下图所示。

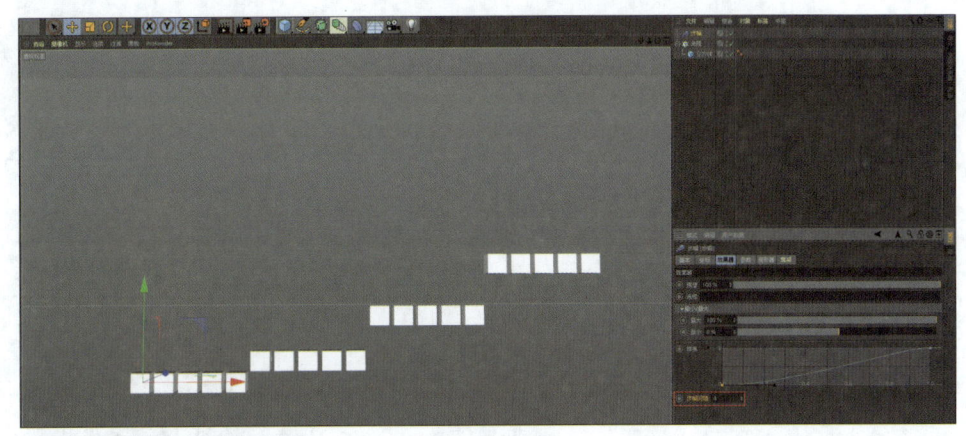

⬆ 设置"步幅间隙"为"4"的效果

10.19 目标效果器

目标效果器可以让运动图形物体的Z轴始终朝向效果器或者摄像机。

目标效果器的应用

在场景中创建一个圆锥，再创建一个空物体，旋转空物体，使空物体的Z轴方向对齐世界坐标的Y轴方向，但不要挪动它的位置。然后将圆锥拖拽至空物体子级，如下图所示。

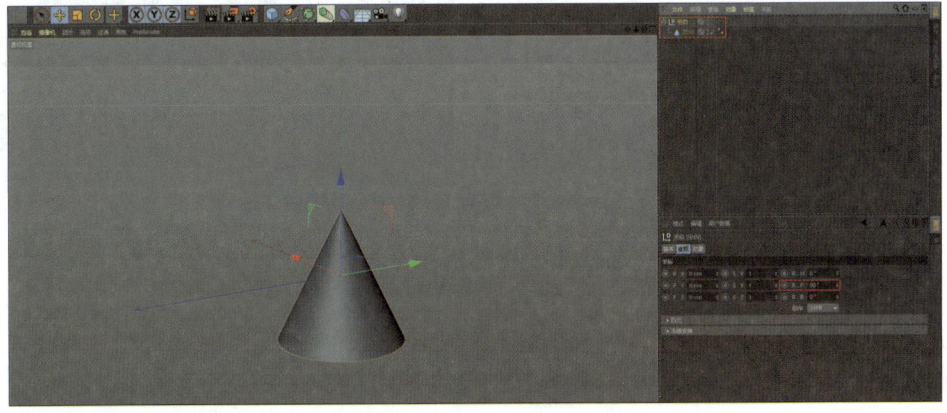

⬆ 创建圆锥和空物体

创建一个克隆对象，并将空物体拖拽至克隆子级。修改克隆模式为"网格排列"，效果如下图所示。

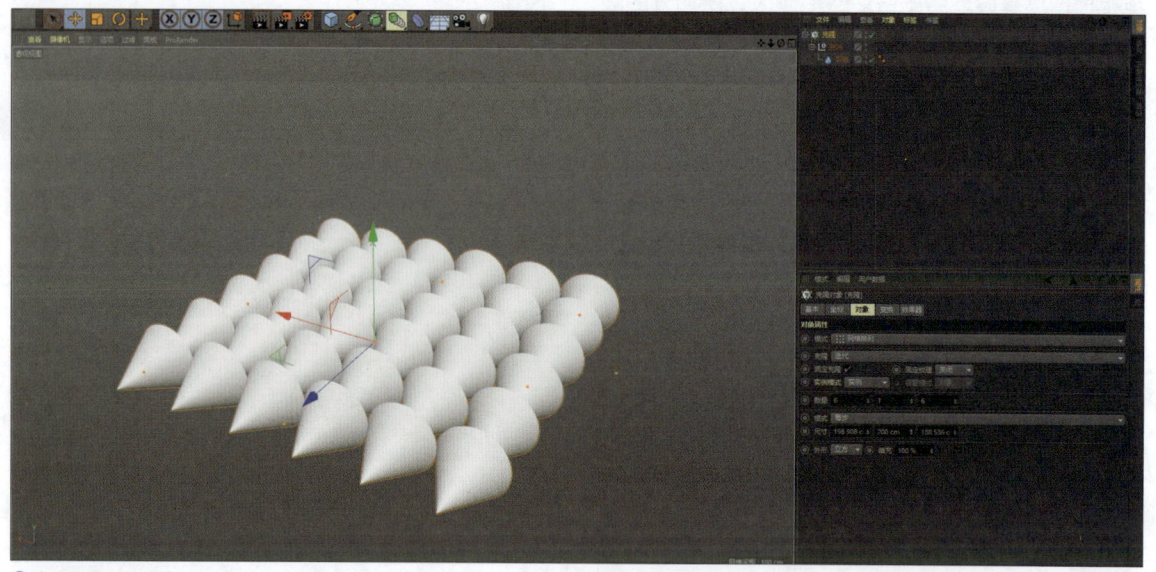

↑ 克隆圆锥的效果

选中克隆对象，添加目标效果器，这时目标效果器产生了作用，所有的圆锥都朝向目标效果器，如右图所示。

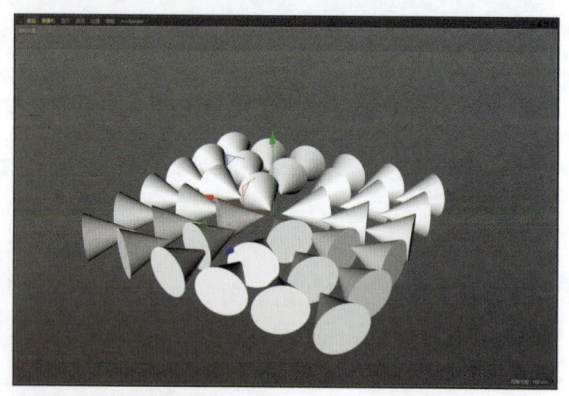

↑ 添加目标效果器的效果

目标效果器的属性

目标效果器的具体参数，如右图所示。"效果器"选项卡下各参数的含义和应用介绍如下。

"目标模式"：是目标效果器的核心参数，有五种模式，默认为"对象目标"模式，即所有克隆物体的Z轴都会朝向目标效果器自身。当模式为"朝向摄像机"时，克隆物体的Z轴方向会朝向正在使用中的摄像机方向。当模式为"下一个节点"时，每一个克隆物体的Z轴方向朝向下一个序列号的克隆物体的方向。当模式为"上一个节点"时，每一个克隆物体的Z轴方向会朝向上一个序列号的克隆物体的方向。当模式为"域方向"时，克隆物体的Z轴方向会朝向域的方向。

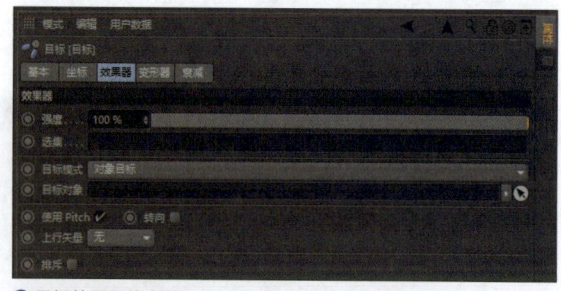

↑ 目标效果器的参数

"使用Pitch"：勾选该复选框，克隆物体的Z轴方向会始终朝向物体。取消勾选该复选框，目标物体在Y轴向进行上下运动时，克隆物体的Z轴方向不会跟随向上或向下运动。

"转向"：反转方向。

"排斥"：勾选此复选框时，其作用类似一个看不见的球体将克隆物体推开。用户可以通过调整下方的"距离"和"距离强度"值，调整排斥的范围和强度。这里将"距离"设置成"950cm"，效果如下图所示。

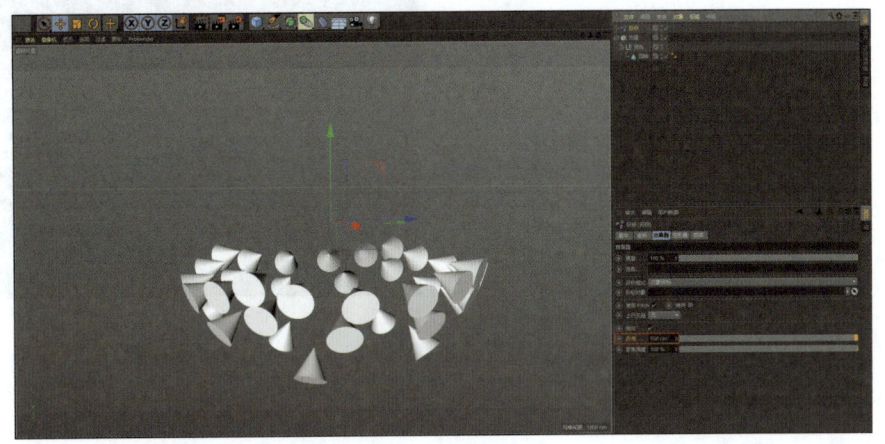

↑ 勾选"排斥"复选框并设置"距离"为"950cm"的效果

这就是目标效果器的主要作用，但在实际工作中的使用频率并不高，了解使用方法即可。

10.20 时间效果器

时间效果器的参数与使用方法和简易效果器基本相同。区别在于简易效果想要实现某种动画效果，需要用户手动添加关键帧。而时间效果器，仅需要设定相关数值，便会以秒为单位自动产生动画效果。

在场景中创建一个立方体，然后以"线性"模式将其克隆。将克隆的"位置.X"改为"350cm"，如下图所示。

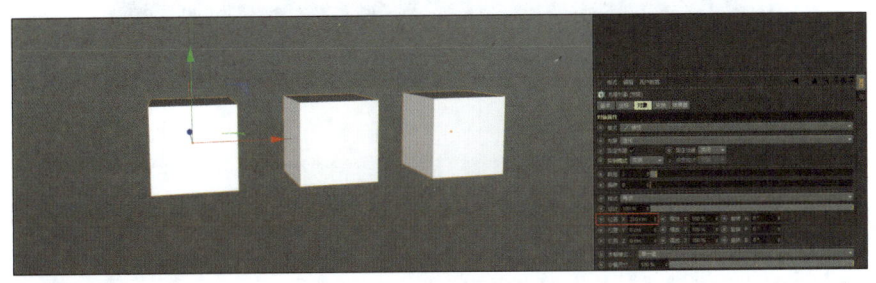

↑ 克隆立方体

» 10 动画应用

选中克隆对象，然后添加时间效果器，播放时间线就可以看到立方体的自转动画。这是因为时间效果器默认状态下会将"参数"下的"旋转"H轴数值设置为"90°"，如右图所示。

这里的"旋转"数值可以理解为：**每一秒克隆物体将会旋转"90°"**。数值越大，物体的旋转速度越快。时间效果器是非常容易理解的一个效果器。

↑ 设置"参数"选项卡下相关参数

10.21 体积效果器

扫码看视频

体积效果器主要功能是通过模型的内部体积来对运动图形物体产生影响，经常用来制作一些像素风格的模型效果。

打开随书文件，可以看到场景中有一个角色头部模型，如下图所示。

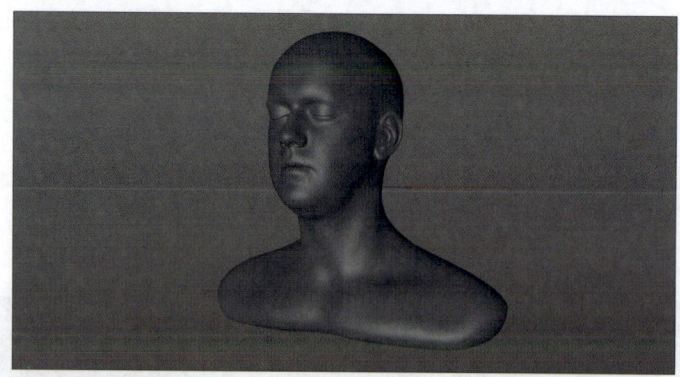

↑ 打开角色头部模型

在场景中创建一个立方体，将立方体尺寸的X、Y、Z均改为"15cm"。再创建一个克隆对象，然后将其拖拽至克隆子级。将克隆的"模式"改为"网格排列"，将"实例模式"改为"多重实例"，将"视窗模式"设为"边界框"，将三个轴向上的"数量"均设置为"35"。参数设置如下页的上图所示。

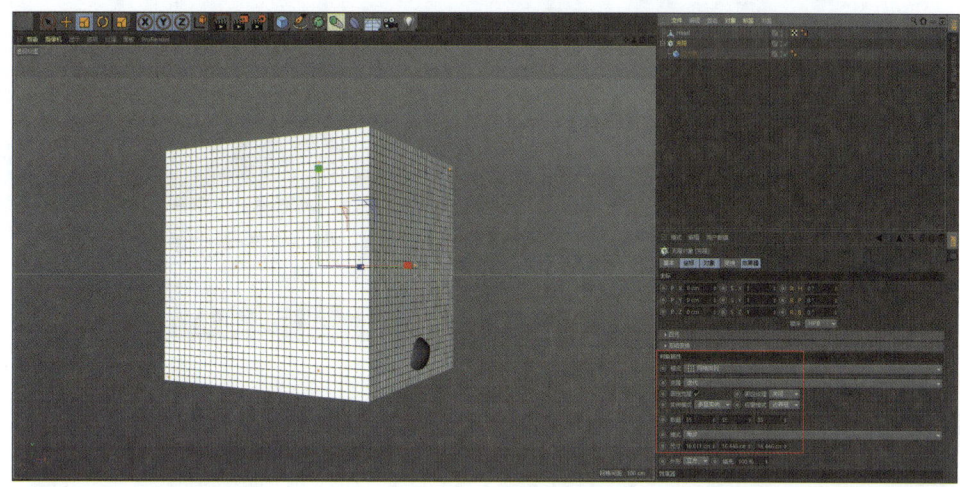

» 10.21 体积效果器

↑ 克隆立方体并设置相关参数

选中克隆对象,然后添加体积效果器,其属性参数如右图所示。其中"效果器"选项卡下各属性含义介绍如下。

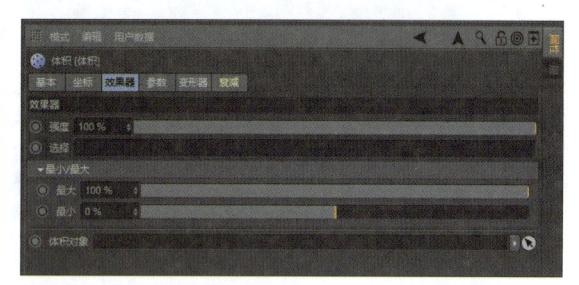

"体积对象":用于指定拥有体积的对象。这里需要注意的是,体积对象必须是封闭的状态,不可以有任何开口。

其他参数含义和简易效果器是一样的。

将角色模型选中并拖拽至"体积对象"属性框。这时将角色模型的"编辑器可见"关闭,向Z轴负方向移动。可以看到,角色模型包裹范围内的克隆物体都消失了。这是因为体积效果器"参数"

↑ "体积"效果器的参数

选项卡下的"缩放"默认为"-1",并勾选"等比缩放"复选框,如下图所示。

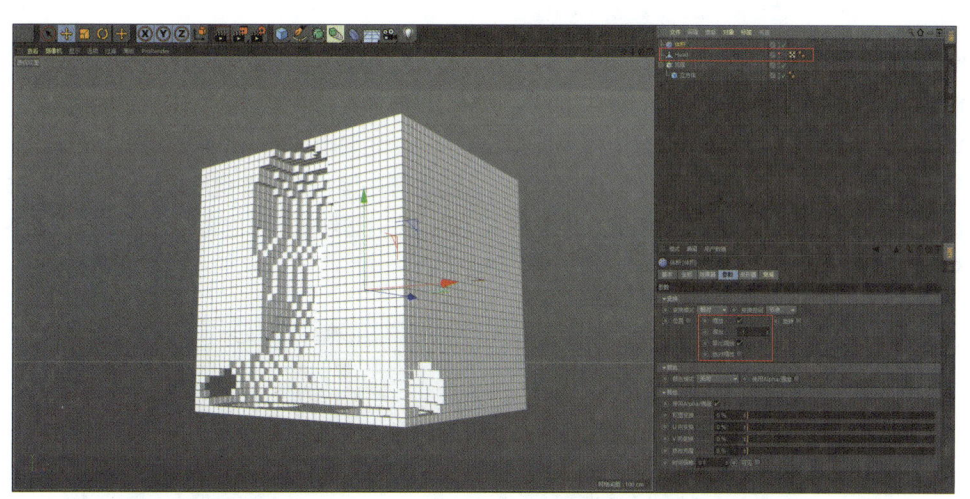

↑ 设置体积效果器相关参数的效果

可以看出,体积效果器的概念有点像域,可以将模型的内部体积作为效果器的影响范围。

用户同样也可以通过参数设置,仅显示在对象体积内部的克隆物体。这里取消勾选体积效果器的"缩放"复选框,然后勾选"可见"复选框,就可以实现克隆物体仅在体积对象内部显示的效果。微调角色模型的位置,效果如下页的上图所示。

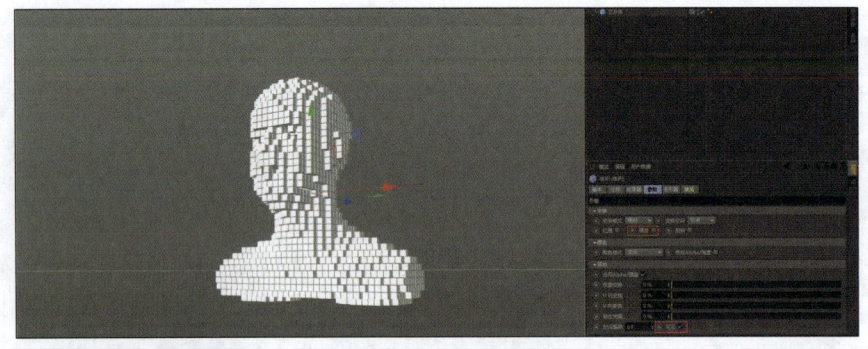

↑ 显示对象体内物体的效果

使用此方法，仅需要更换体积对象，就可以制作出不同样式的像素风格模型。

10.22 运动挤压和多边形 FX 运动图形变形器

扫码看视频

"运动挤压"和"多边形FX"在运动图形模块中比较特殊。这两个工具属于变形器的范畴，但可以被效果器所影响，所以被分类到"运动图形"菜单下。

运动挤压效果

运动挤压的效果跟建模中所使用的挤压工具一样，可以对模型的面进行挤出。但是其工作原理和倒角变形器相似，都是非破坏性的，可以使用参数来进行调整。运动挤压还可以使用效果器来控制挤出之后的形态。

接下来看一下运动挤压效果的应用。

在场景中创建一个宝石模型，然后创建一个运动挤压效果，将运动挤压效果拖拽至宝石对象的子级。可以看到宝石上的每个面被挤出，如下图所示。

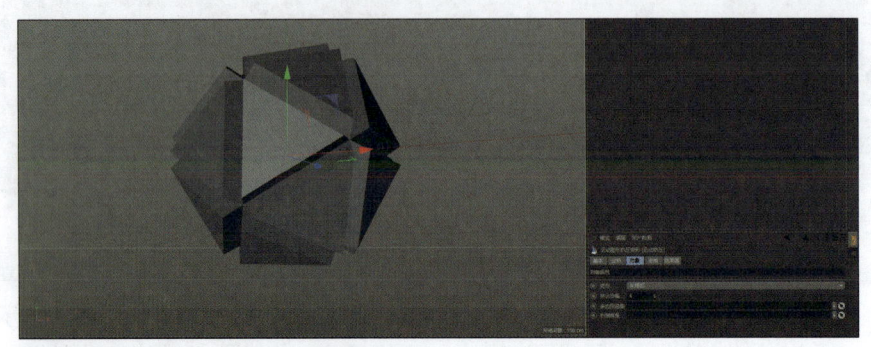

↑ 将运动挤压效果应用在宝石模型上的效果

» 10.22 运动挤压和多边形 FX 运动图形变形器

运动挤压效果的属性

选中"运动挤压",其参数如右图所示。"对象"选项卡下各属性的含义介绍如下。

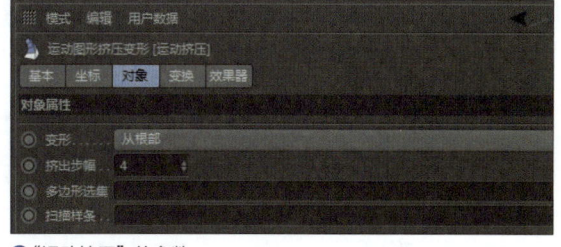

○ "运动挤压"的参数

"变形":主要是用来计算所挤出部分每一段的长度,有两种模式,在实际使用中差别并不是很大,这里不过多讲解。

"挤出步幅":设置每个面挤出的数量。将模型上的分段在视图中显示,可以看得更为清晰。所挤出的幅度,是由若干小的分段组成。这里将"挤出步幅"设置为"10",效果如下图所示。

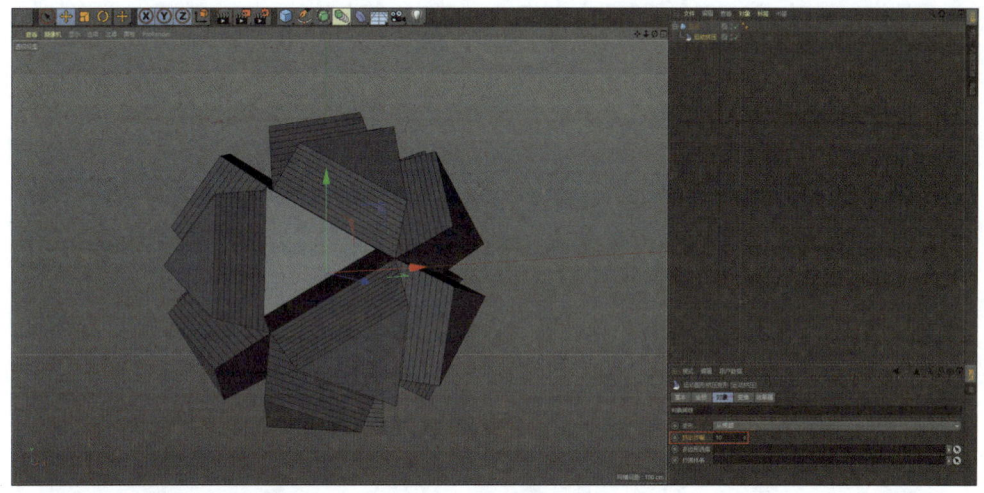

○ 设置"挤出步幅"为"10"的效果

"多边形选集":可以通过面选集标签来控制要挤出的面。

"扫描样条":可以使用样条来控制挤出部分的形态。将"挤出步幅"设置为"50",在场景中创建圆弧样条并拖拽至"扫描样条"属性框中,效果如下图所示。

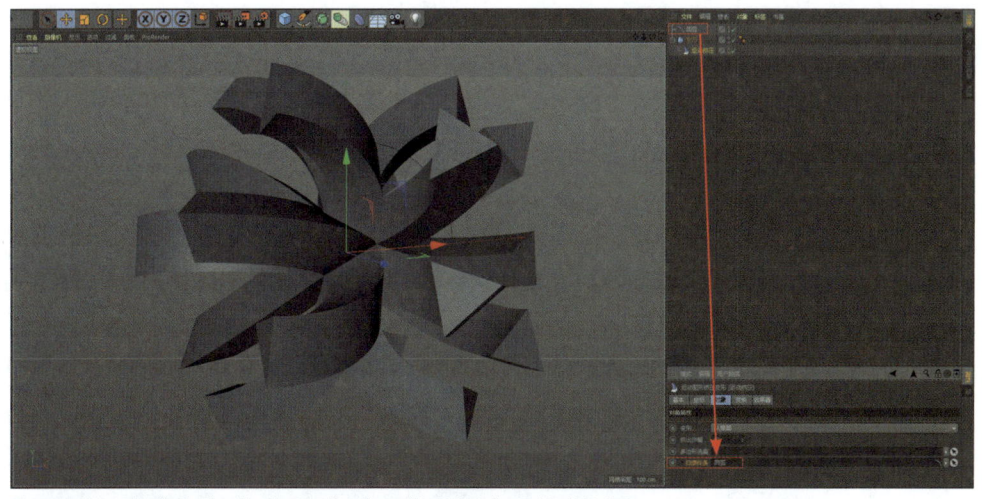

○ 设置"挤出步幅"为"50",将圆弧样条拖拽至"扫描样条"属性框中的效果

当"挤出步幅"设置的数值比较大时,所挤出部分最外侧的面会逐渐缩小。这是因为在"运动挤压"的"变换"选项卡下"缩放"的X、Y、Z三个轴向默认设置为"0.98",这会让所挤压出来的面逐渐缩小。设置"位置.Z"属性为"5cm",即每增加1个"挤出步幅"所移动的距离为5cm,如右图所示。

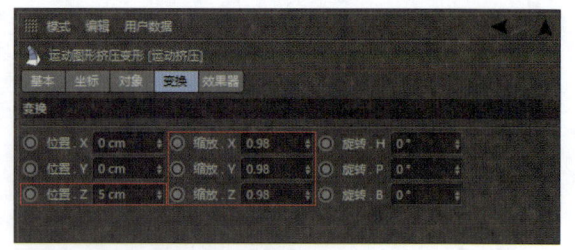

↑ 设置"变换"选项卡中的参数

多边形FX效果

多边形FX效果的主要作用是可以对物体的每一个面进行分离,并将所分离的面视为运动图形对象,结合效果器进行控制。这个变形器在动画制作中是很常用的,可以制作出一些酷炫的效果。

在场景中创建一个运动图形文本,并输入"CINEMA4D"文本。然后将"细分数"设置为"10",将"点插值方式"改为"细分",这样可以增加文本侧面的细分,效果如下图所示。

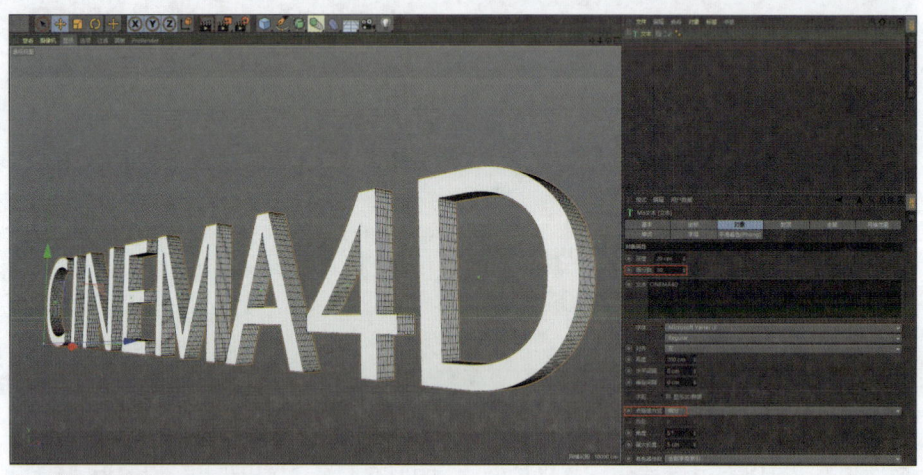

↑ 创建运动图形文本

然后将"封顶"选项卡下的"类型"改为"四边形",勾选"标准网格"复选框,将"宽度"设置为"2cm",可以增加文本正面的细分,如下图所示。

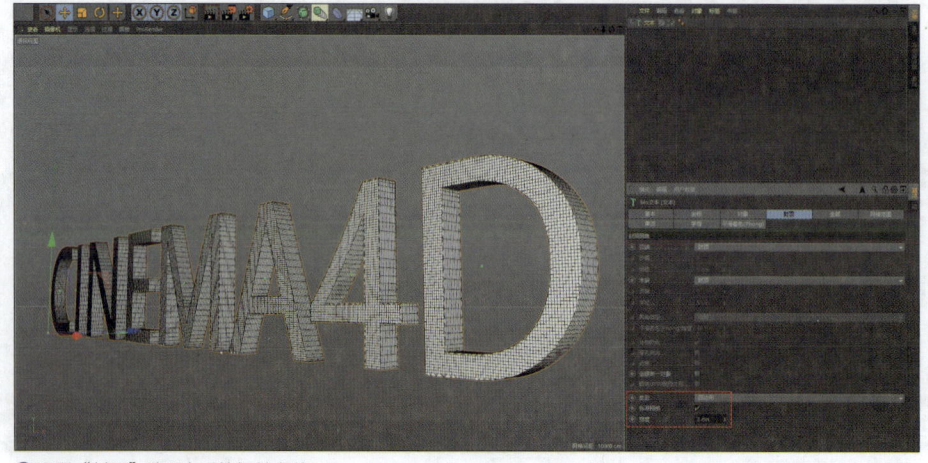

↑ 设置"封顶"选项卡下的相关参数

多边形FX效果的属性

创建一个多边形FX效果并拖拽至运动图形文本的子级。多边形FX效果的属性面板如右图所示。其中"对象"选项卡下各属性含义介绍如下。

↑ 多边形FX效果的参数

"模式":这里的模式有两种。选择"整体面(Poly)/分段"模式后,当多边形FX应用于样条,将会以样条的独立分段为单位进行拆分。选择"部分面(Polys)/样条"模式后,当多边形FX应用于样条时,将会以样条的分段为单位进行拆分。

应用到模型时没有太明显的区别。

这时当前多边形FX应用到运动图形文本子级时,并没有发生明显的区别。接下来我们选中多边形FX,创建一个随机效果器。可以看到文本上的每个面随机飞散,效果如下图所示。

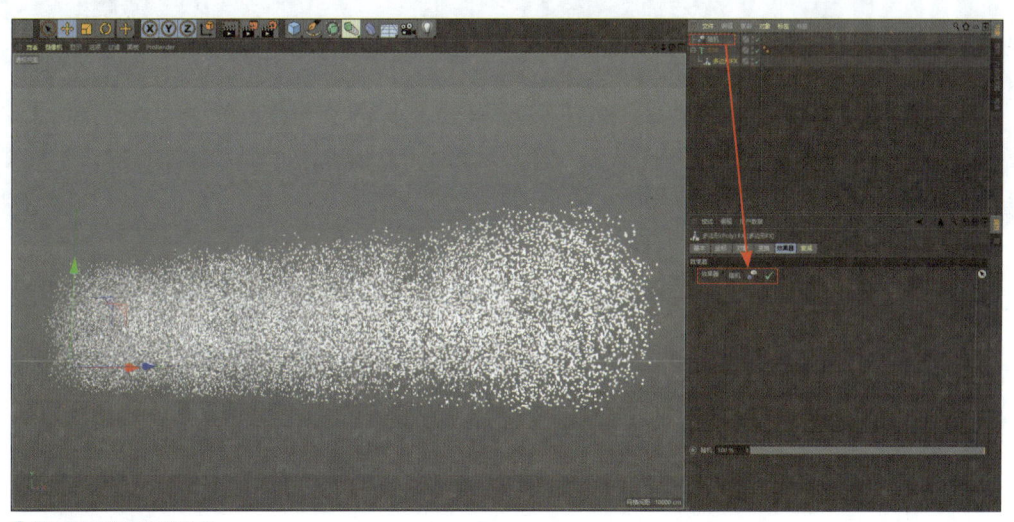

↑ 添加随机效果器的效果

在随机效果器的"衰减"选项卡下,添加线性域。移动线性域的位置,可以看到文字飞散的效果,如下图所示。

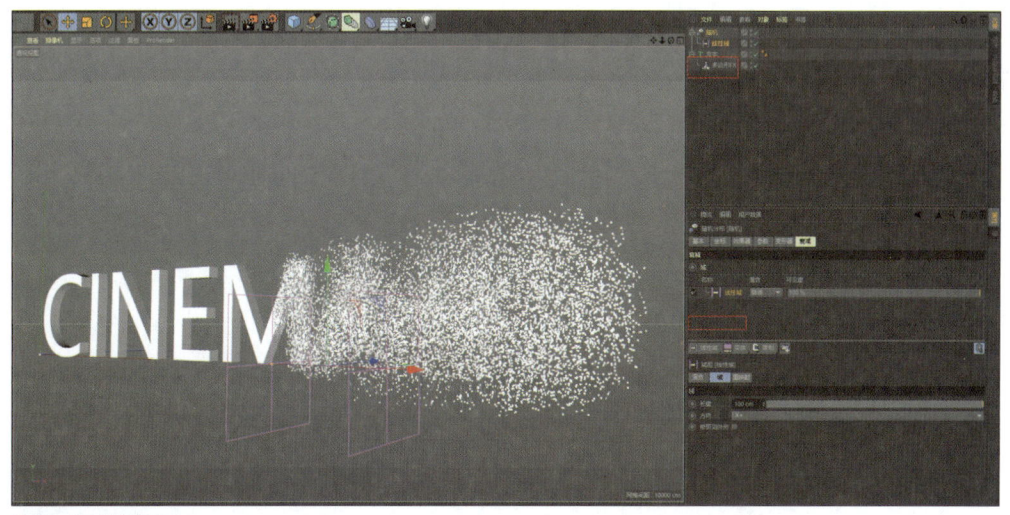

↑ 添加线性域的效果

如果想要飞散的区域完全消失，可以选中多边形FX，添加一个简易效果器，勾选"参数"下的"等比缩放"复选框，设置"缩放"为"-1"。然后将随机效果器下面的线性域拖至简易效果器"衰减"选项卡下的域列表中。这样两个效果就共同使用一个线性域，效果如下图所示。

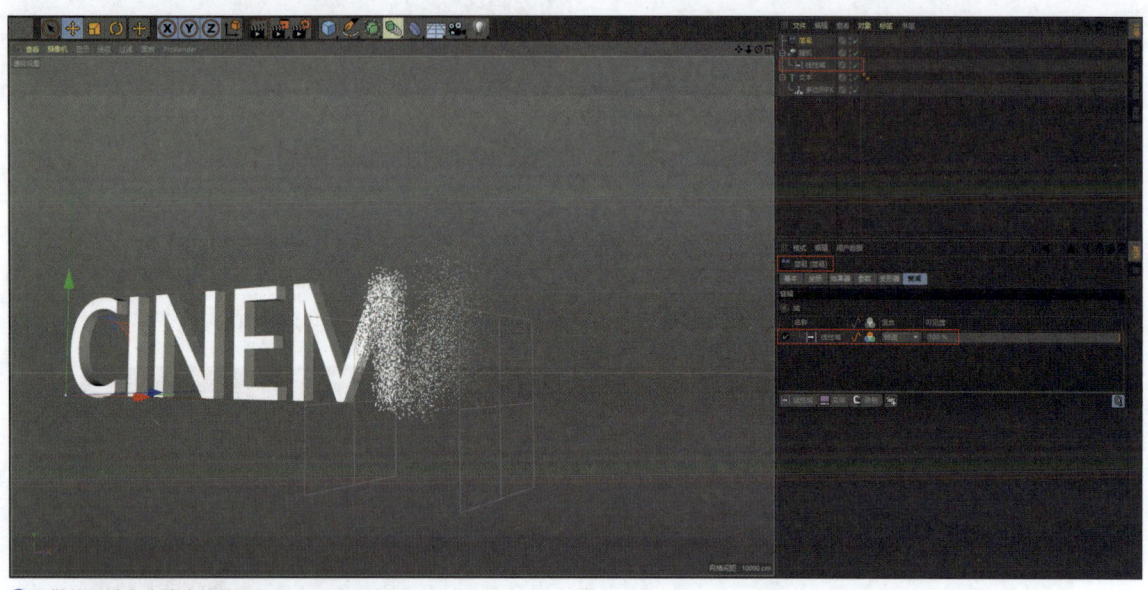

↑ 飞散的区域完全消失的效果

此时只需要给线性域添加关键帧，就可以完成文字的飞散动画效果。

11.1 模型建立
11.2 材质渲染
11.3 画面调色
11.4 动画制作与渲染输出

11

基础工作流程——制作ins风格循环动画

11 基础工作流程——制作ins风格循环动画

本章我们将通过ins风格循环动画案例的制作过程，详细介绍C4D的整体工作流程。

C4D的工作流程大致分为建模、材质渲染、动画、输出合成。而在本章节中，主要目的是了解流程，所以在制作案例时，会尽可能将制作步骤进行简化，例如模型尽量使用一些较为简单的基础模型、材质尽量使用预设等方式，在短时间内使大家对整体工作流程有一个详细的了解。

本章制作的ins风循环动画案例的整体是一个英文字母"E"的设计，旁边加了一些小的配饰，材质以干净整洁为主，且其中的部分材质通过预设就可以达到比较好的效果。渲染器是Redshift，动画主要集中在管道中间的运动、齿轮的翻转等，调色也是在C4D中完成的。

案例的最终渲染效果，如下图所示。

◎ 本案例的最终效果

接下来就让我们进入到案例的学习。

11.1 模型建立

这一节将会对案例中的设计字体和场景中的元素进行模型搭建，通过练习能够熟练掌握C4D的参数化建模思路。

建模准备

首先将参考图打开。在建模开始之前，要考虑到场景的构图，而构图的画幅取决于作品的用途，以及要投放在哪个平台使用等。这里设定作品为**正方形**画幅比。打开C4D的"渲染设置"面板中，将"宽度"和"高度"均改为"**1280**"，并勾选"**锁定比率**"复选框，如下图所示。

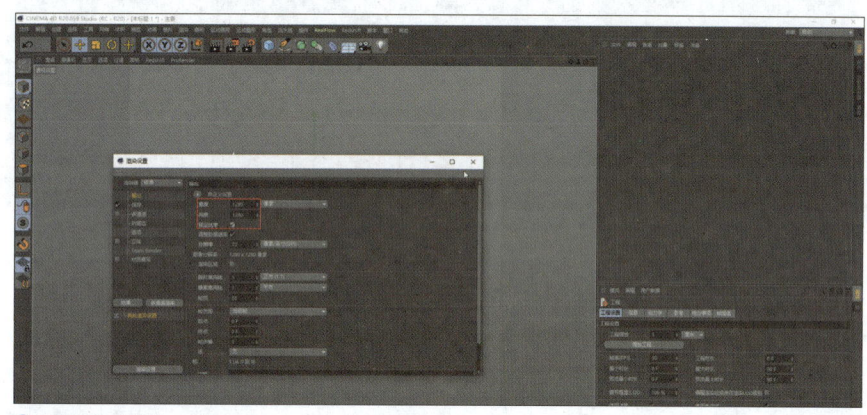

↑ 设置渲染的参数

此时C4D视图两侧出现了灰色的**遮幅**，而遮幅下的画面是无法被渲染出来的，因此在调整构图时要注意。

新建一个平面，并适当放大，作为这个场景的地面，如下图所示。

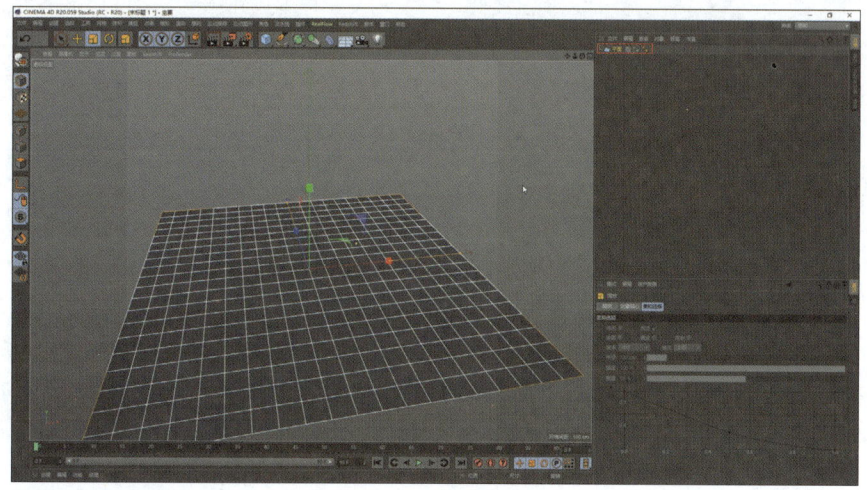

↑ 在场景中新建平面

365

» 11 基础工作流程——制作ins风格循环动画

为了方便调整构图，使遮幅看起来更明显，在"视窗"面板中切换到"查看"选项卡，将遮幅的"**透明**"属性改为"25%"，如下图所示。

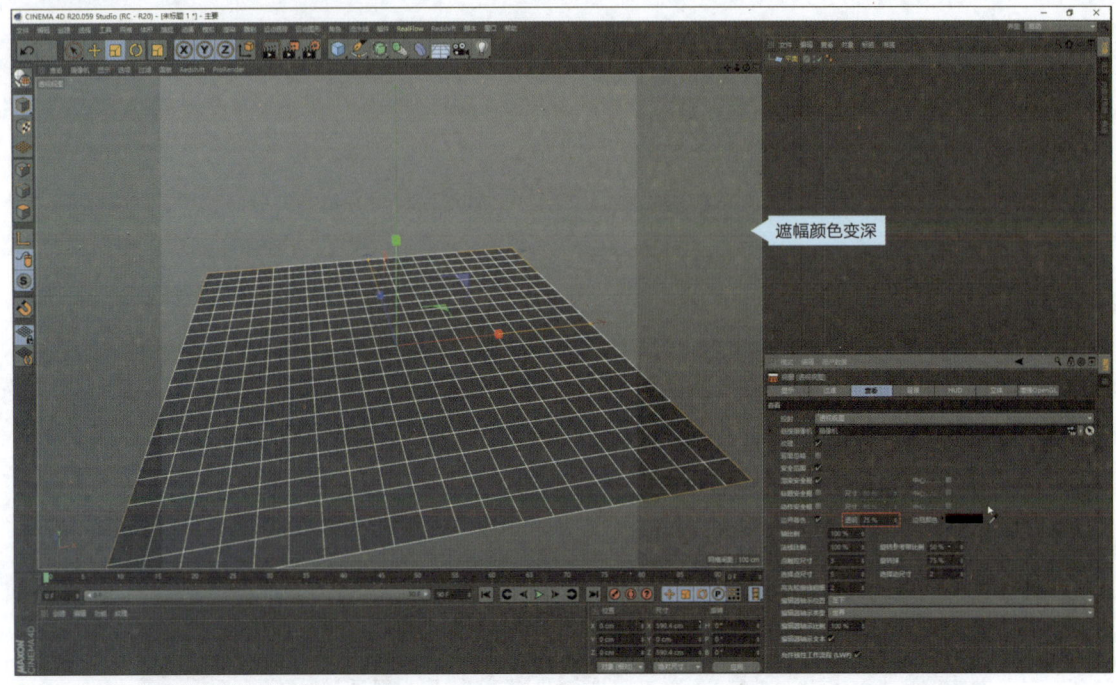

↑ 设置遮幅的"透明"属性为"25%"

新建一个摄像机，在摄像机的属性面板中切换到"对象"选项卡，将"**焦距**"属性改为"75"。这样操作是为了减少画面的畸变，如下图所示。

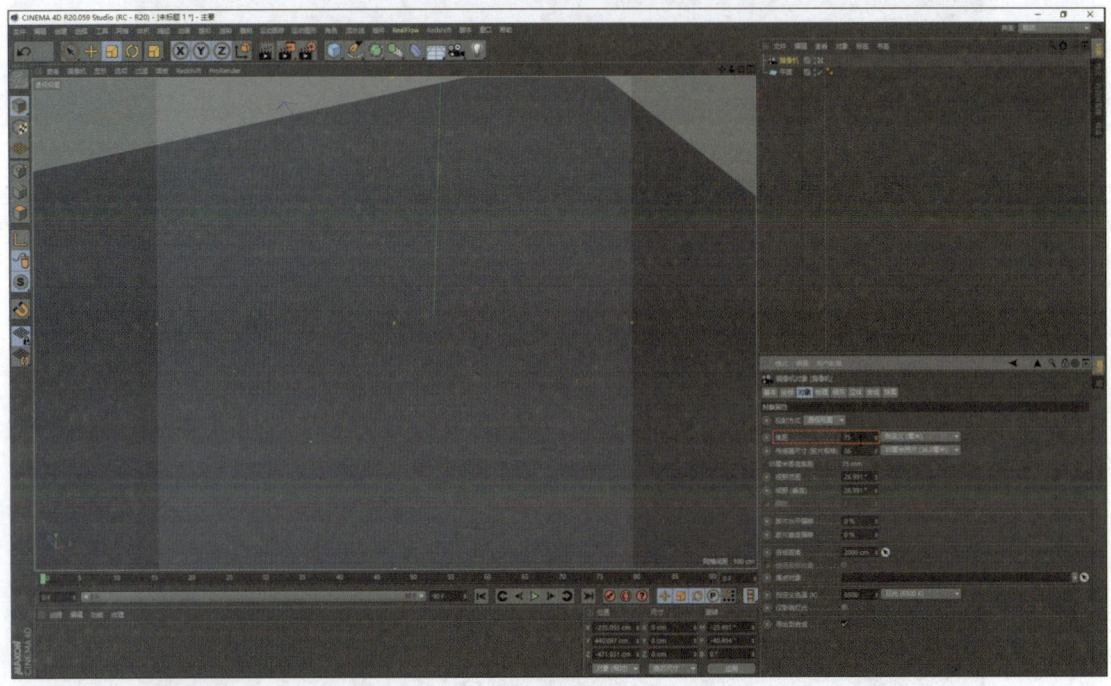

↑ 创建摄像机，并设置"焦距"为"75"

创建文本样条

在场景中创建一个文本样条，将文本改为字母"E"，如下图所示。

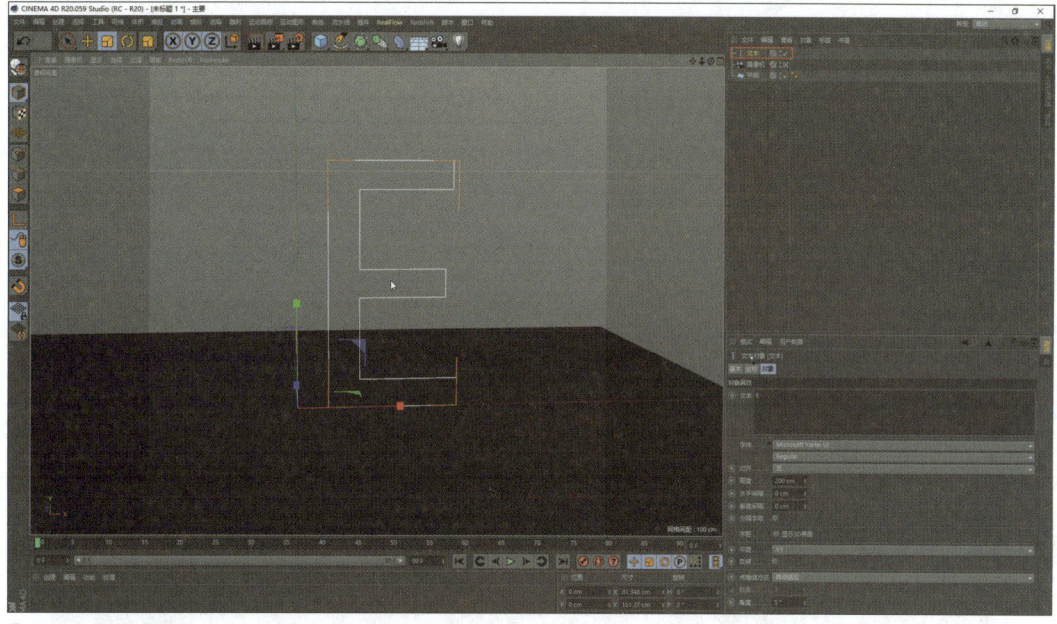

◐ 创建一个文本样条

创建文本时，可以使用一种字体形态比较正方的字体，或者手动将字体拉宽。需要注意的是，如果进行手动缩放，需要将字母"C掉"，因此一定要先设置好形态再"C掉"挤压。并将文本的"对齐"改为"中对齐"。

按R键进入对象的旋转模式，将对象在 X 轴上旋转"-90°"，如下图所示。

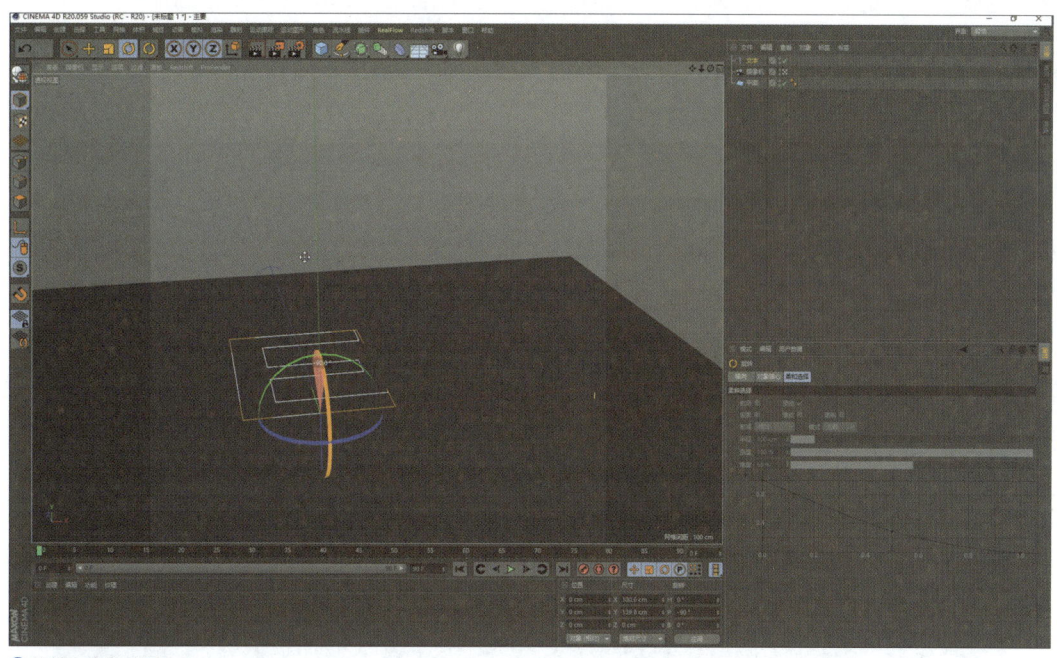

◐ 旋转文本的效果

调整基本构图

接下来就可以根据文本对象和地面的位置关系去调整基本构图了。这时可以在摄像机对象的属性面板中切换到"合成"选项卡，勾选"网格"复选框，可以利用画面中出现的九宫格辅助构图，如下图所示。

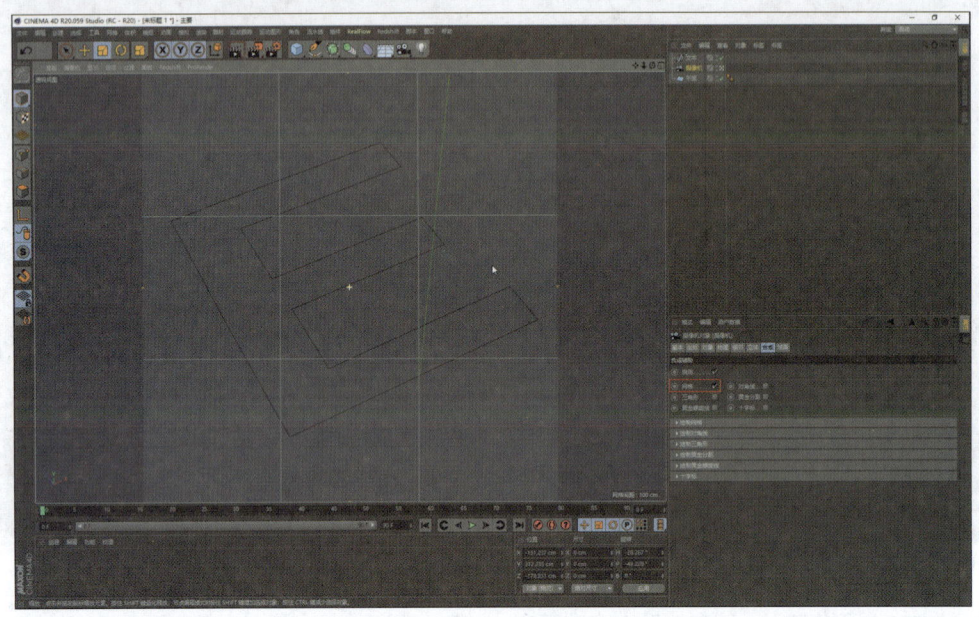

↑ 勾选"网格"复选框

新建管道对象

对于字母"E"的建模，我们先从主体的结构开始，画面中的配饰一般在主体建模完成之后，根据画面构图需要再去添加。

先来制作字母"E"最上面那一横。

新建一个管道对象，缩放后放置在字母"E"的左上角作为底座，如下图所示。

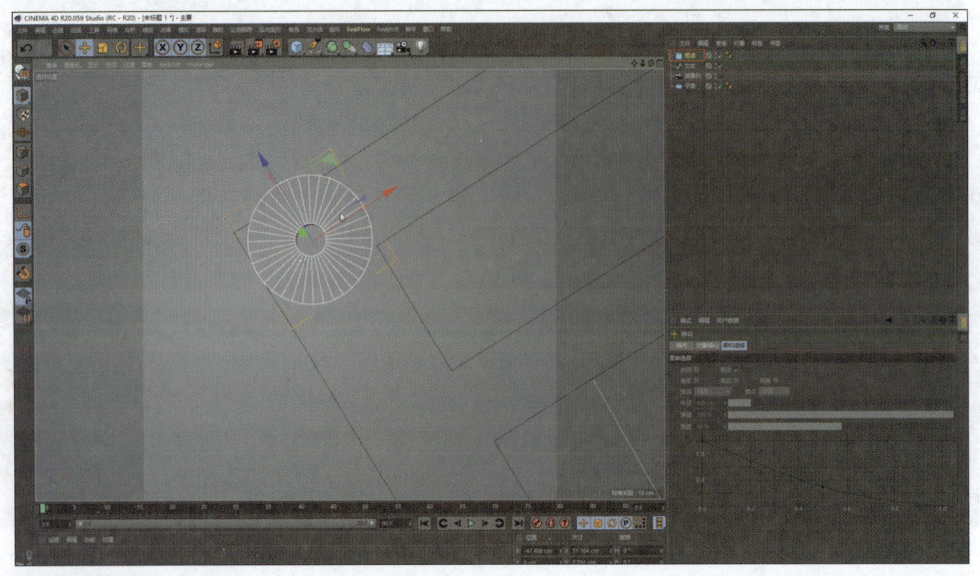

↑ 创建管道对象

调整管道的内外半径及厚度，如下图所示。

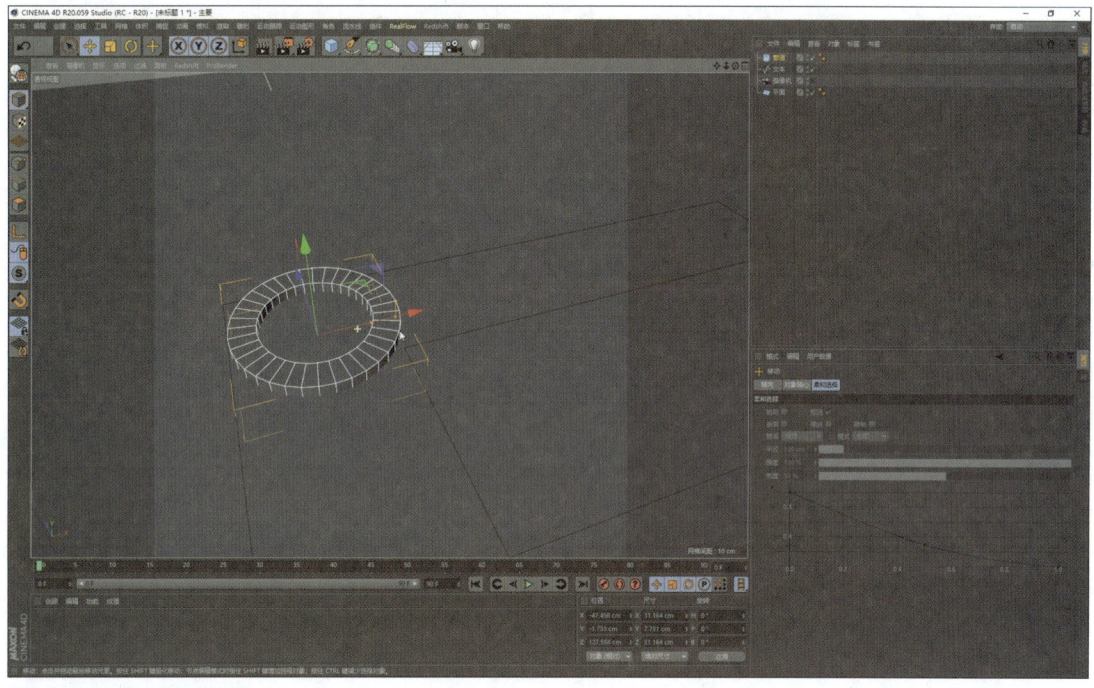

🔵 调整管道相关参数后的效果

然后对管道进行复制。如果直接用按住Ctrl键拖拽的方式进行复制，会发现在修改管道的大小或半径等，需要对场景中的每一个管道逐一进行修改，比较麻烦，这时可以用之前介绍过的**实例生成器**。选中管道之后，添加一个实例，这时在大纲中会出现一个"管道 实例"，选中这个实例并挪至对应的位置，如下图所示。

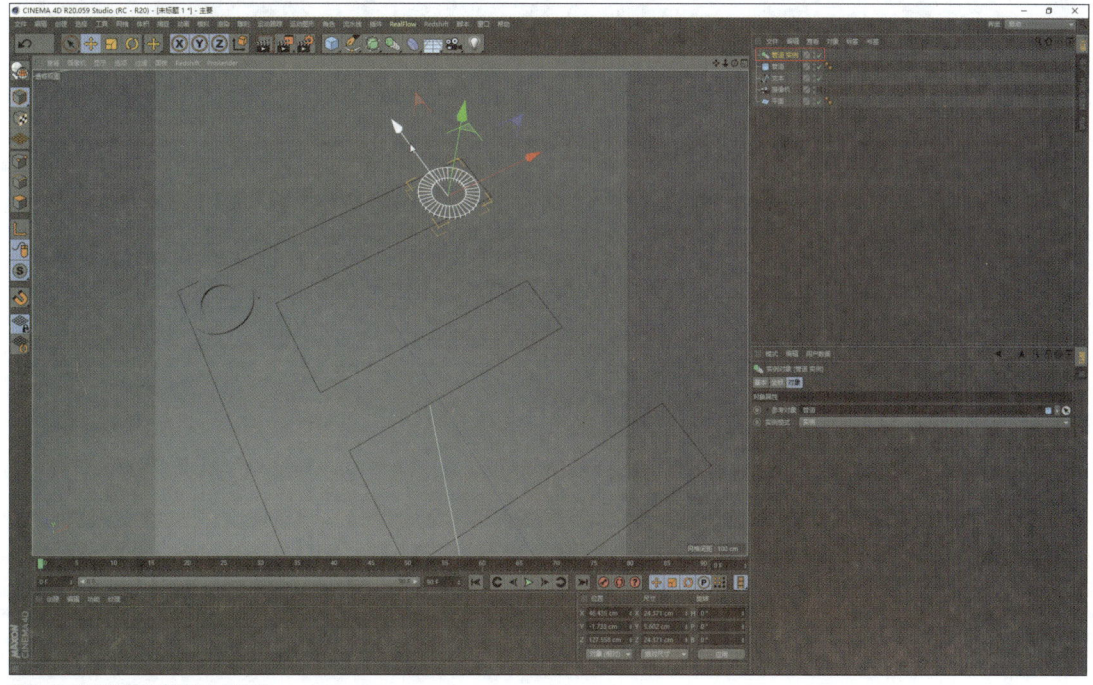

🔵 添加管道实例并移到对应位置

有了实例之后就可以直接用按住Ctrl键拖拽的方式复制实例了，复制另外四个管道，并移动到对应的位置，如下图所示。

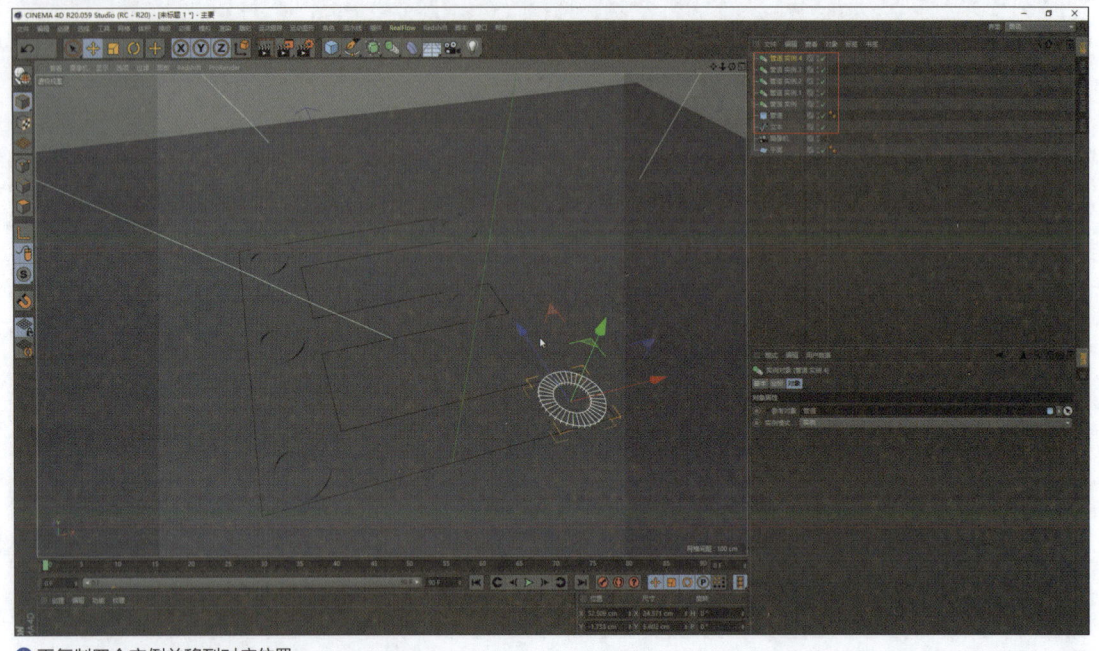

↑ 再复制四个实例并移到对应位置

使用实例对象的好处是，对原始模型进行一些外观上的改变，例如改变半径、增加倒角之类的操作，其他所有实例都会随之发生改变。

给管道添加一个圆角，并增加旋转分段和封顶分段，如下图所示。

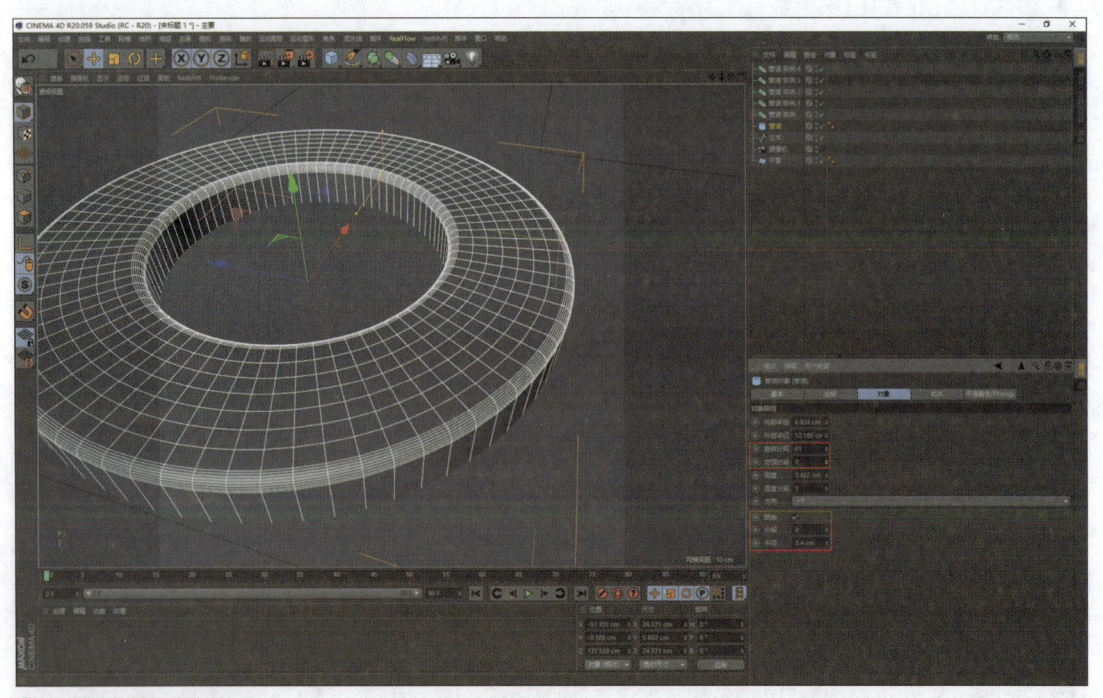

↑ 为管道添加圆角并设置参数

制作中间的透明管道模型

接下来制作中间的透明管道模型,这里用到的是扫描生成器。

新建一个矩形,并添加一个圆角,如下图所示。

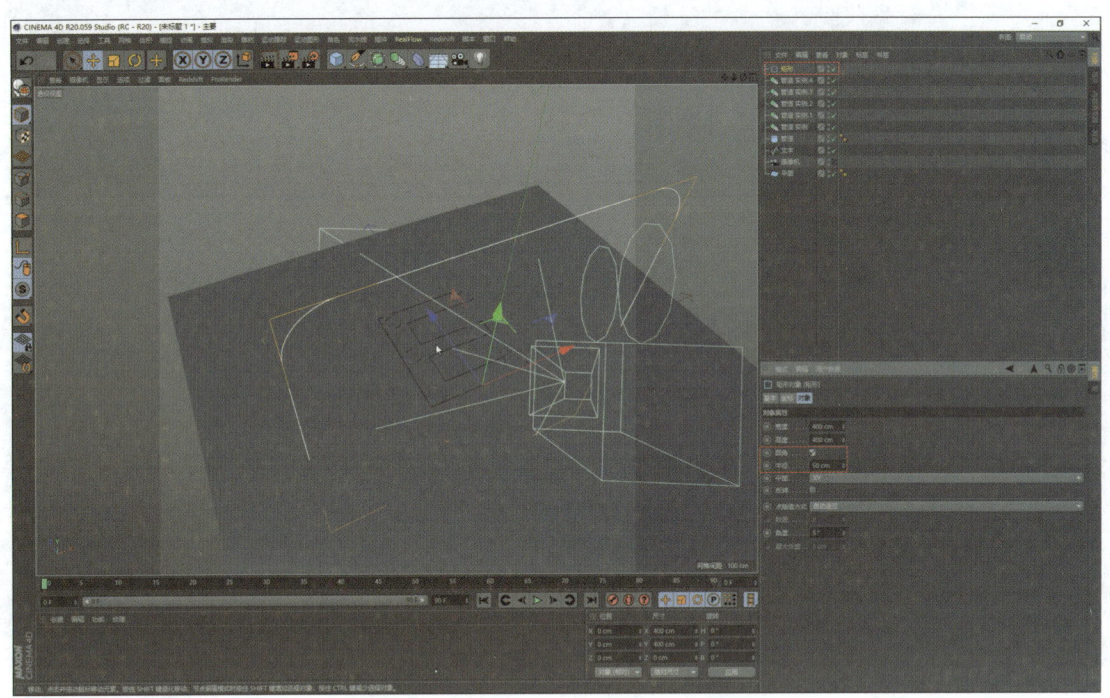

↑ 新建矩形并应用圆角

调整矩形的大小和位置,如下图所示。

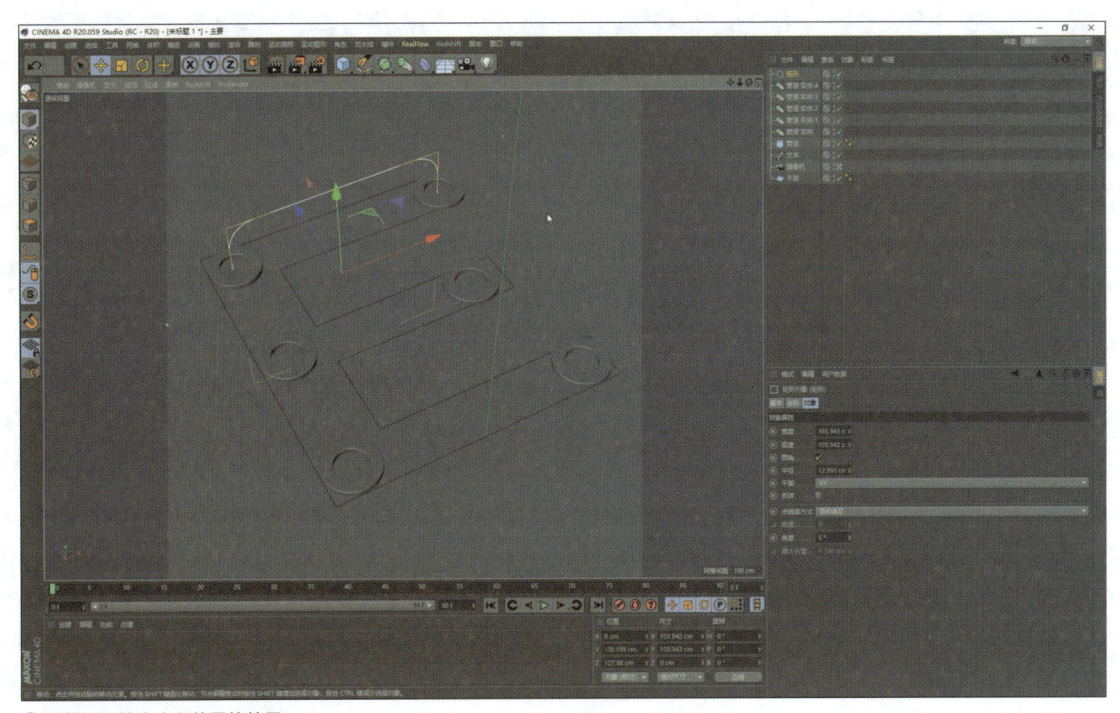

↑ 调整矩形的大小和位置的效果

新建一个扫描，再新建一个花瓣，利用花瓣作为扫描的横截面，将花瓣和矩形拖拽至扫描的子级，如下图所示。

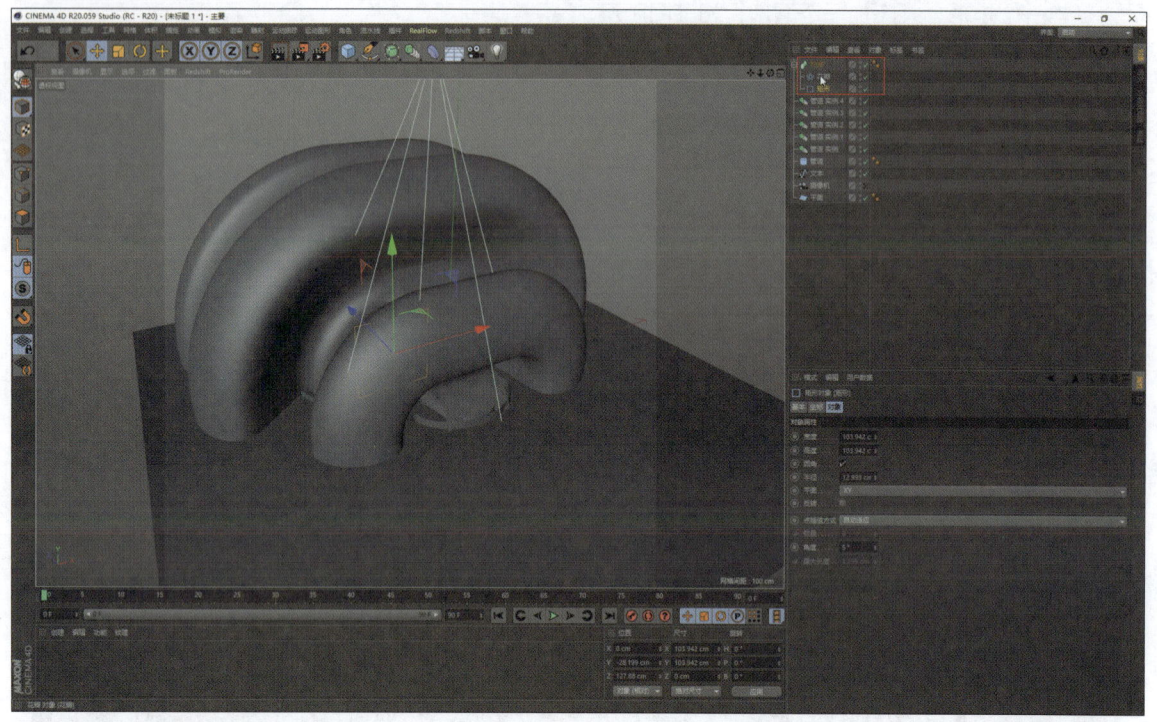

⬆ 利用花瓣作为扫描的横截面

选中花瓣，直接进行缩放，用来调整透明管道的粗细，如下图所示。

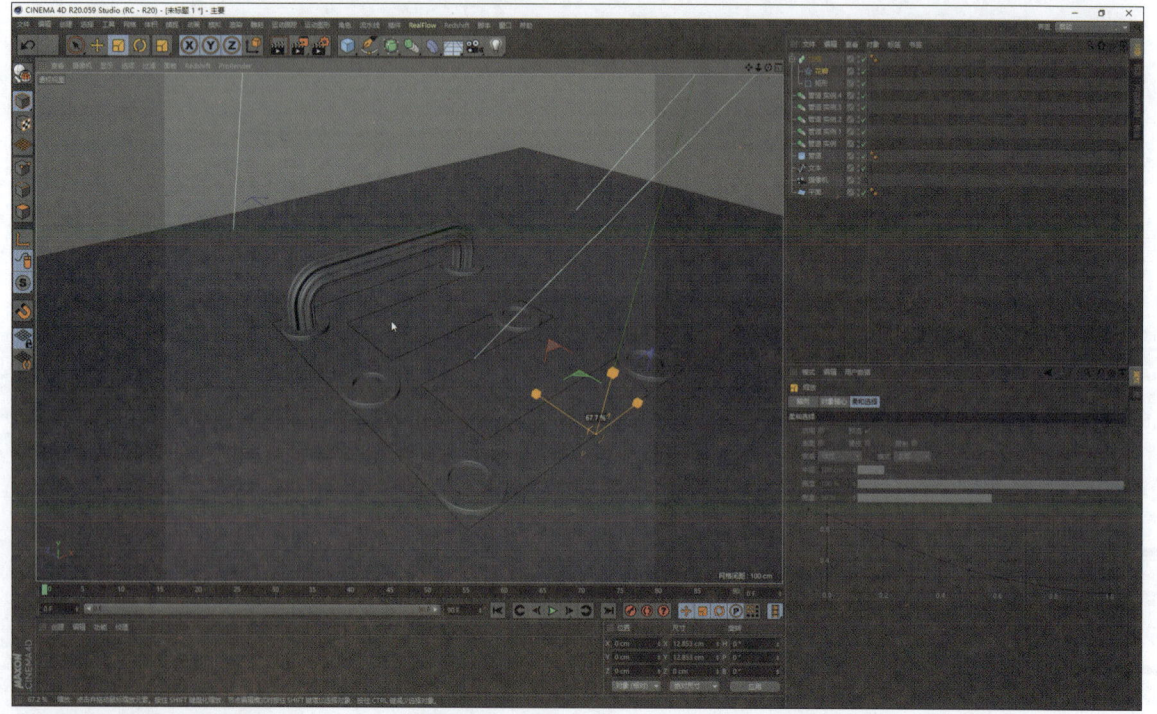

⬆ 调整管道的粗细

这时可以看到管道的细节没有处理好，这是由花瓣的形态决定的，调整花瓣属性中的"内部半径"和"外部半径"，并增加"花瓣"值至"12"，如下图所示。

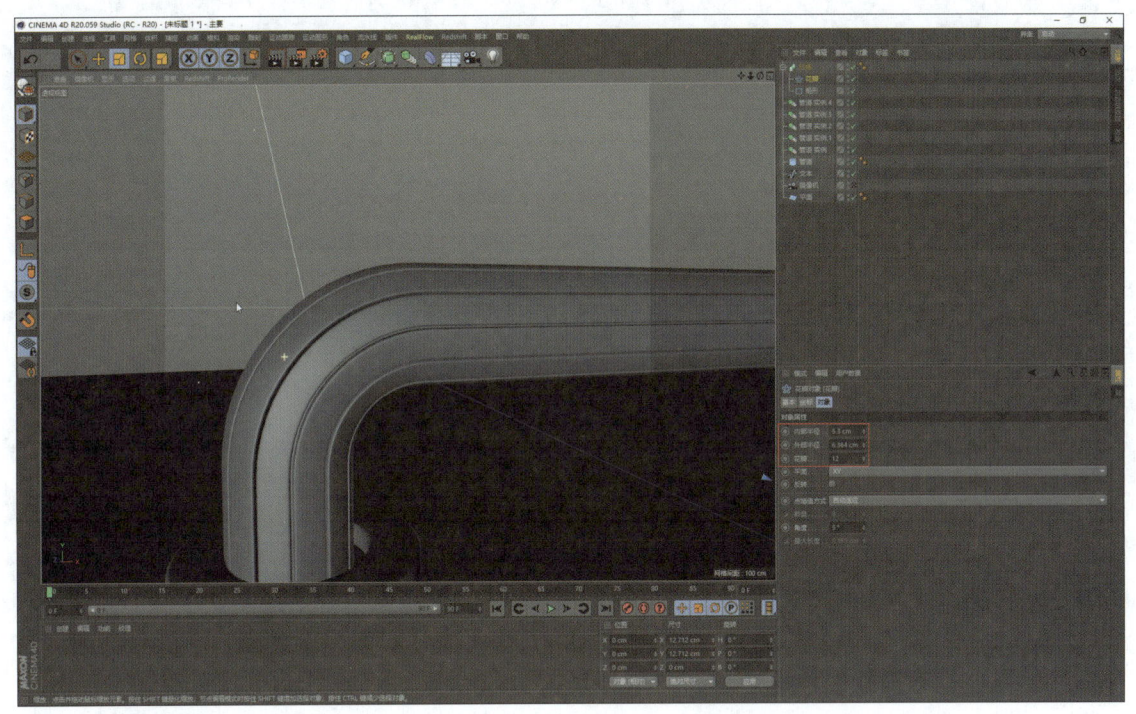

↑ 进一步调整花瓣的参数

细致调整矩形的位置和花瓣的大小，使透明管道能够居于中间位置。这样字母"E"最上面的管道模型就做好了。复制管道并移动至字母"E"最下面的一个笔画，如下图所示。

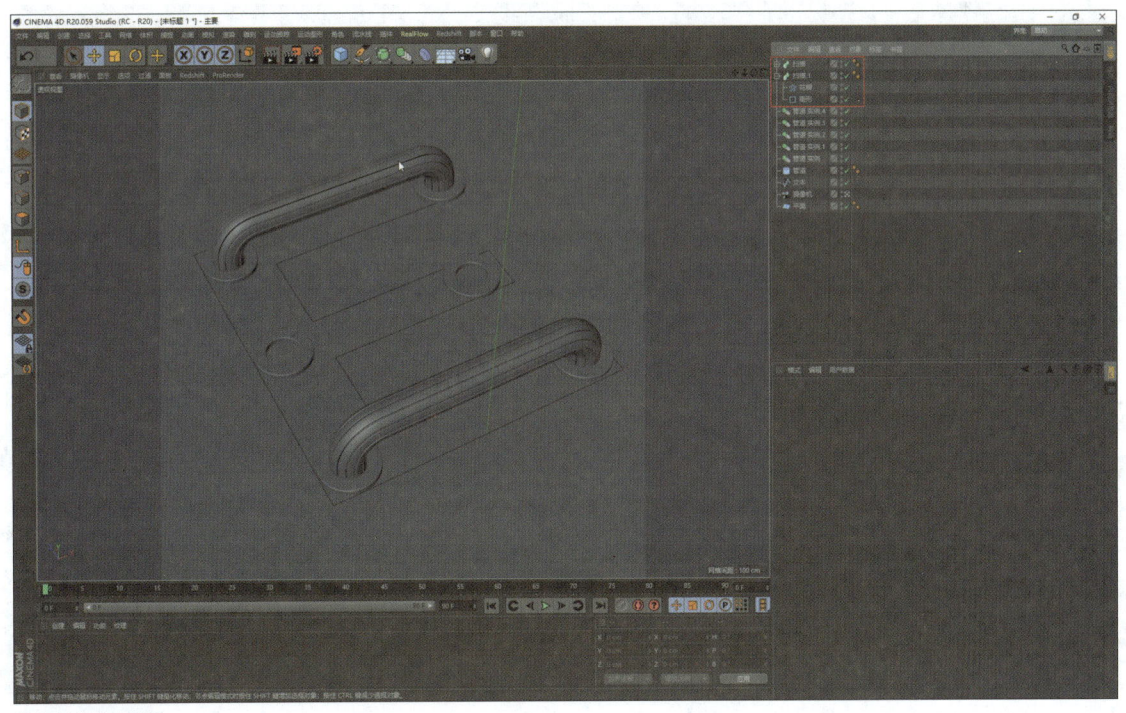

↑ 复制并移动管道

» 11 基础工作流程——制作ins风格循环动画

在移动复制的管道时，有可能会出现**轴不在中心**的情况，如下图所示。

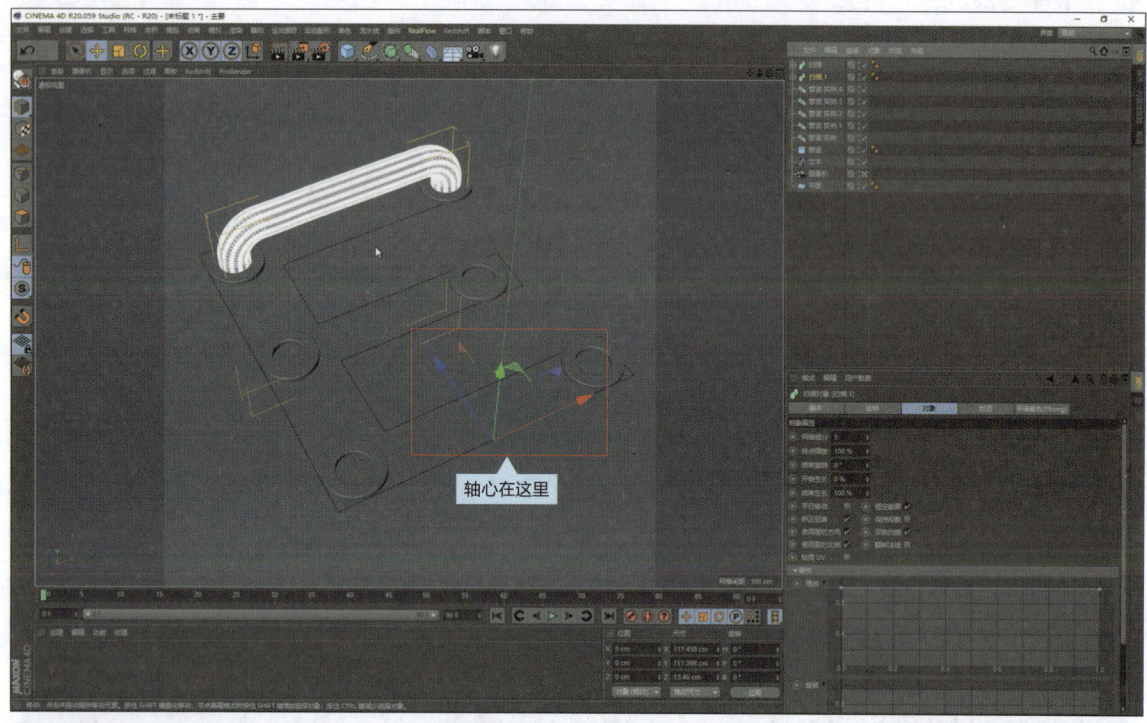

↑ 轴不在中心

我们可以在对象管理器中选中扫描生成器下的矩形，在菜单栏中选择"网格"—"重置轴心"— "使父级对齐"命令，使扫描生成器的轴与矩形的轴对齐，如下图所示。

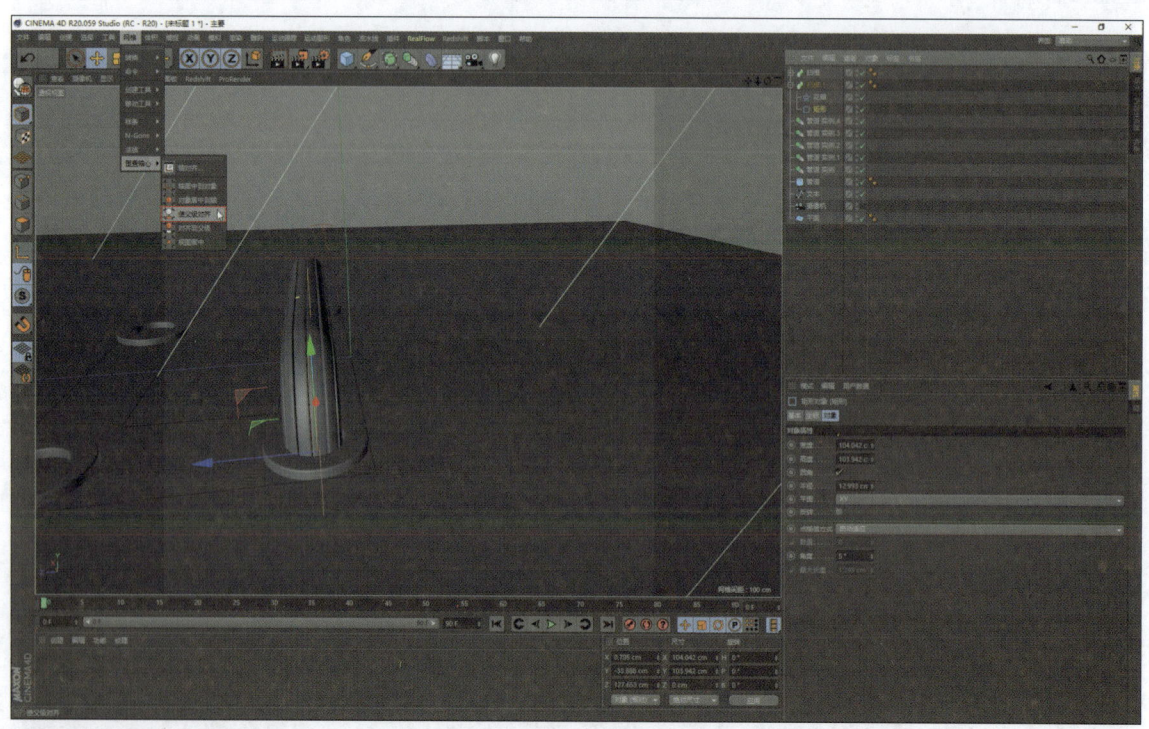

↑ 选择"使父级对齐"命令

再次复制一个管道，做字母"E"中间的笔画。但中间的笔画相对比较短，要使矩形变小，可以在矩形属性中调整"宽度"值，如下图所示。

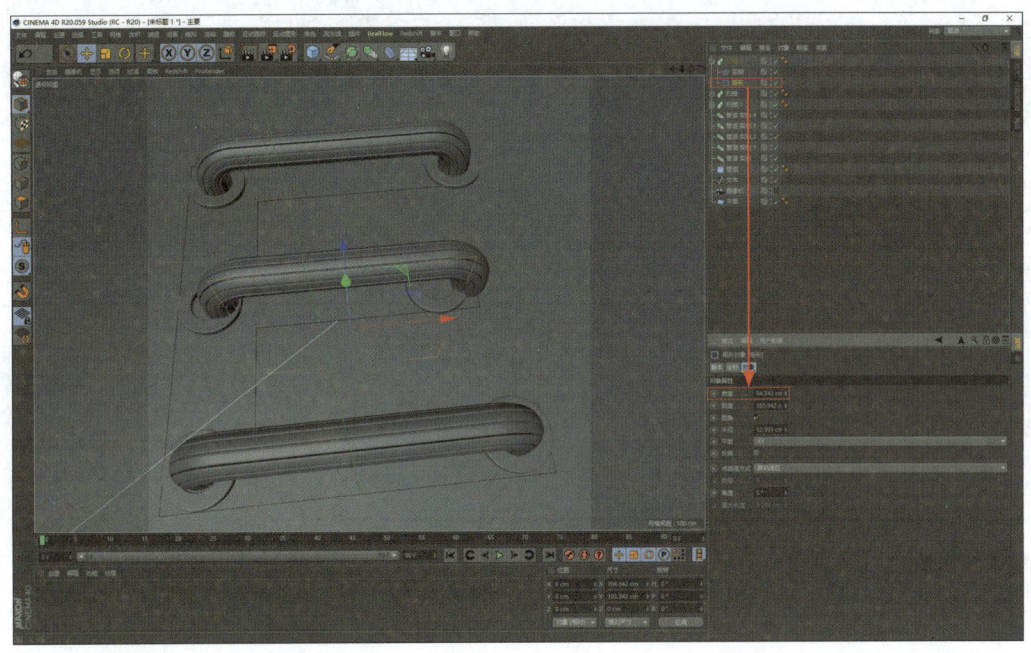

🔼 调整管道的宽度

这时可以再次对每一个管道模型进行细致的调整，这一步是需要不停地重复的，因为我们不可能调整每一个模型的大小和位置都一步到位。

字母"E"竖着的那一笔画，是由若干个小管道组成的，制作方法和之前是一样的，这里就不再重复讲解了。如果制作过程中遇到问题，可以观看随书视频，这一部分会在视频中讲解。下图是完成这一步之后的效果。

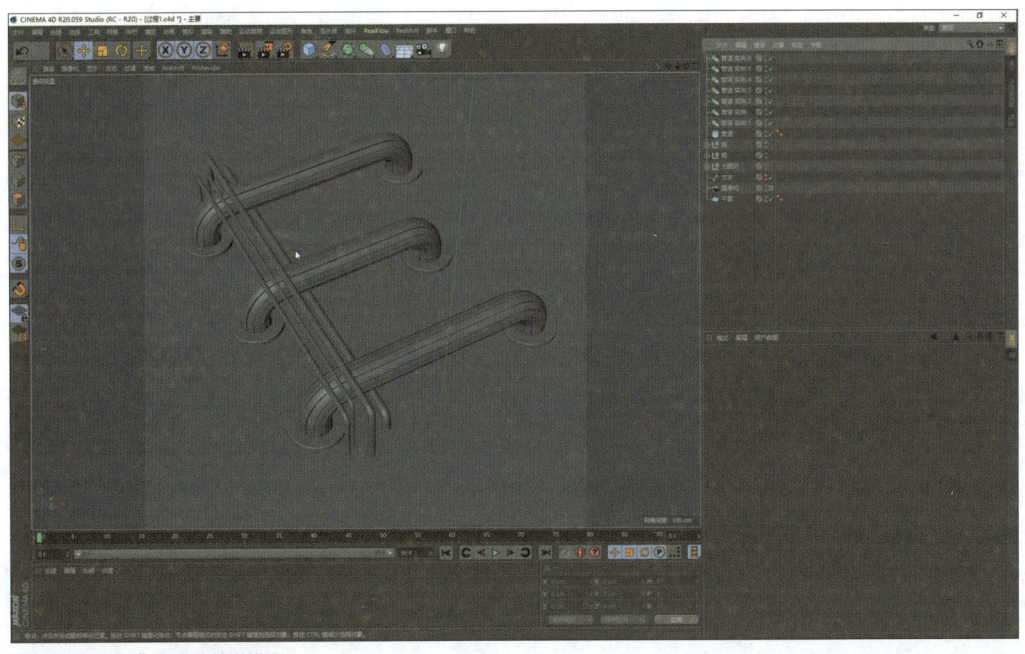

🔼 制作字母"E"竖着的管道模型

» 11 基础工作流程——制作ins风格循环动画

此时看地面下面的模型（也就是场景的下方），管道是和上面连起来循环的，如下图所示。

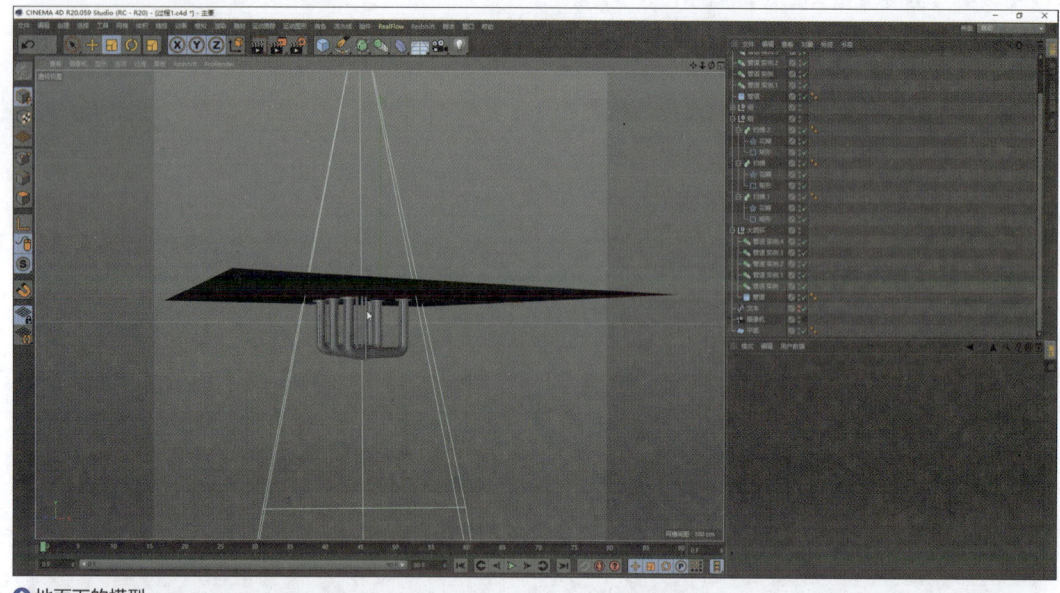

↑ 地面下的模型

这样我们在做动画的时候，透明管道内部的元素可以将管道作为载体进行内部循环的运动，使整个动画呈现循环的状态。因此这里如果将地面的下半部分删除了，就会不太好做动画了。这也是我们在搭建场景时需要注意的地方，要随时想到后续在制作动画时怎样会更方便。

制作管道内部的元素

接下来我们制作管道内部的元素。

选中横向的三个管道，也就是三个扫描对象，勾选"透显"复选框，如下图所示。

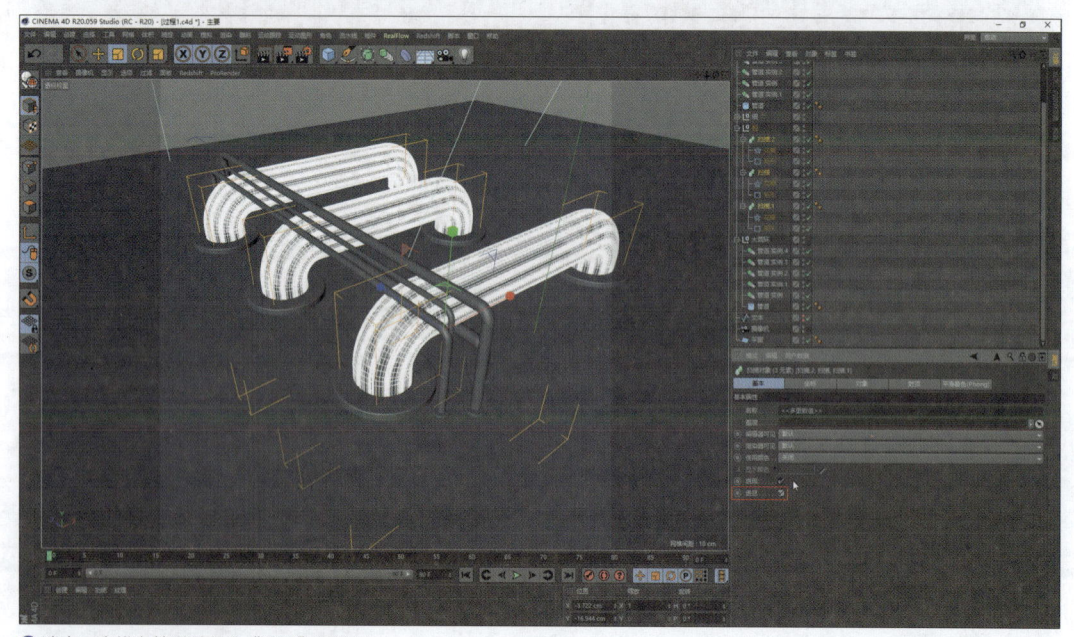

↑ 选中三个横向管道并勾选"透显"复选框

这时管道会和地面产生一个穿插，管道透显之后，也和地面上的圆环发生了穿插，如下图所示。

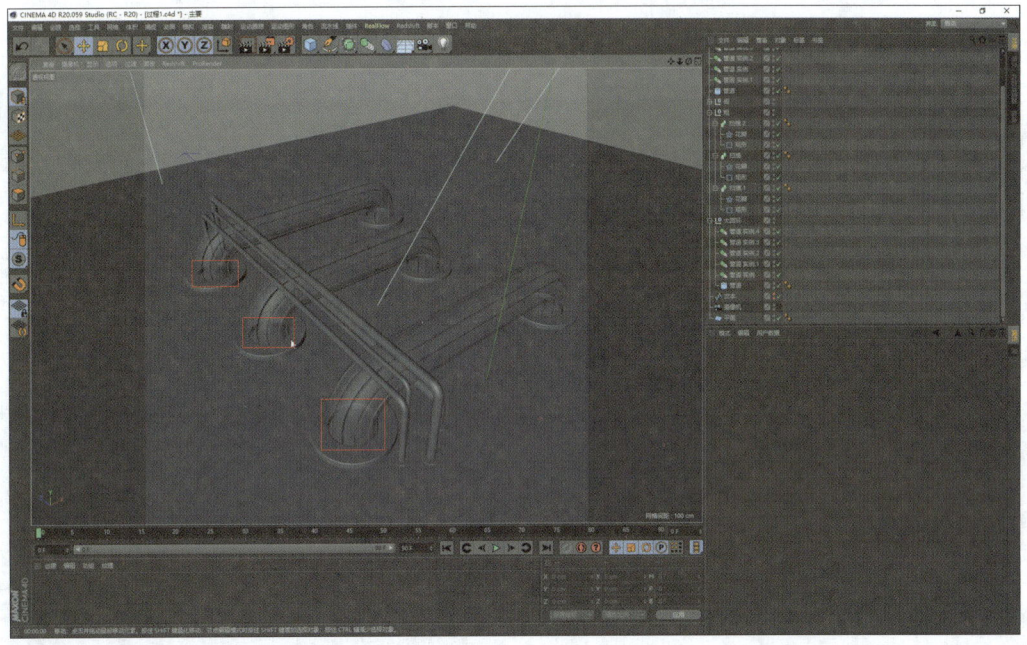

⬆ 在模型中发生穿插

透显在很大程度上可以帮助我们观察场景中的模型有没有问题。需要注意的是，这里的透显只是一个操作视图中的透明显示，并不是为模型赋予了一个透明材质。在开启透显时渲染场景，模型依旧是默认材质状态。

地面上圆环的穿插比较好解决，手动微调一下位置就可以了。而透明管道和地面的穿插需要开孔来解决。

新建一个圆柱，将圆柱拖拽至地面圆环的子级，执行"网格"—"重置轴心"—"对其到父级"命令，如下图所示。

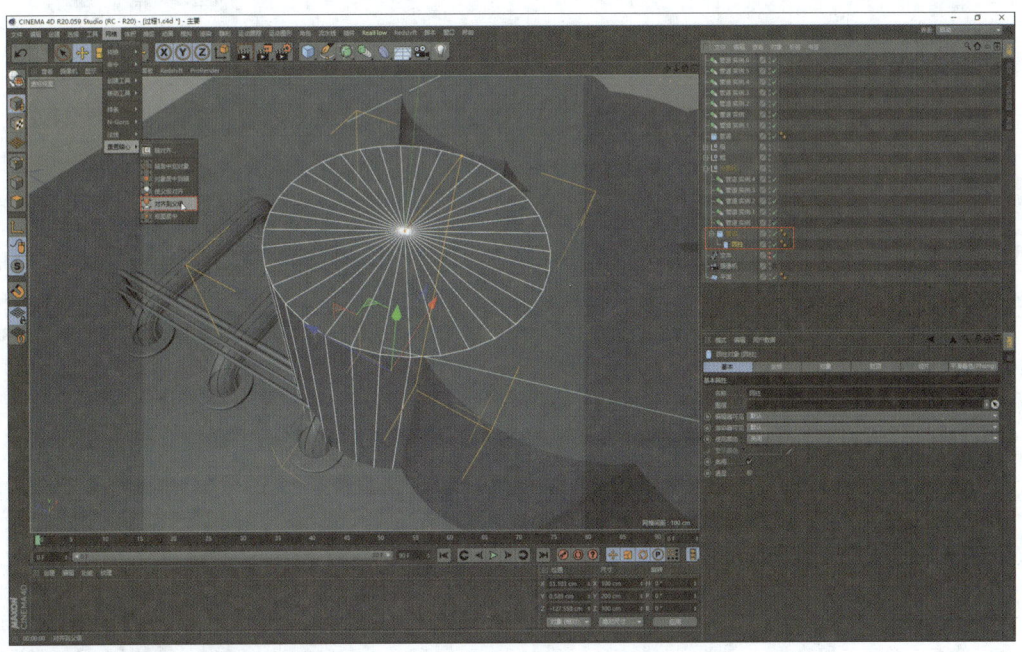

⬆ 创建圆柱并选择"对齐到父级"命令

» 11.1 模型建立

377

这时圆柱就对齐到圆环的位置了。调整圆柱的大小，可以比圆环稍微大一些。再将圆柱从子级中拖拽出来，复制出5个圆柱并**分别**拖拽至另外5个圆环的子级，再统一执行"网格"—"重置轴心"—"对齐到父级"命令，如下图所示。

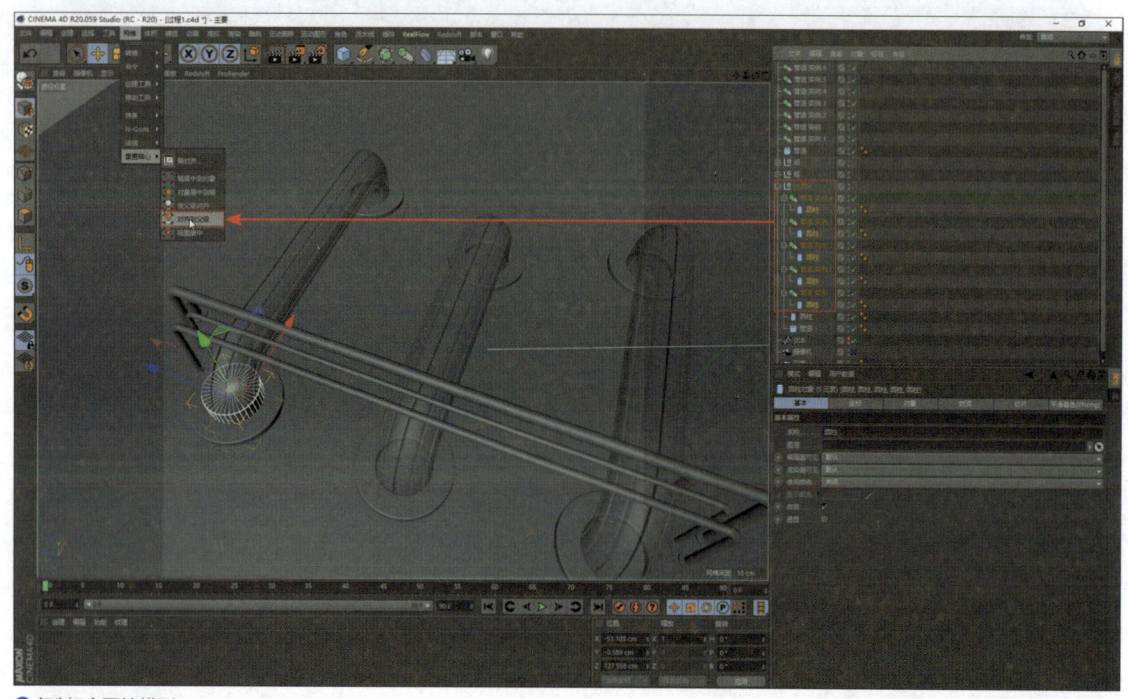

◐ 复制5个圆柱模型

全选**所有的**圆柱并"C掉"，在对象管理器中的圆柱上右击，选择"连接对象+删除"命令，如下图所示。

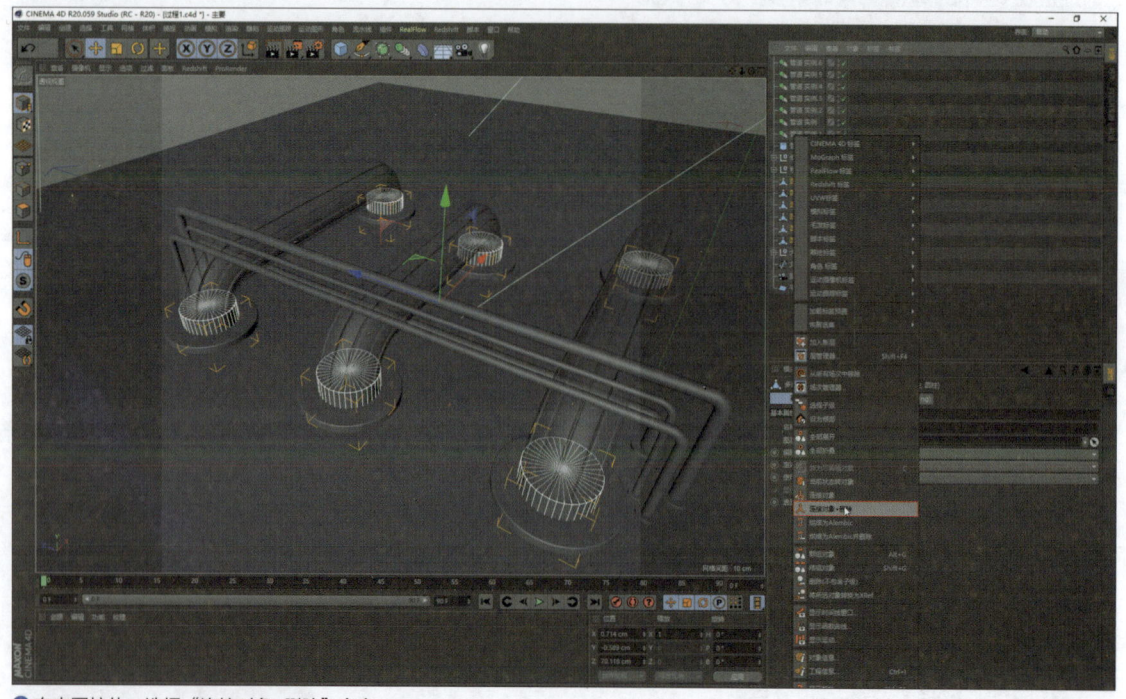

◐ 右击圆柱体，选择"连接对象+删除"命令

添加一个布尔生成器，将圆柱和地面拖拽至布尔的子级。要注意这里的顺序，是地面减圆柱，所以地面在上，圆柱在下。这时就解决了地面穿插的问题了，如下图所示。

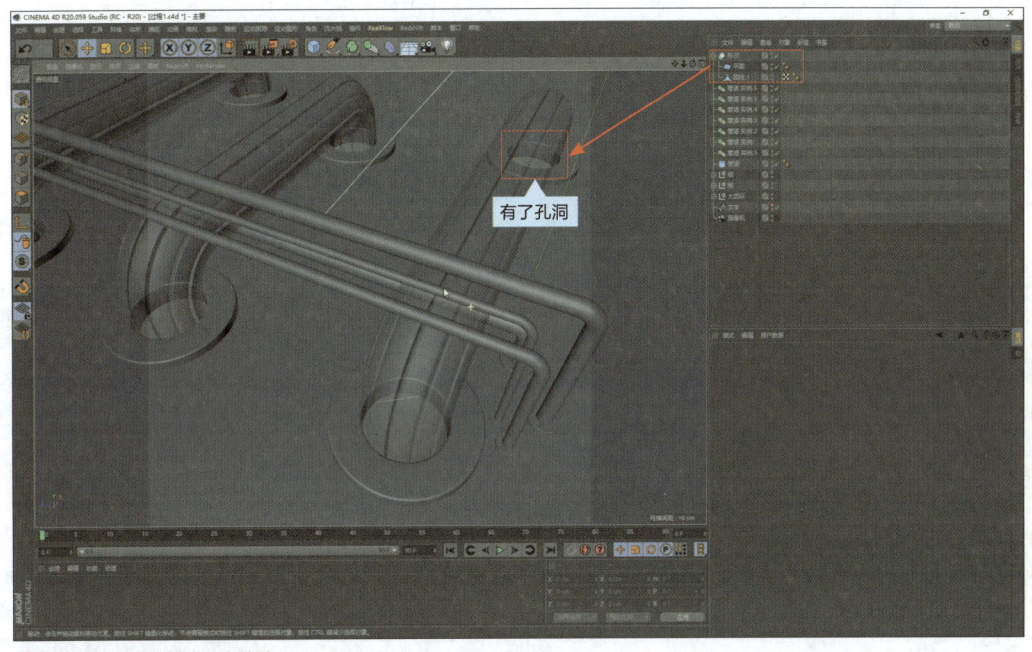

↑ 利用布尔生成器在地面上挖孔

而竖着的那几个管道也存在这个问题，我们用同样的方法，通过给地面开孔来解决。方法是一样的，这里就不再重复讲解了，具体操作步骤，用户可以观看随书视频。

需要注意的是，为了节省制作资源，我们这里没必要做两次布尔。把圆柱复制并调整好位置之后，把这些圆柱同之前的圆柱全部合并，再在对象管理器中右击，选择"连接对象+删除"命令，让地面统一减去这些大大小小的圆柱就可以了，如下图所示。

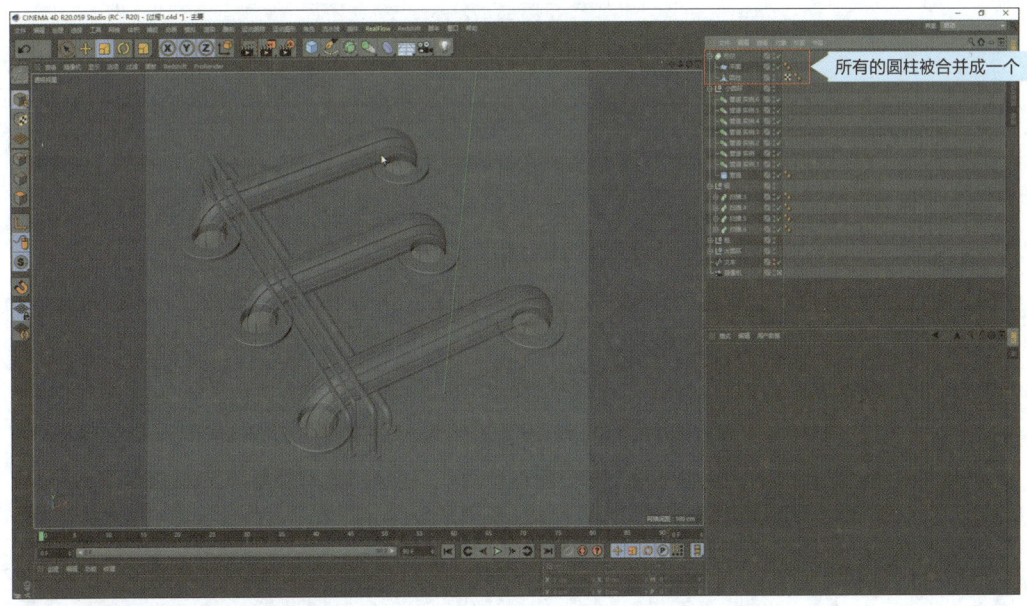

↑ 将所有圆柱合并再统一和地面进行布尔运算

» 11 基础工作流程——制作ins风格循环动画

制作第一个透明管道中的细节

接下来制作第一个透明管道中的细节，即那些绕着管道循环运动的小方块。

新建一个立方体，然后克隆立方体。把克隆属性管理器中的"模式"改为"对象"，将第一个透明管道扫描对象下的矩形拖拽至属性框中，让这些立方体以矩形作为克隆对象进行克隆，并将克隆下的立方体缩小，如下图所示。

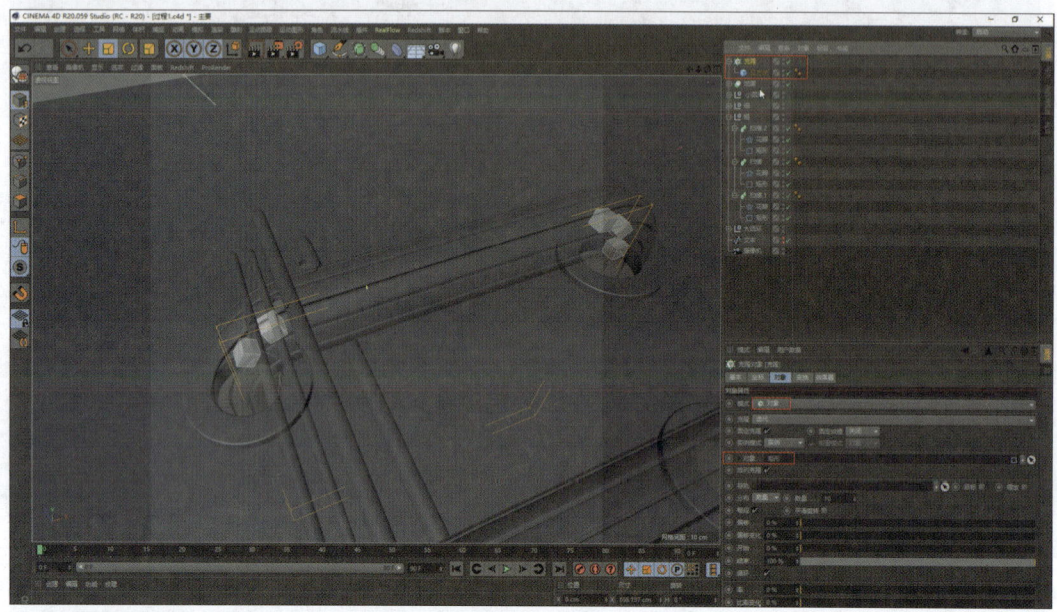

⬆ 创建并调整立方体

这时立方体的数量是比较少的，把克隆属性中的"分布"改为"平均"，并设置"数量"为"52"，如下图所示。

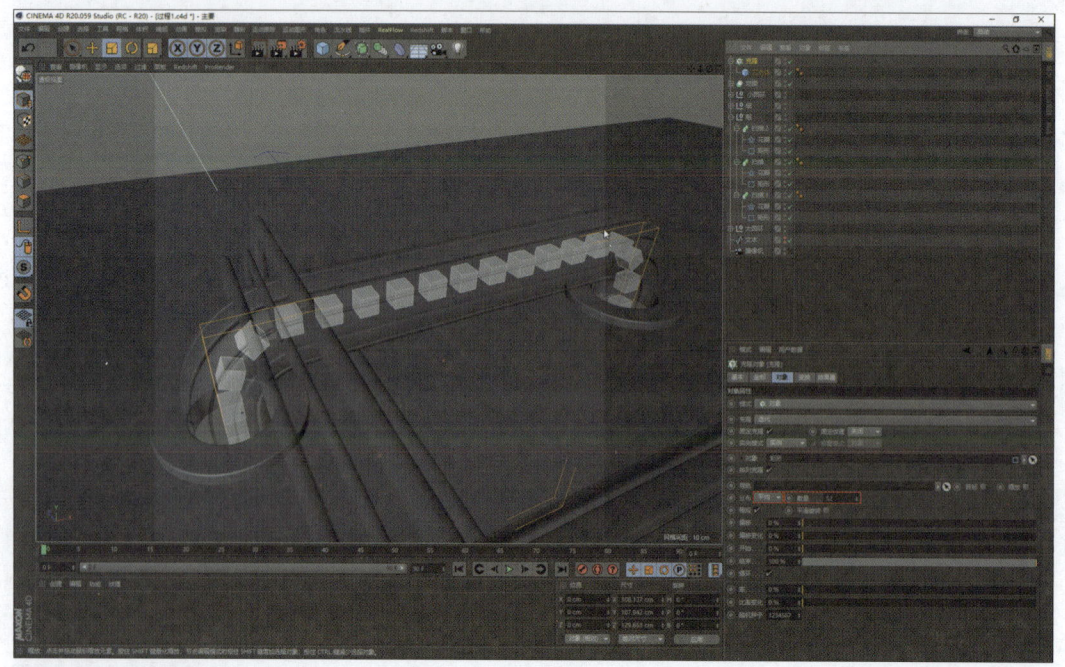

⬆ 设置克隆的相关参数

接着调整立方体的大小，如下图所示。

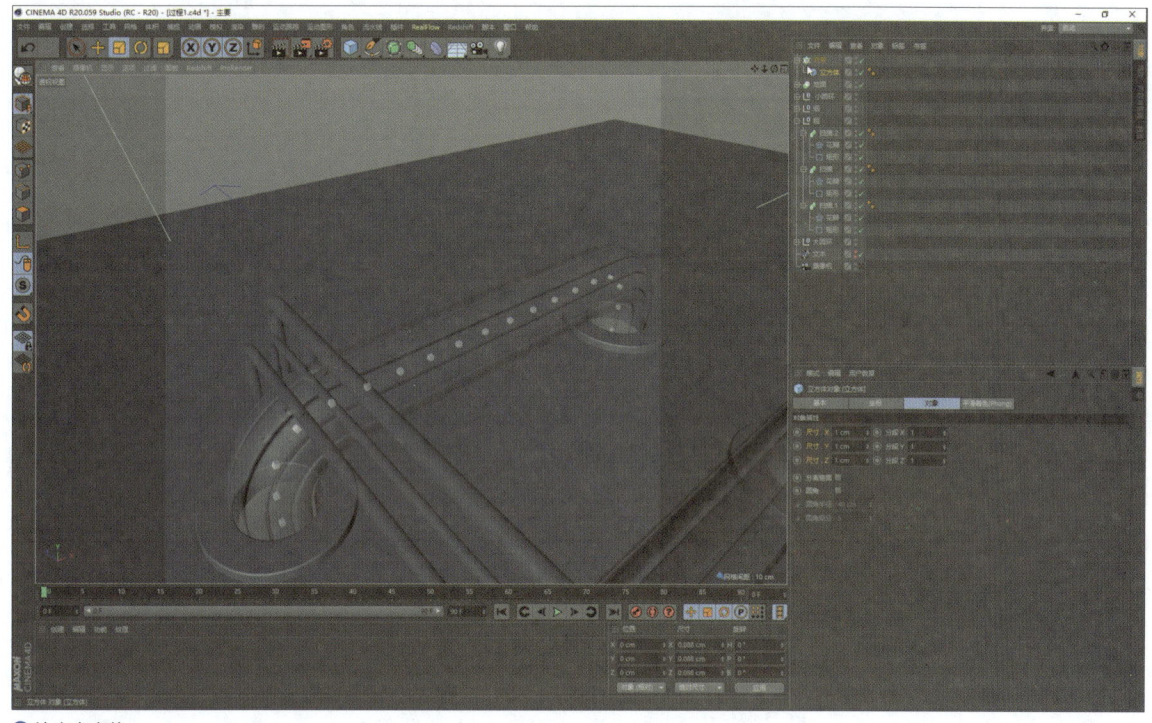

↑ 缩小立方体

给克隆添加一个随机效果器，将随机效果器的参数调低，让立方体产生一个随机的效果，但不要超出管道的范围，如下图所示。

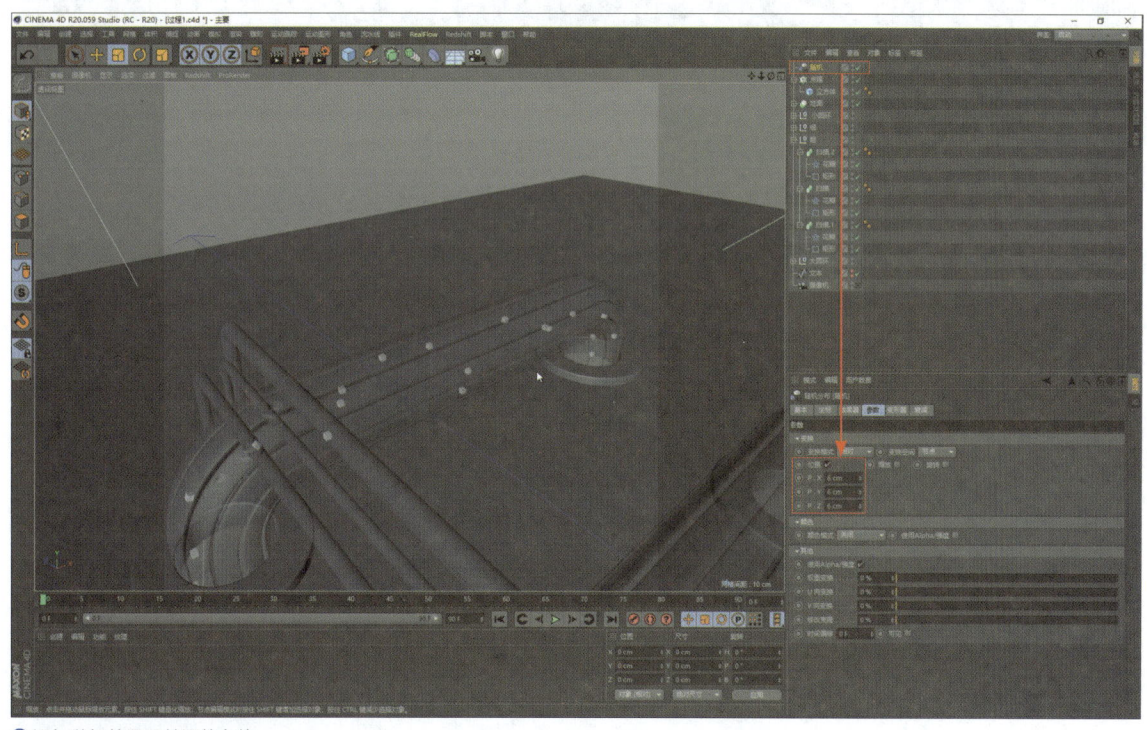

↑ 添加随机效果器并调整参数

» 11 基础工作流程——制作ins风格循环动画

给随机效果器添加一个随机缩放和旋转效果，如下图所示。

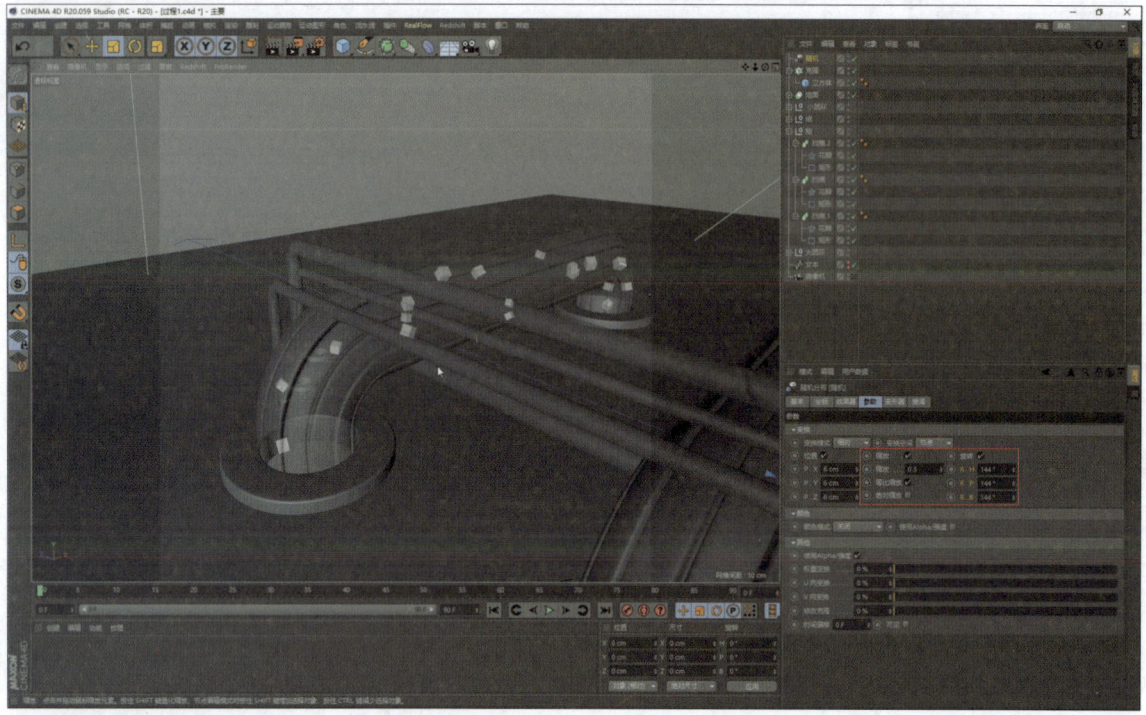

↑ 调整随机效果器的缩放和旋转参数

根据构图进一步调整随机的参数和克隆的数量，调整后的状态如下图所示。

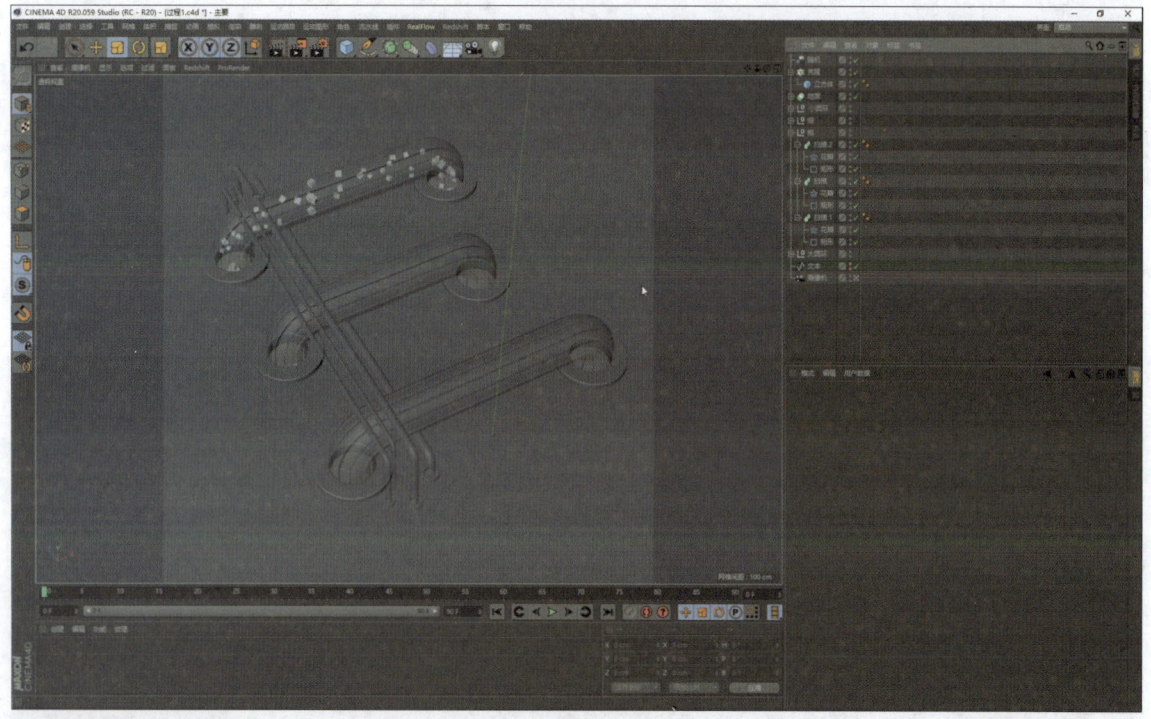

↑ 进一步调整参数的效果

制作第二个透明管道中的细节

接下来制作第二个透明管道中的细节,首先从两侧旋转的齿轮开始。

新建一个齿轮样条,并对其进行挤压,如下图所示。

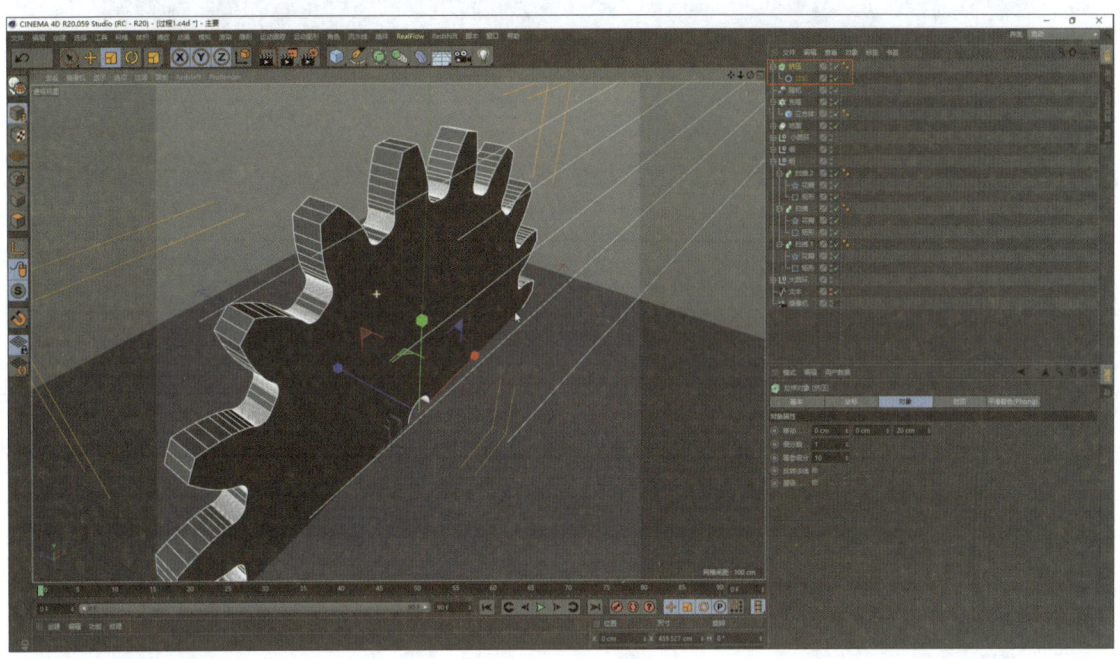

↑ 新建齿轮样条并挤压

在对象管理器中的挤压对象上右击,添加一个**对齐曲线标签**,这一步的目的是利用这个标签快速将齿轮对齐到扫描的矩形上,如下图所示。

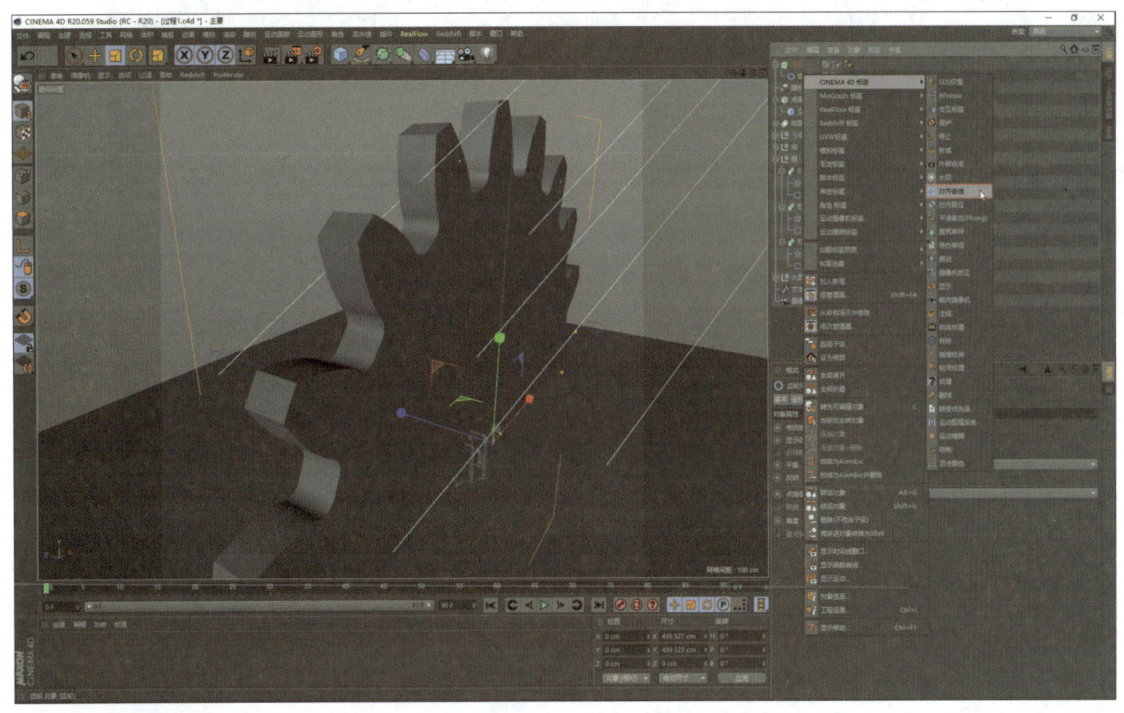

↑ 选择"对齐曲线"命令

这时有可能出现选中挤压后挤压的轴不在中心的情况，同之前的解决方式一样，选中齿轮，执行"网格"—"重置轴心"—"使父级对齐"命令，如下图所示。

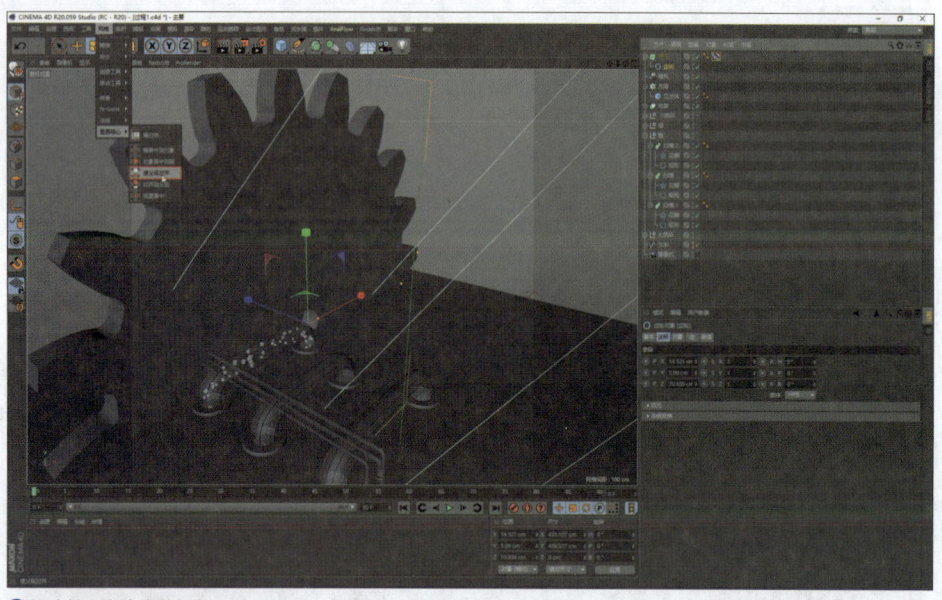

↑ 解决轴不在中心的问题

回到对齐曲线标签的属性面板中，勾选"切线"复选框，齿轮就能够通过调整"位置"属性对齐到矩形相对应的位置上了，如下图所示。

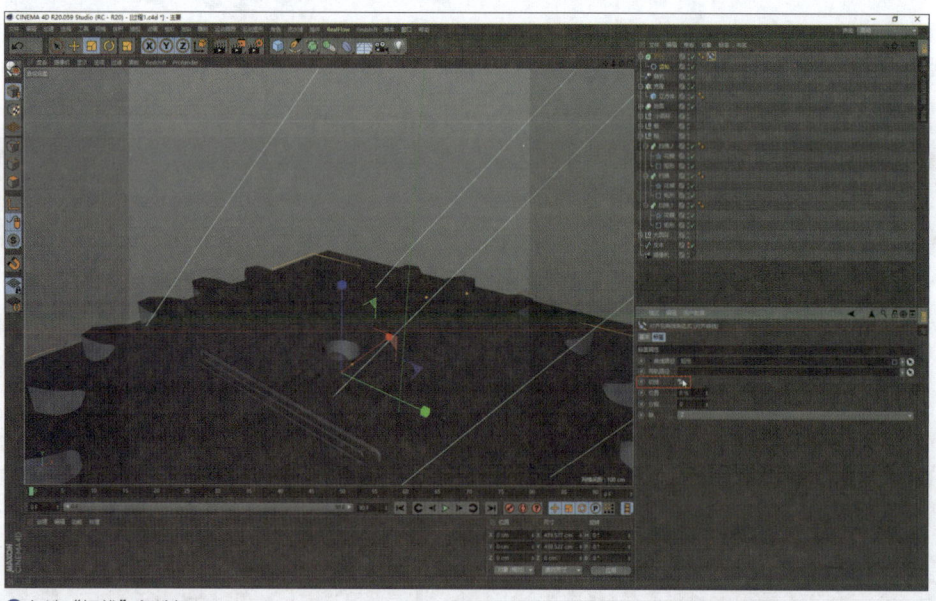

↑ 勾选"切线"复选框

选中齿轮并进行缩放，降低挤压属性管理器中的"移动"属性，尽可能调整到一个比较合适的状态。

选中挤压，将挤压及其子级和标签一起复制，调整新复制出来的对齐曲线标签中的"位置"属性，让新复制出来的齿轮移动到左边的管道里，再将这两个标签删掉。之后再细致地调整一下齿轮的位置、大小等，让它不要和其他模型穿插，如下图所示。

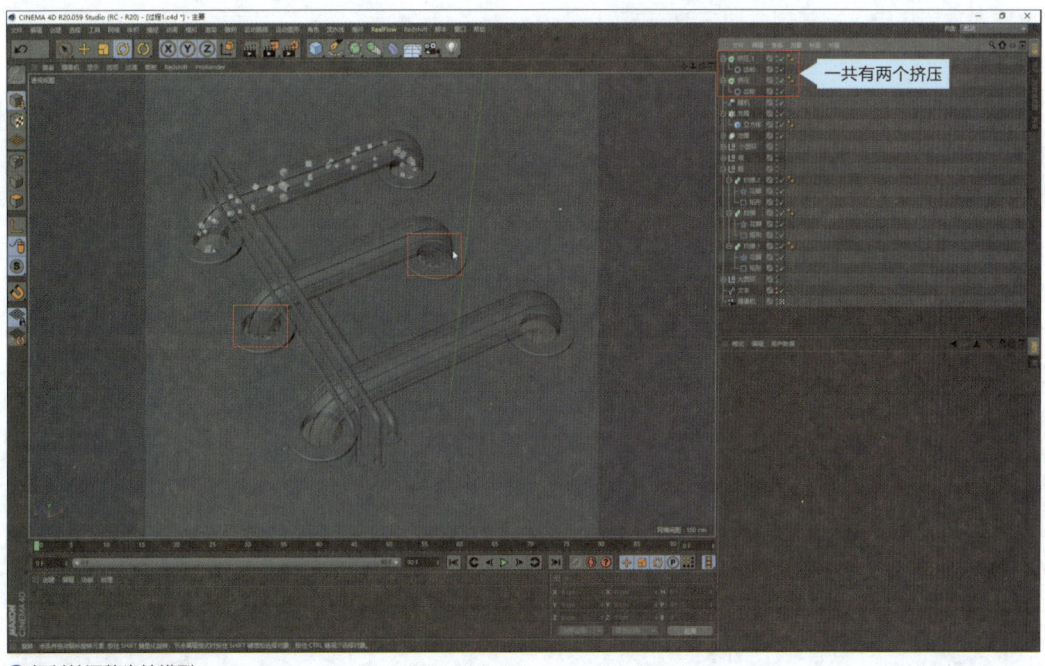

↑ 复制并调整齿轮模型

然后进到摄像机视角，查看目前位置所有模型的大小、比例、关系等。这一步是需要在制作的过程中不停地观察的，在随书的教学视频录制时也是不停反复查看每一部分之间的关系的，然后不停地调整之前的模型的一些细节。例如，这里发现透明管道的纹路太深、太大，看起来不够精致，我们就选中扫描中的花瓣，对花瓣的"内部半径"和"外部半径"等属性进行更加细致的调整。此处随书教学视频中有详细的讲解。

第二个透明管道的中间还有一些细细的金属管道结构，接着来细化第二个透明管道里的细节。

把透明管道扫描下的矩形复制一份，新建一个圆环和扫描，把圆环和矩形拖拽至扫描的子级，修改圆环的"半径"为"0.6cm"，如下图所示。

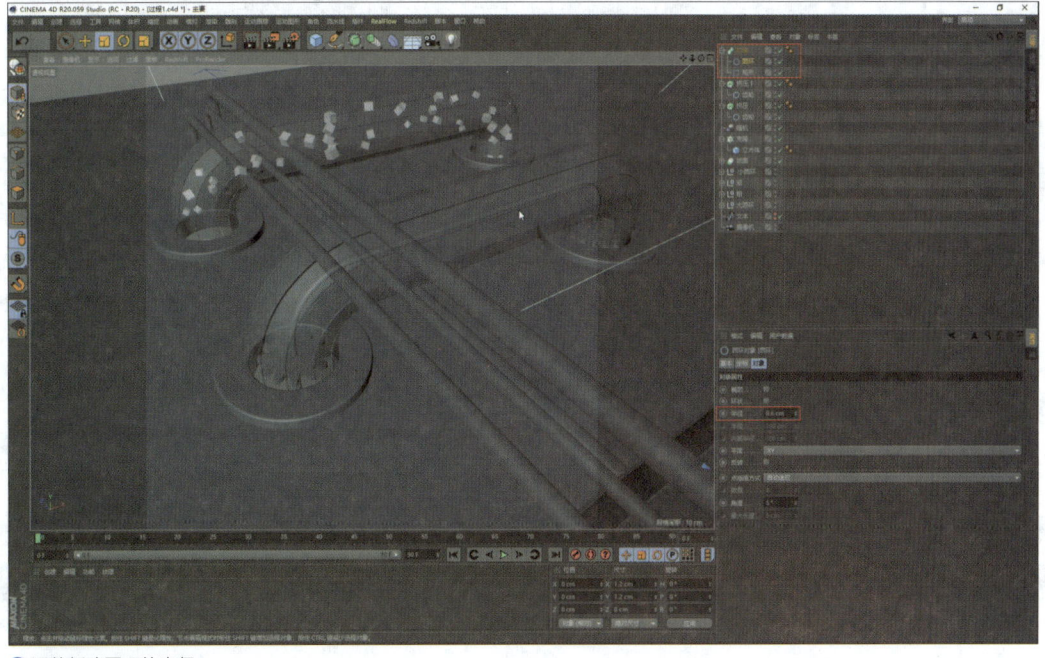

↑ 调整新建圆环的半径

» 11 基础工作流程——制作ins风格循环动画

将扫描连同子级一起复制，如下图所示。

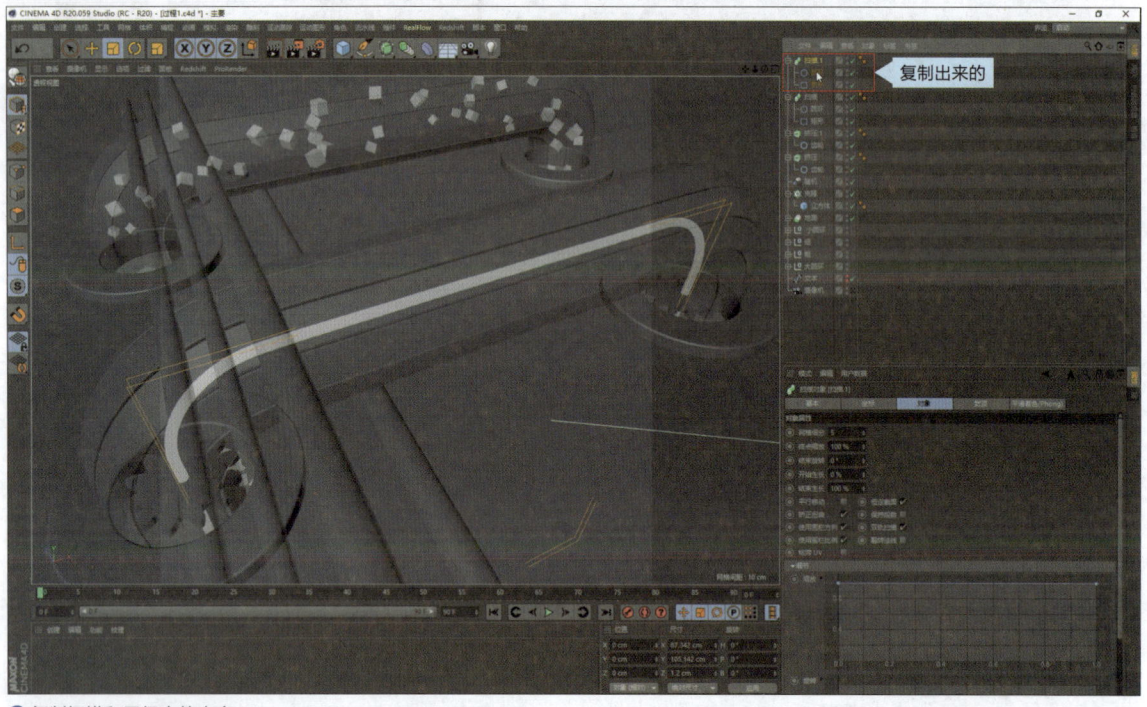

↑ 复制扫描和子级中的内容

把复制出来的扫描下的圆环半径加大，并调整"开始生长"和"结束生长"这两个属性，使复制出来的管道居中，类似一个灯管的形态，如下图所示。

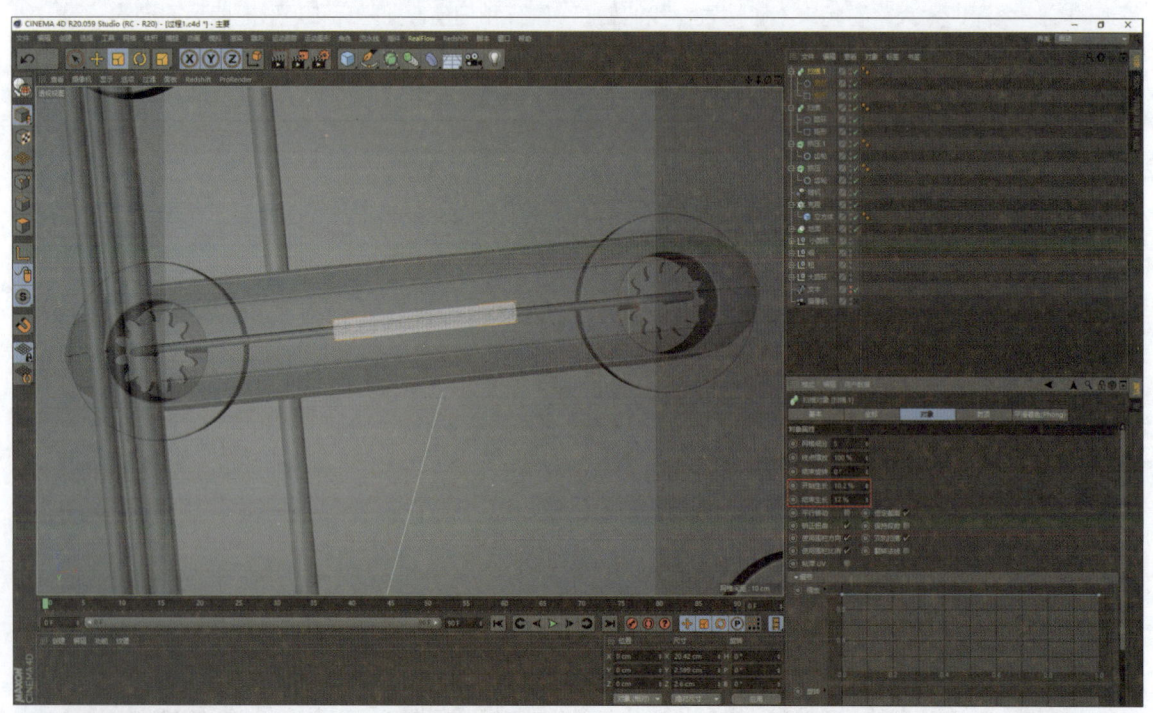

↑ 调整复制圆环的相关参数

制作灯管两侧的六边形结构

接着制作这个灯管两侧的六边形结构。

新建一个多边样条线和挤压生成器,把多边形拖拽至挤压子级,同样借助对齐曲线标签把挤压出来的六边形对齐到管道中心的位置。在挤压生成器上右击,添加一个对齐曲线标签。选择第二根透明管道中心的矩形曲线,拖拽至对齐曲线的属性框中,并勾选"切线"复选框,如下图所示。

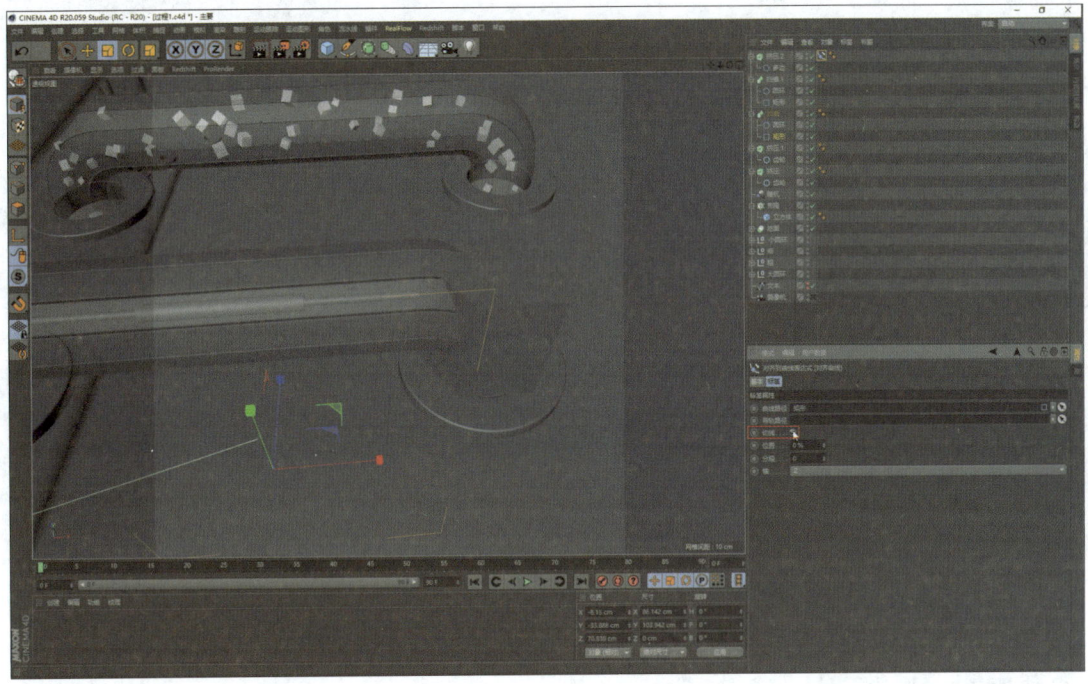

↑ 添加六边形模型

结合"位置"属性、多边形样条线的大小和挤压的厚度,调整六边形的位置和形态,效果如下图所示。

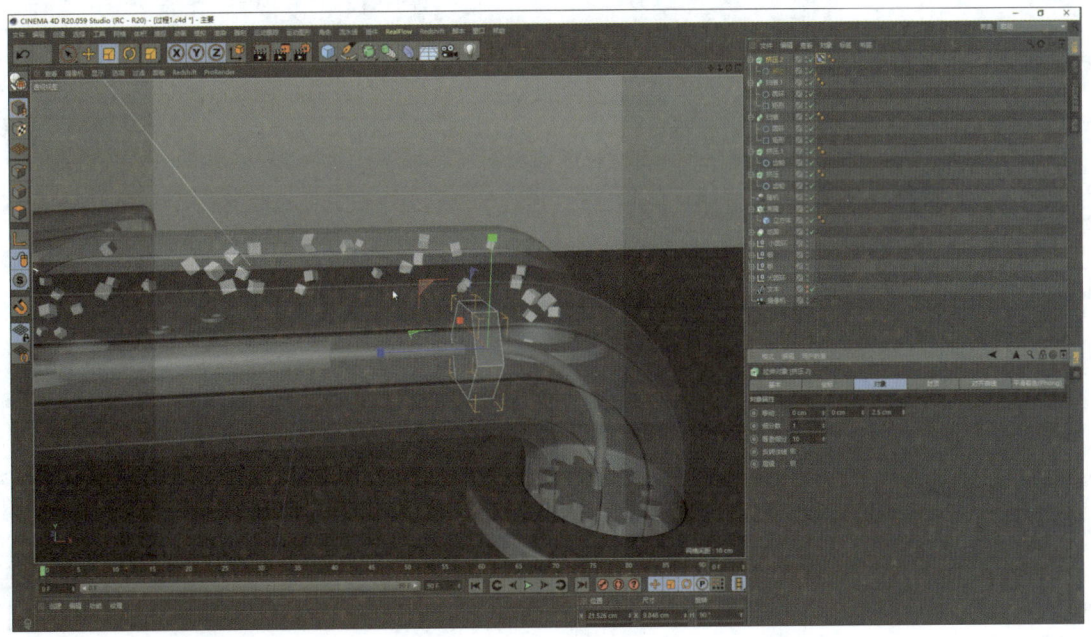

↑ 调整六边形的位置和形态

复制这个挤压对象及其子级，根据同样的方法结合"位置"属性、多边形样条线的大小和挤压的厚度，制作出其他的两个六边形结构，如下图所示。

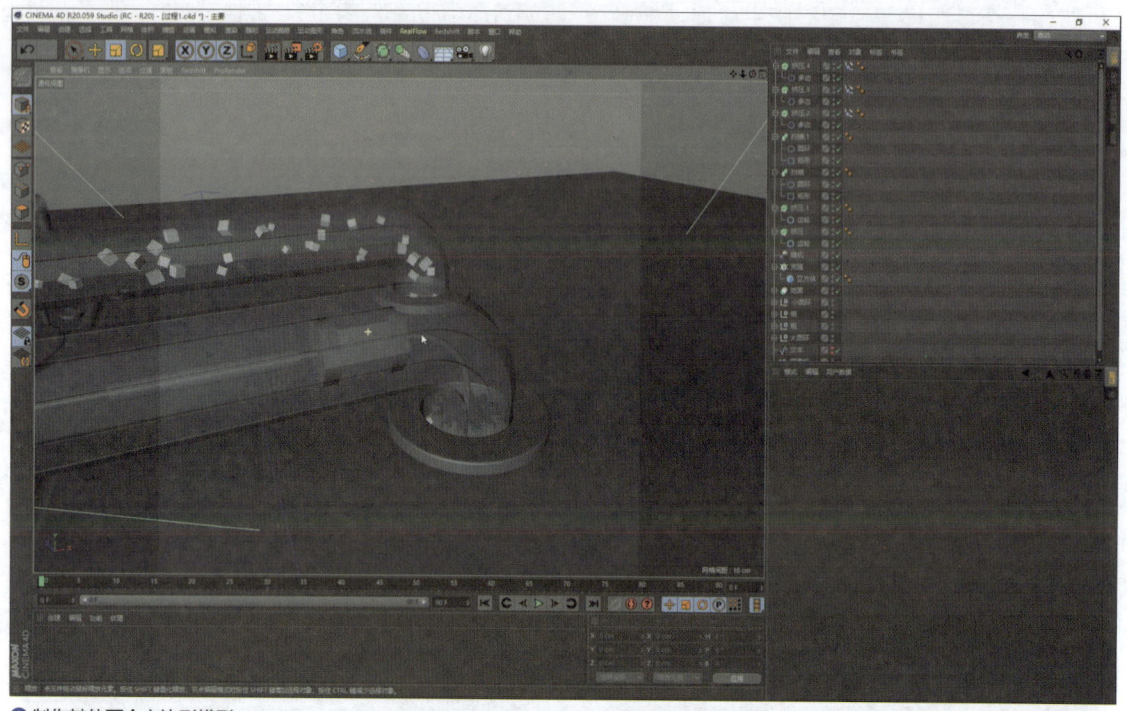

◑ 制作其他两个六边形模型

选中这几个挤压的平滑着色标签，把属性中的"平滑着色（Phong）角度"改为"40°"，使这个六边形的结构看起来硬朗一些，如下图所示。

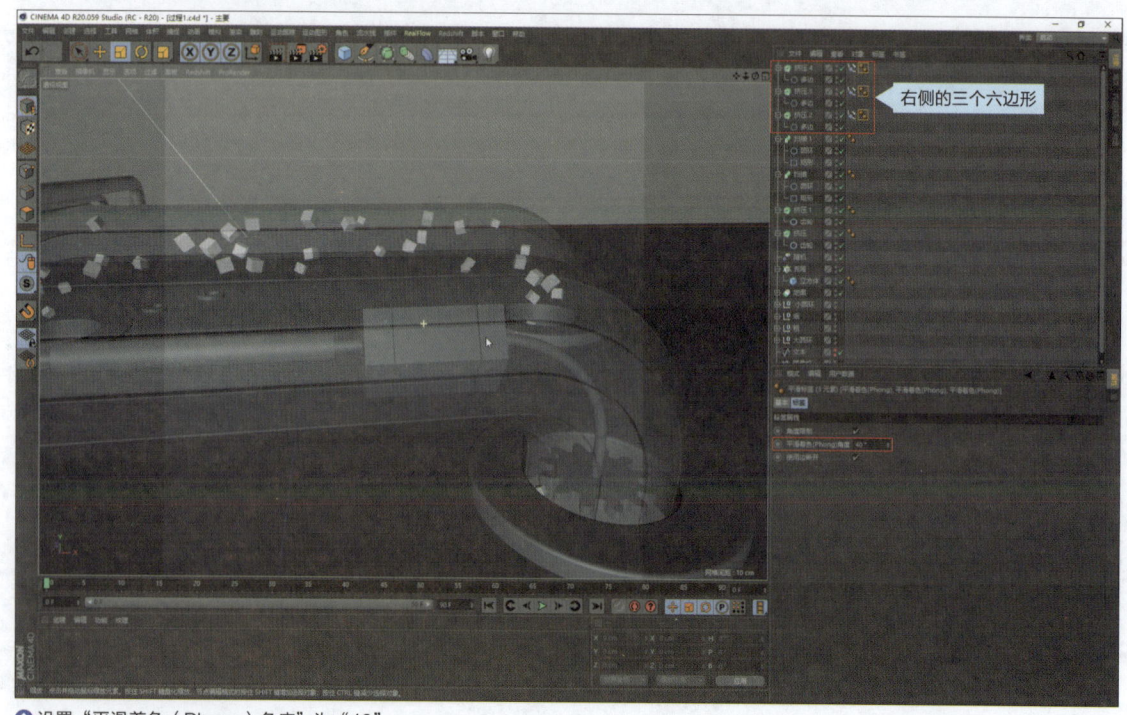

◑ 设置"平滑着色（Phong）角度"为"40"

选中这三个挤压对象并复制，根据同样的方式制作出左侧的三个六边形结构，如下图所示。

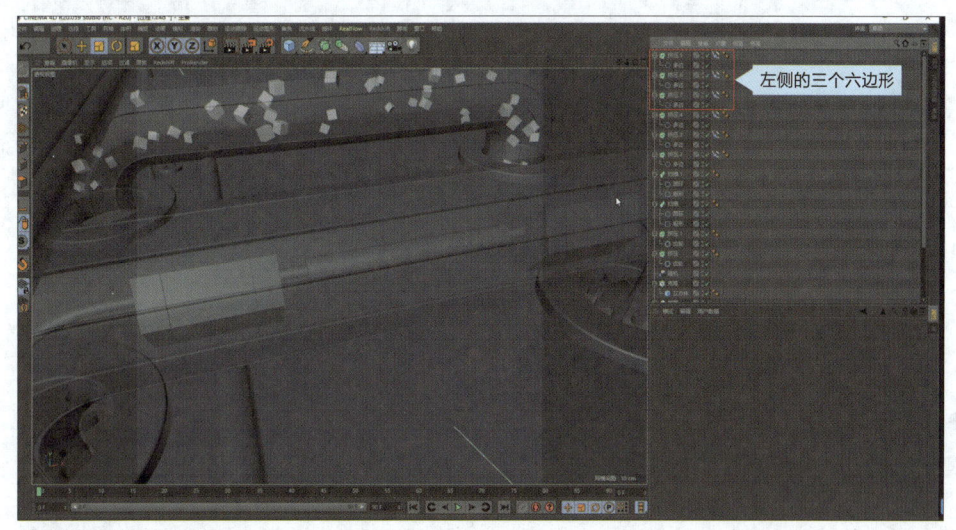

↑ 制作出左侧三个六边形

再整体调整这些模型的大小、比例，调整后的效果如下图所示。

至此，中间透明管道的细节就完善得差不多了。在建模的过程中，我们要不停地优化场景，将对象管理器中的所有对象重命名、打组，保持良好的工作习惯，方便后面的工作。

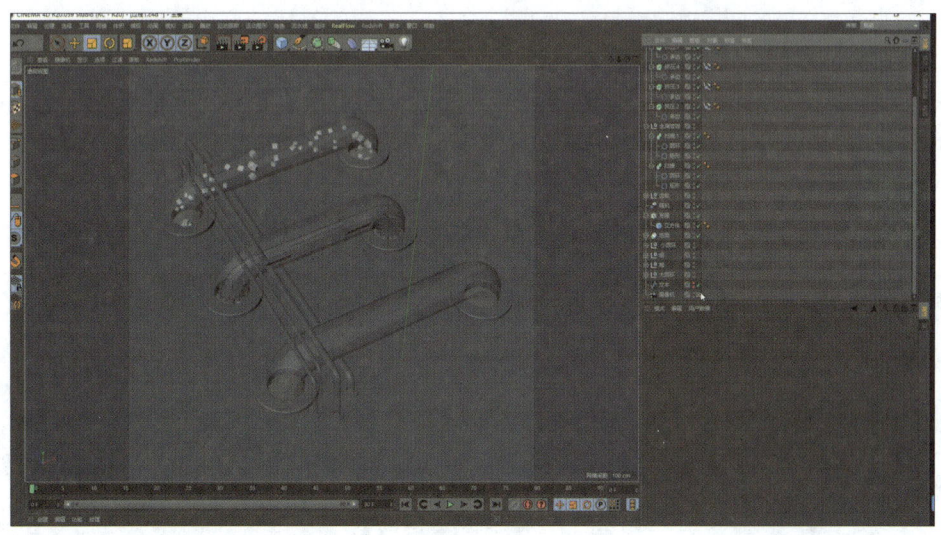

↑ 调整模型后的效果

制作第三个透明管道中的细节

第三个管道里的立方体和第一个管道中的立方体一样，直接复制第一个管道中的克隆效果器和随机效果器，注意复制出来的克隆（我们暂且称为克隆2）和随机效果器（随机效果器2）的关系。克隆2属性中"效果器"选项卡下依旧是第一个克隆的随机效果器，将这里的随机效果器删掉，并替换为随机效果器2。保证两个克隆是由两个随机控制的，若修改一个随机，而两个都会被影响的话，两个克隆的随机效果会完全一样。

更改随机效果器2的"种子"属性，并将克隆2的"对象"属性框中的矩形替换为第三个透明管道的矩形曲线，如下页的上图所示。

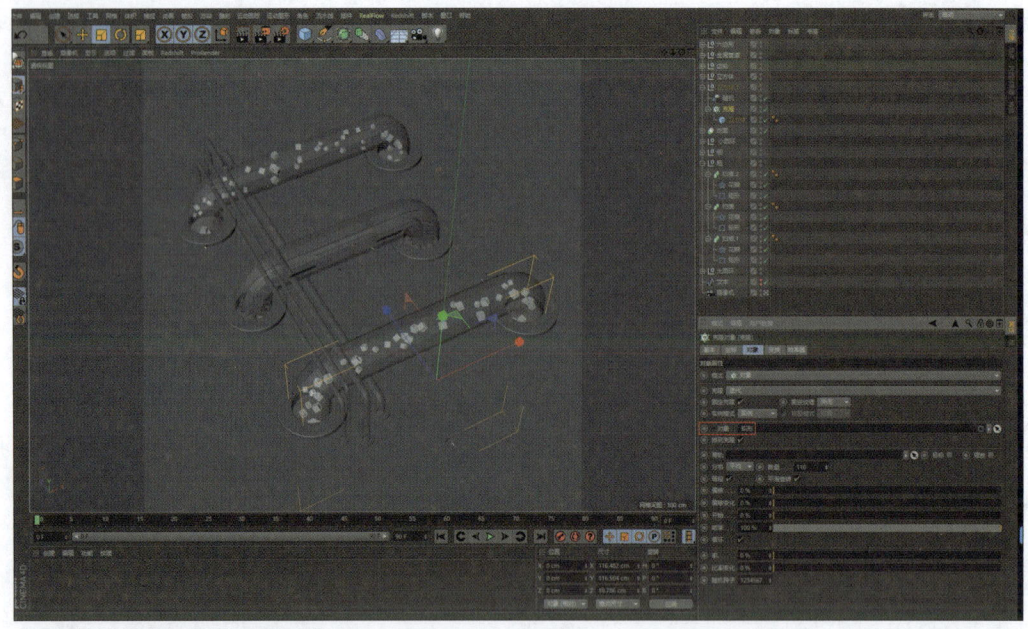

↑ 调整复制的克隆和随机效果器的参数

制作四根透明管道里的细节

接下来我们调整竖着的四根透明管道里的细节。

在这四根透明管道中,有两个管道里的细节是使用**球体**克隆的。将"克隆"模式设置为"**对象**",将球体克隆在用来生成管道的矩形曲线上,方法和之前克隆立方体是一样的,只不过这里没有给克隆添加随机效果器。

不同的是另外两个透明管道中的圆柱体,如果依旧使用克隆,无法使圆柱随着管道产生弯曲变形,这里要借助样条约束变形器进行模型变形。

新建一个圆柱,增加圆柱的高度分段,如下图所示。

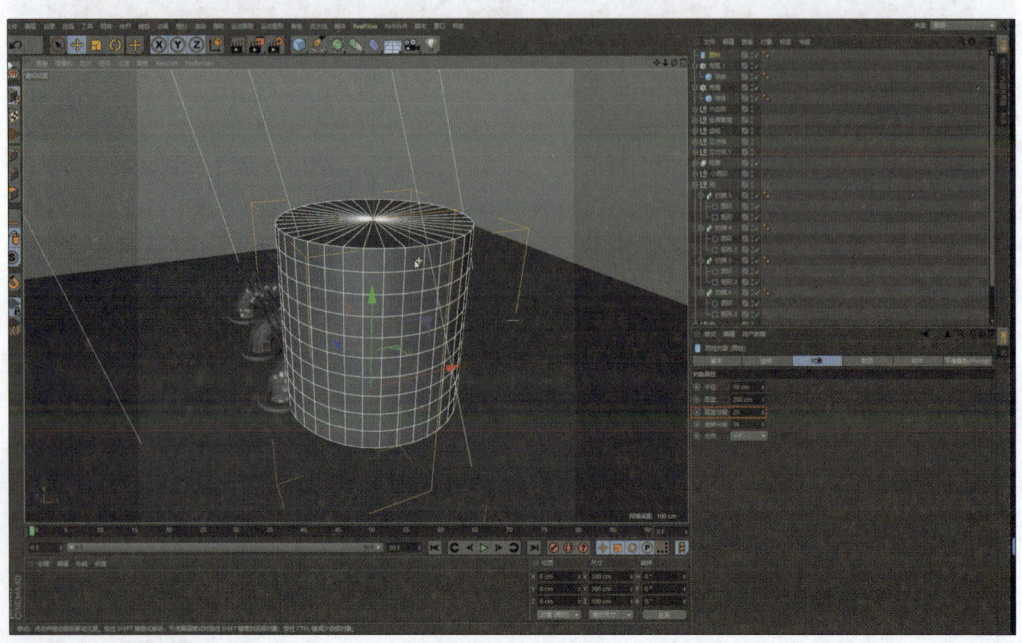

↑ 新建一个圆柱模型

然后克隆圆柱模型，保持克隆的"模式"为"线性"，如下图所示。

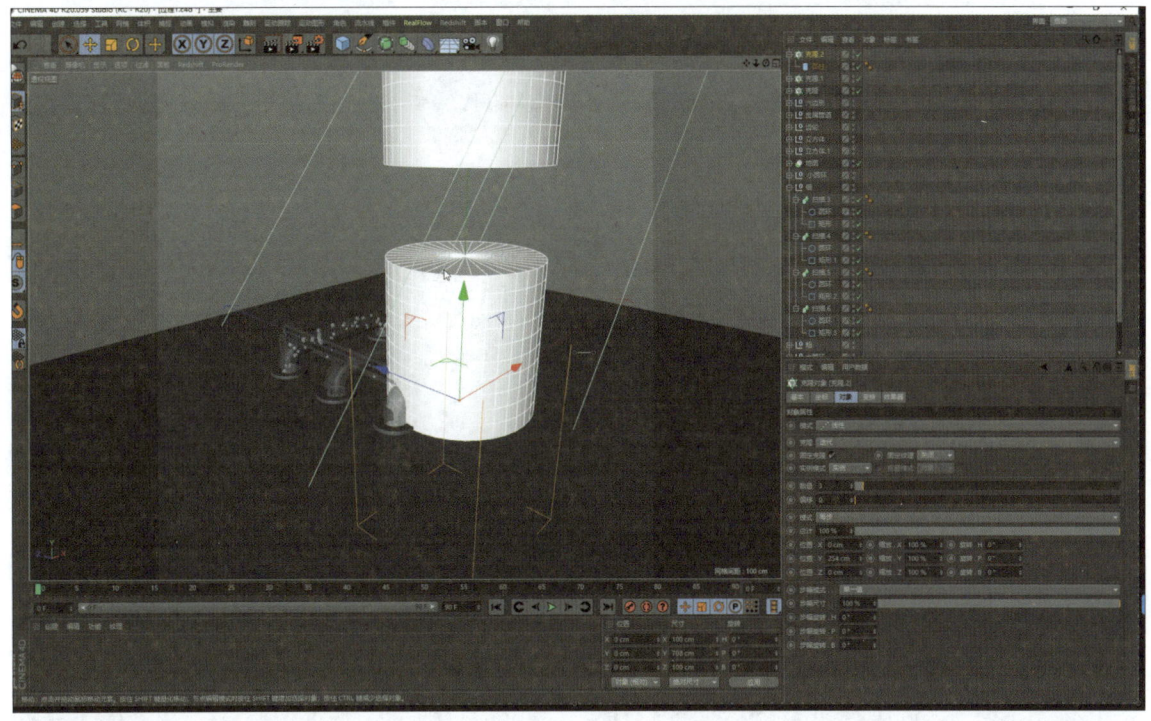

↑ 克隆圆柱模型

新建一个样条约束变形器，将样条约束和克隆打组，这时样条约束就可以对克隆生成器产生作用了。样条约束的紫色外框会自动匹配克隆的外形，如下图所示。

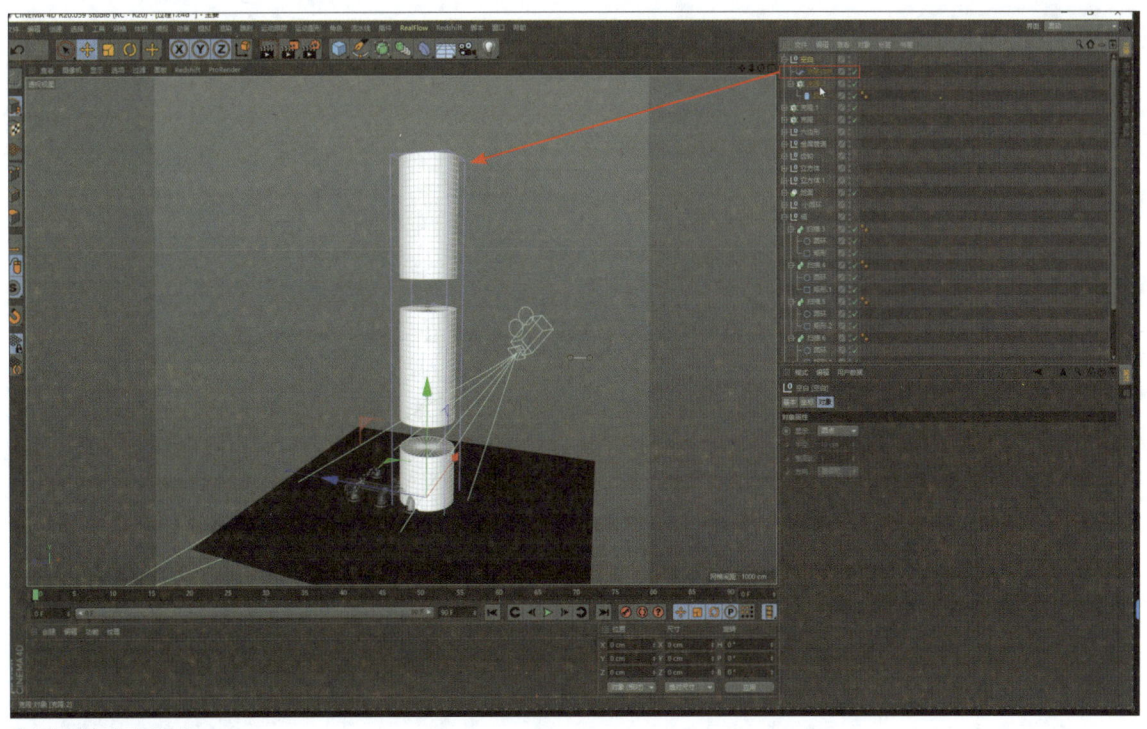

↑ 添加样条约束变形器

修改圆柱的"半径"为"1""高度"为"10"、克隆的"位置.Y"为"50cm",增加克隆的"数量"为"50",效果如下图所示。

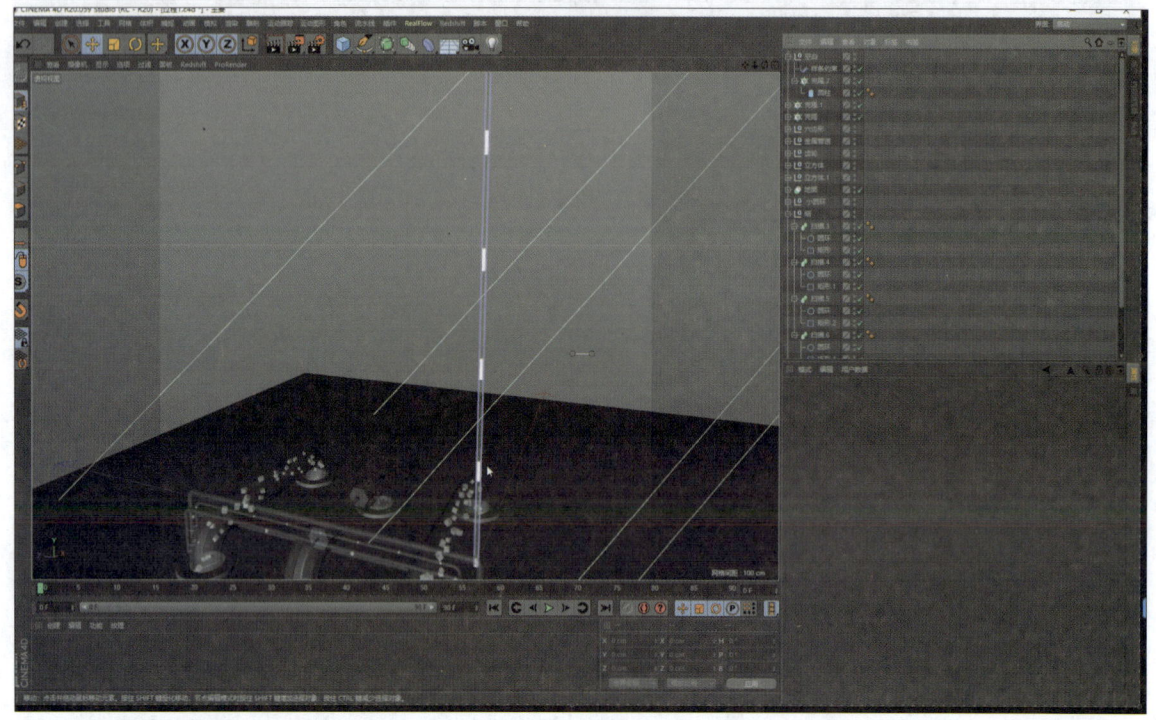

◎ 修改圆柱和克隆的参数

将透明管道的矩形拖拽至样条约束的"样条"属性框中,将"轴向"改为"+Y",如下图所示。

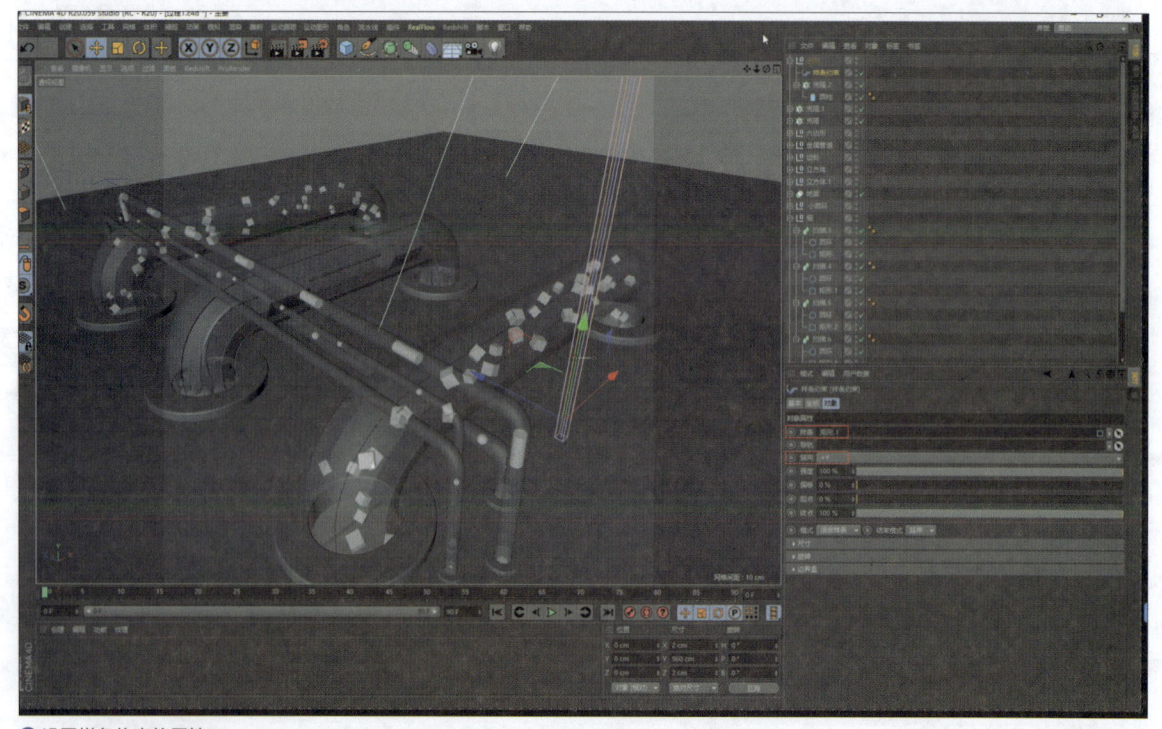

◎ 设置样条约束的属性

修改样条约束的"模式"为"保持长度"。这样可以保证圆柱不被拉长，保持圆柱本身的长度，方便我们随时更改圆柱的长短。

这时，我们可能会发现被克隆的圆柱和圆柱之间有的间隙不统一，需要通过调整克隆的"位置.Y"值来更改，如下图所示。

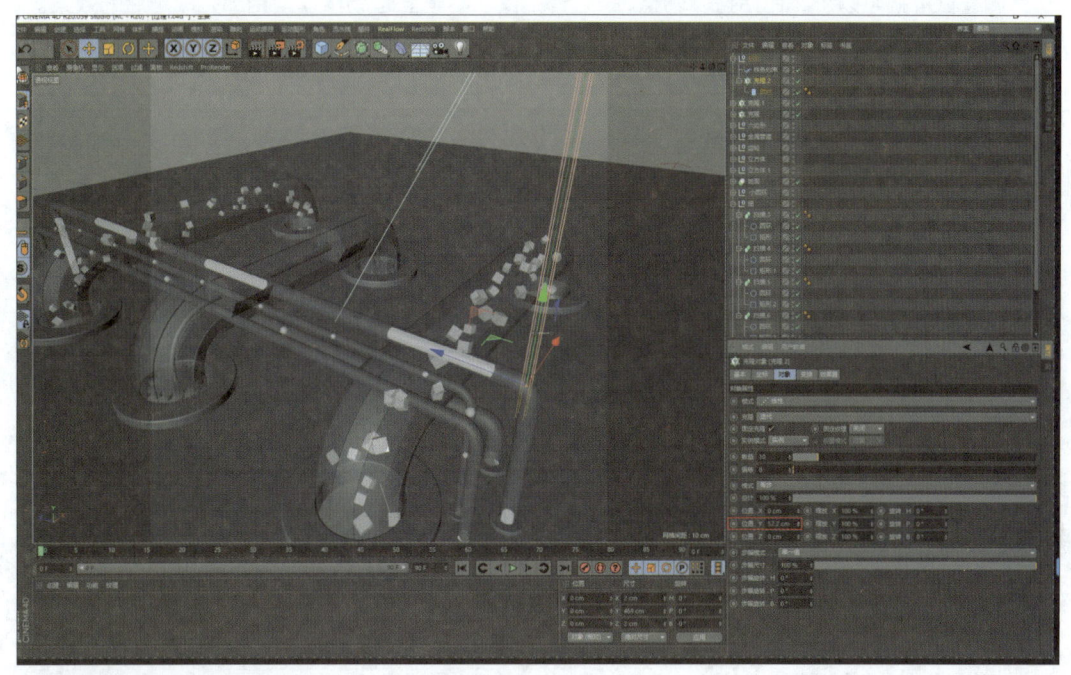

◐ 调整克隆的"位置.Y"值

复制整个包含克隆、圆柱和样条约束的组，将复制出来的样条约束中的"样条"属性替换成另外一个透明通道的矩形，并调整克隆的"位置.Y"和圆柱的"半径"，使其符合另一个透明通道的大小，如下图所示。

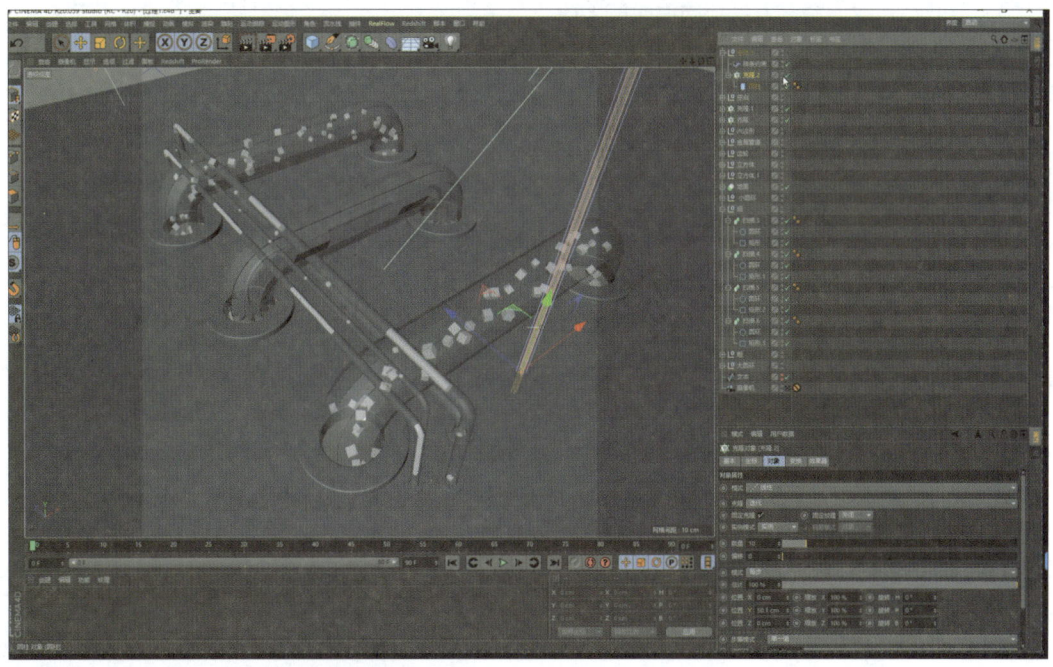

◐ 复制包含克隆、圆柱和样条约束的组并调整参数

拖动样条约束中的"偏移"属性，检查是否出现穿帮、是否从地面的孔洞中看到下面的循环动画等问题。解决方式很简单，将该透明管道的矩形样条拉长，调整位置就可以了，包括整体调整每一个部分的位置、大小、比例等。

至此，主体模型创建完成，剩下的模型就是左上角的两个球体、一个圆柱以及右下角的一个球体、一个圆柱。创建方法都非常简单，就不一一讲解了。下图是场景模型全部完成之后的效果。

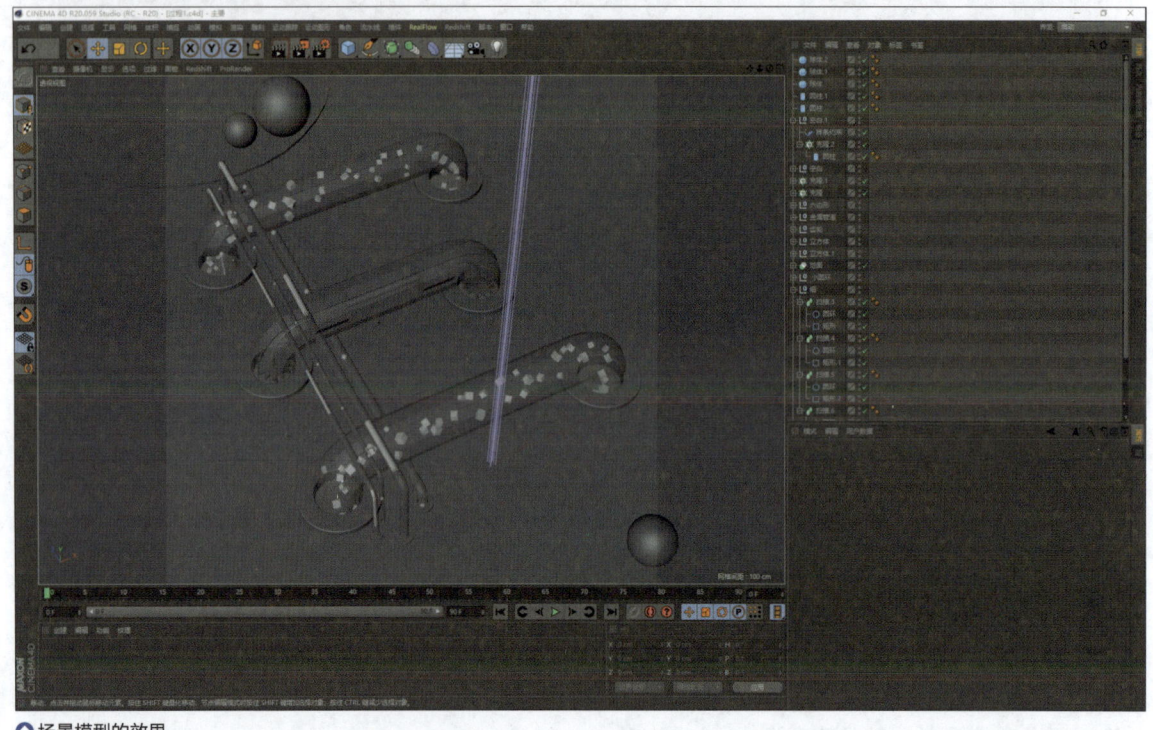

↑ 场景模型的效果

从下一节开始，我们将进入到材质渲染的阶段。

11.2 材质渲染

在本节中，我们主要给场景模型添加材质和灯光。除了传统的手动调节材质球的方法外，还可以通过内容浏览器中的预设给场景添加材质。在2.9节中介绍过内容浏览器的应用，我们可以将一些常用的材质球和模型整理到内容浏览器中，提高工作效率。

渲染前期设置

打开"渲染设置"面板，将渲染器改为 **Redshift**，如下图所示。

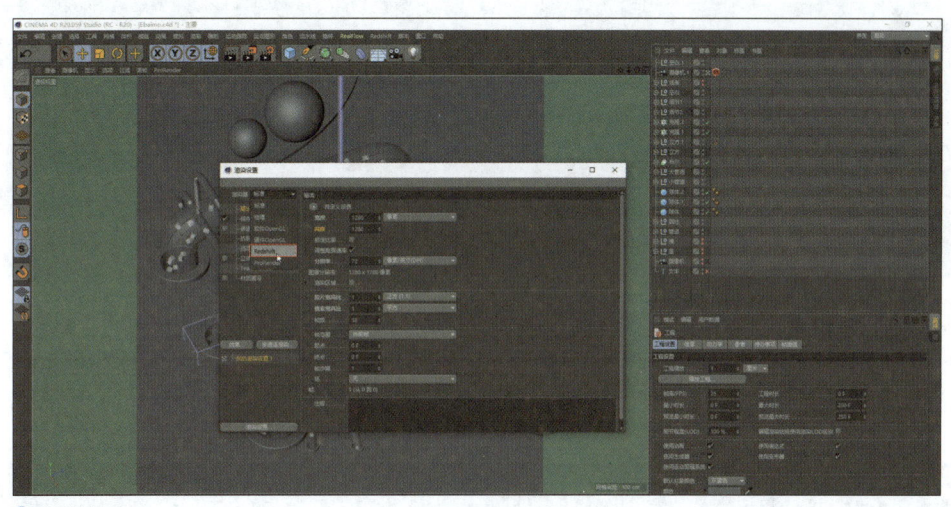

⬆ 设置渲染器

切换到"GI"选项卡，将"Primary GI Engine"改为"Brute Force"，开启GI渲染方式，如下图所示。

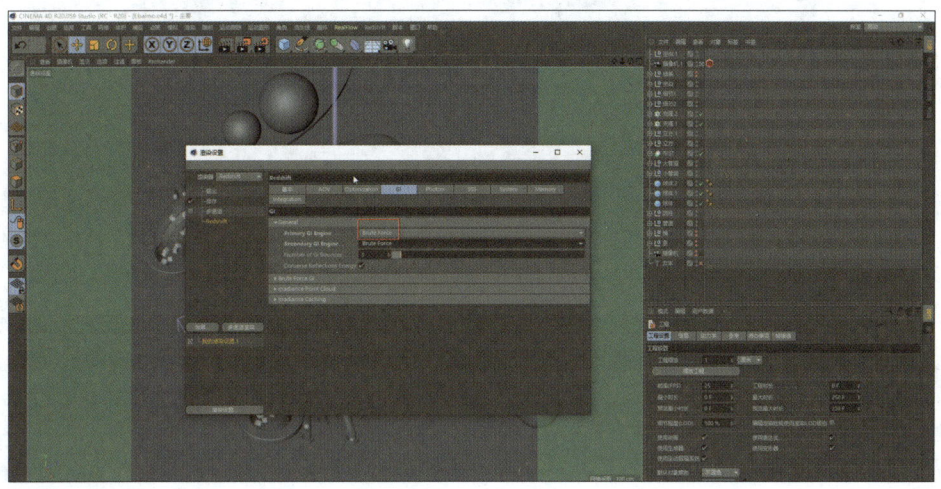

⬆ 开启GI渲染方式

切换到"Integration"选项卡，取消勾选"Default Light"复选框，这一步的目的是关掉RS的默认灯光，如下图所示。

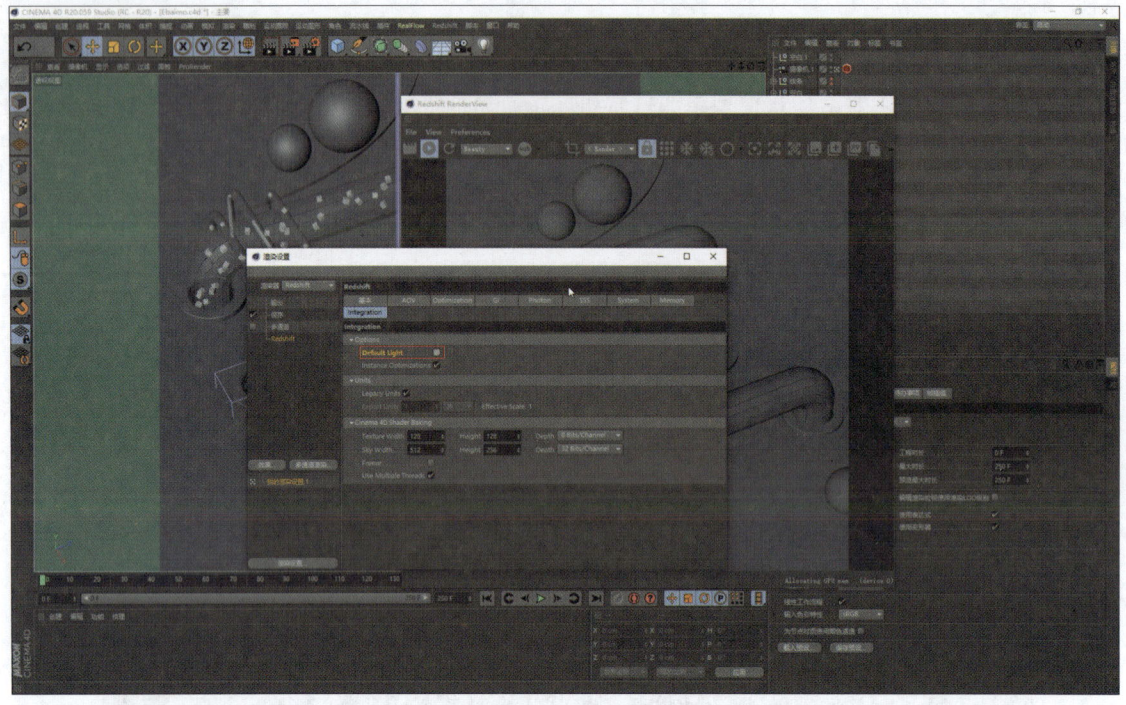

↑ 关掉RS默认灯光

打开RS的"Redshift RenderView"面板，单击左上角的"Star and Stop IPR"按钮，开启实时渲染模式。这时会发现渲染视窗中是全黑的，这是因为场景中还没有创建灯光，如下图所示。

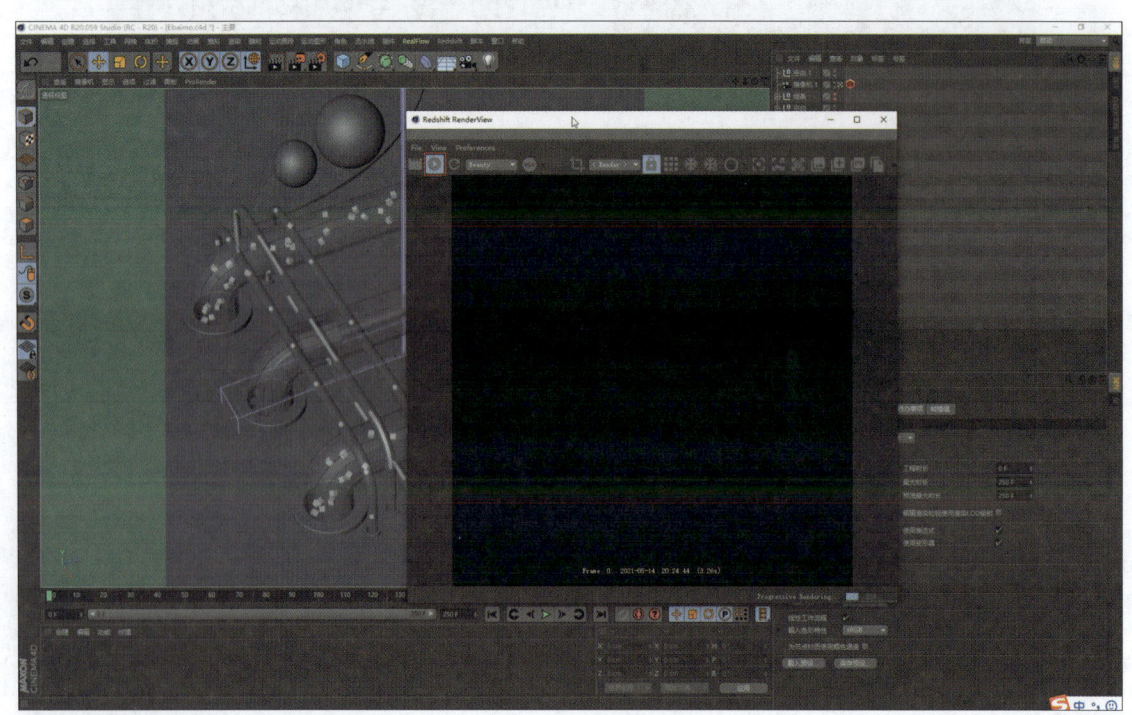

↑ 开启实时渲染的效果

» 11.2 材质渲染

为场景添加一个"RS Area Light"面光源后,默认的渲染效果如下图所示。

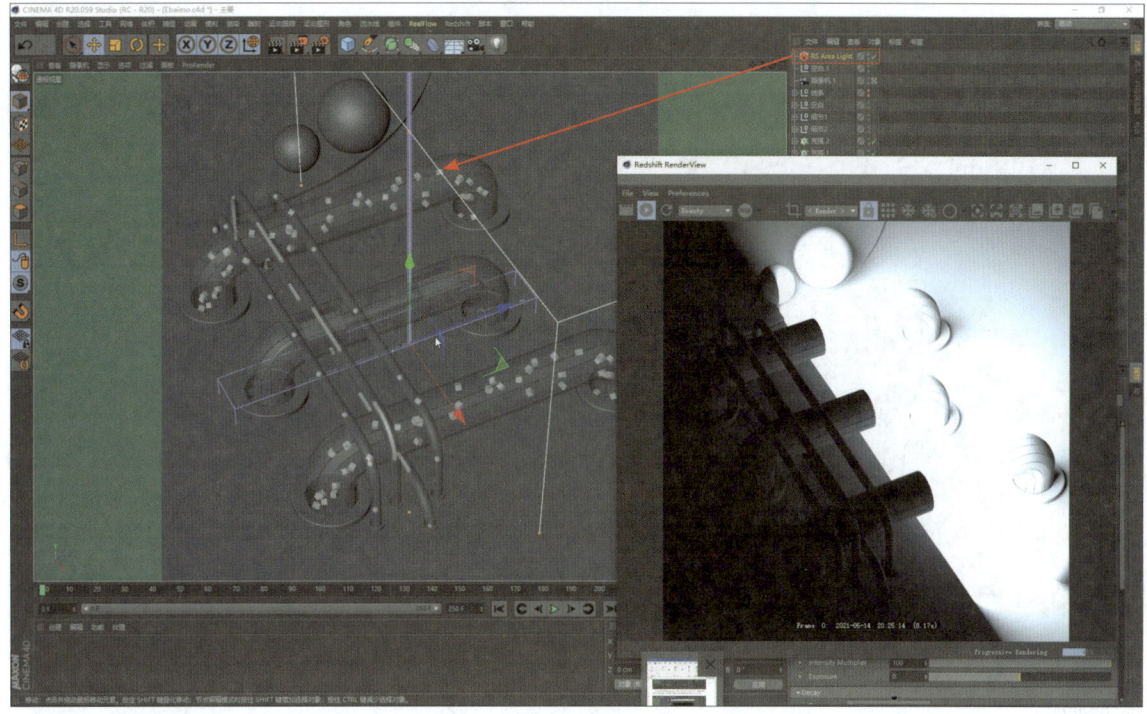

↑ 添加面光源的效果

结合渲染视窗移动面光源的位置,效果如下图所示。

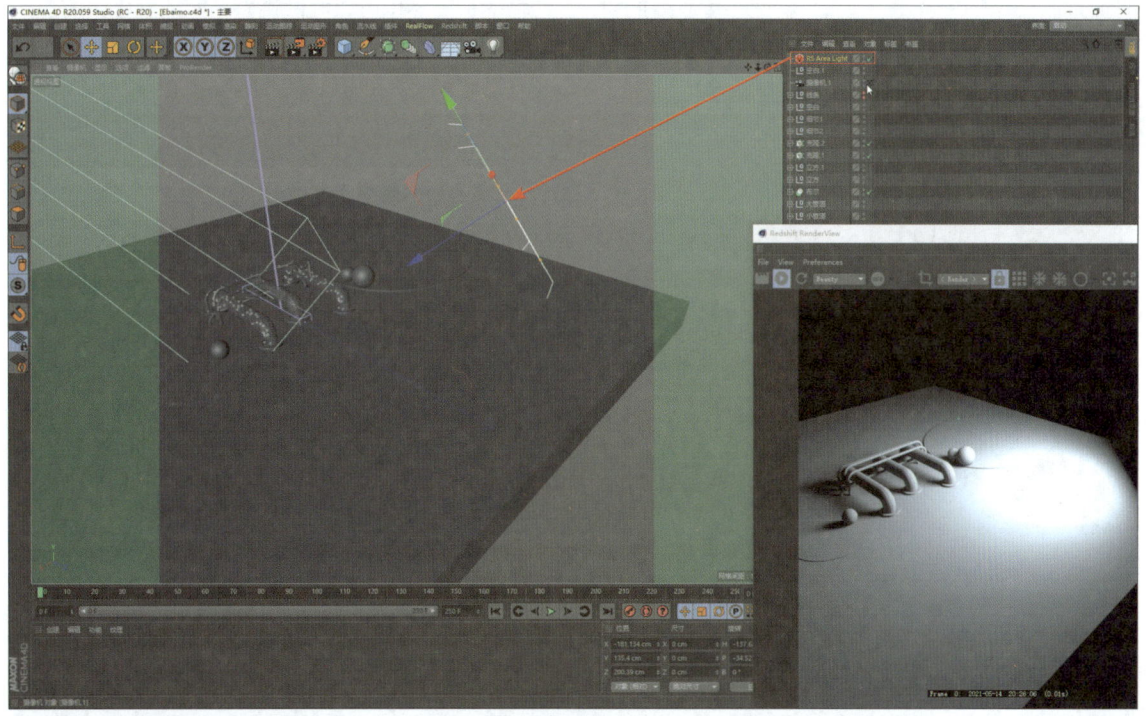

↑ 移动面光源后的效果

将面光源属性面板中的"Intensity Multiplier"改为"2.5",如下图所示。

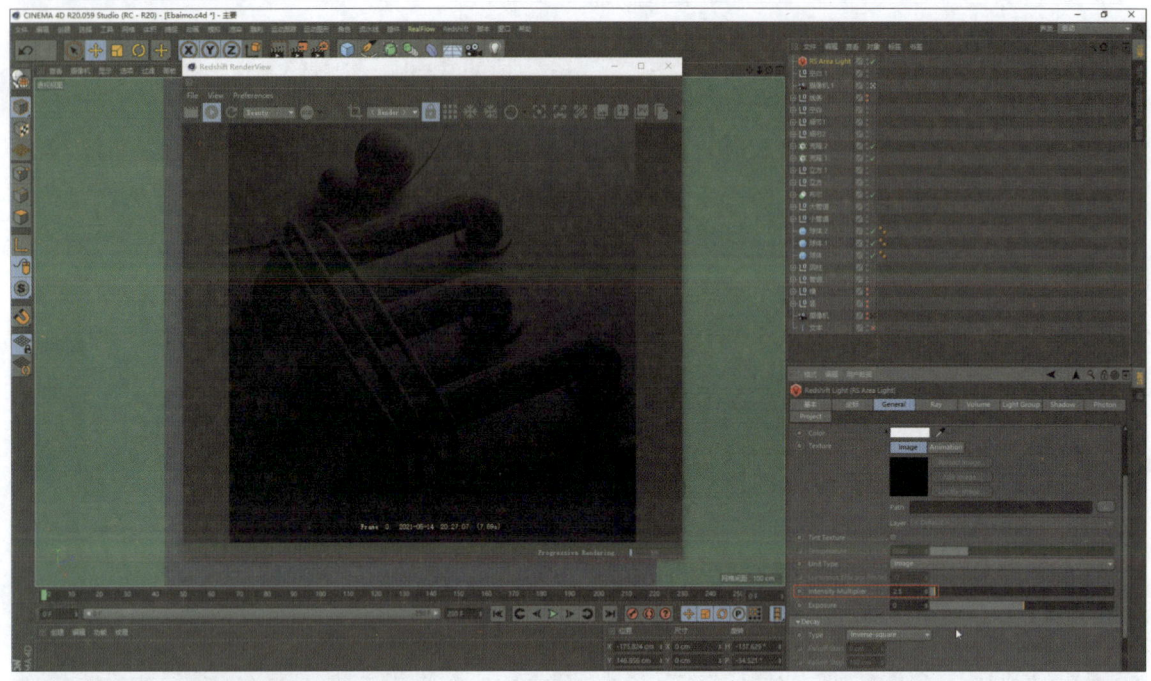

↑ 设置"Intensity Multiplier"为"2.5"

创建RS Material材质球

为场景添加主光源之后,再来为模型添加材质,期间可以随时对灯光进行调整,这两步是相互结合的,当然也可以尝试调整不同的灯光角度。

创建一个RS Material材质球,如下图所示。

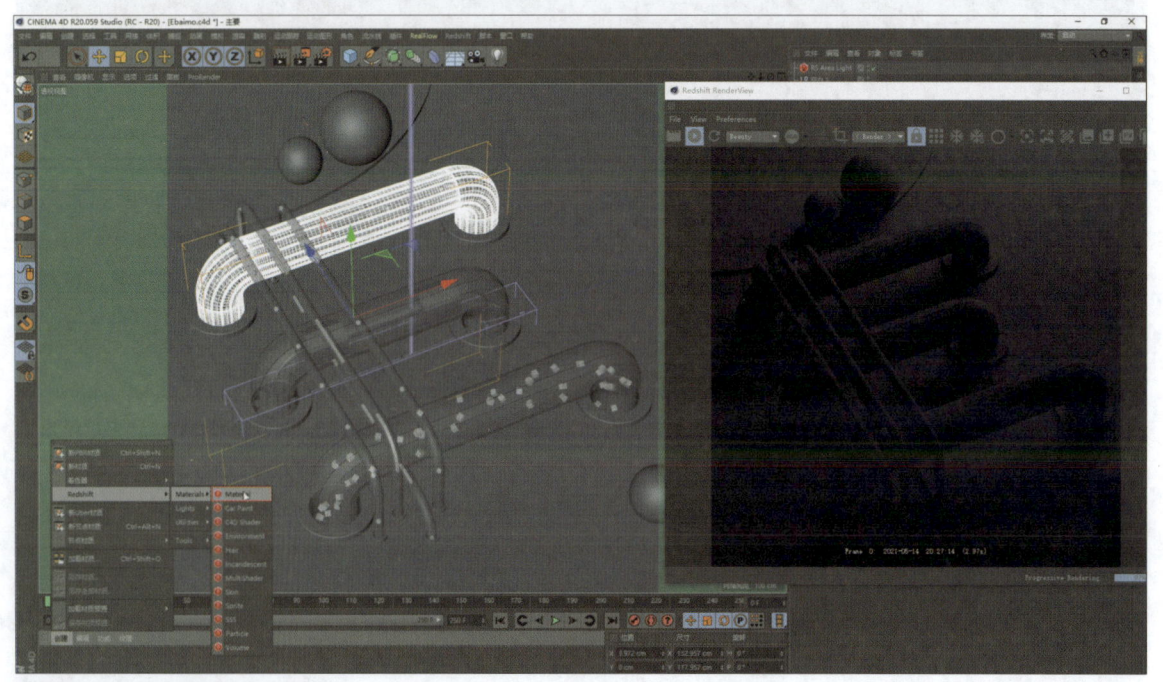

↑ 创建RS Material材质球

» 11.2 材质渲染

双击创建的材质球,打开节点编辑器,将材质球的预置改为"Glass",如下图所示。

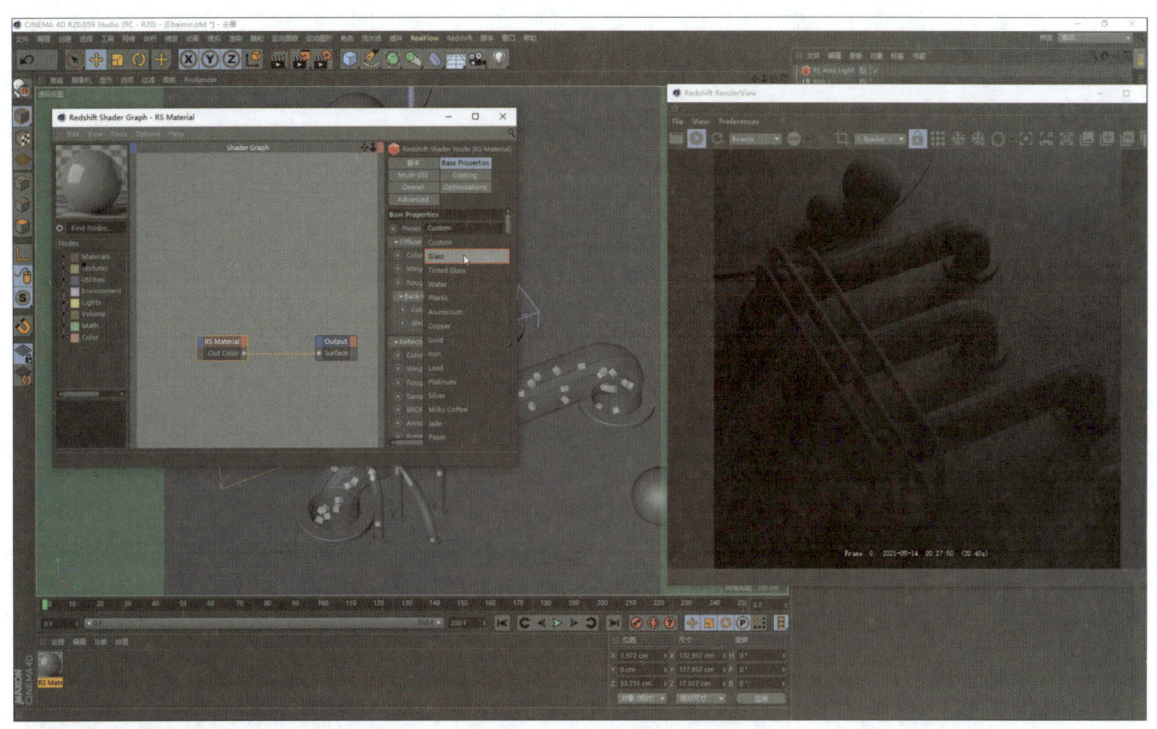

◐ 设置"Preset"为"Glass"

将玻璃材质球赋予到管道模型上,如下图所示。

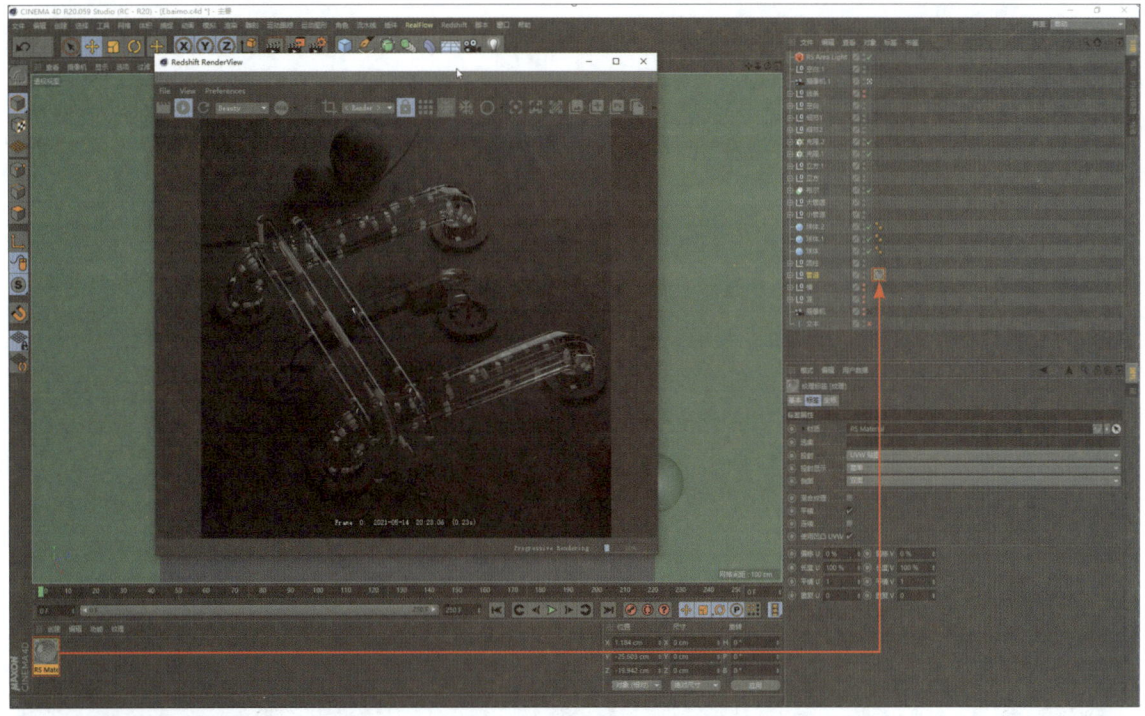

◐ 为管道添加玻璃材质的效果

制作透明管道中的发光球材质

接下来制作透明管道中的发光球材质。新建一个RS Material并双击，打开节点编辑器，将Diffuse卷展栏下的"Weight"改为"0"，如下图所示。

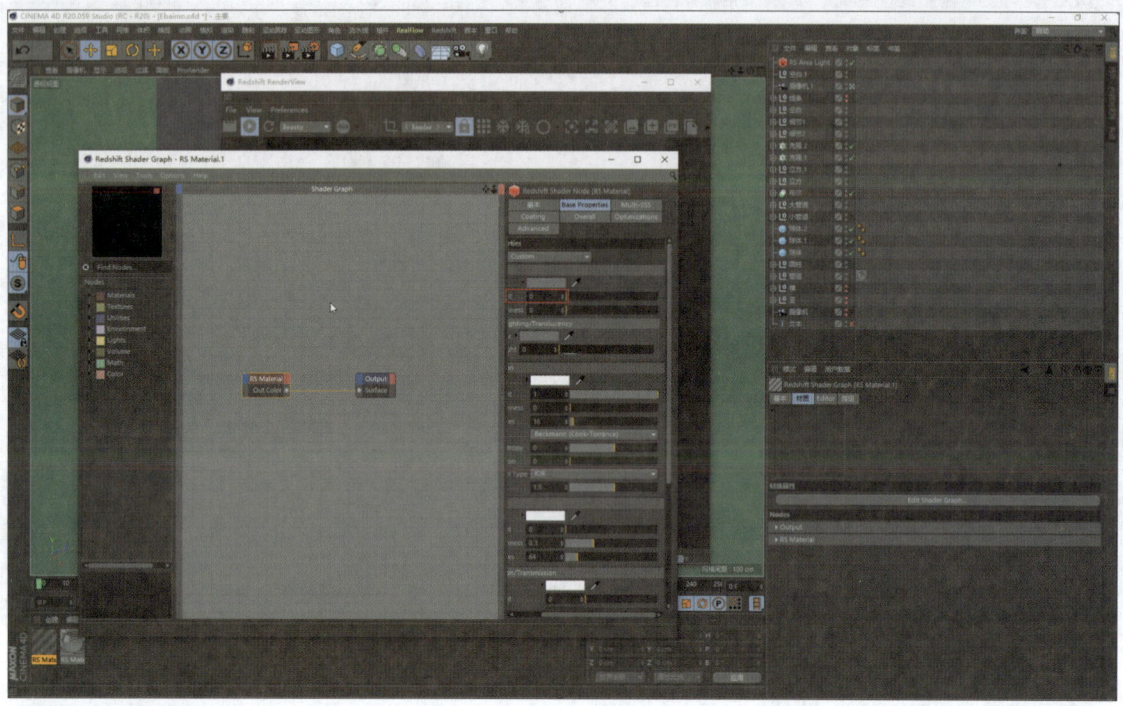

↑ 新建材质球并设置参数

切换到"Overall"选项卡，将"Emission Weight"改为"2"，并将"Emission"改为白色，如下图所示。

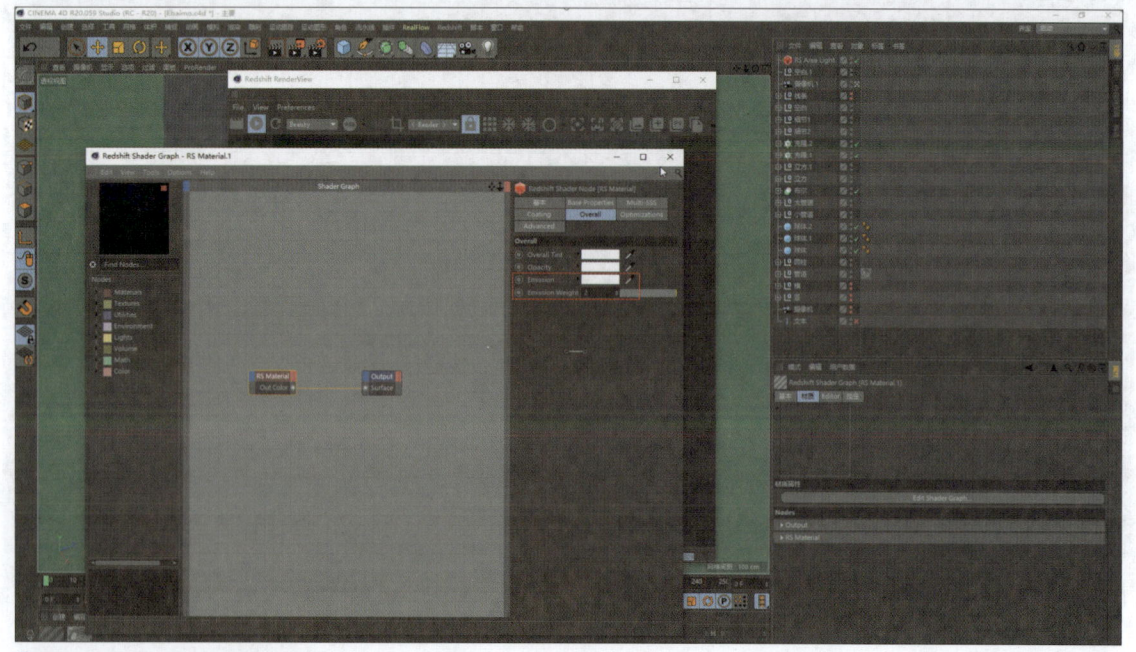

↑ 设置"Overall"选项卡中的参数

将发光材质赋予所有管道内部的模型上，这时在渲染视图中可以看到管道内部的细节已经在发光了，并且因为开启了GI，这些发光的模型**对场景也产生了照亮作用**，如下图所示。

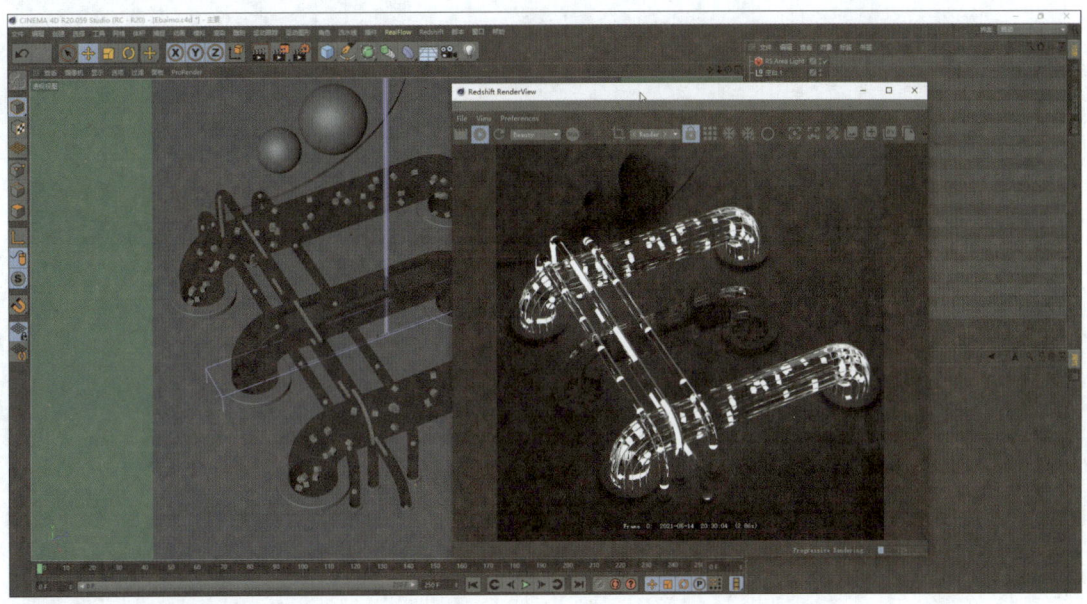

↑ 为模型赋予发光材质的效果

为地面添加材质

接下来，我们将使用内容浏览器中的预置为场景地面添加材质。这里用到最多的EMC-Redshift预置是可以在网络下载的，当然用户也可以下载其他预置或者使用C4D自带的预置。

地面是EMC-Redshift预置中一个柏油路的材质球。双击这个材质球，将它添加到材质管理器中。在材质管理器中双击新创建的材质球，打开它的材质编辑器，这时可以看到这个材质球节点的连接状态，如下图所示。

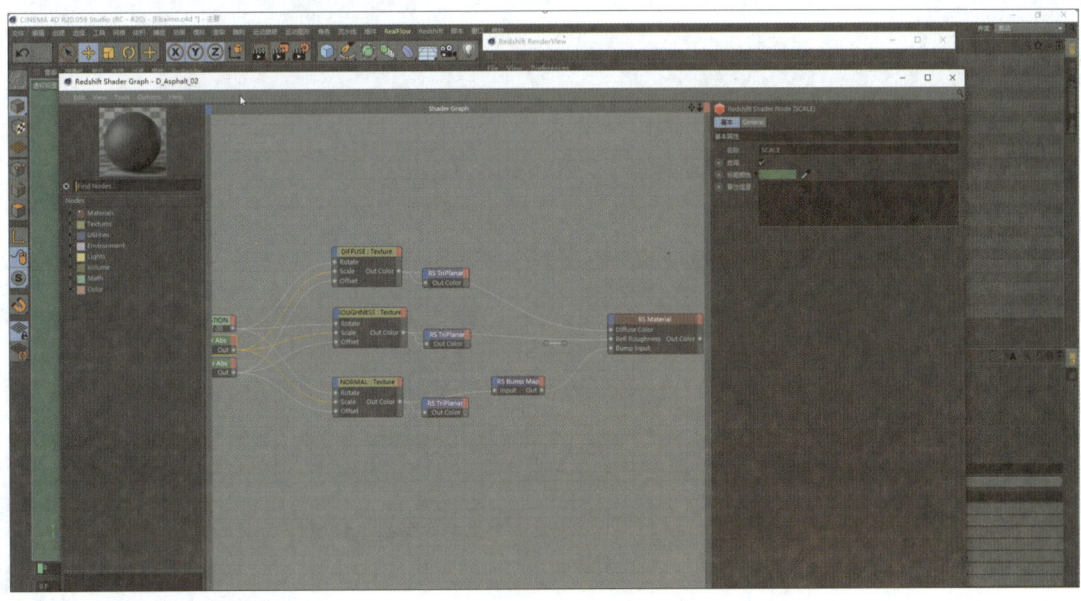

↑ 查看新建材质球节点的连接状态

» 11 基础工作流程——制作ins风格循环动画

将这个材质球赋予地面上（注意材质球要给到布尔上），进行渲染，效果如下图所示。

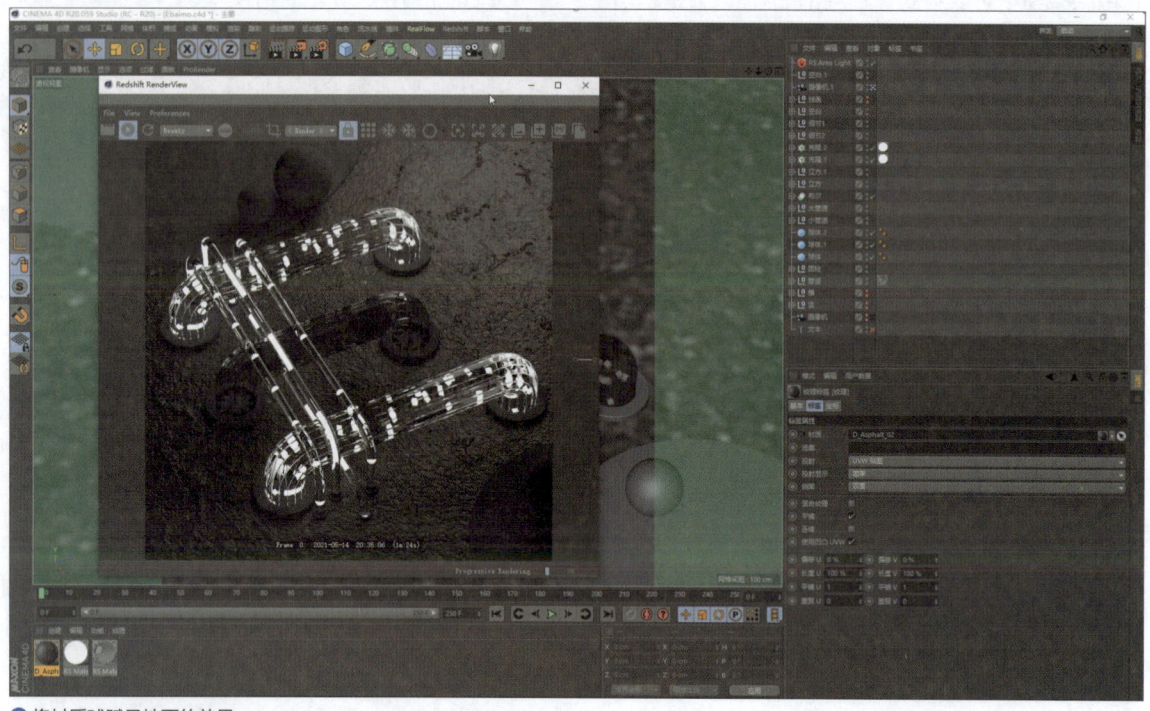

◐ 将材质球赋予地面的效果

可以看到，由于地面的纹理太大，且凹凸太明显，显得地面过于粗糙。在对象管理器中单击这个材质球标签，把属性中的"平铺U"和"平铺V"均改为"4"，这时地面的纹理就变得小一些了，如下图所示。

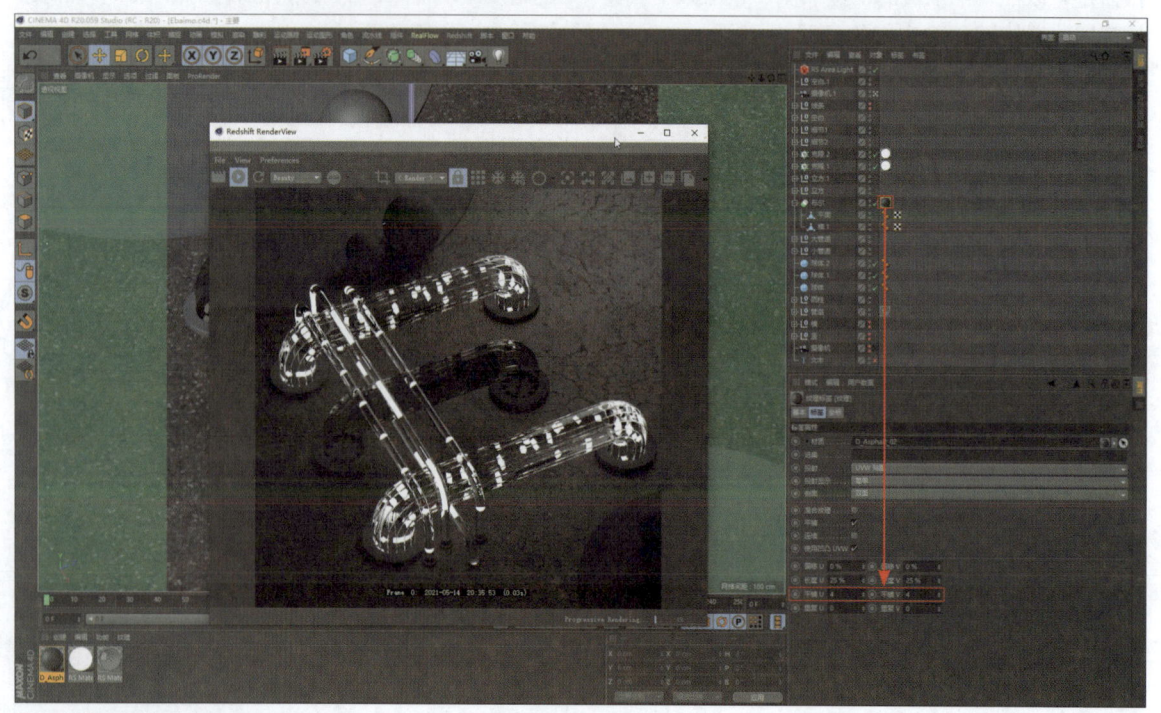

◐ 修改材质球的相关参数

打开材质球的节点编辑器，找到链接凹凸的节点，也就是"RS Bump Map"，将它的连接断开，如下图所示。

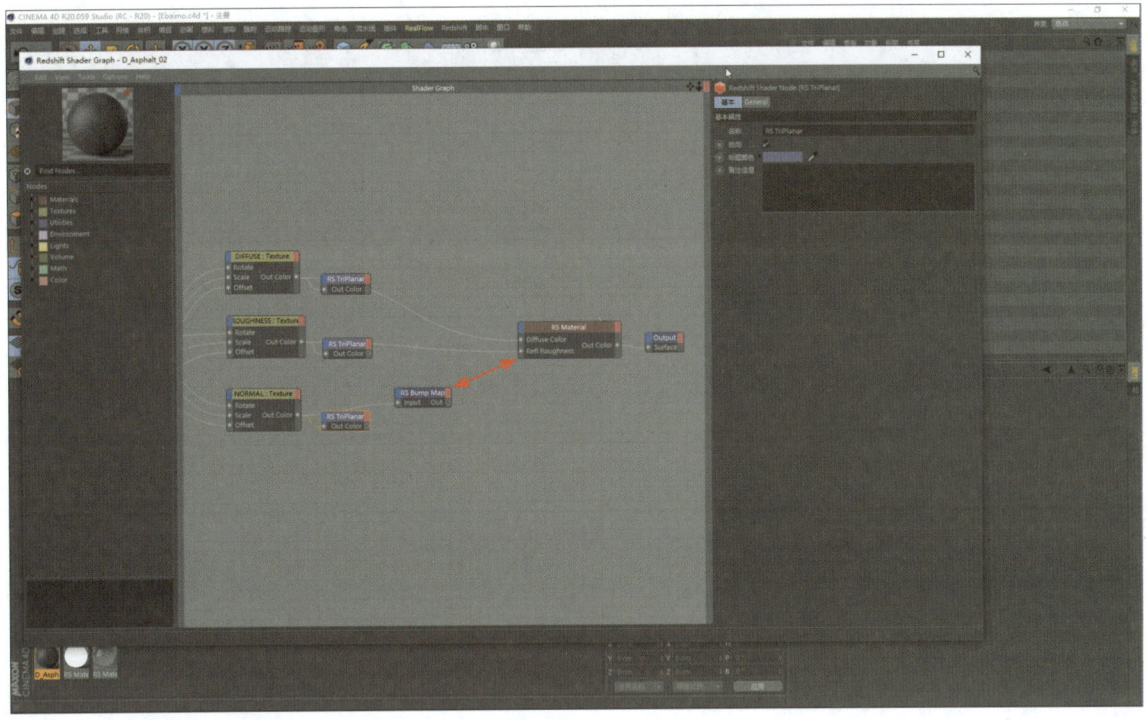

⬆ 断开"RS Bump Map"的连接

再次进行渲染，效果如下图所示。

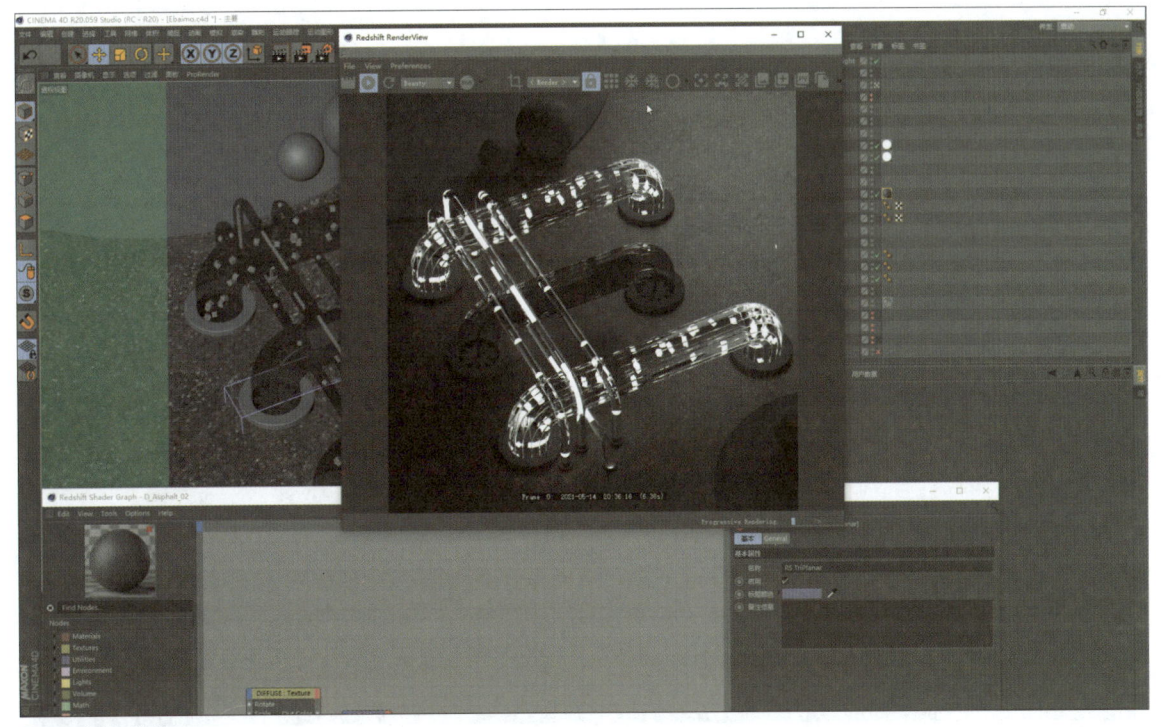

⬆ 断开连接后的效果

» 11 基础工作流程——制作ins风格循环动画

此时地面上的白点有点过于明显，显得地面有点花。再次打开材质编辑器，将RS Material节点输入端的"Diffuse Color"断开，如下图所示。

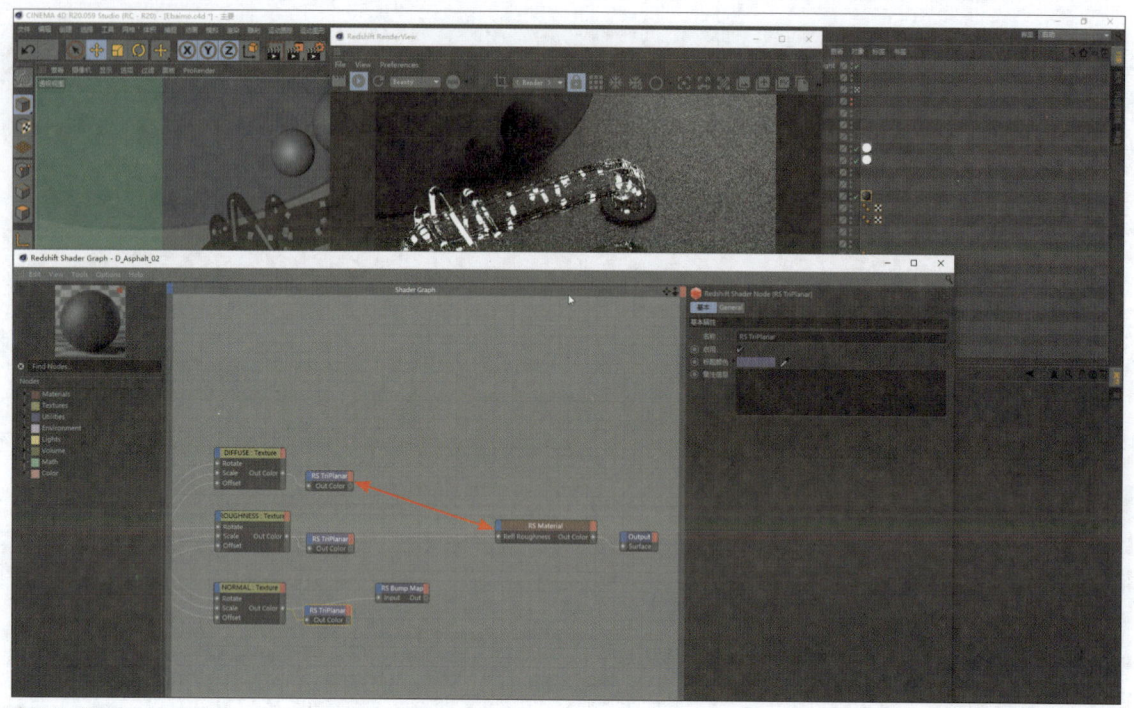

🔹 断开"Diffuse Color"

单击RS Material节点，在右侧的属性栏中，把"Diffuse"卷展栏下的"Color"改为深灰色，再将"Reflection"卷展栏下的"Weight"改为"0.211"，如下图所示。

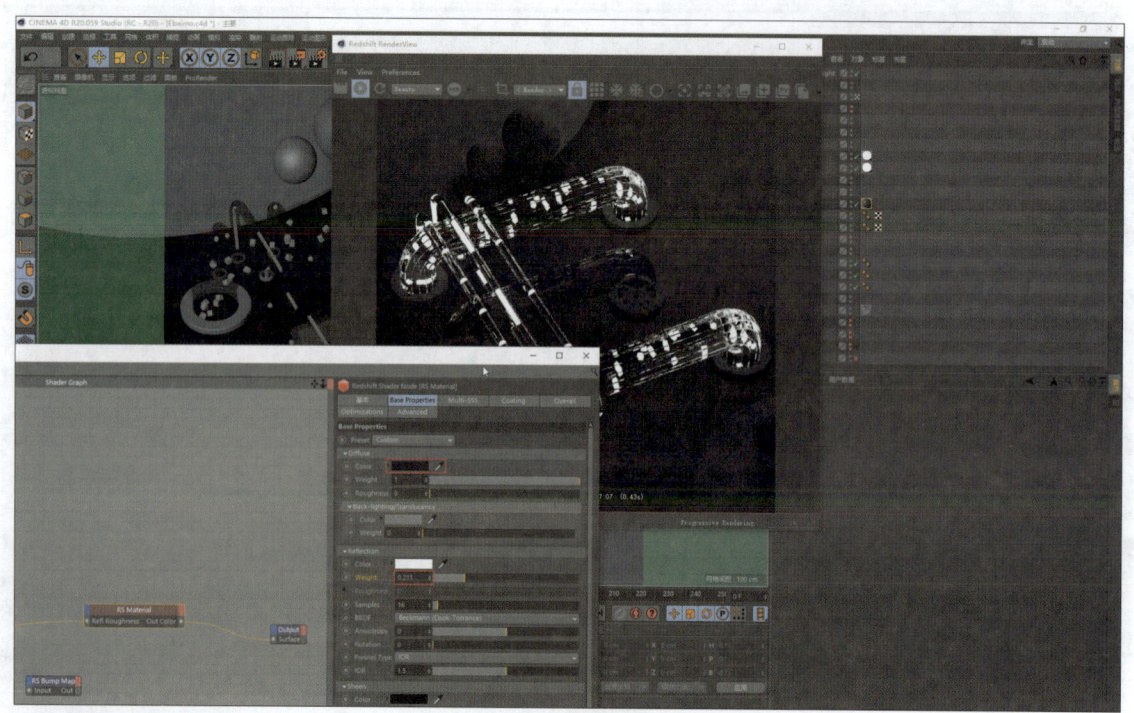

🔹 调整颜色

再次进行渲染，这时地面的颜色比较深，且反射也降下去了，可以比较好地突出场景中的主体，如下图所示。

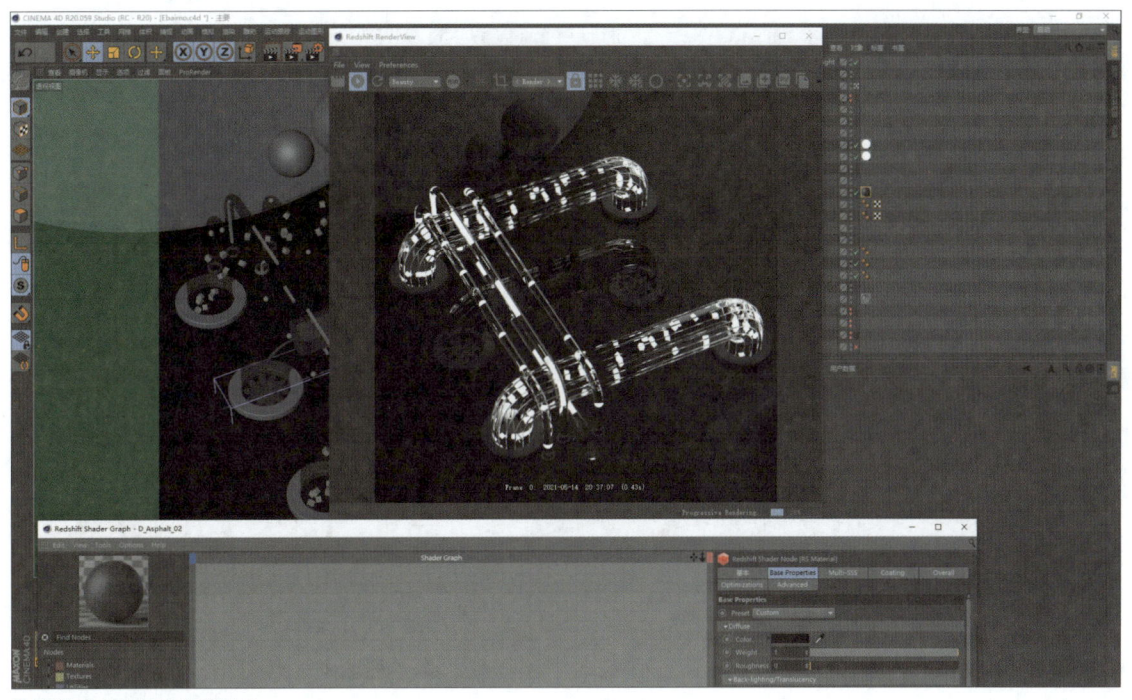

↑ 渲染后可见地面颜色变深了

为字母"E"中间管道赋予材质

字母"E"中间的透明管道内部有一个类似灯管的细节，也是发光材质，我们将之前调好的发光材质赋予该模型，效果如下图所示。

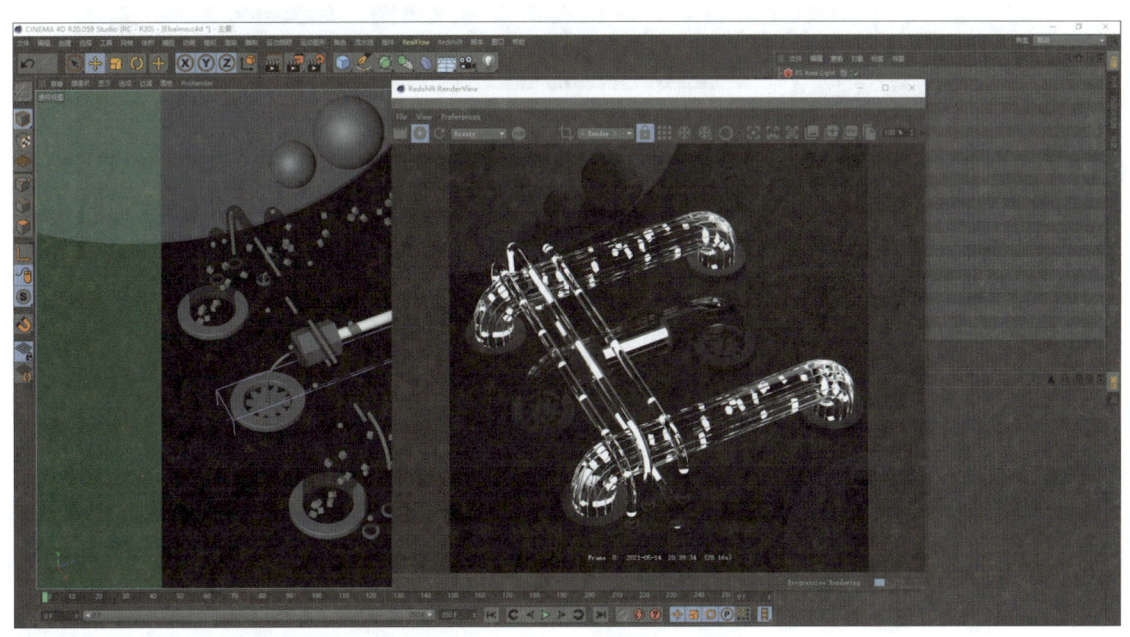

↑ 为字母"E"中间管道中类似灯管的细节赋予材质

然后为透明管道与地面接触部分的几个圆圈赋予材质，这里使用的是内容浏览器中带有一点模糊细节的金属材质球。双击创建并赋予到模型上，如下图所示。

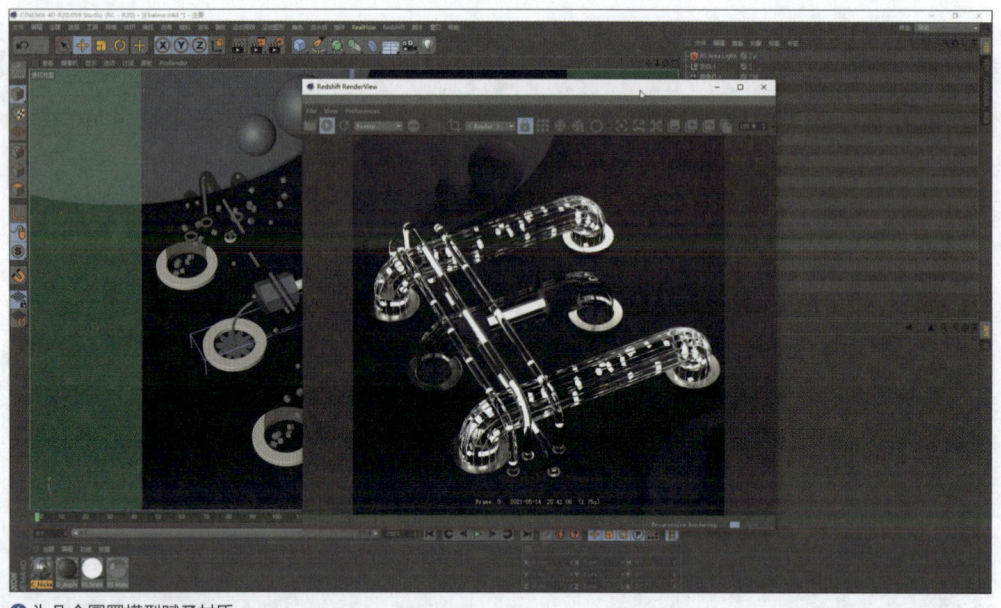

↑ 为几个圆圈模型赋予材质

内容浏览器中的材质球并不是每一次创建出来都可以完美地适用当前场景的，就像上文中调整地面的材质球一样，有时要对创建出来的材质球进行一些细节的调整，比如颜色、反射的强弱、粗糙度等。在添加这个场景中其他配饰的材质时，使用的大多是同样的方法。要想看到比较完整、详细的制作过程，可以观看随书教学视频。不过建议大家可以举一反三，自己去尝试着调整相关参数，这样学起来印象会更加深刻。

为场景添加完材质并进行渲染，效果如下图所示。

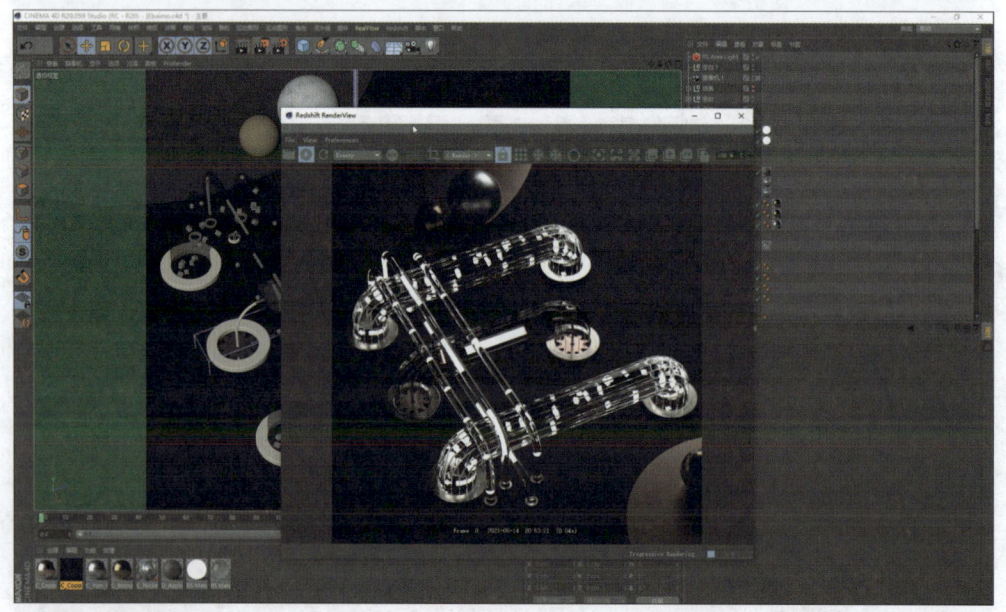

↑ 添加材质后的效果

为中间透明管道中的六边形添加反光细节

现在场景中还存在一个问题：中间透明管道中的六边形太暗了，没有任何细节，我们还需要给它添加一个反光效果。

复制场景中的面光源，并调整它的位置，如下图所示。

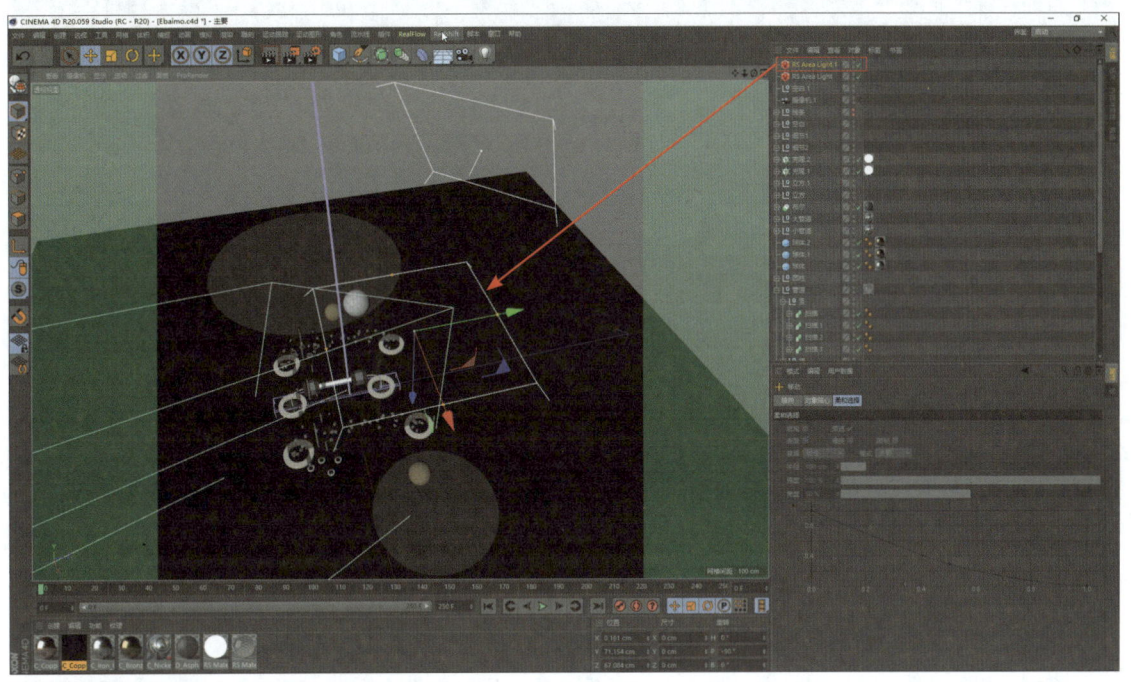

↑ 复制并调整面光源

对场景进行渲染，效果如下图所示。

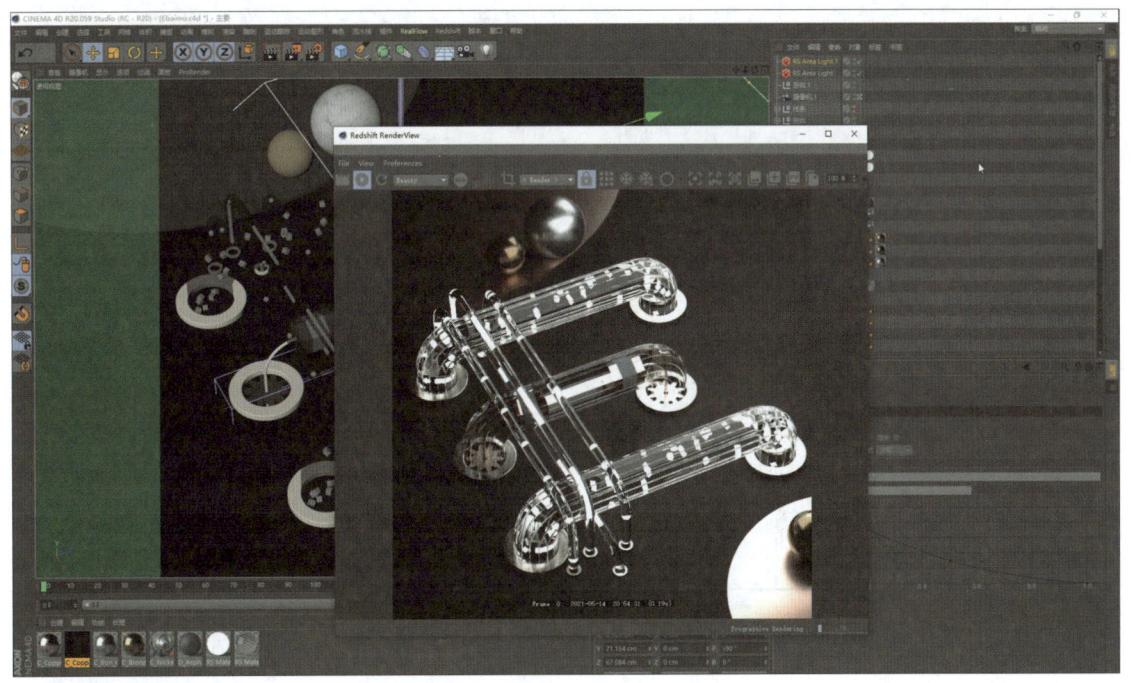

↑ 场景渲染后的效果

反射细节已经有了，但位置不太理想。接下来，我们结合渲染视窗对灯光的位置再次调整，例如向左移动，让它能够把左侧的几个六边形同时照亮等，调整后的效果如下图所示。

⬆ 对灯光的位置进行细微的调整

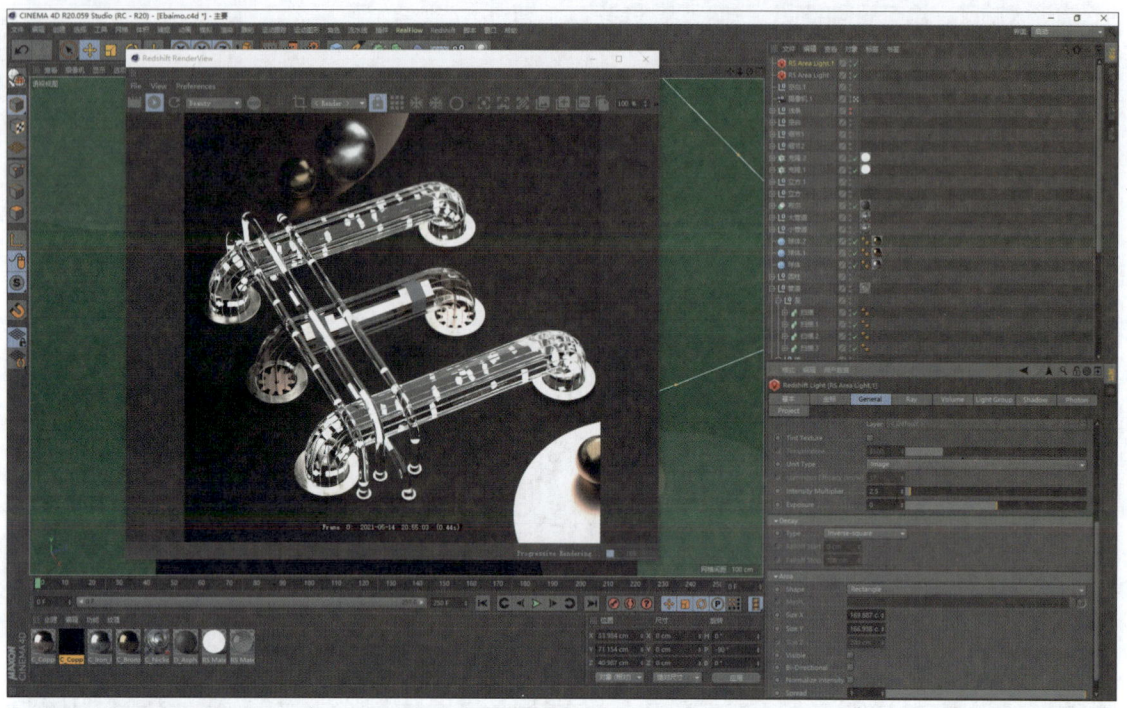

这时灯光的位置对了，但灯光太强，将中间的金属材质照射得太曝了。因此，我们将灯光的强度减弱，调整后的效果如下图所示。

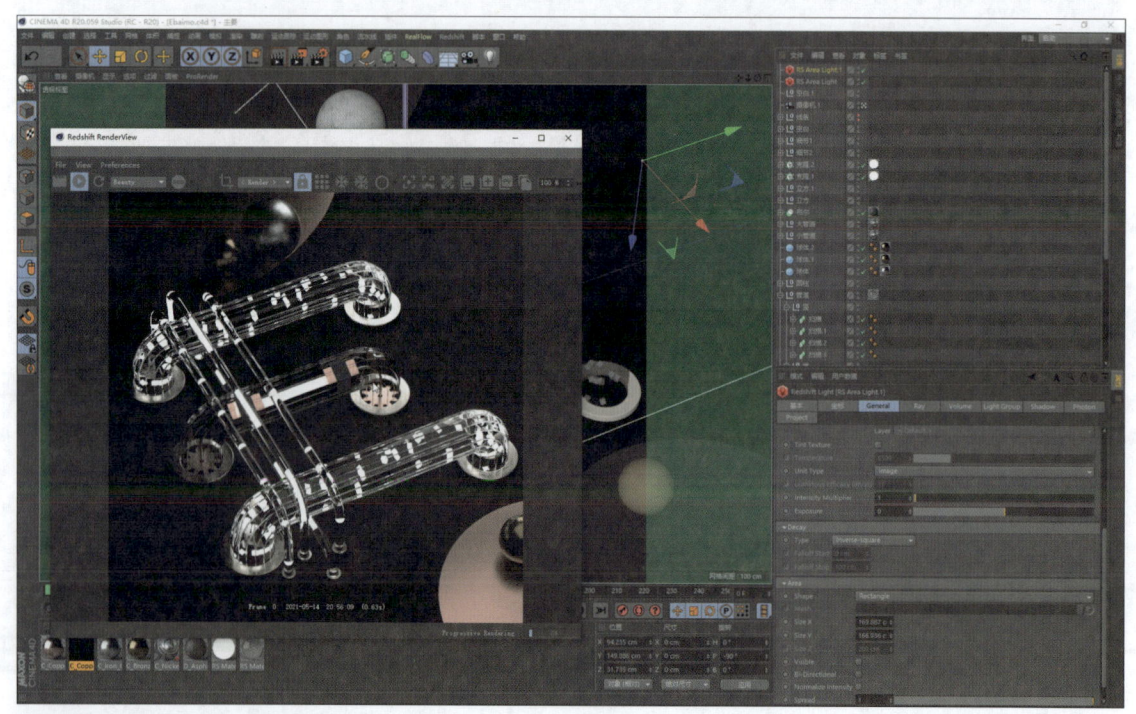

⬆ 降低灯光强度

用同样的方法将中间的六边形材质调整好并赋予,最终渲染效果如下图所示。

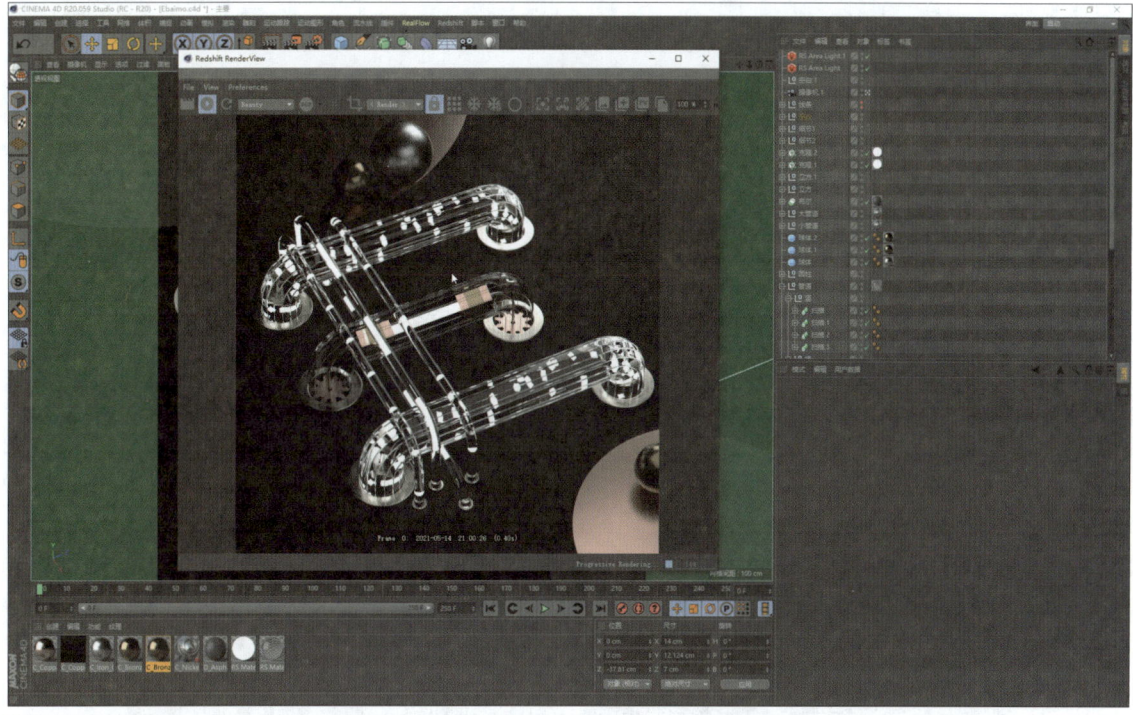

↑ 为六边形赋予材质

到目前为止材质的调整就差不多了,接下来我们将对画面进行调色。

11.3　画面调色

RS提供的调色工具，可以让用户很方便地在C4D中完成一些简单的调色。这些调色功能主要集中在摄像机标签中。

在对象管理器中的摄像机对象上右击，从菜单中选择"Redshift Camera"命令，如下图所示。

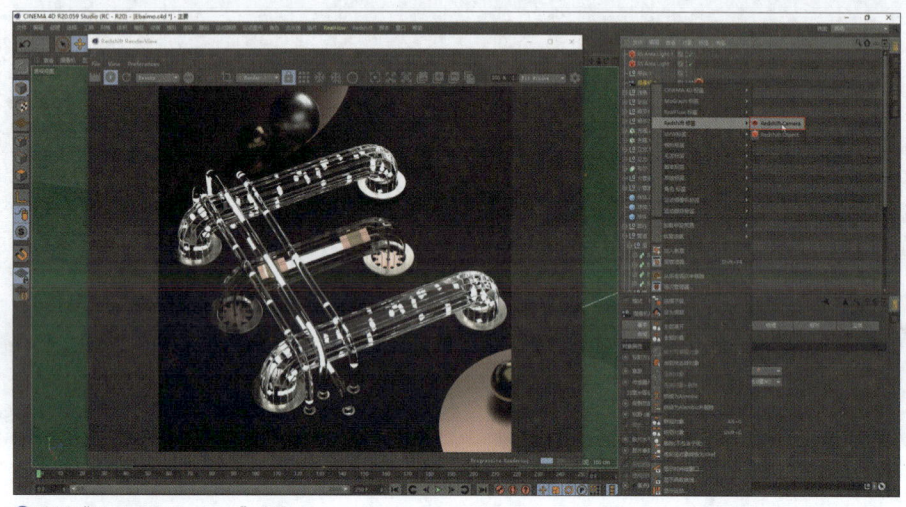

↑ 选择"Redshift Camera"命令

为场景添加辉光

首先为场景添加辉光。在摄像机参数设置面板中切换至"Bloom"选项卡，勾选"Override"和"Enabled"复选框，并通过设置"Threshold"和"Softness"的值来调整辉光的大小，如下图所示。

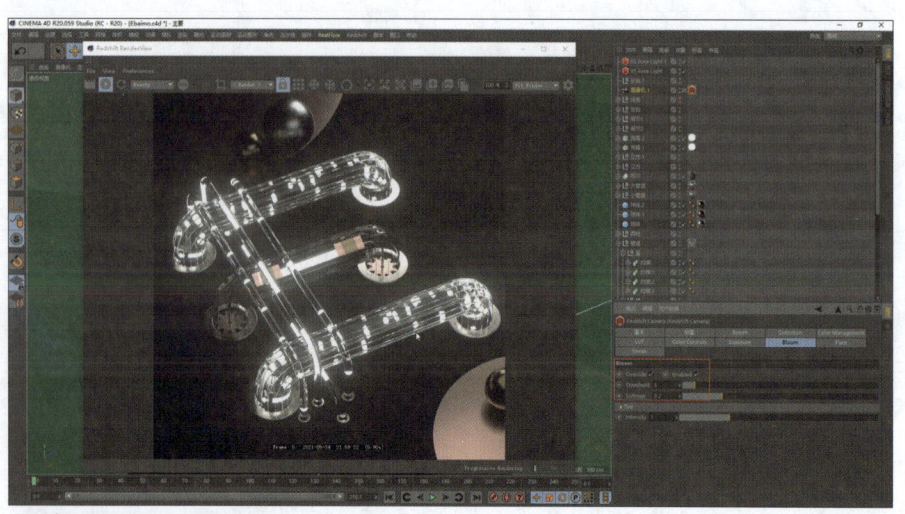

↑ 调整"Bloom"选项卡中的参数

对画面颜色调整有两个比较常用的方法，第一个是调整"Color Controls"选项卡下的曲线，当然也要勾选"Override"和"Enabled"复选框；另一个就是在"LUT"选项卡下载入一个.cube格式的文件。这种格式的文件在网络上非常容易下载，大多数是由达芬奇等调色软件存储出来的调色预设。

勾选"Override"和"Enabled"复选框，并拖拽一个.cube格式的文件到属性框里，这时画面就产生了变化，效果如下图所示。

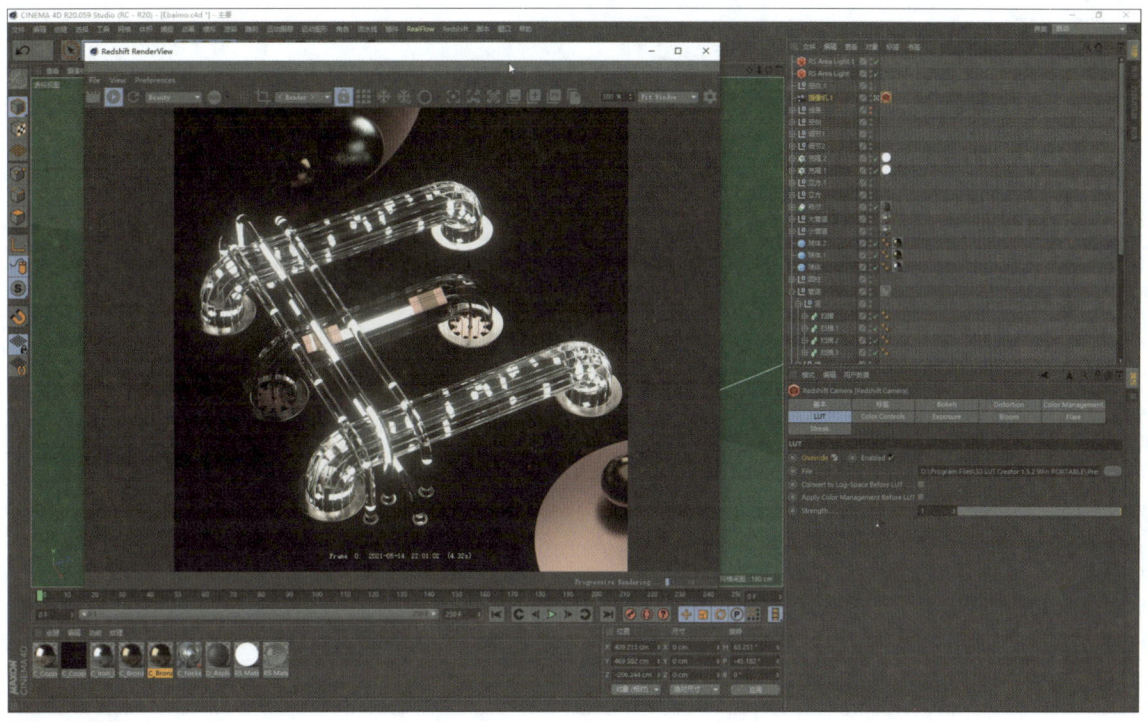

⬆ 改变画面颜色

大家可以按照自己的想法去尝试不同风格的预设，从而得到想要的风格。

需要注意的是，添加调色预设之后，画面会发生或明或暗的变化，因此要结合当前的画面效果，对场景中的灯光或者摄像机标签下的曲线进行调整，达到更好的效果。当然也包括之前添加的辉光效果。

至此，对画面的调整就结束了，下一节我们将进入动画效果的制作。

11.4 动画制作与渲染输出

在本案例中，我们将对场景中需要添加动画的元素制作循环动画。一般制作一段循环动画，帧数不会少于250帧，因此我们在时间线右侧的数值框内将这个工程的时长改为250帧，如下图所示。

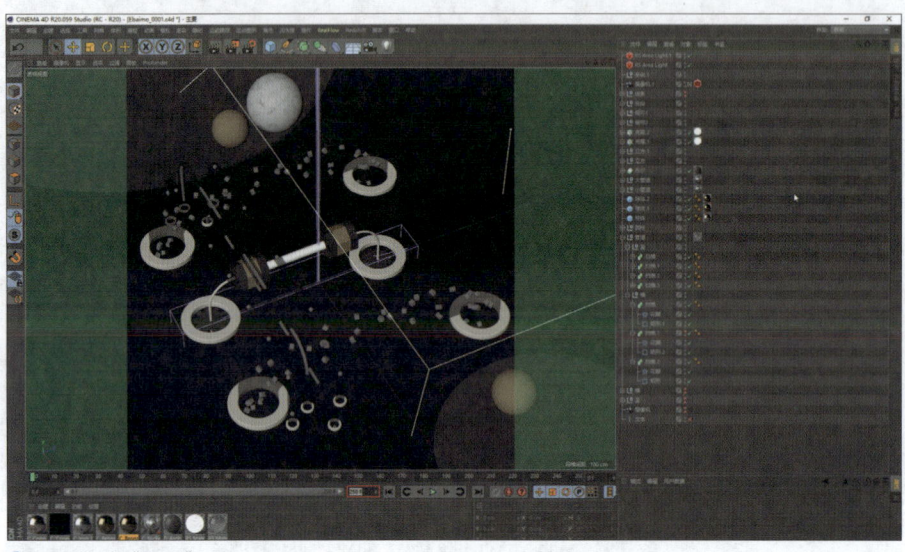

↑ 设置时长为"250F"

制作竖直透明管道细节动画

首先制作竖着的透明管道中细节的动画。选中其中一个透明管道中的小元素，选择它的样条约束对象，拖动改变属性中的"偏移"数值，就能够看到视窗中相对应的模型发生了位移动画效果，如下图所示。

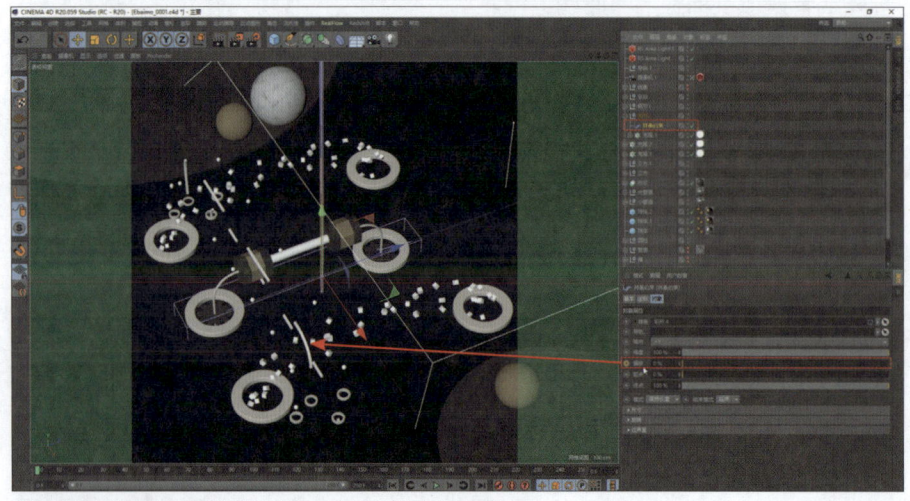

↑ 调整样条约束对象中"偏移"参数，对应模型将产生动画效果

将时间线上的滑块拖拽至第0帧的位置，单击"偏移"属性前面的小圆点，添加一个关键帧，如下图所示。

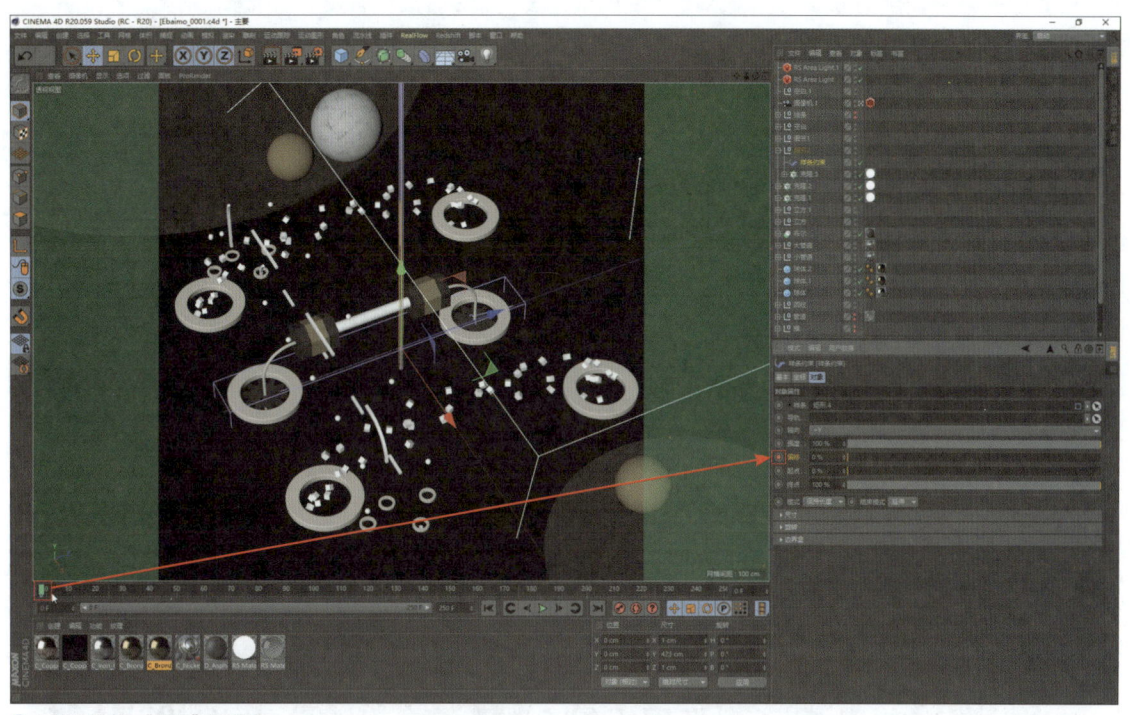

🔼 在第0帧添加"偏移"关键帧

拖动时间线滑块至250帧，将"偏移"改为"100%"，单击前面的小圆点，再次添加一个关键帧，如下图所示。

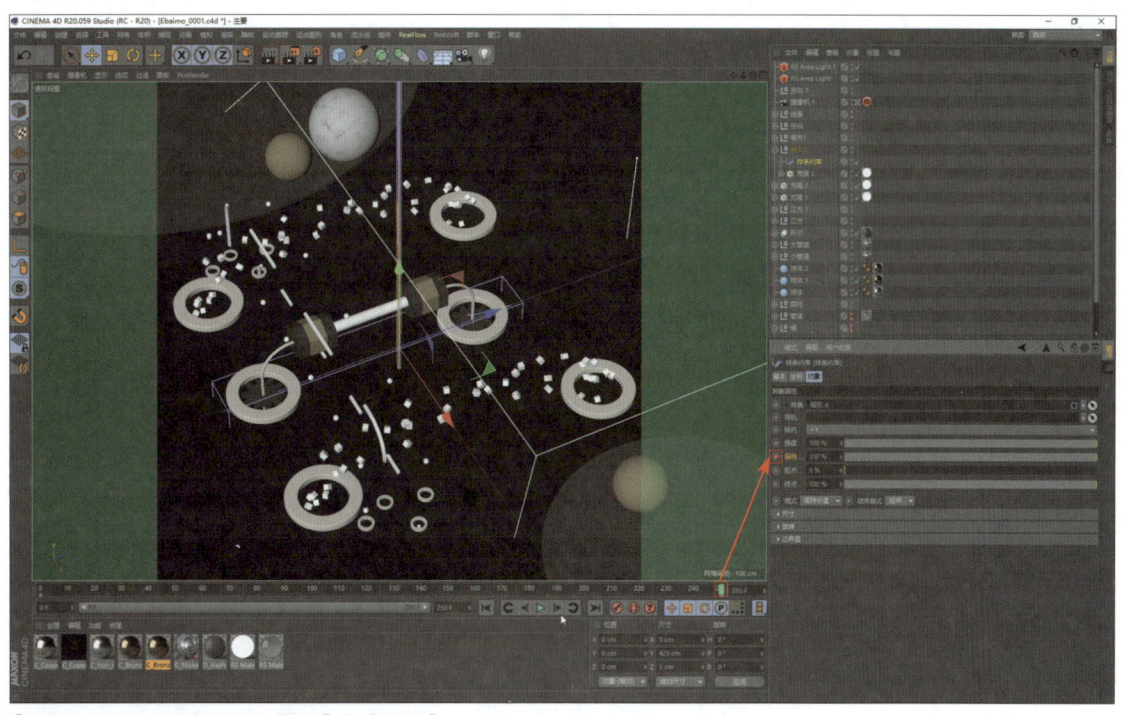

🔼 在第250帧添加关键帧并设置"偏移"为"100%"

» 11 基础工作流程——制作ins风格循环动画

这时单击时间线下面的"播放"按钮，会发现已经产生了位移动画，但是默认情况下C4D会给所有添加的关键帧自动添加一个缓入/缓出的效果，也就是说动画在起始和结束的地方会缓慢地停下来，因此还要删除缓入/缓出的效果。在"偏移"上右击，在打开的菜单中选择"显示函数曲线"命令，其位置如下图所示。

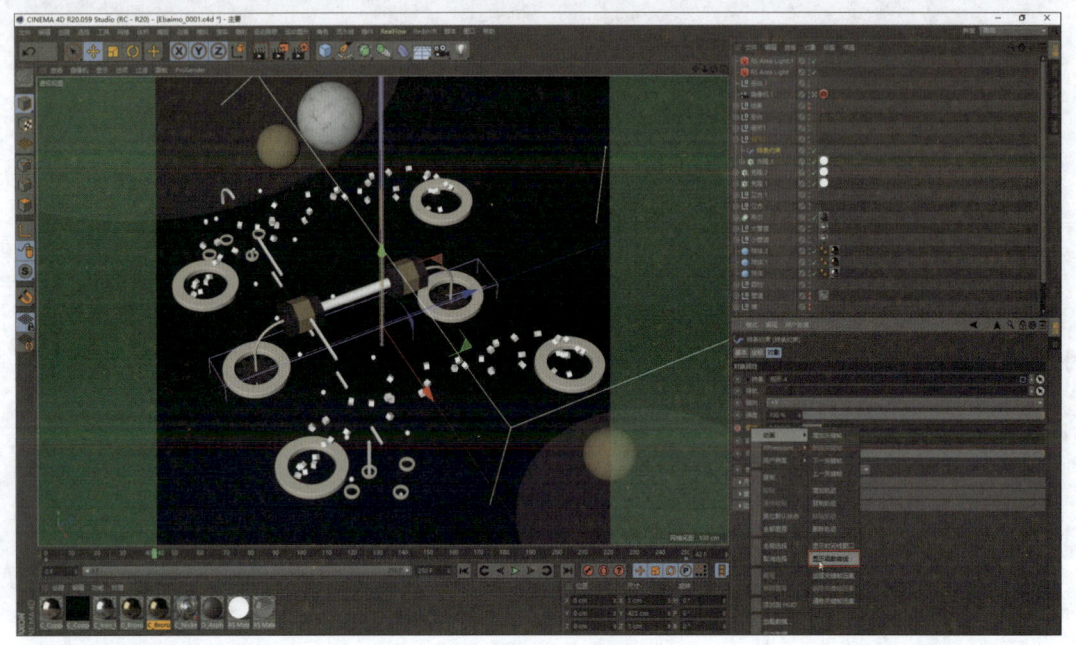

◆ 选择"显示函数曲线"命令

打开"时间线窗口"面板之后，选中两个关键帧，单击上面的"线性"按钮，将曲线打直。这样就可以去掉缓入/缓出的效果了，如下图所示。

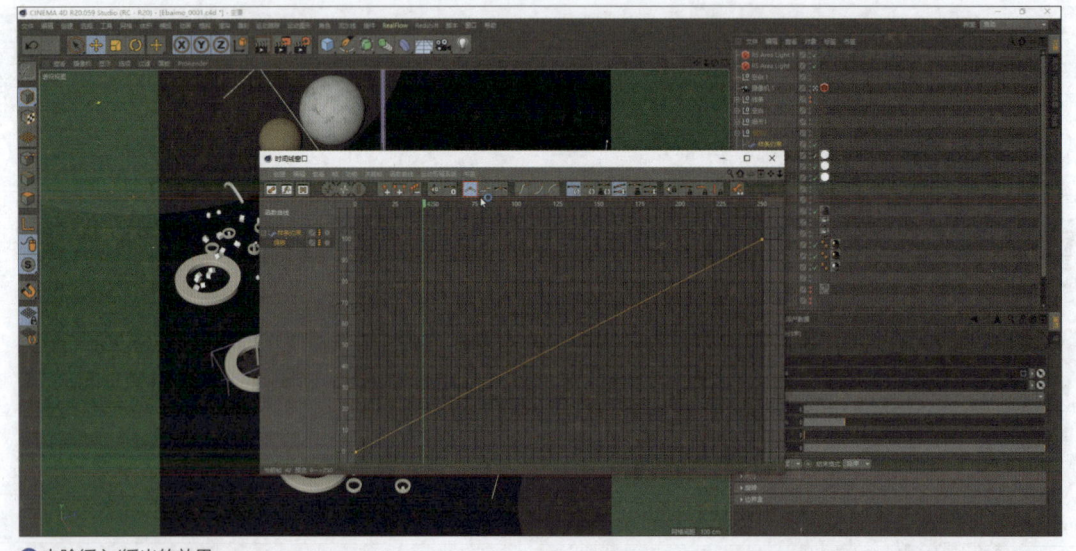

◆ 去除缓入/缓出的效果

这时再次播放时间线，检查模型是否为匀速运动，同时检查最后一帧到第0帧时有没有跳帧的现象，也就是说确认是否为无缝衔接的状态。

制作其他动画效果

用同样的方法，为场景中其他几个竖着的透明管道中的小球体添加动画。不要忘记将每个动画曲线都打直。

横着的两个透明管道内的立方体，我们可以通过给克隆属性中的"偏移"添加关键帧来实现位移动画。同样不要忘记将动画曲线打直。

中间透明管道两侧的齿轮，可以通过给挤压对象的"旋转"属性添加关键帧来实现旋转动画。选择左侧齿轮的挤压对象，切换到"坐标"选项卡，依次调整"*R.H*""*R.P*"和"*R.B*"三个属性的参数，确定我们想要的旋转方向是哪个轴。本案例是*B*轴，那么就在时间线的第0帧给"*R.B*"添加一个关键帧。再拖拽时间线滑块至250帧，并且把"*R.B*"改为"720°"后再次添加一个关键帧，如下图所示。

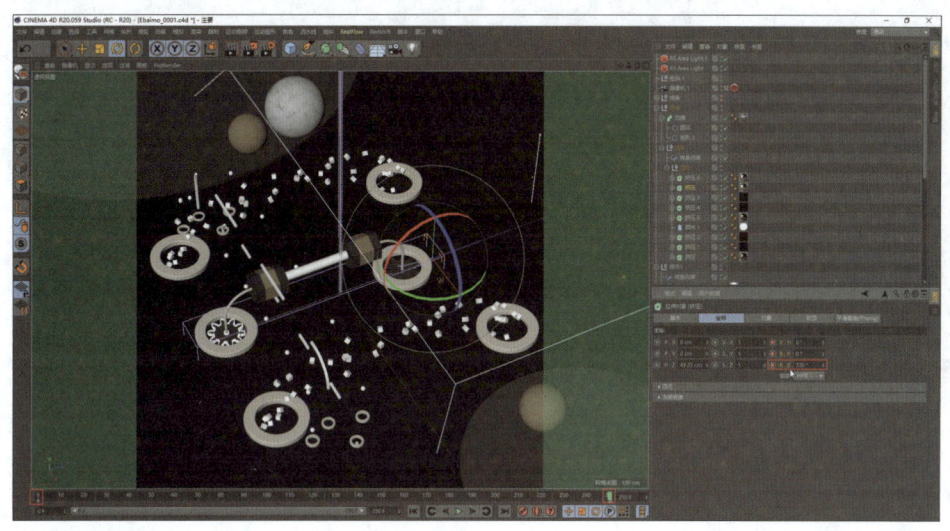

↑ 为齿轮模型添加旋转动画

同样，不要忘记把关键帧的曲线打直，如下图所示。

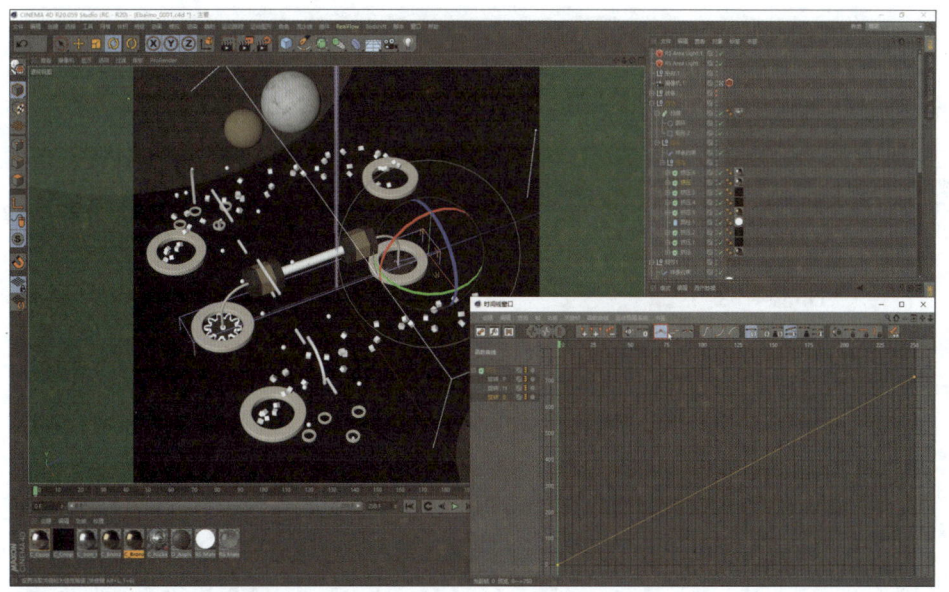

↑ 在"时间线窗口"面板中打直曲线

为右侧齿轮添加旋转动画

根据同样的方法给右侧齿轮添加旋转动画，为了有一点区别，可以让它反向旋转。

然后为中间的六边形添加旋转动画。这里可以给动画多一些细节，让它每旋转几帧之后停一下。

选中其中一个六边形的挤压对象，并切换到"坐标"选项卡，如下图所示。

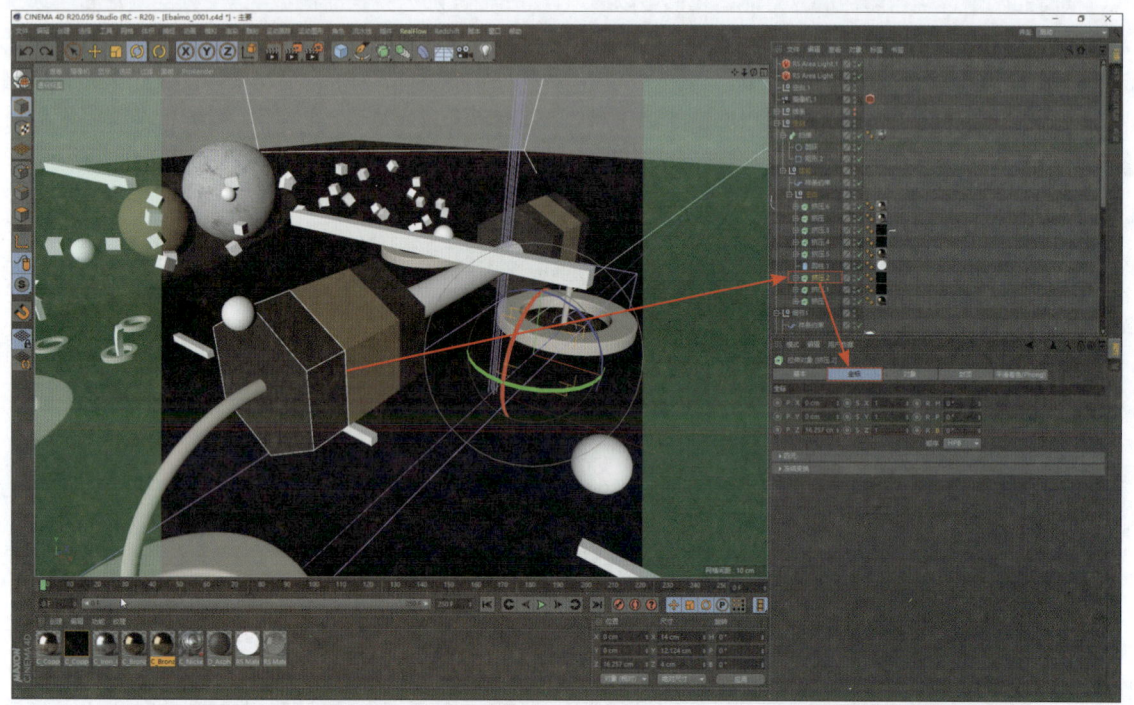

⬆ 切换至六边形挤压对象的"坐标"选项卡

将时间线滑块拖拽至第30帧的位置，给六边形的"R.B"添加一个关键帧，如下图所示。

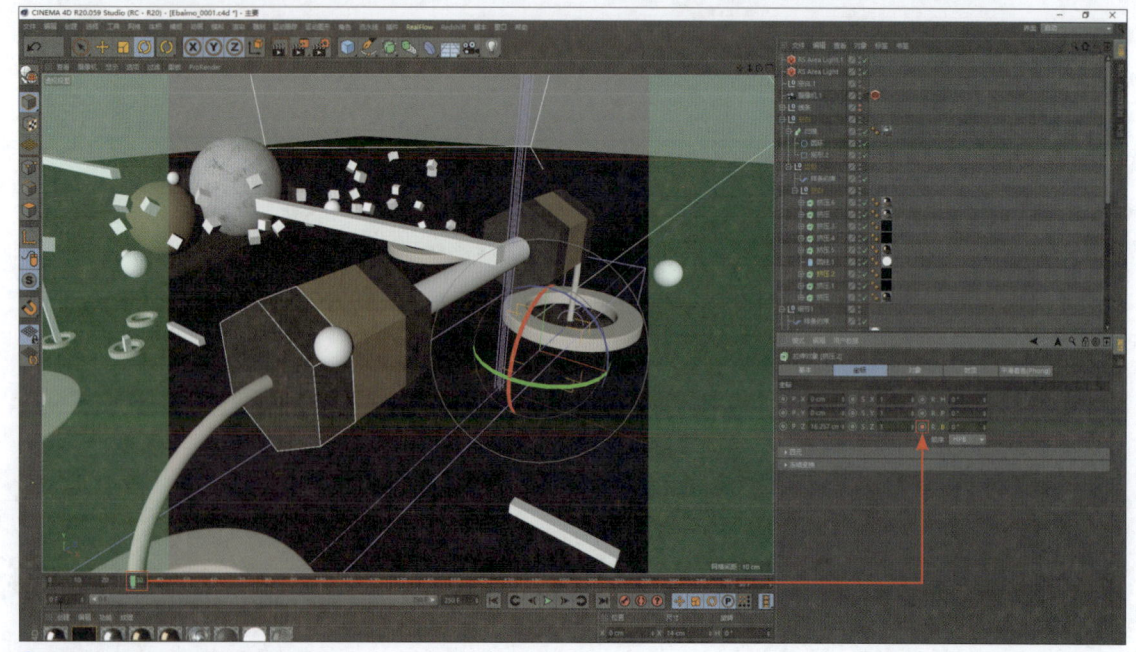

⬆ 在第30帧添加"R.B"关键帧

把时间线滑块拖拽到第50帧,然后将"R.B"值改为"60°",再次添加关键帧,如下图所示。

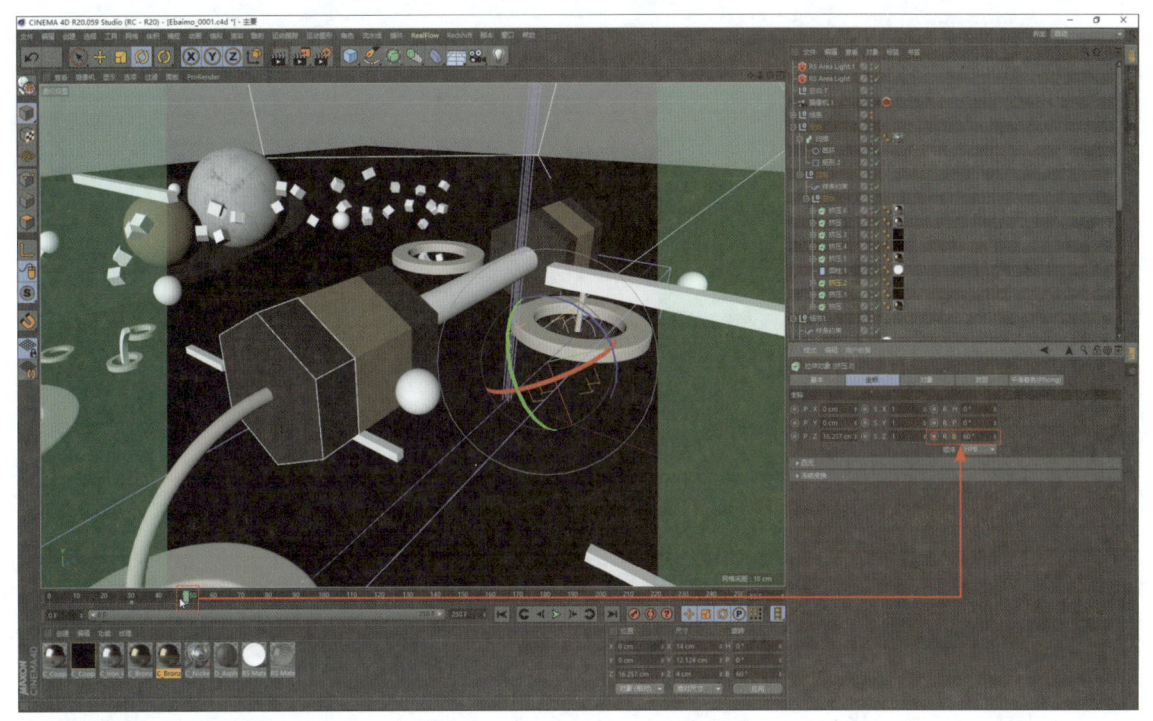

↑ 在第50帧添加"R.B"关键帧

再次拖动时间线滑块到第80帧,添加一个关键帧,如下图所示。

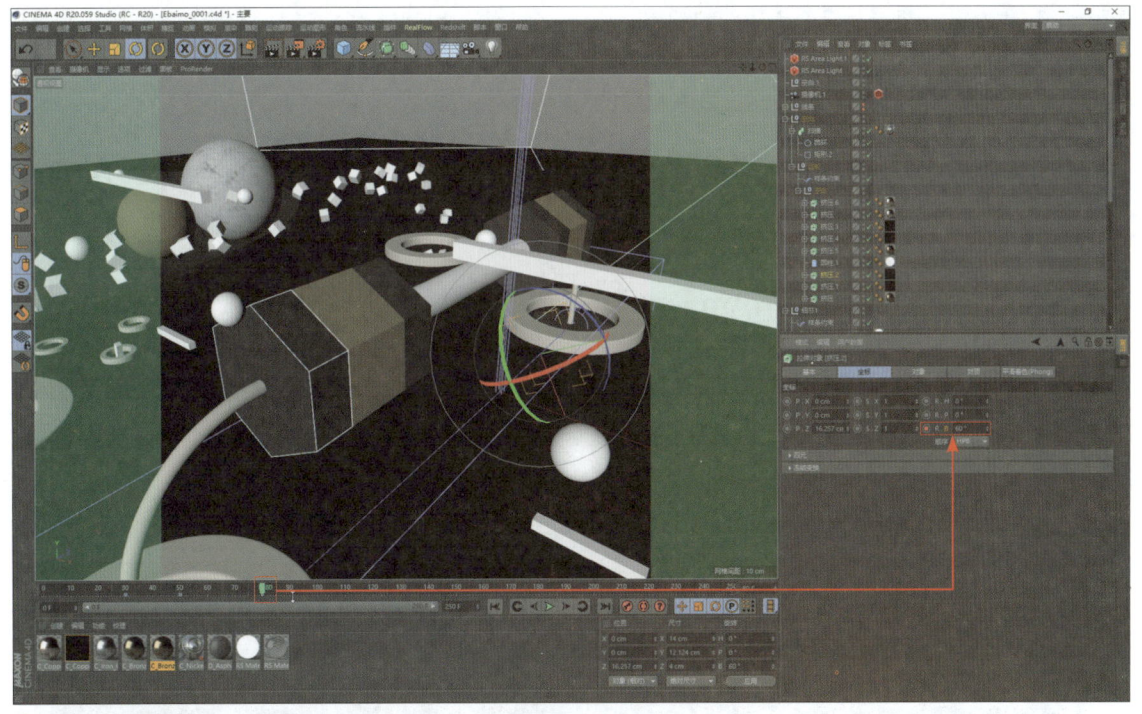

↑ 在第80帧添加关键帧

然后在第90帧的位置修改"R.B"为"180°"，添加关键帧，如下图所示。

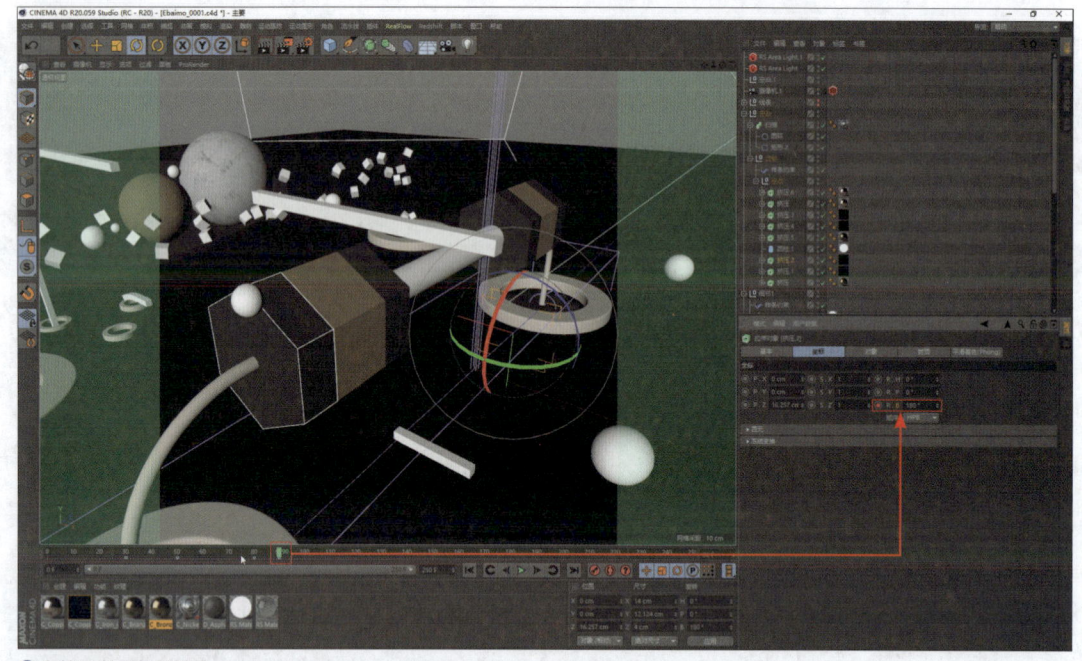

↑ 在第90帧添加关键帧

这样在两次转动的过程中，有一个节奏的变化，第一次慢，第二次快。或者可以在下一次转动时让它反方向转，大家可以依据个人理解和喜好去调整。用这样的方法把其他几个六边形的翻转动画也制作出来。

完成之后我们可以把场景中一些可以隐藏的元素隐藏起来，例如灯光、变形器和摄像机等。隐藏的方法是在"过滤"菜单中取消勾选相应的选项就可以了，如下图所示。对现在制作的动画做一个拍屏，也就是动画预览，来检查制作的动画是否顺畅。

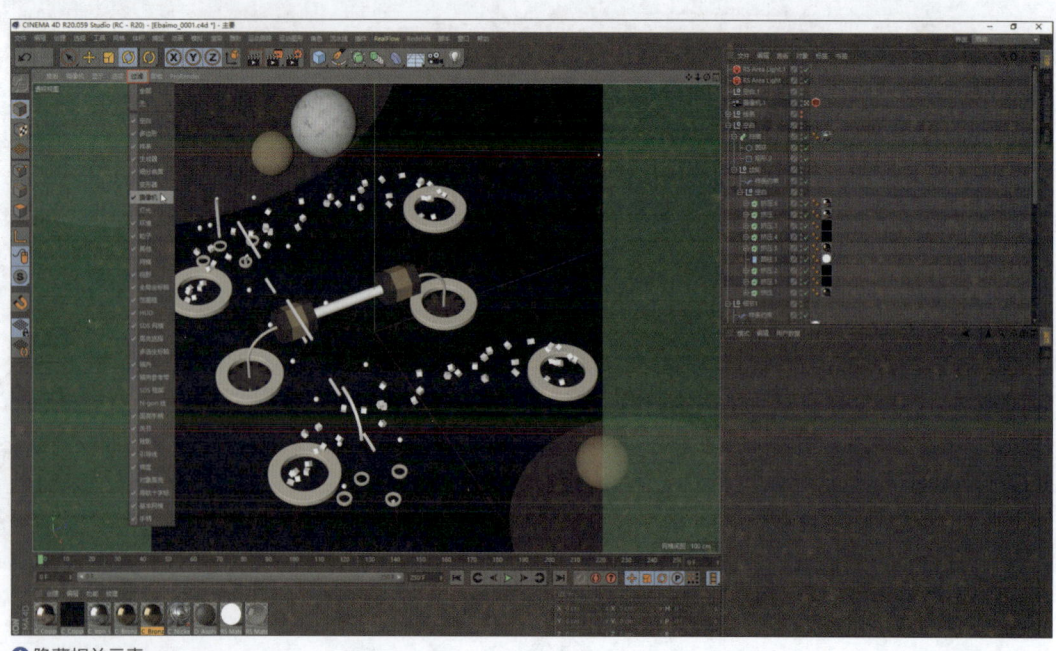

↑ 隐藏相关元素

在"渲染"列表中选择"创建动画预览"命令，如下图所示。

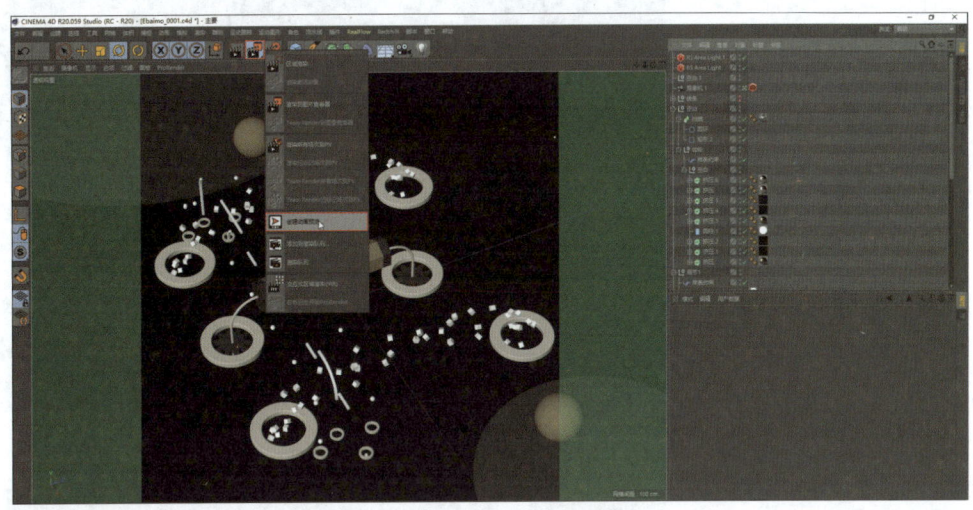

↑ 选择"创建动画预览"命令

在弹出的对话框中确认拍屏的信息无误之后，单击"确定"按钮，就可以完成拍屏了。完成之后会自动弹出图片查看器，并将刚刚的拍屏显示在里面。

这里要拍屏检查动画而不是直接在时间线下单击"播放"按钮的原因是，我们在制作项目的过程中，往往场景比较大，东西比较多，这时单击时间线下的"播放"按钮会比较卡，导致播放的速度并不是实际的播放效果。因此制作完动画之后一定要将动画拍屏，才能在图片查看器中得到一个正确的播放速度，去检查我们的动画有没有穿帮、节奏速率把握得怎么样等。

至此，本案例就制作完成了，接下来可以对画面进行渲染输出。

渲染输出

动画渲染输出的方式非常简单，先在"渲染设置"面板中对输出的序列帧或者视频进行设置。打开"渲染设置"面板，首先确认输出的宽度和高度是最终尺寸；其次是保证帧频和工程设置中的帧频一致；最后选择渲染的帧范围为"全部帧"，如下图所示。

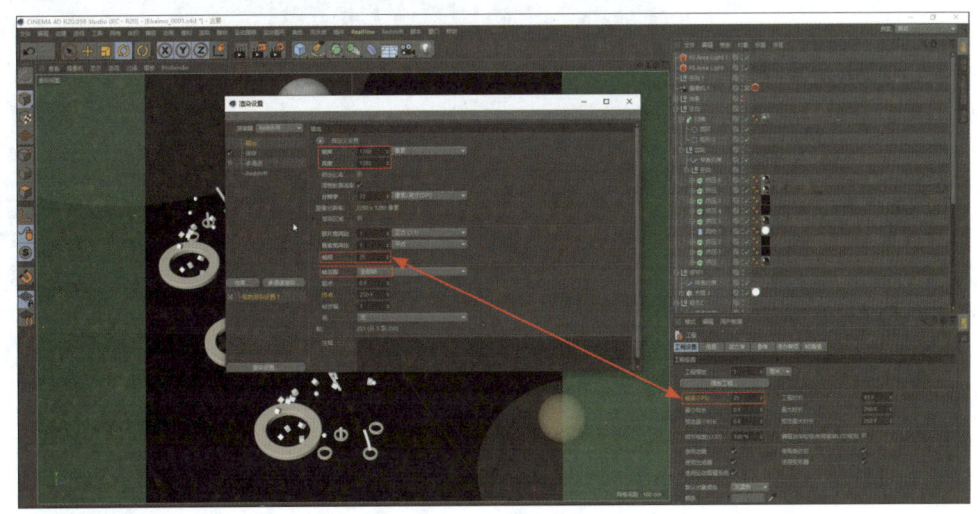

↑ 设置渲染的参数

切换到"保存"选项面板，设置保存路径。单击"文件"属性框右侧的图标，在弹出的面板中选择想要保存的路径；在属性框下方选择想要保存的图片格式或视频格式；勾选"Alpha通道"复选框，如右图所示。

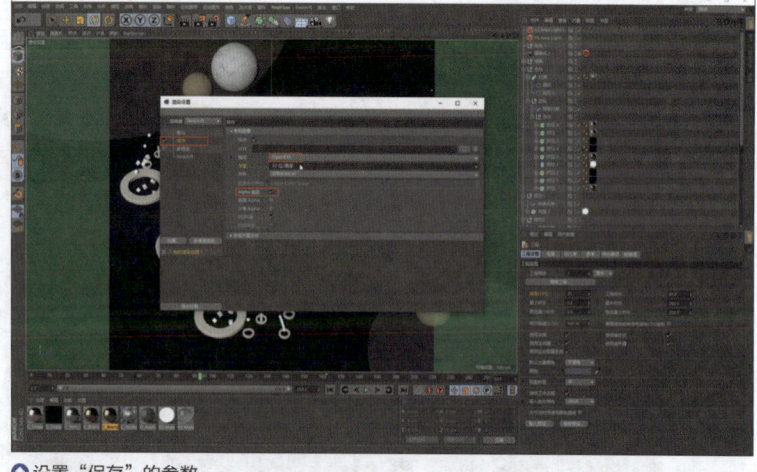

⬆ 设置"保存"的参数

再切换到"Redshift"选项面板，把"基本"选项卡下面的最小采样值和最大采样值改为"32"和"256"，如右图所示。

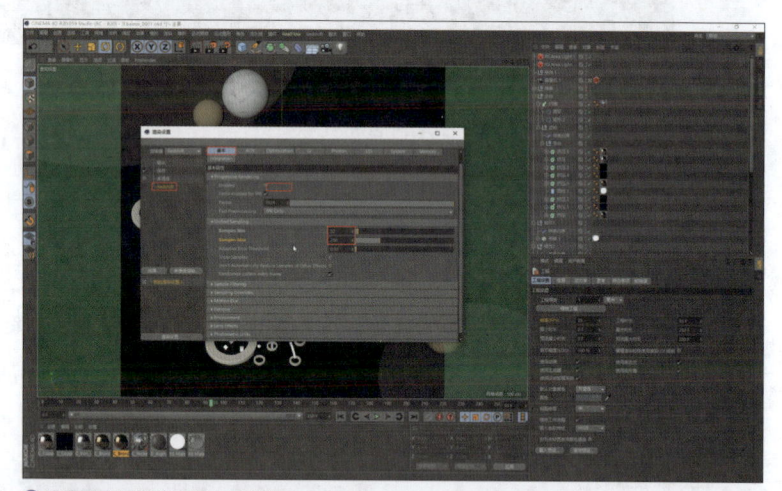

⬆ 设置最小采样值和最大采样值

最后切换到"Memory"选项卡，将CPU内存使用率改为"100%"，使C4D在渲染时能够100%使用计算机内存，运算速度更快，如右图所示。

调整好渲染参数后，关闭"渲染设置"面板，单击"渲染到图片查看器"快捷图标，就可以将制作的作品以序列帧的形式渲染出来了。

至此，本案例制作完成。通过这个案例的学习，希望能够让大家对C4D的工作流程有一个全面的了解。

⬆ 设置CPU内存使用率

12

工作流程应用——制作游戏机展示动画

12.1 案例制作思路概览

12.2 方块模型及动画创建

12.3 渲染与效果合成

12.4 卡通手模型创建思路

12.5 卡通手骨骼绑定

12.6 卡通手权重绘制

12.7 镜头一的制作

12.8 镜头二的制作

12.9 最终合成与衔接

12 工作流程应用——制作游戏机展示动画

在熟悉了C4D的基础工作流程之后，接下来通过一个制作游戏机展示动画的案例，进一步掌握C4D的工作流程。本案例的模型不复杂，用户可以根据自己的喜好对模型进行替换，因此模型的制作过程我们直接跳过。案例模型会附在随书文件中，如有需要用户可以自行下载。本案例是一个以游戏为主题的短片，时长为8秒。

案例效果如下两图所示。

↑ 案例效果一

↑ 案例效果二

12.1 案例制作思路概览

扫码看视频

在开始制作本案例前，先来了解一下分镜头。

下面两张图所展示的，是本案例中的两个分镜头。

↑ 分镜头一

↑ 分镜头二

分镜的主要作用是在实际制作（或拍摄）镜头前，将镜头所表达的内容提前通过绘画的方式绘制出来，方便后续制作。分镜中同时需要体现出镜头号、镜头运动方式等信息，这在电影、短片的拍摄工作中非常重要。而在本案例中，仅有两个镜头和场景，因此在绘制分镜上就简单许多。

再结合成片的效果来看，场景效果如下两图所示。

↑ 镜头中的场景一

↑ 镜头中的场景二

本案例具体的动画细节，可以在随书附赠的视频中看到，这里就不过多阐述了。

从下一节开始，正式进入到游戏机展示动画案例实现过程的讲解。

12.2 方块模型及动画创建

扫码看视频

本节主要讲解游戏机屏幕内方块模型的制作及动画效果的实现。

在制作之前，我们先对模型进行观察，从右图中可以看到，场景中大部分模型都是由立方体的方块拼成的。仔细看其细节可以发现每个方块都存在一个倒角，且为了还原游戏，要做成没有任何平滑的效果。

↑ 场景中的模型

立方体模型制作

新建一个C4D工程文件，创建一个立方体并将其"**C掉**"。选择立方体前方的一个面，按住键盘上的Ctrl键把这个面缩小一点，相当于执行了一次**内部挤压**，再单轴向地向前移动一点，如下图所示。

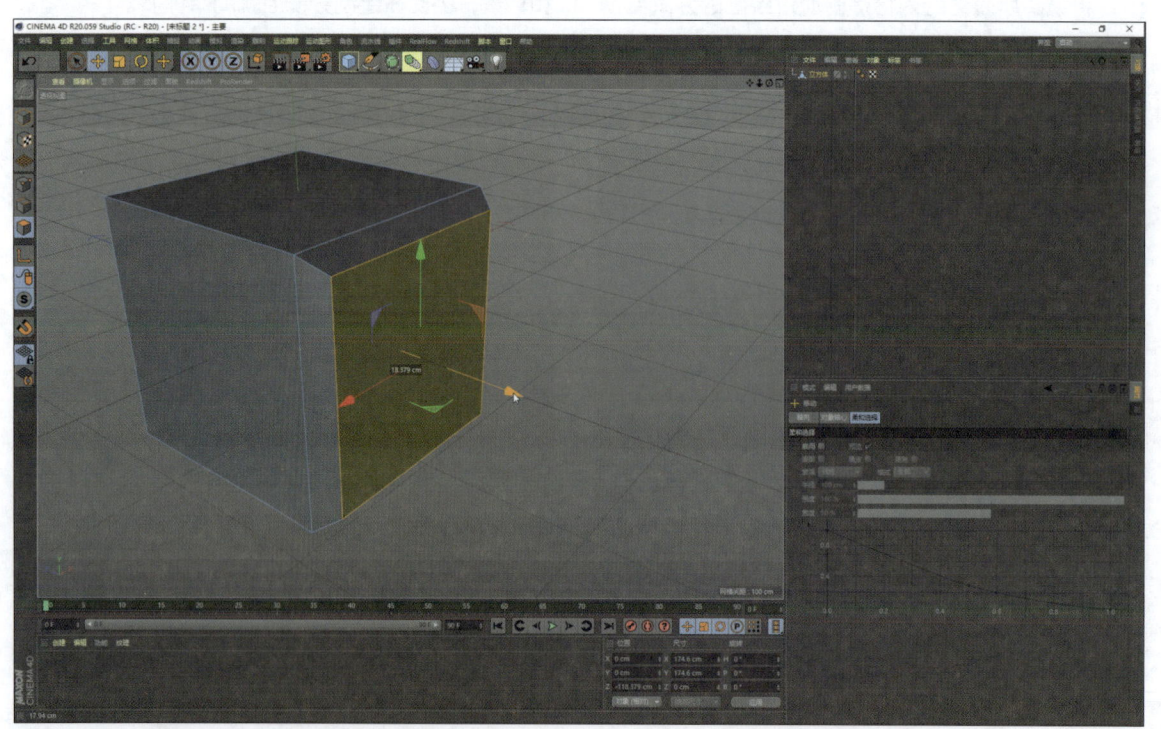

↑ 创建立方体并调整

这时的倒角是有平滑效果的，因此要将该模型"平滑着色"标签中的"**平滑着色（Phong）角度**"改为"0°"，如下页的上图所示。

» 12.2 方块模型及动画创建

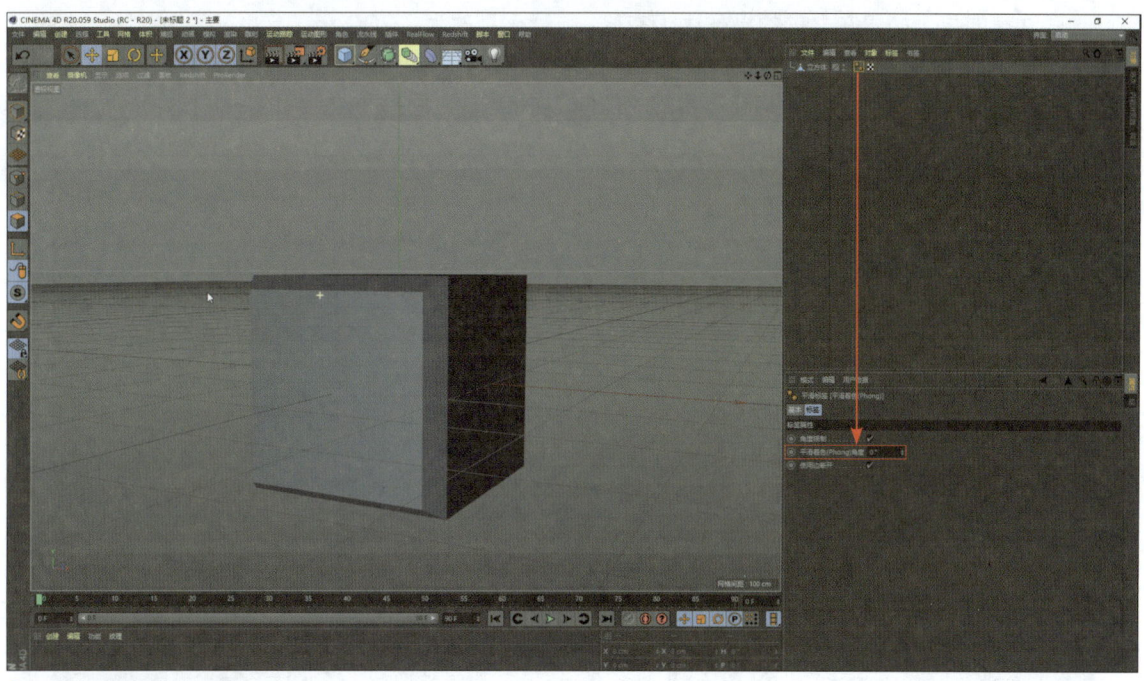

○ 调整"平滑标签"中的参数

组合立方体为不同形状

这时就完成了一个方块的制作。接下来用这个方块组合成各种各样的形态,例如"L"形、"之"字形等,这里以组合一个"L"形为例进行讲解。

新建一个克隆生成器,将制作好的方块拖拽至子级,如下图所示。

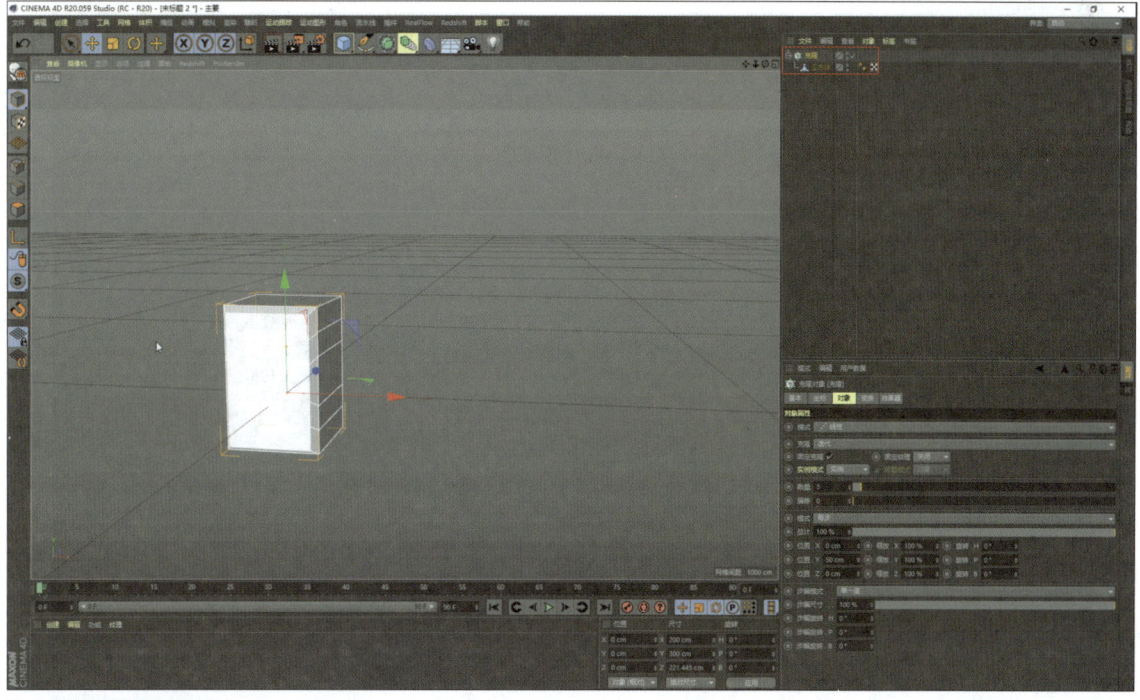

○ 将方块拖拽至克隆的子级

» 12 工作流程应用——制作游戏机展示动画

需要注意的是，如果在之前的操作中没有修改过立方体的尺寸，这里一个方块的大小就是默认的"200cm"。因此我们将"克隆"中的"位置.Y"改为"200cm"，也就是说克隆出来的方块将以Y轴向上移动200cm，这样制作出来的方块和方块之间是严丝合缝的，如下图所示。

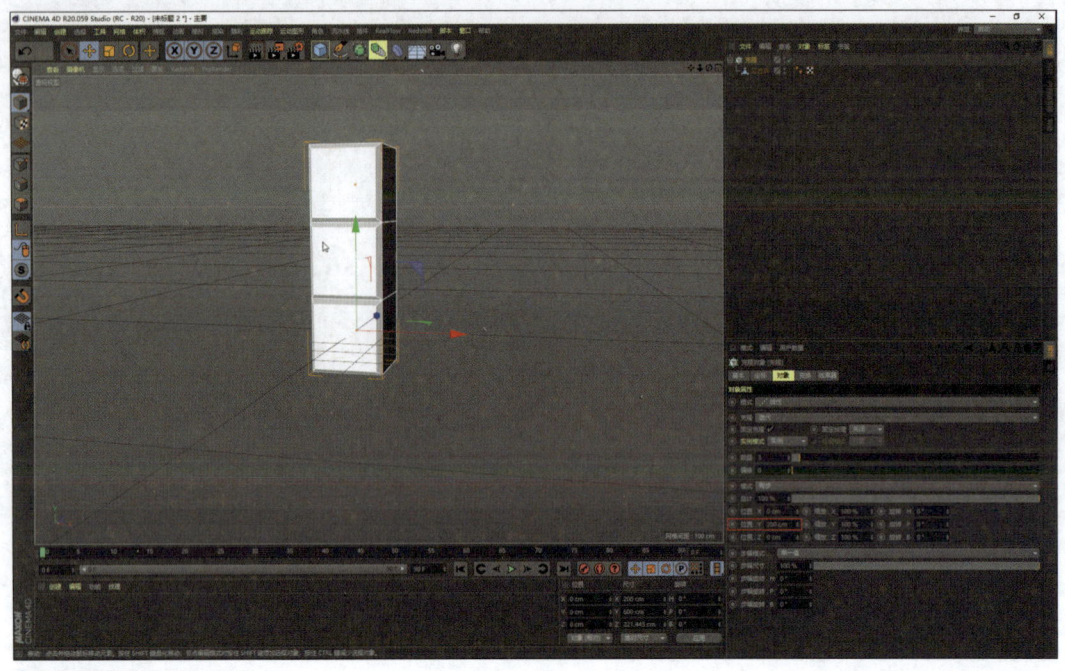

↑ 设置"克隆"的相关参数

在对象管理器中再次复制一个方块，将"坐标"选项卡下的"P.X"改为"200cm"，即将这个方块沿着X轴向右移动200cm，如下图所示。

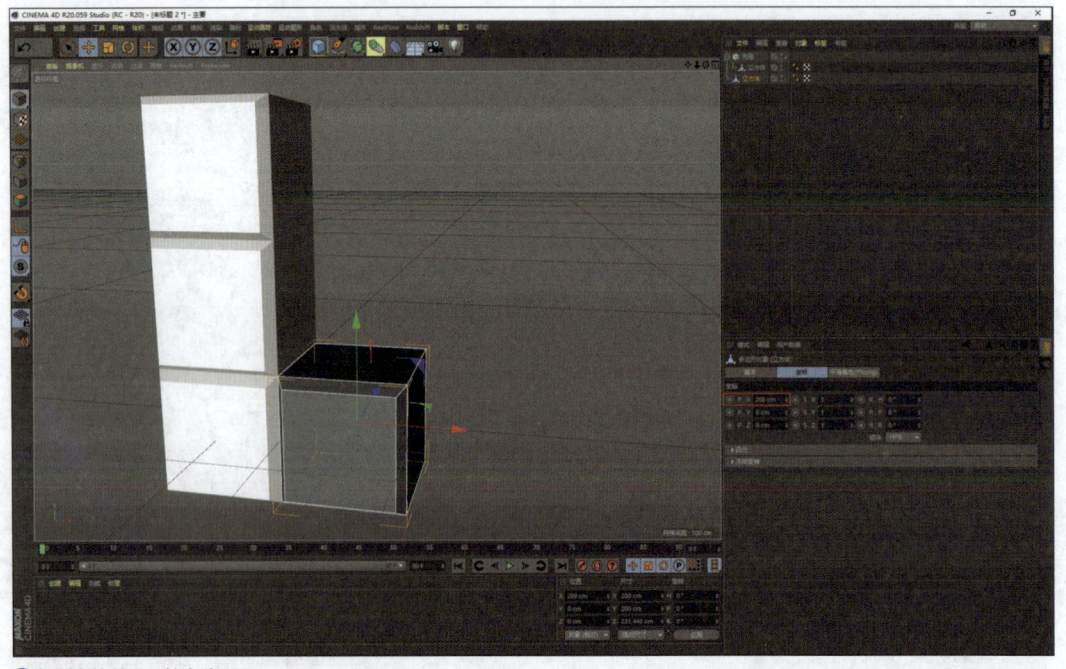

↑ 复制方块并沿X轴右移200cm

426

创建摄像机

首先在场景中新建一个摄像机,并将该摄像机的"坐标"选项卡下除"P.Z"之外的所有属性归零,调整到一个居中的位置,如下图所示。

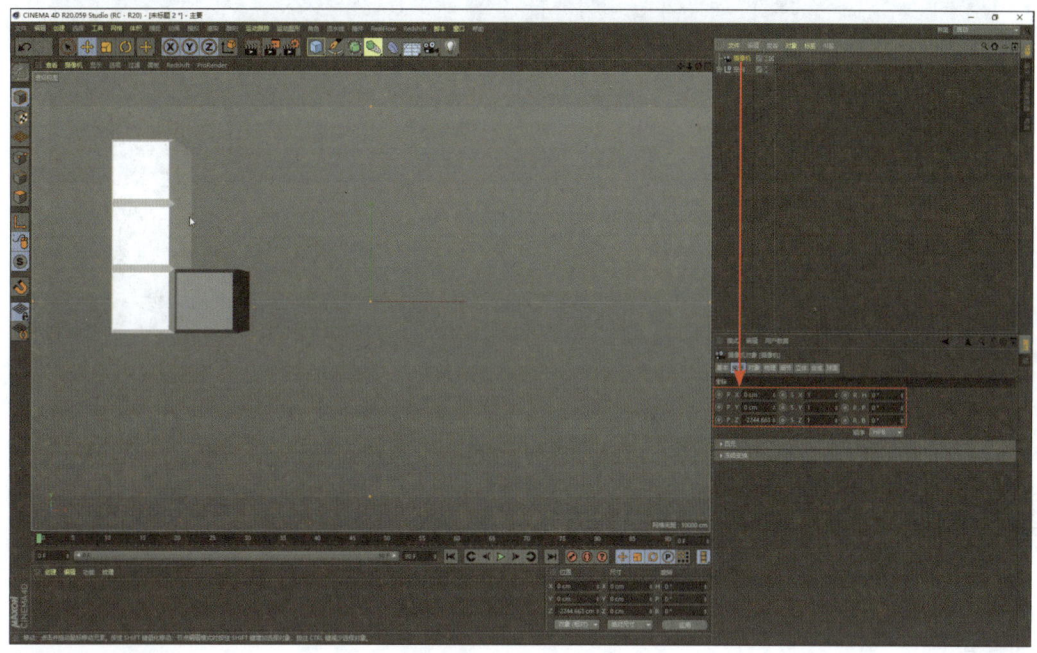

⬆ 创建并调整摄像机

在老式的游戏画面中是没有任何透视效果的,也就是说我们在画面中看不到立方体的侧面。要去掉透视效果,可以切换到摄像机属性的"对象"选项卡,将"投射方式"改为"平行",如下图所示。

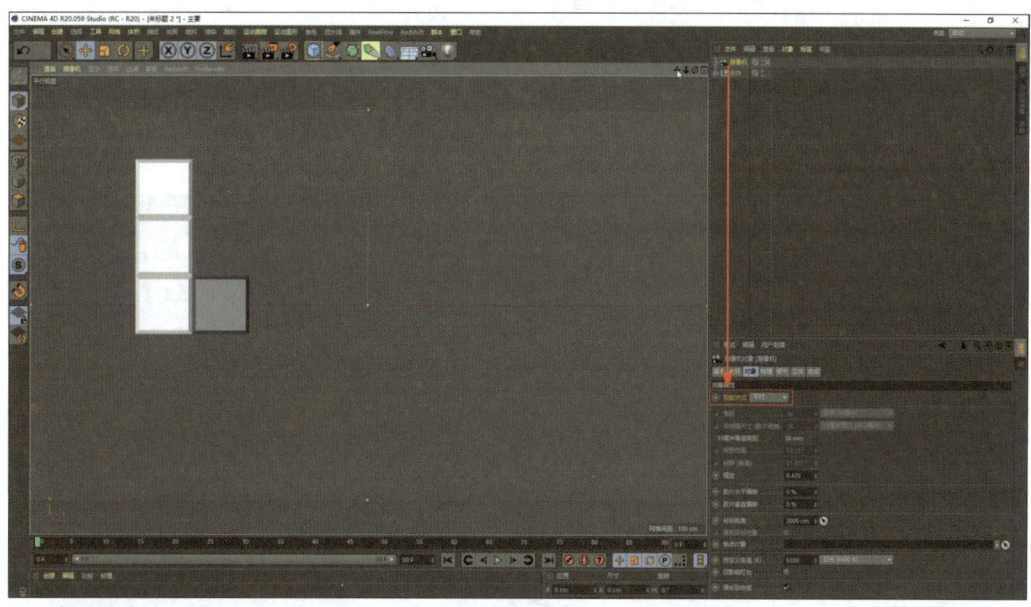

⬆ 去除透视效果

接下来用同样的方法,将所有形态的方块模型都制作出来,并将这些方块按照分镜中的状态摆好,如下页的上图所示。

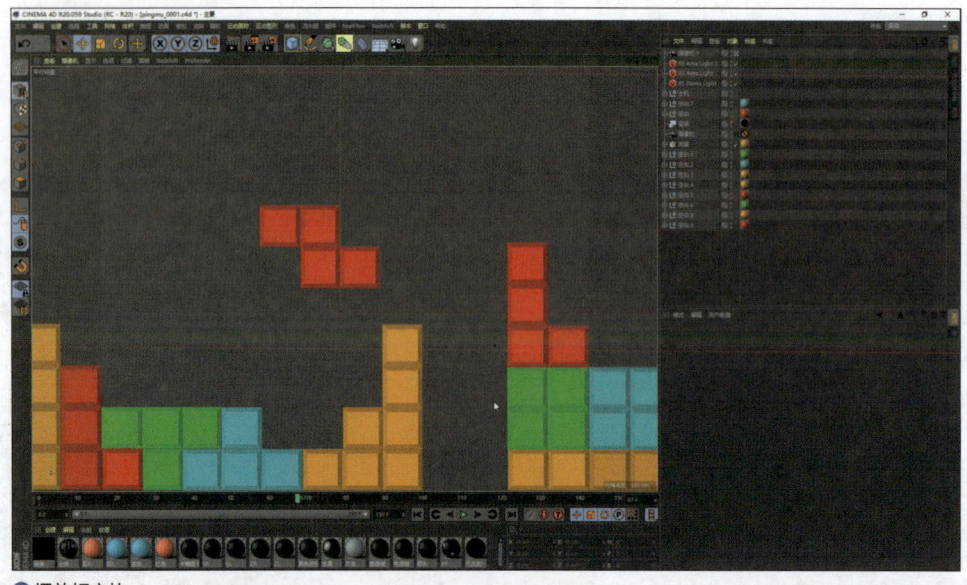

» 12 工作流程应用——制作游戏机展示动画

🔼 摆放好方块

我们在画面中留两个单位的空隙，用来放另外一款游戏机。这款游戏机模型的源文件可以在随书文件中找到。

创建动画

这种老式游戏机的运动方式非常简单，因此采用了**手动添加帧**的方式进行制作。在制作之前要先掌握这类游戏的运动规律，即每一个方块是**以像素为单位一格一格运动的**，也就是说每次移动都是**固定的时间**和**固定的距离**，并且中间会有一个固定的**停顿时间**，只有按游戏手柄上的向下键，方块才会快速下落。

在制作动画时，我们给这一段动画的开头留了大约10帧的空余，也就是说是从第10帧开始添加第一帧动画的。

首先将时间线移至第10帧的位置，将第一次下落的方块先移至画面外面，给方块的"P.X""P.Y"和"P.Z"添加关键帧，确定该方块的起始位置，如下图所示。

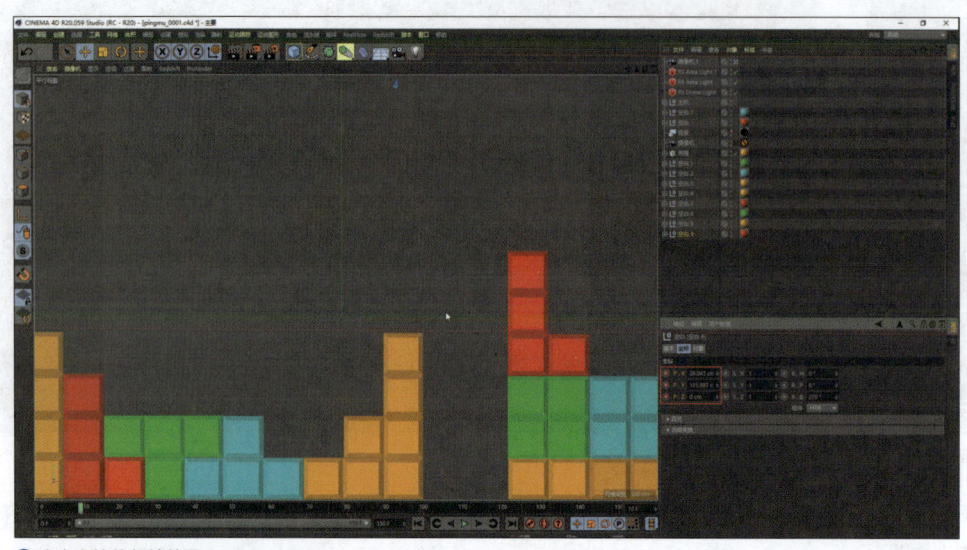

🔼 确定方块的起始位置

428

把时间线拖拽至第15帧的位置,将方块向下移动一定的距离并添加一个关键帧。这个距离的数值非常重要,为了尽可能还原游戏画面,每一次移动的距离都要保证一致,因此这里最好将数值固定为一个方便记忆的整数,本案例将该数值设定为"20cm"。

这时我们就有了方块的第一个动作。接下来用同样的方法将剩余的动作制作完。

和移动距离一样,每个关键帧之间相隔的帧数也必须保持一致,因此我们把时间线拖拽至第20帧的位置,再次给方块的"*P.X*""*P.Y*"和"*P.Z*"添加一个关键帧。第15帧到20帧是没有任何动画的,目的是制造出方块每移动一下会有一个停顿的效果。

依次类推,将时间线再次向后推5帧,也就是第25帧时,再次向下移动20cm,并添加关键帧;第30帧,添加一个相同的关键帧,让方块停顿一下;第35帧向下移动20cm,并添加关键帧;第40帧,添加一个相同的关键帧,让方块停顿一下;第45帧,为了让方块对齐最终落下的位置,向左移动一定的距离,并添加关键帧(代替了之前的停顿动作,因此不再需要添加停顿效果的关键帧);第50帧,向下移动20cm,并添加关键帧;第55帧,添加一个相同的关键帧,让方块停顿一下;第60帧,向下移动20cm,并添加关键帧;第65帧,添加一个相同的关键帧,让方块停顿一下;第70帧,让方块直接掉落在最终位置(模拟按住游戏机上的向下键),添加关键帧。

至此,完成了第一个方块的运动。选中这个方块,可以看到它的运动轨迹,如下图所示。

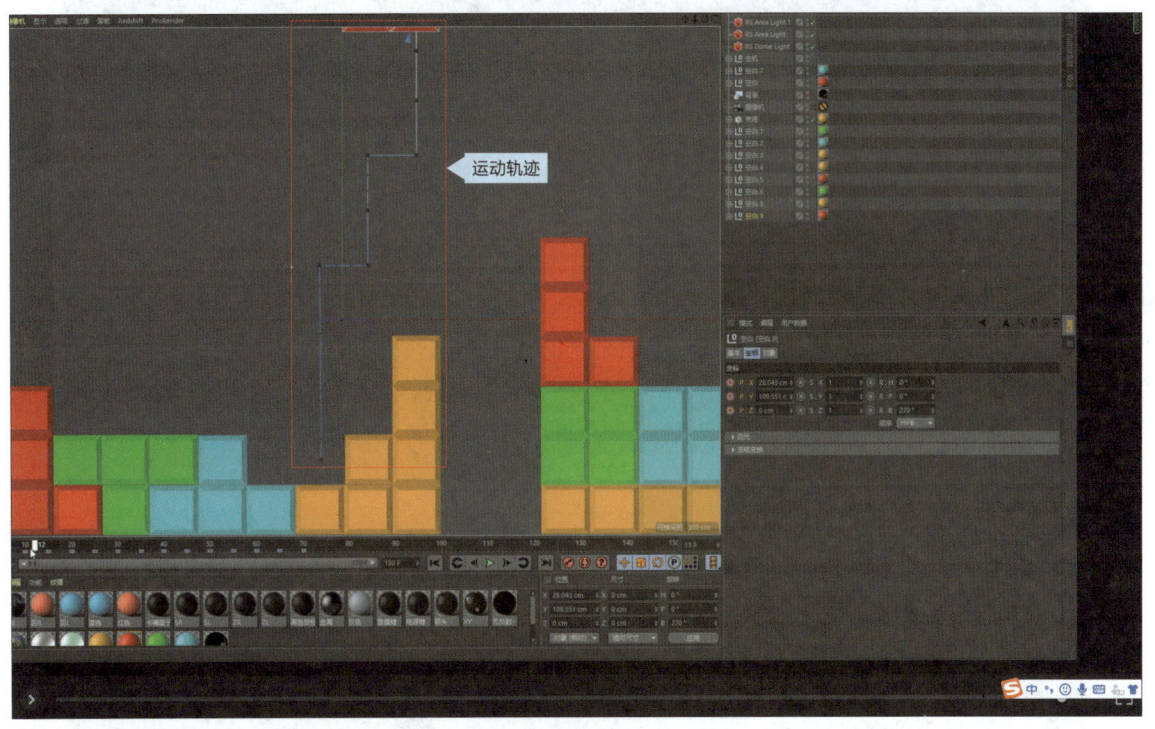

⬆ 显示方块的运动轨迹

根据同样的方法,给画面里第二个游戏机添加动画,这里就不再阐述方法了。

到这里为止,第一个镜头的游戏机画面中的模型和动画就制作完成了。

12.3　渲染与效果合成

本节将对案例中的方块场景进行渲染，并在After Effects软件中进行简单的后期效果处理。渲染环节和合成环节往往是相辅相成的，通过合成可以实现一些三维中不易实现的效果，也可以提升动画最终的品质感。

游戏中方块的材质比较简单，基本就是纯色材质带一点反射效果。灯光仅仅打了两盏面光源，加一个HDR效果。最终渲染的效果如下图所示。

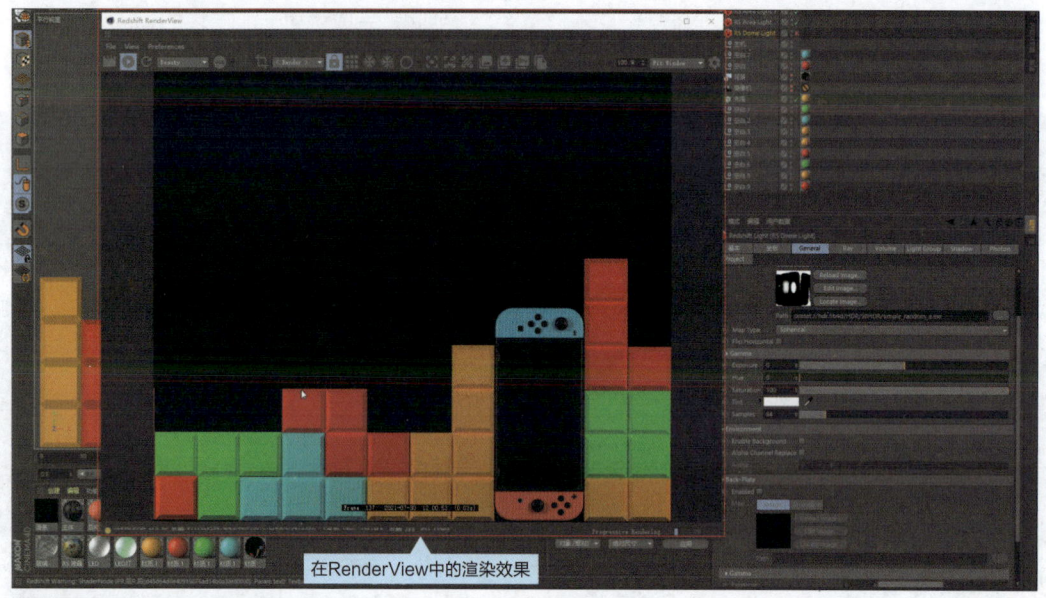

◐ 渲染的效果

两盏主光（也就是面光源）的主要作用是将场景的正面照亮，位置如下图所示。

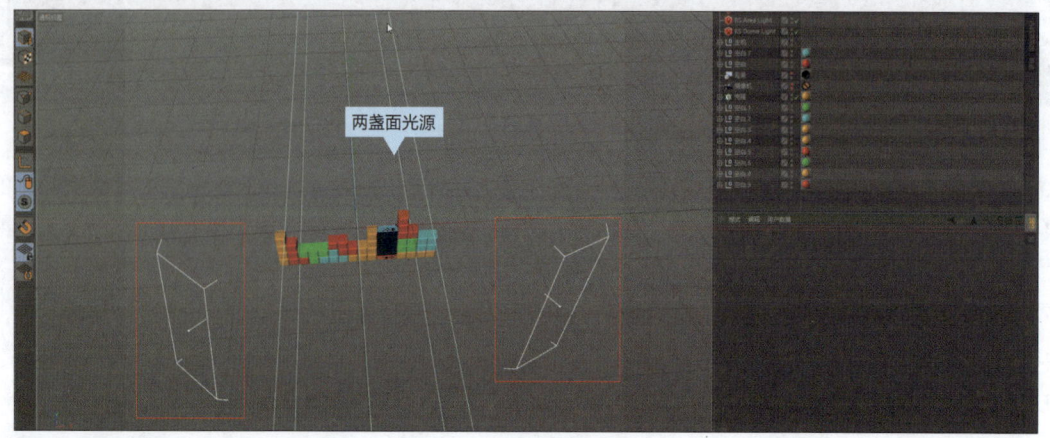

◐ 添加两盏面光源

两盏面光源的灯光强度从左至右依次为 **"13"** 和 **"10"**。

HDR是一个类似产品渲染棚拍时的灯光效果,主要作用是将场景中方块侧面的高光勾勒出来,这个HDR文件也会提供给大家。关掉两盏主光,仅留下HDR之后,我们可以清楚地看到方块侧面的高光效果,如下图所示。

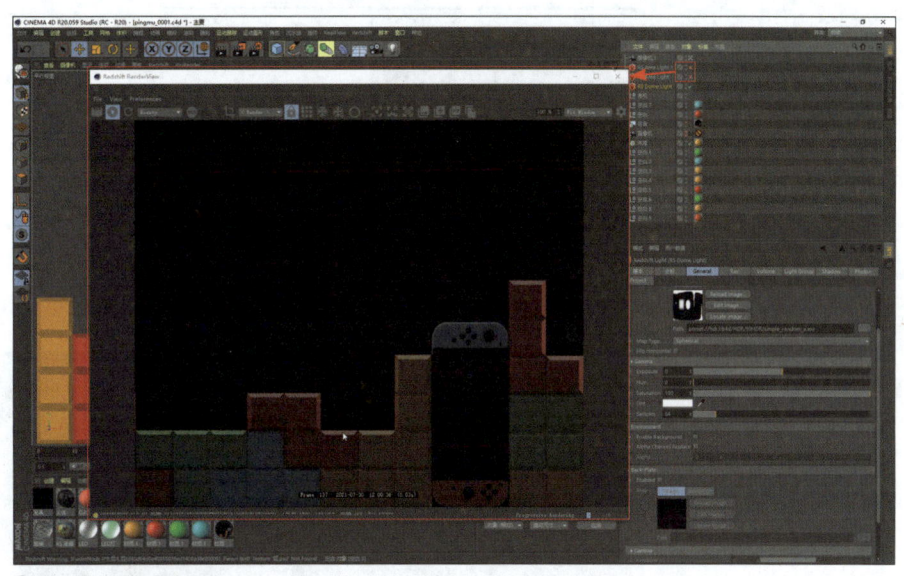

⬆ 方块侧面的高光效果

这个小场景在游戏机画面中所占的比例不大,因此在渲染序列帧时<u>不需要</u>太高的渲染质量。需要注意的是,<u>老式游戏机的屏幕多为4:3比例</u>,因此在渲染序列帧时要注意画面的大小。

为了能更好地模拟老式屏幕的效果,我们在After Effects视频处理软件中对显示效果略微进行一些调整。

打开After Effects工程文件,可以看到工程文件分为三层。第一层"Adjustment Layer1"是用来模拟老式屏幕的调节层,添加了一些简单的特效;第二层是渲染出来的序列帧,是一套带通道的png序列;第三层是一个蓝色的固态层,用来做背景,可以替换成任何一种颜色。After Effects软件界面如下图所示。

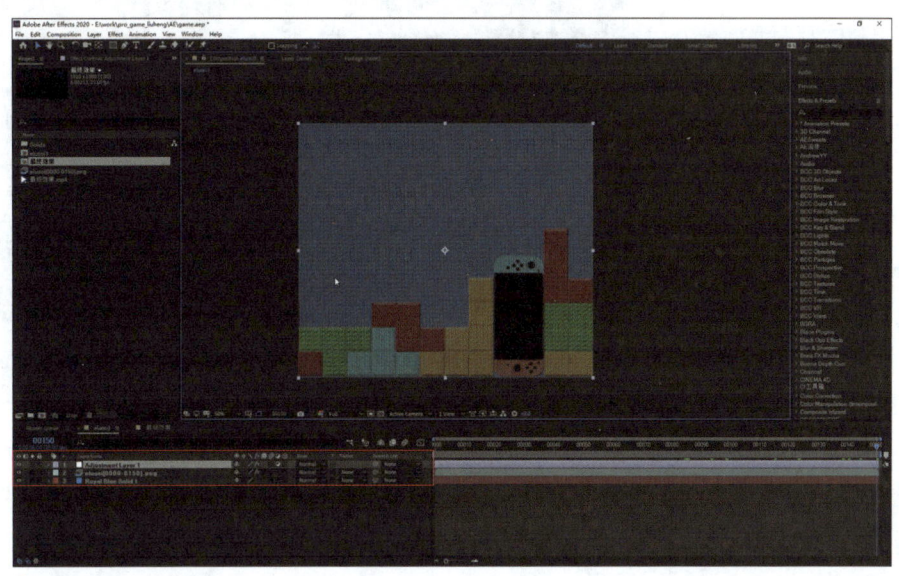

⬆ After Effects软件界面

» 12 工作流程应用——制作游戏机展示动画

> **小提示：After Effects软件简介**
> 这是本书第一次用到Adobe After Effects这款软件。Adobe After Effects简称AE，是Adobe公司开发的一款非常高效、综合性的后期剪辑、合成软件，其功能非常强大。本书不对它做详细的讲解，仅了解部分功能的使用即可。

After Effects中用来模拟老式屏幕的TVPixel特效，可以用来模拟屏幕的显示方式，这一套特效套件可以在随书文件中找到。TVPixel特效命令的位置如右图所示。

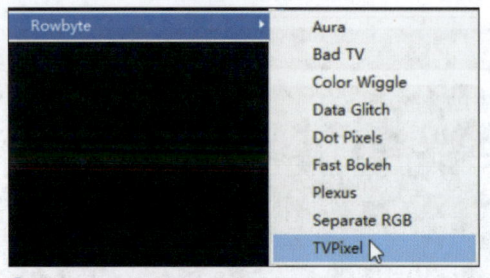

↑ 添加TVPixel特效

给调节层添加TVPixel特效后，默认的效果如右图所示。

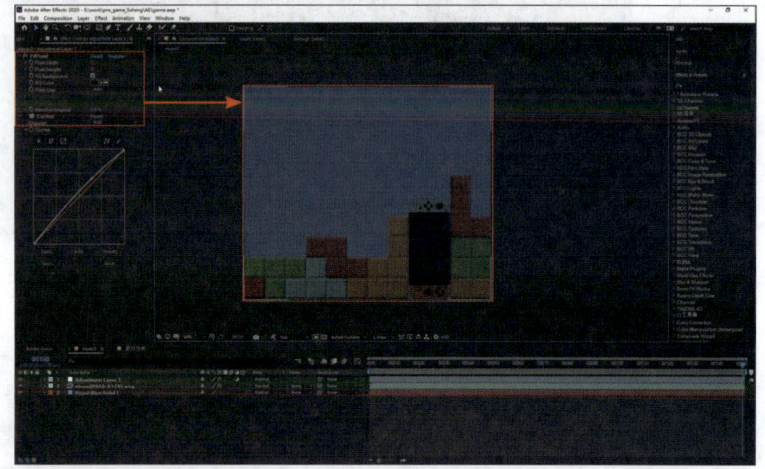

↑ 为调节层添加TVPixel特效

添加TVPixel特效之后，整个场景画面颜色会比之前暗很多。因此要给整体画面添加一个Curves特效来调整画面的亮度，添加后的效果如右图所示。

这样我们就完成了游戏机屏幕内画面的制作了。接下来，将这一段动画当作一小段视频素材贴在C4D的游戏机模型上，再次渲染输出。

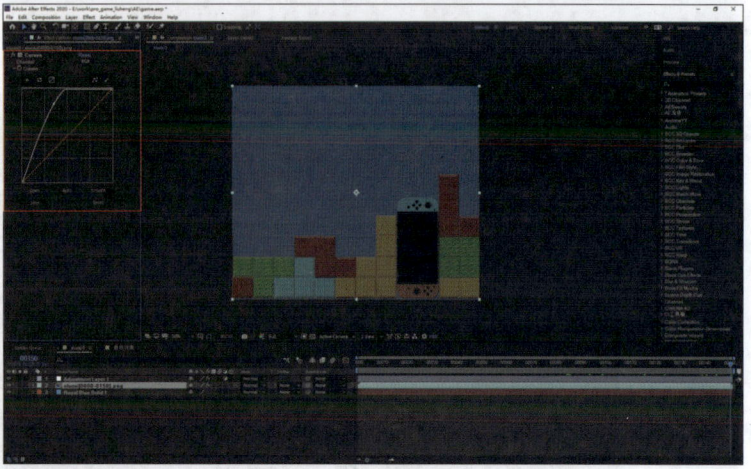

↑ 添加Curves特效

12.4 卡通手模型创建思路

扫码看视频

卡通手在第一个镜头里是一个非常重要的元素，我们不需要把这个模型想得过于复杂。虽然在本案例中不会一步一步地讲解卡通手模型制作的每一个步骤，但会大致讲解制作思路，大家可以自己尝试着建模，当然模型文件也可以在随书文件中找到。

首先来看一下这个模型的最终形态，如下图所示。

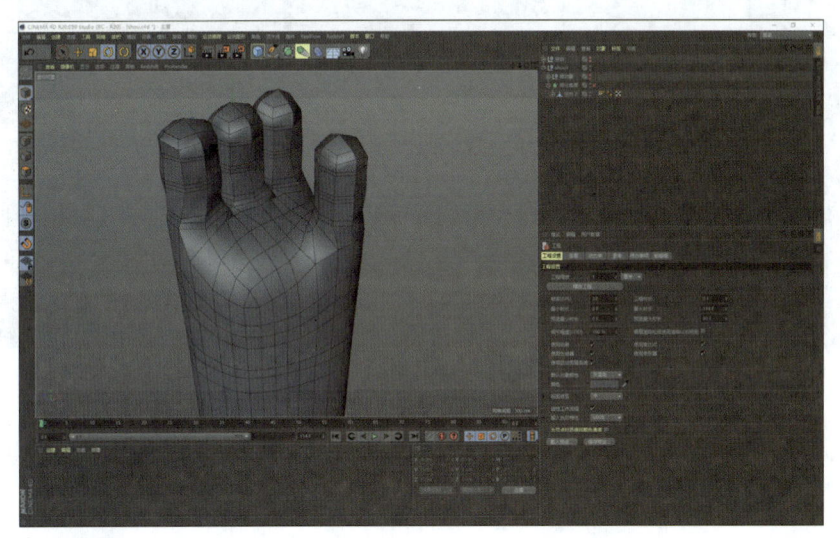

↑ 卡通手模型

接下来分解一下制作思路。

首先制作四个圆柱，更改圆柱的布线，从上方看是一个八边形，如下图所示。

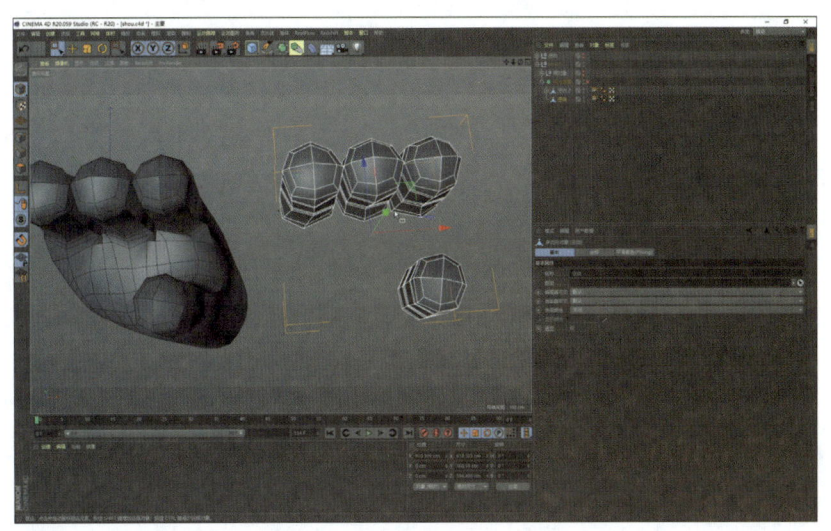

↑ 制作四个圆柱

然后利用"桥接"或者"挤压"工具将四个圆柱的空隙缝合起来，期间可以用"循环"工具加边，并调整其状态，如下图所示。

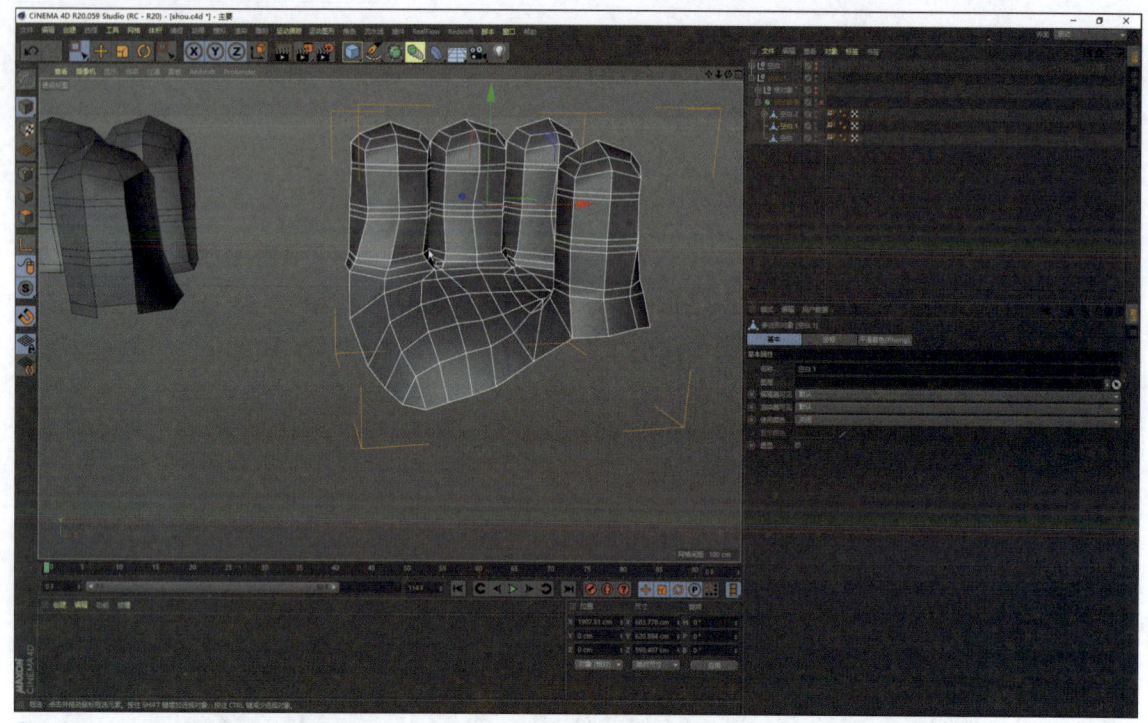

◎ 处理四个圆柱的空隙

模型不是本案例的重点，因此这部分仅了解制作思路和流程即可。

12.5　卡通手骨骼绑定

在进行卡通手骨骼绑定之前需要知道的是，对于本案例的模型来说，手指关节处必须至少有三根线才可以支持骨骼绑定，线段数量过少是无法绑定的。虽然我们在最终视频中看到只有大拇指是有动画的，但依旧需要将所有手指都绑定，来完成模型抓握这个动作。

骨骼绑定、蒙皮和刷权重

先来看一下骨骼绑定、蒙皮、刷完权重之后的状态，如下图所示。

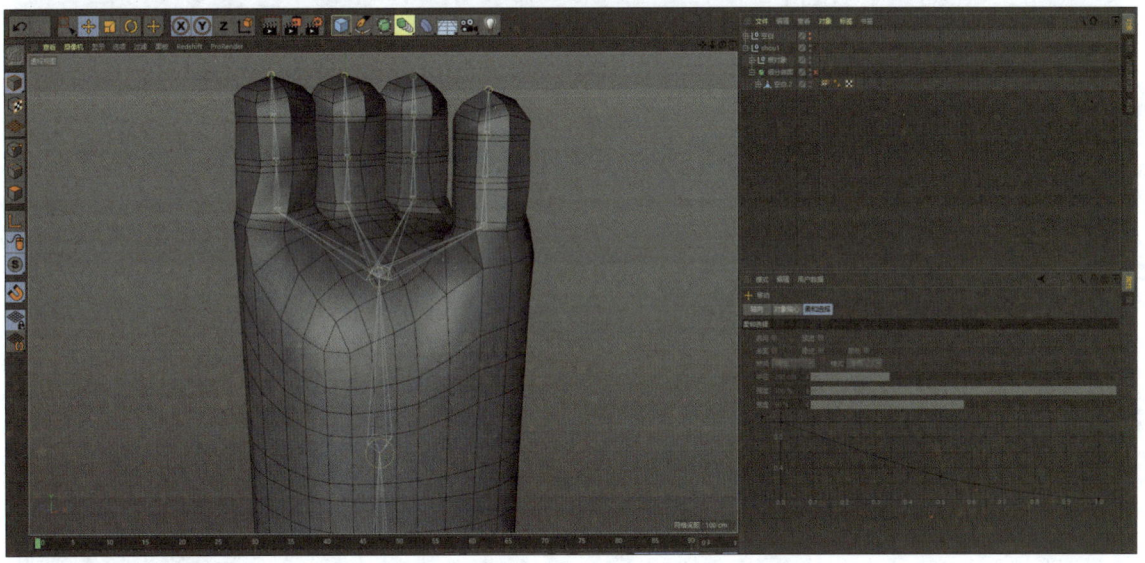

↑ 骨骼绑定、蒙皮之后的效果

简单来说，C4D中角色模型制作完之后，要想让这个角色动起来，需要以下几个步骤：**给角色添加骨骼**，建立骨骼系统；**执行绑定命令**，使骨骼和模型之间建立联系（该命令执行后C4D会自动给模型添加一个蒙皮变形器作为子级，并且会给模型添加一个权重标签）；**分配骨骼在模型上的控制区域，俗称"刷权重"**。

正常来讲，骨骼绑定好之后，需要给每个关节添加一个控制器，用控制器去控制骨骼的动作。但在本案例中，需要手指动的部位比较少，因此省略了控制器这一环节，直接给骨骼本身添加关键帧动画。

对模型进行绑定

首先取消选择"选择"—"选择过滤"—"多边形"命令，这是为了在"K动画"的过程中，可以忽略掉模型，直接选择模型内部的骨骼。

进到正视图中，选择"角色"—"关节工具"—"关节工具"命令，光标右侧会出现一个工具图标，如右图所示。

↑ 光标图标

» 12 工作流程应用——制作游戏机展示动画

关掉左侧的捕捉功能，单击鼠标左键，创建相对应的骨节点。这时在对象管理器中，会自动出现刚刚创建的关节对象并自动建立父子级关系，如下图所示。

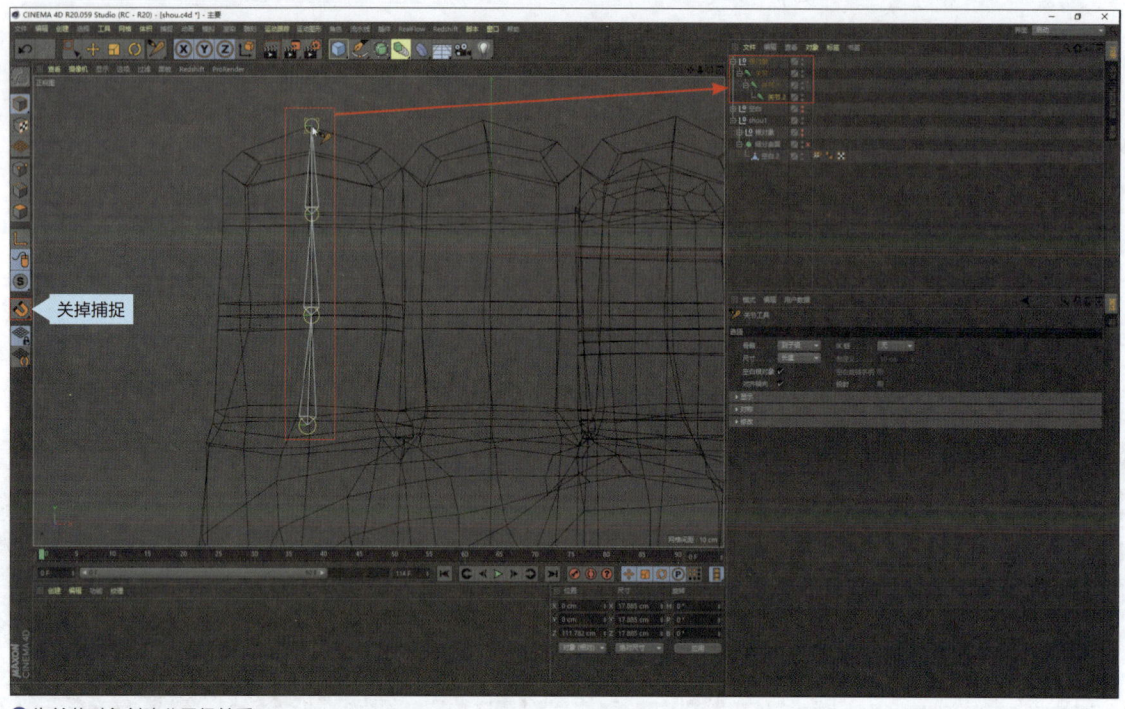

↑ 为关节对象创建父子级关系

选中对象管理器中的"根对象"，直接复制并移至其他三根手指的位置，调整位置时需要注意大拇指的位置稍微矮一点，要向下移一点，如下图所示。

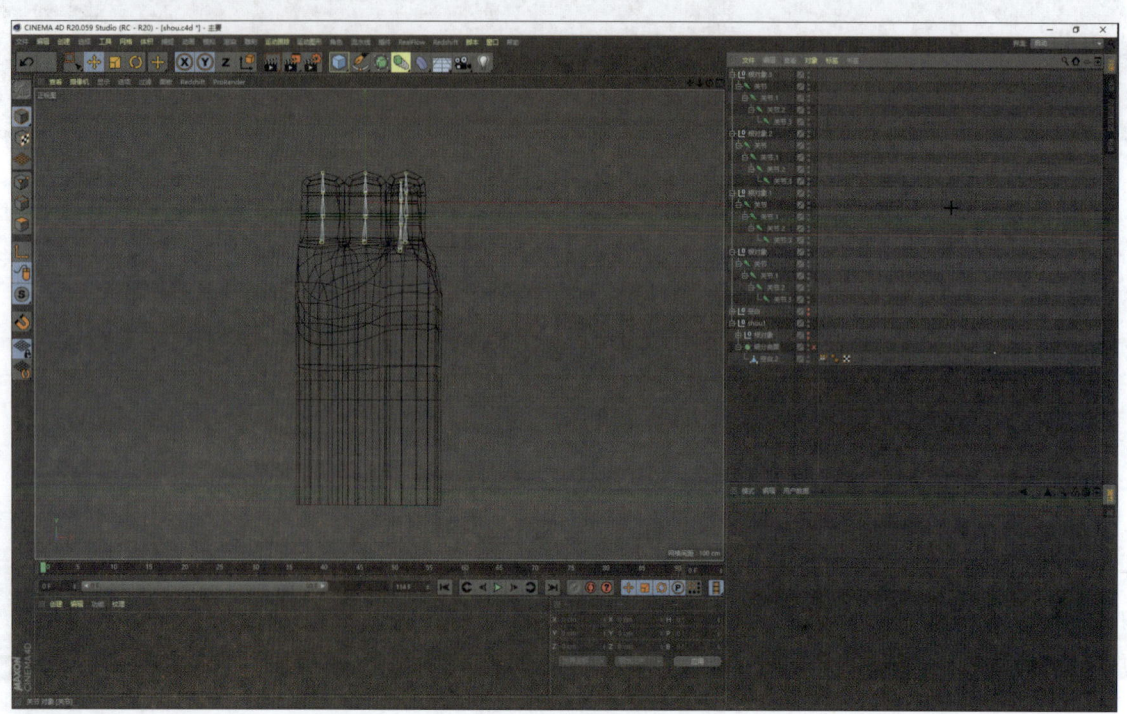

↑ 调整根对象的位置

同样的方法绘制手臂的骨骼，并调整位置，如下图所示。

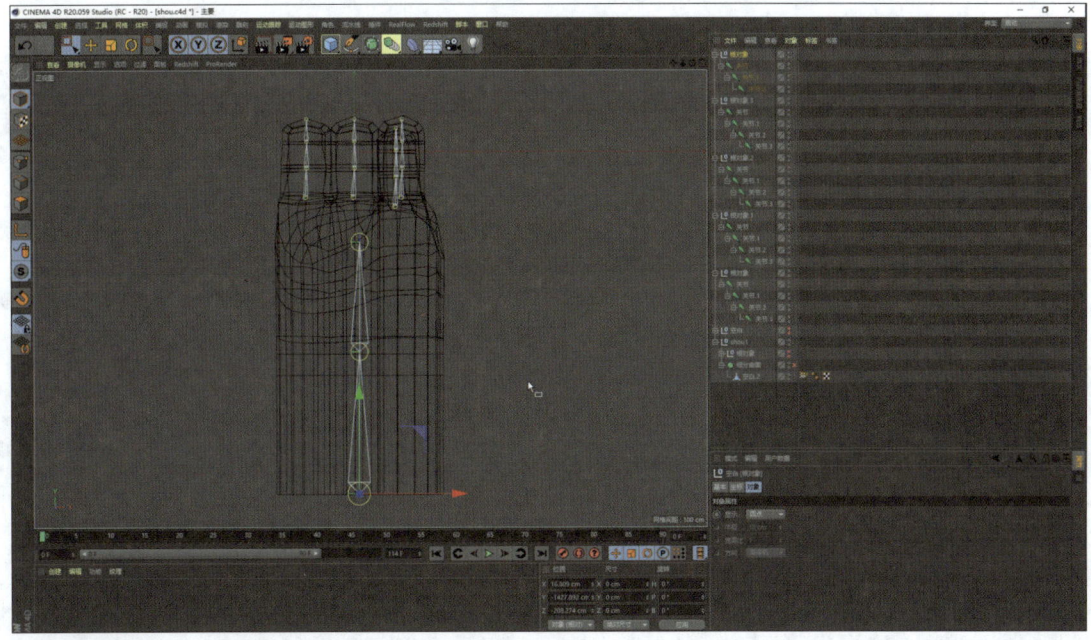

🔶 绘制手臂的骨骼

为手臂骨骼和手指骨骼建立控制关系

将所有骨骼重新命名，方便后面的操作。**接下来将手臂骨骼和手指骨骼建立控制关系**。在对象管理器中找到手臂和大拇指的骨骼对象组，将大拇指骨骼对象组整体拖拽至手臂对象组的子级。这时在视窗中可以看到在手臂和大拇指骨骼中间自动添加了一个新的骨骼，将二者连接起来了，如下图所示。

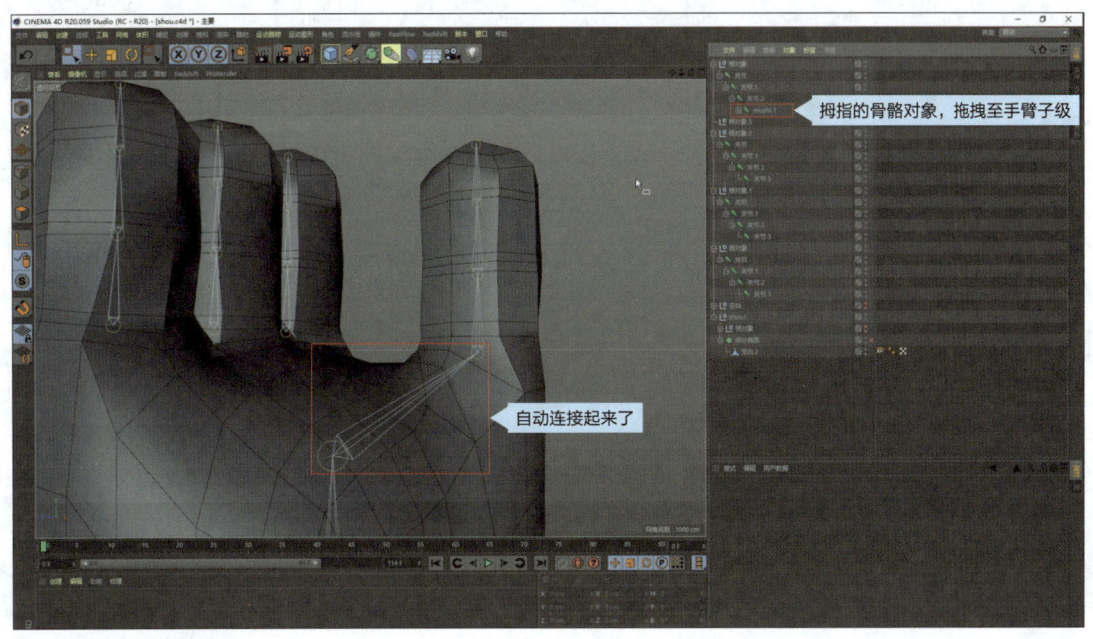

🔶 连接手臂和大拇指的骨骼

同样的方法，将剩余两根手指的骨骼对象组拖拽至手臂对象组的子级。也就是说，四根手指的骨骼同时处于手臂的骨骼对象子级，而每一根手指的骨骼对象是同一级别，如下图所示。

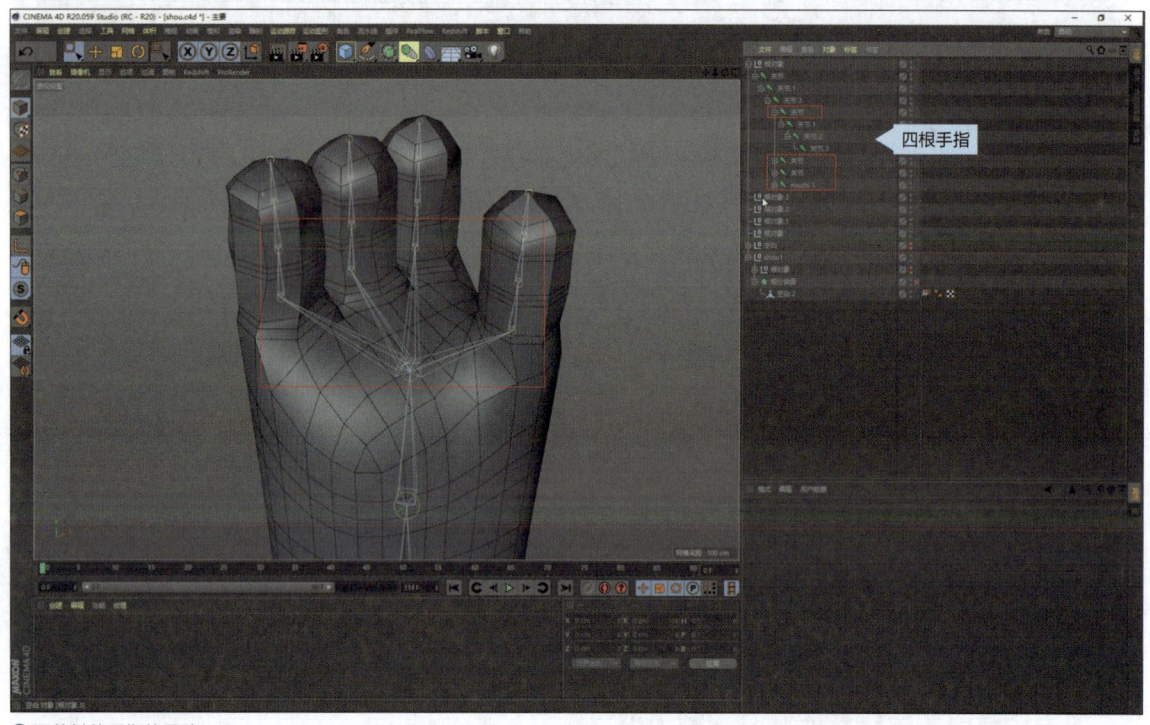

↑ 调整其他手指的骨骼

拖拽完成之后，对象管理器中之前的几个"根对象"就变成了空组，将其删除即可，如下图所示。

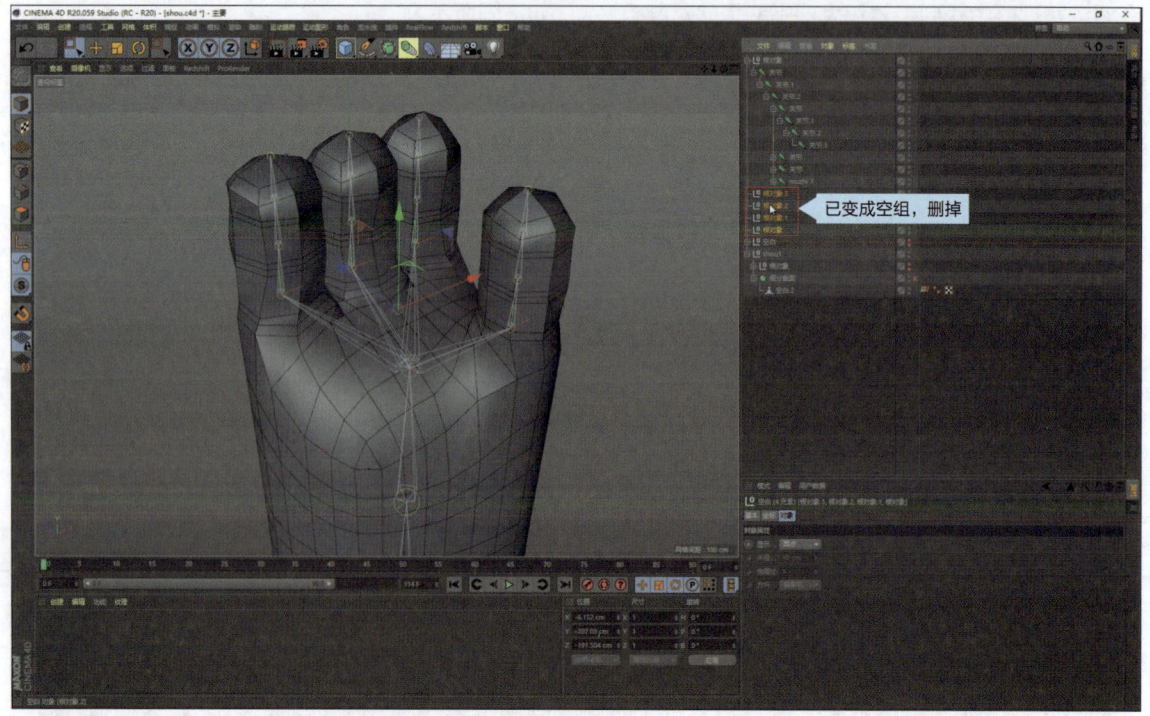

↑ 删除空组

这时选中手臂骨骼并移动一下位置，会发现手指是可以跟随手臂进行位移的。

接下来将建立好的骨骼与模型建立关系。

用鼠标中键单击对象管理器最上面的骨骼关节对象，选中其子级中所有的对象，再同时加选模型，在菜单栏中选择"角色"—"命令"—"绑定"命令。这时对象管理器中模型的子级会出现一个"蒙皮"对象，并且右侧出现一个"权重"标签，如下图所示。

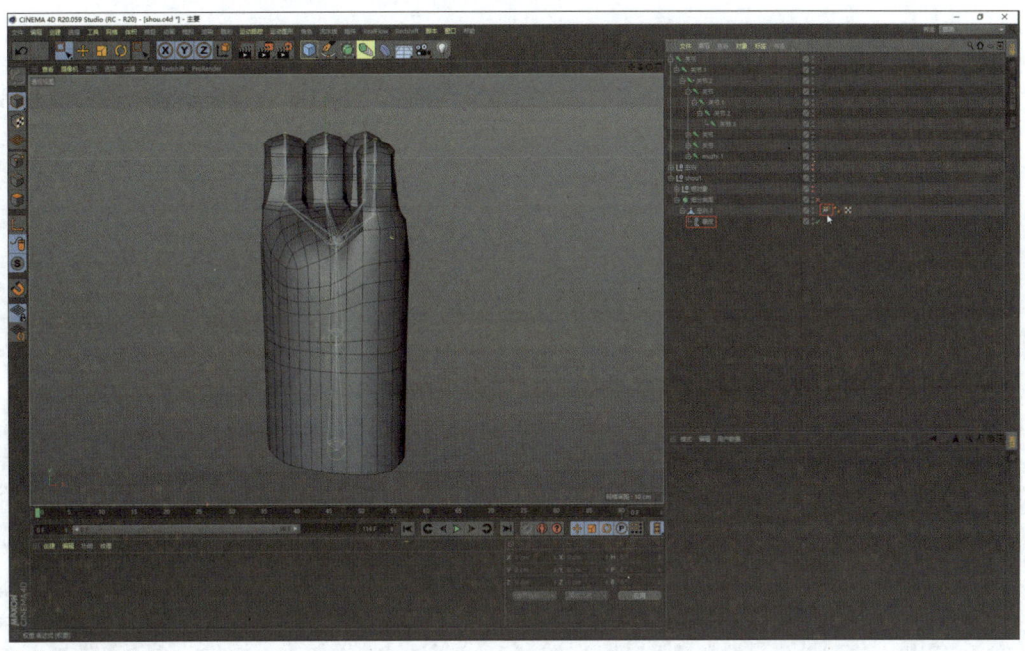

↑ 将模型和骨骼绑定

旋转其中任意关节，如果此时模型会跟随着一起发生扭动，就证明绑定成功了，如下图所示。

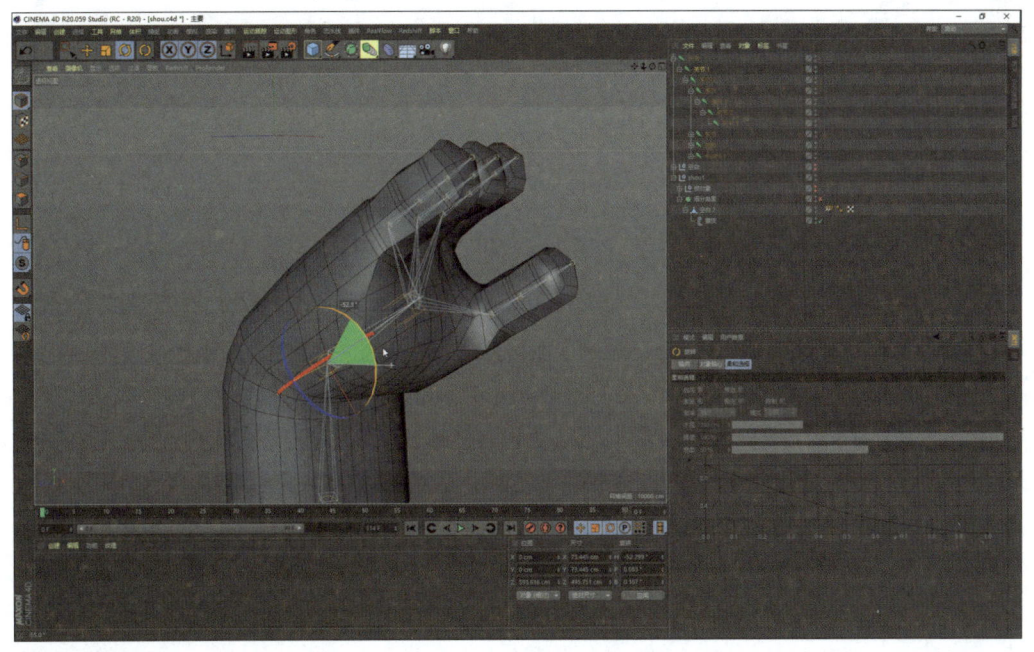

↑ 旋转关节的效果

冻结所有骨骼的坐标信息

最后，也是非常重要的一点，在完成一个模型的绑定之后，需要将所有骨骼的坐标信息冻结。此操作的意义是，强制使该模型当前的状态作为初始状态，在后续动画制作过程中，一旦出现问题，可以使模型回到当前状态。冻结的方法非常简单，鼠标中键选中所有的骨骼关节对象，在属性面板的"坐标"选项卡中单击"冻结全部"按钮即可，如下图所示。

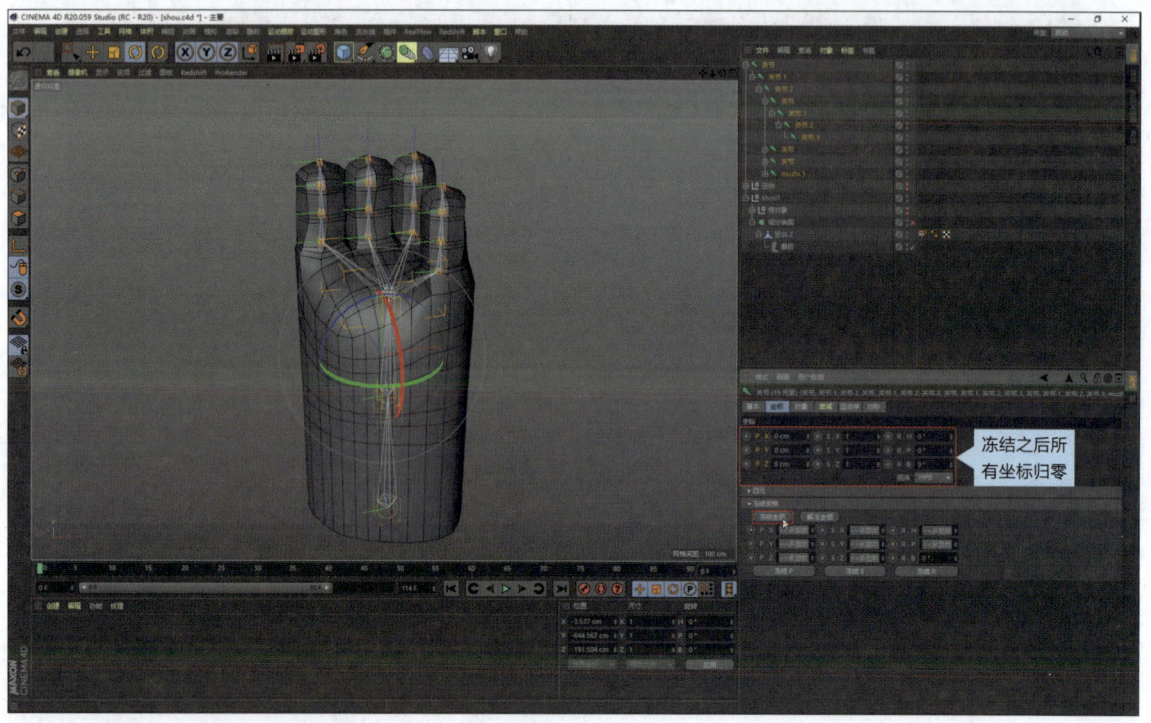

冻结之后所有坐标归零

↑ 冻结骨骼的效果

这样就完成了卡通手的全部绑定。

12.6 卡通手权重绘制

在上一节中简单介绍了权重。通俗地说，权重就是指每一个骨骼对模型上每一个点的控制程度，而这个程度从0~100%不等。以本案例为例，在下图中，打开"权重管理器"面板，选中手臂最上端的关节之后，模型上颜色会发生改变。颜色越鲜艳，表明该骨骼节点对该点的权重越接近100%。同理，黑色部分的权重值为0。

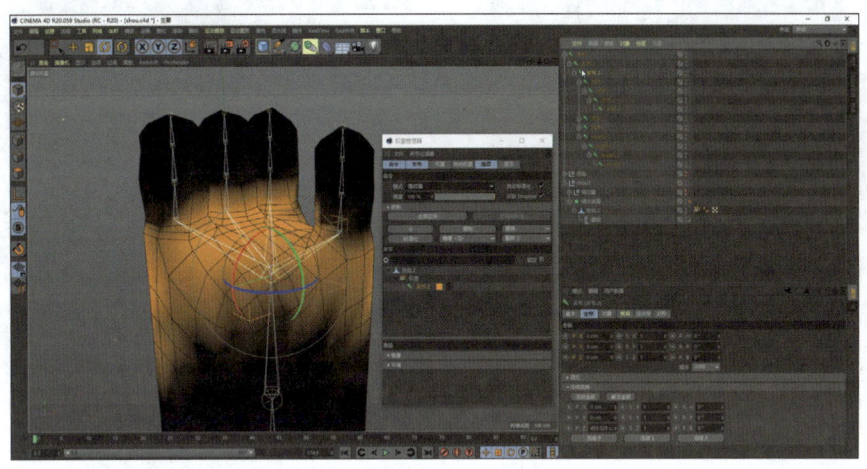

↑ 打开"权重管理器"面板，选中手臂上端关节的效果

调整每个关节对每个点的权重

下面讲解如何利用工具调整每个关节对每个点的权重，以便更好地控制模型，这一过程称为"刷权重"。

权重比较好的状态是颜色过渡均匀自然，这样"K"出来的动作也比较自然，不会发生变形或者扭曲。下图中，当发生这种动作时，手腕处的模型发生了变形扭曲，就是明显的权重分配不当导致的，需要对这个地方重新"刷权重"。

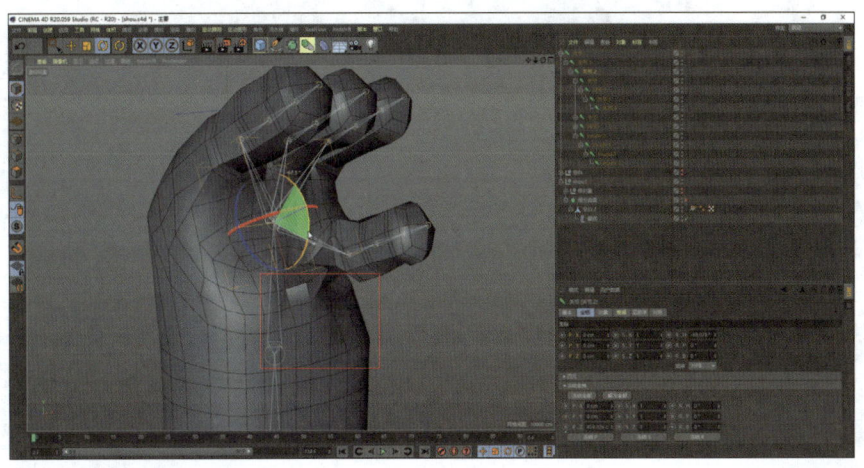

↑ 手腕处的模型发生变形扭曲

» 12 工作流程应用——制作游戏机展示动画

在菜单栏中选择"角色"—"管理器"—"权重管理器"命令，其位置如下图所示。

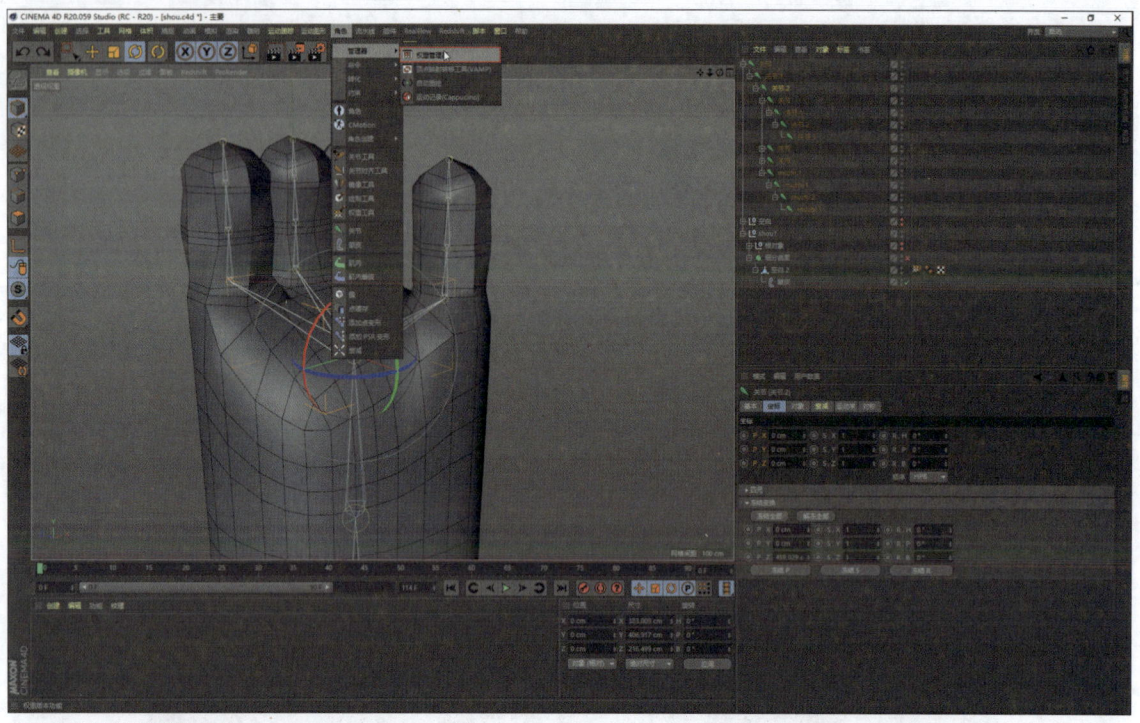

◐ 选择"权重管理器"命令

选中手臂最上端的骨节点，将模型调到一个比较极限、容易出现问题或已经出现问题的状态，如下图所示。

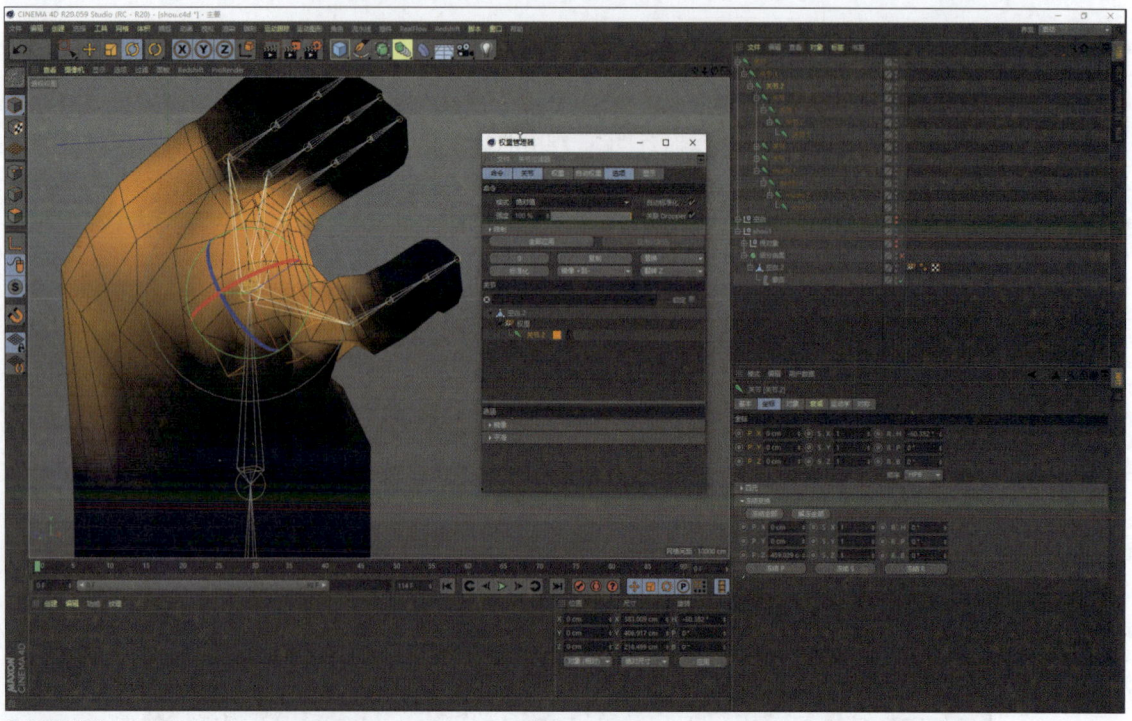

◐ 调整模型，显示问题

在菜单栏中选择"角色"—"权重工具"命令，其位置如下图所示。

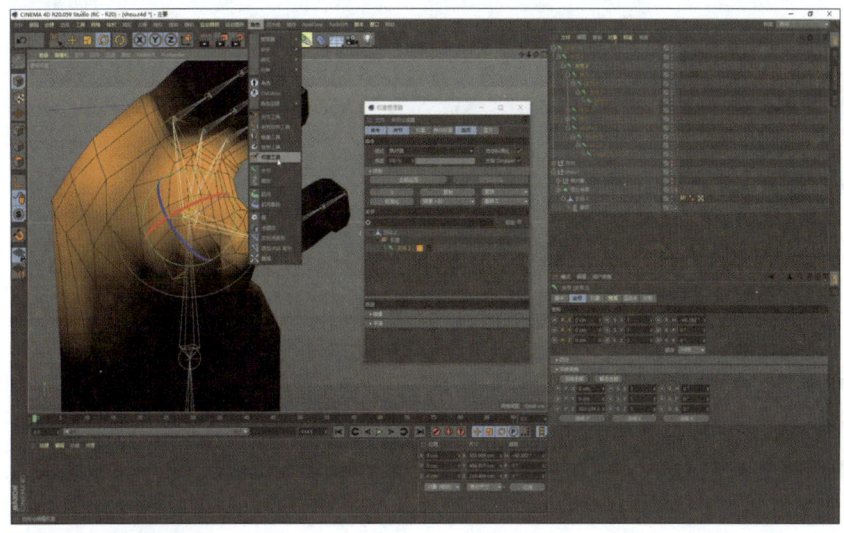

△ 选择"权重工具"命令

这时光标变成一个笔刷的状态。在属性管理器中保持权重工具属性中的"模式"为"平滑"不变，直接在视图中单击想要平滑的地方就可以了，如下图所示。

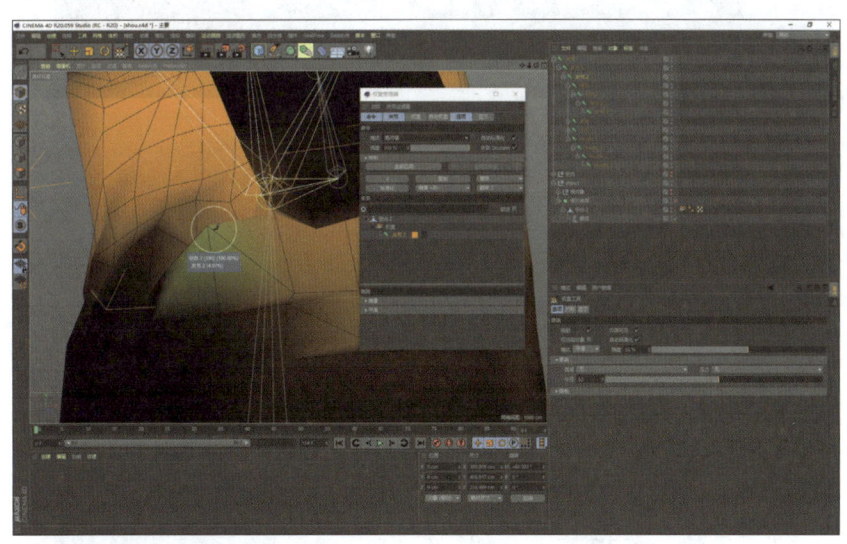

△ 使用权重工具单击需要平滑的地方

除了"平滑"模式之外，较为常用的"模式"还有"添加"和"减去"，使用方法是相同的。

"刷权重"的过程就是利用不同模式的笔刷，将每一个骨节点相关点的权重分配均匀的过程。这个过程看似简单，其实非常重要，它是最终呈现出来的动作是否顺畅的一个重要因素。这个过程短则几个小时，长则几天。有时一个比较复杂的角色模型"刷权重"是一件非常漫长且枯燥的事，需要不停地、翻来覆去地调整每个地方的权重。一个成熟的动画师需要在最初建立骨骼时头脑中就有对于每一个关节的位置、控制哪一片区域有一个比较明确的思路，这样就可以在后面刷权重时节约大部分时间和精力。这是一个需要不断练习的技能，没有太多技巧可以讲解，有兴趣的用户可以观看随书附赠的视频讲解。在视频中大致演示了刷权重的过程，在这里就不一一描述了。

443

12.7 镜头一的制作

之前的几节内容，我们可以理解是为了做镜头的铺垫工作，这一节正式开始制作镜头一。

首先是模型。由于本案例中模型不是重点，因此游戏机的模型可以在随书附赠的文件中找到。模型的材质同之前方块的材质一样，是一个纯色带一点模糊反射的效果。

前期准备工作

打开之前绑定好的手模型文件，将对象管理器中所有的对象打组，并将整个组复制到一个新的工程中，这个工程就是场景一的工程。在新工程的对象管理器中复制一个卡通手模型。在属性管理器的"坐标"选项卡下设置"S.Z"为"-1"，这样就可以得到另外一只对称的卡通手模型了，如下图所示。

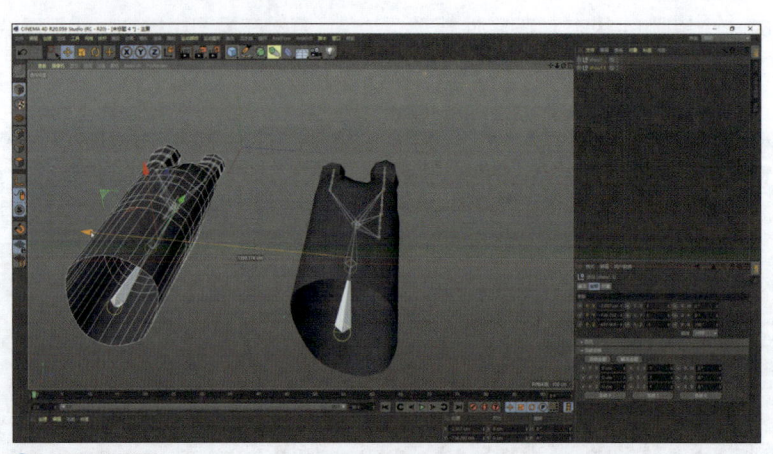

↑ 复制卡通手模型

把游戏机模型也放到这个工程里，将两只卡通手摆出握着游戏机的姿势，如下图所示。

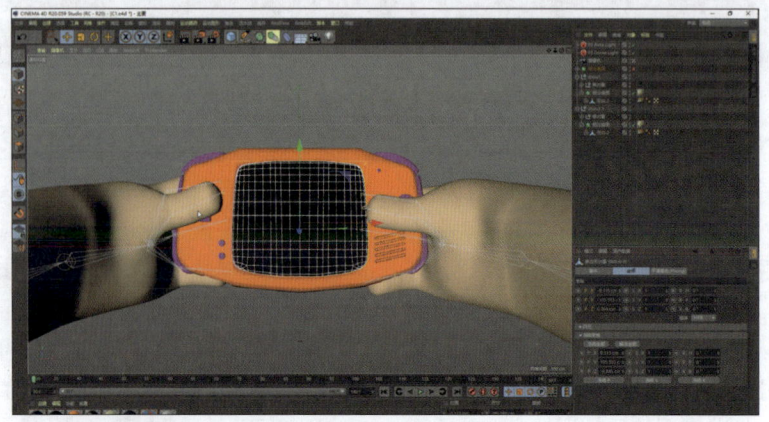

↑ 卡通手握着游戏机

添加卡通手动画和镜头动画

为了保证卡通手动画和游戏机中的画面保持一致，这里需要借助默认材质球。将之前制作的方块动画序列帧用默认材质球贴到游戏机上，这样就可以在播放时间线时直接预览画面了。不过最终的输出还是用到RS渲染器，因此在最终输出时，要用RS材质球将默认材质球替换掉。具体操作如下。

在材质管理器的空白区域双击，新建一个默认材质球。在"材质编辑器"面板中将"颜色"和"反射"通道关闭，开启"发光"通道，单击"纹理"最右侧的按钮，将输出的方块动画序列载入，如下图所示。

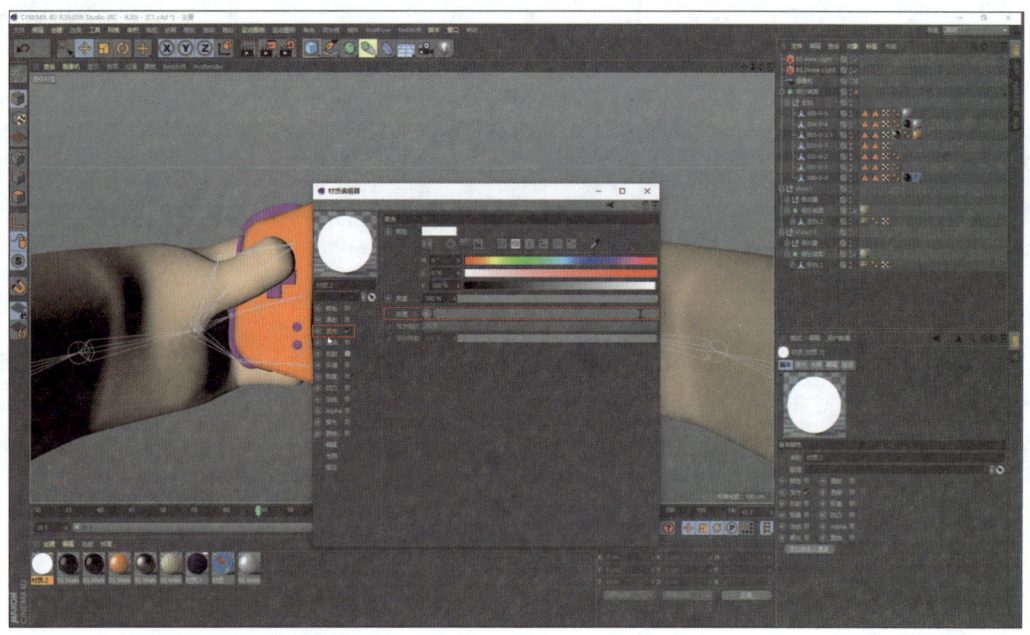

↑ 开启"发光"通道，载入方块动画序列

切换到"动画"选项卡，单击"计算"按钮，匹配载入的动画序列时长，如下图所示。

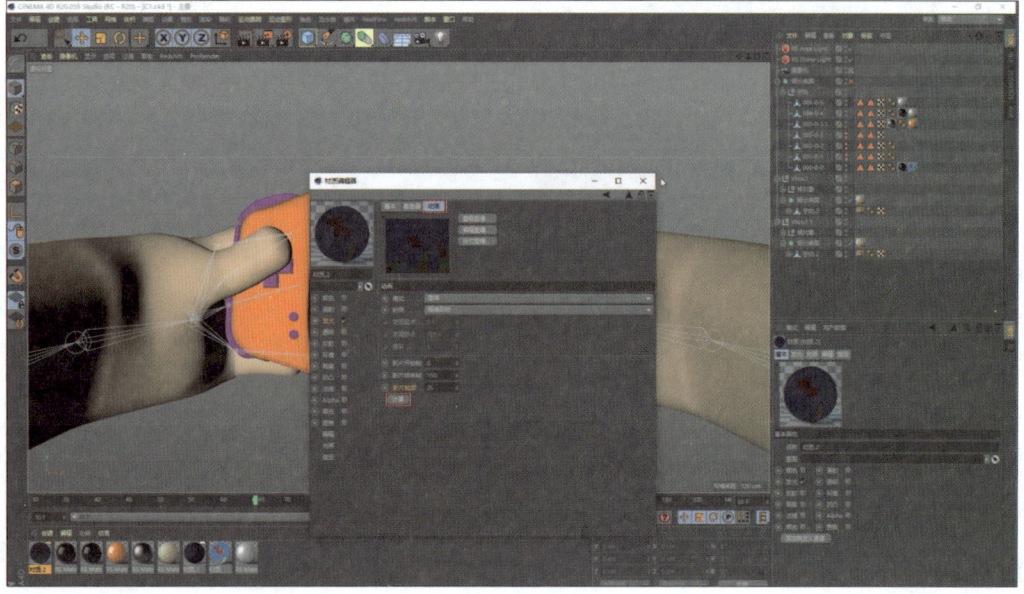

↑ 单击"计算"按钮

» 12 工作流程应用——制作游戏机展示动画

将材质球拖拽至对象管理器中游戏机模型上，在游戏机模型对象的右侧会出现该材质球的标签，如下图所示。

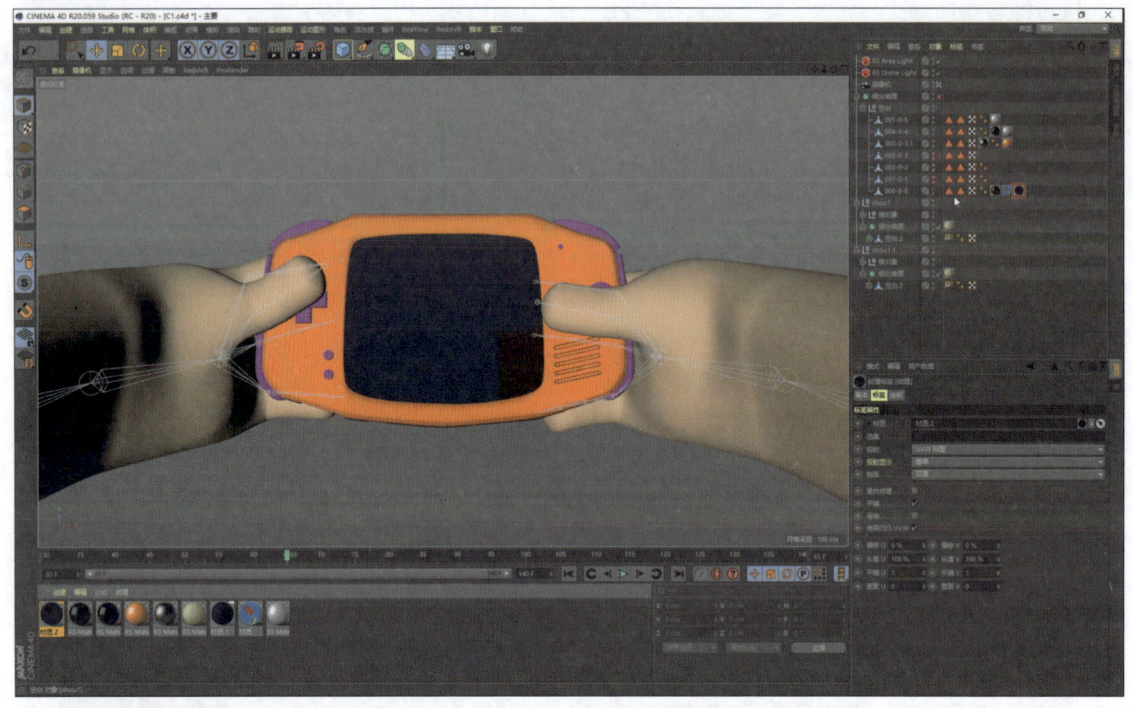

⬆ 将材质赋予游戏机模型

游戏机的屏幕部分，已经提前选择好并赋予了选集，直接将选集拖拽至材质球的"选集"属性框中即可，如下图所示。

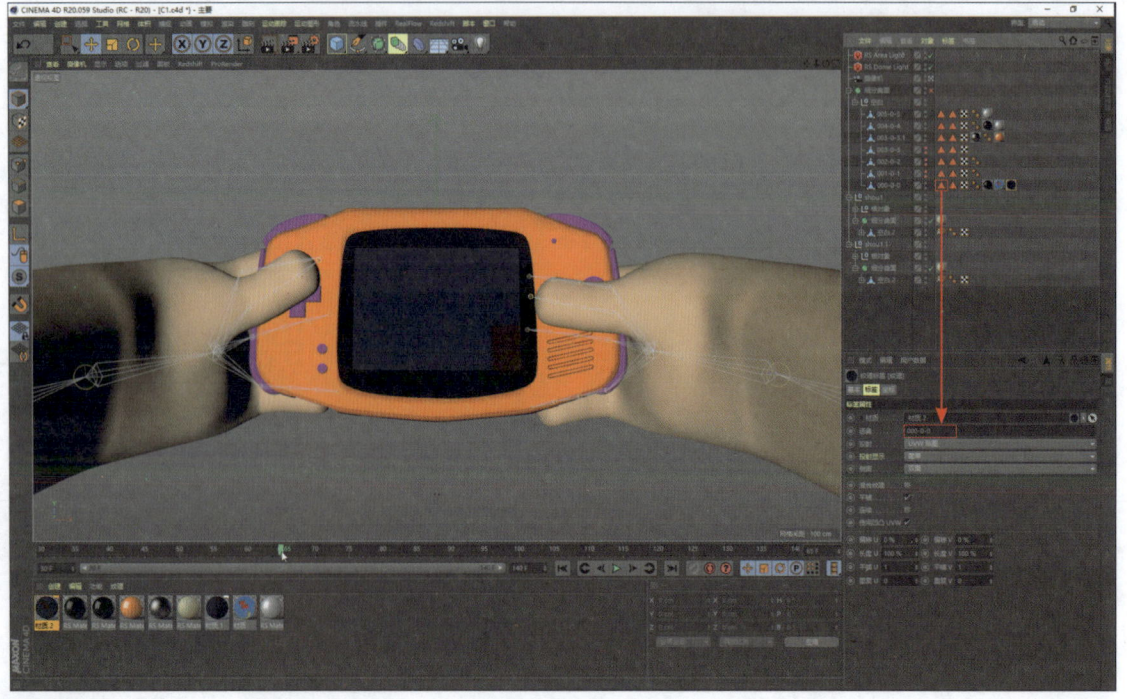

⬆ 为屏幕赋予材质

» 12.7 镜头一的制作

将"投射显示"改为"平直",再在对象管理器中点选对象本身(即对象本身、材质球标签同时为选中状态),在材质球标签上右击,选择"适合对象"命令,如下图所示。

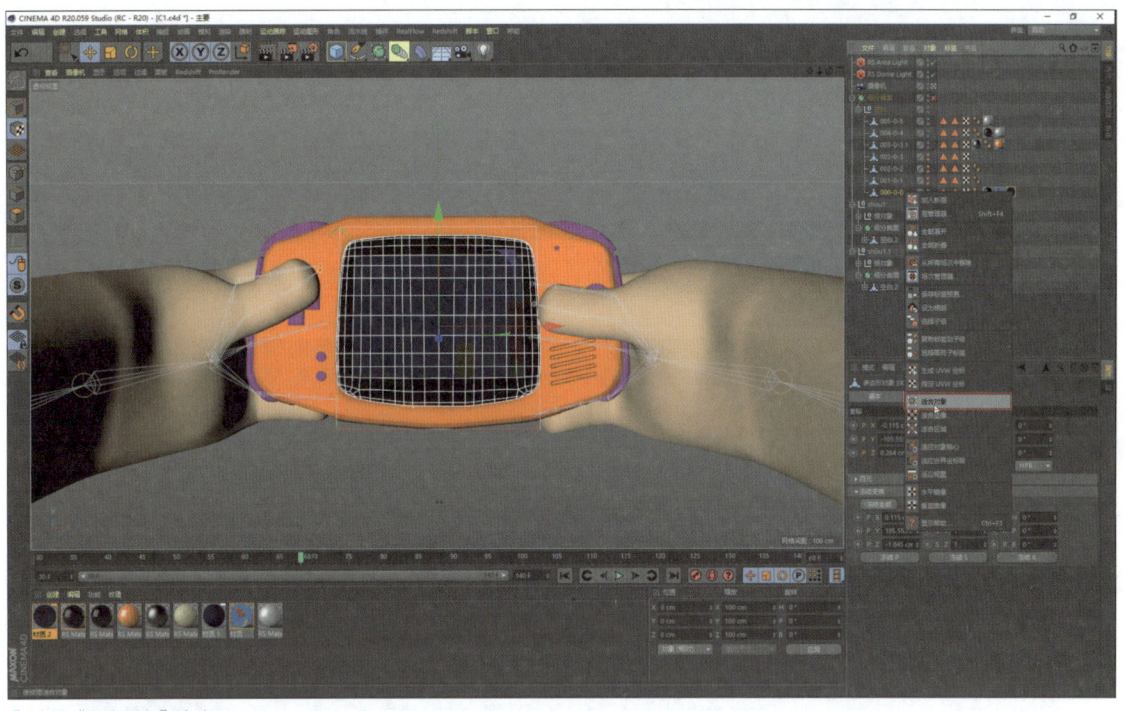

⬆ 选择"适合对象"命令

这时在视窗中游戏机画面已经出现了,但播放时间线时并不能产生动画。在材质管理器中双击材质球,打开"材质编辑器"面板,切换到"编辑"通道,勾选"动画预览"复选框,如下图所示。

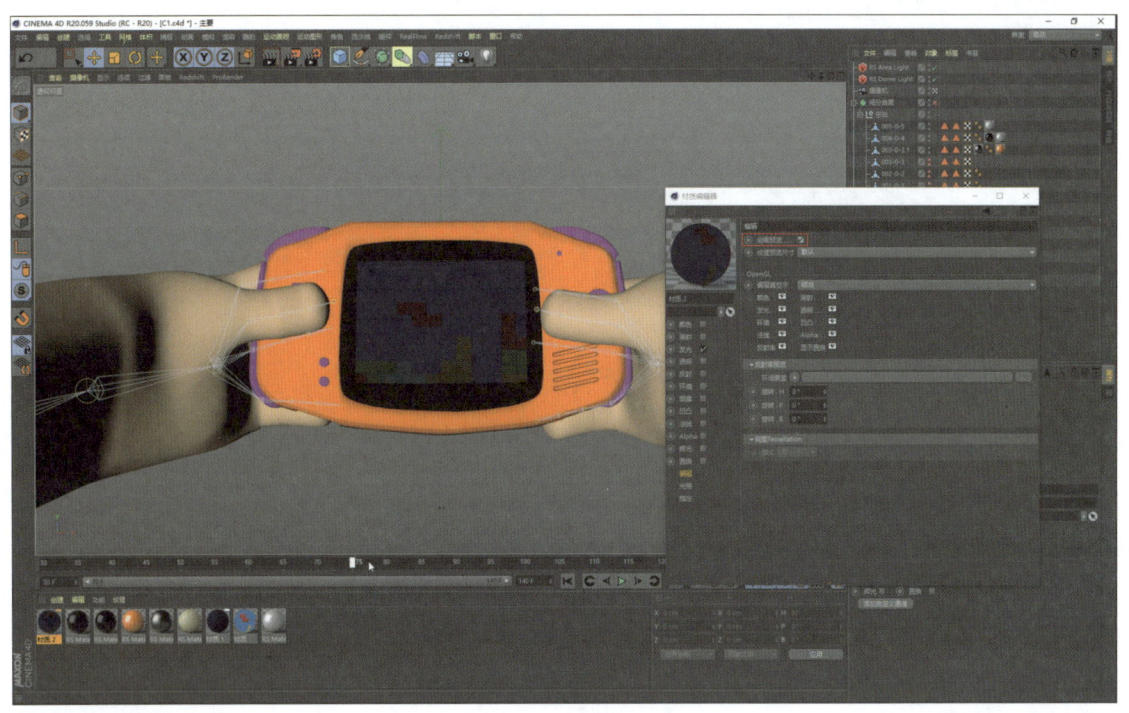

⬆ 勾选"动画预览"复选框

447

这时拖动时间线，游戏机屏幕上的画面就已经可以播放预先做好的方块动画了。接下来结合游戏机屏幕的预览动画，给卡通手添加手指按动游戏机的动画。

卡通手动画完成之后，接下来是摄像机动画的创建。

添加摄像机动画和场景灯光

场景一的摄像机动画也是一个比较典型的摄像机推进动画。整个动画共140帧，在第0帧到第130帧，是缓缓推进的；在第131帧到第138帧，仅用8帧时间快速推入游戏机屏幕内。

接下来是场景的灯光。我们仅在场景的上方添加一个面光源，加一个HDR贴图。面光源在场景中的位置如下图所示。

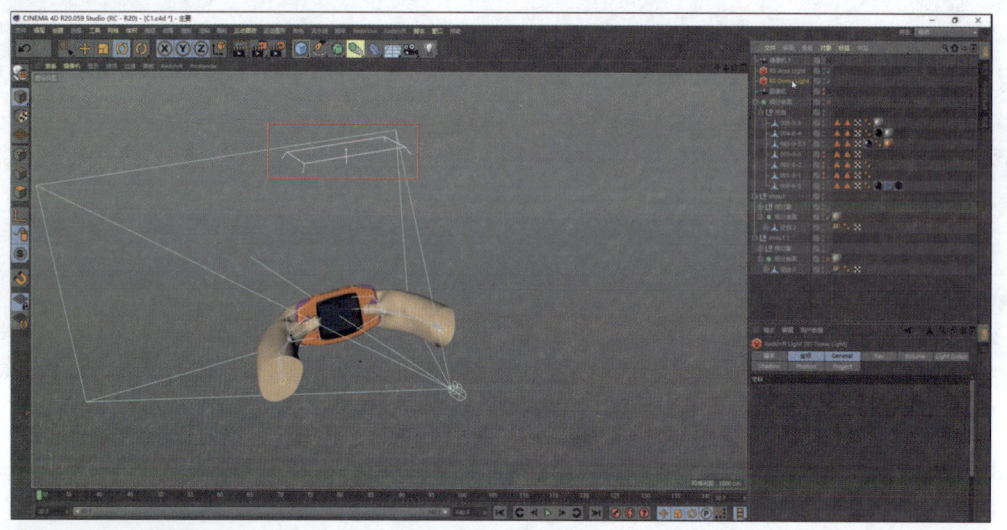

⬆ 在场景的上方添加面光源

本案例选用了一张偏暖的、室内HDR贴图，如下图所示。

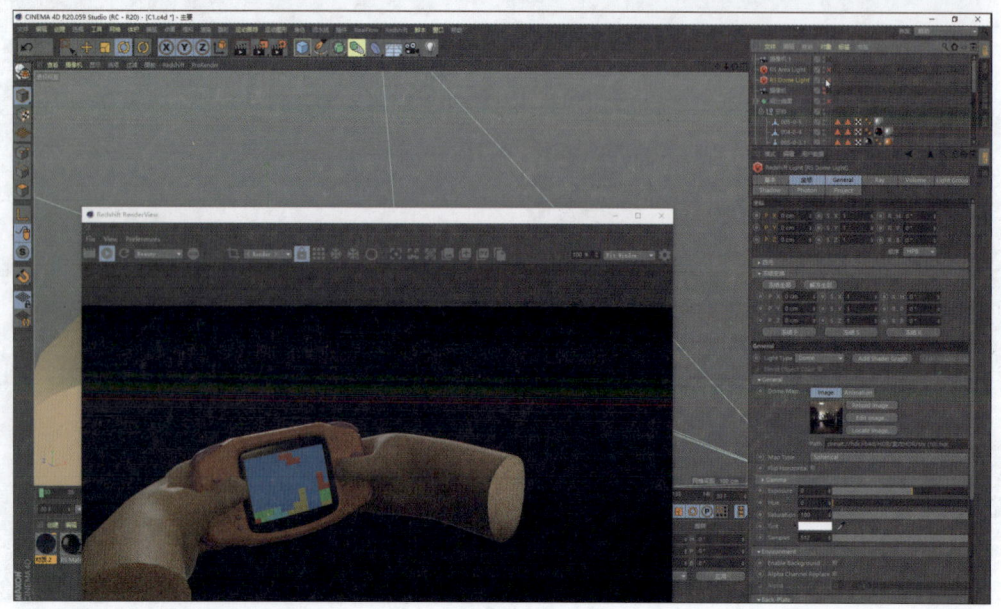

⬆ 添加HDR贴图

卡通手模型用了一个带点透光效果的标准3S材质，接下来看一下制作思路。首先设置皮肤的颜色，如下图所示。

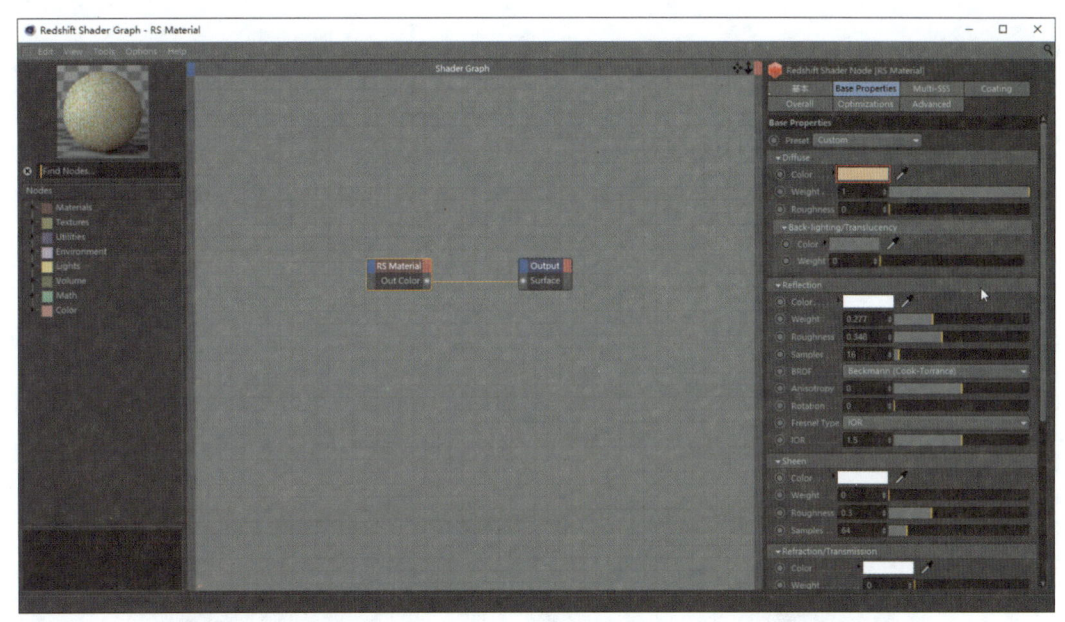

◐ 设置"Color"的颜色

在"Multi-SSS"选项卡中设置"Amount"为1，"Radius Scale"为"85"。如果数值太大，就不太像皮肤的3S质感了，反而有点像肥皂的质感。Layer1是比较深的暖橘色，Layer2是深红色，如下图所示。

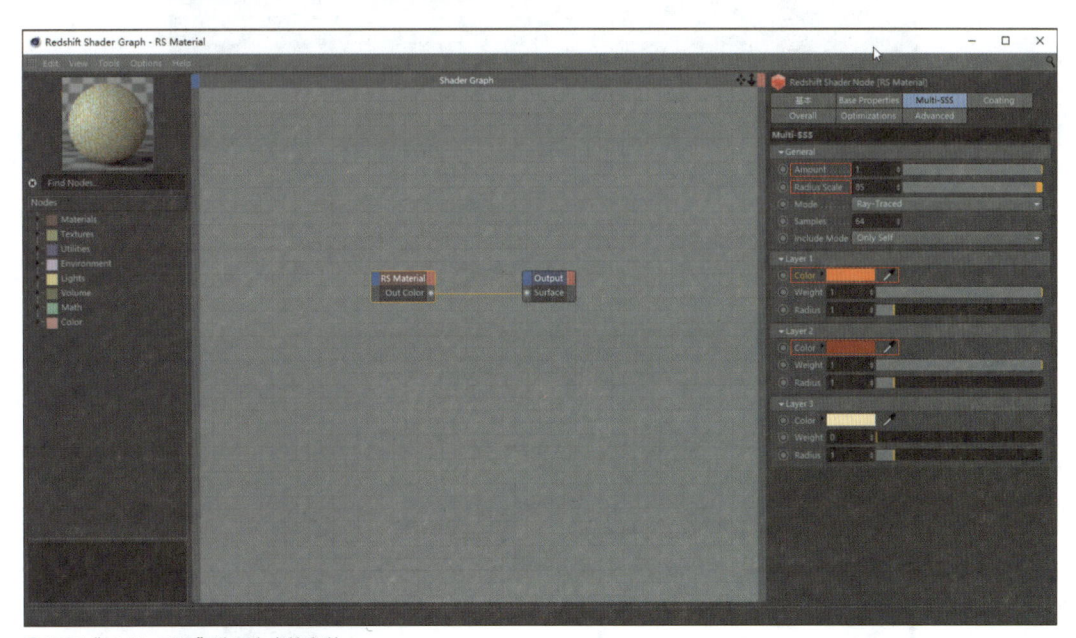

◐ 设置"Multi-SSS"选项卡中的参数

在输出之前，不要忘记最后将游戏机屏幕的材质球替换为RS的材质球。至此，第一个场景就制作完成了。

12.8 镜头二的制作

从本节开始进入到镜头二的制作中。镜头二比镜头一要简单许多，没有绑定和卡通手的建模等，要轻松一些。首先来分析一下镜头，主体物是一个游戏机从下方的绿色管道中钻出来，还有一些小的元素围绕在周围作为点缀；背景结合场景一的游戏，是一些凸起的方块。

制作背景效果

新建一个C4D工程，在新工程中创建一个立方体对象并克隆。将克隆的"模式"改为"网格排列"，将Z轴的"数量"改为"1"，作为背景的立方体有一排就够了，如下图所示。

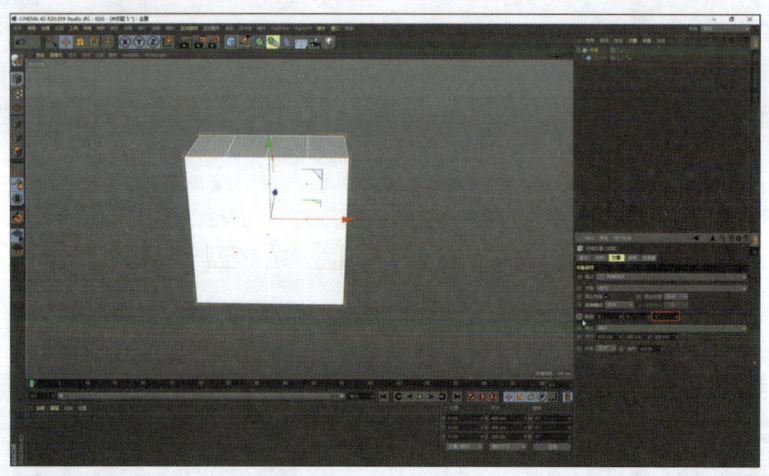

↑ 克隆立方体

再增加X、Y轴的"数量"，这个数值由创建的立方体大小、场景大小决定。在本案例中，这两个数值分别为"26""15"，如下图所示。

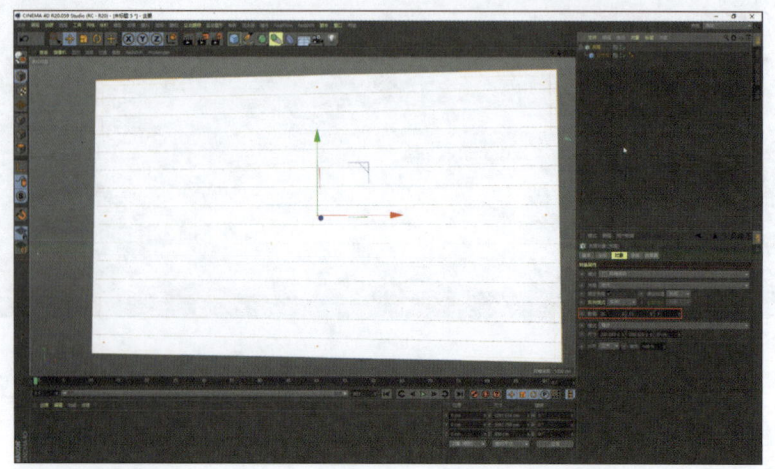

↑ 增加立方体的数量

» 12.8 镜头二的制作

如果想让特定的立方体突出来，可以借助简易效果器。

选中克隆对象，添加一个简易效果器。在属性管理器面板中勾选"位置"复选框，设置"P.Z"为"200cm"，如下图所示。

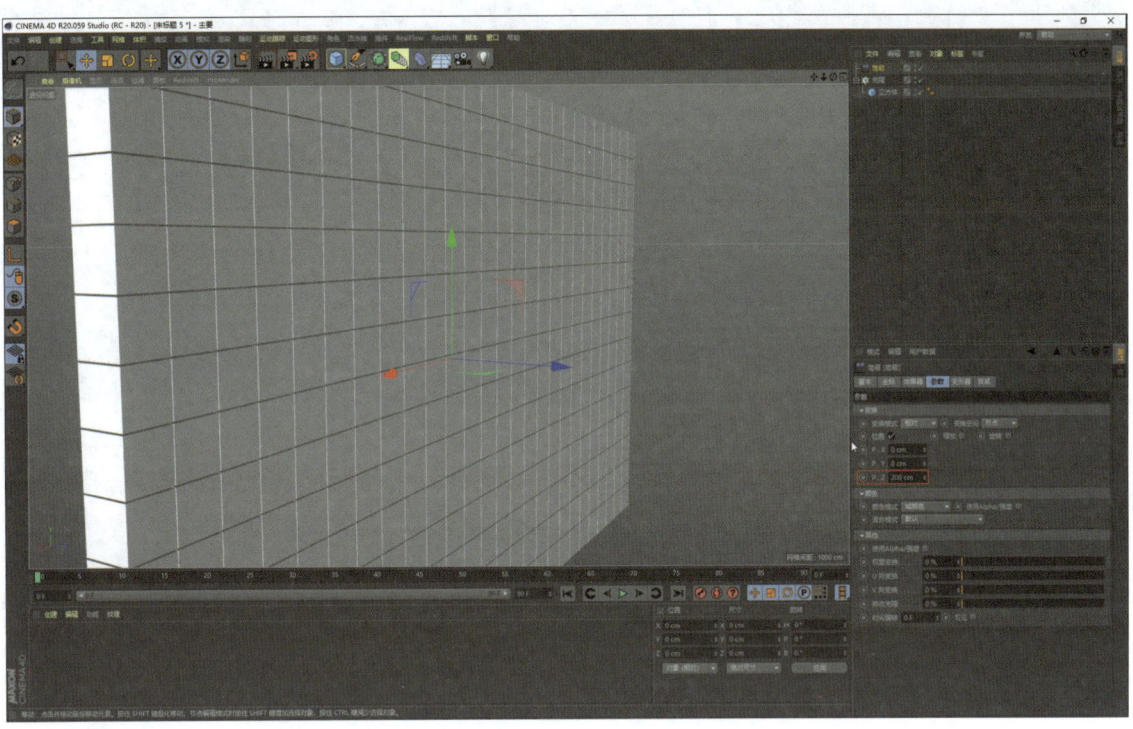

↑ 添加简易效果器

将简易效果器的属性管理器切换到"衰减"选项卡，按住下方的"线性域"，在弹出的列表中选择"立方体域"后松开鼠标，这一步的目的是将衰减改为立方体衰减，如下图所示。

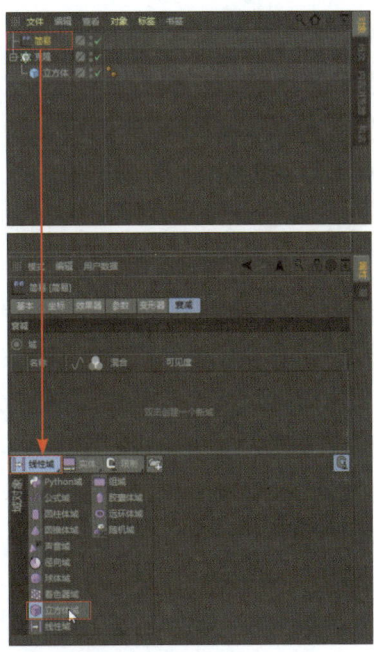

↑ 将衰减改为立方体衰减

451

再次切换到"重映射"选项卡，将"内部偏移"改为"100%"，这样简易效果器就没有任何衰减了，被简易效果器覆盖的立方体会向Z轴的正方向移动200cm，如下图所示。

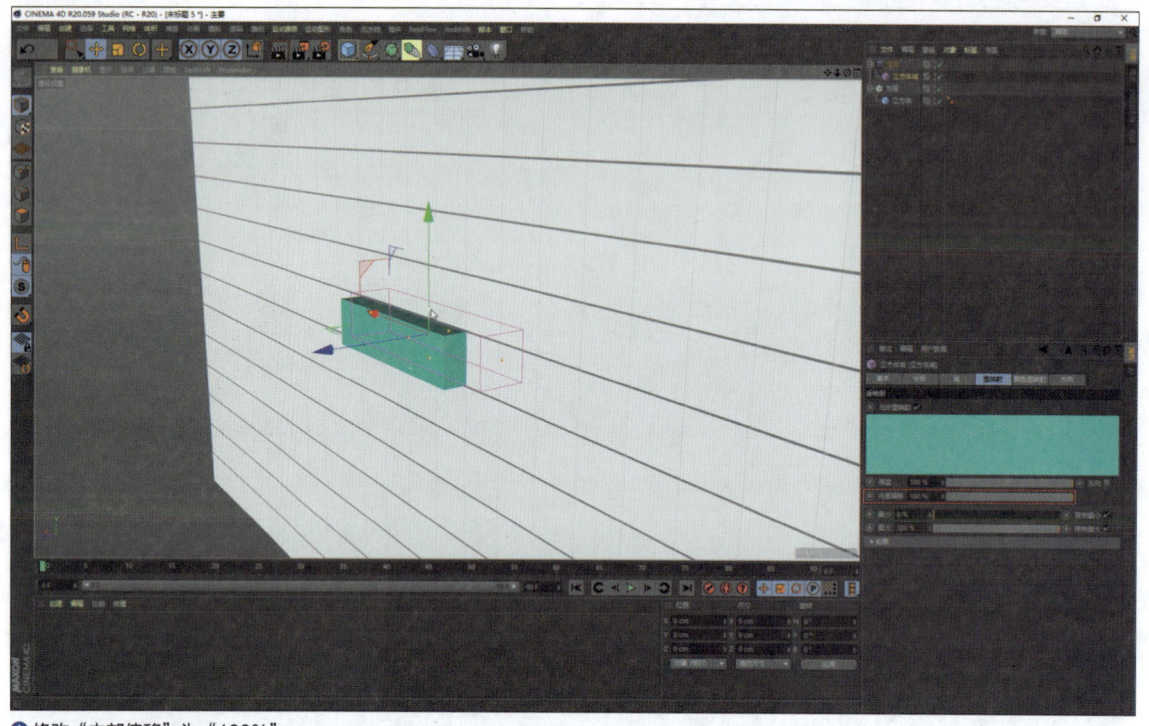

↑ 修改"内部偏移"为"100%"

在视图中可以看到，被简易效果器影响的立方体，颜色也发生了改变。

这是因为简易效果器在影响位移的同时也影响了颜色。单击简易效果器下的立方体域，在属性管理器中切换到"颜色重映射"选项卡，可以更改这些颜色，如下图所示。

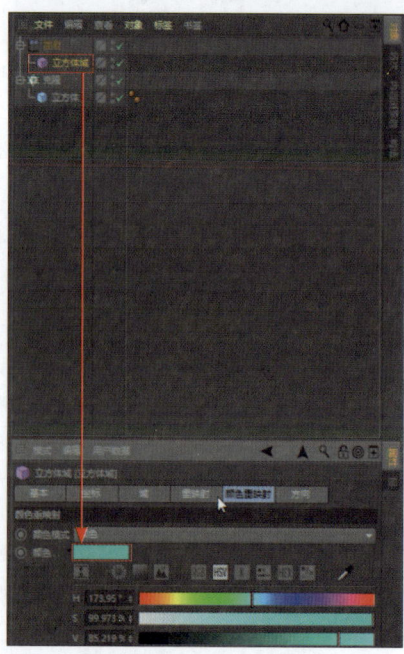

↑ 在"颜色重映射"选项卡中设置颜色

在对象管理器中复制一个立方体域,但这时的立方体域对克隆没有任何影响,需要将复制出来的立方体拖拽至简易效果器属性管理器的"域"中,如右图所示。

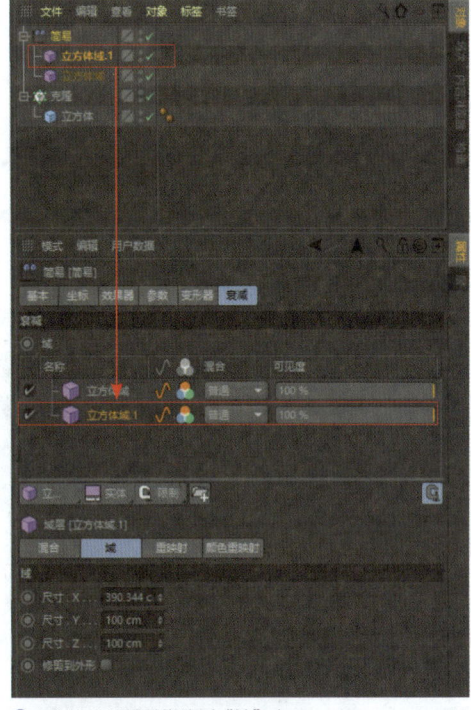

↑ 复制立方体域并拖拽到"域"中

这时第二个立方体域仅仅影响了立方体的颜色,并没有影响位移。在属性管理器中,将第二个立方体域右侧的"混合"方式改为"最大",如右图所示。

用这种方式可以在不"C掉"克隆的情况下,将背景突出来的结构做出来。

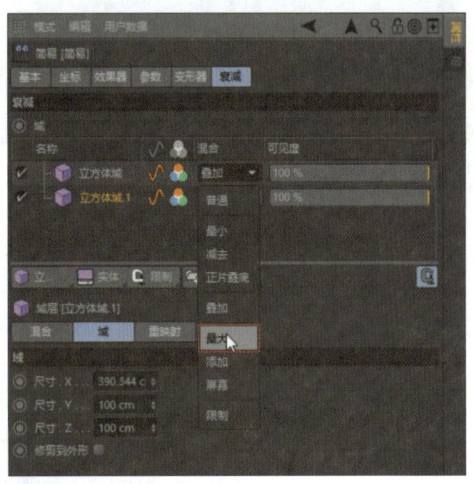

↑ 设置立方体域的"混合"方式

如果想要立方体的细节更加丰富,可以将立方体最前面的面挤压出来,并将平滑着色标签的数值改为"0"。修改了立方体的细节之后,效果如右图所示。

突出来的立方体动画也是非常容易实现的,给简易效果器的位移K帧就可以了。并且得到的动画也非常像我们一开始想要模拟的方块一格一格掉落的效果。

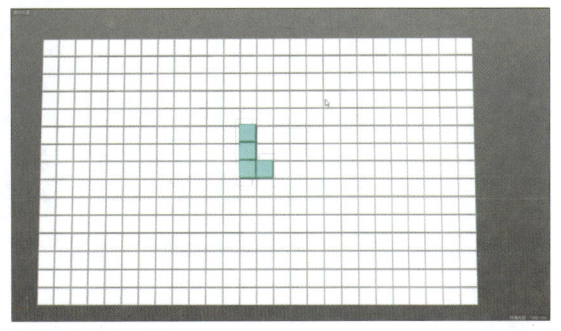

↑ 修改立方体后的效果

渲染设置

正常来讲，我们可以直接打开Redshift RenderView进行渲染。在克隆对象的属性管理器中，切换到"变换"选项卡，单击下方的色块，并修改克隆的颜色，再打开"Redshift RenderView"窗口进行渲染，如下图所示。

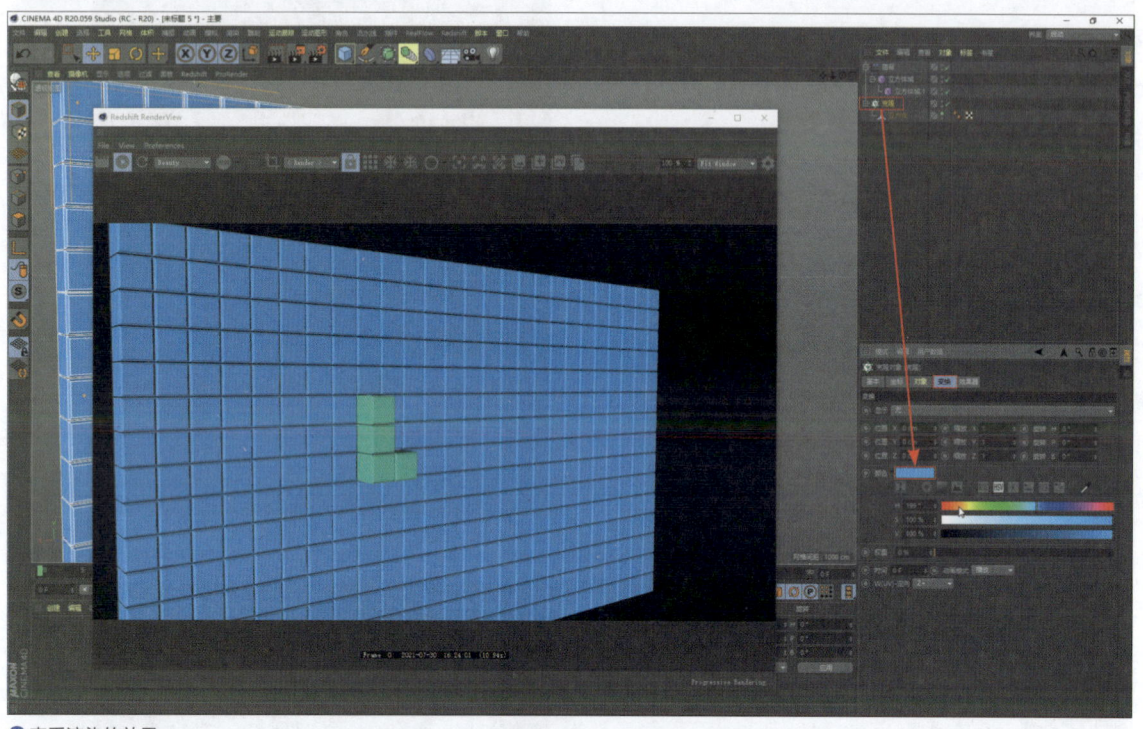

↑ 查看渲染的效果

这时在渲染视窗中是可以渲染出颜色的。但是，若想要调整立方体的质感，需要新建一个材质球赋予到克隆物体上，之后会发现之前调整的颜色都被新的材质球覆盖了，如右图所示。

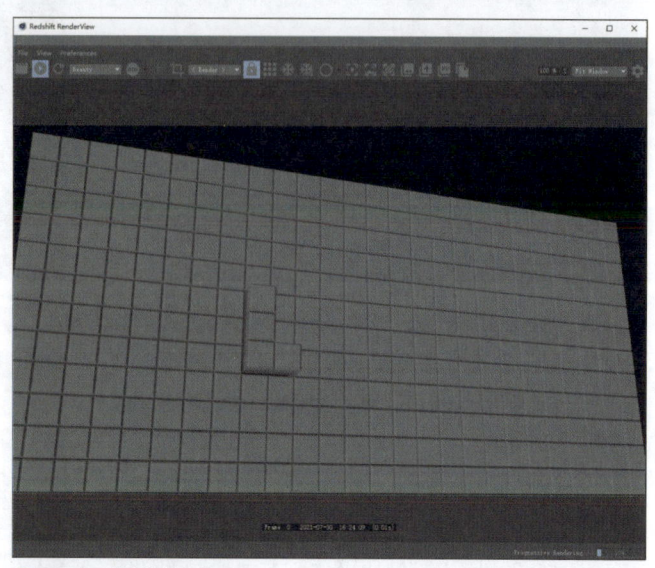

↑ 重新赋予克隆物体的效果

在Redshift的节点编辑器中，找到"User Data"下的"Color User Data"节点，并拖拽进来。在节点的属性中，按住"Attribute name"右侧的小三角按钮，在弹出的列表中选择"Objects—Object Color"选项，如下页的上图所示。

↑ 选择"Object Color"选项

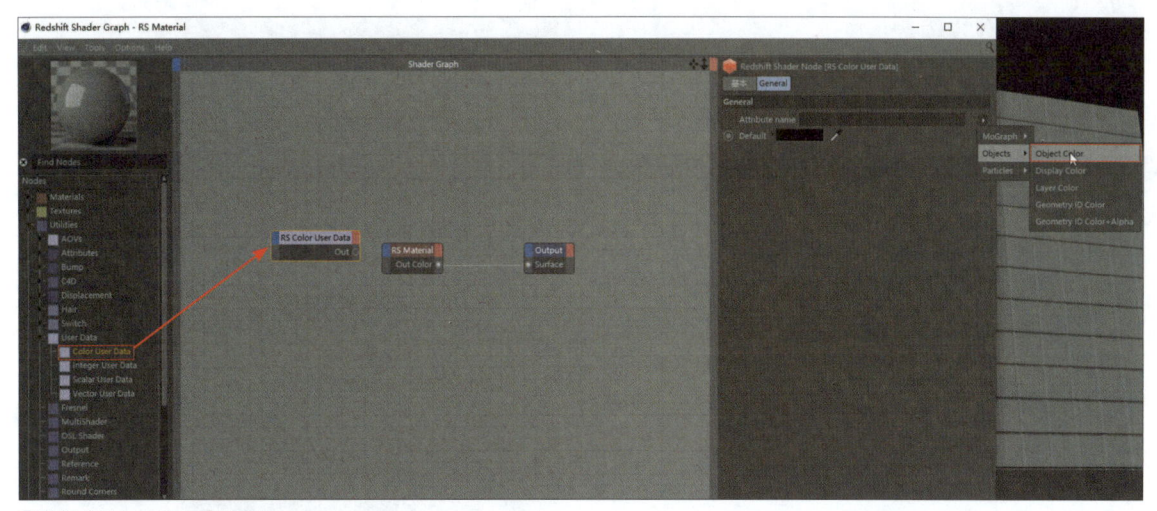

将Color User Data节点输出端的"Out"连接至RS Material输入端的"Diffuse Color"。这样显示之前的颜色，同时还可以通过材质球调整其质感，如高光、反射等，如下图所示。

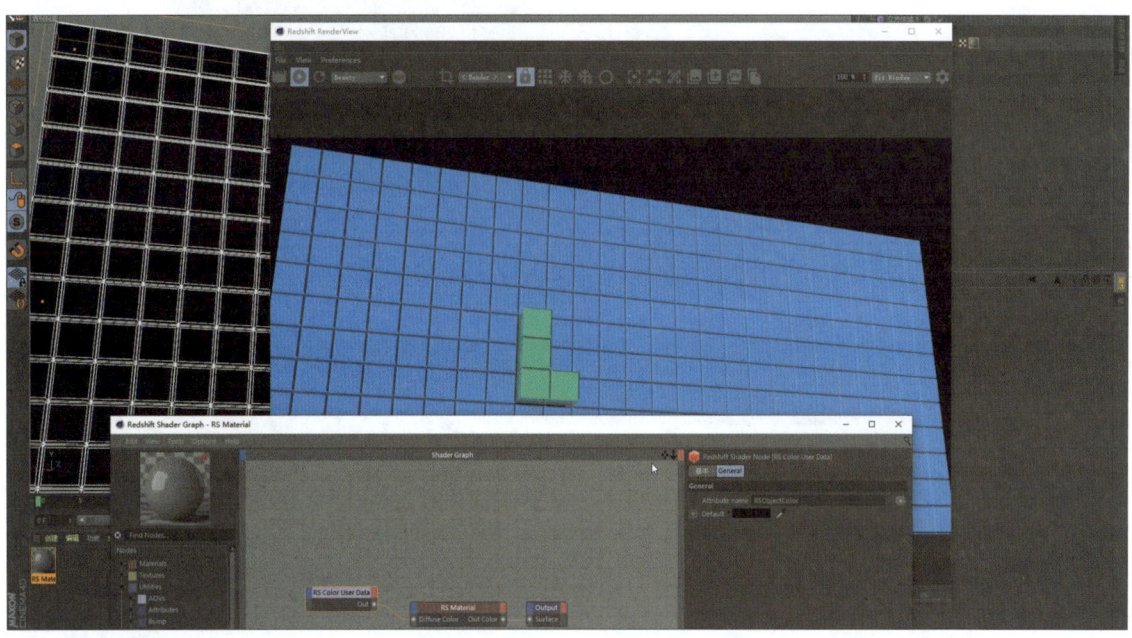

↑ 设置节点之间的连接

背景制作完成之后，就是前景主体物和摄像机了。

主体物的模型同样可以在随书附赠的文件中找到。

先将前景的绿色圆柱按照镜头最终的形态摆好，然后就可以制作摄像机动画了。

为了和上一个镜头的速率匹配，这个摄像机最开始是非常快的快推效果。大概用了10帧左右的时间，镜头迅速推到主体物前，然后剩下的100帧左右时间就是一个缓慢的推进动画。

然后制作游戏机和小元素的动画。和摄像机动画类似，用10~15帧的时间快速从绿色圆柱中钻出来，剩下的时间就在空中慢慢地飘浮。不要忘记在飘浮的时候给游戏机和小元素添加一些旋转细节让它更丰富。

查看渲染效果

渲染的材质大部分是纯色带一点点反射，光照是一个面光源，加一个HDR贴图。

场景中的两个金色的小元素，使用了RS预设的"gold"材质。

场景二在渲染时是开启了景深的，可以突出主体物，虚化背景。选中摄像机对象，在摄像机对象的属性管理器中有一个"焦点对象"属性，右侧的属性框中可以指定场景中的任何一个对象，将其指定为最清晰的主体物。这里指定的是游戏机，背景就被模糊，如右图所示。

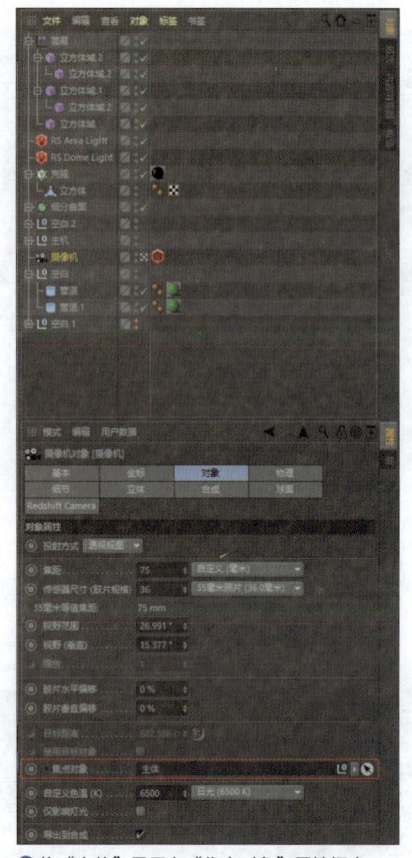

⬆ 将"立体"显示在"焦点对象"属性框中

HDR和上一个场景一样，使用了一张暖色的、室内的HDR贴图，如下图所示。

⬆ 添加HDR贴图

» 12.8 镜头二的制作

为了使画面更有立体感，我们在场景中又添加了一个面光源，其位置如下图所示。

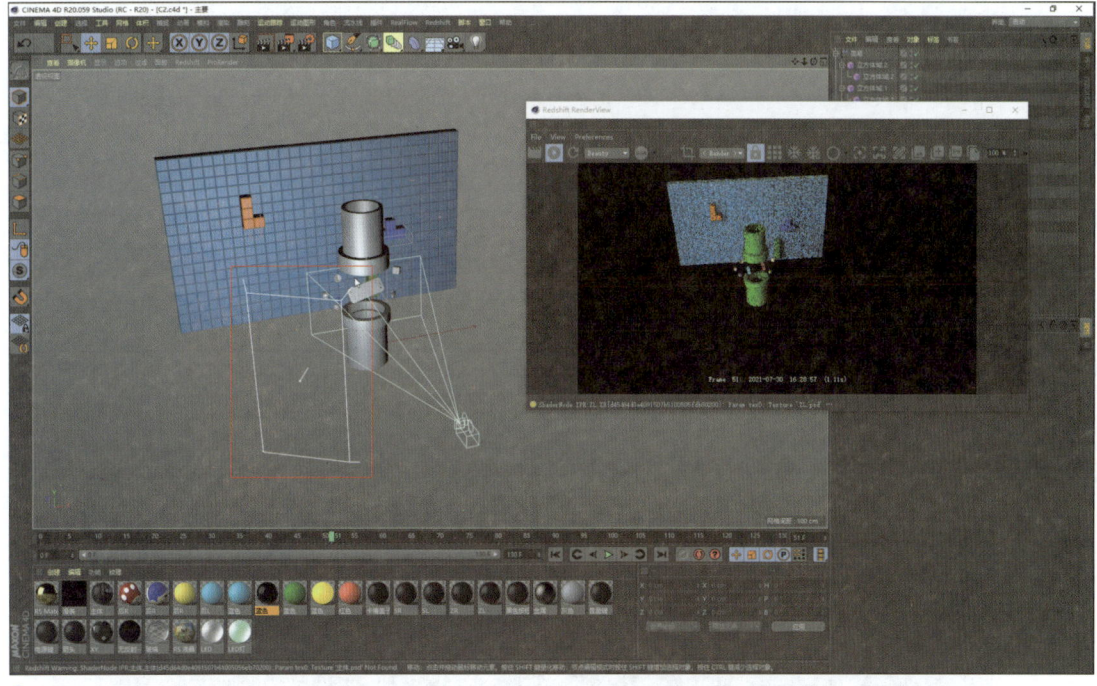

↑ 添加面光源

最后在输出序列帧时，不要忘记开启RS的景深。在对象管理器中单击摄像机对象右侧的RS标签，在其属性管理器中将"CoC Radius"改为"2"，如右图所示。

至此，就完成了镜头二的制作。将两个镜头渲染成序列帧之后，就可以进入到最终合成剪辑的阶段了。

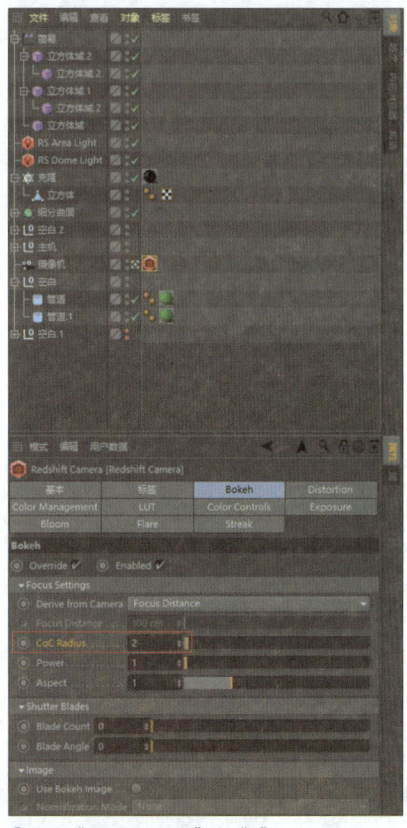

↑ 设置"CoC Radius"为"2"

12.9　最终合成与衔接

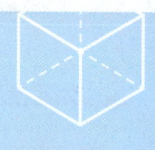

在本章的最后一节，将介绍两个镜头的合成和衔接，需要借助After Effects软件。

本案例的画面效果在三维制作过程中已经完善得差不多了，且本书的重点是C4D软件的介绍，因此这两个镜头没有做太多的合成处理，基本上就是以下两点：给镜头一（前提是在渲染输出场景一时勾选"Alpha通道"复选框）添加一个背景；给镜头一和镜头二做衔接过渡特效。

将两个镜头序列载入After Effects软件

打开After Effects软件，将输出好的两个镜头序列载入进来，如下图所示。

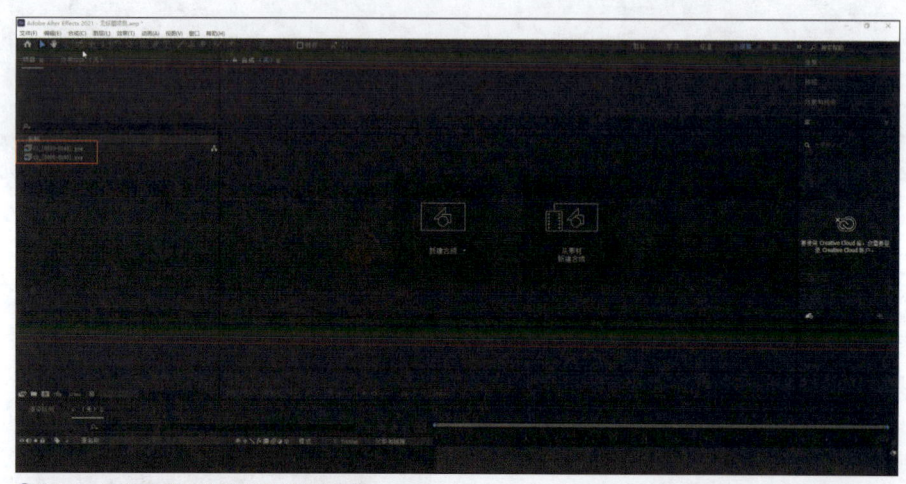

↑ 在After Effects软件中载入两个镜头序列

选中镜头一素材，拖拽至下方的新建合成图标上，目的是以该素材的信息（尺寸、时长和帧速等）新建合成，在下方的时间线上会出现这一素材，如下图所示。

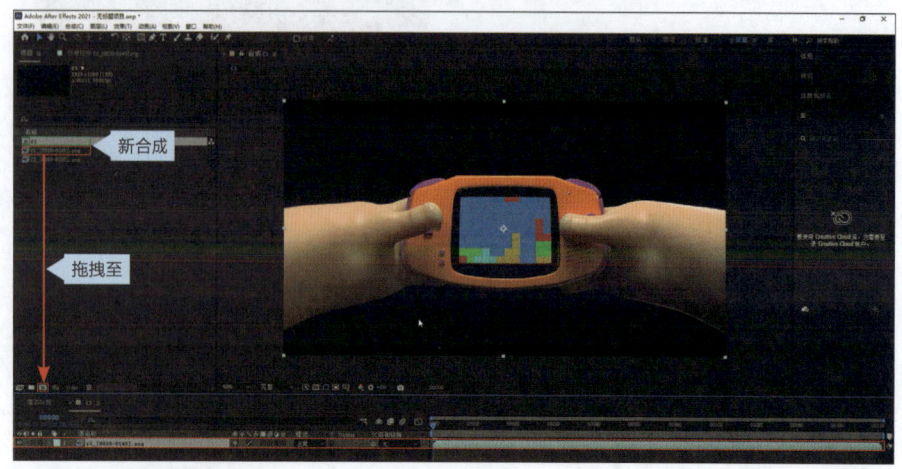

↑ 将镜头一拖拽至新合成的图标上

单击"切换透明网格"按钮,可以检查素材是否带有Alpha通道,如下图所示。

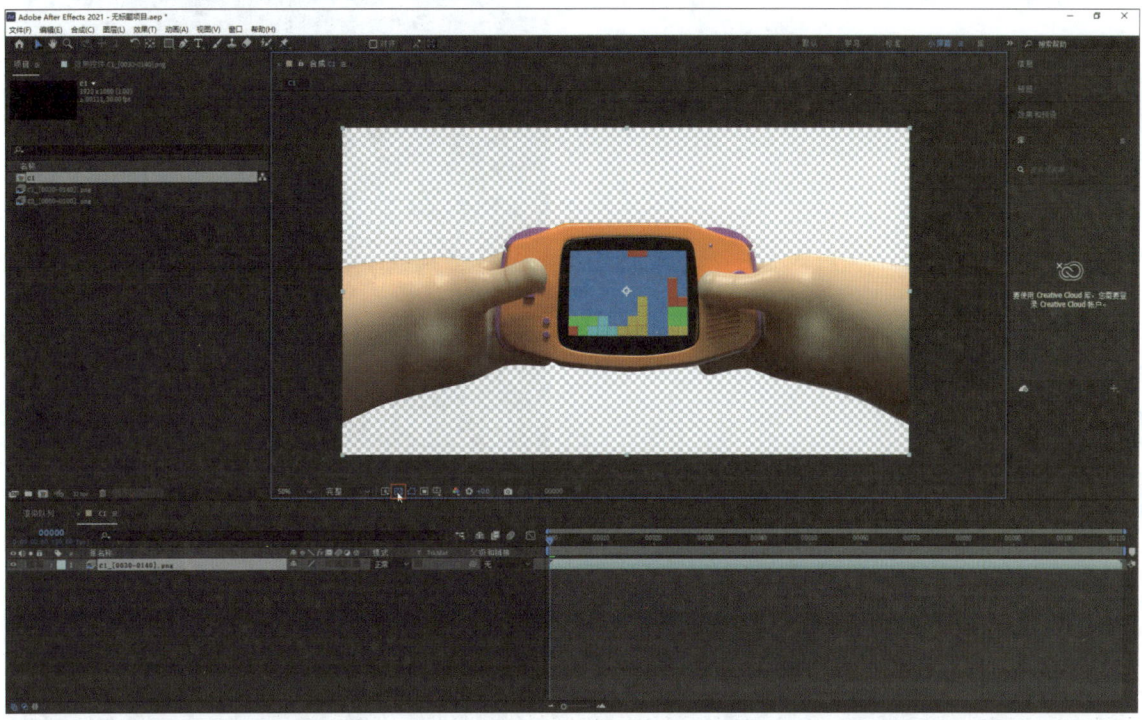

⬆ 单击"切换透明网格"按钮

将镜头二的素材也拖拽到合成内,这是因为第一个镜头是带通道的,且两个镜头素材在时间线上是重叠的,因此在镜头一下面可以看到镜头二的内容,如下图所示。

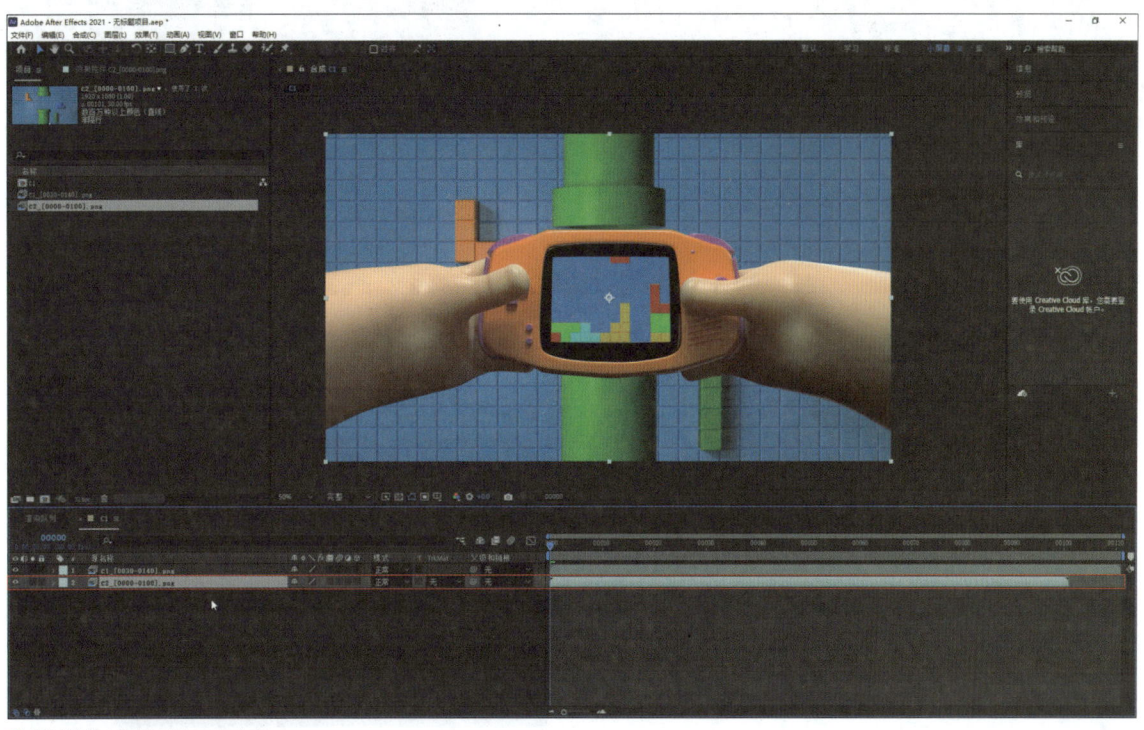

⬆ 通过镜头一看到镜头二的内容

» 12 工作流程应用——制作游戏机展示动画

按键盘上的 **Ctrl+K** 组合键，在打开的"合成设置"对话框中将时长改为10秒，如右图所示。

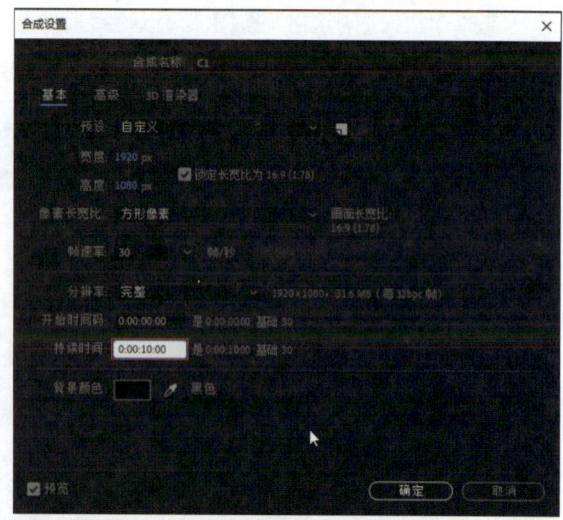

○ 在"合成设置"对话框中设置时长

将两个素材在时间线上错开，如下图所示。

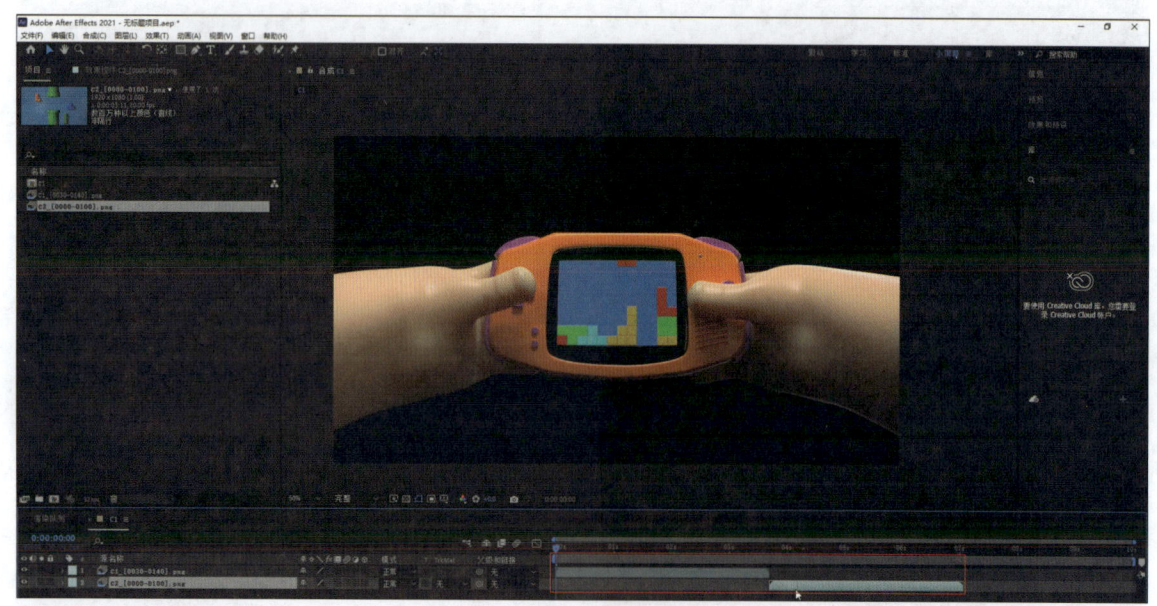

○ 将两个素材在时间线上错开

为镜头一添加背景

接下来为镜头一添加背景。选中镜头一素材，按键盘上的Ctrl+Shift+C组合键，对其进行打组。在弹出来的对话框中选择"将所有属性移动到新合成"单选按钮，并勾选"将合成持续时间调整为所选图层的时间范围"复选框，如右图所示。

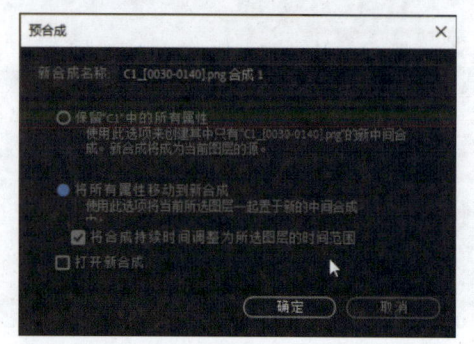

○ 在"预合成"对话框中设置

460

这时素材在时间线上的颜色发生了变化，并且左侧的图标也发生了改变，这意味着这个素材现在已经变成了合成组，如下图所示。

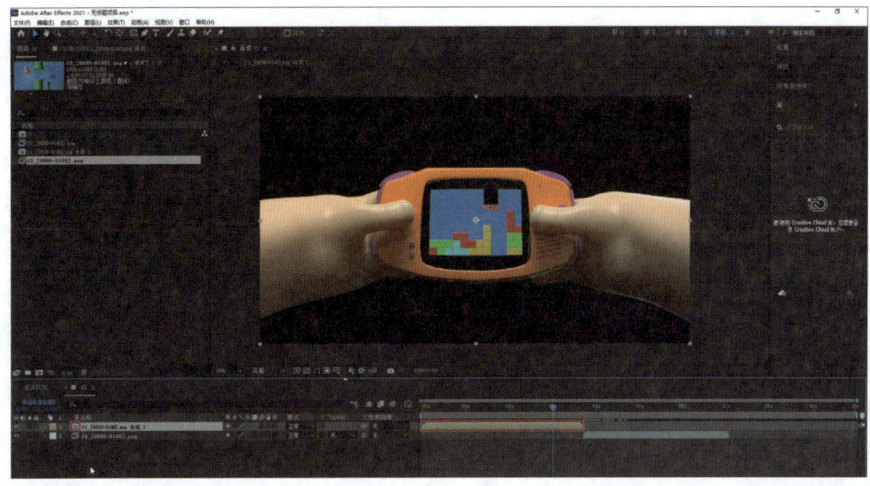

↑ 素材变为合成组的效果

双击这个合成组，进到合成里，按键盘上的**Ctrl+Y**组合键，在弹出的对话框中单击下面的色块，给背景的固态层选择合适的颜色，如右图所示。

↑ 设置背景颜色

将新添加的固态层拖拽至镜头一的下方，如下图所示。

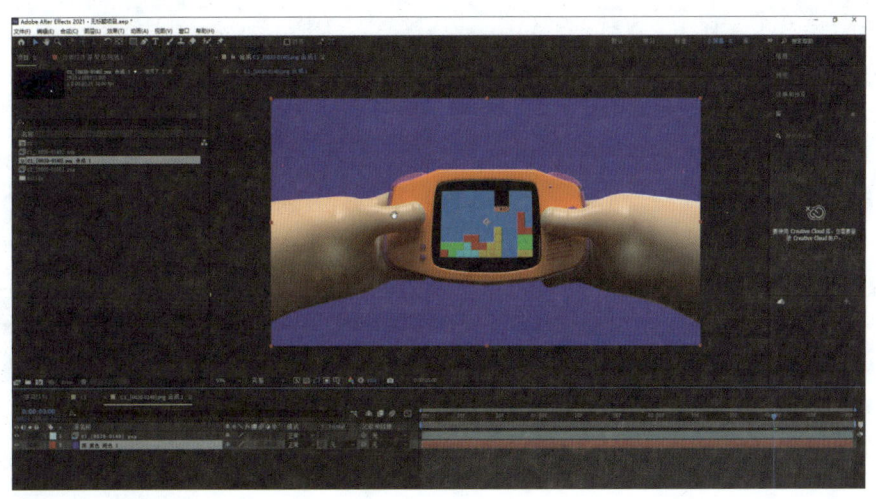

↑ 添加背景的效果

12 工作流程应用——制作游戏机展示动画

然后给这个背景添加一个暗角。选中固态层，在上方的快捷图标区找到蒙版工具，将其切换为椭圆工具，如下图所示。

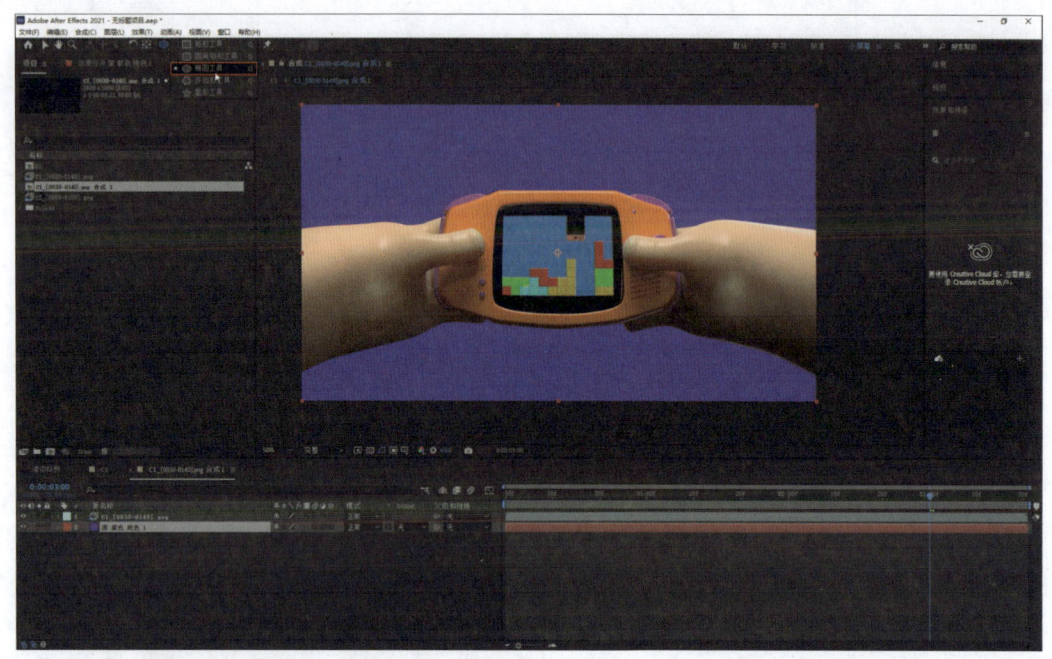

◆ 选择椭圆工具

双击椭圆工具，这时固态层上会出现一个椭圆形的蒙版，按键盘上的F键，可以将该蒙版的羽化功能打开，如下图所示。

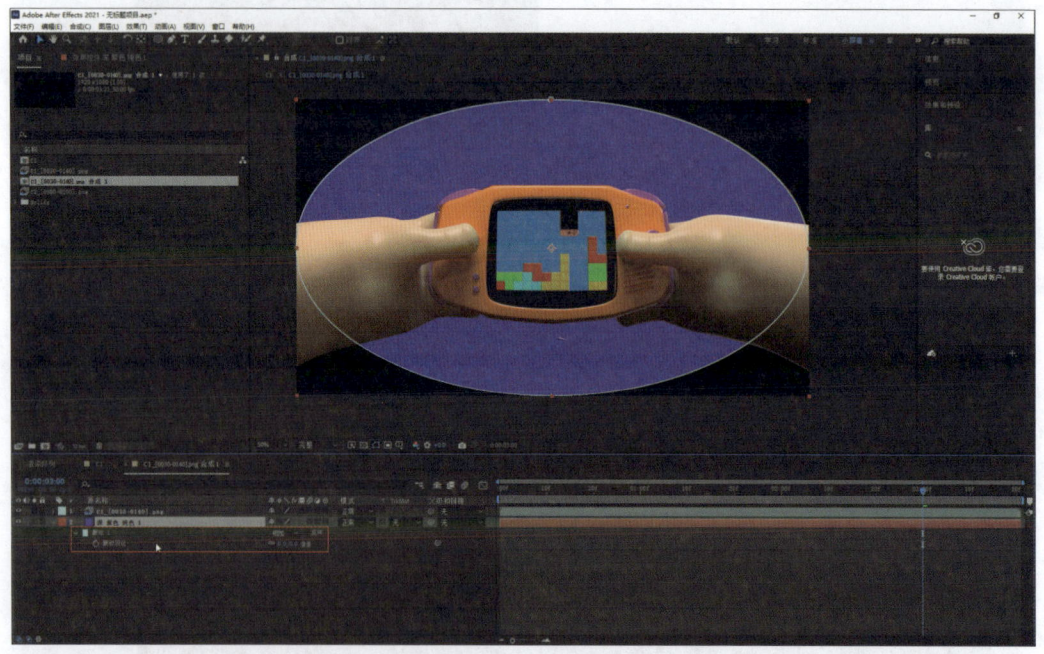

◆ 添加椭圆形蒙版

用鼠标左键在"蒙版羽化"属性右侧的数字上拖动，更改羽化的大小，或者直接输入数值，如下页的上图所示。

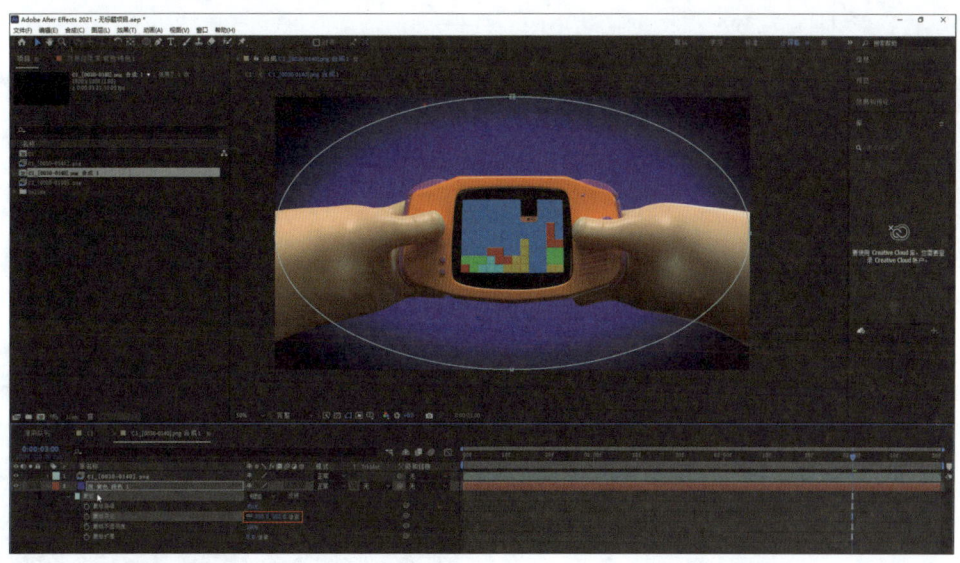

↑ 设置"蒙版羽化"的值

再次按键盘上的**Ctrl+K**组合键,添加一个纯黑的固态层,将其拖至最底层,如下图所示。

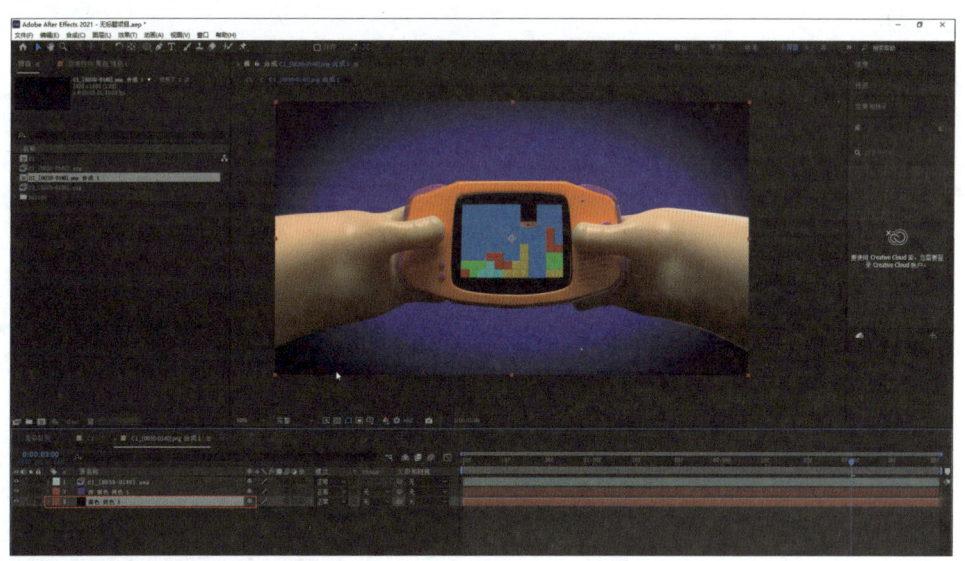

↑ 添加纯黑的底层

处理镜头一和镜头二的衔接效果

接下来需要处理镜头一和镜头二的衔接效果。单击"C1"合成,退出当前合成,进入上一个合成,其位置如下图所示。

↑ 进入上一个合成

将镜头二的素材往前移动一点,如下图所示。

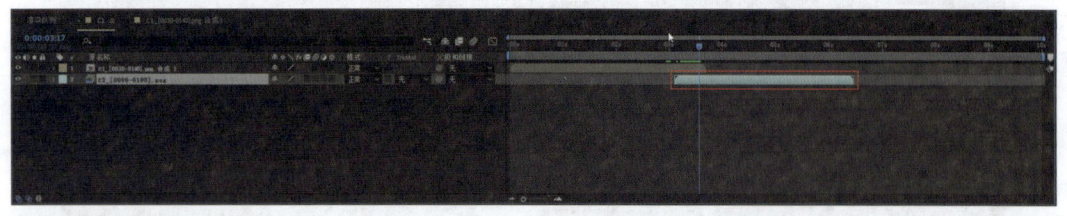

↑ 移动镜头二素材

在输出的这个镜头一中,最后几帧镜头冲进游戏机屏幕内部的画面可以用来做两个镜头的衔接,如右图所示。

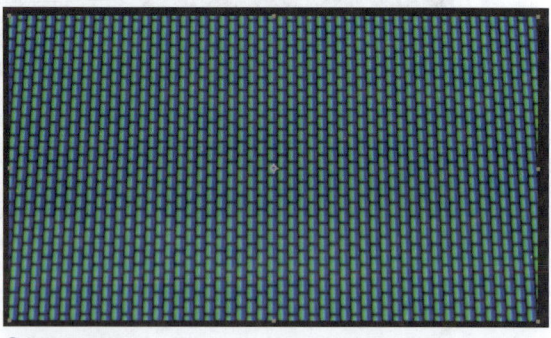

↑ 衔接两个镜头

但几帧的时间是肯定不够的,还需要将最后一帧的画面延长。双击镜头一的合成,然后按键盘上的**Ctrl+K**组合键,在打开的对话框中将时间加长1秒,如右图所示。

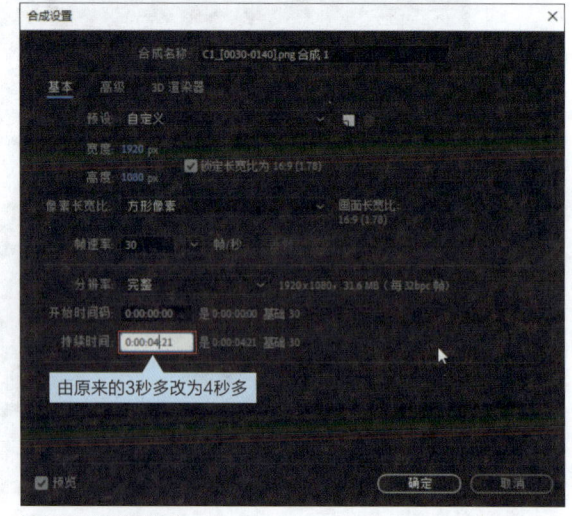

↑ 设置"持续时间"

将时间线移至最后一帧的画面,把这个素材剪断,按键盘上的**Ctrl+Shift+D**组合键,剪断后素材就分成了两段,如下图所示。

↑ 裁剪素材

选中短的素材并右击,选择"时间"—"冻结帧"命令,将这一帧冻结,如下页的上图所示。

» 12.9 最终合成与衔接

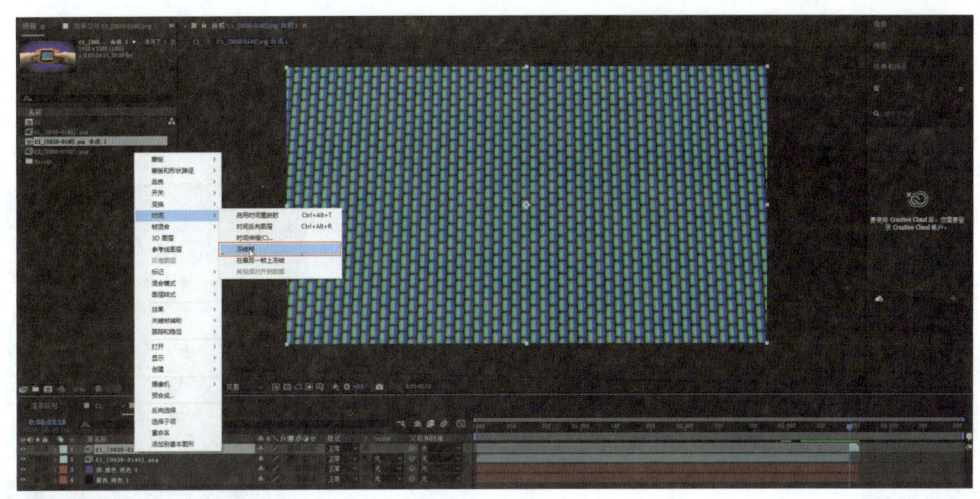

↑ 选择"冻结帧"命令

冻结之后，这一素材就以图片的形式存在了。对于一张图片来说，是没有时间概念的，所以我们可以将这一素材的后端向后拉，把合成填满。同样地，还有背景的两个固态层也要向后拉满，如下图所示。

↑ 调整素材时长

再次退回到上一个合成组，可以看到时长已经延长了，如下图所示。

↑ 延长时长

选中上面的合成，按键盘上的**T**键，可以调出该层的"不透明度"属性，如下图所示。

↑ 调出"不透明度"属性

通过给这个"不透明度"添加关键帧，完成两个镜头的衔接效果，如下图所示。

↑ 添加"不透明度"的关键帧

465

12 工作流程应用——制作游戏机展示动画

完成之后再给它添加一个小的特效，让这个衔接的过程看起来更自然，而且有一定的冲击力。选择第一个镜头的合成组，在上面右击，选择"效果"—"扭曲"—"**CC Lens**"命令，将其添加给镜头一，位置如下图所示。

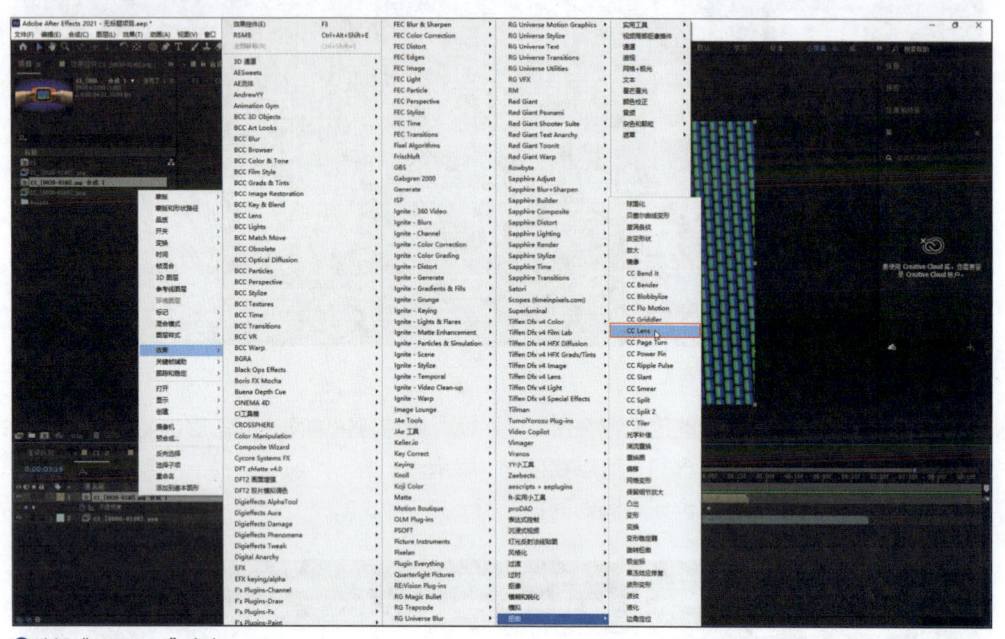

▲ 选择"CC Lens"命令

"CC Lens"是After Effects自带的特效，添加之后，画面会被包裹成一个球体，用来模拟非常大的畸变。先设置"Size"为最大值"500"，也就是不发生任何畸变，然后找到镜头快速运动的那一帧为"Size"添加一个关键帧。按键盘上的U键，可以显示当前层拥有的关键帧。再次拖拽时间线至中间过渡的位置，将"Size"调小一些，给画面添加一些扭曲效果，这时关键帧就自动被添加上了，如下图所示。

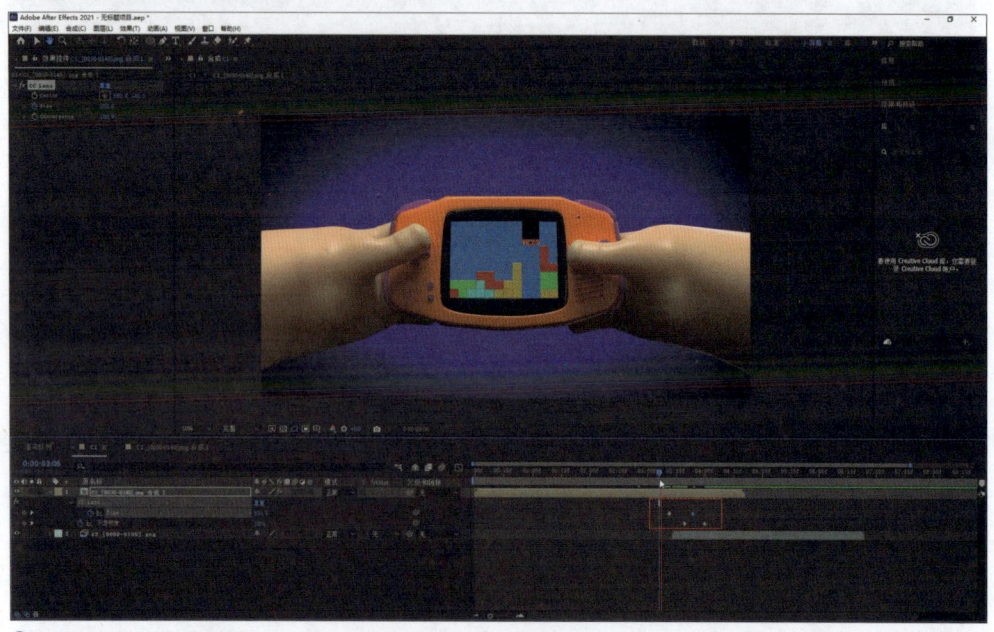

▲ 添加关键帧并适当设置参数

》 12.9 最终合成与衔接

同样的方法，为镜头二也添加一个CC Lens特效，而这个CC Lens特效的状态和镜头一刚好相反，是从有扭曲效果变成没有扭曲效果，让这两个镜头产生衔接。

最后，给画面添加一些运动模糊的效果。

在场景一的层上右击，选择"效果"—"RE：Vision Plug-ins"—"RSMB"命令，其位置如下图所示。

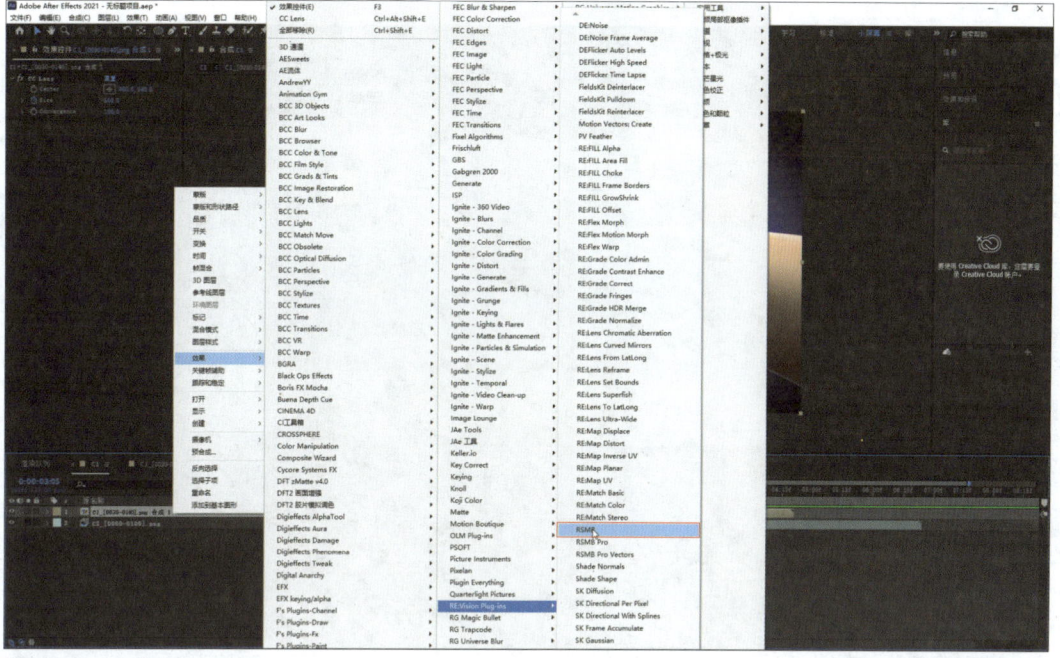

⬆ 选择"RSMB"命令

RSMB是After Effects中最为常见的镜头运动模糊特效，但是添加之后软件的运算速度会变得很慢，其效果如下图所示。

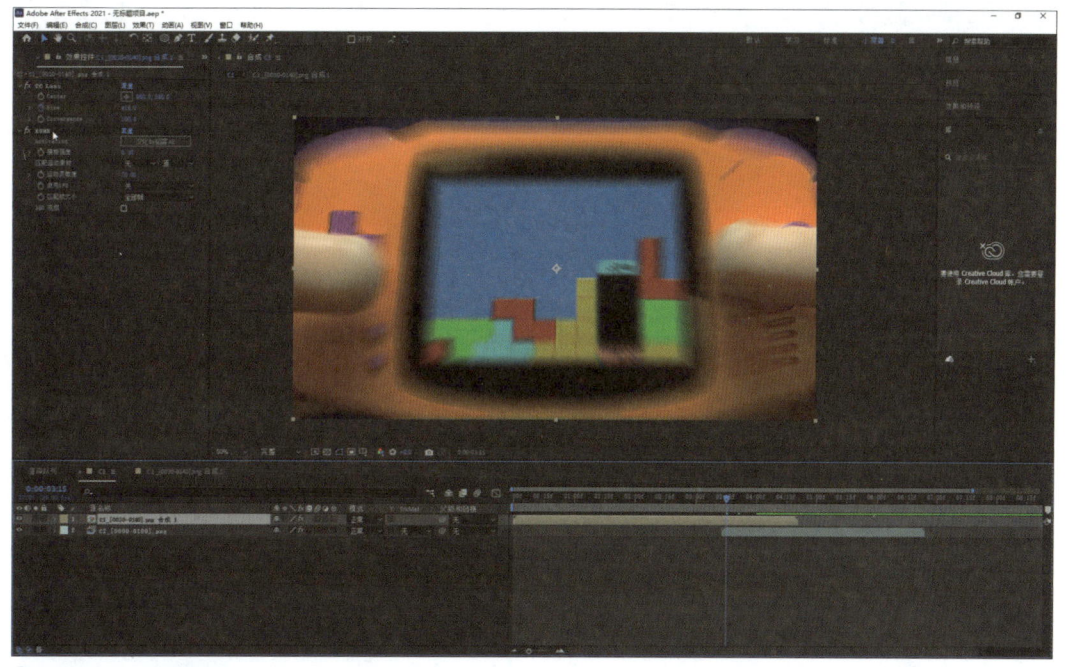

⬆ 添加RSMB特效的效果

» 12 工作流程应用——制作游戏机展示动画

同样，通过执行复制、粘贴操作，将RSMB特效添加到镜头二的层上。

至此，合成就结束了，可以对呈现进行输出了。按键盘上的N键，给当前时间线设置一个结束点，设置After Effects输出的时长，然后按键盘上的**Ctrl+M**组合键，即可对当前合成进行输出。

按Ctrl+M组合键之后，原本时间线的区域就被输出渲染设置取代了，如下图所示。

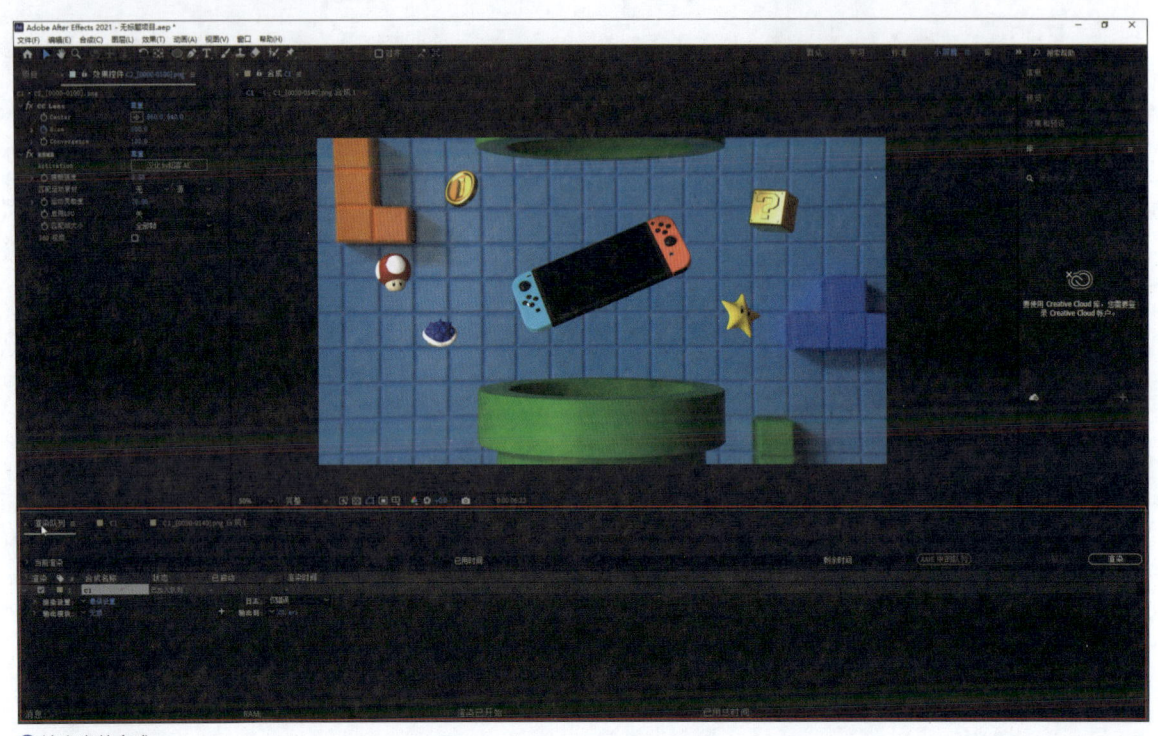

↑ 输出当前合成

正常情况下，我们不需要对渲染设置进行太多的更改，只需要注意两个地方：一是单击"输出模块"后面的"无损"按钮，可以更改输出的格式；二是单击"输出到"后面的文字，可以对输出文件指定路径。最后单击右侧的"输出"按钮就可以了。

做到这一步的时候，本案例就制作完成了。